本书为国家社会科学基金项目“周代邓国考古学文化研究”

（18BKG019）成果

湖北省博物馆、湖北省文物考古研究院学术文库

周代邓国考古学文化研究

王先福　尹弘兵　著

科学出版社
北　京

内 容 简 介

本书是关于邓国历史文化的专门研究成果。邓国是先秦时期一个重要古国，西周初年封于“南土”，公元前678年灭于楚，学者对其历史特别是地望等有不同看法。本书通过传世、出土邓国铜器推定邓国考古学文化遗存的位置及分布状况，并通过传世、出土资料对邓国铜器、陶器、玉器及邓国考古学文化遗存进行分期研究，分析其文化面貌。在此基础上，结合传世文献和考古资料分析邓国在“南土”政治地位的变化和邓文化的演进及其流变，进而考订楚邓县、周代邓国的中心及辖域范围乃至前后的变化，试图重建其地理空间形态，并考察周代邓国在江汉地区开发进程中的地位与作用。

本书可供考古学、历史学等学科研究者，以及高等院校相关专业师生和广大文物考古爱好者阅读、参考。

图书在版编目（CIP）数据

周代邓国考古学文化研究 / 王先福，尹弘兵著. —北京：科学出版社，2022.12

ISBN 978-7-03-074556-9

Ⅰ. ①周… Ⅱ. ①王… ②尹… Ⅲ. ①考古学文化–文化研究–中国–周代 Ⅳ. ①K871.34

中国版本图书馆CIP数据核字（2022）第253931号

责任编辑：王光明 / 责任校对：邹慧卿

责任印制：肖 兴 / 封面设计：张 放

科学出版社 出版

北京东黄城根北街16号

邮政编码：100717

http://www.sciencep.com

北京汇瑞嘉合文化发展有限公司 印刷

科学出版社发行 各地新华书店经销

*

2022年12月第 一 版 开本：787 × 1092 1/16

2022年12月第一次印刷 印张：25 1/4 插页：3

字数：608 000

定价：258.00元

（如有印装质量问题，我社负责调换）

总　　序

“湖北省博物馆、湖北省文物考古研究院学术文库”是由馆院支持经费、资助馆院专业人员编辑出版国家社会科学基金项目、博士论文及其他学术研究成果的总集。

湖北是文物大省，湖北省博物馆是中央和地方共建的国家级重点博物馆之一，湖北省文物考古研究院是全国十大省级重点考古院（所）之一。博物馆馆藏文物24万余件（套），其中国宝级文物多达16件（套），考古重大发现从旧石器时代到明清时期层出不穷，多次入选全国“十大”“六大”考古新发现，并有六个项目入选中国“百年百大考古发现”。

丰富的文物资源是馆院专业人员进行学术研究、与学界交流合作的坚实基础。近年来，馆院大力推动科研工作和加强科研力量。2014年“随州叶家山西周早期曾国墓地资料整理与研究”申报国家社会科学基金重大项目成功后，馆院年均一到两个科研课题申报国家社会科学基金获得立项，迄今已有20余项。馆院一直重视人才引进和人才队伍建设，现有业务人员均为硕士研究生及以上学历，具有博士学位的专业人员已达15人，并在持续引进。馆院鼓励大家在完成日常业务工作的同时，积极开展各类研究与学术交流活动，提高专业技术水平和科研能力。

习近平总书记强调“建设中国特色中国风格中国气派的考古学　更好认识源远流长博大精深的中华文明”，“要通过深入学习历史，加强考古成果和历史研究成果的传播，教育引导广大干部群众特别是青少年认识中华文明起源和发展的历史脉络，认识中华文明取得的灿烂成就，认识中华文明对人类文明的重大贡献，不断增强民族凝聚力、民族自豪感”①。2021年是中国共产党成立一百周年，中国考古学诞生一百周年，馆院启动了“湖北省博物馆、湖北省文物考古研究院学术文库”编辑出版工作，以进一步推动馆院学术研究的开展和深入。

本文库将长期资助馆院学术成果的出版，解决馆院资深学者出版成果所需经费的后顾之忧，扶持和促进馆院年轻学者更快更好成长，不断呈现新的研究成果。文库支

---

①　习近平：《建设中国特色中国风格中国气派的考古学　更好认识源远流长博大精深的中华文明》，《求是》2020年第23期。

持的学术成果将经过馆院学术委员会高标准、严要求遴选，真正达到学术基础扎实、具有创新意识、结论可靠可信的水平，按照总体要求，逐一进行出版。

湖北省博物馆馆长
湖北省文物考古研究院院长　方　勤

序

邓，是商周时期一个颇有名望的古族古国与古县，不仅具有较深厚的经济、文化基础，且在促进古代中原文化的对外传播以及南北文化的交流与发展方面起着重要的纽带作用。文献典籍中关于古邓族邓国的记载十分有限，然传世尤其是近半个多世纪以来发现和出土的有铭邓器日益增多，特别是近几十年来在湖北襄阳古邓城遗址和周边地带发现了大量的周代古文化遗存与数以千计的同期墓葬，为研究古邓国、楚邓县的文化面貌及其历史演变进程提供了丰富的第一手材料，极大地弥补了文献记载的不足。近些年来，虽有部分学者利用这些材料并结合传世文献，对古邓国、楚邓县的历史地理和文化特征等做过一些分析探索，在若干专题方面取得了可喜的成就，然由于考古资料的零散而庞杂，部分资料于近期才得以刊布，部分资料还正在发掘与整理过程中，且仍有大量资料沉睡于地下有待下一步的田野工作，因而全面系统的探索还基本没有。

王先福于武汉大学历史系考古专业毕业后长期在襄阳地区从事文物考古工作，具有丰富的田野考古经验，对长江中游地区的商周考古和楚文化资料比较熟悉，尤其对襄阳地区的周文化、邓文化、楚文化的面貌与演进过程具有多年的探索和思考，所申报获批的国家社会科学基金项目“周代邓国考古学文化研究”以田野考古资料为基础，综合探讨邓国历史文化的演进历程。尹弘兵与王先福本科同窗，后来获得历史地理学的硕士、博士学位，在楚文化考古与荆楚历史地理方面有较系统的训练和研究。呈现在读者眼前的《周代邓国考古学文化研究》一书，是两位中年学人关于邓国考古、文化面貌、历史地理等系统探索的阶段性成果。

该书全面梳理了周代邓国的文化面貌，并在分期研究的基础上，从多学科视野，深入探讨周文化体系下邓文化的演进过程，以及纳入楚文化体系后邓文化的流变及其对楚文化的影响，考察不同时期邓国区域内的政治和地理空间变化及邓国在江汉流域开发过程中的作用，具有较为重要的学术价值，是一部研究周代封国历史文化不可多得的学术成果，可为探讨中华文明的融合与发展提供有益的参考和借鉴。

细读这一成果，具有多方面的特征，主要体现在：

一是资料完备，全面系统。作者是考古学科班出身，先后在襄阳博物馆和考古所工作了近三十年，直接参与或主持、领导了近些年邓城遗址周边所有的田野考古工作，不仅对这些资料的发现、整理和基本内涵非常熟悉，了然于心，同时因工作需要，对此前出土的资料以及分布于这一地区仍未出土的遗存内涵亦比较清楚，具有较全面而深刻的理解，且均按照研究需要加以汇集梳理，纳入这一成果中，可以说关于古邓国、邓城遗址以及相关的出土资料基本齐备，为下一步的综合研究提供了很好的资料条件，非常难得。

二是运用考古地层学、类型学的方法，对邓城遗址周边区域出土的两周时期田野资料进行了全面系统的分类与分期，使不同时期在不同工作背景下出土且又比较零散的田野资料在统一的分类与分期框架下各归其所，体现出各自的价值和特征。方法科学，工作细致，展现出作者优秀的专业素质和长期田野工作中所磨炼出来的出色研究能力。

三是分析深入、结论可信，有较大的学术创新。不管是对遗址地层还是墓葬的分期断代，不管是在铜器还是陶器的类型学分析诸方面，作者在充分吸收前人已有成果的基础上，按照统一的标准和框架进行综合归纳，打破了许多此前的成说，取得了诸多超越前人的新成果，是目前所见第一部有关邓国考古学研究的系统专著，填补了这一领域的空白。

四是将考古资料、文献记载、已有研究成果汇集到一起，运用多学科的方法就历史、地理与文化进行综合考察，动态梳理了从古邓国到楚邓县的地理空间形态及其变迁，得出了一系列新颖的观点和认识，如邓国疆域可能西过汉水、邓城遗址附近的周家岗遗址可能是西周晚期至春秋早期邓国都邑所在等。

该书资料丰富，辨析得当，谋篇布局合理，方法科学，分析深入细致，注重学术规范，注重文、图、表的结合与运用，结论坚实可信。不仅有细致的考古类型学分析，而且将考古资料的解读上升到邓国历史文化变迁的层面，以及与周文化、楚文化关系层面加以认识，从考古资料出发就相关历史问题进行探索的尝试，也具有一定的示范意义，是古邓国、楚邓县考古资料汇集与综合研究的集大成之作，值得充分肯定。

由于考古资料的局限性，西周早中期邓国的文化遗存和墓葬资料至今没有明确发现，该成果也难为无米之炊，对这一时期邓国的文化面貌与历史、地理诸问题虽有多方面的分析、推论，然亦难以确证；在考古材料、传世典籍和出土文献的融通上仍有进一步深化的必要，在多学科综合研究方面亦有提升的空间。期望在今后的田野工作中尽快弥补短板和缺环，在下一阶段的研究探索中有更多的心得与收获。

是为序。

徐少华

2022年10月12日于珞珈山

目　　录

插图目录

插表目录

第一章 绪 论

邓国是先秦时期颇有影响的古国，历史悠久。《庄子·徐无鬼》载："舜有膻行，百姓悦之，故三徙成都，至邓之虚而十有万家。"① 可见夏商以前邓部族即已在中原地区有广泛的活动，为华夏集团的重要成员。入周以后，邓受封于南土。《左传》昭公九年："及武王克商，……巴、濮、楚、邓，吾南土也。"② 表明邓于西周初年即已进入南土，与巴、濮、楚并列，为周代南土重要诸侯。

邓国文化基础深厚。《左传》曾记楚武王夫人邓嫚的言论及邓侯吾离访问鲁国，传世及出土邓国铜容器48件，皆表明邓国有较高的经济文化发展水平，西周晚期时甚至有自己的历法，在江汉地区的开发和文化发展中发挥了承前启后的重要作用。

两周时期，邓国位处南方要津、周之南土的边缘地带。而作为南土重要诸侯，邓国与周王室关系密切，周昭王南征江汉，邓为南征路线上的重要据点。春秋早期，楚国在江汉地区崛起，邓、楚紧邻，且结成姻亲，邓国和邓文化对楚国的兴起和楚文化的形成与发展有着重要影响。邓上承西周、下接楚国，是周文化南下和楚文化兴起之间的重要承接点。

文献中邓国的资料相当有限，但邓国铭文铜器及与"邓"有关的金文早年即已见于著录。20世纪70年代以来，在河南平顶山、陕西西安与湖北襄阳、谷城等地陆续出土了邓国有铭铜器，加上传世和历年来征集的有铭邓器，为邓国历史与邓文化研究提供了有力支撑。更为重要的是，1987年之后在今湖北襄阳北部，以邓城城址为中心、方圆5千米范围内先后发掘了韩岗、黄家村、周家岗、王家巷、吴家坡、吴家湖遗址和王坡、韩岗、沈岗、卞营墓地等较为集中的邓国遗址、墓地，以及余岗邓遗民墓地，为我们探讨考古学上的邓文化和邓、楚文化的融合过程，进而深入研究邓国历史与社会及两周时期江汉地区的开发进程奠定了基础。

---

① （清）王先谦编著：《庄子集解》卷六《徐无鬼第二十四》，成都古籍书店据商务印书馆"国学基本丛书"本1934年版影印，1988年，第50、51页。

② 杨伯峻编著：《春秋左传注》（修订本）昭公九年，中华书局，1990年，第1308页。

第一节　周代邓国历史、考古学文化研究综述

由于文献资料过少，古代学者对邓国的历史或地望涉猎不多，观点不一，20世纪80年代以前，现代学者基本没有涉猎邓国历史方面的研究工作。该研究的突破以石泉先生（以下凡人名后均省略“先生”二字）于1980年发表《古邓国、邓县考》为标志，其后，部分学者开展了这方面的研究，发表了不少成果。而关于邓国考古学文化的研究工作起步更晚，以徐少华的《周代南土历史地理与文化》的出版为肇始。但整体来说，截至本项目开始前，有关邓国历史文化特别是考古学文化研究的学者和成果不多，并主要形成了周代邓国地望在河南邓州和湖北襄阳两种不同观点。

一、邓国历史研究主要成果综述

有关邓国历史的研究主要集中在邓国族源、迁徙过程及地望、境土范围等方面。

石泉《古邓国、邓县考》系统梳理文献资料，结合考古调查，经严密论证后指出，古邓国在今河南邓县之说不能成立，而是在今襄阳市樊城西北的邓城。而楚灭邓后，这里先后为楚、秦、汉、魏、晋、宋、齐邓县，今河南邓县则为穰县所在。同时，在今襄阳市樊城东北存在着晋及唐宋邓城县。他还论证了与古邓国周边相关的鄾、樊、郾并非先秦古国，而是地名，其中鄾为邓之边邑，樊更不是宣王时仲山甫封地，而郾国则在今湖北宜城北。在此基础上考证出邓国的境土南到汉水，北到今河南新野、邓县（现邓州市）一带，东到今唐白河下游西北岸，西与谷国相邻，即南阳盆地南部今襄阳县（现襄州区）境的汉水以北和新野、邓县以南地带[①]。这一研究成果梳理了邓国的历史，辨明了古邓国的地望与境土范围。

周永珍《两周时期的应国、邓国铜器及地理位置》以河南平顶山应国墓地发现的“邓公簋”铭文为基础，结合《春秋》《左传》等文献与传世铜器铭文，亦提出春秋邓国的地理疆域在以襄阳邓城为中心的区域，方圆约150里；并分析了邓国与楚国为界邻、邓楚联姻、楚武王之前邓国较为强盛、楚文王灭邓和邓国姓为嫚等史实[②]。其成果实际对石泉的研究进行了补充。

何光岳《邓国、曼国、蛮子国的来源和迁徙——论最早融入华夏族中的三个苗族

① 石泉：《古邓国、邓县考》，《江汉论坛》1980年第3期；石泉：《古代荆楚地理新探》，武汉大学出版社，1988年，第105-126页。

② 周永珍：《两周时期的应国、邓国铜器及地理位置》，《考古》1982年第1期。

小国》主要通过文献结合甲骨文、金文资料对邓国的来源和迁徙进行考证，认为邓国产生于黄帝时代，历夏商周，先后为黄帝族登姓、夏族姒姓、东夷族子姓、北狄隗姓和苗蛮族曼姓所取代；其迁徙过程是由山东转入河南，最后立国于湖北襄阳西北的邓城，春秋初年为楚国所灭。其中，周初时邓为隗姓，居于豫西山地邓林一带，这里为蛮地，周昭王前为曼姓取代。而邓文化本为苗蛮文化，受到占人口多数的华夏族邓人的文明影响，变得比其他同族蛮人先进，才以曼姓别于蛮。西周中叶迁于襄阳邓城[①]。该成果将邓国的历史上溯到了史前时期，并对其文化脉络和迁徙过程做了分析。

黄有汉《古代邓国、邓县地望考》以文献资料为基础对古代邓国、邓县地望邓州说、襄阳说进行梳理，并在论证后认为先秦时期的古邓国、历史上的古邓县皆在今河南邓州市境内，先秦时期的古邓国南境已达汉水之北，但襄阳附近不是古邓国的中心地区[②]。

牛武成《春秋百国探微》论证了古邓国的中心在今襄阳东北，地域涵盖今湖北襄阳以北至河南邓县、新野一带[③]。

张祖耀《邓国、楚国关系初探》通过文献记载和铜器铭文梳理了邓部族、邓国的源流，认为其始于上古时期，历夏商周，为楚所灭；其族姓前后有别，但始终位于南阳盆地。西周邓国为曼姓，其地望春秋以前在今邓州市一带，春秋南迁至今襄阳北郊[④]。

马世之《中原楚文化研究》之《楚灭邓国及其文化》运用文献资料梳理了邓国国姓为曼（即嫚）和古代邓国地望的两说：河南邓州说和湖北襄樊（今襄阳，下同）说（又有西北、东北两种观点）。他在考订后同意石泉的观点，并指出，西周初年曼姓邓国在邓林一带立国，并有隗姓邓国与襄樊附近至南阳盆地南部邓林曼姓邓国并存，邓国的北境可能已到达今河南新野县及邓州市一带[⑤]。当然，关于隗姓邓国的铜器铭文据后考是释读上存在问题所致[⑥]，历史上并不存在隗姓邓国。

笔者先后有多篇论文对古邓国及先后因袭的邓县历史、地望进行了探讨。《邓城—樊城演进历程考》主要通过考古资料结合历史文献梳理了襄樊城市发展从邓国都

① 何光岳：《邓国、曼国、蛮子国的来源和迁徙——论最早融入华夏族中的三个苗族小国》，《贵州社会科学》1985年第5期；何光岳：《楚灭国考》，上海人民出版社，1990年，第186-199页。

② 黄有汉：《古代邓国、邓县地望考》，《史学月刊》1991年第6期。

③ 牛武成：《春秋百国探微》，中州古籍出版社，1991年，第42、43页。

④ 张祖耀：《邓国、楚国关系初探》，《楚文化研究论集（第四集）》，河南人民出版社，1994年，第385-394页。

⑤ 马世之：《中原楚文化研究》，湖北教育出版社，1995年，第105-109页。

⑥ 徐少华：《周代南土历史地理与文化》，武汉大学出版社，1994年，第11页。

城之邓城到樊城演进的历程[1]。《周代邓国地望考》从历史文献资料和传世铜器铭文着手，通过分析直接和间接的考古资料，证明邓城城址不晚于西周中期就作为周代邓国都城，西周晚期和春秋早期得到进一步发展；楚灭邓、秦占邓地后先后成为楚、秦邓县，汉至南北朝因袭。境土范围位于今南阳盆地南部，东不过唐白河，西过汉水到今谷城东境，与原谷国接壤，北到今河南邓州南部，南抵汉水，或达汉水以南的今襄阳城附近[2]。《古代襄樊城市变迁进程的初步研究》通过文献辨析和考古资料支撑，否定了仲山甫封樊在今樊城的传统观点，进而论证出古代襄樊城市的源头为西周中期邓国营建的古邓城，后成为楚邓县，直至南北朝时期的邓县县治。该城虽经历了由都城而大县县城到小县县城的发展脉络，城市发展呈现出逐步萎缩并最终废弃的轨迹，但城址位置稳定，自建成之日起至废弃时止基本没有变动过[3]。

崔新社《试论邓国故址的空间形态和历史价值》通过考古资料对古邓国的空间范围进行分析，认为其分布在以今襄阳邓城城址为中心的60平方千米范围内，邓城形成于西周初期，先后为邓国都城和楚至南朝齐邓县治所[4]。

张保同《古邓国、邓县的地望与诸葛亮躬耕地》从诸葛亮《出师表》中“臣本布衣，躬耕于南阳”记载入手，通过对文献材料的辨析认为，东汉邓县上溯至古邓国的地望均在邓州[5]。

当然，还有一些学者在研究邓姓来源时追溯到了古邓国，这里不再赘述。

二、邓国考古学文化研究主要成果综述

关于邓国考古学文化的研究成果很少，集中在对邓国铜器、考古学文化遗存及其历史文化等相关问题方面。

徐少华在邓国历史与考古学文化研究方面做了较多工作，《周代南土历史地理与文化》第二章第一节之“邓国”、《邓国铜器及其历史地理与文化》综合传世文献与铜器铭文及考古资料，对邓国族姓、来源、迁徙历程及文化面貌做了全面分析与讨论，证实黄帝时期有邓部族，舜时居邓之墟，其为中原氏族社会时期一个具有一定经济、文化水平的古族，夏商以前在黄河流域有广泛活动。邓国西周初年被封，国姓为

---

① 王先福：《邓城—樊城演进历程考》，《襄樊学院学报》2007年第1期。

② 王先福：《周代邓国地望考》，《荆楚历史地理与长江中游开发——2008年中国历史地理国际学术研讨会论文集》，湖北人民出版社，2009年，第23-32页。

③ 王先福：《古代襄樊城市变迁进程的初步研究》，《中国历史地理论丛》2010年第1期。

④ 崔新社：《试论邓国故址的空间形态和历史价值》，《文物世界》2009年第1期。

⑤ 张保同：《古邓国、邓县的地望与诸葛亮躬耕地》，《中州学刊》2011年第2期。

嫚姓。西周以前邓部族的活动地不详；西周初年处江汉地区，周昭王时已位于南阳盆地。西周中晚期至两周之际是邓国历史上的繁荣时期，与其他诸侯国有广泛联系，“是一个具有一定影响，有较高政治、经济、文化水平的南方大国”。邓国铜器具有浓厚的中原文化特色，自身文化底蕴深厚。邓被楚灭后，“邓国原有的政治、经济、文化方面的先进因素对楚国政治、经济的发展以及楚文化的形成，必然产生不同程度的影响，注入一定的新鲜血液”①。《论近年来出土的几件春秋有铭邓器》《邓国铜器综考》以出土新资料为基础，全面分析邓国铜器与铭文资料，通过对邓国铜器及春秋“邓”器的形制、纹饰、铭文等特点进行辨析，建立了邓国铜器发展序列和邓国国君世系，还对古邓国的历史与文化做了更深入的探讨，反映了古邓国与姬周文化的高度一致性、悠久的历史文化源流及文化交流状况；特别指出楚灭邓置县后，并未使邓亡国绝祀，而是保留了邓之族民与国祀，作为附庸存于楚境，从而将视野从邓国与邓文化延伸至楚国与楚文化，以及中国上古社会从分封制到郡县制的转变②。

笔者《襄樊邓城区域两周遗存文化属性分析》《襄阳邓文化遗存的楚文化因素考察》对邓城区域确认的邓、楚、秦文化遗迹、遗物分析后认为，邓城作为两周时期汉水中游区域性中心城市存在，以邓城城址为中心的邓城区域在两周时期由于政治格局的转换，文化空间随之发生突变，先后经历了邓、楚、秦三种主体文化的更替，其中作为周封国的邓文化与中原周文化有着高度的一致性，其文化的先进性奠定了本区邓文化的深厚基础，并在历史发展进程中一直顽强地保留着自身的文化特色。只是到了西周晚期，邓文化也开始受到周邻楚文化的影响，春秋早期更盛③。

陈楚天《周代邓国、邓县的历史与文化》以考古资料和相关文献为依据，对邓国、邓县各个时期的历史与文化做了详细考辨。认为至迟自西周中期开始的邓国及相继的楚邓县、秦邓县均在今襄阳樊城西北的古邓城；邓国疆域东到滚河中游，南抵汉水，西与谷国接壤，北达新野一带。文章对邓国考古学文化遗存的内涵和特征进行了分析，认为邓国文化早期与中原文化有很强的相似性，后来受到楚文化的影响较大④。

胡刚《襄阳沈岗M694的年代及其性质浅析》通过对沈岗墓地M694随葬器物的形

---

① 徐少华：《周代南土历史地理与文化》，武汉大学出版社，1994年，第10-19页；徐少华：《邓国铜器及其历史地理与文化》，《华夏考古》1996年第1期。

② 徐少华：《论近年来出土的几件春秋有铭邓器》，《荆楚历史地理与考古探研》，商务印书馆，2010年，第46-55页；徐少华：《邓国铜器综考》，《考古》2013年第5期。

③ 王先福：《襄樊鄧城区域両周遺存の文化属性分析》，日本国早稻田大学《長江流域文化研究所年報》（第5号），2007年3月，第74-113页；王先福：《襄樊邓城区域两周遗存文化属性分析》，《襄阳考古探研》，科学出版社，2016年，第29-40页；王先福：《襄阳邓文化遗存的楚文化因素考察》，《楚文化研究论集（第十集）》，湖北美术出版社，2011年，第392-401页。

④ 陈楚天：《周代邓国、邓县的历史与文化》，华中师范大学硕士学位论文，2014年。

制、纹饰分析，认为其年代为西周晚期；再通过随葬器物组合和墓葬形制比对，认为该墓与周文化相似度更高，是一座西周晚期的邓国墓葬[①]。

此外，也有学者在介绍邓国铜器新材料的文章中对邓国历史、考古学文化进行了初步研究，如杨桂荣《馆藏邓国铜器》介绍了中国历史博物馆（今中国国家博物馆，下同）收藏的3件铭文邓器，指出邓国是具有一定经济基础和物质文化基础的比较强盛的诸侯国[②]；陈千万《湖北谷城发现的邓国铜器及相关问题》对谷城擂鼓台一号墓及出土邓器进行了介绍，指出这批铜器比较严格地保留着姬周文化传统，还释读并分析了铜鼎铭文和器主身份，进而阐述了其发现的意义，特别是对邓国西部疆域越过汉水提供了重要资料[③]。

同时，也有不少学者在非邓国专门研究成果中涉及古邓国的历史、考古学文化研究，如黄尚明《湖北襄樊真武山遗址西周时期遗存族属试探》[④]、傅玥《长江中游地区西周时期考古学文化研究》[⑤]、张丹《南襄盆地出土两周时期铭文研究》[⑥]、朱凤瀚《论西周时期的"南国"》[⑦]、黄锦前《商末周初东土和南土的形势及其控制措施——从商末有关"伐夷方"铜器铭文的理解谈起》[⑧]等，不一而足。

上述研究成果重点集中在对邓国历史主要是周代邓国历史、地望和邓国铭文铜器、考古学文化发展的研究上。其中对邓国历史脉络的认识基本相同，即邓部族在史前时期已存在，并具有一定的经济、文化水平，之后历夏、商，西周初年被分封于周王朝南土，春秋早期为楚所灭，只是西周以前的历史鉴于材料的缺乏认识模糊；对周代邓国的国姓和大体地望、疆域范围的认识逐渐趋于一致，即其国姓为嫚姓，周代地望、疆域范围在今南阳盆地；关于周代邓文化性质和水平的认识也大体无差别，即邓文化与周文化保持着高度的一致性，晚期受到了楚文化的影响，邓文化是一支具有较高水平的诸侯国文化。

不过，关于周代邓国的具体地望还存在分歧，主要有河南邓州说、湖北襄阳说

① 胡刚：《襄阳沈岗M694的年代及其性质浅析》，《江汉考古》2012年第2期。

② 杨桂荣：《馆藏邓国铜器》，《中国历史博物馆馆刊》总第15-16期，文物出版社，1991年，第148-151页。

③ 陈千万：《湖北谷城发现的邓国铜器及相关问题》，《襄樊考古文集（第一辑）》，科学出版社，2007年，第519-525页。

④ 黄尚明：《湖北襄樊真武山遗址西周时期遗存族属试探》，《楚文化研究论集（第六集）》，湖北教育出版社，2005年，第309-313页。

⑤ 傅玥：《长江中游地区西周时期考古学文化研究》，武汉大学博士学位论文，2010年。

⑥ 张丹：《南襄盆地出土两周时期铭文研究》，武汉大学博士学位论文，2012年。

⑦ 朱凤瀚：《论西周时期的"南国"》，《历史研究》2013年第4期。

⑧ 黄锦前：《商末周初东土和南土的形势及其控制措施——从商末有关"伐夷方"铜器铭文的理解谈起》，《社会科学》2018年第11期。

（又分西北、东北说）和先邓州后襄阳说（时间点有西周中晚期、西周末年乃至春秋早期之分），其中河南邓州说主要依据对文献材料的分析，湖北襄阳说除凭借文献材料外，还有考古材料的运用。同时，关于邓国考古学文化面貌仅在铜器方面有所涉猎，考古学遗存方面的研究很少，且缺乏考古学文化的综合研究。

第二节 周代邓国考古学文化研究的目标、思路和方法

周代邓国考古学文化研究主要通过传世邓国铭文铜器和周代邓国考古遗存分析邓文化的考古学面貌及其演进轨迹，进而讨论邓国地望、邓国与周王朝及同时期周边诸侯国尤其是楚国的关系，以及邓国地理空间形态、邓文化在从周文化到楚文化发展过程中的地位与作用。

一、研究目标

本研究的主要目标首先是充分利用襄阳邓城区域较为集中的邓文化考古材料和湖北其他地域及陕西、河南等地发现的相关考古材料，结合传世文献、铜器铭文厘清周代邓国的具体位置及其迁徙历程；其次是通过对考古材料中有关遗迹和出土遗物的综合分析，全面梳理邓文化的考古学面貌及其演进历程；最后，在上述研究的基础上，进一步探讨从邓国到邓县地理空间形态的变迁及其所反映的区域文化融合和社会发展历程。

二、研究思路

（一）基本思路

本研究的基本思路是将考古学研究与历史、地理研究全面整合，从而系统地考察邓国与邓文化及其演进历程和历史背景，探讨南阳盆地乃至江汉地区从周文化到邓文化再到楚文化的发展脉络。

我们首先以考古类型学方法全面梳理历年来发现的邓国考古遗存，对可确认的邓国考古遗存进行分门别类的整理与研究，从而建立邓国考古学文化的时空架构，分析邓国考古学文化的基本特征与演进过程；其次是在上述基础上结合文献进一步分析邓国和邓文化在周代南土中的地位与作用，以及与周文化、楚文化的关系；最后，综

合考古、历史与地理研究成果深入探讨周代邓国、楚邓县的地理空间形态及其演进过程，并分析邓国和邓文化在江汉地区开发中的地位与作用。

（二）研究计划

本研究涉及考古、地理、历史等多个学科，主要从历年发掘的考古资料入手，通过考古与地理、历史研究方法的结合，来研究周代邓国考古学文化，补充和完善已有研究成果，并填补其中的空白。

1. 收集和整理现有研究成果

前人主要结合传世文献和传世铜器及少量相对分散的考古材料开展了邓国历史与邓国铜器的研究，但缺乏对邓国陶器、玉器的研究，更没有针对邓国与邓文化的综合研究。因此，本研究先对已有成果进行收集和辑录、整理，取长补短。

2. 整理新发现的考古资料

对襄阳地区发掘、确认的邓文化遗存考古资料进行全面整理，一是对已经出版或发表的考古资料做进一步的分析；二是对未整理的考古资料按照考古地层学和类型学的要求进行整理，以获取新的考古材料（本项目进行过程中，所整理的新考古资料逐步发表）。

3. 开展综合研究

在借鉴现有研究成果的基础上，重点运用考古资料，一是对考古资料所包含的各类信息进行比对，提炼出考古学遗存所反映的邓文化面貌及其演进历程；二是通过传世文献、出土文献、金文资料梳理邓国在周王朝南土政治地位的变化，进而结合考古资料分析周文化体系下邓文化的发展轨迹和楚文化体系下邓文化的“孑遗”，探讨邓文化对楚文化的影响；三是尽可能以考古资料结合文献资料的分析、解读来重建周代邓国的地理空间形态，包括其分封、发展与衰落、灭亡等不同时期的地望与统辖区域的变迁，并将之置于从早期楚文化到典型楚文化、从部族国家到郡县制国家大背景之下，并做进一步的考察，以探讨邓国和邓文化在这一进程中的地位和作用。

（三）总体框架

本研究按照周代邓国考古学文化综合研究设计总体框架，除前言、结语外，主要分三个部分。

第一部分：邓国考古学文化面貌研究。

本部分从邓国文化遗存的发现和确认着手，厘清邓国考古文化遗存中单体遗存的基本情况和整体分布状况，建立起基本的时空框架；再对已认知的邓国铜、陶、玉器分别进行型式分析、综合分期，总结其文化特征；最后，通过对邓国遗址、墓葬的综合分析，探讨其文化面貌、文化性质及演进历程。

第二部分：邓国与邓文化研究。

本部分从传世文献、铜器铭文入手，首先分析邓国从西周初年受封于南土到由盛转衰直至被灭的政治地位变化；其次通过前章对考古资料的分析，探讨周文化体系下邓文化萌芽、形成、发展、衰落的全过程；再次结合对现有其他考古材料的分析，探讨邓被灭后邓文化的流变、转型并融入楚文化的轨迹；最后说明邓文化对楚文化的影响。

第三部分：周代邓国、楚邓县地理空间形态研究。

周代邓国与楚至南北朝邓县有前后演进关系，本部分首先主要通过传世文献结合出土文献从汉至南北朝邓县上溯到秦、楚邓县，分析其沿革、治所及其辖域，并通过考古资料相印证；其次，主要通过邓城城址周边考古资料的解读，结合前述邓县的考订和相关文献论证西周晚期至春秋早期邓国中心及其辖域范围，并对西周早中期邓国中心区进行辨析，希望构建出周代邓国完整的时空框架；再次，以区域现有自然地貌为基础，通过文献及考古资料重建周代邓国、邓县地理空间形态；最后，在上述研究基础上，探讨周代邓国在江汉地区开发进程中的地位和作用。

三、研究方法

1）在考古学研究上，主要依托考古类型学并结合考古地层学对襄阳樊城北部密集分布的考古学文化遗存进行分类，确认邓、楚文化遗存的分布状态，并通过考古类型学的方法对传世、出土邓国铜器、陶器、玉器的形制、纹饰、铭文等内容和遗址、墓地进行综合分析，研究邓文化的考古学文化面貌。

2）运用历史文献结合考古资料，以及聚落考古学理论分析考古遗存的性质，进而确定邓国都城及其辖域变迁。

3）运用出土文献和传世文献，从铜器铭文提炼出邓国的相关历史信息，深入探讨邓部族、邓国的历史、文化与社会，兼及楚邓县的历史与文化。

4）将地理学与考古学充分结合，把考古遗存置于地理环境之中进行分析，从而揭示周代邓国与楚邓县的空间形态并观察其演进历程。

5）基于历史学的观察和分析，讨论南阳盆地乃至江汉地区的历史发展与区域开发，重点是南土开发及邓国的作用。

第三节 周代邓国考古学文化研究的重、难点及特色与创新

一、重、难点

（一）重点

一是考订西周晚期至春秋早期邓国地理空间形态，并对早期邓国的迁徙历程及其在周王朝南土政治地理中的地位进行研究；二是确认西周晚期至春秋早期邓国考古学文化面貌，并通过传世或出土邓国铜器对西周早中期邓文化面貌予以梳理；三是探讨邓文化与楚文化的关系，分析邓文化与楚文化的相互影响，进而考察襄阳邓城区域两周时期的文化演进。

（二）难点

虽然目前考古材料有较多积累，但可以确认的邓文化遗存时代相对较晚，依据目前的资料来试图厘清全部问题尤其是西周早中期的邓国历史与文化尚不充分，这也给综合研究带来了一定困难。

同时，传世邓国铜器较为分散，相当一部分难以观察，无法对其铸造工艺进行分析。

二、特色与创新

（一）学术思想

1）在考证周代邓国与楚、秦、汉至南北朝邓县故址的基础上，进一步考察从邓国到邓县的地理空间形态及其变迁。

2）在辨析邓文化考古学面貌及其演进的基础上，进一步探讨邓文化在楚文化形成与发展过程中的地位与作用。

（二）学术观点

本研究有多个创新的学术观点，如通过考古材料的详细分析，指出邓城城址东南

的周家岗遗址可能为西周晚期至春秋早期的邓国都城所在，为本课题独创，颠覆了传统观点；同时，邓国统治区域西越汉水，江陵九店墓地甲组墓可能为邓遗民墓也为首次提出，等等。

（三）研究方法

1）以考古类型学、地层学和文化因素分析法为基础，厘清邓文化面貌并揭示其演进历程和在楚文化形成中的地位与作用。

2）将考古学研究与地理学研究结合起来，基于考古材料探讨周代邓国地望所在，并进一步讨论考古材料所反映的周代邓国至楚、秦、汉邓县的地理空间形态。

3）综合运用考古学、历史学和地理学方法，全面考察从邓国到楚邓县所反映的文化与社会变迁。

第二章　邓国考古学文化面貌研究

邓国考古学文化面貌是在分析邓国考古学文化遗存并结合邓国铭文铜器研究的基础上确认的。

第一节　邓国考古学文化遗存的发现

邓国考古学文化遗存的辨识经历了一个发现和确认的过程，最开始根据文献记载结合考古调查发现了邓城城址，进而在周边征集到了“邓”铭文铜器。后来，配合基本建设陆续发现了多个墓地，从墓地中出土的“邓”铭文铜器对其性质进行研究确认了器物及其出土遗存的属性，特别是根据《左传》等传世文献记载和部分铭文铜器考证的邓国历史、地望等对邓国的考古学文化遗存进行了确认。

一、邓城城址的发现

邓国考古学文化遗存的发现肇始于邓城城址的发现。

邓城城址的最早记载见于刘宋时期盛弘之的《荆州记》：“樊城西北，有鄾城。……鄾城西北行十余里，邓侯吴离之国。……邓城西百余里，有谷伯绥之国。”①清乾隆《襄阳府志》“古迹”之襄阳县“邓城”条云：“县西北二十里。春秋时邓国地。”②光绪《襄阳府志》“古迹”之“邓城”条亦云：“故城在（襄阳）县北。……必古之邓国也。今城基尚存。”③

根据上述文献记载，结合考古调查，在20世纪50年代开展的第一次全国文物普查

① （宋）盛弘之：《荆州记》卷三，光绪癸巳年刊刻本，第20页。

② （清）陈锷纂修，（清）王万芳总纂：《襄阳府志》卷五“古迹”邓城条，光绪丙戌秋刊刻本。

③ （清）恩联等修，（清）王万芳等纂：《襄阳府志》卷五“古迹”邓城条，光绪十一年刊本。

中即在文献描述的大致位置发现了该城址，且其名称历来称“邓城”。

城址位于今襄阳市高新区团山镇邓城村南，面积约84万平方米。城址基本保存完好，平面略呈长方形，南北长800～825、东西宽600～675米，墙体下宽20米左右，残高3～6米，四角凸出，东南角最高。每面城墙正中各有一个缺口，应为城门；城外有护城河，宽20～40、残深1～4米（图2-1-1）。城内文化层厚1～2米。城内及城墙上暴露遗物十分丰富，包含陶鬲口沿、鬲足、豆盘、豆柄、盆口沿、罐口沿等生活用器及绳纹砖、瓦等建筑材料残片，并有少量硬陶器[①]。经过对包含遗物特征分析，其时代不

图2-1-1　邓城城址平面图

① 襄樊市文物普查办公室、襄樊市博物馆：《襄樊市文物史迹普查实录》，今日中国出版社，1995年，第2页；国家文物局：《中国文物地图集·湖北分册》，西安地图出版社，2002年，第61页；襄阳市第三次全国文物普查领导小组办公室：《襄阳史迹扫描》，湖北人民出版社，2013年，第43页。

早于春秋中期，这对城址是否为邓国都城提出了挑战。

但值得肯定的是，邓城城址的定位对在周边寻找邓国文化遗存提供了重要线索。

二、邓国墓地的发现

邓国墓地有一个从发现“邓”器进而为寻找墓地提供线索，到最终被确认的过程。

（一）寻找邓国墓地的线索

1974年，湖北省博物馆组织对位于今襄阳邓城东北约4千米的山湾墓地进行发掘过程中，襄阳第六新生砖瓦厂在墓地所在岗地取土时发现了一件铜鼎，经调查认为出自一座遭到破坏的墓葬，但未发现其他共生器物。该铜鼎盖内和器内壁铸相同铭文16字：“邓公乘自作饮緐，其眉寿无期，永保用之。”发掘者认为，铜鼎年代为春秋早期或偏晚，是楚灭邓前的邓国铜器①。徐少华考察其形制、纹饰后认为，该鼎是典型楚器，时代在春秋晚期前段，不可能是嫚姓邓国之器，而很可能是楚设邓县县公之器②。这一考证依据充分，可采信。

山湾墓地发现的“邓”字铭文铜器也是最早出土有关“邓”器的实物，把我们寻找邓国墓地的视线吸引到了周边区域。

1979年4月，襄樊市文物管理处（今襄阳市文物管理处）从废品公司拣选到一批铜器，无法确定出土地点，仅大致推测出土于襄阳余岗一带。其中5件有铭文，包括西周晚期的2件“邓公牧”簋（1件缺盖）、1件“侯氏簋”（缺盖）③；而1981年在襄阳县伙牌公社陆寨大队蔡坡土岗（即蔡坡楚墓地附近一带土岗）上取土时又发现1件“侯氏簋”④，进而表明上述一批铜器出自蔡坡土岗。该土岗南侧为汉江北岸平原，北靠连绵的襄北低矮丘岗地。这几件铜器在蔡坡土岗的发现为邓国墓地的寻找提供了较为明确的线索。

（二）邓国墓地的确认

经考古发掘和考证所知，邓国墓地共7处（附表一）。

---

① 杨权喜：《襄阳山湾出土的鄀国和邓国铜器》，《江汉考古》1983年第1期。

② 徐少华：《周代南土历史地理与文化》，武汉大学出版社，1994年，第13页。

③ 襄樊市文物管理处：《湖北襄樊拣选的商周青铜器》，《文物》1982年第9期。

④ 襄樊市博物馆、谷城县文化馆：《襄樊市、谷城县馆藏铜器》，《文物》1986年第4期。

1. 王坡墓地

2001年4月，为配合二（连浩特）广（州）高速公路襄阳段工程施工，湖北省文物考古研究所（今湖北省文物考古研究院，下同）与襄樊市考古队（今襄阳市文物考古研究所，下同）、襄阳区文物管理处（今襄州区文物管理处，下同）组成联合考古队，对第二次全国文物普查发现的王坡墓地处于高速公路正线及取土场范围内区域进行考古勘探，共发现墓葬182座，发掘176座，墓葬分为四个墓区：王坡、蔡家山、老虎山、南岗，自南向北排列，王坡墓区位于最南部。

王坡墓区发掘出4座春秋早期墓，均位于南部面向平原的坡地上，分别编号M1、M3、M47、M55。均为长方形竖穴土坑墓，其中M1、M47为小型墓，M3、M55为中型墓。

M1　方向185°。口底同大，长3.5、宽2.2、残深0.25～0.4米，坑壁陡直，壁面较光滑，墓底平坦。葬具为单椁单棺。棺内南端发现几枚牙齿，可知头向南，但葬式不明。随葬器物共17件，包括铜鼎1件、戈3件、马衔2件、马镳4件，皮甲1件，玉玦2件、片2件、牛首饰2件、长方形饰1件，其时代定为春秋早期早段。重要的是铜鼎和3件铜戈均铸、刻铭文，器主为“邓公孙无忌”或“邓子中无忌”，应是邓国公室的后代。科学发掘资料为邓国墓地的确认奠定了基础。

M3　方向185°。口底同大，长5.4、宽3.8、深2.9米，坑壁陡直，壁面光滑，墓底平坦。葬具为单椁单棺。棺痕内南部发现几枚牙齿，可知头向南，但葬式不明。由于该墓早年被破坏，随葬器物仅残存36件，大多为随身佩带的小件饰品，包括玉璜1件、蝉1件、玦2件、蛙形饰5件，料珠7颗，玛瑙珠18颗，并有残铜片2块。玉器特征与M1基本相同，时代相当或略晚。

M47　方向175°。口大底小，墓口长3.2、宽1.7～1.75米，墓底长3.08、宽1.62米，深1～1.1米，坑壁平整光滑，墓底平坦。葬具为单椁单棺。棺痕内南部发现几枚牙齿，可知头向南，但葬式不明。随葬器物共7件，铜戈1件，玉玦2件、贝2件、璜1件，石刀形饰1件。墓中出土的铜戈和玉器与M1相近，其时代不晚于春秋早期。

M55　方向184°。口底同大，南部稍窄，长6.3、宽4.3～4.5、深3.8米，坑壁陡直，壁面平整光滑，经人工修整，墓底平坦。葬具为单椁单棺。人骨不存，葬式不明。随葬器物共1056件。包括铜鼎5件、簠6件、壶2件、盘1件、匜1件，戈3件、戈镈1件，马衔2件、马镳4件、泡3件、帽钉2件、环2件、鋂1000件、弹簧形器1件、片饰1件；丝线1束；玉琮1件、玦2件、兽面饰7件、牌形饰8件、方形饰1件、条形饰1件、贝1件。据棺内玉器的方位推测墓葬头向南。上述铜祭器中未见铭文，从形制、纹饰特征判断，其时代为春秋早期晚段，其鼎、戈同M1鼎、戈的风格一脉相承，属同一性质的墓葬。

上述4座墓葬的性质从M1所出4件铜器铭文指向同一人即“邓公孙”或“邓子”“无忌”的情况分析，这几座墓属于春秋早期邓国墓葬。同时，鉴于其规模和主要出铜、玉器且未出陶器的情况分析，墓主人身份应相对较高，均为元士及以上等级①。再结合前述“邓公牧”“侯氏”铜簋出土的蔡坡土岗与之邻近的情况分析，蔡坡土岗至王坡墓地可确定为西周晚期至春秋早期的邓国贵族墓地。

2. 擂鼓台墓地

2000年12月，谷城县庙滩镇组织农民在古乐寺村开挖花椒树沟的过程中掘出4件铜器，后经追缴全数追回。同时，襄樊市考古队、谷城县博物馆联合对出土现场进行清理，确认这批铜器出自一座长方形竖穴土坑墓（擂鼓台M1）。依照放置器物一端确定方向，为205°。坑口已被破坏；坑底长2.8、宽1.36米，距现存地表1.1米。坑壁欠光滑，底平。坑底可见灰白色棺木腐烂残迹，棺内底有一层朱砂遗迹；人体尸骨无存，葬式不详。出土的4件铜器有鼎、簋各2件，其中2件鼎有铭文“邓子孙白用”，其时代为春秋早期②。

2016年7月，为配合（武）汉十（堰）高速铁路建设，湖北省文物考古研究所又在擂鼓台墓地发现并发掘了M2，该墓与M1相距不远，西北角有一椭圆形盗洞直到墓底，但未进入椁室。长方形竖穴土坑墓，方向182°。墓口被破坏，现存墓口长5.04～5.14、宽3.12～3.48米，墓底长4.9～4.96、宽3～3.36米，深0.54～1.1米。壁面光滑，墓底平坦。葬具已腐烂，仅存痕迹，为单椁单棺。椁室分为棺室与头箱两部分，棺底铺满朱砂；人骨架已腐烂，仅在棺内南部发现几枚牙齿，葬式不明。随葬器物23件，包括铜鼎、簋各2件，罍、提梁卣、矛、戈各1件，镞8件；陶罐2件；玉玦、环、条饰、琀各1件；漆木弓1件。其中2件鼎有铭文显示器主为“邓子鄙白”，2件簋铭文显示器主为“旛（庸）”，1件戈有铭文“邓子白随戈”③。时代为春秋早期。鉴于铜簋的时代早于墓葬时代，且该鼎、戈主人与M1之鼎显然为同一人，且二墓很可能为夫妇异穴合葬墓，其中M2规模较大，随葬兵器，容器数量也多，应为男主人；M1为女主人。这也表明了二者为邓国墓葬，其身份不低于元士。

上述两处墓地一在汉水以北，一在汉水以西，且相距不远，而以王坡墓地等级更高，这也表明其周边同时期的墓葬国属应为邓国无疑。

---

① 湖北省文物考古研究所、襄樊市考古队、襄阳区文物管理处：《襄阳王坡东周秦汉墓》，科学出版社，2005年，第1-63页。

② 陈千万：《湖北谷城发现的邓国铜器及相关问题》，《襄樊考古文集（第一辑）》，科学出版社，2007年，第519-525页。

③ 湖北省文物考古研究院、谷城县博物馆：《湖北谷城擂鼓台墓群M2发掘简报》，《江汉考古》2022年第3期。

3. 其他邓国墓地

2001年以后，为配合襄阳高新区邓城城址周边的各项基本建设，先后在多个墓地中发现和清理出了西周晚期至春秋早期的墓葬。

（1）沈岗墓地

2004年4月至2010年1月，为配合襄阳大力公司厂区等多个项目建设，襄樊市考古队在高新区团山镇余岗村沈岗自然村西南勘探发现并先后10次发掘了1100余座墓葬。经整理确认邓国墓葬分布于西区，共24座，其中西周晚期墓葬1座（M694），其余时代为春秋早期，均为长方形竖穴土坑墓。

M694　方向30°。墓口长3.2、宽1.66～1.7、深1.96米。墓底中部有一腰坑。葬具为单椁单棺。人骨架朽尽，葬式不明。随葬器物12件，包括陶簋4件、豆2件、罐2件，玉玦2件、贝2件[①]。墓葬时代不晚于西周晚期[②]。

春秋早期墓葬方向均在186°～222°。个别墓葬设壁龛；除个别墓葬葬具为单椁单棺外，其余均为单棺，部分墓葬棺内底铺朱砂。仅1座墓葬随葬铜兵器，其余均随葬玉器或加水晶器、珍珠等[③]。

（2）黄家村墓地

2005年9～12月，襄樊市考古队分别为配合湖北汉丹、湖北开达、湖北嘉能公司厂区建设，清理出4座春秋早期墓葬，分别编号M130、M146、M170、M262。

4座墓均为小型长方形竖穴土坑墓，方向172°～215°。墓口长、宽分别在3、1.5米左右。葬具中，3座单椁单棺、1座单棺。随葬器物均较少，除M262出土3件陶器外，其余3座墓葬均仅出土小型玉饰品，特征与王坡墓地玉器接近。墓葬时代为春秋早期[④]。

（3）韩岗墓地

2009年，为配合湖北力天鞋业项目建设，襄樊市考古队在高新区团山镇邓城村西的韩岗遗址发掘了被东周楚文化遗存打破的31座墓葬，均为小型长方形竖穴土坑墓，墓葬头向均朝南或西，朝南者方向为158°～185°，朝西者方向为250°～290°。10座墓葬设腰坑，2座墓葬设壁龛；葬具均仅存灰痕，9座单椁单棺、21座单棺、1座不明，其中10座棺内底铺有朱砂；24座人骨架完整或存部分头、肢骨，葬式除2座侧身直肢葬、

---

① 襄樊市文物考古研究所：《襄樊沈岗西周墓发掘简报》，《襄樊考古文集（第一辑）》，科学出版社，2007年，第127-131页。

② 胡刚：《襄阳沈岗M694的年代及其性质浅析》，《江汉考古》2012年第2期。

③ 襄阳市文物考古研究所：《襄阳沈岗东周墓（西区）》，科学出版社，2020年，第1-49页。

④ 襄阳市文物考古研究所：《襄阳黄家村》，科学出版社，2013年，第249-254页。

1座侧身屈肢葬外，均为仰身直肢葬。仅2座墓葬随葬陶器，均置于龛内。时代为春秋早期①。

（4）惠博通墓地

2012年6月，为配合惠博通公司建设，襄阳市文物考古研究所在襄阳市高新区团山镇邓城村西廖家庄路东侧发掘了9座墓葬，其中5座为汉墓、4座为春秋早期墓葬。

4座春秋早期墓葬均为小型长方形土坑竖穴墓，墓葬方向为285°～300°。1座墓葬设头龛。葬具均为单棺，1座墓葬在棺内头部铺有朱砂。1座墓葬人骨架腐烂殆尽，2座墓葬可见牙齿，1座墓葬残存头骨。均无法判定葬式。1座墓葬随葬陶器，置于头龛内，该墓头骨下还有石琀；其余3座墓葬均无随葬品②。

（5）卞营墓地

2012年7～12月，为配合国色天香居民住宅小区建设，湖北省文物考古研究所联合襄阳市文物考古研究所在襄阳市高新区团山镇邓城村卞营自然村南发掘了539座墓葬，其中38座墓葬时代为西周晚期至春秋早期，包括陶器墓葬9座，无陶器仅有小件铜、玉器墓葬29座。

这批墓葬均为小型长方形土坑竖穴墓，其中31座墓葬方向为162°～235°，4座墓葬方向为295°～310°，另有3座墓葬方向分别为5°、35°、352°。3座设头龛或侧龛。除个别墓葬葬具无存外，均为单棺。部分墓葬有完整人骨架或肢骨、牙齿等，可判定葬式者均为仰身直肢葬。随葬器物数量均不多，少量置于壁龛内，其余均置于棺内、外一端③。

三、邓国遗址的发现

邓国墓地发现后，通过对比分析，发掘者确认与墓地同时代的周边遗址出土陶器特征相同，推测遗址性质当属邓国聚落。这一确认首先是从黄家村遗址开始的。随着认识的深入，又先后发掘或确认了多处邓国遗址，并可分聚落遗址和作坊遗址（附表二）。

（一）聚落遗址

共7处。

① 襄阳市文物考古研究所：《襄阳韩岗遗址春秋墓的发掘》，《襄阳考古文集（第二辑）》，科学出版社，待出版。

② 襄阳市文物考古研究所2012年发掘资料。

③ 湖北省文物考古研究所、襄阳市文物考古研究所：《襄阳卞营墓地》，文物出版社，2019年，第11-96页。

1. 韩岗遗址

遗址位于襄阳市高新区团山镇邓城村韩岗自然村北，分布面积达120万平方米，先后三次发掘。其中第一次发掘包含邓国文化遗存，第二次发掘包含邓文化遗物，第三次发掘在楚文化遗存下发现了邓国墓葬（见前述）。

1987年12月，为配合原第二汽车制造厂引汉水利工程建设，在水渠范围内选点布设7条探沟（编号T1～T7）进行试掘，试掘面积112平方米。地层堆积分为4层，清理灰坑4座（H1～H4）、沟1条（G1）、井1口（J1）。发掘者整理后认为，本次试掘的遗迹分为三个时期：H1～H4、T3第4层、T7第3层的时代不晚于西周晚期，T2第2、3层和T3第3层的时代为春秋早期，其余时代为汉代。第一、二期即邓国遗存①。

经过分析，我们认为，上述遗存的分期存在一些问题，需要重新审视。

上述遗存出土陶器完整器极少，有明显时代特征的器物残片也相对有限。其中T3④：5、H2：7之带凸箍的矮圈足豆柄和H4：1之折肩盆具有较典型的西周晚期特征，此型豆主要发现于丰镐地区西周晚期遗存，折肩盆的风格更早②。而T3④：1之肩有凸棱的弧肩盆、T7③：1之矮柄圈足豆的时代特征则较上述同类器物明显偏晚，应在春秋早期，特别是H2出土的板瓦特征更晚。整体考虑，T3第4层、T7第3层的时代不早于春秋早期。其他层位或灰坑的时代则更晚，已不属于邓国遗存的范畴了。

该遗址于1996年又进行了第二次发掘，发掘面积890平方米。该次发掘确定的遗址时代最早为春秋中期，有4个单位，包括分布面积不大的第6层和H17、H19、H21③。简报认为A型Ⅰ式陶鬲（H17：8）接近真武山春秋早期A型Ⅳ式陶鬲④，而略带凸箍的矮粗陶豆圈座（H17：9、H17：11）和A型Ⅰ式陶折肩盆口沿（H17：5）明显具有西周晚期至春秋早期风格，同时，鉴于H17出土有浅弧盘豆，其时代相对较晚。综合分析，这4个单位中至少包含了春秋早期的邓文化遗物，或许是晚期遗存破坏早期遗存所致。

2009年进行第三次发掘，发掘面积2000平方米，主要为春秋以后的遗存。资料尚未公布。

---

① 襄樊市博物馆：《湖北省襄樊市邓城遗址试掘简报》，《江汉考古》2004年第2期。

② 梁星彭：《岐周、丰镐周文化遗迹、墓葬分期研究》，《考古学报》2002年第4期。

③ 湖北省文物考古研究所、襄樊市博物馆：《湖北襄阳邓城韩岗遗址发掘报告》，《江汉考古》2002年第2期。

④ 湖北省文物考古研究所、襄樊市博物馆：《湖北襄樊真武山周代遗址》，《考古学集刊（第9集）》，科学出版社，1995年，第138-161页。

2. 黄家村遗址

遗址位于襄阳市高新区团山镇黄家村唐楼、陈家楼自然村北、东侧。分布面积约50万平方米。早年因土地平整对上部破坏严重，仅存局部呈散点状的地层堆积或灰坑（也可能是残存的地层底部）。遗址上有4座春秋早期邓国墓葬（见前述）和十分密集的春秋中期以后墓葬①。

2005年2～12月，为配合湖北汉丹机电有限公司建设，在遗址中、东部发掘2900平方米，共发现少量连片的文化层堆积，并清理出灰坑24座（H1～H24）、房址1座（F1）、水井1口（J1）、窑址1座（Y1）；2007年3～6月，为配合襄阳百泰、欧安电气公司和湖北回天胶业股份公司厂区建设，根据勘探发现的地层堆积情况分三片在遗址西部南、北面布方发掘2200平方米，因区域不同，文化层分为三或四层，清理出灰坑29座（H25～H53）。

根据出土遗物特征分析，所发掘的文化层中属西周晚期至春秋早期的地层，东南区为第3～5层，北区为第4、5层；遗迹除F1、Y1时代偏晚，H30、H49为战国时期外，其余遗迹的时代均为西周晚期至春秋早期。

出土遗物以陶器为大宗，按用途可分生产工具、生活用器及铸造用模、范等三类，更以生活用器居多，基本包括了当时的日常用器类别，有炊器鬲、甗，食器簋、盂、豆，酒器壶、罍，水器盆，贮器罐、瓮、缸，杂器器盖等。还有少量铜炼渣。

遗址地层、遗迹的时代分为三期5段，即西周晚期前、后段，两周之际，春秋早期前、后段②。

3. 周家岗遗址

遗址位于襄阳市高新区团山镇黄家村周家岗、陈家楼自然村及以南。分布面积约15万平方米。20世纪80年代发现。地表可见较多的新石器时代、周代陶片。

2008年5～8月，为配合市内环线建设在遗址东北部发掘437平方米。遗址地层堆积可分六层，其中第3层为汉代层，第4层为周代文化层，第5、6层为新石器时代文化层。周代遗迹包括灰坑6座（H5、H7～H9、H12、H14）、灰沟1条（G1）、房址1座

---

① 襄阳市文物考古研究所：《襄阳黄家村》，科学出版社，2013年，第247-546页。

② 襄阳市文物考古研究所：《襄阳黄家村》，科学出版社，2013年，第26-246页；襄樊市文物考古研究所：《襄樊邓城黄家村遗址2005年西区周代灰坑发掘简报》，《中原文物》2008年第3期；襄樊市文物考古研究所：《湖北襄樊市黄家村遗址周代灰坑的清理》，《考古》2009年第11期；襄樊市文物考古研究所：《襄樊邓城黄家村遗址2005年东区周代遗存发掘简报》，《江汉考古》2010年第3期。

（F1）、水井1口（J1），其他遗迹的时代分别为汉代及以后多个时期和新石器时代。出土遗物大多为陶片，器类有鬲、甗、盂、豆、罐、器盖及纺轮等，并有少量石凿、球及铜镞、渣等。时代为西周中期后段至春秋早期[①]。

4. 吴家坡遗址

遗址位于襄阳市樊城区柿铺街道王伙村吴家坡自然村东，北距邓城城址1.3千米。处汉江北岸的淤积平原上。东西长约200、南北宽约100米。

2011年为配合房地产开发项目在该地块内勘探出123座汉至宋明墓葬及少量地层堆积[②]。勘探知遗址受到严重破坏，残存零星分布的遗存，面积均不大，因缺少地层关系，根据形状统一编为灰坑、灰沟。同年进行发掘，清理周代灰坑14座（H1～H14）、灰沟1条（G1）。出土遗物以陶片为大宗，器类有鼎、壶、鬲、甗、盂、豆、罐、小罐、瓮、器盖、器座及纺轮、饼、球、垫等，还有磨石、铜镞、骨锥、蚌刀等。时代为春秋早期[③]。

5. 小马家遗址

遗址位于襄阳市襄州区黄集镇耿坡村小马家自然村及南北侧，南距邓城城址约25千米。分布面积较大，南北长约1000、东西宽约400米，以马河为界分为南、北两部分，分别为西、东周文化遗存。

2001年11月，为配合（襄）樊魏（集）高速公路建设对沿线文物点进行调查时发现，随后发掘275平方米。因早年土地平整破坏，现地层堆积简单，周代地层仅一层，其上叠压现代耕土层、晚期地层。清理周代灰坑6座（H1～H6）。其中西周灰坑H1～H3直接清理，其可能原为地层。

3座灰坑南北相邻，为圆形或不规则椭圆形，包含物除少量动物骨骼外，全为陶片，器类有鬲、甗、簋、盂、壶、罐、瓮等。时代为西周早中期[④]。

6. 吴家湖遗址

遗址位于襄阳市樊城区牛首镇大李营村吴家湖自然村东南，东距邓城城址约5.5千

① 湖北省文物考古研究所、襄阳市文物考古研究所：《湖北襄阳周家岗遗址周代文化遗存2008年发掘简报》，《江汉考古》2021年第2期。

② 襄阳市文物考古研究所：《襄阳吴家坡》，科学出版社，待出版。

③ 襄阳市文物考古研究所：《襄阳吴家坡遗址发掘简报》，《襄阳考古文集（第二辑）》，科学出版社，待出版。

④ 襄樊市文物考古研究所、襄阳区文物管理处：《襄阳黄集小马家遗址发掘简报》，《襄樊考古文集（第一辑）》，科学出版社，2007年，第102-126页。

米，南距汉江约3.8千米。分布面积因未全面勘探不明。

2019年3月，为配合樊西新区综合警务服务站建设勘探发现，同年7～8月发掘150平方米，发掘区位于遗址北部边缘地带。地层堆积较简单，分五层，其中第3～5层为周代文化层。清理出灰坑10座（H1～H10）、灰沟2条（G1、G2），出土石斧、陶网坠等生产工具和大量陶鬲、甗、簋、盂、豆、盘、罐、瓮、器盖等生活用器残片。时代为西周中晚期①。

7. 堰窝子遗址

遗址位于老河口市南部约14.5千米的仙人渡镇王楼村与钟家寨村接合部，面积约3万平方米。

2010年 6～7月，为配合西气东输二期工程建设调查发现该遗址，后布5米×5米探方12个，分东、西区进行发掘。遗址因改田大部分被破坏，在现代表土层、扰土层下仅分布散状的灰坑、灰沟等（有的可能是地层的底部）。清理出灰坑12座（H1～H12）、灰沟2条（G1、G2），其中仅1座西周晚期灰沟（G1），其余均为新石器时代或春秋中期及以后遗迹。

G1　不规则形，通长7.55、宽0.88～2.15、深0.38米。出土遗物均为陶片，可辨器型有内外装饰附加堆纹、戳印纹的鬲口沿，折壁豆盘、带凸箍的矮粗豆柄，微折肩盂口沿等，具有较明显的西周晚期特征②。

（二）作坊遗址

主要发现了王家巷遗址1处，为制陶作坊遗址。

遗址位于襄阳市樊城区王寨村王家巷自然村北侧，分布面积约7.5万平方米。先后发掘三次。

2008年6～7月，为配合市内环线建设在遗址东部发掘310平方米。遗址地层堆积可分五层。其中第4层为春秋文化层，清理出同时期窑址1座（Y1）、灰坑13座（H1～H13）。出土了大量陶片，器类以生活用器为主，有鼎、簋、壶、鬲、甗、盂、豆、罐、瓮、小罐、器盖等。还有一定数量的生产工具，如陶拍、网坠、纺轮、球、轮盘、垫，以及石饼、拍和铜镞、块，卜骨及兽骨、牙、角等。其中H5、H7～H10、H12等6座灰坑在Y1旁，从灰坑壁陡直、底较平，坑内有大量草木灰、木

① 襄阳市文物考古研究所：《襄阳吴家湖遗址2019年发掘简报》，《襄阳考古文集（第二辑）》，科学出版社，待出版。

② 湖北省文物考古研究所等：《湖北老河口堰窝子遗址发掘简报》，《襄阳考古文集（第二辑）》，科学出版社，待出版。

炭、红烧土和出土较多的变形、可拼对的残破陶器与陶拍的情况分析，这几座灰坑为就地取土制作陶器，之后又作为陶窑废弃物堆积的灰坑。另有1座灰坑（H2）位于当时的坡地上，出土大量可以拼对完整的陶器和部分变形陶器，也进一步证明了该灰坑的性质，即陶窑废弃物的堆积坑。遗址的时代为春秋早期①。

2013年为配合绿地集团房地产开发在遗址东部再次发掘400平方米，清理出3座陶窑（Y2～Y4）和36座灰坑（H14、H16～H50）、1口水井（J1），也出土了大量陶质生活用器和较多的石拍、磨石，角锥，陶拍、压锤、支垫等制陶类工具。从这些遗迹出土的陶器特征看，其时代为春秋早期，但部分灰坑出土折盘带箍矮柄豆、折肩盂、折肩罐等西周晚期遗物，从而表明遗存的使用时间较长②。

2018年，为配合襄投置业209项目，在2008年发掘区以西勘探发现地层堆积和大量墓葬，因袭2011～2016年发掘的墓地命名为贾巷墓地。由于勘探前地表已被下挖1米多深，文化层堆积已不存，墓葬开口已被破坏。在现扰土层下共清理出灰坑36座（H51～H86）、水井3口（J2～J4）、墓葬401座（M1～M401）。其中灰坑、水井与2008年发掘的遗址基本为一体，灰坑的形制、填土堆积和出土器物也差不多，如形制有长方形、近圆形、椭圆形等，相对较为规整，其坑壁较直、底多平；堆积包含较多的炭屑、红烧土、灰烬等；出土了大量陶器，其中有不少陶拍和变形可复原的鬲、盂、豆、罐等。新发现的水井也出土形制相同的陶器。其时代为春秋早中期之际或略早。其性质也应一致③。目前资料正在整理中。

这三次发掘位置分别位于遗址东、中、西部，呈现出自西周晚期至春秋中期连续发展的历程，可见其延续时间长，应是一处长期使用的制陶作坊遗址。

四、邓国文化遗存的分布

从已发现的情况看，邓国文化遗存主要分布在邓城城址周边，这里是汉江北岸的淤积平原，地势较为平缓，局部地区稍高。

邓城城址位于襄阳市高新区团山镇邓城村南，南约5千米即为汉江。其西北与韩岗遗址相邻，再往西约5.5千米为吴家湖遗址，城墙东南角外即为周家岗遗址，东、东南约500米为黄家村遗址（发现陶模、范和铜炼渣，很可能有铸铜遗存），南约600米为

---

① 湖北省文物考古研究所、襄阳市文物考古研究所：《襄阳王家巷遗址春秋制陶作坊遗存发掘简报》，《江汉考古》2020年第4期。

② 襄阳市文物考古研究所：《湖北襄阳王家巷遗址周代制陶作坊遗存2013年发掘简报》，《中原文物》2022年第3期。

③ 周婷：《2018樊城贾巷遗址墓地发掘》，《襄阳考古年报（2018）》，内部刊物，第47-56页。

王家巷制陶作坊遗址，可以说这些西周中期至春秋早中期之际的遗址密集分布在其方圆约2千米的范围内。

同时，在邓城城址东北、西北、东南约400米处分别有卞营、韩岗、惠博通、黄家村墓地，其东约2千米还有沈岗墓地，这些墓地发现的邓国墓葬都是小型墓葬。而在其正北约5千米的丘陵岗地上发现了有中型乃至大型墓葬的王坡墓地，王坡墓地以东的蔡坡土岗发现了等级高的“邓公牧”“侯氏”铜器。

可以说，在邓城城址周边构成了一个既有城址又有作坊遗址，还有中小型聚落遗址，以及多个不同等级墓地的聚落群（图2-1-2）。

在该聚落群之外，邓城城址以北25千米的襄北低矮岗地上发现了较早的小马家遗址；邓城城址以西约20千米处的擂鼓台低矮岗地上发现了邓国墓地。在邓城城址西北约40千米的堰窝子遗址发现了一条西周晚期的灰沟G1（图2-1-3）；堰窝子遗址附近经

图2-1-2　邓城城址周边邓文化遗存分布示意图

1. 邓城城址　2. 山湾墓地　3. 蔡坡墓地　4. 王坡墓地　5. 沈岗墓地　6. 黄家村遗址、墓地　7. 韩岗遗址、墓地　8. 卞营墓地　9. 周家岗遗址　10. 吴家坡遗址　11. 王家巷遗址　12. 真武山遗址　13. 惠博通墓地　14. 吴家湖遗址

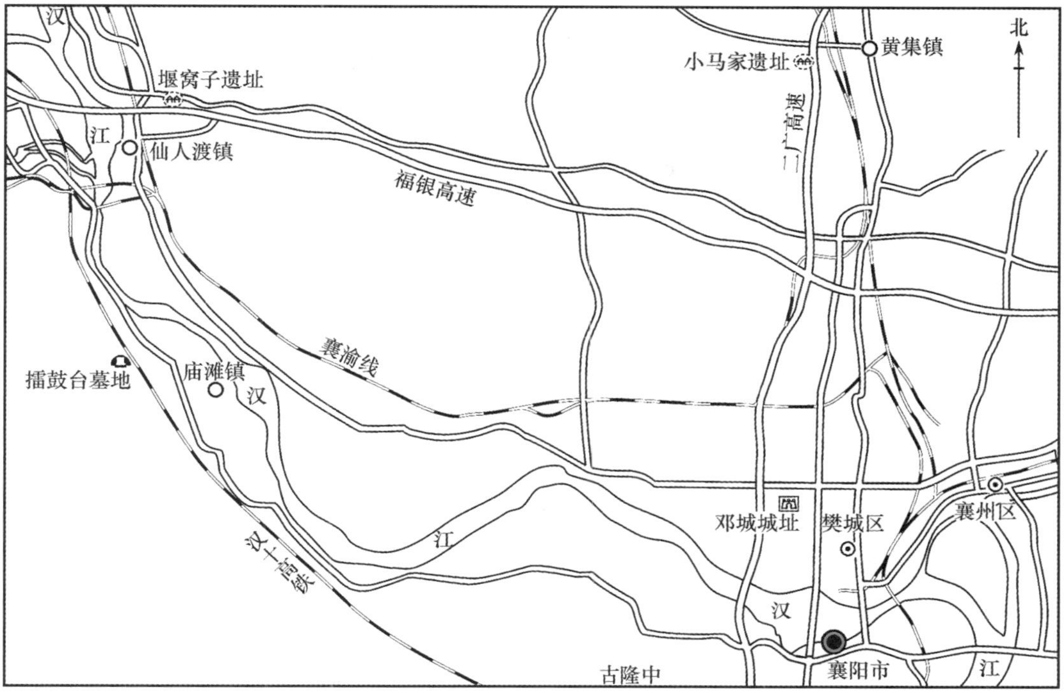

图2-1-3　邓城城址外围邓文化遗存位置示意图

调查还发现查营、蔡家岗等相同文化面貌的西周遗址[①]。这些为邓国疆域的研究提供了资料。

第二节　邓国铜器研究

截至目前，共发现邓国铜器1107件，除1000件鋳外，其余器物107件。其来源有出土、征集和传世三种，而征集品很可能仍为出土品。出土品资料较全；少量传世品仅见铭文，不见器型，无法通过形制、纹饰划分型式，仅能通过铭文字体推测时代。经确认，出土的邓国铜器主要来自襄阳王坡墓地、谷城擂鼓台墓地，以及河南平顶山应国墓地、陕西西安张家坡墓地等。

① 襄阳市第三次全国文物普查办公室：《襄阳史迹扫描》，湖北人民出版社，2013年，第182页。

一、铜器分期

所发现的邓国铜器按照功能可分容器、兵器、车马器等。

（一）容器的分期

共48件，其中有明确器型者45件，3件仅见铭文拓本或摹本。器类有鼎、簋、壶、提梁卣、罍、盉、牺尊、盘、匜九种（附表三）。

1. 型式分析

鼎　14件。根据平面形状的不同分为二型。

A型　2件。方鼎。传世邓小仲方鼎1、2。形制、大小相同。直口，平折沿，沿上有对称长方形立耳，直壁，四外角有扉棱，平底，四柱足。四壁上部有对称云雷纹组合而成的兽面纹。内壁铸铭文四行23字：登（鄧）小仲获得，弗敢取（沮），用乍（作）厥文祖寶鬻障（尊），用障（尊）厥畐于□宫。邓小仲方鼎2，口长16.8、宽13.8、通高23.8厘米[①]（图2-2-1，1；图2-2-2，1）。

B型　12件。圆鼎。侈口，有对称长方形耳，弧腹，圜底，三蹄足。按照形制和纹饰变化可分六式。

Ⅰ式：1件。西安市文物中心征集，出土地不详。平折沿，立耳，微垂腹，腹较深，蹄足较矮。中腹于两凸弦纹间饰云纹地斜角云纹，足上半部饰卷云纹组合成的兽面纹。器内壁铸铭文两行6字：异（鄧）公乍（作）旅障（尊）鼎。口径22、腹深18.2、高23.5厘米[②]（图2-2-1，2；图2-2-2，2）。

Ⅱ式：1件。传世邓伯氏鼎。平折沿，立耳外侈，微鼓腹，下腹内收，腹较深，蹄足稍高。中腹饰一周凸弦纹，其上饰一周重环纹。内壁铸铭文四行20字：隹登（鄧）八月初吉，伯氏、姒氏乍（作）爾嫚昊馀鼎，其永寶用[③]。尺寸不详（图2-2-1，3；图

① 中国社会科学院考古研究所：《殷周金文集成释文（第二卷）》第2528器，香港中文大学出版社，2001年，第259页；“故宫委员会”编辑委员会：《故宫西周金文录》“邓少仲方鼎”，（台北）故宫博物院，2001年，第30、273页；李学勤、艾兰：《欧洲所藏中国青铜器遗珠》邓小仲方鼎图版说明，文物出版社，1995年，第336、337页；钟柏生、陈昭容、黄铭崇：《新收殷周青铜器铭文暨器影汇编》第1828器，艺文印书馆，2006年。

② 王长启：《西安市文物中心收藏的商周铜器》，《考古与文物》1990年第5期。

③ 郭沫若：《两周金文辞大系图录考释》图31、录191、考176，上海书店出版社，1999年；中国社会科学院考古研究所：《殷周金文集成释文（第二卷）》第2643器，香港中文大学出版社，2001年，第299页。

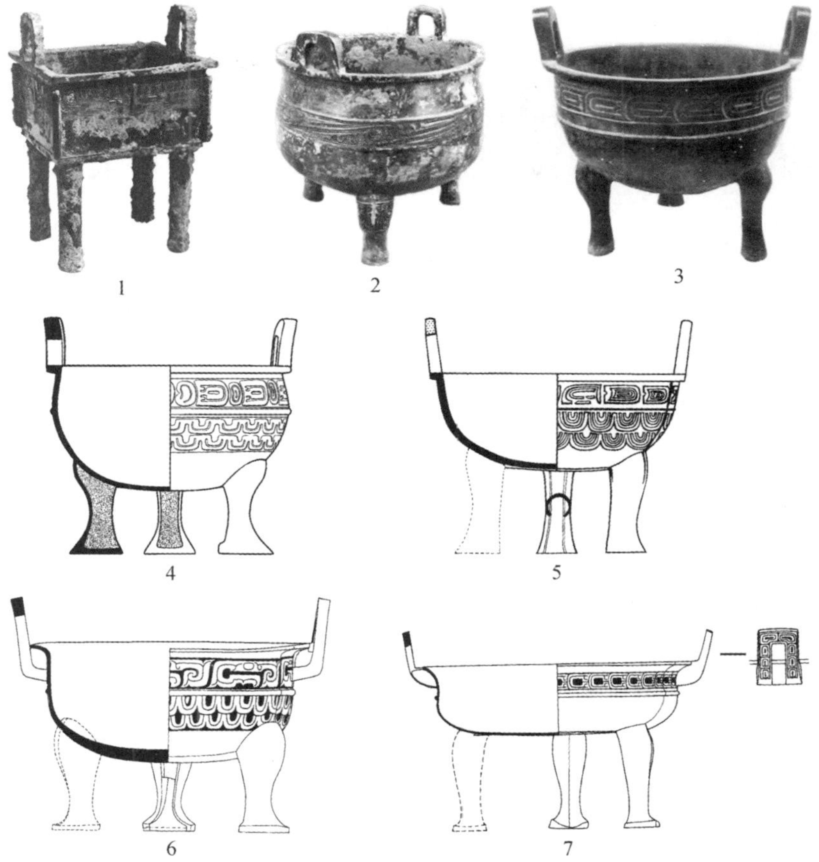

图2-2-1　铜鼎

1. A型（邓小仲方鼎2）　2. B型Ⅰ式（西安文物中心鼎）　3. B型Ⅱ式（邓伯氏鼎）　4. B型Ⅲ式（擂鼓台M2：6）　5. B型Ⅳ式（擂鼓台M1：1）　6. B型Ⅴ式（王坡M1：1）　7. B型Ⅵ式（王坡M55：14）

2-2-2，3）。

Ⅲ式：2件。擂鼓台M2：5、M2：6。形制、大小基本相同。平折沿，立耳，微鼓腹，下腹内收，腹较深，蹄足稍高。中腹一周凸弦纹上下分饰重环纹一周、垂鳞纹两周，耳外壁面饰两道凹弦纹。器内壁铸铭文四行17字：隹登（鄧）九月初吉庚午，登（鄧）子鄗白自乍（作）□阝坴（陵）鼎。擂鼓台M2：6，口径19.2、腹径19、腹深9.6、通高18.6厘米[①]（图2-2-1，4；图2-2-2，4）。

Ⅳ式：2件。擂鼓台M1：1、M1：2。形制、大小基本相同。除腹部自口沿内弧、耳上部外侈、腹较浅外，形制、纹饰与Ⅲ式基本相同，但铸造简陋。器内壁铸

① 湖北省文物考古研究院、谷城县博物馆：《湖北谷城擂鼓台墓群M2发掘简报》，《江汉考古》2022年第3期。

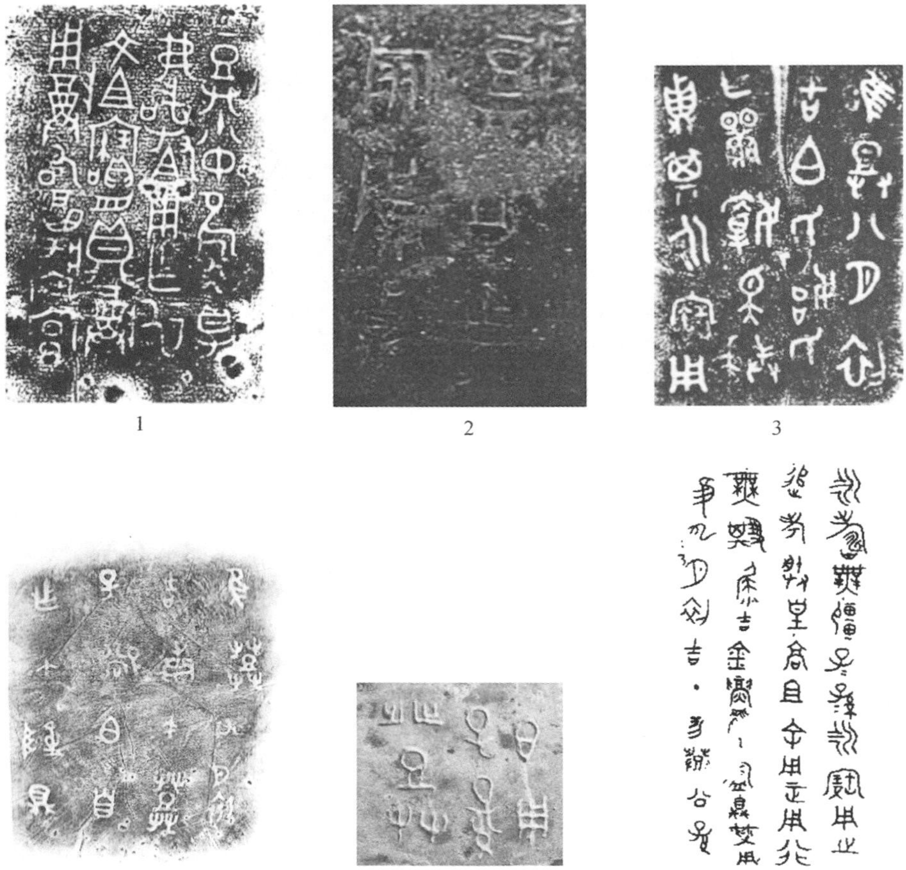

图2-2-2　铜鼎铭文

1. A型（邓小仲方鼎2）　2. B型Ⅰ式（西安文物中心鼎）　3. B型Ⅱ式（邓伯氏鼎）　4. B型Ⅲ式（擂鼓台M2：6）　5. B型Ⅳ式（擂鼓台M1：1）　6. B型Ⅴ式（王坡M1：1）

铭文三行5字：登（鄧）子孙白用。擂鼓台M1：1，口径19.5、腹深9.2、通高19厘米①（图2-2-1，5；图2-2-2，5）。

Ⅴ式：1件。王坡M1：1。翻沿，弧腹内收，附耳，腹稍浅，蹄足稍高。中腹一道凸弦纹上、下分饰“C”形无目窃曲纹一周、垂鳞纹两周；耳外壁面饰重环纹。内壁至底部铸铭文四行44字：隹九月初吉丁亥，登（鄧）公孫無嬰（忌）屖（徙）吉金盥（鑄）其□鼎。其用追考朕皇高且（祖）。余用正（征）用行，永壽無彊（疆）。子

① 陈千万：《湖北谷城发现的邓国铜器及相关问题》，《襄樊考古文集（第一辑）》，科学出版社，2007年，第519-525页。

子孫孫永寶用之。口径26.3、腹深10.6、通高22.8厘米[①]（图2-2-1，6；图2-2-2，6）。

Ⅵ式：5件。分别为王坡M55：14～M55：18。翻沿，上腹微凹，下腹弧收，附耳，浅腹，近平底，蹄足高。中腹一周凸弦纹上饰一周重环纹，耳外壁面饰重环纹。王坡M55：14，口径27.6、腹深7.2、通高20.4～20.7厘米[②]（图2-2-1，7）。

簋　22件。除3件未见器型、仅有拓本或摹本（传世邓公簋、邓公午簋、邓叔簋）外，其余均为圈座簋，个别仅存盖。为便于表述，可见形制的圈座簋为A型，另3件不见器型仅有拓本、摹本的簋均为B型。

A型　19件。簋身敛口，溜肩，垂鼓腹，有对称兽首衔环或弓形竖耳，近平底，喇叭状浅宽圈足。承弧盘状盖，盖顶圈足状握手。簋、盖均有纹饰。部分铸有铭文。按照整体形制和纹饰、铭文的变化可分六式。

Ⅰ式：4件。平顶山应国墓地出土邓公簋，分别编号A、B、C、D，2件缺盖（A、B）。形制相同，大小略异。兽耳衔环。圈足下有三兽首小扁足。口、盖沿一周饰“C”形圆目窃曲纹，簋、盖身分饰七、五道瓦纹，簋圈足饰一周斜角云纹。器、盖内壁均铸铭文三行12字：弄（鄧）公乍（作）應嫚毗媵簋，其永寶用。邓公簋D，口径20、腹径24.5、圈足径20、通高20厘米[③]（图2-2-3，1；图2-2-4，1）。

Ⅱ式：2件。襄阳蔡坡土岗采集、出土侯氏簋，均缺盖。形制相同，大小略异。螺状角兽首耳，下有方块状短垂珥，圈足下有三兽首小扁足。口沿饰一周“C”形圆目窃曲纹，身饰五道瓦纹，圈足饰一周“S”形无目窃曲纹。器内底铸铭文三行12字：侯氏乍（作）孟姬隮（尊）簋，其萬年永寶。侯氏簋1，口径21.5、腹径5.6、圈足径19.8、高18厘米[④]（图2-2-3，2；图2-2-4，2）。

Ⅲ式：4件。襄阳蔡坡土岗采集邓公牧簋2件（1件缺盖），擂鼓台M2：3、M2：4。形制相同，大小略异。兽首耳，下有方块状垂珥，圈足下有三兽首小扁足。口沿、盖沿饰一周“S”形凸目窃曲纹，两组窃曲纹间以带直棱的简化兽面纹分隔，簋、盖身分饰七、三道瓦纹，圈足饰一周斜角云纹，垂珥饰卷云纹。邓公牧簋，器、盖内底铸铭文两行6字：弄（鄧）公牧乍（作）馀簋。邓公牧簋1，口径18.5、腹

① 湖北省文物考古研究所、襄樊市考古队、襄阳区文物管理处：《襄阳王坡东周秦汉墓》，科学出版社，2005年，第30-34页。

② 湖北省文物考古研究所、襄樊市考古队、襄阳区文物管理处：《襄阳王坡东周秦汉墓》，科学出版社，2005年，第31、34-36页。

③ 平顶山市文管会：《河南平顶山市发现西周铜𣪘》，《考古》1981年第4期；张肇武：《河南平顶山市又出土一件邓公簋》，《考古与文物》1983年第1期；张肇武：《平顶山市出土周代青铜器》，《考古》1985年第3期。

④ 襄樊市文物管理处：《湖北襄樊拣选的商周青铜器》，《文物》1982年第9期；襄樊市博物馆、谷城县文化馆：《襄樊市、谷城县馆藏青铜器》，《文物》1986年第4期。

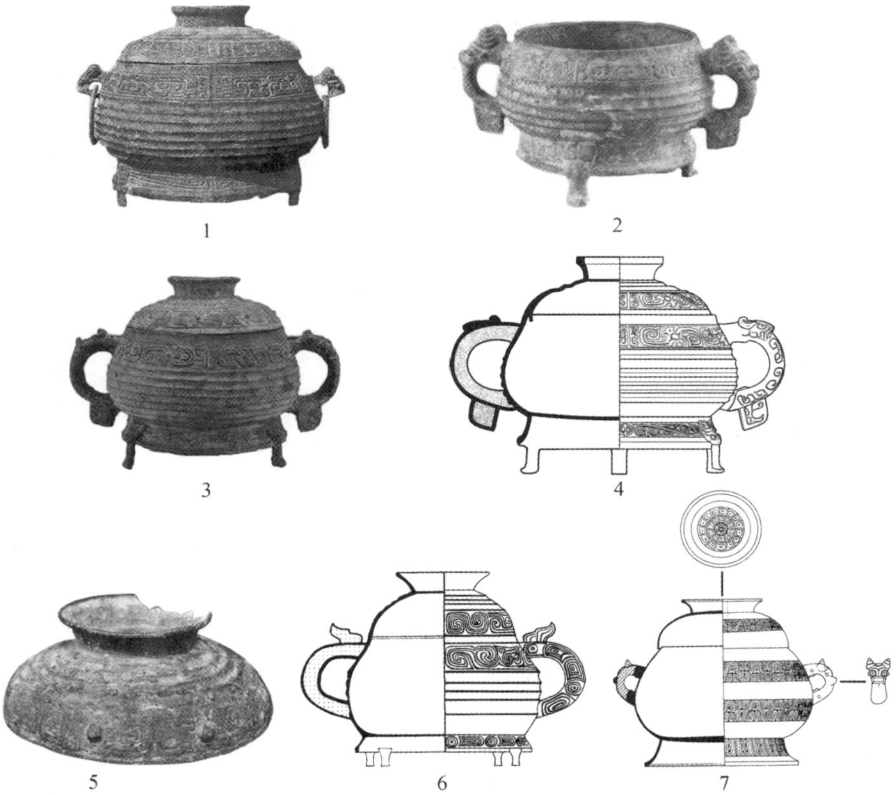

图2-2-3　A型铜簋

1. Ⅰ式（平顶山邓公簋D）　2. Ⅱ式（侯氏簋1）　3、4. Ⅲ式（邓公牧簋1、擂鼓台M2：3）
5. Ⅳ式（国博邓公簋盖）　6. Ⅴ式（擂鼓台M1：3）　7. Ⅵ式（王坡M55：22）

径23.5、圈足径21.6、通高22.5厘米①（图2-2-3，3；图2-2-4，3）。擂鼓台M2：3、M2：4，器、盖内底铸铭文四行24字：隹王正月，旟（庯）卲（昭）各（格）文祖皇考，乍（作）障（尊）簋，旟（庯）其萬年子子（重文）孫永寶用。擂鼓台M2：3，口径18.9、腹径23.5、圈足径20.1、通高22厘米②（图2-2-3，4；图2-2-4，4）。

Ⅳ式：1件。国博征集邓公簋盖，应为出土品，具体地点不详。盖沿饰一周“S”形凸目窃曲纹，盖身饰三道瓦纹。盖内壁铸铭文四行23字：隹登（邓）九月初吉，不故中夫人台（始）乍（作）登（鄧）公，用为中夫人障（尊）諆簋。口径22、高7.8厘米③（图2-2-3，5；图2-2-4，5）。

① 襄樊市文物管理处：《湖北襄樊拣选的商周青铜器》，《文物》1982年第9期。

② 湖北省文物考古研究院、谷城县博物馆：《湖北谷城擂鼓台墓群M2发掘简报》，《江汉考古》2022年第3期。

③ 杨桂荣：《馆藏邓国铜器》，《中国历史博物馆馆刊》总第15-16期，文物出版社，1991年，第148-151页。

Ⅴ式：2件。分别为擂鼓台M1：3、M1：4。铸造较简陋。兽首耳，圈足下有四小蹄足。口、盖沿饰一周“S”形无目窃曲纹，簋、盖身分饰四、三道瓦纹，圈足饰一周重环纹。擂鼓台M1：3，口径16.4、腹径20.5、圈足径18、通高15.5厘米[①]（图2-2-3，6）。

Ⅵ式：6件。分别为王坡M55：12、M55：13、M55：19、M55：22、M55：23、M55：24。形制、纹饰相同，大小略异。螺状角兽首耳。簋、盖腹分饰二、一周环带纹，簋圈足饰一周垂鳞纹，盖顶心饰三周重环纹。王坡M55：22，口径16.8、腹径25、圈足径21.4、通高24.5厘米[②]（图2-2-3，7）。

B型　3件。根据铭文字体的变化可分三式。

Ⅰ式：1件。传世邓公簋。仅见铭文拓本。铭文两行14字：隹十又四月，王在侯□，弇（鄧）公乍（作）旅簋[③]。尺寸不详（图2-2-4，6）。

Ⅱ式：1件。传世邓叔簋。仅见铭文摹本。铭文两行12字：□登（鄧）叔乍（作）顯寳，子子（重文）孫永寳用[④]。第一字缺，该字可能为副词，则“登（鄧）叔”之“鄧（邓）”显为国名，“叔”为排行；如该字为名词，则此字或单读，“鄧（邓）叔”连读，存在一名一字的可能，或与“鄧（邓）”连读成名，“叔”为排行，这两种情况下，“鄧（邓）”都不为国名，即该器并非邓器。当然还有一种可能，就是该器第一个缺字原本就没有，则“鄧（邓）叔”与前意同。按照不遗漏原则，我们将此器纳入邓器范畴，以第一字为副词来对待。尺寸不详（图2-2-4，7）。

Ⅲ式：1件。传世邓公午簋。仅见铭文拓本。铭文三行19字：鄧（邓）公午□自乍（作）餗簋，其萬年子子孫孫永壽用之[⑤]。尺寸不详（图2-2-4，8）。

壶　3件。按照整体形制不同可分二型。

A型　1件。方壶。仅存盖，即邓孟壶盖。子口，直壁，折肩，圈足状握手。外壁饰一周四个“S”形凸目窃曲纹。内壁铸铭文三行14字：弇（鄧）孟乍（作）监旻（曼）障（尊）壶，子子孫孫永寳用。口长13.1、宽9.3、通高12.1厘米[⑥]（图2-2-5，

---

① 陈千万：《湖北谷城发现的邓国铜器及相关问题》，《襄樊考古文集（第一辑）》，科学出版社，2007年，第519-525页。

② 湖北省文物考古研究所、襄樊市考古队、襄阳区文物管理处：《襄阳王坡东周秦汉墓》，科学出版社，2005年，第36-39页。

③ 中国社会科学院考古研究所：《殷周金文集成释文（第三卷）》第3858器，香港中文大学出版社，2001年，第179页。

④ （清）吴式芬撰：《攈古录金文》卷二之一，第77器，清光绪二十一年刊刻本。

⑤ 罗振玉：《三代吉金文存》卷七第四十八组器1，中华书局，1983年，第781页。

⑥ 郭沫若：《两周金文辞大系图录考释》图184、录191、考176，上海书店出版社，1999年；中国社会科学院考古研究所：《殷周金文集成释文（第五卷）》第9622器，香港中文大学出版社，2001年，第416页。

图2-2-4　铜簋铭文

1. A型Ⅰ式拓本（平顶山邓公簋D）　2. A型Ⅱ式拓本（侯氏簋1）　3、4. A型Ⅲ式拓本（邓公牧簋1、擂鼓台M2：3）　5. A型Ⅳ式拓本（国博邓公簋盖）　6. B型Ⅰ式拓本（传世邓公簋）　7. B型Ⅱ式摹本（传世邓叔簋）　8. B型Ⅲ式拓本（传世邓公午簋）

1；图2-2-6，1）。根据留存的该壶拓本看，壶身微侈口，微束长颈，溜肩，垂鼓腹，较高圈足。颈中部有对称兽首长鼻弓耳衔环。颈部饰一周环带纹，腹部每面有十字形宽带将其分隔成四个部分，每个部分饰一卷曲龙纹，均左右对称；龙角、须、尾卷曲。圈足一周饰上下相叠的斜角云纹（图2-2-5，2）。

B型　2件。圆壶。王坡M55：20、M55：21。形制、纹饰相同，大小略异。微侈口，束长颈，有对称螺状角兽首耳，斜溜肩，扁圆形垂鼓腹，圜底近平，倒盘口状高圈足。颈上、下部分饰一周环带、重环纹，腹、圈足分饰三、一周垂鳞纹；盖面中部饰一周环带纹，顶心饰三周重环纹。王坡M55：20，口径15.3、腹径23.3、圈足径

21.7、通高42.5厘米[①]（图2-2-5，3）。

提梁卣　1件。擂鼓台M2：8。直口微侈，微束颈，溜肩，垂鼓腹，平底，较高圈足，足缘下折，肩有双弓形耳套半环形提梁；承帽状盖，直口，圆折壁，顶微隆，鸟形纽。颈于两周凸弦纹间饰一周细密波折纹，腹分三组呈垂叶状于两道凹弦纹间饰纵向波折纹；盖面饰对称环带纹。口径8.8～11.8、最大腹径17.8、圈足径13.5～17、通高27.6厘米[②]（图2-2-5，4）。

罍　1件。擂鼓台M2：7。直口，矮直领，溜肩，肩有对称回望龙首弓形耳，折腹，下腹弧收，平底，较高圈足，足缘下折；承帽状盖，直口，折壁，弧顶，鸟形纽。肩上、下各一周凸棱间中部有一周宽带，在宽带上饰一周近“S”形无目（少量中部为圆圈）窃曲纹，下凸棱较粗，棱面饰一周重环纹，腹间隔饰六组内套卷云组合成兽面的蕉叶纹，耳面饰卷云纹；盖面饰环带纹。口径10.8、腹径20.7、圈足径16、通高31厘米[③]（图2-2-5，5）。

盉　1件。山东昌邑上河头村出土。侈口，翻沿，束颈，溜肩，鼓腹，分裆，三柱足，肩上一侧有牛首状弓形鋬，耳上端一环应衔链连盖，盖已失，对应一侧出上翘的管状流。颈于两道凸弦纹间饰三组对鸟纹，腹饰三组卷角兽面纹，纹饰均浮雕，每组依足部正中对称布局。耳内器壁上铸铭文一行4字：弄（鄧）公隮（尊）彝。口径13.3、腹径19.5、通高24.1厘米[④]（图2-2-5，6；图2-2-6，2）。

牺尊　2件。邓仲牺尊（张家坡M163：33、M163：43）。1件仅存盖。器身为一站立状怪兽，头前伸，眼平视，双耳上翘，头生双角，项顶附一虎；前胸附龙形爬兽，两侧臀部各一卷龙形扉棱；腹空腔，有长方形口承立鸟纽折盘盖；尾呈曲龙状，四短足站立。身满饰雷纹地夔纹和兽面纹，角及龙、虎、鸟面饰阴线回纹、卷云纹、十字纹、鳞片纹、羽毛纹等；盖弧面饰雷纹地龙纹。器内壁、盖内底各铸铭文两行6字：弄（鄧）中（仲）乍（作）寳隮（尊）彝。张家坡M163：33，通长40.5、通高38.9厘米[⑤]（图2-2-5，7；图2-2-6，3）。

---

① 湖北省文物考古研究所、襄樊市考古队、襄阳区文物管理处：《襄阳王坡东周秦汉墓》，科学出版社，2005年，第36-42页。

② 湖北省文物考古研究院、谷城县博物馆：《湖北谷城擂鼓台墓群M2发掘简报》，《江汉考古》2022年第3期。

③ 湖北省文物考古研究院、谷城县博物馆：《湖北谷城擂鼓台墓群M2发掘简报》，《江汉考古》2022年第3期。

④ 孙敬明、赵仲泉：《山东昌邑出土商代邓共盉稽考》，《于省吾教授百年诞辰纪念文集》，吉林大学出版社，1996年，第74-79页。

⑤ 中国社会科学院考古研究所：《张家坡西周墓地》，中国大百科全书出版社，1999年，第162-164页。

图2-2-5　铜酒器

1. A型壶（邓孟壶盖）　2. A型壶拓本（邓孟壶）　3. B型壶（王坡M55：20）　4. 提梁卣（擂鼓台M2：8）
5. 罍（擂鼓台M2：7）　6. 盉（邓公盉）　7. 牺尊（邓仲牺尊张家坡M163：33）

1　2　3

图2-2-6　铜壶、牺尊铭文拓本

1. A型壶（邓孟壶盖）　2. 盉（邓公盉）　3. 牺尊（邓仲牺尊张家坡M163：33）

盘　2件。邓伯吉射盘、王坡M55：10。直口，有对称长方形附耳，浅弧腹，平底，浅宽圈足。按照形制和纹饰可分二式。

Ⅰ式：邓伯吉射盘。圈足下有四小兽首足。腹、耳内壁饰“S”形无目窃曲纹，耳外壁饰双线弦纹，圈足饰一周垂鳞纹。内底铸铭文四行17字：登（鄧）伯吉射自乍（作）盥盘，子子孫萬年永寶用享。口径35.2、圈足径16.7、通高12.7厘米①（图2-2-7，1；图2-2-8，1）。

Ⅱ式：王坡M55：10。腹饰一周蟠螭纹，圈足饰垂鳞纹，耳面饰重环纹。口径39.2～40.4、圈足径32.4、通高12.2～12.5厘米②（图2-2-7，2）。

匜　2件。邓初生匜、王坡M55：11。器身似瓢形，直口，一侧有短流，流口微曲上翘，深腹，弧壁，小平底，下有三或四足。流的背端有一龙形鋬，龙首立于口沿上，其龙口紧衔器沿，尾端攀于器壁，龙体弓曲成环状作鋬。按照形制和纹饰的不同可分二式。

Ⅰ式：邓初生匜。四小兽首形足。龙形鋬双角弯曲，出尾微翘。口沿外饰一周“S”形无目窃曲纹，腹饰四道瓦纹。内底铸铭文三行13字：隹登（邓）初生吉壽登（鄧）公金，自乍（作）盥匜。口通长28、口宽15.2、通高19.2厘米③（图2-2-7，3；图

① 杨桂荣：《馆藏邓国铜器》，《中国历史博物馆馆刊》总第15-16期，文物出版社，1991年，第148-151页。

② 湖北省文物考古研究所、襄樊市考古队、襄阳区文物管理处：《襄阳王坡东周秦汉墓》，科学出版社，2005年，第39、43页。

③ 杨桂荣：《馆藏邓国铜器》，《中国历史博物馆馆刊》总第15-16期，文物出版社，1991年，第148-151页。

2-2-8，2）。

Ⅱ式：王坡M55：11。三小蹄足。龙形鋬双角直立，无尾。口沿饰一周蟠龙纹，腹饰两周垂鳞纹，龙体饰鳞片纹。口通长25.2、口宽12.6、通高14.4厘米[①]（图2-2-7，4）。

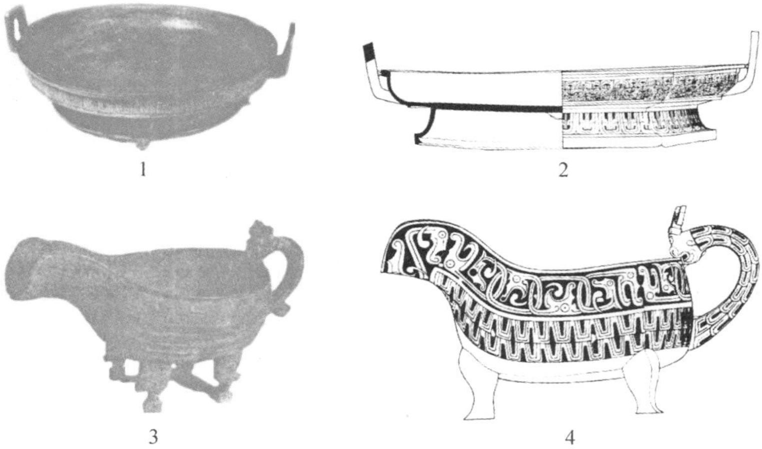

图2-2-7　铜盘、匜

1. Ⅰ式盘（邓伯吉射盘）　2. Ⅱ式盘（王坡M55：10）　3. Ⅰ式匜（邓初生匜）　4. Ⅱ式匜（王坡M55：11）

图2-2-8　铜盘、匜铭文拓本

1. Ⅰ式盘（邓伯吉射盘）　2. Ⅰ式匜（邓初生匜）

① 湖北省文物考古研究所、襄樊市考古队、襄阳区文物管理处：《襄阳王坡东周秦汉墓》，科学出版社，2005年，第39、44、45页。

2. 分期

邓国铜容器的时代特征较为明显，大部分有器型者可根据形制、纹饰进行分析，极少量无器型者可根据铭文字体风格进行辨别。

（1）鼎

A型鼎即方鼎，仅见形制、纹饰、铭文相同的2件邓小仲鼎。其形制具有西周早期铜方鼎的典型特征，如西周成王时期的德方鼎①、西周早中期之际的晋侯墓地M113：51方鼎②；而云雷纹组合成左右对称的兽面纹（夔纹）则可追溯到商代，接近殷墟一期的Ⅲ3式（安阳小屯M331铜尊、M333铜罍）兽面纹③，并一直沿用到西周早期，在洛阳北窑西周早期墓M37：3王妊铜簋颈腹部④和随州叶家山墓地昭王时期M111：79铜圆鼎腹部⑤均见几乎同样的纹饰；徐少华结合铭文字体分析后认为，其时代应以康昭之际为宜⑥。据此，邓小仲方鼎的时代当不晚于西周早期后段。

B型鼎数量相对较多，时代早晚区别较明显，与其式别相对应。

Ⅰ式鼎的形制当较五年卫鼎略早，后者腹稍浅，足更高。五年卫鼎被定为西周恭王前后的标准器⑦。同时，从铭文“公”字写法看，下部“口”上平下弧的形态与西周早期后段随州叶家山M111：67“犺作南公簋”⑧一致，且该式鼎上部的“八”字呈两直线，与后者“八”字下部外撇有所不同，而结合“公”字变化规律看，本式鼎之“公”字写法更早。此外，该鼎的纹饰为云纹地斜角云纹，与西周早期令盘纹饰⑨基本相同。则该式鼎时代不晚于西周中期前段。

Ⅱ式鼎为立耳鼎，但耳略外侈，腹变浅且弧腹内收，蹄足变高，形制、纹饰与梁

---

① 陈佩芬：《夏商周青铜器研究》（第二册上），上海古籍出版社，2004年，第2-5页。

② 北京大学考古文博院、山西省考古研究所：《天马-曲村遗址北赵晋侯墓地第六次发掘》，《文物》2001年第8期。

③ 王世民、陈公柔、张长寿：《西周青铜器分期断代研究》，文物出版社，1999年，第229页。

④ 洛阳市文物工作队：《洛阳北窑西周墓》，文物出版社，1999年，第84页。

⑤ 湖北省文物考古研究所、随州市博物馆：《湖北随州叶家山M111发掘简报》，《江汉考古》2020年第2期。

⑥ 徐少华：《邓国铜器综考》，《考古》2013年第5期。

⑦ 岐山县文化馆、陕西省文管会：《陕西省岐山县董家村西周铜器窖穴发掘简报》，《文物》1976年第5期；王世民、陈公柔、张长寿：《西周铜器分期断代研究》，文物出版社，1999年，第30、33页。

⑧ 湖北省文物考古研究所、随州市博物馆：《湖北随州叶家山M111发掘简报》，《江汉考古》2020年第2期。

⑨ 陈佩芬：《夏商周铜器研究》（第二册上），上海古籍出版社，2004年，第210页。

其鼎几乎一致。梁其鼎的时代，专家倾向西周晚期前段，约当夷厉时期[①]。

Ⅲ式鼎较之Ⅱ式，在形制上，耳较直，中腹微鼓；在纹饰上，上腹重环纹由单纯的大扁圆环变为大扁圆环与小圆环间隔布局，且下腹装饰有垂鳞纹。此类重环纹、垂鳞纹流行于西周晚期至春秋早期。该式鼎的形制、纹饰与三门峡虢国墓地西周晚期M2013：3[②]基本相同。形制还与北赵晋侯墓地春秋初年M93：49[③]很接近，只是后者的纹饰与前述Ⅱ式鼎相同；上下两层垂鳞纹的布局和式样与洛阳润阳广场春秋早期CIM9934：26鼎[④]类同。综合分析，其时代应不晚于春秋早期前段。

Ⅳ式鼎纹饰与Ⅲ式鼎基本一致，但更为简陋，线条浅且多不连贯。形制上腹较浅，自口部弧收，分别与三门峡虢国墓地西周晚期M2013：4鼎[⑤]、洛阳润阳广场春秋早期CIM9934：24鼎[⑥]大体相同或相近，只是本式鼎足稍高。徐少华进一步考证后认为，其时代在春秋早期前段偏晚，或在前后段的转变时期[⑦]。不过，近期追缴和出土的曾侯宝鼎[⑧]除了附耳外，其形制、纹饰与本鼎有着较多的相似性。2019年随州枣树林墓地发掘了曾侯宝墓（M168）及其夫人嬭（芈）加墓（M169），时代为春秋中期[⑨]。根据M169出土嬭（芈）加编钟铭文知，曾侯宝较其夫人去世早[⑩]。而早年因墓葬被盗流失的1件楚王媵随仲嬭（芈）加鼎为典型的楚式繁鼎，时代在公元前600年左右[⑪]，即春

---

① 陈梦家：《西周铜器断代》，中华书局，2004年，第63页；唐兰：《西周青铜器铭文分代史征》，中华书局，1986年，第516页；王世民、陈公柔、张长寿：《西周青铜器分期断代研究》，文物出版社，1999年，第39、46页；徐少华：《邓国铜器综考》，《考古》2013年第5期。

② 河南省文物考古研究所、三门峡市文物工作队：《三门峡虢国墓地M2013的发掘清理》，《文物》2000年第12期。

③ 北京大学考古学系、山西省考古研究所：《天马-曲村遗址北赵晋侯墓地第五次发掘》，《文物》1995年第7期。

④ 山西大学历史文化学院、洛阳市文物工作队：《河南洛阳市润阳广场东周墓C1M9934发掘简报》，《考古》2010年第12期。

⑤ 河南省文物考古研究所、三门峡市文物工作队：《三门峡虢国墓地M2013的发掘清理》，《文物》2000年第12期。

⑥ 山西大学历史文化学院、洛阳市文物工作队：《河南洛阳市润阳广场东周墓C1M9934发掘简报》，《考古》2010年第12期。

⑦ 徐少华：《邓国铜器综考》，《考古》2013年第5期。

⑧ 随州市博物馆、随州市公安局：《追回的宝藏——随州市打击文物犯罪成果荟萃Ⅰ》，武汉大学出版社，2019年，第1页。

⑨ 湖北省文物考古研究所、北京大学考古文博学院、随州市博物馆：《湖北随州枣树林墓地2019年发掘收获》，《江汉考古》2019年第3期。

⑩ 郭长江、凡国栋、陈虎等：《嬭加编钟铭文的初步释读》，《江汉考古》2019年第3期。

⑪ 曹锦炎：《“曾”、“随”二国的证据——论新发现的随仲嬭加鼎》，《江汉考古》2011年第4期；张昌平：《随仲嬭加鼎的时代特征及其他》，《江汉考古》2011年第4期。

秋中期略偏晚；枣树林墓地发掘者结合M169出土的嬭（芈）加编钟铭文“王正月吉日乙亥”推定钟的铸造年代为公元前623年[①]，该墓同出的铜缶盖上也有“楚王媵随仲嬭（芈）加”铭文，与征集的随仲嬭（芈）加鼎表述一致，字体相同，应为同批器物。结合曾侯宝鼎的形制、纹饰具有较典型的周文化风格看，其时代也要早于上述随仲嬭（芈）加鼎，应该在春秋中期偏早。吴毅强分析嬭（芈）加、曾侯宝铜器铭文后认为曾侯宝应属春秋中期中段之人，楚王媵随仲嬭（芈）加鼎铸造于楚穆王在位时期（前625～前614年）[②]。而从铸造工艺看，曾侯宝鼎为分铸，分铸一般是春秋中期开始出现的铸造工艺，而本式鼎为浑铸。再结合本式鼎与Ⅲ式鼎铭文为同一人的情况分析，二者时代差距不大。故此，本式鼎的时代当为春秋早期后段偏早。

Ⅴ式鼎为附耳鼎，其形制、纹饰与洛阳润阳广场春秋早期CIM9934：26鼎[③]几乎相同。报告定其时代为春秋早期前段，徐少华主要结合铭文风格考证后认为，其时代为春秋早期后段[④]。

Ⅵ式鼎与Ⅴ式鼎相比，腹极浅，足更高，中腹饰简化的重环纹。报告定其时代为春秋早期后段，结合其铸造粗陋、纹饰简化的情况分析，该式鼎的时代当在春秋早中期之际、公元前678年楚灭邓前不久。

（2）簋

簋除3件仅见拓本或摹本外，其余整体形制一致。按照可见形制和仅见拓本或摹本的情况分为二型。

A型簋可见形制，六式的形制特征较为明显。

Ⅰ式簋，简报定其时代为西周时期。从形制、纹饰看，该器除圈足纹饰外，其余特征与“王臣簋”几乎相同，“王臣簋”为西周孝王时器[⑤]；而本式簋圈足的斜角云纹与西周穆恭时期齐家M2之Z91：3010铜盆的斜角云纹相近[⑥]。周永珍、徐少华推定其时代为西周中期后段[⑦]。

Ⅱ式簋均缺盖，除耳外，其器身形制、纹饰与上述Ⅰ式簋类比之王臣簋完全相

---

① 郭长江、凡国栋、陈虎等：《曾公畩编钟铭文初步释读》，《江汉考古》2020年第1期。

② 吴毅强：《嬭加编钟铭文新释及相关问题考辨》，《北方论丛》2021年第4期。

③ 山西大学历史文化学院、洛阳市文物工作队：《河南洛阳市润阳广场东周墓CIM9934发掘简报》，《考古》2010年第12期。

④ 徐少华：《邓国铜器综考》，《考古》2013年第5期。

⑤ 王世民、陈公柔、张长寿：《西周青铜器分期断代研究》，文物出版社，1999年，第98、100页。

⑥ 罗西章：《陕西周原新出土的青铜器》，《考古》1999年第4期。

⑦ 周永珍：《两周时期的应国、邓国铜器及地理位置》，《考古》1982年第1期；徐少华：《邓国铜器综考》，《考古》2013年第5期。

同，其口外窃曲纹与西周晚期四十三年逨鼎①一致。此类耳则为西周晚期常见形制，如梁其簋，后者时代为西周晚期前段②。而从铭文“侯”字与后文的B型Ⅰ式簋“侯”字对比看，其“侯”笔画较粗，“矢”上部为三角形，中间的“点”与竖画连为一体，而本簋“侯”字笔画较细，“矢”上部为“人”形，中间的“点”似一短横。由此推测，后者的时代也较前者为晚。

Ⅲ式簋的形制、纹饰与张家坡墓地第四期墓葬M253出土的一组簋（C型Ⅱ式簋）几乎相同，时代约在西周夷厉世③，相当于西周晚期前段。

Ⅳ式簋仅存盖，形制、纹饰与Ⅳ式簋接近，其窃曲纹为西周晚期至春秋早期的典型纹饰，只是本簋的窃曲纹更为简化，接近春秋早期杞伯每亡簋④；尤为值得注意的是，本簋的铭文“鄧”字与前述“鄧”字区别明显，已变化为上下各有双手捧“豆”形，该字形与上述Ⅲ式鼎“鄧”字相近；“公”字上部为弯折的“八”字形，与秦公簋之“公”字相同⑤。同时，其窃曲纹还与秦公簋口外的窃曲纹风格一致。经调查、研究，秦公簋出自甘肃礼县大堡子山两座秦公大墓中，这两位秦公为秦文公、静公⑥，则其时代为春秋早期前段。

Ⅴ式簋铸造相对简陋，其时代应与同出的B型Ⅳ式鼎一致，即春秋早期后段偏早。

Ⅵ式簋整体具有春秋早期风格。但器壁薄，铸造简陋，纹饰近线刻状，且较浅，应为邓被灭前夕的铸造品。其与B型Ⅵ式鼎同出一座墓葬中，时代应同为春秋早中期之际。

B型簋为传世器，仅见铭文拓本或摹本，所分三式之铭文字体特别是“登（鄧）”的区别明显。

Ⅰ式传世邓公簋拓本铭文中，“公”字上部为倒“八”字形，这是西周早中期的特点，如西周早期应公鼎⑦，“旅”字写法也与该器基本相同；还有西周中期的“贤簋”⑧等。推测该器的时代不晚于西周中期。

① 陕西省考古研究所、宝鸡市考古工作队、眉县文化馆杨家村联合考古队：《陕西眉县杨家村西周青铜器窖藏发掘简报》，《文物》2003年第6期。

② 陈佩芬：《夏商周青铜器研究》（第二册上），上海古籍出版社，2004年，第477页。

③ 中国社会科学院考古研究所：《张家坡西周墓地》，中国大百科全书出版社，1999年，第151、368页。

④ 陈佩芬：《夏商周青铜器研究》（第三册上），上海古籍出版社，2004年，第39、40页。

⑤ 陈佩芬：《夏商周青铜器研究》（第三册上），上海古籍出版社，2004年，第42、43页。

⑥ 礼县博物馆、礼县秦西垂文化研究会：《秦西垂陵区》，文物出版社，2004年；赵化成、王辉、韦正：《礼县大堡子山秦子“乐器坑”相关问题探讨》，《文物》2008年第11期。

⑦ 陈佩芬：《夏商周青铜器研究》（第二册上），上海古籍出版社，2004年，第14页。

⑧ 陈佩芬：《夏商周青铜器研究》（第二册上），上海古籍出版社，2004年，第327-329页。

Ⅱ式传世邓叔簋摹本铭文中，“子孙永宝用”类愿辞自西周康王时期开始使用，到春秋早期依然常见[①]，西周晚期至春秋早期此类愿辞的字体变化不大。“叔”字亦如此。区别明显的是“登（鄧）”字，其上部临摹为“”形，根据该器“寶”字临摹简化的情况看，该部首也应是临摹时简化了（不排除原铭文模糊的情况），其实为正反相对的“止”字，“豆”上一横无，下部为双手捧豆形，与B型Ⅳ式鼎、A型Ⅳ式簋盖相同，即该器“登（鄧）”字体的风格为春秋早期，但较B型Ⅳ式鼎之“邓”字更紧凑，以春秋早期前段为宜。

Ⅲ式簋铭文笔画较粗，书写较为草率，字体风格、格式与春秋早期铭文相同；其中“鄧（邓）”字之“登”下部已非双手形，近似“皿”形，而右边从“邑”，这在上述邓国铭文铜器之“邓”字上不见，是时代较晚的特征。“登”下部形状与春秋中期前段的邓子仲盆之“登”字相同[②]；从“邑”则与春秋晚期的邓公乘鼎之“鄧”相同[③]，只是二者“邑”的位置相反。结合“鄧（邓）公午”的铭文看，“邓公午”应为文献记载中的邓侯吾离[④]。若此，则该器的时代在春秋早期后段，距邓被楚灭（前678年）不远。

（3）壶

A型壶1件，为方壶，仅存盖。其形制、纹饰与西周中期晚段的三年𤼈壶[⑤]较为接近。同时，我们也看到，壶盖上的“S”形凸目窃曲纹主要流行于西周晚期，其铭文中的“子子孙孙永宝用”也在这一时期通用，这种纹饰、铭文的特征见于西周晚期宣王时期的典型器如颂簋盖[⑥]等铜器上。徐少华考证其时代为西周晚期[⑦]，当不晚于后段。

B型壶2件，铸造均较为简陋，与上述同墓出土的B型Ⅵ式鼎、A型Ⅵ式簋风格一致，当为同批铸器。时代为春秋早期后段。

（4）提梁卣

此类器物一般流行于西周早中期，之后少见。但与早期相比，其形制相对又较特殊，有复古之义。器身细密波折纹也很少，不过器盖面的环带纹则是西周晚期至春秋早期的常见纹饰，对比同一墓葬铜鼎的时代分析，当在春秋早期前段偏晚。

---

① 陈彦辉：《“子孙永宝用”：商周青铜铭文不朽之思》，《北方论丛》2009年第2期。

② 湖南省博物馆：《介绍几件馆藏周代铜器》，《考古》1963年第12期。

③ 杨权喜：《襄阳山湾出土的鄀国和邓国铜器》，《江汉考古》1983年第1期。

④ 徐少华：《周代南土历史地理与文化》，武汉大学出版社，1994年，第16、17页。

⑤ 陕西周原考古队：《陕西扶风庄白一号西周青铜器窖藏发掘简报》，《文物》1978年第3期；王世民、陈公柔、张长寿：《西周青铜器分期断代研究》，文物出版社，1999年，第132、133页。

⑥ 陈佩芬：《夏商周青铜器研究》（第二册上），上海古籍出版社，2004年，第460、461页。

⑦ 徐少华：《邓国铜器综考》，《考古》2013年第5期。

（5）罍

同提梁卣情况一样，同出一墓，其时代同在春秋早期前段偏晚。

（6）盉

即邓公盉。原文定该器时代为商代晚期，并释铭文为“㚸（鄧）共隮彝”。苏影在梳理几种释读观点后进行了分析，认为原文第二字“”实际为“公”字和“”部首，后者即下部的“”之部首错刻，正确的组合正是“”（隮），这种写法在同时代乃至其前后都是一致的，因此应释为“㚸（鄧）公隮（尊）彝”[①]，当是。该器器型、铭文位置与石鼓山西周初年M3：26冉盉[②]、随州叶家山西周康昭之际M65：34侯用彝盉[③]几乎相同，只是纹饰有别。本器颈、腹部分别浮雕对鸟纹、卷角兽面纹，是商代晚期至西周早期的流行纹饰，在前二墓以及与石鼓山M3相近、时代相当的石鼓山M4[④]和叶家山墓地最早的M1、较M65稍晚的M27[⑤]出土的多件铜器上都有发现。而与叶家山M28：166曾侯谏盉[⑥]相比，器身除了没有附饰和地纹外，本盉整体器型、纹饰布局与技法及铭文位置基本一致。不过，本盉口沿外翻非折、流上翘较甚、鋬的下部在中腹，显示本盉较曾侯谏盉更早。同时，铭文“隮彝”连用较西周早期常用的“寶隮彝”少见，但也基本见于西周早期，如前引叶家山M65：50作隮彝簋，还有姜£簋、事父簋、令作父乙簋、作父乙簋[⑦]等。铭文“公”之“八”字两笔呈较长的直线，表现出较前述B型Ⅰ式鼎（西安文物中心邓公鼎）“公”字更早的特征。而从铭文“鄧（邓）”字的写法看，“豆”之口内有一横的写法与盂爵[⑧]相同，只是本盉“鄧（邓）”之“豆”两边上出头，且“口”上一横下弧，此种写法与邓仲牺尊之“口”

① 苏影：《邓公盉铭“公”字补释》，《现代语文》2013年第8期。

② 石鼓山考古队：《陕西宝鸡石鼓山西周墓葬发掘简报》，《文物》2013年第2期；石鼓山考古队：《陕西省宝鸡市石鼓山西周墓》，《考古与文物》2013年第1期。

③ 湖北省文物考古研究所、随州市博物馆：《湖北随州叶家山M65发掘简报》，《江汉考古》2011年第3期。

④ 陕西省考古研究院、宝鸡市考古研究所、宝鸡市渭滨区博物馆：《陕西宝鸡石鼓山商周墓地M4发掘简报》，《文物》2016年第1期。

⑤ 湖北省文物考古研究所、随州市博物馆：《湖北随州市叶家山西周墓地》，《考古》2012年第7期。

⑥ 湖北省文物考古研究所、随州市博物馆：《湖北随州叶家山M28发掘报告》，《江汉考古》2013年第4期。

⑦ 中国社会科学院考古研究所：《殷周金文集成释文（第三卷）》第3452、3463、3508、3509器，香港中文大学出版社，2001年，第80、82、91页。

⑧ 中国社会科学院考古研究所：《殷周金文集成释文（第五卷）》第9104器，香港中文大学出版社，2001年，第5卷，第305页。

相似，因此，本盉较盂爵稍晚。盂爵时代一般认为是成王时期①，相对稍晚的本盉经综合分析，应以康王前期为宜，即西周早期前段偏晚。

（7）牺尊

即张家坡M163出土的2件邓仲牺尊。报告确定出土牺尊的M163为西周中期恭懿孝时期墓葬。但发掘者通过对形制、纹饰的分析后认为，该器时代应为早于墓葬的西周早期，或可到康昭之世②。此说可从，即在西周早期后段。

（8）盘

Ⅰ式邓伯吉射盘的形制、纹饰常见于西周晚期至春秋早期，如虢国墓地西周末年的M2010：21铜盘③、洛阳润阳广场春秋早期CIM9934：16盘④等；再结合“鄧（邓）”字铭文上为相对的“止”形，下从双手，与上述春秋早期的A型Ⅳ式簋盖基本相同，且下面的双“中”下端外撇，时代应相当或略早，即春秋早期前段。

Ⅱ式盘的整体形制与Ⅰ式盘差别不大，但纹饰具有稍晚的特征，腹部环带纹和圈足上的垂鳞纹已十分简化，环带纹已为春秋中期常见的蟠螭缠绕组合，与黄君孟墓G1：A9之盘十分接近，只是后者腹部纹饰已变为方块状蟠螭纹了。黄君孟墓的时代约当春秋早中期之际的公元前648年之前⑤，则该式盘的时代不早于春秋早期后段，与同墓所出其他器物时代相同。

（9）匜

仅2件。分为二式。

两式匜的形制、纹饰也常见于西周晚期至春秋早期。其中Ⅰ式匜与春秋早期的番昶白者君匜⑥基本相同，徐少华根据“邓”铭文的写法将其定在春秋早期前段⑦，可信。Ⅱ式匜通过同墓出土组合器物判定其时代在春秋早期后段。

由于可以确定的邓国铜器数量不多，时代上存在一定的缺环。通过对容器特征综合分析，我们可将邓国铜容器分为以下四期8段（表2-2-1）。

---

① 陈梦家：《西周铜器断代（二）》，《考古学报》1955年第2期。

② 中国社会科学院考古研究所：《张家坡西周墓地》，中国大百科全书出版社，1999年，第367、368页。

③ 河南省文物考古研究所、三门峡市文物工作队：《三门峡虢国墓地M2010的清理》，《文物》2000年第12期。

④ 山西大学历史文化学院、洛阳市文物工作队：《河南洛阳市润阳广场东周墓C1M9934发掘简报》，《考古》2010年第12期。

⑤ 河南信阳地区文管会、光山县文管会：《春秋早期黄君孟夫妇墓发掘报告》，《考古》1984年第4期。

⑥ 陈佩芬：《夏商周青铜器研究》（第三册上），上海古籍出版社，2004年，第94、95页。

⑦ 徐少华：《邓国铜器综考》，《考古》2013年第5期。

第一期1段：西周早期前段，邓公盉。

第一期2段：西周早期后段，A型鼎、牺尊。

第二期3段：西周中期前段，B型Ⅰ式鼎。

第二期4段：西周中期后段，A型Ⅰ式、B型Ⅰ式簋。

第三期5段：西周晚期前段，B型Ⅱ式鼎，A型Ⅱ式、Ⅲ式簋。

第三期6段：西周晚期后段，A型壶。

第四期7段：春秋早期前段，B型Ⅲ式鼎，A型Ⅳ式、B型Ⅱ式簋，提梁卣，罍，Ⅰ式盘，Ⅰ式匜。

第四期8段：春秋早期后段，B型Ⅳ、Ⅴ、Ⅵ式鼎，A型Ⅴ、Ⅵ式及B型Ⅲ式簋，B型壶，Ⅱ式盘，Ⅱ式匜。

3. 时代特征

所发现的邓国铜容器上起西周早期前段，下至春秋早中期之际邓国被灭前夕，时代跨度大，不同时代有不同的特征，主要表现在器物组合和不同器物的形制、纹饰和铭文上。

（1）组合

这些铜容器部分为出土器，部分为传世或征集器，出土器属邓国完整铜器组合者不多，主要有王坡墓地M1、M55和擂鼓台墓地M1、M2，其时代相对较晚，均在第四期。

第一期1段至第三期6段仅能见到单独的器类，或饪食器鼎，或盛食器簋，或酒器壶、盉、牺尊，不见盥器（关于第一期1段邓公盉之盉的性质，有酒器和盥器之争，以酒器为主[①]，本书采用前引宝鸡石鼓山M3出土冉盉器群组合取酒器之义），且整体组合情况不明。

第四期7段组合较全的墓葬1座，即擂鼓台M2，组合为鼎、簋各2件，提梁卣、罍各1件，其中2件簋应为西周晚期前段传承而来。组合器物的功能较全，有饪食器、盛食器、酒器。其余也为单独的盛食器簋或盥器盘、匜。

第四期8段墓葬3座，分别为王坡M1、M55，擂鼓台M1。擂鼓台M1时代稍早，组合为鼎2件、簋2件，仅有饪食器、盛食器，组合不全。王坡墓地二墓时代稍晚，M1未被盗，仅出土1件饪食器鼎；M55组合为鼎5件、簋6件、壶2件、盘1件、匜1件，饪食器、盛食器、酒器、盥器齐全。个别传世器仅见盛食器簋（表2-2-2）。

（2）形制

不同的器物在时代上呈现出不同的特征，且同一型器物可以反映出演变和沿用的趋势（表2-2-3）。

---

① 彭裕商、韩文博、田国励：《商周青铜盉研究》，《考古学报》2018年第4期。

表2-2-2　邓国铜容器组合一览表

<table>
<tr><th rowspan="2">期段</th><th rowspan="2">时代</th><th colspan="4">组合</th></tr>
<tr><th>饪食器</th><th>盛食器</th><th>酒器</th><th>盥器</th></tr>
<tr><td>第一期1段</td><td>西周早期前段</td><td></td><td></td><td>盉</td><td></td></tr>
<tr><td rowspan="2">第一期2段</td><td rowspan="2">西周早期后段</td><td>鼎2</td><td></td><td></td><td></td></tr>
<tr><td></td><td></td><td>牺尊2</td><td></td></tr>
<tr><td>第二期3段</td><td>西周中期前段</td><td>鼎</td><td></td><td></td><td></td></tr>
<tr><td rowspan="2">第二期4段</td><td rowspan="2">西周中期后段</td><td></td><td>簋</td><td></td><td></td></tr>
<tr><td></td><td>簋4</td><td></td><td></td></tr>
<tr><td rowspan="2">第三期5段</td><td rowspan="2">西周晚期前段</td><td>鼎</td><td></td><td></td><td></td></tr>
<tr><td></td><td>簋2</td><td></td><td></td></tr>
<tr><td>第三期6段</td><td>西周晚期后段</td><td></td><td></td><td>壶</td><td></td></tr>
<tr><td rowspan="4">第四期7段</td><td rowspan="4">春秋早期前段</td><td>鼎2</td><td>簋2（早期器参与）</td><td>提梁卣、罍</td><td></td></tr>
<tr><td></td><td>簋</td><td></td><td></td></tr>
<tr><td></td><td></td><td></td><td>盘</td></tr>
<tr><td></td><td></td><td></td><td>匜</td></tr>
<tr><td rowspan="4">第四期8段</td><td rowspan="4">春秋早期后段</td><td>鼎</td><td></td><td></td><td></td></tr>
<tr><td>鼎2</td><td>簋2</td><td></td><td></td></tr>
<tr><td>鼎5</td><td>簋6</td><td>壶2</td><td>盘、匜</td></tr>
<tr><td></td><td>簋</td><td></td><td></td></tr>
</table>

注：表中未标出数量者均为1件。

1）鼎。

A型鼎仅2件，为同一人铸造的方鼎。

B型鼎形制的前后变化特征较为明显，主要体现在沿、耳、腹、足上。

Ⅰ式鼎平折沿，立耳较小，腹较深，下腹外鼓近垂腹，足较矮。

Ⅱ式鼎仍为平折沿，立耳较大并外侈，腹变浅，腹弧收，足变高。

Ⅲ式鼎耳直立，中腹外鼓略甚。

Ⅳ式鼎则腹更浅、弧收，足较高。

Ⅴ式鼎变为翻沿，附耳，腹较浅。

Ⅵ式鼎翻沿，附耳，浅腹，上腹微凹，下腹弧收，高足。

该型鼎的整体演变趋势是：沿由平折到外翻，耳由立耳到附耳，腹由深变浅，由垂鼓腹到微鼓腹（弧腹）到近扁鼓腹，底由圜底到近平底，足由矮到高。

2）簋。

仅A型簋可见形制，整体变化不大，主要体现在耳、足部。

Ⅰ式簋为兽耳衔环，圈足下三兽首小扁足。

Ⅱ式簋变为螺状角兽首耳，下部有垂珥。

Ⅲ式簋与Ⅱ式簋相比，只是耳上兽首略有变化。

Ⅳ式簋仅见盖，与Ⅲ式簋盖相比，形制变化不大。

Ⅴ式簋耳之兽首简化，角较高，无垂珥，圈足下有四小蹄足。

Ⅵ式簋又变为螺角状兽首耳，但明显变小，耳下无珥，圈足下无小足。

该型簋的变化趋势是：耳由兽首衔环变为兽首耳，兽首耳由大变小，耳下有垂珥到无垂珥，圈足下由兽首小扁足到小蹄足，再到无小足。

3）壶。

分为A、B二型。A型为方壶1件；B型圆壶2件，但出自同一座墓葬，形制、大小相同。这两型壶均无法看出形制的变化。

4）提梁卣。

仅1件，无法对比变化。

5）罍。

仅1件，无法对比变化。

6）盉。

仅1件，无法对比变化。

7）牺尊。

仅2件，1件存盖，但为同一人铸造，且出自同一座墓葬，无法对比变化。

8）盘。

仅2件，分为二式。形制变化不大，主要体现在盘圈足上。

Ⅰ式盘圈足下有四小兽首足；而Ⅱ式盘圈足下无小足。

9）匜。

仅2件，分为二式。形制变化不大，主要体现在鋬、足上。Ⅰ式匜龙形鋬双角弯曲，有卷尾，四个兽形足；而Ⅱ式匜龙形鋬双角直立，无尾，为三个小蹄足。

（3）纹饰

所发现的邓国铜容器除拓本或摹本外，其余器表均装饰有纹样，主要纹饰表现出与时代相一致的特征（表2-2-4、表2-2-5）。纹饰均为阳线。

1）第一期1段（西周早期前段）。

仅1件盉，器身除足外满饰纹样，主纹浮雕装饰于颈、腹部，不见地纹。颈部纹饰较模糊，为三组背对称的对鸟纹，单鸟昂首短喙，长身卷尾上翘，有垂羽（图2-2-9，1）；腹部满饰三组卷角凸目短耳宽鼻兽面纹（图2-2-9，3）。此类主纹也多见于商代晚期。

表2-2-3　邓国铜容器形制演变表

期段	时代	器类										
		鼎		簋	壶		提梁卣	罍	盉	牺尊	盘	匜
		A型	B型	A型	A型	B型						
第一期1段	西周早期前段								√			
第一期2段	西周早期后段	√								√		
第二期3段	西周中期前段		Ⅰ									
第二期4段	西周中期后段			Ⅰ								
第三期5段	西周晚期前段		Ⅱ	Ⅱ、Ⅲ								
第三期6段	西周晚期后段				√							
第四期7段	春秋早期前段		Ⅲ	Ⅳ			√	√			Ⅰ	Ⅰ
第四期8段	春秋早期后段		Ⅳ、Ⅴ、Ⅵ	Ⅴ、Ⅵ		√					Ⅱ	Ⅱ

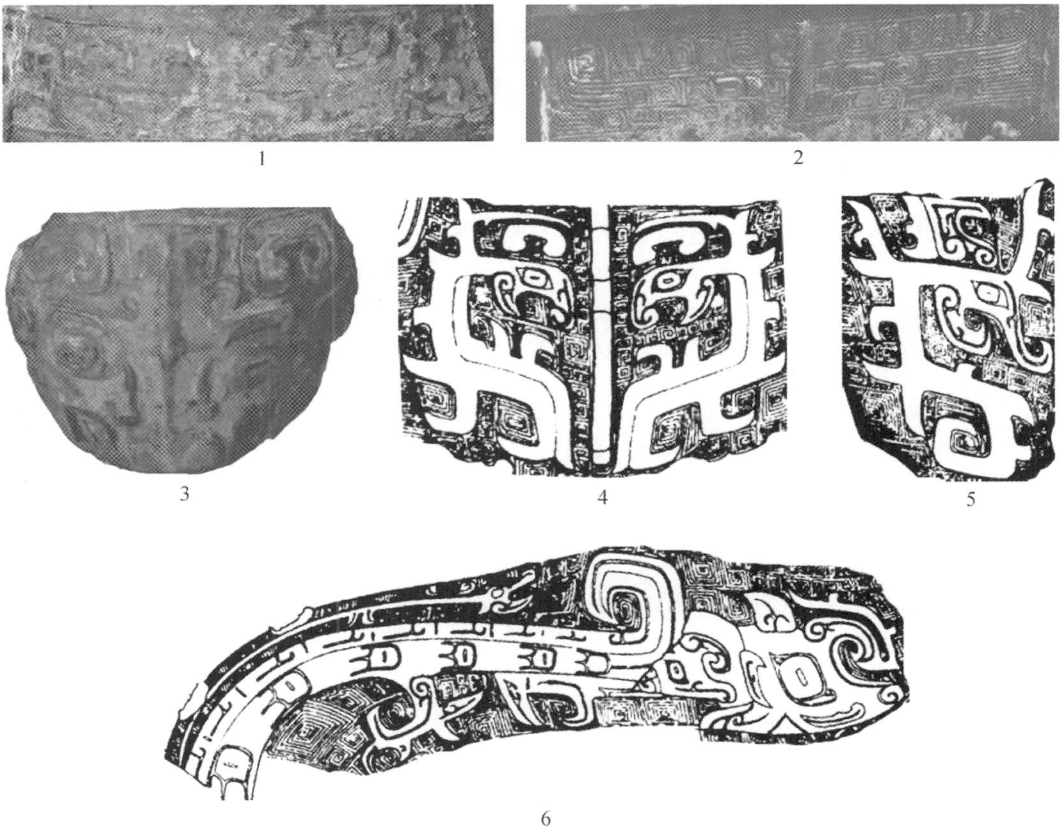

图2-2-9　邓国铜容器第一期主纹

1. 对鸟纹（邓公盉颈部）　2. 云雷纹地兽面纹（邓小仲方鼎腹部）　3. 卷角兽面纹（邓公盉腹部）

4～6. 雷纹地夔纹、兽面纹、龙纹（邓仲牺尊器身）

2）第一期2段（西周早期后段）。

A型鼎、牺尊各2件，A型鼎的主纹为依直棱左右对称云雷纹组合而成的兽面纹，装饰于腹部，其以圆角方形或“S”形多条内外重叠成的云雷纹，加左右对称的两个圆圈作为眼睛、中部扉棱作为鼻子组合成宽兽面纹（图2-2-9，2）。牺尊的主纹为雷纹地夔纹、兽面纹、龙纹装饰于器身（图2-2-9，4～6）。

可见该段纹饰的主纹为兽面纹，并保持了商代以来地纹衬托的风格；还有一些几何纹或动物局部纹样作为辅助纹饰，如阴线回纹、卷云纹、十字纹、鳞片纹、羽纹等，并有直棱形或龙、虎、鸟形扉棱装饰器体。

3）第二期3段（西周中期前段）。

仅B型Ⅰ式鼎，即西安文物中心鼎。主纹于中腹连续装饰一周，每组主纹以中间勾连的卷云纹为中心向两侧呈尖斜角展开，其内有卷云地纹，整体呈窄扁菱形状，两组主纹上下相叠（图2-2-10，1）。足上半部饰左右对称卷云纹组合成的兽面纹（图2-2-10，2）。

4）第二期4段（西周中期后段）。

本段可见纹饰者有4件铜器，均为同一人所作，形制、纹饰、大小相同，即A型Ⅰ式簋。

自该段开始，铜器纹饰中不再出现地纹，且不见卷云等其他纹饰组合成的兽面纹。主纹均演变为几何纹饰，新出现且常见窃曲纹、瓦纹。

本式簋纹饰满饰于器表，呈规律性分布，簋身口部装饰一周窃曲纹，每组各有三个内外相叠的“C”形组合而成，其中一大一小两个圆折角“C”形围合近长方形，中间有一圆圈为目，另一圆卷“C”形位于两个“C”形的一侧，相邻两组窃曲纹布局正好相反（图2-2-10，3）；簋身腹部饰瓦纹；簋身圈足饰上下相叠、布局相反的窄长斜

图2-2-10　邓国铜容器第二期纹饰

1. 云纹地斜角云纹（西安文物中心鼎中腹）　2. 卷云纹组合兽面纹（西安文物中心鼎足根）
3. “C”形圆目窃曲纹（平顶山邓公簋D口部）　4. 斜角云纹（平顶山邓公簋D圈足）

角云纹，每组纹饰一端为尖角，另一端在主线上有三个大小相次扁“C”形卷云纹，整组纹饰中间为阴线，内外侧为阳线（图2-2-10，4）。盖口部、盖身纹饰与簋身口部、簋腹部纹饰相同，只是瓦纹的道数有别，簋腹七道，盖身五道。

5）第三期5段（西周晚期前段）。

本段有B型Ⅱ式鼎，A型Ⅱ、Ⅲ式簋。纹饰相对较为丰富。均为几何纹，斜角云纹、窃曲纹、瓦纹继续使用，新出现重环纹。

重环纹呈二方连续式装饰于腹部，每个重环纹为内外两个宽扁的环相套合，外环一端圆凸，一端弧凹（图2-2-11，1）。

窃曲纹有三种形式：第一种为内外重叠的一大一小两个圆折角“C”形组合，正中有一圆点（中间略凹）为目，且大“C”形中部向内伸出一角；四组横向组合成一个模块，四个模块装饰于簋身口部一周，每个模块左右对称，每个模块内的相邻两组窃曲纹朝向相反（图2-2-11，2）。第二种为内外重叠的横向“S”形窃曲纹，个别“S”形拐弯处出弯角（图2-2-11，3）。第三种为内外相叠的横向“S”形凸目窃曲纹，“S”形正中拐弯部位有一圆凸点为目，其外侧有四个小弯角分别向外卷，两组窃曲纹间用中间为依直棱对称的兽面分隔（图2-2-11，4）。

每组单线斜角云纹上下相叠，朝向相反，每个斜角云纹一端为尖角，一端分别内卷，其内、外有多个尖角，其间或以扁圆间隔（图2-2-11，5）。

瓦纹呈上下多道瓦棱状。

还有个别卷云纹、简洁兽面为辅助纹饰。

从不同纹饰在器身的部位看，本段的B型Ⅱ式鼎仅在腹部饰重环纹。簋则满饰纹样，其中A型Ⅱ式簋分别在口部、圈足各饰一周第一、二种窃曲纹，腹部饰瓦纹；A型Ⅲ式簋则在簋身、盖口部各饰一周第三种窃曲纹，簋腹、盖身饰瓦纹，圈足饰斜角云

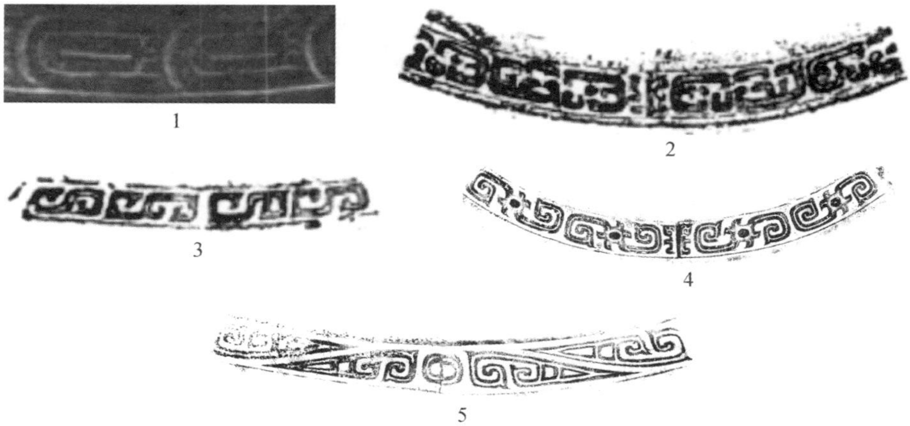

图2-2-11　邓国铜容器第三期5段纹饰

1. 重环纹（邓伯氏鼎上腹）　2. “C”形圆目窃曲纹（侯氏簋口部）　3. “S”形无目窃曲纹（侯氏簋圈足）　4. “S”形凸目窃曲纹（旟簋口部）　5. 斜角云纹（旟簋圈足）

纹，耳及垂珥饰卷云纹。

6）第三期6段（西周晚期后段）。

本段仅见A型壶，即邓孟方壶。仅存盖。内外重叠的“S”形凸目窃曲纹共四组装饰于壶盖的口部，均左右对称。纹饰整体与第三期5段同型纹饰相同，只是本段窃曲纹的凸目为圆圈，非实点（图2-2-12，1、2）。

从留存的该壶拓本看，壶身颈部饰环带纹，环带呈波浪状，内有两条同向阴线，间隔闭合为圆圈，环带下的三角区上部为内外套合的桃形纹，下部为左右相对的内外套合的“C”形（图2-2-12，3）。腹部每面有十字形宽带将其分隔成四个部分，每个部分饰一卷曲龙纹，龙角、须、尾卷曲，龙身出弯角，每条龙整体中间有同向阴线图（图2-2-12，4）。四面十字形宽带将壶腹部分隔成上下各四区，每区各有相对的两条龙，身、尾部贴近宽带边缘，头向中间，两龙头部相邻的空白处基本上是方壶的四边角。圈足一周饰上下相叠的斜角云纹（图2-2-12，5），整体跟第二期4段的斜角云纹基本相同。

7）第四期7段（春秋早期前段）。

本段有B型Ⅲ式鼎、A型Ⅳ式簋（盖）、提梁卣、罍、Ⅰ式盘、Ⅰ式匜。主要纹饰继续沿用前段的重环纹、窃曲纹、环带纹、瓦纹、龙纹，斜角云纹不见，新出现垂鳞纹、蕉叶纹、细密波折纹。

重环纹分两种：第一种与第三期5段差不多，只是小而扁；第二种为内外的两个大扁环或小圆环套合，外环一端圆凸，一端弧凹，大、小环间隔组合（图2-2-13，1）。

窃曲纹组合及纹样分两种：第一种为“S”形凸目窃曲纹，整体与第三期6段窃曲纹相同；第二种为“S”形无目窃曲纹，与第三期5段同型窃曲纹基本相同。

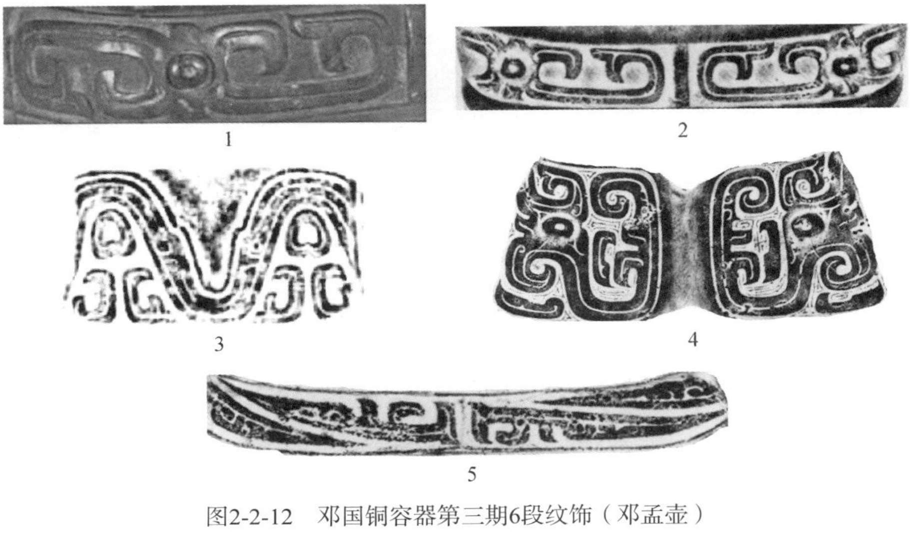

图2-2-12　邓国铜容器第三期6段纹饰（邓孟壶）

1、2. “S”形凸目窃曲纹（盖口部）　3. 环带纹（颈部）　4. 龙纹（腹部）　5. 斜角云纹（圈足）

环带纹与第三期6段环带纹稍有差别，一是环带上、下均有纹饰，二是下部的纹饰不是对称“C”形，而是倒“U”形（图2-2-13，4）。

瓦纹跟前期段也一致，三或四道。

垂鳞纹为内外二重半环套合形成，横向排列一、二排（图2-2-13，2）。

蕉叶纹为倒三角形蕉叶内上部两组双卷云、中间两组单卷云、下部四重三角形左右对称组合而成（图2-2-13，5）。

细密波折纹分两种：第一种为横行多组波折纹密集排列（图2-2-13，3），第二种为倒三角框内纵向多组波折纹密集排列（图2-2-13，6）。

纹饰组合上，B型Ⅲ式鼎上、下腹分饰第二种重环纹和垂鳞纹。A型Ⅳ式簋盖口部饰第一种窃曲纹，腹部饰瓦纹。提梁卣颈部、腹部分饰第一、二种细密波折纹，盖面饰环带纹。罍肩饰第二种窃曲纹，肩下凸棱上饰第一种重环纹，腹饰蕉叶纹，盖面饰环带纹。Ⅰ式盘腹、圈足分饰第二种窃曲纹、垂鳞纹，耳饰弦纹。Ⅰ式匜口、腹部分饰第二种窃曲纹、瓦纹。

8）第四期8段（春秋早期后段）。

本段铜容器数量最多，有B型Ⅳ、Ⅴ、Ⅵ式鼎，A型Ⅴ、Ⅵ式簋，B型壶，Ⅱ式盘，Ⅱ式匜。纹饰最为丰富，重环纹、窃曲纹、环带纹、瓦纹、龙纹、垂鳞纹继续使用，但纹饰的形式又有新的变化，新出现蟠螭纹。

重环纹基本与第四期7段相近，但又有变化，一般为内外两个扁或圆环套合而成，外环一端圆凸，一端弧凹。按照环的形式分为五种：第一种是左右大、小环间隔组合，大环为扁环，小环为圆环，有的小环简化为“C”形，也有少量大环中间无小环或“C”形的情况，存在简陋的问题，大、小环之内、外环分隔明显，中间的分隔线除“C”形环与其走向相同外，扁、圆环均完全闭合，线条较粗（图2-2-14，1、2）；第

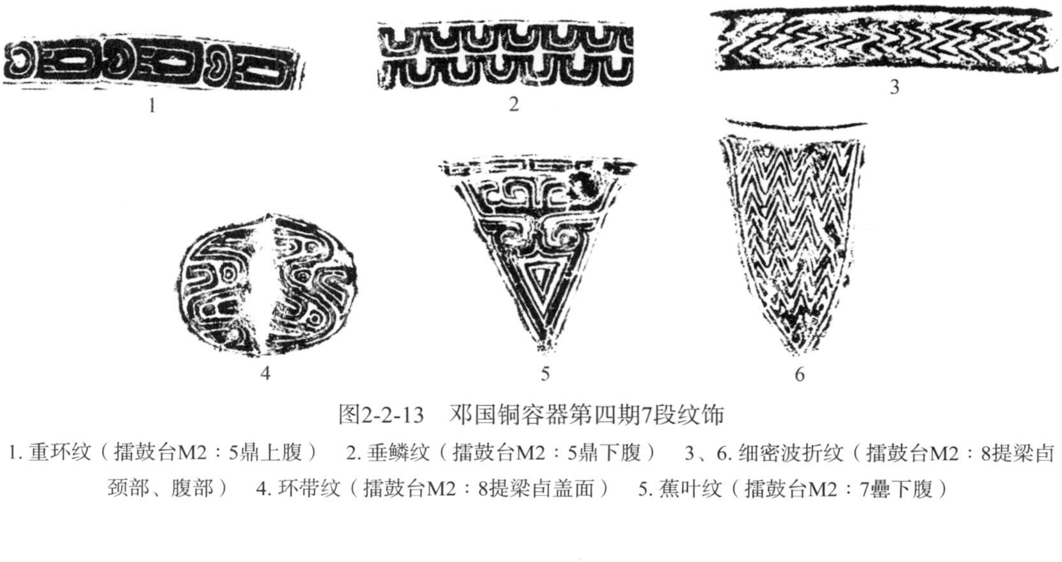

图2-2-13　邓国铜容器第四期7段纹饰

1. 重环纹（擂鼓台M2：5鼎上腹）　2. 垂鳞纹（擂鼓台M2：5鼎下腹）　3、6. 细密波折纹（擂鼓台M2：8提梁卣颈部、腹部）　4. 环带纹（擂鼓台M2：8提梁卣盖面）　5. 蕉叶纹（擂鼓台M2：7罍下腹）

二种是内、外环分隔明显，环体窄长，内外环间的分隔线较细，且在弧凹端未分断，在两个扁环间或其外有一桃形纹，线条上有细阴线刻划成“C”形（图2-2-14，3）或圆点；第三种内、外环分隔明显，但环体稍短粗，分隔线弧凹端未封闭，前后重环排列有间隔（图2-2-14，4）；第四种内、外环分隔不明显，内心有一“T”形粗线，其外重合的一大一小“C”形细线刻划，重环间排列无间隙（图2-2-14，5）；第五种内、外环明显，分隔线条细且闭合，重环间排列无间隙（图2-2-14，6）。其在时代上呈现从早到晚的趋势。

窃曲纹未见“S”形凸目，另两种对前期有所发展：第一种为变体“S”形无目窃曲纹，似内、外云纹勾连而成，即“S”不规则，多有未连接的情况（图2-2-14，7、8）；第二种为宽扁近长方体“C”形窃曲纹，起始部位及两拐弯处有尖角，“C”形体粗线内有细阴线顺向刻划，“C”形背中部刻划成圆圈为目，横向装饰一周（图2-2-14，9）。

环带纹与第三期6段、第四期7段相比稍有变化，呈上、下两层线条组合成正、反“凸”形带连续一周，环带内上部为重环形，一端圆凸，一端弧凹并出外角；环带下部有相对的两个内外套合的“C”形（图2-2-14，10）。

龙纹由单体的双首共身和相互缠绕的单首单身或双首共身龙纹组合而成，龙首、身线条内有细阴线顺向刻划。龙纹较为简洁，龙首刻画出上颌或上、下颌及眼睛，短角不明显，嘴下点缀卷云似龙舌，龙身为一条曲线（图2-2-14，17）。

瓦纹跟前段一样，为四或三道。

垂鳞纹与第四期7段一致，为内外二、三重半环套合形成，一般横向一至三排排列，其中圈足上一排，腹部二或三排。按照形式分为三种：第一种为内外两、三个半环套合形成，单体较宽短（图2-2-14，11、12）；第二种仍由内外两个半环套合形成，但单体较窄长（图2-2-14，13）；第三种在内、外半环间夹一或两重“亚”字纹，形成内外三或四重垂鳞纹（图2-2-14，14、15）。

蟠螭纹为线条式“几”形简化小龙纹，呈上、下相对缠绕组合而成，每个龙纹线条内有细阴线顺向刻划（图2-2-14，16）。

本段的B型Ⅳ式鼎中腹上、下分饰第一种重环纹、第一种垂鳞纹；B型Ⅴ式鼎的上、下腹分饰第二种窃曲纹、第一种垂鳞纹，鼎耳上部饰第二种窃曲纹，下部饰第一种重环纹；B型Ⅵ式鼎腹部饰一周第四种重环纹，而鼎耳则饰一周第三种重环纹。A型Ⅴ式簋满饰纹样，簋、盖口部各饰一周第一种窃曲纹，体、盖腹部饰瓦纹，圈足饰第一种重环纹；A型Ⅵ式簋上、下腹及盖中部分饰一周环带纹，圈足饰第二或第三种垂鳞纹，盖顶心饰三周第三种重环纹。B型壶颈上部、盖中部各饰一周环带纹，颈下部、盖顶心分饰一、三周第五种重环纹，下腹饰三周第一种垂鳞纹，圈足饰第二种垂鳞纹。Ⅱ式盘腹部饰一周蟠螭纹，圈足饰一周第三种垂鳞纹，耳饰一周第二种重环纹。Ⅱ式

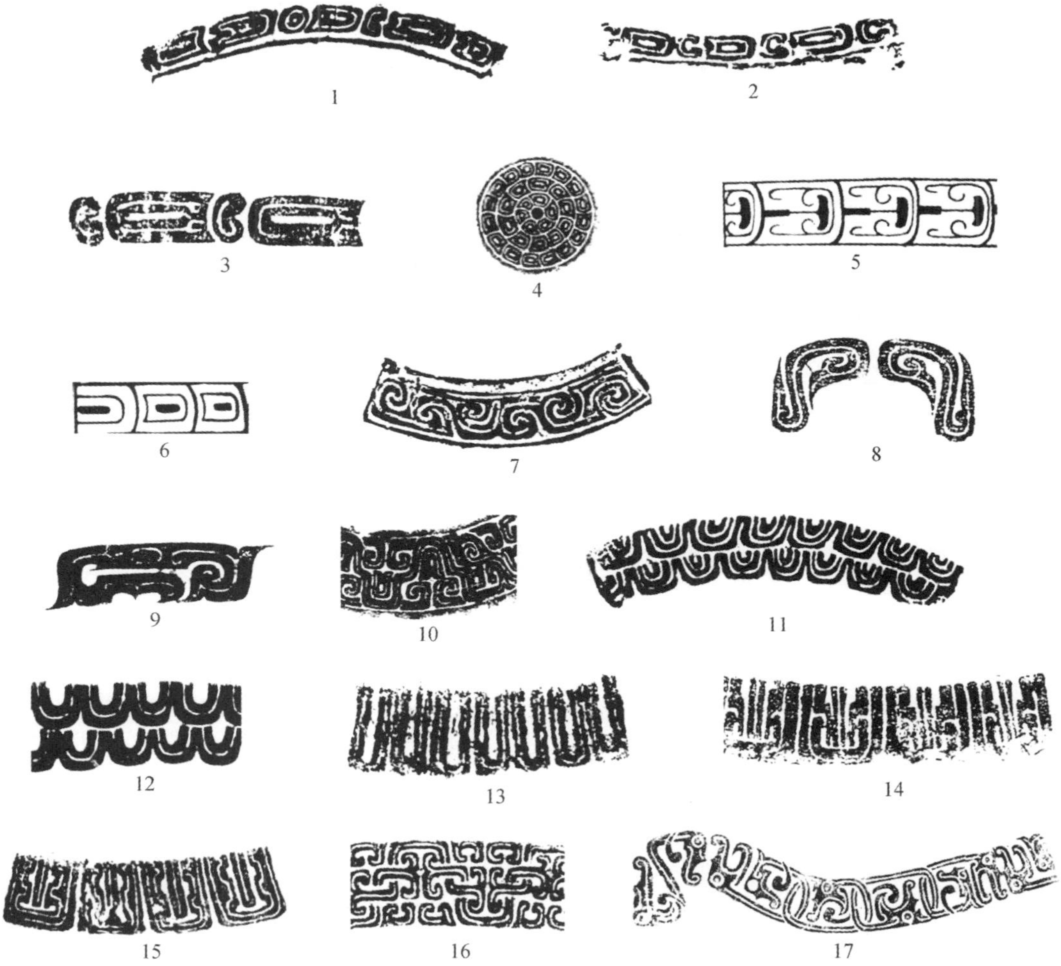

图2-2-14　邓国铜容器第四期8段纹饰

1～6. 重环纹（擂鼓台M1：2鼎腹部、擂鼓台M1：4簋圈足、王坡M1：1鼎耳、王坡M55：12簋盖顶心、王坡M55：14鼎腹、王坡M55：20壶颈下部）　7、8. "S"形无目窃曲纹（擂鼓台M1：4簋腹部、王坡M1：1鼎耳）　9. "C"形圆目窃曲纹（王坡M1：1鼎上腹）　10. 环带纹（王坡M55：12簋腹）　11～15. 垂鳞纹（擂鼓台M1：2鼎下腹、王坡M1：1鼎下腹、王坡M55：12簋圈足、王坡M55：10盘圈足、王坡M55：22簋圈足）　16. 蟠螭纹（王坡M55：10盘腹部）　17. 龙纹（王坡M55：11匜口部）

匜口部饰一周龙纹，腹部饰两周第二种垂鳞纹。

（4）铭文

由于目前可以确认的邓国铜容器数量较少，铭文铜器相对更少，而不同时代的铭文铜器最多不过几件，其铭文变化的规律性就难以完全厘清，只能进行大概的分析。

邓国铜容器共48件，有铭文者29件，其中带"邓"国属的铭文铜容器（含仅见拓本或摹本者）25件。不同时期发现的铭文容器占比有所不同。同时，所发现的铜容器铭文均为铸铭，铸铭的部位早晚变化不大，而铭文容器占比、行款、辞例等因时代早晚不同有所变化，个别还有嘏辞（表2-2-6）。

表2-2-4　邓国铜容器纹饰演变表

纹饰＼期段／时代	第一期1段 西周早期前段	第一期2段 西周早期后段	第二期3段 西周中期前段	第二期4段 西周中期后段	第三期5段 西周晚期前段	第三期6段 西周晚期后段	第四期7段 春秋早期前段	第四期8段 春秋早期后段
浮雕鸟纹、兽面纹	——							
雷纹地夔纹、兽面纹、龙纹		——						
云纹或云雷纹组合兽面纹		——	——					
斜角云纹			——	——	——	——		
窃曲纹：“C”形圆目				——	——	——	——	——
窃曲纹：“S”形凸目					——	——	——	
窃曲纹：“S”形无目					——	——	——	——
瓦纹				——	——	——	——	——
重环纹					——	——	——	——
环带纹						——	——	——
龙纹						——	——	——
垂鳞纹							——	——
蕉叶纹							——	
细密波折纹							——	
蟠螭纹								——

1）铭文容器占比变化。

第一期1段（西周早期前段）至第三期6段（西周晚期后段）的19件容器全部为传世或其他地出土可以确定的有铭邓器（拓本），铭文占比均为100%，但这个统计似乎意义不大；第四期7段（春秋早期前段）有容器8件，有铭文者6件，占比75%；第四期8段（春秋早期后段）有容器21件，有铭文者仅4件，占比仅14.3%。

2）行款。

行款主要是铭文在铜器上的位置、布局与排列方式，跟字数多少也有一定关系。字间距尽管有一定不同，但似乎跟字数多少关系不大。

表2-2-5　邓国铜容器纹饰组合使用演变表

期段	时代	鼎			簋		壶		提梁卣	罍	盉	牺尊	盘		匜	
		A型	B型		A型		A型	B型					式	纹饰	式	纹饰
			式	纹饰	式	纹饰										
第一期1段	西周早期前段										颈：对鸟纹 腹：兽面纹					
第一期2段	西周早期后段	腹：兽面纹										除头、盖壁外满饰雷纹地夔纹、兽面纹、龙纹主纹，并有卷云等辅纹				
第二期3段	西周中期前段		Ⅰ	腹：云纹地斜角云纹 足：兽面纹												
第二期4段	西周中期后段				Ⅰ	簋、盖口：窃曲纹； 簋、盖腹：瓦纹； 圈足：斜角云纹										
第三期5段	西周晚期前段		Ⅱ	腹：重环纹	Ⅱ	簋口、圈足：窃曲纹 簋腹：瓦纹										
					Ⅲ	簋、盖口：窃曲纹 簋、盖腹：瓦纹 圈足：斜角云纹 耳、垂珥：卷云纹										

续表

期段	时代	鼎			簋		壶		提梁卣	罍	盉	牺尊	盘		匜	
		A型	B型		A型		A型	B型					式	纹饰	式	纹饰
			式	纹饰	式	纹饰										
第三期6段	西周晚期后段						颈：环带纹 腹：龙纹 圈足：斜角云纹 盖口：窃曲纹									
第四期7段	春秋早期前段		Ⅲ	腹：重环纹、垂鳞纹 耳：凹弦纹	Ⅳ	盖口：窃曲纹 盖身：瓦纹			颈、腹：细密波折纹 盖面：环带纹 盖纽：羽纹	肩：窃曲纹 腹：蕉叶纹 耳：卷云纹 盖面：环带纹 盖纽：羽纹			Ⅰ	腹：窃曲纹 圈足：垂鳞纹 耳：弦纹	Ⅰ	口：窃曲纹 腹：瓦纹 耳：重环纹
第四期8段	春秋早期后段		Ⅳ	腹：窃曲纹、垂鳞纹	Ⅴ	簋、盖口：窃曲纹 簋、盖腹：瓦纹 圈足、耳：重环纹		颈：环带纹、重环纹 腹、圈足：垂鳞纹 盖腹：环带纹 盖顶：重环纹					Ⅱ	腹：蟠螭纹 圈足：垂鳞纹 耳：重环纹	Ⅱ	口：龙纹 腹：垂鳞纹
			Ⅴ	腹：重环纹、垂鳞纹 耳：窃曲纹、重环纹	Ⅵ	簋、盖腹：环带纹 圈足：垂鳞纹 盖顶：重环纹										
			Ⅵ	腹、耳：重环纹												

A. 铭文字数。

铭文字数从早到晚并没有明显的变化或规律性可循。

第一期1段（西周早期前段）仅1件铭文容器，仅4字。

第一期2段（西周早期后段）的4件铭文容器中，各有2件铭文相同，各有6、23字。

第二期3段（西周中期前段）仅1件铭文容器，铭文字数也少，仅6字。

第二期4段（西周中期后段）5件铭文铜器中，有4件容器铭文相同，有12字，另1件铭文14字。

第三期5段（西周晚期前段）7件铭文容器中，6件各2件铭文相同，分别有6、12、24字，另1件铭文20字。

第三期6段（西周晚期后段）仅1件铭文容器，铭文字数14字。

第四期7段（春秋早期前段）6件铭文容器中，铭文字数差别较大，2件铭文相同，有17字，另4件分别有12、13、17、23字。

第四期8段（春秋早期后段）铭文容器仅4件，其中有2件铭文相同，仅5字，另外2件字数均较多，1件19字，1件多达44字。

从上述各时期铭文容器的字数看，早期也有字数长的，晚期也有字数短的，其铭文字数的区段一般为4～6、12～14、17～24、44字四种。当然，字数的多少跟铭文表述的辞例和内容直接相关。

B. 铭文部位。

除少量铭文仅见拓本或摹本不知其位置外，可见器型之铭文所铸部位大多在器、盖的内壁或内底，少量铭文较长者的位置从内壁延长到内底，还有个别在鋬内器壁上，铭文在内壁、底部位的铜器在时代上变化不大。

第一期1段（西周早期前段）的邓公盉铭文铸于耳内器壁上。

第一期2段（西周早期后段）的邓小仲方鼎铭文铸于宽边的内壁口部以下，邓仲牺尊则分别铸于器腹、盖内底。

第二期3段（西周中期前段）的邓公鼎铭文铸于器内壁。

第二期4段（西周中期后段）的邓公作应嫚簋铭文铸于器、盖内底；传世邓公簋仅见拓本，铸铭部位不明，从铭文的排列看，推测为在器内壁并延伸到底部。

第三期5段（西周晚期前段）的邓公牧簋、旟簋铭文铸于器、盖内底；侯氏簋均失盖，铭文铸于器内底；而邓伯氏鼎铭文铸于器内壁至底。

第三期6段（西周晚期后段）的邓孟方壶盖铭文铸于盖长边内壁的中部。

第四期7段（春秋早期前段）的邓子鄗白鼎铸于器内壁；中夫人簋盖（国博征集邓公簋盖）铭文铸于盖内壁，传世邓叔簋仅见铭文摹本不知铭文位置；邓伯吉射盘、邓初生匜的铭文均铸于器内底。

第四期8段（春秋早期后段）的邓子孙白鼎铭文铸于器内壁偏下；传世邓公午簋仅见拓本，铭文位置不明；邓公孙无忌鼎铭文铸于一鼎足对应的器内壁偏上至底心部位。

C. 排列方式。

文字均由上到下排列，除了第一期1段（西周早期前段）的邓公盉仅一行从上到下排列和第四期8段（春秋早期后段）的邓子孙白鼎、邓公孙无忌鼎为从左向右排列外，其余均从右向左排列。且如器、盖均有铭文，则其内容和排列方式相同。铭文分二至四行，单行最少1字，最多12字，以3～9字（含重文）居多。无论单行字数多少，除极少数外，一般上、下边缘基本平齐，但行间较多地存在排列不整齐并有一定的错位现象。

第一期1段（西周早期前段）邓公盉铭文一行，共4字。

第一期2段（西周早期后段）邓小仲方鼎23字铭文分四行，单行5～7字；邓仲牺尊铭文6字分两行，每行3字。

第二期3段（西周中期前段）邓公鼎6字铭文分两行，每行3字。

第二期4段（西周中期后段）邓公作应嫚簋12字铭文分三行，每行4字；传世邓公簋仅见拓本，铭文14字分两行，每行7字。

第三期5段（西周晚期前段）的侯氏簋12字铭文分三行，每行4字；而邓伯氏鼎20字分四行，每行5字；邓公牧簋6字铭文分两行，每行3字；旟簋的24字铭文分四行，前三行5字，第四行9字（含重文1），最后一行9字布局于对应的字体前后或空隙间。

第三期6段（西周晚期后段）邓孟方壶盖14字铭文（含重文2字）分三行，一行4字，另两行各5字（各有重文1字），重文正好使后两行文字的布局跟前一行完全平齐。

第四期7段（春秋早期前段）的邓子鄬白鼎17字铭文分四行，第一行5字，其余三行各4字，第一行最后1字凸出，其余字对齐；不姑中夫人簋盖23字铭文分四行，前三行各6字，第四行5字，每行字对应略有错落；传世邓叔簋12字（有重文1字）铭文两行各5、7字，后者有1字重文，两行文字略交错对应；邓伯吉射盘17字铭文（有重文1字）分四行，第三行5字（重文1字），其余每行各4字；邓初生匜13字铭文分三行，第一行5字，排列稍长，另两行各4字，排列稍短。

第四期8段（春秋早期后段）邓子孙白鼎5字铭文分三行，一行仅“邓”1字，另两行各2字；传世邓公午簋19字铭文（有重文2字）分三行，第一行7字，第二、三行各6字（各有重文1字），上、下平齐；邓公孙无忌鼎44字铭文（有重文2字）分四行，第一行10字，排列稍短，第二、三行各11字，第四行12字（含重文2字）。

D. 间距。

铭文文字排列大多疏密适度，个别较为紧密；或同器上字数偏少的行间距稍大，字数多的行间距小，如旟簋。但也有少量铸铭字体较小，以致字间距较大，如第二期4段（西周中期后段）平顶山邓公簋内底铭文、第四期7段（春秋早期前段）不姞中夫人簋盖和邓初生匜铭文等。

3）辞例。

邓国铜容器铭文与周王室及同时代的其他诸侯国如曾国等的辞例基本相同，呈现出某个时代特定的组合用语情况。但可能只是因为发现的数量不多，铭文辞例并没有其他重要诸侯国的内容丰富。我们主要通过嘏辞、行款两个方面进行分析。

A. 嘏辞。

邓国铜容器铭文的辞例主要分为两大类，一类是无嘏辞，一类是有嘏辞。除第三期6段（西周晚期后段）仅有1件器物不见无嘏辞情形外，其余各期段均有发现；而嘏辞从第二期4段（西周中期后段）出现，并发展到第四期8段（春秋早期后段）。

第一类：无嘏辞情形。

主要是标识作器情况，如“邓公障彝”“邓仲作宝障彝”“邓公牧作馍簋”“邓子孙白用”等。

第二类：有嘏辞情形。

这类情况较为复杂。最先于第二期4段（西周中期后段）出现的嘏辞表述为“其永宝用”。到第三期5段（西周晚期前段）既有“其永宝用”，又有“其万年永宝”，这两种嘏辞的表述意思一致，都是对特定人即受器者的祝愿；同时，增加了“子子孙”字样，明确了传承子孙的意思，是“永宝用”类嘏辞的繁化。此类嘏辞一直沿用到第四期8段（春秋早期后段），只是表述略有差别，有“子子孙孙永宝用”“子子孙万年永宝用享”“子子孙孙永寿用之”“子子孙孙永宝用之”等。而在第三期5段（西周晚期前段）、第四期8段（春秋早期后段），又有进一步的繁化，就是“子子孙（孙）永宝用之”前面在对先祖追思的基础上，增加了“其万年”或“永寿无疆”等愿辞。也就是说，嘏辞因时代不同，其表述方式由简到繁，由对特定人到对泛指的子孙，最后到所有先祖和子孙，有一个不断强化、扩大范围的过程。

B. 作器标识。

29件容器铭文都有作器标识，有以下几类情况：

第一类：某人某器或某人“作”某器。某人某器应因铸造区有限省“作”字。共8例。包括第一期1段（西周早期前段）的“邓公障彝”，第一期2段的“邓仲作宝障彝”，第二期3段（西周中期前段）的“邓公作旅尊鼎”，第二期4段（西周中期后段）的“邓公作旅簋”，第三期5段（西周晚期前段）的“邓公牧作馍簋”，第四期7段（春秋早期前段）的“邓叔作显宝”。

第二类：某人“自作”某器。共4例，包括第四期7段（春秋早期前段）的“邓伯吉射自作盥盘”“邓子鄗白自作□[illegible]鼎”，第四期8段的“邓公午□自作馍簋”。

第三类：某人用“金”“自作”某器。仅1例，为第四期7段（春秋早期前段）的“隹邓初生吉寿（酬）邓公金，自作盥匜”。该“金”是“邓公”的酬金。

第四类：某人“用”（某器）。仅2例，均为第四期8段（春秋早期后段）的“登（鄧）子孙白用”。

第五类：某人“徙吉金”“铸”某器。仅1例，即第四期8段（春秋早期后段）的“邓公孙无忌徙吉金铸其□鼎”，“吉金”的来源未交代，其目的是用作祭祀高祖。

第六类：某人“作”某人某器。共11例，有的表述还较为繁复。包括第一期2段（西周早期后段）的“邓小仲获得，弗敢沮，用作厥文祖宝鬻尊，用尊厥福于□宫”，表明该器用于祭祀先祖的性质。第二期4段（西周中期后段）的4件“邓公作应嫚毗媵簋”辞例相同，很显然是邓公为其嫁到应国的女儿所作的媵器。第三期5段（西周晚期前段）的2件“侯氏作孟姬尊簋”，是不见“邓”国属的容器。“侯氏”器还出土于平顶山应国墓地M95，为4件“侯氏”鬲，铭文为：“侯氏作姚氏尊鬲，其万年永宝。”[①]据平顶山墓地发掘者之一的王龙正及陈昭容考证，该“侯氏”很可能为应侯[②]，应国为武王之子所封，正是姬姓，该器即是应侯为嫁到邓国的女儿所作的媵器。第三期5段（西周晚期前段）的“伯氏、姒氏作爾嫚昊馀鼎”，“伯氏”应为邓的宗支，“姒氏”可能为“伯氏”的夫人，二人为女儿“嫚昊”作器。第三期6段（西周晚期后段）的“登（邓）作监曼尊壶”，该器也可能为1件媵器，为邓国为嫁到监国的女子所作之器。第四期7段（春秋早期前段）的“不故中夫人台（始）作登（邓）公，用为中夫人尊諆簋”，据考证，“不姑”应为当时山东一带的诸侯国“薄姑”，该器很可能是薄姑的中夫人为嫁作邓公中夫人的女儿所作之器[③]。

第七类：某人为（？）某人“作”某器。仅2例，即第三期5段（西周晚期前段）的“旟卲各文祖皇考，作隮簋”，是旟为其先祖和父辈所作之器；这二器也未见“邓”字铭文，意思与第六类相同。

上述七类作器标识中，第二、三类直接有“自作”字样，可以肯定作器为自用，强调了器物的所有权；第一类有“作”字，从表述的意思上看，这一类标识也是表明器主的自作和自用；第四类以“用”字标识该器的自用属性，显然也是自作的器物；第五类为器主“铸”器，与自作的意思相同。也就是说，前五类实际上都是自作用器，但在标识的表达上存在一定变化，直接表达的某人“作”某器（含省“作”字情

① 河南省文物研究所、平顶山市文物管理委员会：《平顶山应国墓地九十五号墓的发掘》，《华夏考古》1992年第3期。

② 王龙正：《平顶山应国墓地九十五号墓年代、墓主及相关问题》，《华夏考古》1995年第4期；陈昭容：《从青铜器铭文看两周汉淮地区诸国婚姻关系》，《“中央研究院”历史语言研究所集刊》第75本第4分，2004年，第635-697页。

③ 徐少华：《邓国铜器综考》，《考古》2013年第5期。

形）出现较早，第一期1段（西周早期前段）就已出现，沿用到第三期5段（西周晚期前段）；但其他四类的表达出现时间较晚，在第四期7段、8段（春秋早期）。

第六、七类强调的是作器人为受器人所作，其所有权一般为受器人所有。此类标识在第一期2段（西周早期后段）出现，并一直沿用到第四期7段（春秋早期前段），但受器对象前后有所变化。一期2段（西周早期后段）是为祭祀“文祖”所作，置于“□宫”祈福，这一情形还见于第三期5段（西周晚期前段）的“旝簋”，其出于祭祀目的，为先辈所作的目的也仅见于这两个时期。其余则均为当世人包括自己所作，其中第二期4段（西周中期后段）、第三期5段（西周晚期前段）、第三期6段（西周晚期后段）的受器者分别为嫁到应国的邓公女儿嫚毗、嫁到邓国的应国贵族侯氏的女儿孟姬或嫁到某国的邓国贵族女儿嫚昊、嫁到监国的邓国贵族女儿监嫚，此类器物为媵器，受器者均为出嫁的女儿。第四期7段（春秋早期前段）的1例则可能为薄姑国夫人为嫁作邓公夫人的女儿所作，推测仍为媵器。

C. 自铭。

上述容器除个别外，均存在自铭的情况。其自铭的表述一般是在器名前加一个表意词，少数为叠词。除第四期8段（春秋早期后段）的邓公孙无忌鼎最后的表意字漫漶无法确定外，其他器物的这种表意分以下两种形式。

第一种表意是对器物的泛称，并不说明器物的性质。以“障”居多，在第一期1段（西周早期前段）至第四期7段（春秋早期前段）均有使用。少量加“宝”“鬻”“旅”“諆”成为叠词，前二字均仅见于第一期2段（西周早期后段）的“宝障”“鬻障”，后二字分别仅见于第二期3段（西周中期前段）的“旅障”和第四期7段（春秋早期前段）的“障諆”，这或许与邓国铭文容器发现数量少有关。“宝”“鬻”作为自铭单独使用在其他铜器中较为多见，前者如曾国铜器中的曾仲斿父豆、鼎（时代为春秋早期），豆的铭文为“曾仲斿父自作宝甫”，鼎的铭文为“曾侯仲子斿父自作鬻彝”[①]。“諆”不识，其他铜器铭文中不见，推测为自铭。不过“宝障”叠词的连用在其他西周晚期铜器中仍有使用，如西周晚期逨盘，其铭文就有“用作朕皇祖考宝障盘”之语[②]。有一点值得注意的是，第一期1、2段（西周早期前、后段）使用的器物名称并不直接点明，以“彝”替代，或者不予说明。而自第二期3段（西周中期前段）开始，自铭中均有器名。仅见于第二期4段（西周中期后段）的“旅”器自铭，或许为泛称，也或许表述有某种用途。第四期7段的传世邓叔簋连用“显宝”二字，应为泛指。其他铜器中较为常见的泛称“行”器自铭则不见于邓国容器中。

① 湖北省博物馆：《湖北京山发现曾国铜器》，《文物》1972年第2期。

② 陕西省考古研究所、宝鸡市考古工作队、眉县文化馆杨家村联合考古队：《陕西眉县杨家村西周铜器窖藏发掘简报》，《文物》2003年第6期。

第二种表意表明了器物的性质。此类自铭常见“媵”“饙”“盥”“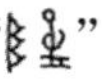”，且不见叠词。其从第二期4段（西周中期后段）出现，一直使用到第四期8段（春秋早期后段），“媵”为陪嫁之用，“饙”为饮食之用，“盥”为盥洗之用，器物的性质一目了然。而第四期7段之“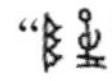”仅见，或可释为“陵”，作用不明。

从辞例可知，邓国铭文铜器的用途有三种：一是自用，二是祭祀先祖，三是用作媵器。

4）书体。

铭文书体的规范性因时代变化也有一定的差异，并存在一定的反书现象。

A. 规范性。

第一期1段（西周早期前段）的邓公盉字体稍潦草，其中“隮”错写，将本应为本字下部部首的“”写到本字上面了。

第一期2段（西周早期后段）邓小仲方鼎铭文书体稍草率，但邓仲牺尊的书体规范。

第二期3段（西周中期前段）邓公鼎铭文书体较为规范。

第二期4段（西周中期后段）邓公作应嫚簋的铭文书体较规范，但盖相对草率；传世邓公簋铭文书体较规范。

第三期5段（西周晚期前段）邓伯氏鼎、侯氏簋、邓公牧簋、旟簋的铭文书体均较为规范。

第三期6段（西周晚期后段）邓孟方壶盖铭文书体规范。

第四期7段（春秋早期前段）铭文书体均相对较草率，如不故中夫人簋盖、邓初生匜铭文存在缺笔或较散的现象等，仅见摹本的传世邓叔簋字体较规范，但似乎存在临摹简笔的问题，如“登（鄧）”“宝”二字笔画不全。

第四期8段（春秋早期后段）铭文书体也较草率，邓子孙白鼎铭文中“登（鄧）”字较大，笔画分得较开；传世邓公午簋和出土邓公孙无忌鼎有简笔、布局散而紧。

B. 反书现象。

少量文字存在反书现象，这一现象从第一期1段（西周早期前段）即出现，并在多个时期都有反映，几乎贯穿于邓国铜器发展的始终。

第一期1段（西周早期前段）邓公盉铭文中的“隮”。

第一期2段（西周早期后段）邓小仲方鼎铭文中的“宝”“隮”。

第二期4段（西周中期后段）邓公作应嫚簋、第三期5段（西周晚期前段）邓伯氏鼎、侯氏簋和第三期6段邓孟壶盖铭文中均有“宝”字；第三期5段（西周晚期前段）旟簋中的“子”。

第四期7段（春秋早期前段）有不姑中夫人簋盖铭文中的“隹”“九”“月”“隮”“諆”“簋”和邓初生匜铭文中的“隹”等。

第四期8段（春秋早期后段）有邓子孙白鼎铭文中的“子孙”和邓公孙无忌鼎铭文中的“隹”等。

从统计的情况看，反书较常见的是“宝”“隹”二字。一般认为，反书可能是受教育水平限制的工匠们失误造成，但邓国的书体是否本就有这种写法也难以明了。

C.“邓”字写法。

29件邓国铭文铜容器中，仅有各2件侯氏簋、旟簋未见“邓”字。有“邓”字者，其写法因时代变化的特征较为明显。

第一期1段（西周早期前段）的邓公盉之“邓”为双手捧豆形，双手下端外撇；豆上有一横象征盖，口微凹，两端出头，腹较深，内有一横可能象征“食物”。

第一期2段（西周早期后段）的邓仲牺尊之“邓”与前段相比，只是双手下端微撇；豆腹稍浅，内无横。而“邓小仲方鼎”之“邓”的下部双手连为一体，豆口部圆形，内也无横。

第二期3段（西周中期前段）的邓公鼎之“邓”与邓小仲方鼎之“邓”相比，只是口部略变形，其他基本没有变化。

到第二期4段（西周中期后段），传世邓公簋拓本之“邓”与前段基本相同；而邓公作应嫚簋之“邓”发生了变化，一是豆口、圈足内各增加了一横，二是下部双手再分开，笔画变短，但手爪形明显。

第三期5段（西周晚期前段）之“邓”继续沿用邓公作应嫚簋之“登（鄧）”字写法。

第三期6段（西周晚期后段）之“邓”除了豆口部的一横消失外，其他与前段相同。

到第四期7段（春秋早期前段），“邓”的写法中部依然为豆形，豆形上的一横多消失，但圈足中的一横不见了；下部的双手更具象化，下端由内收变直或往外弧撇；上部增加两角各有一正、反向的“止”字。

而第四期8段（春秋早期后段），“邓”或与前段相同，或下部的双手向豆形的两侧上移，个别右边出现“邑”偏旁（即“阝”）。

“邓”字写法变化也是判断时代特征的标志。

5）纪时用语。

从邓国铜容器铭文看，8件容器有纪时用语，应分属两种体系。

第一种是周历纪时体系。有三例，一是第二期4段（西周中期后段）的传世邓公簋（拓本），铭文表述为“隹十又四月”，因其后紧接“王在侯□”，该“王”很显然是指周王，若此，“隹十又四月”很可能为周历纪时。一是第三期5段的2件旟簋，铭文开篇直接表述为“隹王正月”。这也表明，这一时期邓国的历法乃至意识形态在周王室的体系之下。

表2-2-6　邓国铜容器铭文演变表

期段	时代	铭文容器		铭文										
		数量	占比/%	行款				辞例			书体			纪时体系
				字数	铭文部位	排列方式	字间距	嘏辞	作器标识	自铭	规范性	反书	“邓”	
第一期1段	西周早期前段	1	100	4	耳内器壁	竖排一行4字	较小	无嘏辞	某人某器	隮彝	较潦草，有错字	隮		
第一期2段	西周早期后段	4	100	6、23	器内壁或盖内底	自右向左；分二、四行，行3、5～7字	较小	无嘏辞	某人“作”某器，某人“作”某人某器	宝隮彝、鼐隮	规范或稍草率	宝、隮		
第二期3段	西周中期前段	1	100	6	器内壁	自右向左；二行，行3字	适中	无嘏辞	某人“作”某器	旅隮鼎	较规范			
第二期4段	西周中期后段	5	100	12、14	器、盖内壁	自右向左；二、三行，行4、7字	适中或较大	无嘏辞或对受器人简单嘏辞	某人“作”某器，某人“作”某人某器	媵簋、旅簋	较规范或较草率	宝		周历
第三期5段	西周晚期前段	7	100	6、12、20、24	器、盖内底或器内壁至底	自右向左；二至四行，行3～5、9字	适中	无嘏辞或对受器人简单、繁化嘏辞	某人“作”某器，某人“作”某人某器、某人为（？）某人作某器	餗鼎、餗簋、隮簋	较规范	宝、子		周历、邓历

续表

期段	时代	铭文容器		铭文										
				行款				辞例			书体			纪时体系
		数量	占比/%	字数	铭文部位	排列方式	字间距	嘏辞	作器标识	自铭	规范性	反书	“邓”	
第三期6段	西周晚期后段	1	100	14	盖内壁	自右向左；三行，行4～5字	适中	对受器人繁化嘏辞	某人“作”某人某器	障壶	规范	宝		
第四期7段	春秋早期前段	6	75	12、13、17、23	器内壁、底或盖内、底	自右向左；二至四行，行4～6	适中或较大	无嘏辞或对子孙繁化嘏辞	某人“作”某器，某人“自作”某器，某人用“金”“自作”某器，某人“作”某人某器	障鼎、[illegible]鼎、障諆簋、盥盘、盥匜	较草率	隹、九、月、障、諆、簋	 	邓历
第四期8段	春秋早期后段	4	14.3	5、19、44	器内壁或器内壁至底	自左向右、自右向左；三至四行，行1～2、6～7、10～12字	适中或较小	无嘏辞或对子孙繁化嘏辞或对先祖、子孙强繁化嘏辞	某人“用”“自作”某器，某人“徙吉金”“铸”某器	悚簋、□鼎	较草率	子、孙、隹	  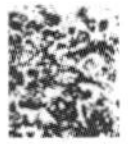	邓历

第二种是邓历纪时体系。可见五例，一是第三期5段（西周晚期前段）的邓伯氏鼎，铭文表述为“隹邓八月初吉”。二是第四期7段（春秋早期前段）的3例，其中中夫人簋盖铭文表述为“隹邓九月初吉”；2件邓子鄬白鼎铭文表述为“隹邓九月初吉庚午”。第四期8段（春秋早期后段）的邓公孙无忌鼎，铭文表述为“隹九月初吉丁亥”。前4例因在月份前均有“邓”字，可确定为邓历；最后1例尽管未见“邓”字，但从表述方式和该器前后意思看，其纪时应仍为邓历。邓历在西周晚期前段的出现表明，邓国已经有了自身的历法体系，因而其上层建筑在一定程度上有了较强的自主性。

（二）兵器的分期

共27件，器类仅见戈、矛、镈、剑、镞。

1. 型式分析

戈　11件。均为直内戈，其中4件为毁兵，援前半部无存。长方形内，内上一至二穿；援相对较长；有胡，阑侧二到三个长方形穿，顶端一穿。按照援的变化可分四式。

Ⅰ式：3件。分别为王坡M1：2、M1：3，卞营M298：1。形制、大小基本相同。戈体较长。戈援较平直宽长，援和内的上缘线大体平行，两刃斜聚成尖锋；隆脊，胡较长，长方形内，内末为圆弧形。王坡M1：2、M1：3，胡上阴刻铭文8字：登（鄧）子中無期（忌）之用戈。笔画细浅（图2-2-16，1、2）。王坡M1：3，通长25.8、援长18.7、内长7.1厘米[①]（图2-2-15，1）。

Ⅱ式：1件。擂鼓台M2：15。戈体较长。援隆脊，后部有明显的细腰，前部上翘明显，前端较宽并折成直边三角形，棱脊，胡较长，内末为圆角方形。胡上铸铭文5字：登（鄧）子白随戈（图2-2-16，3）。通长26.4、援长18.4、内长8厘米[②]（图2-2-15，2）。

Ⅲ式：1件。王坡M1：4。与Ⅱ式戈相比，只是援前部略宽弧折成弧边三角形。胡上铸铭文7字：登（鄧）子中無期（忌）之用（图2-2-16，4）。通长25.3、援长18.4、内长6.9厘米[③]（图2-2-15，3）。

Ⅳ式：6件。分别为王坡M47：1、M55：2、M55：25、M55：32，沈岗

---

① 湖北省文物考古研究所、襄樊市考古队、襄阳区文物管理处：《襄阳王坡东周秦汉墓》，科学出版社，2005年，第45-48页。

② 湖北省文物考古研究所、谷城县博物馆：《湖北谷城擂鼓台墓群M2发掘简报》，《江汉考古》2022年第3期。

③ 湖北省文物考古研究所、襄樊市考古队、襄阳区文物管理处：《襄阳王坡东周秦汉墓》，科学出版社，2005年，第45-48页。

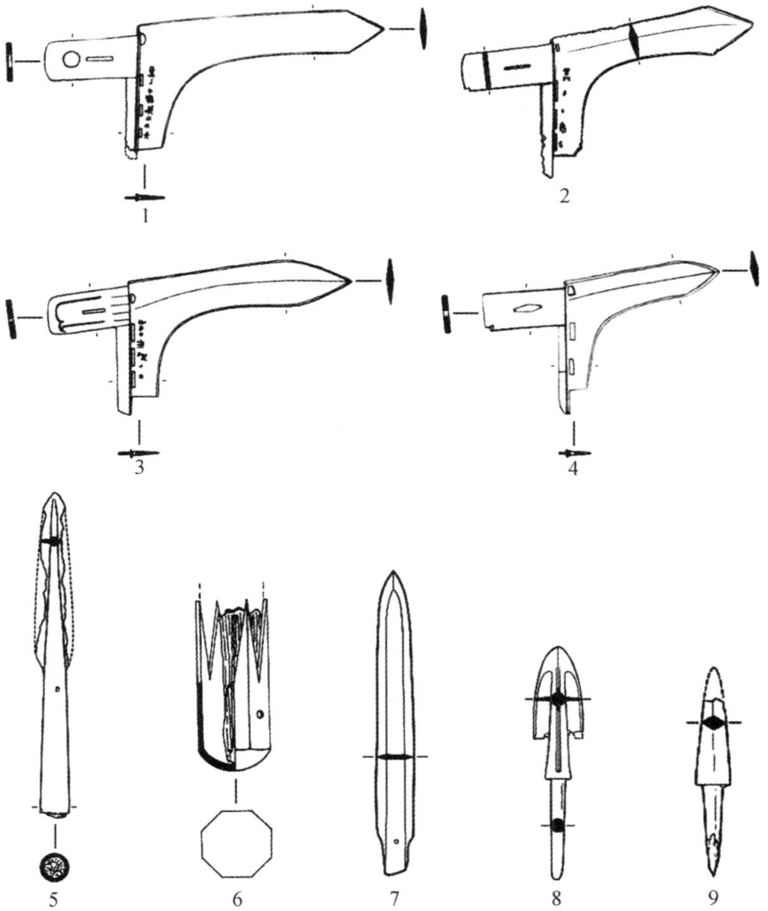

图2-2-15　铜兵器

1. Ⅰ式戈（王坡M1：3）　2. Ⅱ式戈（擂鼓台M2：15）　3. Ⅲ式戈（王坡M1：4）　4. Ⅳ式戈（王坡M55：25）
5. 矛（擂鼓台M2：9）　6. 镈（王坡M55：7）　7. 剑（沈岗M420：5）　8. A型镞（卞营M298：2）
9. B型镞（卞营M143：1）

M420：1，卞营M66：3。戈体较前式短小，戈援稍短并上扬更甚，前部弧凸后呈弧边前聚成锋，棱脊，胡较短，内变长、方角。王坡M55：25，通长18.9、援长12.5、内长6.4厘米①（图2-2-15，4）。

矛　仅1件。擂鼓台M2：9，整体窄长，双翼形，窄叶，长銎直抵矛尖②。通长22.5厘米（图2-2-15，5）。

① 湖北省文物考古研究所、襄樊市考古队、襄阳区文物管理处：《襄阳王坡东周秦汉墓》，科学出版社，2005年，第48-50页。

② 湖北省文物考古研究所、谷城县博物馆：《湖北谷城擂鼓台墓群M2发掘简报》，《江汉考古》2022年第3期。

镈　仅1件。为王坡M55：7。从出土位置看，应为某件戈的附件。八方形帽状，中空，銎口做锯齿状八齿，末端为圆弧形。銎内残存木柄。长6.6、直径2.6厘米①（图2-2-15，6）。

剑　仅1件。为沈岗M420：5。柳叶形。身较长，两侧双刃前聚成锋，平脊，短茎，前端穿孔，无首。长26、最宽2.3厘米②（图2-2-15，7）。

镞　13件。形体较小。均有短铤。按照镞身整体形状不同可分二型。

A型　3件。分别为卞营M128：2、M291：2、M298：2。双翼镞。扁体宽翼，后端有短尾，中起脊。卞营M298：2，通长7.5厘米③（图2-2-15，8）。

B型　10件。分别为卞营134：2、M143：1，擂鼓台M2：14-1～M2：14-8。大多残。菱形镞。窄体，横断面菱形，后部有圆铤。卞营M143：1，前段残。残长4厘米④（图2-2-15，9）。

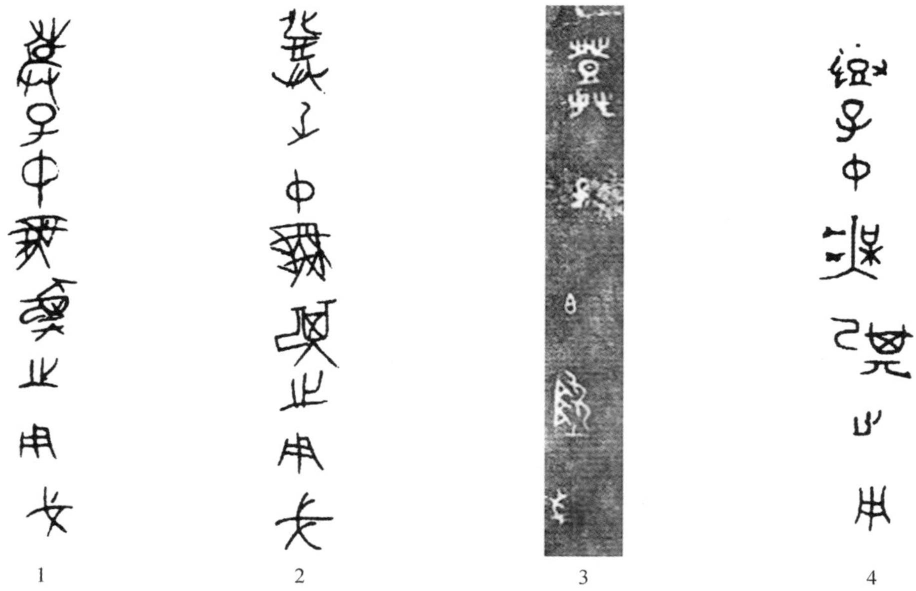

图2-2-16　铜戈铭文

1、2. Ⅰ式戈铭文摹本（王坡M1：2、王坡M1：3）　3. Ⅱ式戈铭文拓本（擂鼓台M2：15）
4. Ⅲ式戈铭文摹本（王坡M1：4）

---

① 湖北省文物考古研究所、襄樊市考古队、襄阳区文物管理处：《襄阳王坡东周秦汉墓》，科学出版社，2005年，第48、50页。

② 襄阳市文物考古研究所：《襄阳沈岗东周墓（西区）》，科学出版社，2020年，第22、27页。

③ 湖北省文物考古研究所、襄阳市文物考古研究所：《襄阳卞营墓地》，文物出版社，2019年，第71页。

④ 湖北省文物考古研究所、襄阳市文物考古研究所：《襄阳卞营墓地》，文物出版社，2019年，第71页。

2. 分期

11件戈的形制相近，时代也应接近。此类三角援的戈常见于西周晚期至春秋早期。

Ⅰ式戈与三门峡虢国墓地西周晚期晚段M2001的多件铜戈[①]基本相同，应在春秋早期仍然使用。

Ⅱ式戈与枣阳郭家庙墓地西周末期GM21：18-1之C型Ⅰ式戈[②]和枣阳郭家庙墓地曹门湾墓区春秋早期后段M13：4[③]相同；而与平顶山应国墓地两周之际下葬的M8多件铜戈形制相比，整体形制相同，只是援上翘稍甚。再结合本墓同出容器整体特征看，该式戈以春秋早期前段为宜。

Ⅲ式戈与春秋晚期后段黄君孟夫妇墓G1：A11[④]之戈形制几乎相同。

Ⅳ式戈与淅川下寺春秋中期M8：38相近[⑤]，本援前部弧凸不明显，时代更早。同时，该式的3件完整戈均出自王坡M55，该墓所出五鼎六簋的时代特征明显，为春秋早期后段，因此，该式戈的时代也在同时期。而另外3件毁兵戈，其援后部上翘的情况与M55的3件戈十分相近，故时代相当。

矛既与三门峡虢国墓地西周晚期后段M2001窄叶矛[⑥]，也与枣阳郭家庙墓地曹门湾墓区春秋早期后段M13：5[⑦]形制基本相同，而根据同墓所出器物判断时代为春秋早期前段。

镈与部分Ⅳ式戈同出王坡M55，很可能为戈之镈，时代为春秋早期后段。

剑与Ⅲ式戈同出于沈岗M420，时代大约在春秋早期后段。

A型镞似乎沿用时间较长，在众多墓地都有发现。该型镞与三门峡虢国墓地M2001

---

① 河南省文物考古研究所、三门峡市文物工作队：《三门峡虢国墓（第一卷）》，文物出版社，1999年，第84页。

② 襄樊市考古队、湖北省文物考古研究所、湖北孝襄高速公路考古队：《枣阳郭家庙曾国墓地》，科学出版社，2005年，第245页。

③ 湖北省文物考古研究所、湖北荆州文物保护中心、襄阳市文物考古研究所等：《湖北枣阳郭家庙墓地曹门湾墓区（2014）M10、M13、M22发掘简报》，《江汉考古》2016年第5期。

④ 河南信阳地区文管会、光山县文管会：《春秋早期黄君孟夫妇墓发掘报告》，《考古》1984年第4期。

⑤ 河南省文物研究所、河南省丹江库区考古发掘队、淅川县博物馆：《淅川下寺春秋楚墓》，文物出版社，1991年，第21页。

⑥ 河南省文物考古研究所、三门峡市文物工作队：《三门峡虢国墓（第一卷）》，文物出版社，1999年，第86页。

⑦ 湖北省文物考古研究所、湖北荆州文物保护中心、襄阳市文物考古研究所等：《湖北枣阳郭家庙墓地曹门湾墓区（2014）M10、M13、M22发掘简报》，《江汉考古》2016年第5期。

之双翼内收型镞基本相同，后者时代为西周晚期晚段[①]，还与黄君孟墓出土的Ⅰ式镞（G1：A12）[②]和郭家庙墓地曹门湾墓区M13：10之镞[③]十分接近，二者时代均为春秋早期后段。我们认为，A型镞定在春秋早期当不成问题。B型镞属于相同的情况。

如前分析，上述兵器流行于春秋早期。细分的话，Ⅰ、Ⅱ式戈，矛的时代大约在春秋早期前段，Ⅲ、Ⅳ式戈，镈，剑为春秋早期后段，而A、B型镞的时代可归于春秋早期。

3. 时代特征

（1）形制

1）戈。

其形制整体较简单。分别在春秋早期前、后段，即使是后段也有一定的早晚变化。较早的戈体较长，戈援也较长，胡相对较长，窄刃，内稍短；援由整体微上翘，中前部宽度基本一致，上、下刃较直，直边三角锋，变为援上翘较甚，中部弧束，前部弧凸，上、下刃弧凹，弧边三角锋。较晚者变为戈体变短，戈援较短，胡相对较短，刃相对较宽，内变长；援上翘更甚，中部微束，前部微凸，上、下刃微弧凹，弧边三角锋。

2）矛。

时代特征不明显，通过比较确认其时代为春秋早期后段。

3）镈。

时代特征不明显，从同墓所出铜容器时代分析，其不晚于春秋早期后段。

4）剑。

时代特征不明显，据同墓出土戈判断时代不晚于春秋早期后段。

5）镞。

双翼或菱形，前后沿用时间长，时代特征也不明显，笼统归于春秋早期。

（2）纹饰

仅1件Ⅲ式戈（王坡M1：4）内上有简单的纹饰，为双线象征性鸟纹。

（3）铭文

11件戈有铭文的4件，其中3件戈铭文内容基本相同，为一人所作，2件刻铭（图

---

① 河南省文物考古研究所、三门峡市文物工作队：《三门峡虢国墓（第一卷）》，文物出版社，1999年，第89页。

② 河南信阳地区文管会、光山县文管会：《春秋早期黄君孟夫妇墓发掘报告》，《考古》1984年第4期。

③ 湖北省文物考古研究所、湖北荆州文物保护中心、襄阳市文物考古研究所等：《湖北枣阳郭家庙墓地曹门湾墓区（2014）M10、M13、M22发掘简报》，《江汉考古》2016年第5期。

2-2-16，1、2）、1件铸铭（图2-2-16，4）。另1件戈为铸铭（图2-2-16，3）。

1）铭文兵器占比。

这4件铭文，1件时代为春秋早期前段，3件为春秋早期后段，分别相当于铜容器的第四期7、8段。如果把所出兵器之镈算作某件戈附件的话，则铭文戈的比例占全部兵器的三分之一，与同期铭文容器的比例大体相当。

2）行款。

A. 铭文字数。

4件戈的铭文字数分别为5、7、8字。春秋早期前段的1件戈铭文5字；春秋早期后段同一人所用的3件戈中，2件刻铭戈字数相同，均为8字，1件铸铭戈7字。似乎显示稍早时代铭文字数少，稍晚时代铭文字数多。当然，这也并非绝对。

B. 铭文部位。

4件戈铭文的位置相同，均在胡部。

C. 排列方式。

均自上而下呈一竖行排列。

D. 间距。

一般字数少者间距较大，字数多者间距较小。

3）辞例。

4件戈铭文均无嘏辞，都标识作器者。

作器标识表述基本一致，一般为国属“登（鄧）”+美称“子”+人名+强调性质的词“用”或“随”+器名（个别缺）。如字数最少的戈为“登（鄧）子白随戈”，表述十分清晰；字数次少的戈为“登（鄧）子中无忌之用”，“中”可能为名，“无忌”可能为字，器名“戈”缺；而字数最多的2件戈为“登（鄧）子中无忌之用戈”，“中”“无忌”等情况同上。而在同墓所出的铭文鼎中，铭文仅见“登（鄧）公孙无忌”，无“中”字，也说明“中”“无忌”是同一人的名和字。

从作器标识表述的意思看，这4件戈应均为自作器。

4）书体。

4件铭文戈中，2件铸铭戈字体相对规范，而2件刻铭戈则相对草率，这或许与书写方式有关，因为铜器硬度高，刻文的难度大，因此规范性受到制约。

4件铭文戈开头的第一字均为“登（鄧）”，其中3件戈的“登（鄧）”字与容器第四期7、8段中的“登（鄧）”字写法相同，即上部为相背的“止”字，中部为豆形，下部为双手。春秋早期前段的擂鼓台M2：15中部的豆腹内有一横。而春秋早期后段的1件戈之“登（鄧）”字简化，上部的正反“止”字未写，下部的双手向豆形的两侧上移，整体与同墓所出容器第四期8段之鼎铭文上的“登（鄧）”字相同，具有较晚的风格。

（三）车马器的分期

共1032件。器类有马衔、节约、泡、帽钉、环、錞、弹簧形器、片饰等。均出土于王坡墓地。

1. 型式分析

马衔　12件（4套）。分别出自M1、M55，每墓各出2套。马衔磨损较甚，均为实用器。形制大体相同，大小略异。马衔是由两节两端带环的铜杆套合而成。一端环较大，呈圆形，一端环较小，呈椭圆形，两小环相套合。均素面。各附一对铜马镳，镳作弓形，一侧中部有对称的半圆形辖孔。镳上铸饰绹索纹。M1：12，灰绿色，两小环套合处有补铸痕迹。马衔通长22、大环径4.4、镳长14.2厘米[①]（图2-2-17，1）。M55：29，青灰色，马镳中部较粗，两端略细，呈竹节状。马衔通长25、大环径4.1、镳长15.3厘米[②]（图2-2-17，2）。

节约　11件。出自M55，有正方“十”字形、长方“十”字形和“×”字形等三种形制，大小略异。皆中空，四壁有对称的圆形孔与背面中部的圆孔相通。正面铸饰一蝉纹[③]。M55：27-1，4件，正方“十”字形，长1.9、宽1.8、厚1.2厘米（图2-2-17，3）。M55：27-2，4件，长方“十”字形，纵向略长，横向短，长2.1、宽1.6、厚1厘米（图2-2-17，4）。M55：27-3，3件，整器呈“×”字形。长2.2、厚1.3厘米（图2-2-17，5）。

环　2件。出自M55。形制大小相同。M55：35，圆环，截面为椭圆形。环上铸饰绹索纹。直径2.5厘米[④]（图2-2-17，7）。

錞　1000枚。大小不一。圆筒形，外壁微鼓，内壁较直。M55：34-1，形体较大，直径0.9、高0.6厘米（图2-2-17，8）；M55：34-2，形体较小，直径0.8、高0.3厘米[⑤]（图2-2-17，9）。

---

① 湖北省文物考古研究所、襄樊市考古队、襄阳区文物管理处：《襄阳王坡东周秦汉墓》，科学出版社，2005年，第51页。

② 湖北省文物考古研究所、襄樊市考古队、襄阳区文物管理处：《襄阳王坡东周秦汉墓》，科学出版社，2005年，第51页。

③ 湖北省文物考古研究所、襄樊市考古队、襄阳区文物管理处：《襄阳王坡东周秦汉墓》，科学出版社，2005年，第51、52页。

④ 湖北省文物考古研究所、襄樊市考古队、襄阳区文物管理处：《襄阳王坡东周秦汉墓》，科学出版社，2005年，第52页。

⑤ 湖北省文物考古研究所、襄樊市考古队、襄阳区文物管理处：《襄阳王坡东周秦汉墓》，科学出版社，2005年，第52页。

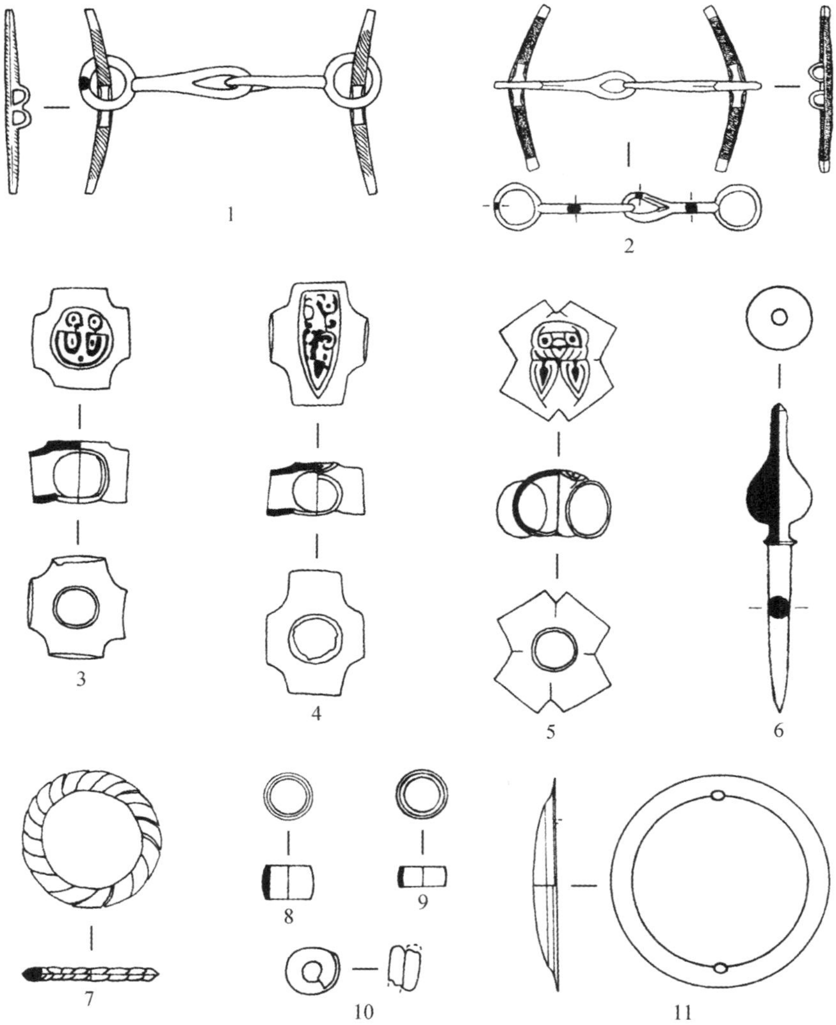

图2-2-17　铜车马器

1、2. 马衔镳（M1：12、M55：29）　3～5. 节约（M55：27-1、M55：27-2、M55：27-3）　6. 帽钉（M55：33）　7. 环（M55：35）　8、9. 銗（M55：34-1、M55：34-2）　10. 弹簧形器（M55：28）　11. 泡（M55：26）

泡　3件。出于M55，出土时均残破，形制相同。M55：26，器壁极薄。圆形，泡面隆起，沿较斜平，沿下有纽，已残。直径4厘米①（图2-2-17，11）。

帽钉　2件。出自一墓，形制大小均等同。M55：33，钉做圆形尖锥状，帽呈葫芦

① 湖北省文物考古研究所、襄樊市考古队、襄阳区文物管理处：《襄阳王坡东周秦汉墓》，科学出版社，2005年，第52页。

形。通长5.9、钉长3.3、帽高2.8厘米[①]（图2-2-17，6）。

弹簧形器　1件。M55：28，仅残存二圈。用铜丝圈绕而成，器型如弹簧，质软，无弹性。圈径0.9、丝径0.3厘米[②]（图2-2-17，10）。

片饰　1件。出自M55。长方圆弧形，残存两块，一块略大，另一块稍小。其上端作方形，中部圆弧内凹，下端呈圆弧形。两侧及上端都有圆形编缀孔。整器有"十""▬""■""┐"等几何形镂孔图案，其间压印对称的凤鸟纹、卷云纹、绹索纹。M55：31-1，下端右侧圆角外侈较甚，左侧残失，长35、上端复原宽21.8厘米（图2-2-18，1）；M55：31-2，残存半边，其形制、花纹略有差异，下部圆弧内收，下缘部饰绹索纹，长37.6厘米（图2-2-18，2）。长条形，残存二条，两侧均有小圆形编缀孔，器表压印"回"字形纹。M55：31-3，一条保存比较完整，上端呈不规则的方

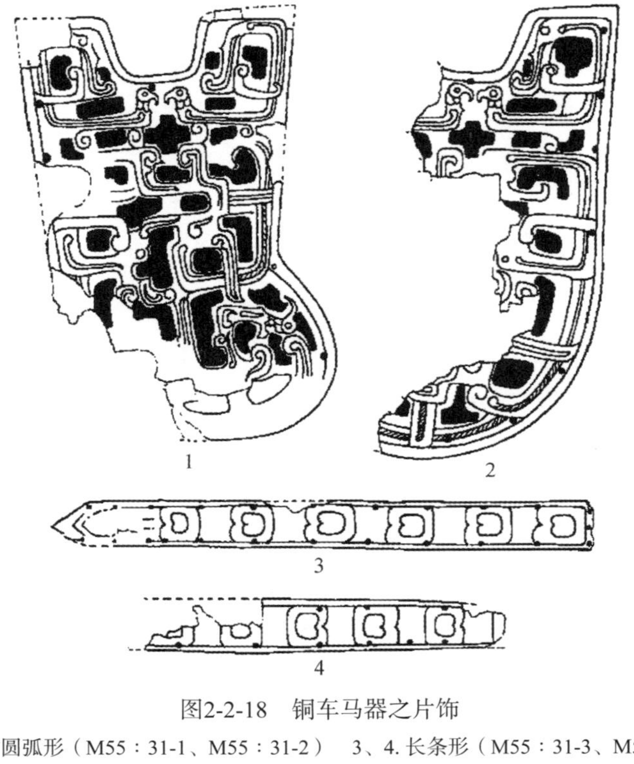

图2-2-18　铜车马器之片饰

1、2. 长方圆弧形（M55：31-1、M55：31-2）　3、4. 长条形（M55：31-3、M55：31-4）

① 湖北省文物考古研究所、襄樊市考古队、襄阳区文物管理处：《襄阳王坡东周秦汉墓》，科学出版社，2005年，第52、53页。

② 湖北省文物考古研究所、襄樊市考古队、襄阳区文物管理处：《襄阳王坡东周秦汉墓》，科学出版社，2005年，第54页。

形，有三个编缀孔，下端作尖锥状，长42、宽3.9厘米（图2-2-18，3）；另一条两端均残，一端较宽，而另一端稍窄，残长28、宽3.7～4.5厘米（图2-2-18，4）[①]。该器系用薄铜片制作而成，由于残破较甚，编缀情况不详，无法复原其原貌，对该器的性质、用途不明，我们据器型特征分析，推测有可能属马面饰或车上饰件。

2. 分期

邓国车马器的数量尽管相对较多，但类别少，且均出土于王坡墓地，除个别器物发现于M1外，其余均在M55中发现。根据两墓所出标型器铜容器的特征分析，王坡M1、M55的时代均为春秋早期后段，即所出土的车马器仅一个时期。不过，从虢国墓地西周晚期M2008[②]出土同类器的情况看，王坡墓地两座墓出土的车马器形制、纹饰自西周晚期即开始使用。

3. 时代特征

因车马器时代单一，其形制、纹饰前后基本没有变化，具体形制、纹饰见前述型式分析部分。此处略。

二、铜器的文化特征

邓国铜器发现相对较少，共1107件，包括容器48件、兵器27件、车马器1032件。时代按照容器的分期可分四期8段，即西周早期前、后段，西周中期前、后段，西周晚期前、后段，春秋早期前、后段。其中西周时期铜器仅见容器，兵器、车马器均仅发现于春秋早期（表2-2-7）。

邓国铜器的文化特征主要通过对比进行分析，对比的对象主要是当时中央王朝控制下的周王畿地区出土铜器，也有与周王朝同姓的诸侯国如应、曾、晋、虢等国铜器等。

① 湖北省文物考古研究所、襄樊市考古队、襄阳区文物管理处：《襄阳王坡东周秦汉墓》，科学出版社，2005年，第53、54页。

② 河南省文物考古研究所、三门峡市文物考古研究所：《河南三门峡虢国墓地M2008发掘简报》，《文物》2009年第2期。

表2-2-7　邓国铜器器类表

分类 时代	容器			兵器	车马器
	食器	酒器	盥器		
西周早期前段		盉			
西周早期后段	鼎	牺尊			
西周中期前段	鼎				
西周中期后段	簋				
西周晚期前段	鼎、簋				
西周晚期后段		壶			
春秋早期前段	鼎、簋	提梁卣、罍	盘、匜	戈、矛、镞	
春秋早期后段	鼎、簋	壶	盘、匜	戈、镈、剑、镞	马衔、节约、泡、帽钉、环、銴、弹簧形器、片饰

（一）容器的文化特征

容器的器类只有鼎、簋、壶、提梁卣、罍、盉、牺尊、盘、匜等九种，这些器类常见于周王畿地区及其同姓诸侯国铜器中。除牺尊仅见于西周早期外，其余器类几乎使用于两周的各个时段。通过分期时的对比可以看出：

西周早期前段邓公盉原定年代即为商代晚期，因其形制、纹饰乃至铭文的位置较常见于殷墟时期，特别是浮雕鸟纹、兽面纹更是在商代晚期多种铜容器上出现，并沿用至西周早期。该型盉与西周早期周原附近的石鼓山墓地、随州叶家山曾国墓地同类器十分接近。其来源当为周文化，并向上追溯至商器。

西周早期后段之A型方鼎的形制、纹饰同样具有商式器特点，这种鼎应承继殷墟铜器而来，为西周早期的主体器类，在周王畿地区发现较多。西周早期偏晚阶段的叶家山曾国早期墓地也发现较多类似方鼎，如M28曾侯谏方鼎①等；其2件成对组合也在商代晚期之殷墟和西周早期叶家山等墓地常见，如殷墟四期的安阳大司空M303：114、M303：115②，叶家山M27曾侯方鼎③等。而牺尊的动物造型、动物附饰和带有地纹的兽面主纹装饰（俗称“三层花”装饰）也有商代晚期殷墟铜器风格，商代晚期龙、虎、象、鸟、牛、猪、狗等动物造型的觥和牺尊发现较多。但该器造型较

① 湖北省文物考古研究所、随州市博物馆：《湖北随州叶家山M28发掘报告》，《江汉考古》2013年第4期。

② 中国社会科学院考古研究所安阳工作队：《殷墟大司空M303发掘报告》，《考古学报》2008年第3期。

③ 湖北省文物考古研究所、随州市博物馆：《湖北随州市叶家山西周墓地》，《考古》2012年第7期。

为特别，似鹿非鹿，集多种动物特征于一体（图2-2-19，1），与宝鸡石鼓山M4出土的2件牺尊（图2-2-19，2）较为接近。发掘者认为石鼓山M4的年代在西周初期，该类殷商族群的铜器很可能是周人通过战争掠夺而来[①]。只是本器附饰较多，更为少见，或许有着特别的意义。方鼎、牺尊成对出现的偶数组合应是商文化影响的结果。

图2-2-19　邓仲牺尊与石鼓山M4牺尊对比图
1. 邓仲牺尊（张家坡M163：33）　2. 石鼓山M4牺尊（M4：212）

西周中期前、后段的B型Ⅰ式鼎、A型Ⅰ式簋，西周晚期前段的B型Ⅱ式鼎和A型Ⅱ、Ⅲ式簋，西周晚期后段的A型壶，以及春秋早期前段的B型Ⅲ式鼎、A型Ⅳ式簋（盖）、Ⅰ式盘、Ⅰ式匜，它们在形制、纹饰和铭文风格以及纹饰的组合、铭文的行文等方面都与所对比的出土、传世周王畿地区或晋、虢等周同姓诸侯国铜器同类器相同；而西周中期后段、春秋早期前段仅见铭文拓本、摹本的B型Ⅰ、Ⅱ式簋之铭文风格也与所对比的周王畿地区或其同姓诸侯国应国铜器铭文字体一致。春秋早期前段的提梁卣、罍之器型显然是从西周早期继承而来，这两类器物也常见于商代晚期，本期出现似为复古之明器，而其主纹风格与西周晚期至春秋早期周文化相同，这种“随葬的明器却较多地仿制早期甚至西周早中期的器型，说明这是当时的一种习俗或普遍现象”[②]。不过，提梁卣、罍的装饰又有所变化，提梁卣器壁装饰的细密波折纹很少见，或可溯源至商代晚期陶“殷式簋”上流行的波折纹；罍肩上为回首龙耳。同时，提梁卣、罍之立鸟形盖纽的造型可能继承了邓仲牺尊立鸟纽的特点，很可能为自身文化风格的传承，只是前者鸟为垂首，身体较胖，后者为昂首，身体较瘦，或许有时代变化的因素。

如上所见，目前所发现西周中、晚期直至春秋早期前段的邓国铜容器对周文化

① 陕西省考古研究院、宝鸡市考古研究所、宝鸡市渭滨区博物馆：《陕西宝鸡石鼓山商周墓地M4发掘简报》，《文物》2016年第1期。

② 徐少华：《关于南阳夏饷铺鄂国墓地的几个问题》，《江汉考古》2022年第2期。

主要是继承的，这种情况与晋国、虢国、应国墓地同时期铜器对周王朝铜器整体风格的沿用是同步的[①]。但也有一定的变化，且在西周晚期前段开始出现了“邓”历法的词句。

春秋早期后段的B型Ⅳ、Ⅴ、Ⅵ式鼎，A型Ⅴ、Ⅵ式及B型Ⅲ式簋，B型壶，Ⅱ式盘，Ⅱ式匜的形制、纹饰同样继承了周文化传统，如B型Ⅴ式鼎基本与上述所对比之洛阳润阳广场CIM9934：26鼎，Ⅱ式匜口部蟠龙纹与洛阳润阳广场CIM9950：19、CIM9950：50之鼎、鼎盖蟠龙纹相近；B型Ⅴ式鼎还与枣阳郭家庙曾国墓地曹门湾墓区春秋早期的M13：1、M22：6鼎[②]几乎相同。但也有自身的特点，其中Ⅴ、Ⅵ式簋在形制上与洛阳润阳广场CIM9934、CIM9950之簋相比，后者肩部鼓，腹壁近直[③]，而本簋肩部微内凹，扁鼓腹；其余除不明形制的B型Ⅲ式簋外的器物形制则有较大变化，整体铸造简陋，鼎腹很浅，簋扁鼓腹且圈足下无小足，壶扁鼓腹更甚。特别是纹饰的简化特点更突出，线条细化简洁。重环纹有的简化为“T”形线条；有的重环纹布局前后直接衔接，没有分隔。垂鳞纹装饰性更强，整体较长，且有的线条出现曲折或卷曲现象。新出现了蟠螭纹，其在春秋中晚期流行（图2-2-20，1），如襄阳沈岗春秋中期楚墓M1022：1铜鼎（图2-2-20，2）[④]、罗山高店春秋中期曾子季关簠（图2-2-20，3）[⑤]等。铭文的草率性、行文顺序、“邓”历法的表述沿用了前段从右向左的情况。同时，部分器物风格与秦、杞等诸侯国同类铜器具有相似性，这也说明，在东周王朝对诸侯国统治力开始下降的情况下，各诸侯国的文化风格已有逐步远离周文化的趋势。此外，鼎、簋身的垂鳞纹、窃曲纹线条更密，重环纹的布局已有不规整的情形，少见于其他地区，这是自身特点的反映。铭文的草率程度较高，行文顺序出现了从左向右的情况，还有“邓”历法的表述。

1　　2　　3

图2-2-20　蟠螭纹对比图

1. 王坡M55：10盘　2. 沈岗M1022：1鼎　3. 曾子季关簠

① 李树浪：《应国青铜器整理研究》，陕西师范大学硕士学位论文，2013年。

② 湖北省文物考古研究所、湖北荆州文物保护中心、襄阳市文物考古研究所等：《湖北枣阳郭家庙墓地曹门湾墓区（2014）M10、M13、M22发掘简报》，《江汉考古》2016年第5期。

③ 山西大学历史文化学院、洛阳市文物工作队：《河南洛阳市润阳广场东周墓CIM9934发掘简报》，《考古》2010年第12期；洛阳市文物工作队：《河南洛阳市润阳广场CIM9950号东周墓葬的发掘》，《考古》2009年第12期。

④ 襄阳市文物考古研究所：《湖北襄阳沈岗墓地M1022发掘简报》，《文物》2013年第7期。

⑤ 湖北省文物考古研究所：《曾国青铜器》，文物出版社，2007年，第393页。

主要从容器的形制、纹饰风格看，邓国铜器经历了一个受商文化影响到基本继承周文化再到开启自身特色并演进的发展历程，该历程或许受到了周边诸侯国如曾国、楚国铜器的影响，也可能反向影响了这些诸侯国。

在容器组合上，由于西周时期的铜容器或为传世品，或为周王畿、其他诸侯国墓地出土品，组合关系无法确认。到春秋早期才有完整的墓葬发现，可以确认容器组合，或者说器物群。西周早期后段方鼎、牺尊的成对出现或许昭示着邓国铜容器偶数组合的特色出现。

春秋早期前段偏晚的擂鼓台M2组合有鼎、簋、提梁卣、罍，核心器物鼎、簋均为偶数2件。春秋早期后段偏早的擂鼓台M1组合为鼎、簋，均为偶数2件；而春秋早期后段偏晚的容器组合中，王坡M1仅有1件鼎，不能构成组合，王坡M55组合为鼎、簋、壶、盘、匜，其中核心器物鼎5件，簋6件，壶2件，盘、匜各1件。不见鼎、簠、壶组合。一方面，这种鼎、簋的核心组合和鼎奇数、簋偶数的配置是周文化的传统，邓国容器组合没有突破；另一方面，在春秋早期使用的鼎、簋偶数配置又与传统周文化有别，或许是自身文化特色的延续。

（二）兵器的文化特征

兵器的数量少，种类较为单一，仅见戈（含镈）、镞和个别矛、剑，均出现在春秋早期。戈整体长方形内、三角援及个别内上有象征性鸟纹，以及矛长銎窄叶和镞分短铤双翼或菱形的特点与同时期周王朝的同姓诸侯国晋国、虢国、应国、曾国铜戈的特点相同，而戈均为长胡的特点更接近于曾国、应国铜戈，这一点分别在曾伯陭墓（枣阳郭家庙GM21）[①]、平顶山应国墓地八号墓[②]中反映更为充分，其可能是地域文化的特点；而上述洛阳润阳广场CIM9950戈较多的是短胡甚至无胡戈。仅有的1件剑较长剑身，短、扁茎，其形制与万福垴遗址春秋中期G2②：1铜短剑接近，后者表面有菱形几何纹和龙纹图案[③]，该类剑一般认为是巴蜀文化的典型器物，说明邓国与巴国有文化交流，这也印证了《左传·桓公九年》巴国遣使拟与邓结好的记载[④]。

戈的铭文字数少，当与戈的器型较小不能铸刻较长铭文有关。行文简洁，但点明

① 襄樊市考古队、湖北省文物考古研究所、湖北孝襄高速公路考古队：《枣阳郭家庙曾国墓地》，科学出版社，2005年，第8-57页。

② 河南省文物考古研究所、平顶山市文物管理局：《河南平顶山应国墓地八号墓发掘简报》，《华夏考古》2007年第1期。

③ 湖北省文物考古研究所、武汉大学历史学院考古系、宜昌博物馆：《湖北宜昌万福垴遗址发掘简报》，《江汉考古》2016年第4期。

④ （晋）杜预集解：《春秋经传集解》第二桓公，上海古籍出版社，1988年，第99、100页。

了国属、身份、人名及其用途，这一点也跟曾国铜戈一致，如邓子白随戈就与曾侯絴白秉戈[①]相同；邓子中无忌戈的行文格式可能名、字并列，“中”为名，“无忌”为字，这与曾侯仲子游父器铭文格式[②]类似。

镞之A型双翼镞在前述对比之虢国墓地M2001中发现较多，应该具有普遍性的特征。

（三）车马器的文化特征

车马器的数量尽管很多，但种类较少，且均出自最后一段即春秋早期后段（或春秋早中期之际）的王坡M55，除片饰的形制和纹饰十分独特外，其他器类和整体形制、纹饰均与三门峡虢国墓地、平顶山应国墓地、郭家庙曾国墓地等诸侯国同时期的同类器相同。稍有区别的是，邓国车马器之马镳、环上的索纹装饰罕见于其他地区。

通过分析可知，邓国铜器的文化特征受到了周王朝的强烈影响，各时期的文化特征与周王朝及其同姓诸侯国基本保持一致；但进入春秋早期，区域文化因素更加突出，自身文化特征也进一步彰显。

第三节 邓国陶器研究

邓国文化遗存出土陶器较多，出土于韩岗、黄家村、周家岗、吴家坡、小马家、吴家湖、王家巷等遗址和沈岗、黄家村、韩岗、卞营、惠博通、擂鼓台等墓地。

一、陶器分期

（一）陶器的型式分析

鉴于遗址出土陶器主要为实用器，更能直接反映陶器特征的变化，而墓葬出土陶器带有明器特征，仅少量为实用器，因此将二者出土陶器分别进行型式分析。

1. 遗址陶器型式分析

所发现的邓文化遗址出土陶器的主要类别基本相同，除了纺轮、拍、网坠、饼、支垫等少量生产工具外，大量的是生活用器，鉴于生活用器的时代特征更强，因此遗

① 田海峰：《湖北枣阳县又发现曾国铜器》，《江汉考古》1983年第3期。

② 湖北省博物馆：《湖北京山发现曾国铜器》，《文物》1972年第2期。

址陶器的分期即指对生活用器的分期。生活用器的种类以鬲、甗、盂、豆、罐为主，还有少量的仿铜礼器鼎、簋、壶等。其中鬲、甗大部分为夹砂红陶，少部分为夹砂灰陶，极少量为夹砂褐、黑陶；其余器类多为泥质陶，陶色有灰、红、褐、黑等。纹饰大多为绳纹，少量为弦纹、附加堆纹、按窝纹、刻划纹，并有极少量“S”纹、雷纹、重圈纹等几何纹，器表素面也占一定比例。堰窝子遗址因仅1座灰沟出土极少量特征不明显的陶器，不做型式分析。

（1）韩岗遗址

该遗址主要在1987年进行了试掘，试掘面积不大，获取的陶器标本不多，且多残碎。如果暂不考虑地层关系，仅就陶器标本的时代特征进行划分，确如简报分析的那样，有西周晚期和春秋早期的陶器。

鬲（甗）　由于未出完整器型，鬲、甗的口沿、足的特征相似，无法分辨，故一并讨论。简报中确定的鬲（甗）口沿、足的数量较多。

鬲口沿　侈口，翻折沿，束颈，溜肩，上腹鼓，以下弧收。外壁饰粗绳纹。标本H2：1（图2-3-1，1）。

鬲（甗）足　外壁饰中、粗绳纹。按照整体形制的不同可分二型。

A型　数量较多。柱足。足腔深浅不一。标本H2：11（图2-3-1，2）。

B型　仅个别。锥足。足腔深。标本H1：3（图2-3-1，3）。

盂　均存口沿。侈口，翻折沿，束颈，下腹弧收。按照有无纹饰的不同分为二型。

A型　数量相对较多。器表素面，或肩、上腹饰一或二道凸、凹弦纹。按照颈、肩、腹的变化分为三式。

Ⅰ式：颈稍长，折肩，自肩部以下弧收。素面。标本T2③：12（图2-3-2，1）。

Ⅱ式：短颈，圆折肩，自肩部以下弧收。素面。标本T2③：14（图2-3-2，2）。

Ⅲ式：短颈，溜肩，上腹鼓，以下弧收。肩、上腹饰两道凸弦纹，间饰波折暗纹。标本T3④：1（图2-3-2，3）。

B型　数量少。外壁饰绳纹。按照颈、肩部和绳纹粗细变化分为二式。

Ⅰ式：颈稍长，折肩，自肩部以下弧收。中绳纹。标本T3④：2（图2-3-2，4）。

Ⅱ式：短颈，折肩，自肩部以下弧收。粗绳纹。标本T2③：6（图2-3-2，5）。

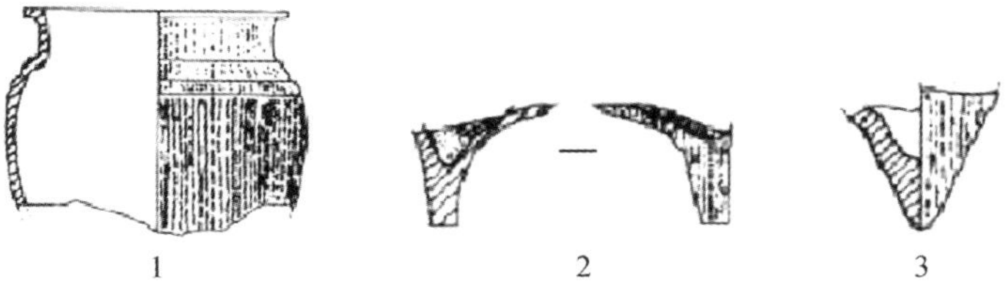

图2-3-1　韩岗遗址陶鬲（甗）

1. 口沿（H2：1）　2. A型足（H2：11）　3. B型足（H1：3）

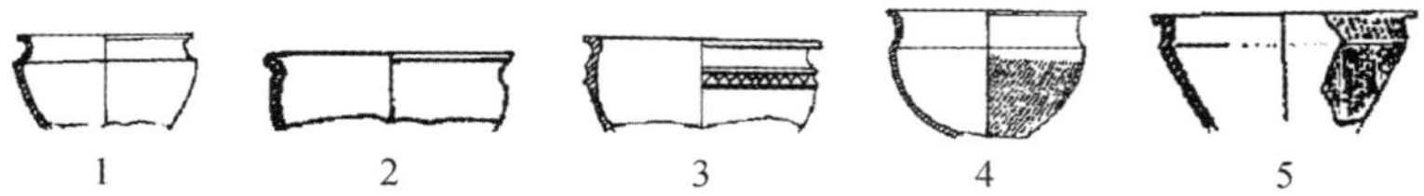

图2-3-2　韩岗遗址陶盂

1. A型Ⅰ式（T2③：12）　2. A型Ⅱ式（T2③：14）　3. A型Ⅲ式（T3④：1）　4. B型Ⅰ式（T3④：2）　5. B型Ⅱ式（T2③：6）

豆　数量相对较多，个别可复原。由盘、柄、圈足组成。喇叭状圈足。主要按照豆柄的变化分为四式。

Ⅰ式：柄较粗、短，上部有凸箍，圈足壁凹弧。标本T3④：5（图2-3-3，1）。标本H2：7（图2-3-3，2）。

Ⅱ式：折盘，腹较深，柄极短，上细下粗呈一级台阶状，其上无箍，圈足壁隆。标本T7③：1（图2-3-3，3）。

Ⅲ式：柄长、细，中部有凸棱，圈足壁微隆。标本T2③：2（图2-3-3，4）。

Ⅳ式：柄长、细，直壁，圈足壁凹弧。标本T3③：6（图2-3-3，5）。

罐　数量少。侈口，翻折沿，束颈，溜肩。根据肩部的不同可分二型。

A型　上腹微折，以下弧收。外壁饰绳纹。标本T2③：15（图2-3-4，1）。

B型　上腹鼓，以下弧收。按照纹饰的不同可分二亚型。

Ba型　外壁饰绳纹。标本H1：8（图2-3-4，2）。

Bb型　素面。肩部饰波折暗纹。标本H2：8（图2-3-4，3）。

器盖　数量少。近直口，口部微折壁，以上弧收。标本T3④：3（图2-3-4，4）。标本H2：5（图2-3-4，5）。

（2）黄家村遗址

遗址出土了大量陶质生活用器，器类有鬲、甗、盂、豆、罐、瓮、器盖等。主要

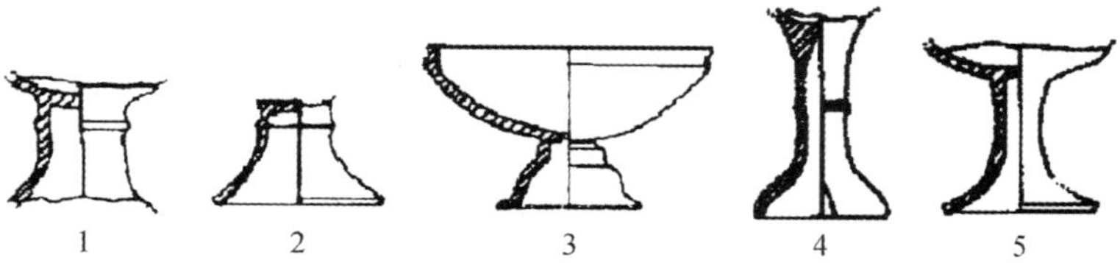

图2-3-3　韩岗遗址陶豆

1、2. Ⅰ式（T3④：5、H2：7）　3. Ⅱ式（T7③：1）　4. Ⅲ式（T2③：2）　5. Ⅳ式（T3③：6）

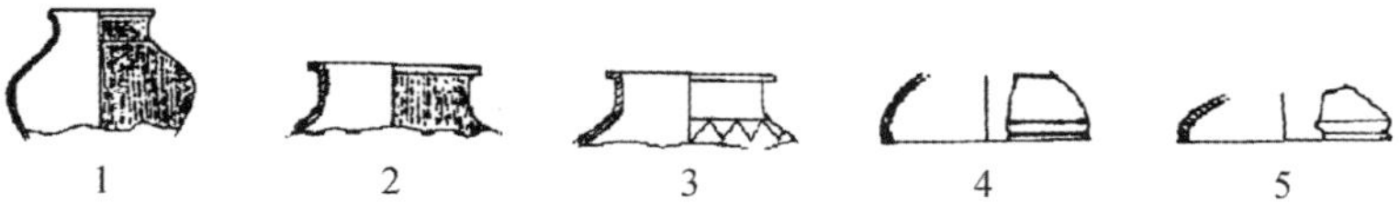

图2-3-4　韩岗遗址陶罐、器盖

1. A型罐（T2③：15）　2. Ba型罐（H1：8）　3. Bb型罐（H2：8）　4、5. 器盖（T3④：3、H2：5）

根据器物特征结合地层关系分型分式。

鬲　按照鬲足的不同可分三型。

A型　数量最多。柱足鬲。侈口，翻沿，束颈，溜肩或圆肩，鼓腹，三柱足。根据整体大小、口径与三足外切圆径的大小及裆和纹饰的不同可分三亚型。

Aa型　即大口鬲。数量多。整体较大。口径明显大于三足外切圆径。瘪裆。外壁大部或满饰绳纹。按照裆内瘪程度和沿、颈部及绳纹的变化可分三式。

Ⅰ式：裆自肩部内瘪，即裆内瘪较甚。翻沿，短颈。外壁饰细绳纹。标本H1：1（图2-3-5，1）。

Ⅱ式：裆自中腹内瘪，程度不甚。翻折沿，颈部相对较长。外壁饰中、粗绳纹。标本H29：2（图2-3-5，2）。

Ⅲ式：裆自下腹内瘪，微瘪裆。翻折或卷沿，颈部长。外壁饰粗绳纹。标本TE15N02③：5（图2-3-5，3）。标本H19②：6（图2-3-5，4）。标本H45：3（图2-3-5，5）。

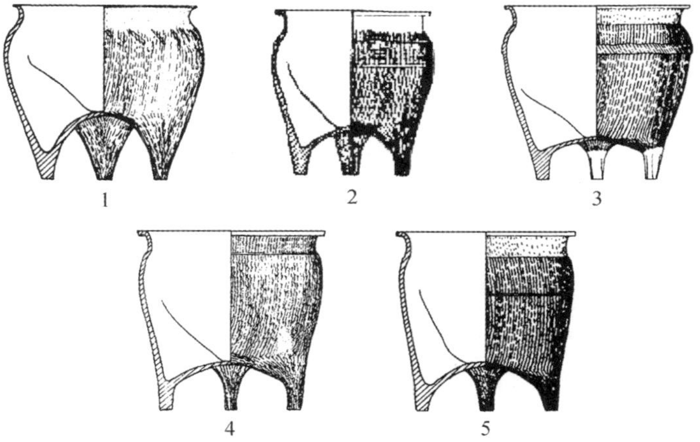

图2-3-5　黄家村遗址Aa型陶鬲

1. Ⅰ式（H1：1）　2. Ⅱ式（H29：2）　3～5. Ⅲ式（TE15N02③：5、H19②：6、H45：3）

Ab型　即小口鬲。数量不多。整体较大。除口径略小于或等于三足外切圆径外，其余特征与Aa型差别不大。按照裆内瘪程度和沿、颈部及绳纹的变化可分四式。

Ⅰ式：裆自肩部内瘪，即裆内瘪较甚。翻沿，短颈。外壁饰细绳纹。标本H5：4（图2-3-6，1）。标本H44③：51（图2-3-6，2）。

Ⅱ式：裆内瘪较甚。翻折沿，短颈。外壁饰细绳纹。标本H44②：29（图2-3-6，3）。

Ⅲ式：除颈部稍长外，其余特征与Ⅱ式基本相同。标本H41：1（图2-3-6，4）。

Ⅳ式：裆自中腹内瘪，微瘪裆。翻折沿，颈部较长。外壁饰粗绳纹。标本H19②：7（图2-3-6，5）。标本H31①：1（图2-3-6，6）。

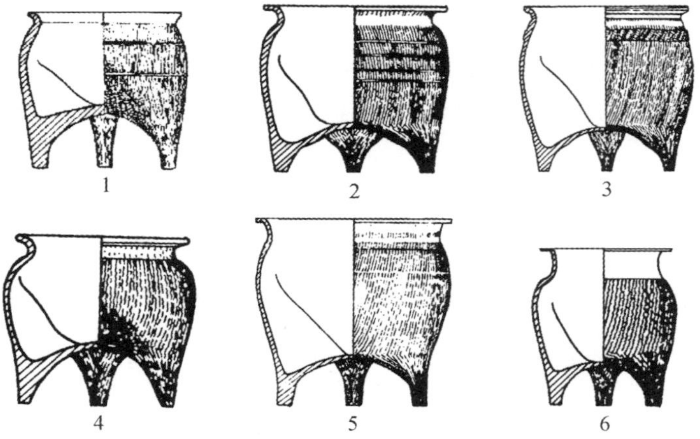

图2-3-6　黄家村遗址Ab型陶鬲

1、2. Ⅰ式（H5：4、H44③：51）　3. Ⅱ式（H44②：29）　4. Ⅲ式（H41：1）　5、6. Ⅳ式（H19②：7、H31①：1）

Ac型　即仿铜明器鬲。数量极少。整体较小。口径略大于或等于三足外切圆径，翻卷沿，瘪裆。肩部饰弦纹或整体素面。标本TE15N03③：25（图2-3-7，1）。标本TE16N01③：3（图2-3-7，2）。标本H48：2（图2-3-7，3）。

B型　仅见1件（H19③：14）。袋足鬲。侈口，翻折沿，束颈极短，溜肩，鼓腹，弧裆，三袋足。外壁饰中偏细绳纹（图2-3-8，1）。

C型　数量极少。锥足鬲。除个别较完整外，其余均仅见鬲足。足腔深，尖锥足。标本J1①：2（图2-3-8，2）。标本TE16N02⑤：4（图2-3-8，3）。标本H7：17（图2-3-8，4）。标本H47：13（图2-3-8，5）。

此外，从鬲口沿可见肩或上腹部有扉棱者，均无法复原。

甗　数量较多，可复原器较少。甑体侈口，翻沿，束颈，鼓腹，下腹弧收，束腰；鬲体溜肩或圆肩，鼓腹，瘪裆，三柱足。按照颈和裆内瘪程度及纹饰的变化可分五式。

Ⅰ式：均残。甑体颈极短；鬲体裆自上腹内瘪较甚。外壁饰细绳纹。标本H5：7（图2-3-9，1）。标本H5：8（图2-3-9，3）。

Ⅱ式：均残。甑体短颈。外壁饰细绳纹。标本H6：24（图2-3-9，2）。

Ⅲ式：均残。甑体颈变长。外壁饰中绳纹。标本H33：4（图2-3-9，6）。

Ⅳ式：均残。甑体颈变长，鬲体裆自下腹部内瘪稍甚。外壁饰粗绳纹。标本H35②：34（图2-3-9，4）。标本H19③：10（图2-3-9，5）。

Ⅴ式：甑体颈较长，鬲体裆微内瘪。外壁饰粗绳纹。标本H19②：8（图2-3-9，7）。

盂　数量多，少量可复原。侈口，翻折沿，束颈，圆肩或折肩，弧腹内收。根据纹饰的不同可分二型。

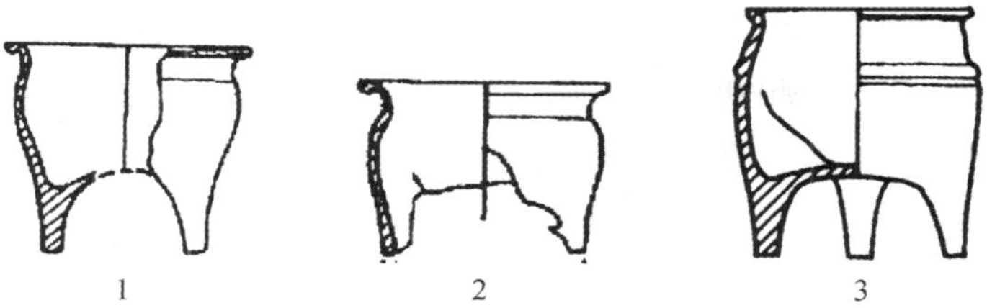

图2-3-7　黄家村遗址Ac型陶鬲

1. TE15N03③：25　2. TE16N01③：3　3. H48：2

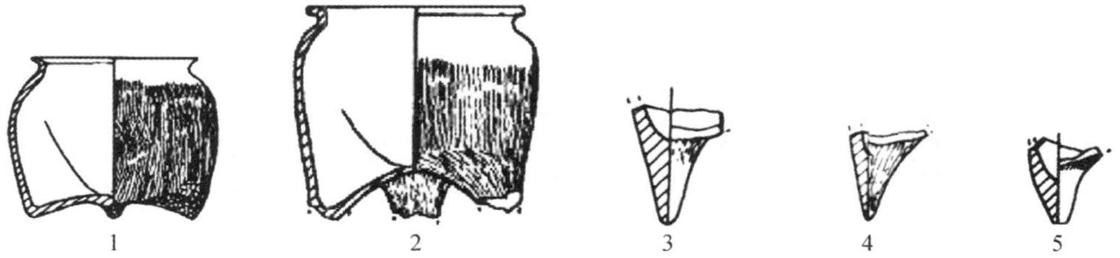

图2-3-8　黄家村遗址B、C型陶鬲

1. B型（H19③：14）　2～5. C型（J1①：2、TE16N02⑤：4、H7：17、H47：13）

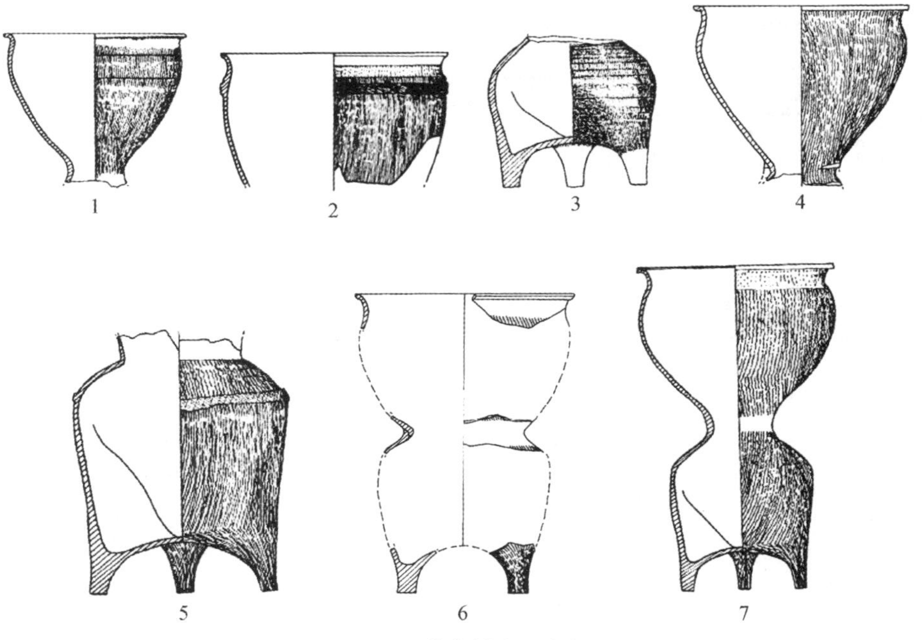

图2-3-9　黄家村遗址陶甗

1、3. Ⅰ式（H5：7、H5：8）　2. Ⅱ式（H6：24）　4、5. Ⅳ式（H35②：34、H19③：10）

6. Ⅲ式（H33：4）　7. Ⅴ式（H19②：8）

A型　大部分肩或上腹饰一或多道凸、凹弦纹，其余部位素面；少量全素面。按照颈、肩、腹、底部和外壁装饰变化分为四式。

Ⅰ式：颈较长，折肩，自肩部以下弧收，平底。素面。标本H5：1（图2-3-10，1）。标本TW12N37⑤：1（图2-3-10，2）。

Ⅱ式：颈变短，圆折肩，自肩以下弧收。素面。标本H44②：36（图2-3-10，3）。

Ⅲ式：短颈，圆肩，上腹鼓，以下弧收，平底。肩部饰多道凸、凹弦纹。标本H44①：11（图2-3-10，4）。

Ⅳ式：颈较短，溜肩，上腹鼓，以下弧收，凹底。肩部饰一或二道凸凹弦纹。标本H29：1（图2-3-10，5）。标本H31①：2（图2-3-10，6）。

B型　中腹及以下满饰绳纹，部分肩部饰一或二道凸、凹弦纹。按照颈、肩、腹部和绳纹粗细的变化分为四式。

Ⅰ式：颈较长，折肩，自肩部以下弧收。细绳纹。标本H5：30（图2-3-11，1）。

Ⅱ式：除外壁饰模糊中绳纹外，其余特征与Ⅰ式相同，平底。标本H25：2（图

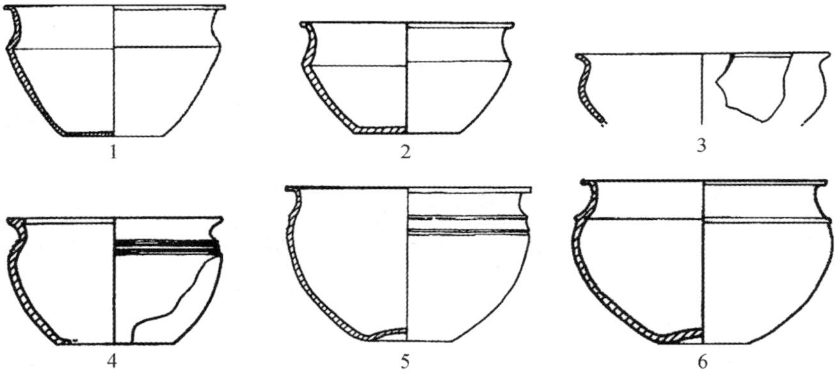

图2-3-10　黄家村遗址A型陶盂

1、2. Ⅰ式（H5：1、TW12N37⑤：1）　3. Ⅱ式（H44②：36）　4. Ⅲ式（H44①：11）　5、6. Ⅳ式（H29：1、H31①：2）

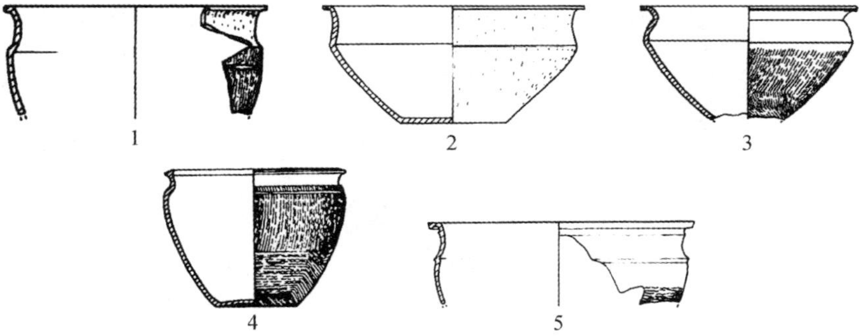

图2-3-11　黄家村遗址B型陶盂

1. Ⅰ式（H5：30）　2. Ⅱ式（H25：2）　3、4. Ⅲ式（H19③：15、H39：1）　5. Ⅳ式（TE16N01③：10）

2-3-11，2）。

Ⅲ式：颈较短，圆肩，上腹折或鼓，以下弧收，浅凹底。中绳纹。标本H19③：15（图2-3-11，3）。标本H39：1（图2-3-11，4）。

Ⅳ式：颈稍长，溜肩，上腹微鼓，以下缓收。中绳纹。标本TE16N01③：10（图2-3-11，5）。

豆　数量多，可复原者也较多。由豆盘、柄、圈足组成。柄内壁中空至盘底，喇叭状圈足。大多素面，少量饰暗纹。按照盘、柄的变化可分七式。

Ⅰ式：折盘，柄稍粗、短，中、上部有凸箍，圈足壁凹弧。标本H5：6（图2-3-12，1）。标本H25：1（图2-3-12，2）。

Ⅱ式：折盘，柄稍长，其上无箍，圈足壁凹弧。标本J1①：1（图2-3-12，3）。

Ⅲ式：弧盘稍深，柄极短，中部有凸箍，圈足壁微隆。标本H47：16（图2-3-12，4）。标本H51：1（图2-3-12，5）。

Ⅳ式：除柄中部无箍外，其余特征与Ⅲ式基本相同。标本H45：2（图2-3-12，6）。

Ⅴ式：弧盘变浅，长柄无箍，有镂孔，圈足壁微隆。标本H19③：12（图2-3-12，7）。

Ⅵ式：弧盘较浅，柄较长，上或中部有不明显凸棱。标本TE15N03③：3（图2-3-12，8）。

Ⅶ式：除柄直壁外，其余特征与Ⅵ式相同。标本H19①：1（图2-3-12，9）。

图2-3-12　黄家村遗址陶豆

1、2. Ⅰ式（H5：6、H25：1）　3. Ⅱ式（J1①：1）　4、5. Ⅲ式（H47：16、H51：1）　6. Ⅳ式（H45：2）　7. Ⅴ式（H19③：12）　8. Ⅵ式（TE15N03③：3）　9. Ⅶ式（H19①：1）

罐　数量多。少量可复原。侈口，束颈，下腹弧收，浅凹底。根据有无耳的不同可分二型。

A型　数量较多。无耳罐。按照肩部和纹饰的不同可分四亚型。

Aa型　折肩。外壁饰绳纹。按照沿、颈、肩部和绳纹粗细的变化分为四式。

Ⅰ式：宽沿翻折，长颈，折肩部位在上部。细绳纹。标本H5：2（图2-3-13，1）。

Ⅱ式：翻沿，颈变短，折肩部位在上部。细绳纹。标本H5：22（图2-3-13，2）。

Ⅲ式：平折沿，短颈，折肩部位近中部。细绳纹。标本H14：1（图2-3-13，3）。标本H26：2（图2-3-13，4）。

Ⅳ式：窄平折沿，短颈，圆折肩部位近中部。中绳纹。标本H39：3（图2-3-13，5）。

Ab型　数量较多。短颈，圆或溜肩。外壁饰绳纹。按照沿、腹及绳纹的粗细变化可分四式。

Ⅰ式：平折沿，圆肩，上腹鼓，最大径在上腹。细绳纹。标本H5：3（图2-3-14，1）。

Ⅱ式：翻折沿，溜肩，上腹鼓，最大径略下移。中绳纹。标本H40：13（图2-3-14，2）。

Ⅲ式：翻沿，有的沿面凹，溜肩，圆鼓腹，最大径在中腹。中绳纹。标本H19③：11（图2-3-14，3）。标本TE15N03③：2（图2-3-14，4）。

Ⅳ式：除腹最大径上移至上腹部外，其余特征与Ⅲ式基本相同。标本H19②：5（图2-3-14，5）。

Ac型　数量少。仅个别可复原。素面。按照沿、颈、腹变化可分三式。

Ⅰ式：沿斜折，颈稍长。标本H5：32（图2-3-15，1）。

Ⅱ式：翻折沿，颈或长或短，溜肩，上腹微折。标本J1①：5（图2-3-15，2）。标

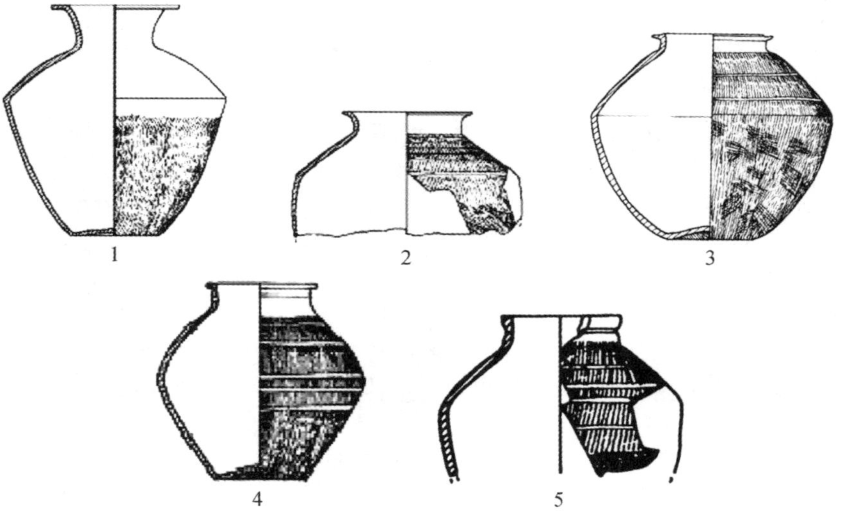

图2-3-13　黄家村遗址Aa型陶罐

1. Ⅰ式（H5：2）　2. Ⅱ式（H5：22）　3、4. Ⅲ式（H14：1、H26：2）　5. Ⅳ式（H39：3）

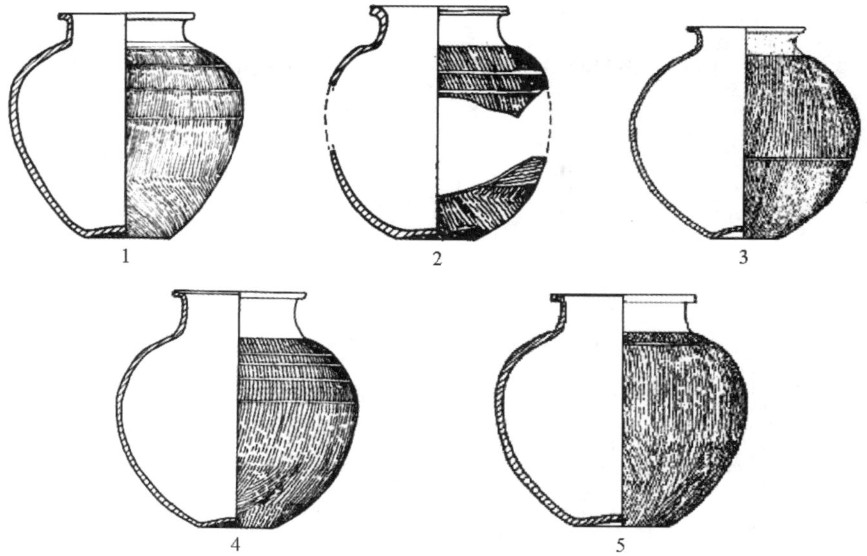

图2-3-14　黄家村遗址Ab型陶罐

1. Ⅰ式（H5：3）　2. Ⅱ式（H40：13）　3、4. Ⅲ式（H19③：11、TE15N03③：2）　5. Ⅳ式（H19②：5）

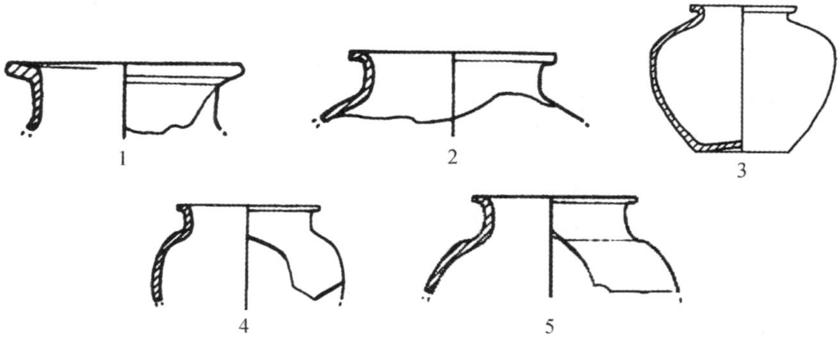

图2-3-15　黄家村遗址Ac型陶罐

1. Ⅰ式（H5：32）　2、3. Ⅱ式（J1①：5、H35②：30）　4、5. Ⅲ式（H47：11、TE16N01③：2）

本H35②：30（图2-3-15，3）。

Ⅲ式：翻沿，颈较长，圆肩，鼓腹。标本H47：11（图2-3-15，4）。标本TE16N01③：2（图2-3-15，5）。

Ad型　数量较少。颈、肩、上腹饰多道凹弦纹。按照沿、颈、肩的变化可分四式。

Ⅰ式：宽沿翻折，颈稍短，圆肩。标本H5：33（图2-3-16，1）。

Ⅱ式：宽沿翻折，长颈，溜肩。标本H8：2（图2-3-16，2）。

Ⅲ式：翻卷沿，短颈，溜肩。标本H38：11（图2-3-16，3）。

Ⅳ式：窄沿，长颈，圆肩。标本TE15N03③：9（图2-3-16，4）。标本TE17N02③：4

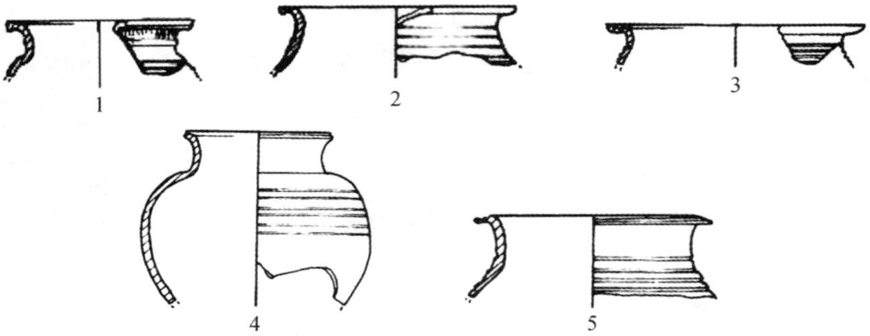

图2-3-16　黄家村遗址Ad型陶罐

1. Ⅰ式（H5：33）　2. Ⅱ式（H8：2）　3. Ⅲ式（H38：11）　4、5. Ⅳ式（TE15N03③：9、TE17N02③：4）

（图2-3-16，5）。

B型　数量少。双耳罐。微敛口，窄沿，矮领，溜肩，肩有双弓形耳，上腹鼓，以下弧收。部分仅见耳。按照纹饰的不同可分二亚型。

Ba型　外壁饰绳纹。标本TE15N03③：21（图2-3-17，1）。

Bb型　肩饰多道凹弦纹。标本TE17N01③：5（图2-3-17，2）。标本H51：3（图2-3-17，3）。

器盖　数量较多。敞口，有圈足状握手。根据整体和盘壁的不同可分二型。

A型　整体较大。弧壁渐收。按照口沿、腹部变化可分二式。

Ⅰ式：窄沿，腹较浅。标本 H5：42（图2-3-18，1）。

Ⅱ式：宽沿翻或平折，腹较深。标本TE15N03③：8（图2-3-18，2）。标本H31①：3（图2-3-18，3）。标本H40：1（图2-3-18，4）。

B型　整体较小。折壁，上壁近斜收。标本H7：2（图2-3-18，5）。标本TW14N40④：8（图2-3-18，6）。

此外，还有极少量的仿铜陶礼器残件。

鼎耳　长方形。标本H26：15（图2-3-19，1）。

鼎足　圆柱状足。标本H26：16（图2-3-19，2）。

簋口沿　侈口，翻沿，束颈，微折肩，以下微弧收。标本TW14N40④：30（图

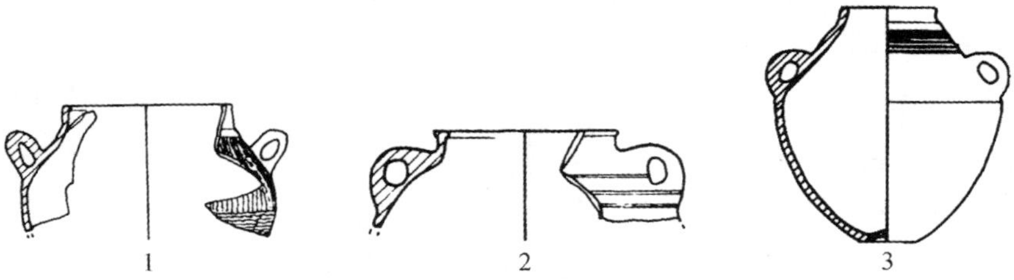

图2-3-17　黄家村遗址B型陶罐

1. Ba型（TE15N03③：21）　2、3. Bb型（TE17N01③：5、H51：3）

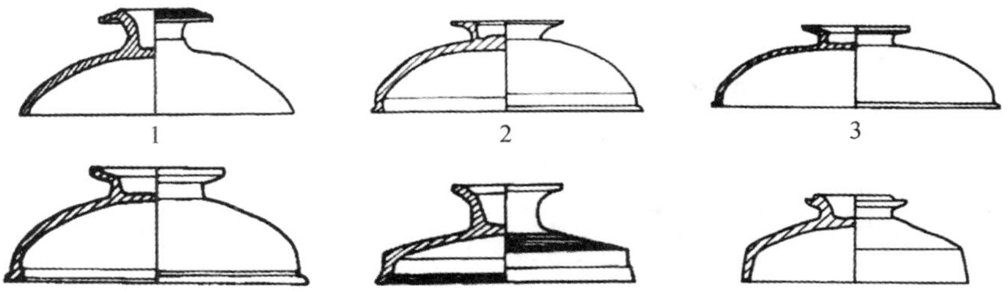

图2-3-18　黄家村遗址陶器盖

1. A型Ⅰ式（H5：42）　2～4. A型Ⅱ式（TE15N03③：8、H31①：3、H40：1）　5、6. B型（H7：2、TW14N40④：8）

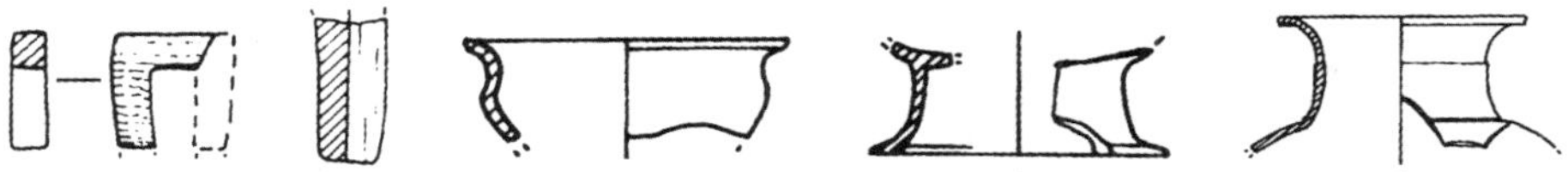

图2-3-19　黄家村遗址仿铜陶礼器

1. 鼎耳（H26：15）　2. 鼎足（H26：16）　3. 簋口沿（TW14N40④：30）　4. 簋圈足（H51：33）　5. 壶口沿（H31②：35）

2-3-19，3）。

簋圈足　圜底，宽高圈足，下部外侈。标本H51：33（图2-3-19，4）。

壶口沿　大侈口，翻沿，束长颈，圆肩，鼓腹。素面或颈、肩饰弦纹。标本H31②：35（图2-3-19，5）。

其他非主流陶器不再讨论。

（3）周家岗遗址

遗址出土大量陶片，器类以生活用器为大宗，主要有鬲、甗、盂、豆、罐、器盖等。

鬲　数量较多。侈口，翻沿，束颈，鼓腹。外壁饰绳纹。根据裆、足的不同可分二型。

A型　瘪裆，袋足。标本H7：16（图2-3-20，1）。

B型　瘪裆，截锥状柱足。口径明显大于三足外切圆径。按照沿、颈、裆内瘪程度和绳纹的粗细分三式。

Ⅰ式：翻沿，束短颈，裆自肩部内瘪，深瘪裆。细绳纹。标本H5③：59（图2-3-20，2）。

Ⅱ式：翻沿，束短颈，裆自中腹内瘪，微瘪裆。中绳纹。标本H5②：41（图2-3-20，3）。标本H8②：68（图2-3-20，4）。

Ⅲ式：仅存口沿，翻折沿，束颈较长。粗绳纹。标本T2373④：51（图2-3-20，5）。

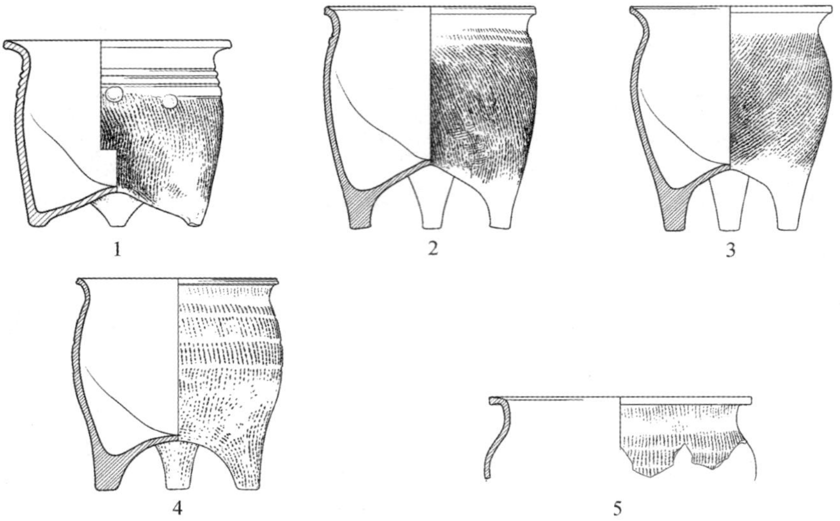

图2-3-20　周家岗遗址陶鬲

1. A型（H7：16）　2. B型Ⅰ式（H5③：59）　3、4. B型Ⅱ式（H5②：41、H8②：68）

5. B型Ⅲ式（T2373④：51）

甗　数量较少，无复原器。可辨者仅有甗腰和个别箅子，其余口沿、足与鬲口沿、足差不多。

盂　数量较多。侈口，翻沿，束颈。根据纹饰的不同可分二型。

A型　均残。素面或肩、上腹饰凸、凹弦纹。按照颈、肩、腹的变化可分三式。

Ⅰ式：颈壁微凹，折肩，以下斜壁内收。素面。标本 H8②：65（图2-3-21，1）。

Ⅱ式：颈壁斜直，折肩，以下斜腹内收。素面。标本H5①：14（图2-3-21，2）。

Ⅲ式：颈壁微凹，圆肩，以下弧腹内收。肩饰凸、凹弦纹夹波折暗纹。标本T2373④：2（图2-3-21，3）。

B型　中腹以下饰绳纹。按照肩、腹部的变化可分二式。

Ⅰ式：折肩，以下近斜腹内收。标本H5②：32（图2-3-21，4）。

Ⅱ式：圆肩，上腹微鼓，以下弧收。标本J1①：12（图2-3-21，5）。

豆　数量多，可复原者也较多。由豆盘、柄、圈足组成。柄内壁中空至盘底，喇叭状圈足。素面。按照盘、柄的变化可分四式。

Ⅰ式：折盘，柄稍粗、短，中、上部有凸箍。标本H8②：72（图2-3-22，1）。

Ⅱ式：均残。盘情况不明，矮柄较粗，中部无凸棱。标本H5①：2（图2-3-22，2）。标本H8①：8（图2-3-22，3）。

Ⅲ式：弧盘，柄稍短、细，柄上无箍。标本T2373④：6（图2-3-22，4）。

Ⅳ式：弧盘，长柄无箍。标本T2273④：7（图2-3-22，5）。标本T2273④：45（图2-3-22，6）。

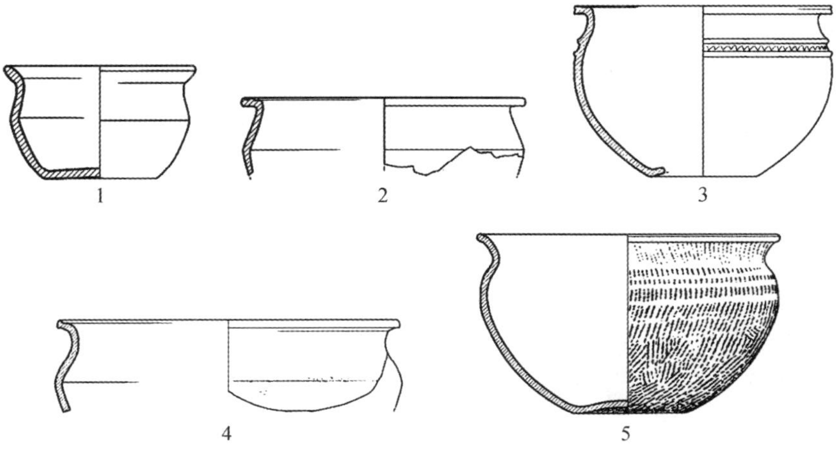

图2-3-21　周家岗遗址陶盂

1. A型Ⅰ式（H8②：65）　2. A型Ⅱ式（H5①：41）　3. A型Ⅲ式（T2373④：2）　4. B型Ⅰ式（H5②：32）
5. B型Ⅱ式（J1①：12）

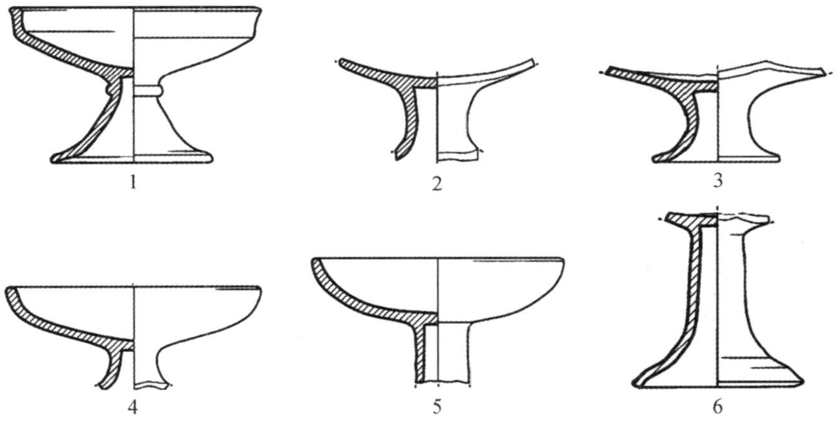

图2-3-22　周家岗遗址陶豆

1. Ⅰ式（H8②：72）　2、3. Ⅱ式（H5①：2、H8①：8）　4. Ⅲ式（T2373④：6）　5、6. Ⅳ式（T2273④：7、T2273④：45）

罐　数量多。少量可复原。侈口，束颈，弧腹或鼓腹，浅凹底。根据有无耳的不同可分二型。

A型　数量相对较多。无耳罐。按照肩部和纹饰的不同可分四亚型。

Aa型　翻沿，短颈，折肩。外壁饰绳纹。按照沿、肩部和绳纹粗细的变化分为二式。

Ⅰ式：宽沿，折肩在上部。细绳纹。标本H5②：39（图2-3-23，1）。

Ⅱ式：沿稍窄，折肩部位下移。中绳纹。标本H5②：40（图2-3-23，2）。标本J1⑥：54（图2-3-23，2）。

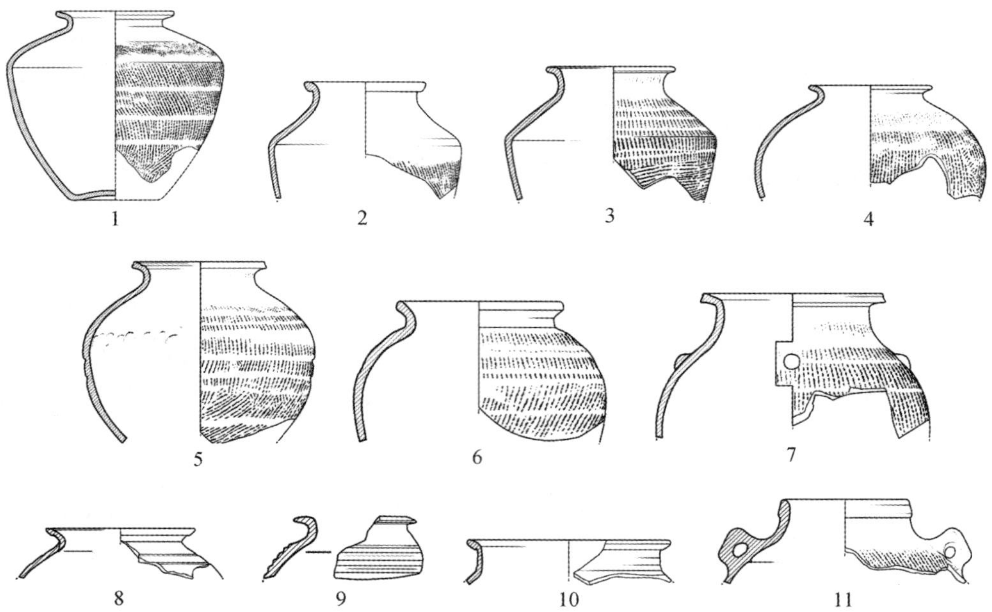

图2-3-23　周家岗遗址陶罐

1. Aa型Ⅰ式（H5②：39）　2、3. Aa型Ⅱ式（H5②：40、J1⑥：54）　4. Ab型Ⅰ式（J1⑥：55）　5、6. Ab型Ⅱ式（J1③：23、J1⑤：52）　7. Ab型Ⅲ式（T2373④：52）　8. Ac型（J1①：5）　9、10. Ad型（H8①：9、H9①：12）　11. B型（H5②：25）

Ab型　数量相对较多。圆肩，上腹鼓，以下弧收。肩及以下满饰绳纹。按照口、腹径和颈部变化可分三式。

Ⅰ式：腹径大于口径较多，颈极短。标本J1⑥：55（图2-3-23，4）。

Ⅱ式：腹径大于口径，但比例有所缩小，短颈。标本J1③：23（图2-3-23，5）。标本J1⑤：52（图2-3-23，6）。

Ⅲ式：腹径稍大于口径，长颈。标本T2373④：52（图2-3-23，7）。

Ac型　数量极少。均残。溜肩。素面或器表饰弦纹。标本J1①：5（图2-3-23，8）。

Ad型　数量较少。均残。形制变化不大。颈、肩、上腹饰多道凹弦纹。标本H8①：9（图2-3-23，9）。标本H9①：12（图2-3-23，10）。

B型　数量少。均残。双耳罐。微敛口，窄沿，矮领，溜肩，肩有双弓形耳，上腹鼓。部分仅见耳。标本H5②：25（图2-3-23，11）。

器盖　数量较多。敞口，有圈足状握手。根据整体和盘壁的不同可分二型。

A型　整体较大。弧壁或微折壁，上壁弧收。标本H8①：49（图2-3-24，1）。标本G1：14（图2-3-24，2）。

B型　整体较小。折壁，上壁近斜收。标本H5①：13（图2-3-24，3）。标本T2373④：11（图2-3-24，4）。

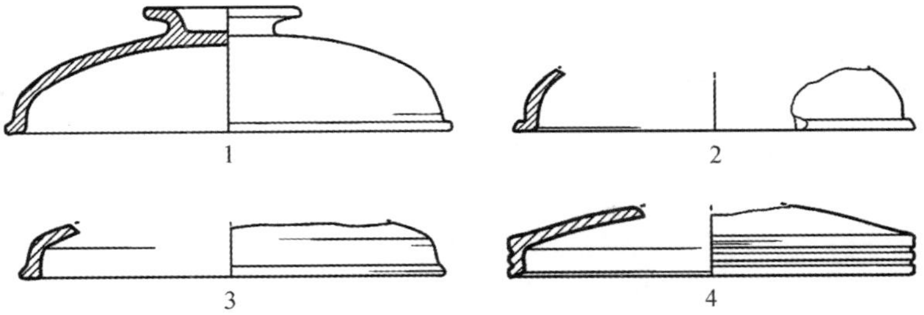

图2-3-24　周家岗遗址陶器盖

1、2. A型（H8①：49、G1：14）　3、4. B型（H5①：13、T2373④：11）

（4）吴家坡遗址

遗址出土陶片数量相对较多。陶器分为生产工具和生活用器，以生活用器为主，其中大部分为标本，可复原器相对较少。器类整体较单纯，主要有鬲、甗、盂、豆、罐、器盖等。

鬲　数量多。一般侈口，翻沿，束颈，溜肩，微瘪裆或弧裆，柱足。外壁饰绳纹。主要按照裆的变化分为三式。

Ⅰ式：足均残。瘪裆稍深。标本H13：54（图2-3-25，1）。

Ⅱ式：足均残。微瘪裆。标本H14：8（图2-3-25，2）。

Ⅲ式：弧裆。标本H4：5（图2-3-25，3）。

甗　数量少，均残。上部甑壁下腹斜收，束腰，下部鬲圆肩，微鼓腹，弧裆。外壁饰粗绳纹。标本H4：4（图2-3-25，4）。

盂　数量多。形制特征变化不明显。侈口，翻沿，束颈，圆肩，上腹鼓，下腹弧收，凹底。肩部一般饰一或二道凸、凹弦纹，部分弦纹间饰暗纹；少量腹饰绳纹。标本H13：8（图2-3-26，1）。标本H12③：22（图2-3-26，2）。标本H12⑤：42（图2-3-26，3）。

豆　数量多，部分可复原。盘相对较浅，柄较细高，内空至盘底，喇叭状圈足。按照盘、柄的变化可分四式。

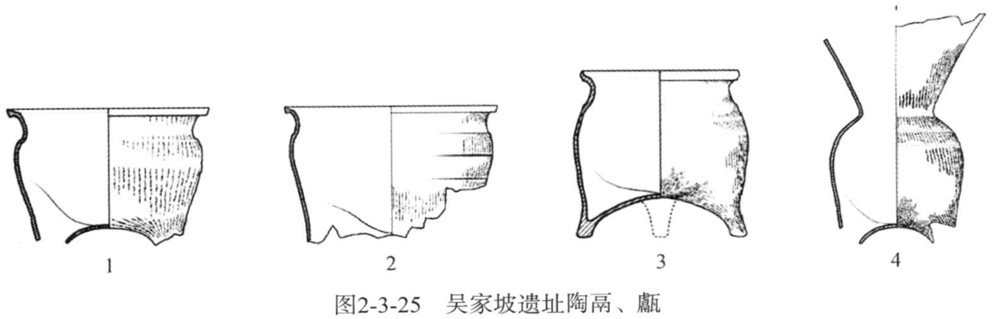

图2-3-25　吴家坡遗址陶鬲、甗

1. Ⅰ式鬲（H13：54）　2. Ⅱ式鬲（H14：8）　3. Ⅲ式鬲（H4：5）　4. 甗（H4：4）

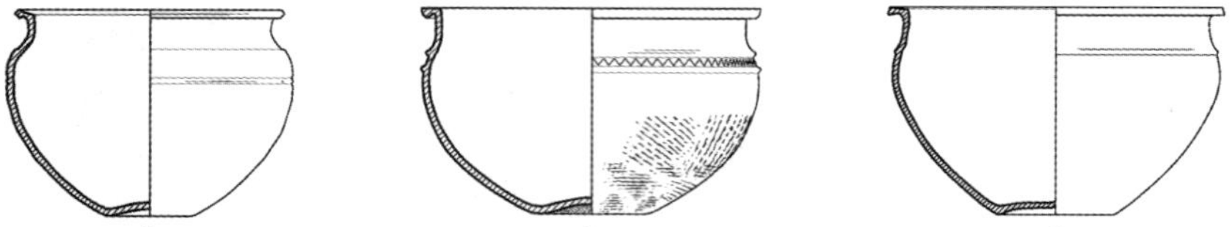

图2-3-26　吴家坡遗址陶盂

1. H13：8　2. H12③：22　3. H12⑤：42

Ⅰ式：微折盘，柄上有凸棱。标本H13：32（图2-3-27，1）。

Ⅱ式：弧盘，柄上有微凸棱。标本H13：5（图2-3-27，2）。

Ⅲ式：弧盘，柄上无凸棱。标本H4：1（图2-3-27，3）。

Ⅳ式：弧盘，柄细高。标本H12③：24（图2-3-27，4）。

罐　数量相对较多，均残。形制特征基本相同。侈口，翻折沿，束颈稍长，溜肩，鼓腹。浅凹底。外壁饰绳纹。标本H13：40（图2-3-28，1）。

器盖　数量较少。敞口，口上壁微圆折，上壁近斜收，圈足状握手。标本H12③：28（图2-3-28，2）。

还有极少量仿铜礼器鼎、壶的残件。

鼎口沿　子口，折肩，上腹微鼓，附耳。标本H9：9（图2-3-29，1）。

鼎足　残存根部。蹄足，横截面圆形。标本H2：18（图2-3-29，2）。

壶口沿　大侈口，束长颈，圆肩。标本H12①：8（图2-3-29，3）。

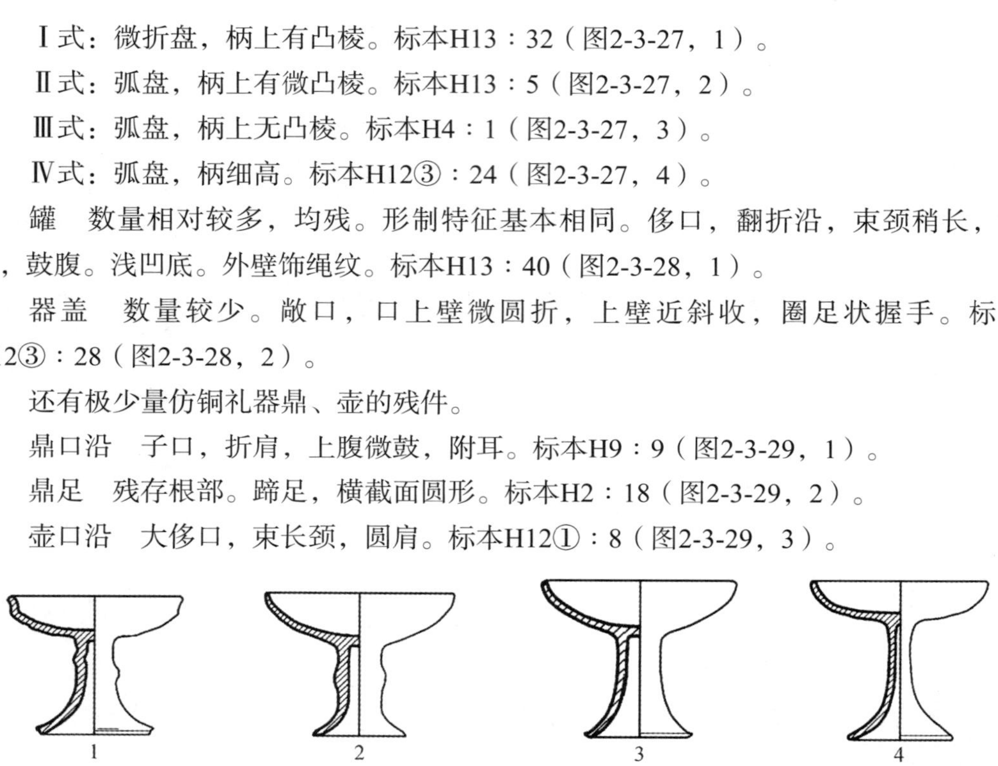

图2-3-27　吴家坡遗址陶豆

1. Ⅰ式（H13：32）　2. Ⅱ式（H13：5）　3. Ⅲ式（H4：1）　4. Ⅳ式（H12③：24）

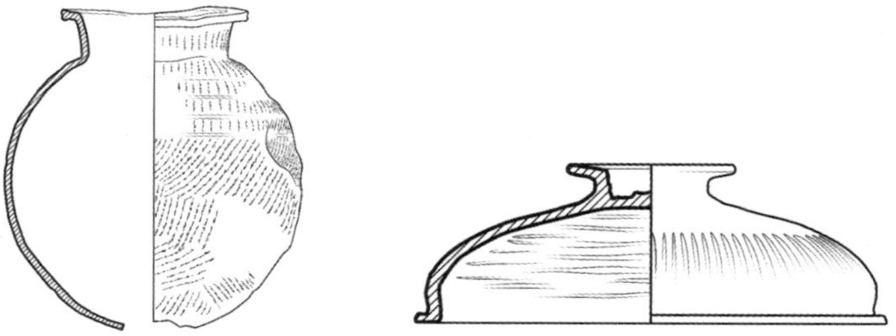

图2-3-28　吴家坡遗址陶罐、器盖

1. 罐（H13：40）　2. 器盖（H12③：28）

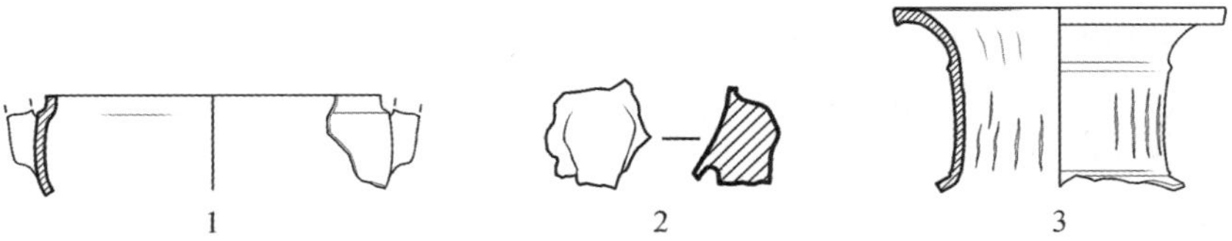

图2-3-29 吴家坡遗址仿铜陶礼器

1. 鼎口沿（H9：9） 2. 鼎足（H2：18） 3. 壶口沿（H12①：8）

（5）小马家遗址

遗址单独清理3座（H1～H3）西周灰坑，出土陶片较碎，主要器类有鬲、甗、盂、罐、簋、壶等。

鬲 可大致复原器少，另有少量锥足、矮柱足和裆部。侈口，翻沿，束短颈，微溜肩，微鼓腹。外壁饰细绳纹。根据裆的不同分为二型。

A型 整体瘦高。分裆。足残，推测为锥足。标本H3：1（图2-3-30，1）。

B型 整体稍矮胖。高瘪裆，截锥状矮柱足。标本H2：1（图2-3-30，2）。

甗 数量少，均残。上部侈口，翻沿，束短颈，微溜肩，微鼓腹，束腰，下部溜肩，微鼓腹，截锥状矮柱足。外壁饰细绳纹。标本H2：10（图2-3-30，4）。

盂 数量极少，仅存口沿。侈口。根据纹饰不同分为二型。

A型 束短颈，折肩。素面或肩部饰弦纹。标本H2：17（图2-3-30，6）。标本H2：18（图2-3-30，7）。

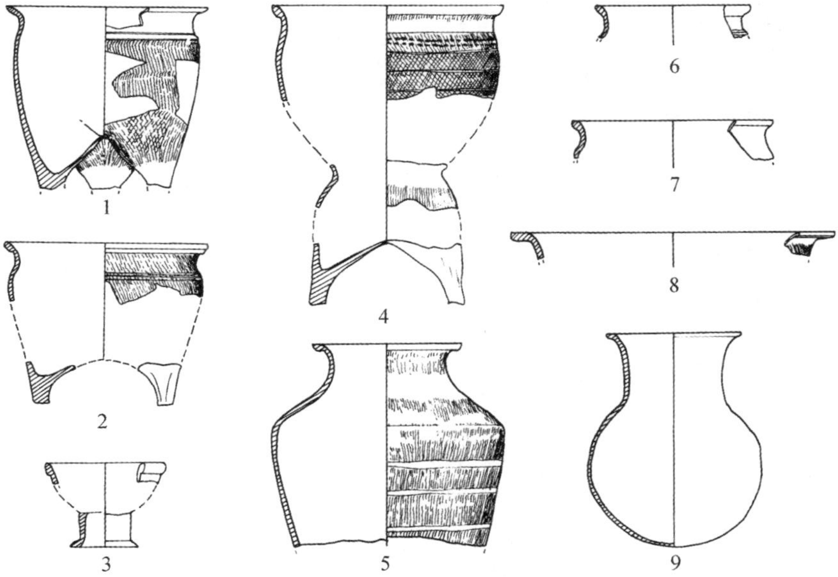

图2-3-30 小马家遗址陶器

1. A型鬲（H3：1） 2. B型鬲（H2：1） 3. 簋（H1：4） 4. 甗（H2：10） 5. 罐（H1：6）
6、7. A型盂（H2：17、H2：18） 8. B型盂（H3：2） 9. 壶（H2：19）

B型　仅存口部。外壁饰细绳纹。标本H3：2（图2-3-30，8）。

罐　数量少。侈口，翻沿，束长颈，折肩，以下近斜收。外壁饰细绳纹。标本H1：6（图2-3-30，5）。

簋　数量少，均残。敞口，卷沿，弧腹内收，较高宽圈足。标本H1：4（图2-3-30，3）。

壶　仅个别。侈口，翻沿，束长颈，溜肩，圆鼓腹，凸圜底。标本H2：19（图2-3-30，9）。

（6）吴家湖遗址

遗址2019年发掘出土的陶器较碎，可复原器极少，部分生活用器可看出形制，主要器类有鬲、甗、簋、盂、豆、盘、罐、瓮、器盖等。

鬲　数量较多。仅存口沿、裆和足。

鬲口沿　侈口，翻沿，束颈，溜肩，上腹鼓。外壁饰绳纹，间一或多道抹痕。按照口径与肩、腹径的大小对比可分二型。

A型　大口鬲。即口径略大于或等于肩或腹径。按照沿、颈和纹饰变化可分三式。

Ⅰ式：翻沿，颈较短。绳纹较细。标本H10：2（图2-3-31，1）。

Ⅱ式：卷沿，有的外沿面有一道浅凹槽，颈稍长。绳纹有粗有细。标本TN01E21④：20（图2-3-31，2）。

Ⅲ式：折沿，有的外沿面有一周浅凹槽，颈较长。绳纹稍粗，颈部绳纹多微抹或抹平，肩部有的饰附加堆纹。标本TN01E21③：1（图2-3-31，3）。

B型　小口鬲，即口径明显小于肩或腹径。按照沿、颈和纹饰变化可分三式。

Ⅰ式：翻沿，短颈。绳纹较细。标本H5：4（图2-3-31，4）。

Ⅱ式：卷沿，有的外沿面有一周浅凹槽，颈稍长。绳纹稍粗。标本TN02E20④：8（图2-3-31，5）。

Ⅲ式：卷折沿，颈稍长，颈肩分界不明显。绳纹稍粗。标本H9：1（图2-3-31，6）。

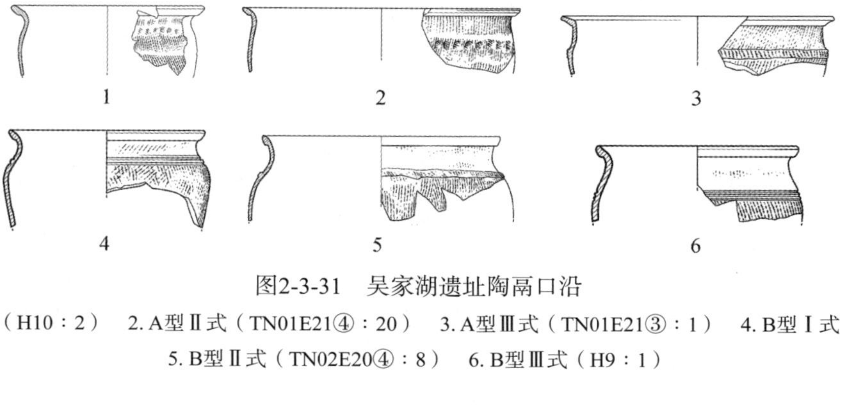

图2-3-31　吴家湖遗址陶鬲口沿

1. A型Ⅰ式（H10：2）　2. A型Ⅱ式（TN01E21④：20）　3. A型Ⅲ式（TN01E21③：1）　4. B型Ⅰ式（H5：4）　5. B型Ⅱ式（TN02E20④：8）　6. B型Ⅲ式（H9：1）

鬲足　数量多。外壁饰绳纹。按照足的不同可分二型。

A型　锥足。按照足跟、腔的变化可分二式。

Ⅰ式：矮足跟，足腔深。标本H5：1（图2-3-32，1）。

Ⅱ式：足跟稍高，足腔变浅。标本H8②：8（图2-3-32，2）。

B型　柱足。按照足跟、腔的变化可分三式。

Ⅰ式：跟状足，足极矮，足腔深。标本H5：3（图2-3-32，3）。

Ⅱ式：截锥状柱足，足相对较高、细，足腔较深。标本H8②：6（图2-3-32，4）。

Ⅲ式：近柱足，较高、粗，足腔较深。部分足壁面纹饰削除。标本TN01E21③：11（图2-3-32，5）。

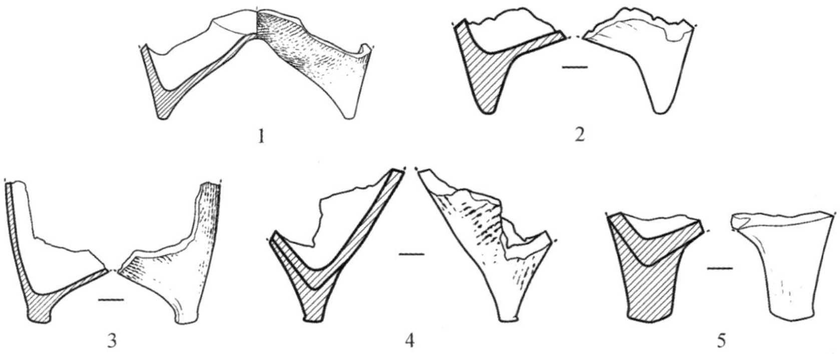

图2-3-32　吴家湖遗址陶鬲足

1. A型Ⅰ式（H5：1）　2. A型Ⅱ式（H8②：8）　3. B型Ⅰ式（H5：3）　4. B型Ⅱ式（H8②：6）
5. B型Ⅲ式（TN01E21③：11）

甗　可分辨者主要为甗腰，有个别鬲体。后者形制特征较明显。深瘪裆，自肩部内瘪，矮截锥状柱足，足腔深。标本TN01E20④：5（图2-3-33，1）。

簋　仅个别口沿。侈口，翻卷沿，束颈较长，溜肩，上腹鼓，以下弧收。肩、上腹饰刻划纹。标本TN02E20④：21（图2-3-33，2）。

盂　数量不多。存口沿、底。口沿侈口，翻沿，束颈。根据纹饰不同分为三型。

A型　外壁素面。标本TN01E18③：1（图2-3-33，3）。

B型　外壁饰绳纹。标本TN01E20④：11（图2-3-33，4）。

C型　颈部饰多道弦纹。标本TN02E20④：35（图2-3-33，5）。

豆　数量不多。仅见个别口沿和少量圈座、圈足。口沿微侈口，溜肩，扁折腹；圈座圜底近平，粗柄，柄上有凸箍；喇叭状圈足。标本TN02E21③：5（图2-3-33，6）。标本TN02E21③：1（图2-3-33，7）。标本TN01E21③：17（图2-3-33，8）。

此外，还有少量无耳、弓形耳罐，敛口瓮口沿和圈足盘底等，残碎严重，特征不甚明显，不再赘述。

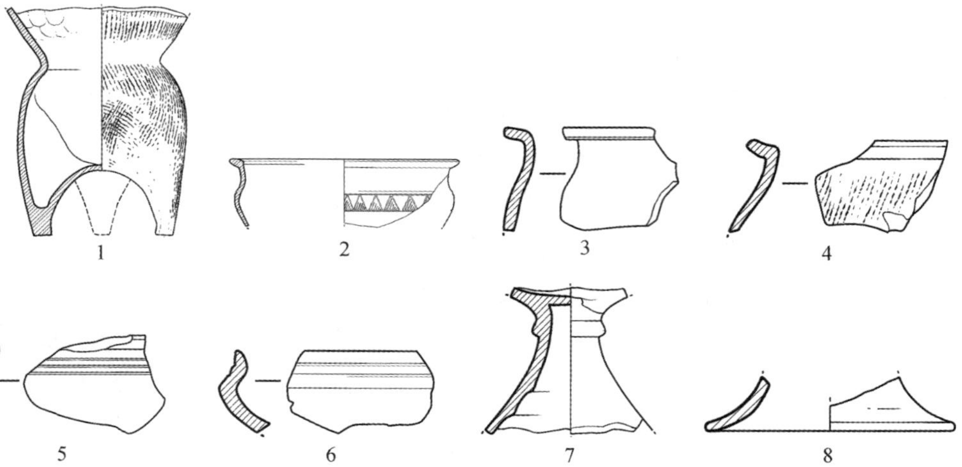

图2-3-33　吴家湖遗址陶器

1. 甗（TN01E20④：5）　2. 簋（TN02E20④：21）　3. A型盂（TN01E18③：1）　4. B型盂（TN01E20④：11）　5. C型盂（TN02E20④：35）　6～8. 豆（TN02E21③：5、TN02E21③：1、TN01E21③：17）

（7）王家巷遗址

遗址出土了大量陶器，完整和修复器多。大量为生活用器，主要器类为鬲、甗、盂、豆、罐、器盖，还有少量仿铜礼器鼎、簋、壶和较多的制陶工具拍、支垫等。

鬲　数量多。侈口，翻折沿，柱足。按照性质的不同分为二型。

A型　实用器。束颈，溜肩，鼓腹，瘪裆。外壁饰绳纹。根据口、腹径与足外切圆径的大小分二亚型。

Aa型　口径比腹径略大，而明显大于足外切圆径。依裆、足的变化分三式。

Ⅰ式：裆内瘪程度深，内瘪区位高。矮足，足腔深。标本H48②：1（图2-3-34，1）。

Ⅱ式：裆内瘪程度深，内瘪区位高，足稍高，足腔较深。标本H12：7（图2-3-34，2）。

Ⅲ式：裆微瘪，内瘪区位变低，足较高，足腔较浅。标本H5：2（图2-3-34，3）。标本H41：1（图2-3-34，4）。

Ab型　口径略小于腹径，并基本与足外切圆径相当或略大。依裆、足的变化分二式。

Ⅰ式：裆内瘪程度深，内瘪区位高，矮足，足腔较深。标本H7：33（图2-3-34，5）。标本H29：1（图2-3-34，6）。

Ⅱ式：裆微瘪，内瘪区位变低，足变高，足腔稍浅。标本H2：56（图2-3-34，7）。标本H32：2（图2-3-34，8）。

B型　明器。折肩，弧腹内收，弧裆。素面。标本H38：5（图2-3-34，9）。

甗　数量少。形制基本相同。上部侈口，翻折沿，束颈，溜肩，上腹鼓，以下近斜收；束腰有粗有细；下部溜肩，鼓腹，微瘪裆，柱足。外壁饰绳纹。标本H2：14

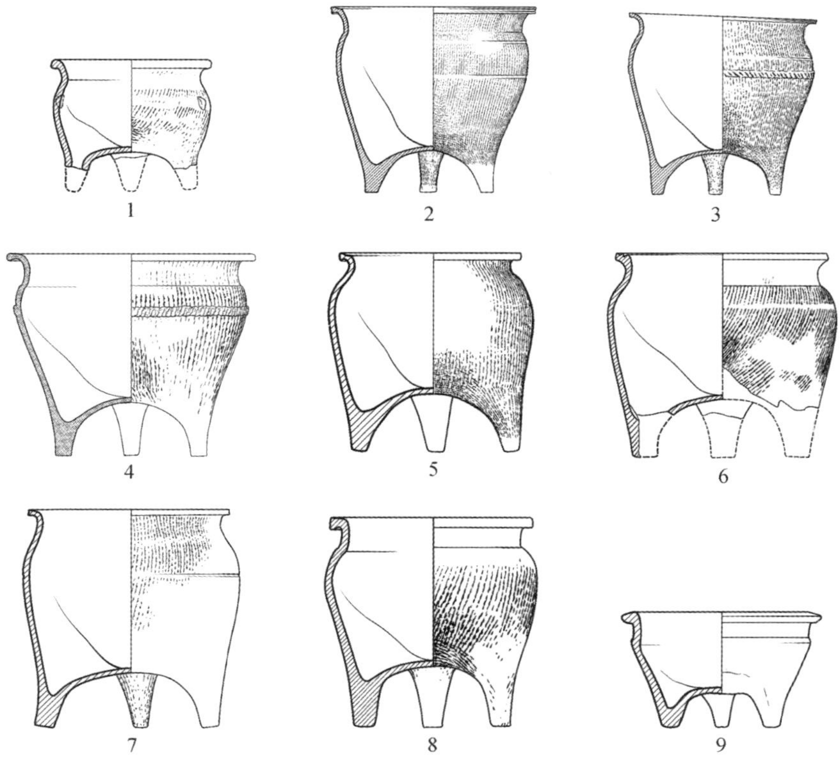

图2-3-34　王家巷遗址陶鬲

1. Aa型Ⅰ式（H48②：1）　2. Aa型Ⅱ式（H12：7）　3、4. Aa型Ⅲ式（H5：2、H41：1）
5、6. Ab型Ⅰ式（H7：33、H29：1）　7、8. Ab型Ⅱ式（H2：56、H32：2）　9. B型（H38：5）

（图2-3-35，1）。标本H41：2（图2-3-35，2）。标本H7：11（图2-3-35，3）。

盂　数量多。侈口，翻折沿，束短颈，上腹鼓，平或凹底。按照主要纹饰的不同分三型。

A型　素面或肩、上腹饰凸、凹弦纹，除少量两道弦纹间饰波折暗纹外均素面。按照肩部的变化可分三式。

Ⅰ式：折肩，壁自肩部以下近斜收。标本H27：3（图2-3-36，1）。

Ⅱ式：微折肩，上腹壁近直。标本H26：1（图2-3-36，2）。

Ⅲ式：圆肩，上腹微鼓。标本H2：43（图2-3-36，3）。标本H42：2（图2-3-36，4）。

B型　外壁多满饰绳纹，颈部绳纹微抹；少量颈、肩部素面或饰凸、凹弦纹。按照肩部的变化可分三式。

Ⅰ式：折肩，壁自肩部以下近斜收。标本H7：12（图2-3-36，5）。标本H27：5（图2-3-36，6）。

Ⅱ式：微折肩，上腹壁近直。标本H46：1（图2-3-36，7）。

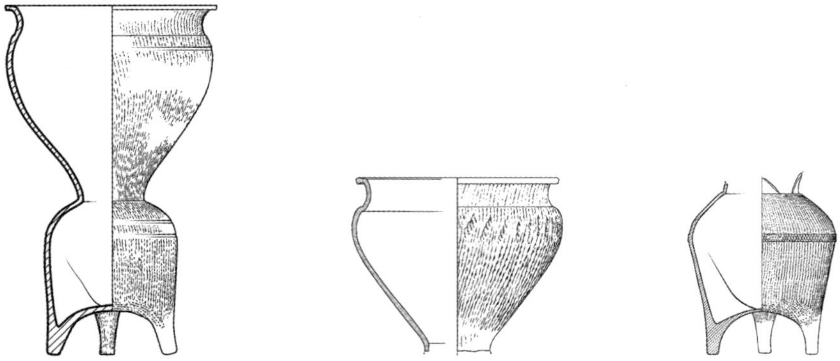

图2-3-35　王家巷遗址陶甗

1. H2：14　2. H41：2　3. H7：11

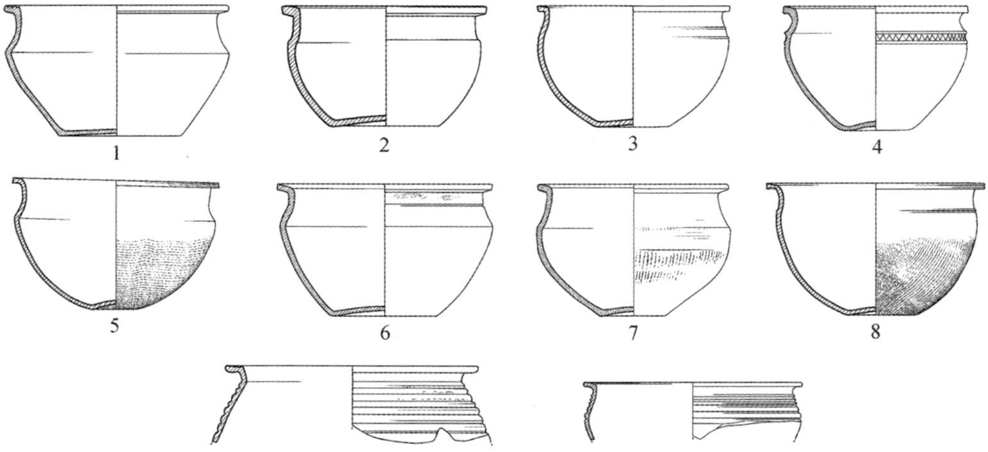

图2-3-36　王家巷遗址陶盂

1. A型Ⅰ式（H27：3）　2. A型Ⅱ式（H26：1）　3、4. A型Ⅲ式（H2：43、H42：2）　5、6. B型Ⅰ式（H7：12、H27：5）　7. B型Ⅱ式（H46：1）　8. B型Ⅲ式（H12：8）　9、10. C型（H29：6、H48②：11）

Ⅲ式：圆肩，上腹微鼓。标本H12：8（图2-3-36，8）。

C型　仅存口沿。肩部饰较密的多道凸、凹弦纹。溜肩下折。标本H29：6（图2-3-36，9）。标本H48②：11（图2-3-36，10）。

豆　数量最多。折或弧盘，有柄，喇叭状圈足。少量外壁饰暗纹。按照盘、柄的变化分五式。

Ⅰ式：折盘，矮柄中部有凸箍。标本H27：1（图2-3-37，1）。

Ⅱ式：弧盘，矮柄，有的较粗，中部无凸箍或仅有象征性凸箍。标本H7：29（图2-3-37，2）。标本H45④：112（图2-3-37，3）。

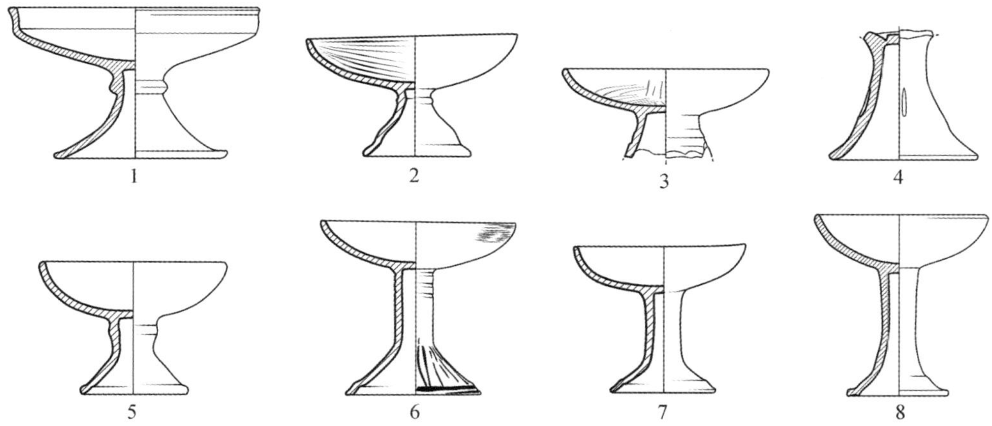

图2-3-37　王家巷遗址陶豆

1. Ⅰ式（H27：1）　2、3. Ⅱ式（H7：29、H45④：112）　4. Ⅲ式（H27：15）　5、6. Ⅳ式（TN12E10④：34、H7：28）　7、8. Ⅴ式（H3：3、H38：2）

Ⅲ式：仅个别豆柄。柄变高，稍粗，壁有镂孔。标本H27：15（图2-3-37，4）。

Ⅳ式：弧盘，细高柄。柄上有微凸棱或饰弦纹、旋纹。标本TN12E10④：34（图2-3-37，5）。标本H7：28（图2-3-37，6）。

Ⅴ式：弧盘，细柄较高直。标本H3：3（图2-3-37，7）。标本H38：2（图2-3-37，8）。

罐　数量较多。根据有无耳的不同可分二型。

A型　无耳罐。侈口，翻沿，多数沿面有一周浅凹槽，束颈，浅凹底。根据肩部和纹饰的不同可分四亚型。

Aa型　溜肩下折，壁自折肩处斜、弧收。外壁饰绳纹，颈部绳纹微抹。标本H27：4（图2-3-38，1）。标本H48②：3（图2-3-38，2）。

Ab型　溜肩弧凸，鼓腹，下腹弧收。外壁饰绳纹，颈部绳纹微抹，肩、腹壁绳纹间几道抹痕。标本TN12E11④：2（图2-3-38，3）。标本H38：6（图2-3-38，4）。

Ac型　数量极少，残甚。素面。内、外壁一般有多道旋痕。标本H27：10（图2-3-38，5）。标本H49：9（图2-3-38，6）。

Ad型　数量极少。颈、肩或上腹饰多道凸、凹弦纹。标本H45④：115（图2-3-38，7）。

B型　双耳罐。仅见个别罐耳。标本TS04E25③：32（图2-3-38，8）。

器盖　数量多。形制大体相同。敞口，口外壁圆弧或微折，上壁近斜收，圈足状握手。少量外壁绘黑彩纹。标本H2：30（图2-3-39，1）。标本TS04E26③：2（图2-3-39，2）。

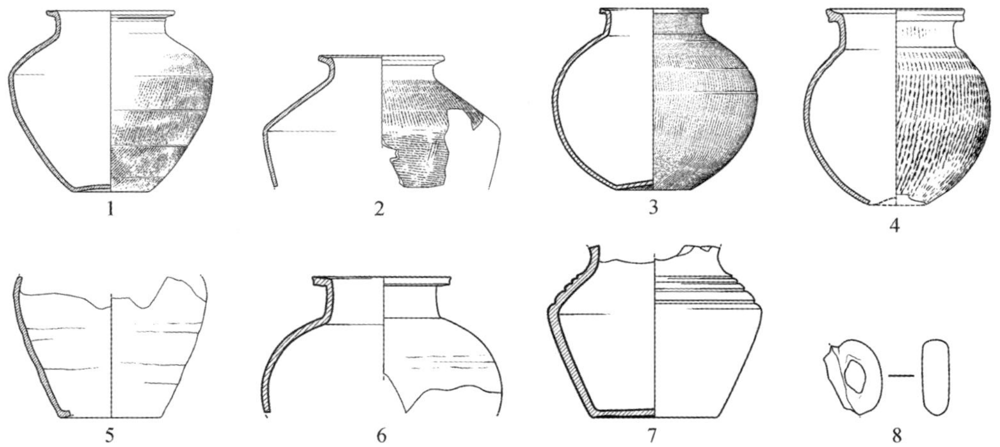

图2-3-38　王家巷遗址陶罐

1、2. Aa型（H27：4、H48②：3）　3、4. Ab型（TN12E11④：2、H38：6）　5、6. Ac型（H27：10、H49：9）　7. Ad型（H45④：115）　8. B型（TS04E25③：32）

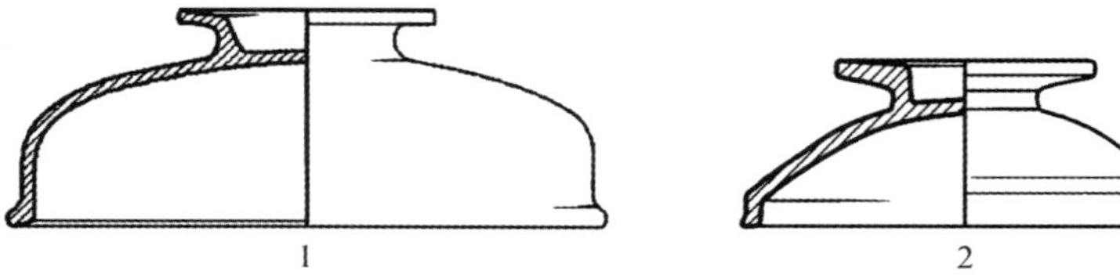

图2-3-39　王家巷遗址陶器盖

1. H2：30　2. TS04E26③：2

此外，还有少量仿铜陶礼器，大部分残，少量可复原。

鼎　敛口，溜肩，鼓腹，三柱足，肩有对称长方形耳。标本H10：2（图2-3-40，1）。

鼎足　数量相对较多。按照整体形制的不同可分二型。

A型　柱足。标本H45②：26（图2-3-40，2）。

B型　蹄足。标本TS04E26④：27（图2-3-40，3）。标本H18：6（图2-3-40，4）。

簋　均残。侈口，弧腹缓收，圜底近平，高圈座外撇，喇叭状圈足。圈足外壁饰暗纹。标本H7：37（图2-3-40，5）。标本H32：5（图2-3-40，7）。标本H38：24（图2-3-40，6）。

壶　大侈口，翻折沿，长束颈，圆肩，圆鼓腹，浅凹底。外壁饰弦纹或加施黑彩条纹、绳纹。标本H7：26（图2-3-40，8）。标本H12：6（图2-3-40，9）。

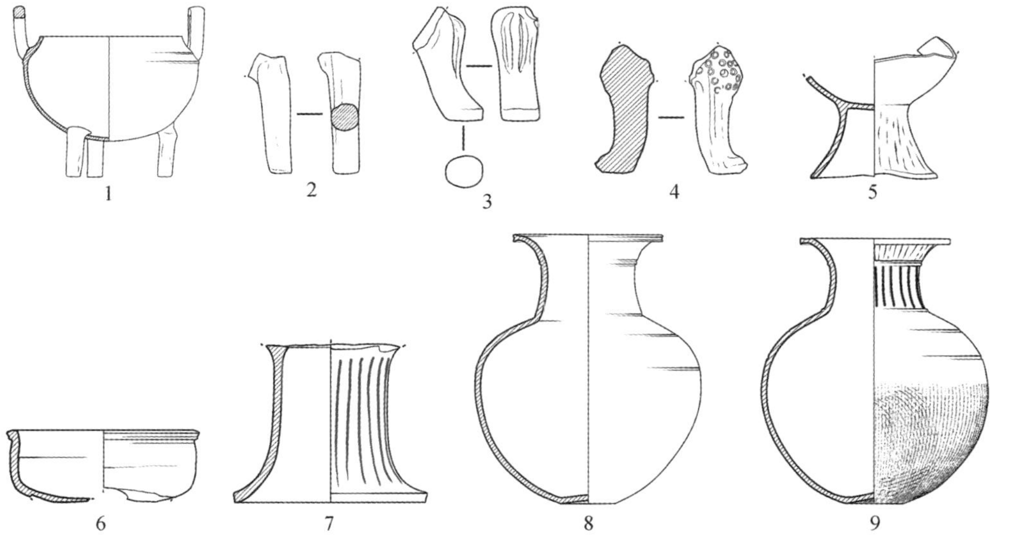

图2-3-40　王家巷遗址仿铜陶礼器

1. 鼎（H10：2）　2. A型鼎足（H45②：26）　3、4. B型鼎足（TS04E26④：27、H18：6）　5～7. 簋（H7：37、H38：24、H32：5）　8、9. 壶（H7：26、H12：6）

2. 墓葬陶器型式分析

出土陶器的墓葬数量不多，分布相对较为分散，少量无法修复（如擂鼓台M2陶罐等）。器类少，与遗址基本相同，仍以鬲、盂、豆、罐为主，并有少量簋等。

（1）沈岗墓地

仅发现陶器墓葬1座，即M694。出土簋4件、豆2件、罐2件。

簋　形制基本相同。敞口，翻沿，弧腹缓收，圜底近平，高宽圈足。外壁饰细绳纹。标本M694：6（图2-3-41，1）。

豆　形制相同。折盘，下壁弧收，圜底近平，喇叭状圈座，柄稍细，上部有凸箍。标本M694：11（图2-3-41，2）。

罐　形制基本相同。侈口，翻沿，束颈，溜肩，鼓腹，浅凹底。外壁饰细绳纹。标本M694：5（图2-3-41，3）。

（2）黄家村墓地

发现墓葬4座。仅1座墓葬（M262）出土陶器3 件，均残。器类有盂、豆、罐。

盂　侈口，翻折沿，束颈，圆肩，弧腹内收，推测为浅凹底。肩有两道凸棱。标本M262：2（图2-3-42，1）。

豆　仅存喇叭状圈足，稍粗高。标本M262：1（图2-3-42，2）。

罐　仅存口沿。侈口，翻折沿。标本M262：3（图2-3-42，3）。

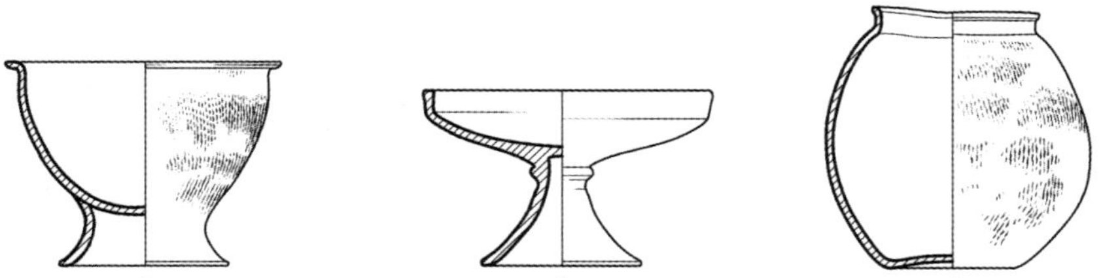

图2-3-41　沈岗墓地M694陶器

1. 簋（M694：6）　2. 豆（M694：11）　3. 罐（M694：5）

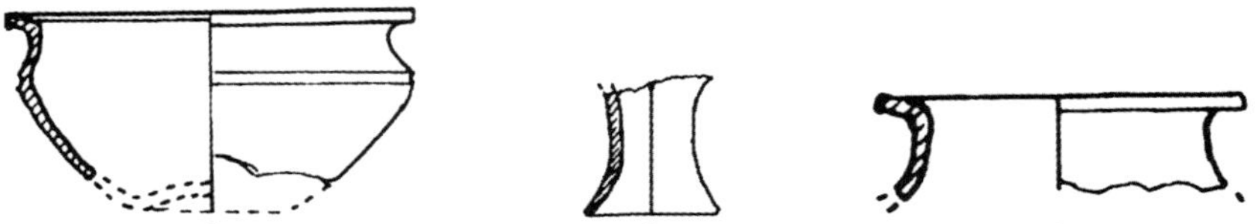

图2-3-42　黄家村墓地M262陶器

1. 盂（M262：2）　2. 豆（M262：1）　3. 罐（M262：3）

（3）韩岗墓地

31座墓葬仅2座墓葬（M58、M90）出土陶器6件，其中鬲2件、盂1件、豆3件。

鬲　侈口，翻折沿，束颈，溜肩，上腹鼓，以下微弧收再略外扩，弧裆，三高柱足。外壁饰绳纹。标本M58：2（图2-3-43，1）。标本M90：4（图2-3-43，2）。

盂　侈口，翻沿，束颈，圆肩，上腹微鼓，以下弧收，浅凹底。肩、上腹饰二道凸弦纹。标本M90：1（图2-3-43，3）。

豆　弧盘，柄较矮，喇叭状圈足。按照柄有无凸箍的变化可分二式。

Ⅰ式：柄上部有微凸棱。标本M90：3（图2-3-43，4）。

Ⅱ式：柄无凸箍。标本M58：1（图2-3-43，5）。

（4）惠博通墓地

4座墓葬仅1座随葬陶器3件，鬲、盂、豆各1件。

鬲　侈口，翻沿，束颈，溜肩，上腹鼓，微瘪裆，柱足。标本M4：2（图2-3-44，1）。

盂　侈口，翻折沿，束颈，圆肩，弧腹内收，浅凹底。肩有凹凸弦纹。标本M4：1（图2-3-44，2）。

豆　敞口，弧壁，盘稍深，平底，短柄稍粗，喇叭状圈足。标本M4：4（图2-3-44，3）。

（5）卞营墓地

38座墓葬中仅9座出土陶器23件。器类有鬲、盂、豆、罐、壶等。均为明器，制作较简陋，少部分破碎严重。

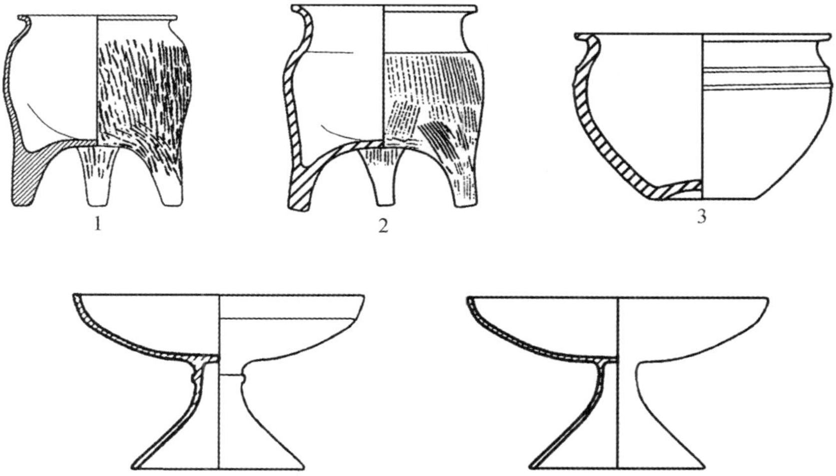

1　2　3

4　5

图2-3-43　韩岗墓地陶器

1、2. 鬲（M58：2、M90：4）　3. 盂（M90：1）　4. Ⅰ式豆（M90：3）　5. Ⅱ式豆（M58：1）

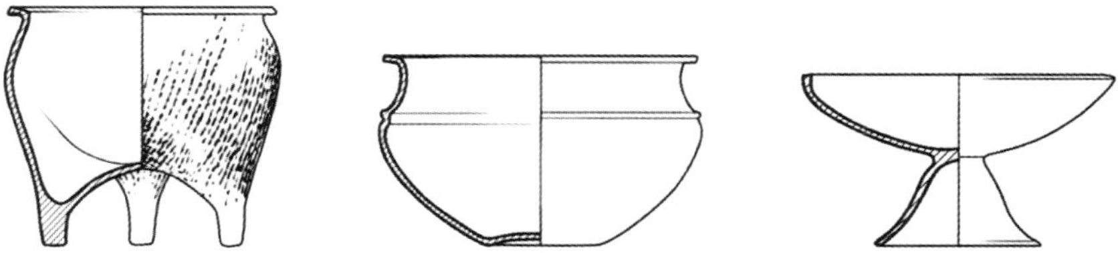

1　2　3

图2-3-44　惠博通墓地陶器

1. 鬲（M4：2）　2. 盂（M4：1）　3. 豆（M4：4）

鬲　侈口，翻沿，束颈，溜肩，微鼓腹，柱足。口径与腹径、三足外切圆径基本相当。外壁饰绳纹。按照裆的变化可分三式。

Ⅰ式：裆自中腹内瘪，瘪裆稍甚。标本M468：1（图2-3-45，1）。

Ⅱ式：裆自下腹微瘪。标本M488：1（图2-3-45，2）。

Ⅲ式：裆象征性微瘪。标本M477：1（图2-3-45，3）。

盂　侈口，翻沿，束颈，浅凹底。根据外壁纹饰的不同可分二型。

A型　外壁素面或肩、上腹饰凸、凹弦纹。按照肩、上腹变化分二式。

Ⅰ式：折肩，以下斜收。素面。标本M482：1（图2-3-46，1）。

Ⅱ式：圆肩，上腹微鼓，以下弧收。肩部饰一道凸弦纹。标本M488：3（图2-3-46，2）。

B型　外壁饰绳纹，有的肩、上腹饰一或二道凸、凹弦纹。按照肩、腹的变化分二式。

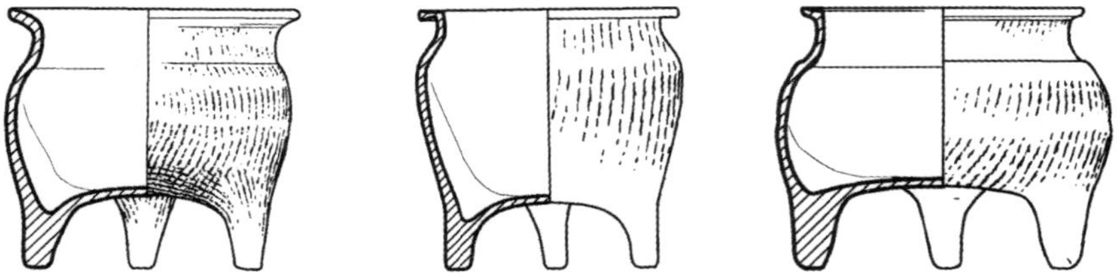

图2-3-45　卞营墓地陶鬲

1. Ⅰ式（M468：1）　2. Ⅱ式（M488：1）　3. Ⅲ式（M477：1）

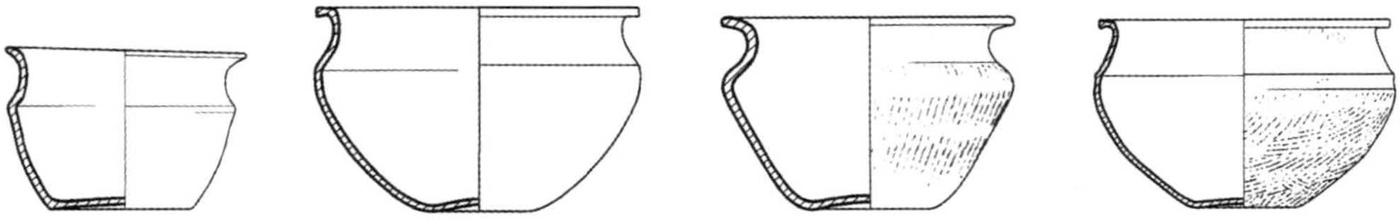

图2-3-46　卞营墓地陶盂

1. A型Ⅰ式（M482：1）　2. A型Ⅱ式（M488：3）　3. B型Ⅰ式（M468：2）　4. B型Ⅱ式（M474：2）

Ⅰ式：折肩。标本M468：2（图2-3-46，3）。

Ⅱ式：圆肩，上腹微鼓，以下弧收。肩部饰二道凸弦纹。标本M474：2（图2-3-46，4）。

豆　喇叭状圈足。按照盘、柄的变化分三式。

Ⅰ式：折盘，短柄，中部有凸箍。标本M468：3（图2-3-47，1）。

Ⅱ式：弧盘稍深，短柄，无凸箍。标本M481：2（图2-3-47，2）

Ⅲ式：弧盘稍浅，柄变高，上部有两道微凸棱。标本M473：1（图2-3-47，3）。

罐　形制变化不大。侈口，翻折沿，束颈，溜肩，鼓腹，浅凹底。外壁饰绳纹。标本M488：2（图2-3-48，1）。

壶　仅1件。侈口，翻沿，束长颈，圆折肩，弧腹内收，浅凹底。标本M105：3（图2-3-48，2）。

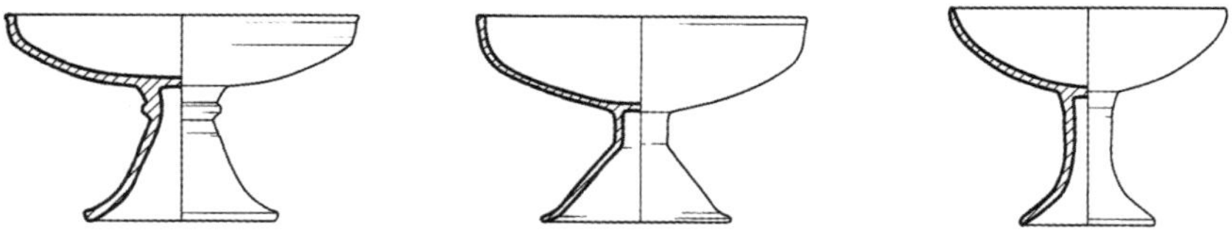

图2-3-47　卞营墓地陶豆

1. Ⅰ式（M468：3）　2. Ⅱ式（M481：2）　3. Ⅲ式（M473：1）

图2-3-48　下营墓地陶器

1. 罐（M488：2）　2. 壶（M105：3）

（二）陶器的综合分期

根据上述遗址、墓葬出土主要陶器的型式分析，可以对其进行分组，再通过时代特征的对比，可以列出其时代序列。

1. 陶器综合分组

我们可以把上述陶器划分为以下八组。

第一组：小马家遗址H3之A型鬲、B型盂。

第二组：小马家遗址H1之簋、折肩罐。

第三组：小马家遗址H2之B型鬲、甗、A型盂、壶；周家岗遗址A型鬲；吴家湖遗址A型Ⅰ式、A型Ⅱ式、B型Ⅰ式、B型Ⅱ式鬲口沿，A型Ⅰ式、B型Ⅰ式鬲足，甗，簋，B、C型盂。

第四组：黄家村遗址Aa型Ⅰ式、Ab型Ⅰ式鬲，Ⅰ式甗，A型Ⅰ式、B型Ⅰ式盂，Ⅰ式豆，Aa型Ⅰ式、Aa型Ⅱ式、Ab型Ⅰ式、Ac型Ⅰ式、Ad型Ⅰ式罐，A型Ⅰ式器盖；周家岗遗址B型Ⅰ式鬲；吴家湖遗址A型Ⅲ式、B型Ⅲ式鬲口沿，A型Ⅱ式、B型Ⅱ式、B型Ⅲ式鬲足，A型盂，豆；沈岗墓地M694簋、豆、罐。

第五组：黄家村遗址Ab型Ⅱ式、C型鬲，Ⅱ式甗，A型Ⅱ式盂，B型器盖；周家岗遗址B型Ⅱ式鬲，A型Ⅰ式、B型Ⅰ式盂，Ⅰ式豆，Aa型Ⅰ式、Aa型Ⅱ式、B型罐；下营墓地Ⅰ式鬲，A型Ⅰ式、B型Ⅰ式盂，Ⅰ式豆。

第六组　黄家村遗址Ab型Ⅲ式、C型鬲，Ⅲ式甗，A型Ⅰ式、A型Ⅲ式、B型Ⅱ式盂，Ⅰ、Ⅱ式豆，Aa型Ⅲ式、Ac型Ⅱ式、Ad型Ⅱ式罐，H26之鼎；周家岗遗址A型Ⅱ式盂，Ⅱ式豆，Aa型Ⅱ式、Ab型Ⅰ式、Ad型罐，A、B型器盖；王家巷遗址Ab型Ⅰ式鬲，A型Ⅰ式、B型Ⅰ式、C型盂，Ⅰ、Ⅲ式豆，Aa、Ac型罐。

第七组：黄家村遗址Aa型Ⅱ式、B型、C型鬲，Ⅳ式甗，A型Ⅳ式、B型Ⅲ式盂，

Ⅲ、Ⅴ式豆，Aa型Ⅳ式、Ab型Ⅱ式、Ab型Ⅲ式、Ac型Ⅱ式、Ac型Ⅲ式、Ad型Ⅲ式、Bb型罐，A型Ⅱ式器盖，H51之簋，H31②之壶；周家岗遗址Ab型Ⅱ式罐；王家巷遗址Aa型Ⅰ式、Ab型Ⅰ式鬲，甗，B型Ⅰ式、B型Ⅱ式、C型盂，Ⅱ、Ⅳ式豆，Aa、Ad型罐，簋，壶；卞营墓地Ⅱ式豆。

第八组：黄家村遗址Aa型Ⅲ式、Ab型Ⅳ式、Ac型鬲，Ⅴ式甗，A型Ⅳ式、B型Ⅳ式盂，Ⅳ、Ⅵ、Ⅶ式豆，Ab型Ⅲ式、Ab型Ⅳ式、Ac型Ⅲ式、Ad型Ⅳ式、Ba型、Bb型罐，A型Ⅱ式、B型器盖，北区第4层之簋；周家岗遗址B型Ⅲ式鬲，A型Ⅲ式、B型Ⅱ式盂，Ⅲ、Ⅳ式豆，Ab型Ⅲ式、Ac型罐，A、B型器盖；吴家坡遗址Ⅰ、Ⅱ、Ⅲ式鬲，甗，盂，Ⅰ、Ⅱ、Ⅲ、Ⅳ式豆，罐，器盖，鼎，壶；王家巷遗址Aa型Ⅱ式、Aa型Ⅲ式、Ab型Ⅱ式、B型鬲，甗，A型Ⅱ式、A型Ⅲ式、B型Ⅲ式盂，Ⅳ、Ⅴ式豆，Ab型、Ac型、B型罐，器盖，鼎，簋，壶；韩岗遗址鬲口沿，A、B型鬲足，A型Ⅰ式、A型Ⅱ式、A型Ⅲ式、B型Ⅰ式、B型Ⅱ式盂，Ⅰ、Ⅱ、Ⅲ、Ⅳ式豆，A、Ba、Bb型罐，器盖；黄家村墓地M262盂，豆，罐；韩岗墓地鬲，盂，Ⅰ、Ⅱ式豆；惠博通墓地M4鬲，盂，豆；卞营墓地Ⅱ、Ⅲ式鬲，A型Ⅱ式、B型Ⅱ式盂，Ⅲ式豆，罐，壶。

2. 各组陶器的时代

第一组典型器少，仅见于小马家遗址H3，其A型鬲特征明显，整体特征与枣阳毛狗洞遗址西周早期康昭之世的H1：23高瘪裆鬲[①]和丰镐地区西周第一期张家坡M19：1鬲[②]十分相似，只是本鬲为分裆，似有商代陶鬲遗风。该鬲与洛阳北窑西周早期Ⅰ式卷沿分裆鬲（M93：5）[③]特征具有一定的相似性，本鬲整体瘦高，具有地方特征。B型盂仅存口沿，大致与沣西客省庄四号基址T4：1之盆[④]相近。综合分析，该组器物的时代为西周早期后段。

第二组典型器也少，仅见于小马家遗址H1，其中簋（H1：4）与丰镐地区西周第二期白家庄F1：2簋[⑤]较接近。罐（H1：6）较黄陂鲁台山H1③：15之Ⅱ式罐[⑥]更为瘦长，依据黄陂鲁台山出土同型罐的演变趋势，本罐的时代应稍早，更接近于张家坡墓

---

① 襄樊市博物馆：《湖北枣阳毛狗洞遗址调查》，《江汉考古》1988年第3期。

② 梁星彭：《岐周、丰镐周文化遗迹、墓葬分期研究》，《考古学报》2002年第4期。

③ 洛阳市文物工作队：《洛阳北窑西周墓》，文物出版社，2002年，第62页。

④ 中国社会科学院考古研究所沣西发掘队：《陕西长安沣西客省庄西周夯土基址发掘报告》，《考古》1987年第8期。

⑤ 梁星彭：《岐周、丰镐周文化遗迹、墓葬分期研究》，《考古学报》2002年第4期。

⑥ 黄陂县文化馆、孝感地区博物馆、湖北省博物馆：《湖北黄陂鲁台山两周遗址与墓葬》，《江汉考古》1982年第2期。

地西周第二期即昭穆时期的B型Ⅴ式罐（M137：013）[①]。因此，本组器物的时代不晚于西周中期前段。

第三组典型器相对较多，分别见于小马家遗址H2和周家岗遗址H7，以及吴家湖遗址第4层及其下的几座灰坑。小马家遗址H2，简报通过将其出土的B型鬲、甗、A型盂等结合共生器物的整体对比，认定灰坑的时代为西周中期后段，这一点应无问题。周家岗遗址H7出土的A型鬲为袋足鬲，与小马家遗址H3之A型鬲一脉相承，只是本鬲略显矮胖，与张家坡墓地第四期B型Ⅵa式鬲（M381：1）[②]较为接近，本鬲稍瘦高，时代应稍早；而与沣西西周三期97SCMM15：1[③]相比，整体又略胖，颈部内束不甚，时代似乎略晚。吴家湖遗址A型Ⅰ式，B型Ⅰ式鬲足分别与张家坡墓地西周中期A型Ⅳc、C型Ⅳ式鬲足[④]近似；甗之鬲体瘦高，深瘪裆，与真武山遗址西周中期H36：4之鬲[⑤]颇为接近；簋口沿风格也有一定典型性，此类簋在张家坡墓地出现于西周早期，与该墓地B型Ⅱ式簋口沿[⑥]较接近。综此，其时代以西周中期后段为宜。

第四组典型器物较多，分别见于黄家村遗址、周家岗遗址、吴家湖遗址和沈岗墓地。其中黄家村遗址Aa型Ⅰ式、Ab型Ⅰ式鬲均为深瘪裆，裆自肩部内瘪，外壁饰细绳纹，与真武山遗址西周中期H36之A型Ⅰ式鬲[⑦]风格接近，只是本鬲整体稍矮胖，时代应稍晚；Ⅰ式甗之鬲体的裆线高，内瘪较甚，外壁饰细绳纹，与前述鬲的特征相同，并与第三组小马家遗址H2之甗的风格一脉相承；A型Ⅰ式、B型Ⅰ式盂基本同于真武山遗址西周晚期A型Ⅰ式盆[⑧]、均县朱家台遗址西周晚期Ⅱ式盂[⑨]，其中A型Ⅰ式盂几乎与

---

① 中国社会科学院考古研究所：《张家坡西周墓地》，中国大百科全书出版社，1999年，第119页。

② 中国社会科学院考古研究所：《张家坡西周墓地》，中国大百科全书出版社，1999年，第105页。

③ 中国社会科学院考古研究所丰镐工作队：《1997年沣西发掘报告》，《考古学报》2000年第2期。

④ 中国社会科学院考古研究所：《张家坡西周墓地》，中国大百科全书出版社，1999年，第101-103、108页。

⑤ 湖北省文物考古研究所、襄樊市博物馆：《湖北襄樊真武山周代遗址》，《考古学集刊（第9集）》，科学出版社，1995年，第138-161页。

⑥ 中国社会科学院考古研究所：《张家坡西周墓地》，中国大百科全书出版社，1999年，第110页。

⑦ 湖北省文物考古研究所、襄樊市博物馆：《湖北襄樊真武山周代遗址》，《考古学集刊（第9集）》，科学出版社，1995年，第138-161页。

⑧ 湖北省文物考古研究所、襄樊市博物馆：《湖北襄樊真武山周代遗址》，《考古学集刊（第9集）》，科学出版社，1995年，第138-161页。

⑨ 中国社会科学院考古所长江工作队：《湖北均县朱家台遗址》，《考古学报》1989年第1期。

张家坡墓地第一期B型Ⅰ式之盂形簋身（M35：2）[①]一致，或许表明其来源。Ⅰ式豆的特点明确，折盘，矮柄有箍，这种豆在丰镐地区西周第四期出现，第五期也为典型器物[②]；罐的型式多样，Aa型Ⅰ式罐承袭第二组小马家遗址H1罐，本罐颈更长，溜肩部位微鼓，时代应稍晚，与真武山遗址西周晚期A型Ⅰ式罐[③]基本接近，Aa型Ⅱ式罐则颈变短。周家岗遗址B型Ⅰ式鬲基本与真武山遗址西周中期H36之A型Ⅰ式鬲[④]相同。不甚典型的吴家湖遗址特征最明显的是出土矮柄带箍豆圈座，其与同组黄家村遗址之Ⅰ式豆相同，其扁折腹弦纹豆盘与张家坡墓地第四期Ⅵ式豆（M193：033）[⑤]近似；A型Ⅱ式、B型Ⅲ式鬲足则分别与张家坡墓地西周晚期前段的A型Ⅳd式、C型Ⅴ式鬲足[⑥]差不多，且不少鬲带有该时段的扉棱、圆饼装饰。沈岗墓地M694之簋、豆、罐，简报通过对比定其时代为西周中期后段[⑦]，胡刚经过分析后认为，其时代在西周晚期[⑧]，当可信从。推测该组器物的时代为西周晚期前段。

第五组典型器也多，分别见于黄家村遗址、周家岗遗址和卞营墓地。黄家村遗址Ab型Ⅱ式鬲与第四组周家岗遗址B型Ⅰ式鬲特征极为相似；Ⅱ式甗、A型Ⅱ式盂分别出土于H6、H44第2层，报告通过这两座灰坑伴出典型陶器的特征，结合器物与上一式的对比，认为其时代为西周晚期后段[⑨]。周家岗遗址B型Ⅱ式鬲裆内瘪仍较深，整体仍较瘦高，但颈部变长，绳纹变粗，与B型Ⅰ式鬲相比稍有变化，时代应略晚；A型Ⅰ式盂、Ⅰ式豆与黄家村遗址A型Ⅰ式盂、Ⅰ式豆相同；Aa型Ⅰ、Ⅱ式罐分别与黄家村遗址Aa型Ⅰ、Ⅱ式罐较为接近。卞营墓地Ⅰ式鬲与黄家村遗址Ab型Ⅰ式鬲特征近似，可能是墓葬明器的缘故，本鬲裆内瘪的情况稍浅，这种鬲与张家坡居址1987年毛纺厂

① 中国社会科学院考古研究所：《张家坡西周墓地》，中国大百科全书出版社，1999年，第110页。

② 梁星彭：《岐周、丰镐周文化遗迹、墓葬分期研究》，《考古学报》2002年第4期。

③ 湖北省文物考古研究所、襄樊市博物馆：《湖北襄樊真武山周代遗址》，《考古学集刊（第9集）》，科学出版社，1995年，第138-161页。

④ 湖北省文物考古研究所、襄樊市博物馆：《湖北襄樊真武山周代遗址》，《考古学集刊（第9集）》，科学出版社，1995年，第138-161页。

⑤ 中国社会科学院考古研究所：《张家坡西周墓地》，中国大百科全书出版社，1999年，第115页。

⑥ 中国社会科学院考古研究所：《张家坡西周墓地》，中国大百科全书出版社，1999年，第101-103、108页。

⑦ 襄樊市文物考古研究所：《襄樊沈岗西周墓发掘简报》，《襄樊考古文集（第一辑）》，科学出版社，2007年，第127-131页。

⑧ 胡刚：《襄阳沈岗M694的年代及其性质浅析》，《江汉考古》2012年第2期。

⑨ 襄阳市文物考古研究所：《襄阳黄家村》，科学出版社，2013年，第235、236页。

发掘的西周晚期H5：1鬲很接近[①]；A型Ⅰ式、B型Ⅰ式盂与黄家村遗址A型Ⅰ式、B型Ⅰ式盂束颈、折肩的情况一致，只是前者盂的底部为浅凹底，后者则为平底；而Ⅰ式豆与前组Ⅰ式豆完全相同。通过多种因素分析，该组器物的时代当以西周晚期后段为宜。

第六组典型器相对也较多，分别见于黄家村、周家岗、王家巷遗址。其中黄家村遗址Ab型Ⅲ式鬲与前组Ab型Ⅱ式相比，只是整体稍矮胖，裆内瘪也较深；C型鬲为弧裆，其与张家坡墓地西周晚期前段M160：1[②]有承继关系，只是本鬲沿较短，颈稍长，肩圆凸，时代应较晚；A型Ⅰ式盂沿用，A型Ⅲ式盂已为圆肩，肩部有多道凸棱，与张家坡墓地第四期Ⅲ式盂（M227：1）[③]风格相近，只是本式盂沿较窄，颈稍长，时代上应稍晚；而B型Ⅱ式盂与B型Ⅰ式盂相比，只是纹饰有所变化，时代应差不多；Ⅰ式豆与前组Ⅰ式豆相同；Ⅱ式豆与西周晚期后段的84张家坡M8豆[④]相比，柄稍细高，时代也稍晚，并与丰镐地区西周五期张家坡墓地M147：1豆[⑤]更接近；Aa型Ⅲ式罐跟Aa型Ⅱ式罐相比，颈部更短，折肩部位下移至上腹部，形制上显然更晚；Ad型Ⅱ式罐与张家坡墓地B型Ⅺa式罐有诸多相似性，该式罐时代最晚的为第四期[⑥]，可能本地同型罐存在滞后性。周家岗遗址A型Ⅱ式盂介于黄家村遗址A型Ⅰ、Ⅱ式盂之间；Ⅱ式豆矮柄无凸箍，与黄家村遗址Ⅱ式豆也基本相同；Aa型Ⅱ式罐仍在使用，Ab型罐形制较为特殊，Ab型Ⅰ式罐整体矮胖，小口丰肩，具有较早的特征，Ad型罐与本组黄家村遗址Ad型Ⅱ式罐形制、纹饰也差不多。王家巷遗址Ab型Ⅰ式鬲裆内瘪较深，鬲足较矮，足腔深，A型Ⅰ式、B型Ⅰ式、C型盂均折肩，Ⅰ式豆为折盘带箍矮柄豆，Aa型罐为折肩绳纹罐，Ac型罐为素面或弦纹罐，它们分别与黄家村遗址Ab型Ⅲ式鬲，A型Ⅰ式、B型Ⅱ式、A型Ⅲ式盂，Ⅰ式豆，Aa型Ⅲ式、Ac型罐几乎相同或接近；Ⅲ式豆为粗柄镂孔，与黄家村遗址Ⅴ式豆相比，柄稍矮粗，时代略早。通过对比，我们认为该组器物的时代为两周之际，下限到春秋初年。

---

① 中国社会科学院考古研究所沣西队：《1987、1991年陕西长安张家坡的发掘》，《考古》1994年第10期。

② 中国社会科学院考古研究所沣西发掘队：《1967年长安张家坡西周墓葬的发掘》，《考古学报》1980年第4期。

③ 中国社会科学院考古研究所：《张家坡西周墓地》，中国大百科全书出版社，1999年，第115页。

④ 中国社会科学院考古研究所丰镐工作队：《1984—85年沣西西周遗址、墓葬发掘报告》，《考古》1987年第1期。

⑤ 中国社会科学院考古研究所沣西发掘队：《1967年长安张家坡西周墓葬的发掘》，《考古学报》1980年第4期。

⑥ 中国社会科学院考古研究所：《张家坡西周墓地》，中国大百科全书出版社，1999年，第121、122页。

第七组典型器更多，分别见于黄家村遗址、周家岗遗址、王家巷遗址和卞营墓地。黄家村遗址Aa型Ⅱ式鬲颈变长，裆内瘪不深，饰粗绳纹，与真武山遗址春秋早期A型Ⅲ式鬲[①]、宜城郭家岗遗址春秋早期A型Ⅱb式鬲[②]几乎相同；B型鬲形制较为特殊，瘪裆，袋足，具有典型的三晋风格，较山西侯马两周之际M4078：1之鬲[③]肩鼓，足矮无尖，时代应稍晚；Ⅳ式甗之鬲体瘪裆稍深，外饰粗绳纹，与本组Aa型Ⅱ式鬲风格一致；A型Ⅳ式盂分别与真武山遗址春秋早期B型Ⅰ式盆[④]、宜城郭家岗遗址春秋早期B型Ⅰ式盂[⑤]相近；Ⅲ式豆也与真武山遗址西周晚期B型Ⅲ式豆差不多，只是本式豆的盘稍浅；而Ⅴ式豆在枣阳周台遗址西周晚期G4[⑥]中有发现；罐、器盖形制变化不大，也一直往后沿用；H51之圈足簋少见，此类器一般出现较早，可能是一种孑遗。周家岗遗址Ab型Ⅱ式罐与本组黄家村遗址Ab型Ⅲ式罐相比，颈部稍短并微凹，时代似乎略早。王家巷遗址Ab型Ⅰ式鬲，B型Ⅰ式、C型盂，Aa型罐继续使用，而Aa型Ⅰ式鬲裆内瘪深，并有西周晚期风格的扉棱装饰；甗裆内瘪深，B型Ⅱ式盂微折肩，Ad型罐为密集弦纹折肩罐，分别与黄家村遗址Ⅳ式甗、B型Ⅲ式盂、Ad型Ⅱ或Ⅲ式罐接近；器盖、簋、壶的特征不甚明显。而卞营墓地Ⅱ式豆与本组黄家村遗址Ⅳ式豆基本相同。经比对，该组器物的时代应在春秋早期前段。

第八组典型器最为丰富，分别见于黄家村遗址、周家岗遗址、吴家坡遗址、王家巷遗址、韩岗遗址和黄家村墓地M262、韩岗墓地、惠博通墓地M4、卞营墓地。黄家村遗址Aa型Ⅲ式鬲与上组Aa型Ⅱ式鬲相比，只是微瘪裆，此型鬲如果没有瘪裆则与宜城肖家岭遗址春秋中期Ⅰ型Ⅲ式鬲[⑦]基本相同；Ab型Ⅳ式鬲的特征与本组Aa型Ⅲ式鬲大致相同；Ac型鬲较为少见，似为仿铜明器鬲，与本组其他器物共生；Ⅴ式甗之鬲体微瘪裆，与真武山遗址春秋中期Ⅲ式甗[⑧]风格近似，后者瘪裆不明显，特征稍晚；A型

① 湖北省文物考古研究所、襄樊市博物馆：《湖北襄樊真武山周代遗址》，《考古学集刊（第9集）》，科学出版社，1995年，第138-161页。

② 武汉大学历史系考古教研室、湖北省宜城市博物馆：《湖北宜城郭家岗遗址发掘》，《考古学报》1997年第4期。

③ 山西省文物管理委员会侯马工作站：《山西侯马上马村东周墓葬》，《考古》1963年第5期。

④ 湖北省文物考古研究所、襄樊市博物馆：《湖北襄樊真武山周代遗址》，《考古学集刊（第9集）》，科学出版社，1995年，第138-161页。

⑤ 武汉大学历史系考古教研室、湖北省宜城市博物馆：《湖北宜城郭家岗遗址发掘》，《考古学报》1997年第4期。

⑥ 襄樊市文物考古研究所、枣阳市文物考古队：《枣阳周台遗址发掘简报》，《襄樊考古文集（第一辑）》，科学出版社，2007年，第34-101页。

⑦ 湖北省文物考古研究所、宜城县博物馆：《湖北宜城县肖家岭遗址的发掘》，《文物》1999年第1期。

⑧ 湖北省文物考古研究所、襄樊市博物馆：《湖北襄樊真武山周代遗址》，《考古学集刊（第9集）》，科学出版社，1995年，第138-161页。

Ⅳ式盂在前组基础上沿用，这与所对比遗址同型盂沿用的情况一致；B型Ⅳ式盂与宜城肖家岭遗址春秋早期Ⅱ型2式盆[①]有较高的相似度；Ⅳ式豆与Ⅲ式豆相比，只是柄上无箍，时代应稍早，而Ⅵ、Ⅶ式豆则常见于上述真武山、郭家岗、肖家岭等遗址春秋早期遗存中，后者在春秋中期遗存中还有较多发现；Ab型Ⅲ、Ⅳ式罐与前组同型罐基本只存在口沿部位的变化，Ac型Ⅲ式、Ad型Ⅳ式也变化不大；Ba、Bb型罐均在本组出现，但与周家岗遗址第五组B型罐似有承继关系；器盖的形制也没有多大变化；北区第4层簋仅见口沿，极为少见。周家岗遗址B型Ⅲ式鬲沿用并普遍使用，该式鬲及A型Ⅲ式、B型Ⅱ式盂，Ⅲ、Ⅳ式豆，Ac型罐分别与本组黄家村遗址Ab型Ⅳ式鬲，A型Ⅳ式、B型Ⅲ式盂，Ⅳ、Ⅶ式豆，Ac型Ⅲ式罐类似。吴家坡遗址Ⅰ、Ⅱ式鬲整体特征差别不大，只是后者裆线低，微瘪裆，前者裆内瘪稍深，与本组黄家村遗址Aa型Ⅲ式鬲基本一致；Ⅲ式鬲为弧裆，特征更晚，介于真武山遗址春秋早期C型Ⅱ、Ⅲ式鬲之间[②]；甗与鬲一样也为弧裆，其他特征则与本组黄家村遗址Ⅴ式甗差不多，时代应稍晚，该型甗与枣阳周台遗址春秋中期Ⅱ式甗[③]相近就是证明；盂，Ⅰ、Ⅱ、Ⅲ、Ⅳ式豆，罐，器盖分别与本组黄家村遗址A型Ⅳ式盂，Ⅵ、Ⅶ式豆，Ab型Ⅲ、Ⅳ式罐，A型Ⅱ式器盖都相同。王家巷遗址陶器的时代特征较为明显，与本组黄家村遗址同类器基本相同，其Aa型Ⅱ式、Aa型Ⅲ式、Ab型Ⅱ式、B型鬲，甗，A型Ⅱ式、A型Ⅲ式、B型Ⅲ式盂，Ⅳ、Ⅴ式豆，Ab、Ac型罐，器盖分别对应黄家村遗址Aa型Ⅱ式、Aa型Ⅲ式、Ab型Ⅳ式、Ac型鬲，Ⅴ式甗，A型Ⅲ式、A型Ⅳ式、B型Ⅳ式盂，Ⅳ、Ⅶ式豆，Ab型Ⅲ或Ⅳ式、Ac型Ⅲ式罐，A型Ⅱ式器盖，B型罐仅见罐耳；鼎附耳，与宜城肖家岭遗址春秋早期Ⅰ式鼎相比，整体形制相近，但本鼎为柱足，直立，应较后者微外撇的蹄足鼎稍早，而B型鼎足则与之相近；簋残，特征不甚明显；壶与前组黄家村遗址壶整体相近，只是本壶颈稍细长，时代或许略晚。韩岗遗址遗存中包含少量早期的遗物，如A型Ⅰ式、B型Ⅰ式盂分别与黄家村遗址第四组的Aa型Ⅰ式、Ab型Ⅰ式盂十分接近，其A型Ⅱ式盂、B型Ⅱ式盂又分别近似黄家村遗址第五组A型Ⅱ式盂、第六组B型Ⅱ式盂；其Ⅰ式豆接近黄家村遗址第四组Ⅰ式豆柄，Ⅱ式豆与黄家村遗址第七组Ⅲ式豆近似，而A型罐近黄家村遗址Aa型Ⅳ式罐；其时代特征与本组其他遗存相近的陶器包括鬲口沿，A、B型鬲足，A型Ⅲ式盂，Ⅲ、Ⅳ式豆，Ba、Bb型罐，器盖等。黄家村墓地M262盂、豆、罐均残，推测与本组黄家村遗址A型Ⅳ式盂、Ⅶ式豆、Ab型Ⅳ式罐近似。韩岗墓

① 湖北省文物考古研究所、宜城县博物馆：《湖北宜城县肖家岭遗址的发掘》，《文物》1999年第1期。

② 湖北省文物考古研究所、襄樊市博物馆：《湖北襄樊真武山周代遗址》，《考古学集刊（第9集）》，科学出版社，1995年，第138-161页。

③ 襄樊市文物考古研究所、枣阳市文物考古队：《枣阳周台遗址发掘报告》，《襄樊考古文集（第一辑）》，科学出版社，2007年，第34-101页。

地鬲为弧裆，其形制与吴家坡遗址Ⅲ式鬲相近；盂和Ⅰ、Ⅱ式豆分别与本组黄家村遗址A型Ⅳ式盂，Ⅲ、Ⅳ式豆差不多，本豆柄稍高，圈足壁凹弧，时代可能略晚。惠博通墓地M4鬲、盂、豆则分别与韩岗墓地同类器几乎相同。卞营墓地Ⅱ、Ⅲ式鬲裆部微瘪或象征性内瘪，前者跟本组黄家村遗址Aa型Ⅳ式鬲相近；A型Ⅱ式、B型Ⅱ式盂，Ⅲ式豆，罐分别与本组黄家村遗址A型、B型Ⅳ式盂，Ⅶ式豆，Ab型Ⅳ式罐大体一致。综合分析，本组器物的时代为春秋早期后段，有的或到春秋早中期之际。

因此，上述八组器物对应划分为五期8段（表2-3-1）：

第一期1段：即西周早期后段，对应第一组陶器；

第二期2段：即西周中期前段，对应第二组陶器；

第二期3段：即西周中期后段，对应第三组陶器；

第三期4段：即西周晚期前段，对应第四组陶器；

第三期5段：即西周晚期后段，对应第五组陶器；

第四期6段：即两周之际，对应第六组陶器；

第五期7段：即春秋早期前段，对应第七组陶器；

第五期8段：即春秋早期后段，对应第八组陶器。

二、陶器的文化特征

邓国文化遗存出土的陶器数量多，但种类较少，按照性质划分，可分生活用器和仿铜礼器，以前者为主，后者较少。

（一）生活用器的文化特征

主要器类有鬲、甗、盂、豆、罐、器盖。

1. 鬲

数量多，也是时代变化最为明显的陶器。其按照足来分有柱足、锥足、袋足三种，锥足、袋足均仅极少量，绝大部分为柱足，这一点与丰镐地区遗存出土的陶鬲形成了鲜明区别。

从出土情况看，袋足鬲是周文化的典型陶鬲，这种鬲可能从商文化发展而来，其自先周文化即已出现，并且为分裆或弧裆，其使用的时间较长，至少到春秋时期仍在周王城和晋、虢等多个姬姓诸侯国使用，但到战国时期其形制发生了较大变化。可以说，此型鬲是周文化的传统器型，邓国的这种分裆或弧裆袋足鬲应该是继承了周式鬲的传统。但由于数量极少，无法分辨其演变轨迹，也无法进行明确对比。

绳纹盂则在先周文化中就已存在（丰镐、岐周地区称盆），其变化的特征与素面或弦纹盂一致，即本地这种盂的演变轨迹与本地素面或弦纹盂表现出同步性。

4. 豆

豆也是商文化的典型器，周文化既有继承也有发展。岐周地区先周第一期遗存之假腹豆显然是受商文化的影响而来，而浅弧盘粗高空柄豆应是周文化的器物。自先周文化第二期开始，假腹豆消失，浅弧盘粗高空柄豆成为主流，并逐步演变为折盘矮粗柄豆，丰镐地区西周第二期开始出现的豆即为这种豆，到丰镐地区第四期演变为带凸箍的稍细矮弧柄折盘豆①，这种豆就是本地迄今最先出现的豆的形制，可以说，它完全是周文化的典型器物。其后的演变轨迹则与周文化有所不同，特别是从弧盘矮柄豆开始到弧盘高直柄豆的演变具有地域特色。其中较高直柄镂孔弧盘豆（即黄家村遗址Ⅴ式豆）极为少见，与鄂东南地区的同类豆较为接近，如前述放鹰台遗址出土的Bb型Ⅰ式、Bc型Ⅱ式豆②。作为典型器，这种镂孔柄豆在大路铺遗址商代晚期遗存中即已出现，并至迟沿用到西周晚期③。这种豆在本区仅发现于周台遗址西周晚期G4内④，可能意味着是从鄂东南经随枣走廊传过来的。

5. 罐

罐也是一种主要器类，其数量多，类别也分多种。其中折肩绳纹罐当是周文化影响的结果，这种罐在岐周、丰镐地区几乎最早的遗存中都有发现，包括岐周地区先周文化第一期、丰镐地区西周第一期遗存，因丰镐地区先周遗存中仅见罐口沿，难以确定是否折肩，故不能完全肯定，只能推测应该有这种折肩罐。且演变的轨迹也大致相近。而圆肩素面、弦纹罐和双耳罐也均可在岐周、丰镐地区较早时代的同类器中找到相同的器型，表明这三种罐也具有周文化的特征。如黄家村遗址Bb型罐（H51：3）与丰镐地区西周第三期双耳罐（张家坡M5：5）就有较高的相似度⑤。只有圆肩绳纹罐具有地域特色，在岐周、丰镐地区基本找不到同类器，反而在本区及周边地区大量发现，器型变化不大，且沿用时间长，一直到汉代。

---

① 梁星彭：《岐周、丰镐周文化遗迹、墓葬分期研究》，《考古学报》2002年第4期。

② 湖北省文物考古研究所：《武昌放鹰台》，文物出版社，2003年，第119页。

③ 湖北省文物考古研究所、湖北省黄石市博物馆、湖北省阳新县博物馆：《阳新大路铺》，文物出版社，2013年，第263页。

④ 襄樊市文物考古研究所、枣阳市文物考古队：《枣阳周台遗址发掘报告》，《襄樊考古文集（第一辑）》，科学出版社，2007年，第34-101页。

⑤ 梁星彭：《岐周、丰镐周文化遗迹、墓葬分期研究》，《考古学报》2002年第4期。

6. 器盖

器盖在周文化中发现很少，一般器型较小，作为簋、罐、壶的盖，这与本地器盖器型较大、大多作为盂的盖区别较大。而从器盖所占的比例看，邓文化遗存较前述所对比的周边真武山、郭家岗、肖家岭、周台等遗址出土器盖的数量明显偏多。这或许也是器盖为邓文化特色陶器的一个反映。

（二）仿铜礼器的文化特征

器类和数量均不多，主要有鼎、簋、壶等。

1. 鼎

数量极少，完整器仅见1件（王家巷遗址H10：2），且所处时代为邓文化遗存中最晚的。该鼎为仿铜鼎，本应有盖，其形制与稍晚时期的楚式繁鼎较为接近。这类鼎目前发现时代最早者即为本鼎，其源头待考，其流指向楚式繁鼎。发现了较多的鼎足，多为蹄足，这不仅与邓国青铜鼎足相同，也与春秋早期晋国、虢国、曾国等姬姓诸侯国铜鼎足一致，当为周文化影响所致，只是陶鼎足上以密集的圆圈纹代替兽面，为简化风格，则有自身特色。

2. 簋

簋的数量不多，形制相对单一，上有小盂形体，下为较粗高圈足，这是一种较为典型的周式簋，这种簋在周文化核心区先周文化晚期即已出现，整个西周时期都在使用[①]。同时，不见碗形殷式簋。看来，邓的陶簋完全是周文化因素占主导。不过，本地的这种簋出现较早，使用时间似乎更长，可能具有一定的滞后性。

3. 壶

数量相对较多，出现时间也较早。不过，此类壶也有自身特点，其他地方包括周文化核心区均未发现类似器型，很可能也是邓文化遗存独有的器型。整体前后变化不大，主要体现在陶系、纹饰上。

在王家巷制陶作坊遗址还发现了少量盖豆和盘，盖豆和盘在张家坡西周墓地等西周文化遗存中有发现，数量同样少，与其形制、纹饰相比，邓文化遗存的子口弦纹盖

① 中国社会科学院考古研究所丰镐工作队：《1997年沣西发掘报告》，《考古学报》2000年第2期。

豆更多的是中原诸侯国文化风格；而特征明显的盘弧盘或折盘，无耳，浅宽圈足，外壁饰绳纹，则不见于他地，或为邓地特色。

通过对比分析可以看出，邓文化遗存的陶器主体特征源于周文化，是对周文化的继承，同时也有发展，但也存在一定江汉地区的地域性风格，还有的具有邓文化自身的特点，是多种因素融合的结果，且时代越晚，周文化的影响越小，受到的楚文化影响越大，且地域和自身特征越明显。

第四节　邓国玉器研究

邓国玉器均出土于墓葬，共386件，分别出土于王坡、沈岗、黄家村、卞营、擂鼓台墓地。形体均不大，按照性质可分礼器、佩饰、用具、殓玉，还有无法确定性质的其他类。

一、玉器分期

（一）玉器的型式分析

鉴于玉器类别的不同，我们分墓地进行型式分析。

1. 王坡墓地

已发掘的4座墓葬均出土玉器，共42件①。

（1）礼器

仅有1件琮。矮圆筒形。外壁阴刻七道凹弦纹。标本M55：1（图2-4-1，1）。

（2）佩饰

29件。器身一个或多个部位有小穿孔。器类有玦、璜、牛首形饰、兽面饰、牌形饰、长方形饰、方形饰。

玦　8件。圆璧形，扁薄体，一侧有小缺口。按照纹饰不同可分二型。

A型　4件。分别为M3：2、M3：3、M47：2、M47：3。素面。标本M3：2（图2-4-1，4）。标本M47：2-1（图2-4-1，5）。

B型　4件。分别为M1：5、M1：6、M55：9-1、M55：9-2。双面阴刻勾连云纹。

① 湖北省文物考古研究所、襄樊市考古队、襄阳区文物管理处：《襄阳王坡东周秦汉墓》，科学出版社，2007年，第54-59页。

标本M1：5（图2-4-1，6）。标本M55：9-1（图2-4-1，7）。

璜　2件。半环形。据形体不同可分二型。

A型　鱼形。首、尾有孔。上、下局部刻鱼鳍纹。标本M3：1（图2-4-1，2）。

B型　半璧形。素面。标本M47：7（图2-4-1，3）。

牛首形饰　2件。分别为M1：9、M1：10。雕刻成牛首形。标本M1：9（图2-4-1，8）。

兽面饰　7件。分别为M55：5-1～M55：5-7。方体，片状。一面阴刻对称卷云纹组合成兽面状。标本M55：5-1（图2-4-1，9）。

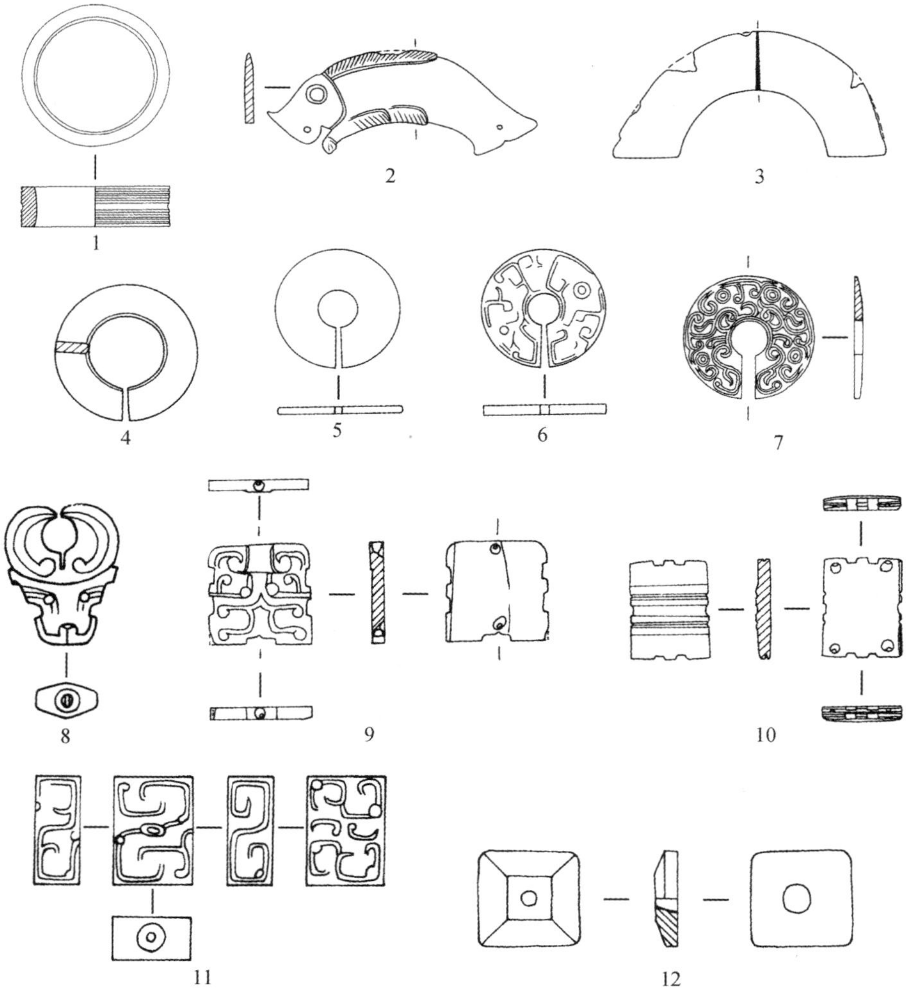

图2-4-1　王坡墓地玉礼器、佩饰

1. 琮（M55：1）　2. A型璜（M3：1）　3. B型璜（M47：7）　4、5. A型玦（M3：2、M47：2-1）　6、7. B型玦（M1：5、M55：9-1）　8. 牛首形饰（M1：9）　9. 兽面饰（M55：5-1）　10. 牌形饰（M55：6-1）　11. 长方形饰（M1：11）　12. 方形饰（M55：36）

牌形饰　8件。分别为M55：6-1～M55：6-8。长方体，片状，四面各有二缺口。一面浅浮雕四凸弦纹。标本M55：6-1（图2-4-1，10）。

长方形饰　1件。长方体，片状，稍厚。四长面阴刻卷云纹。标本M1：11（图2-4-1，11）。

方形饰　1件。四方棱台体。素面。标本M55：36（图2-4-1，12）。

（3）殓玉

9件。器类有蛙形饰、蝉、贝等。

蛙形饰　5件。分别为M3：4-1、M3：4-2、M3：4-3、M3：4-4、M3：4-5。形体极小。雕刻成蛙形。标本M3：4-1（图2-4-2，1）。

蝉　1件。形体小。雕刻成蝉形。标本M3：5（图2-4-2，2）。

贝　3件。分别为M47：4-1、M47：4-2、M55：4。平面椭圆形，隆起面中间有槽。标本M47：4-1（图2-4-2，3）。

（4）其他

3件。均为片。分别为M1：7-1、M1：7-2、M55：3。薄片状，圆角方形或椭圆形。素面。标本M1：7-1（图2-4-2，4）。标本M55：3（图2-4-2，5）。

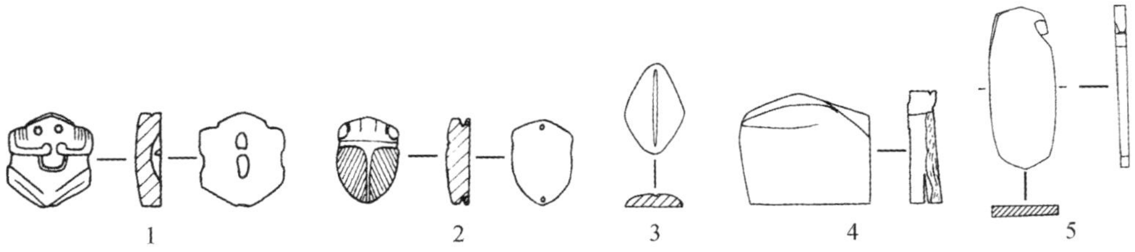

图2-4-2　王坡墓地殓玉、玉片

1. 蛙形饰（M3：4-1）　2. 蝉（M3：5）　3. 贝（M47：4-1）　4、5. 片（M1：7-1、M55：3）

2. 沈岗墓地

发现玉器的墓葬相对较多，有25座（附表一）。共出土玉器157件。

（1）佩饰

87件。器类有玦、璜、管、佩、牌形饰、冲牙、挂饰等。

玦　28件。圆璧形，一侧有缺口。根据体厚薄的不同可分二型。

A型　15件。扁薄体。按照有无纹饰的不同可分二亚型。

Aa型　8件。素面。按照内、外缘的变化分为二式。

Ⅰ式：2件。分别为M694：1-1、M694：2。外缘为斜缘，内缘直。标本M694：1-1（图2-4-3，1）。

Ⅱ式：6件。分别为M26：2-1、M26：2-2、M677：1-1、M677：1-2、M843：1-1、

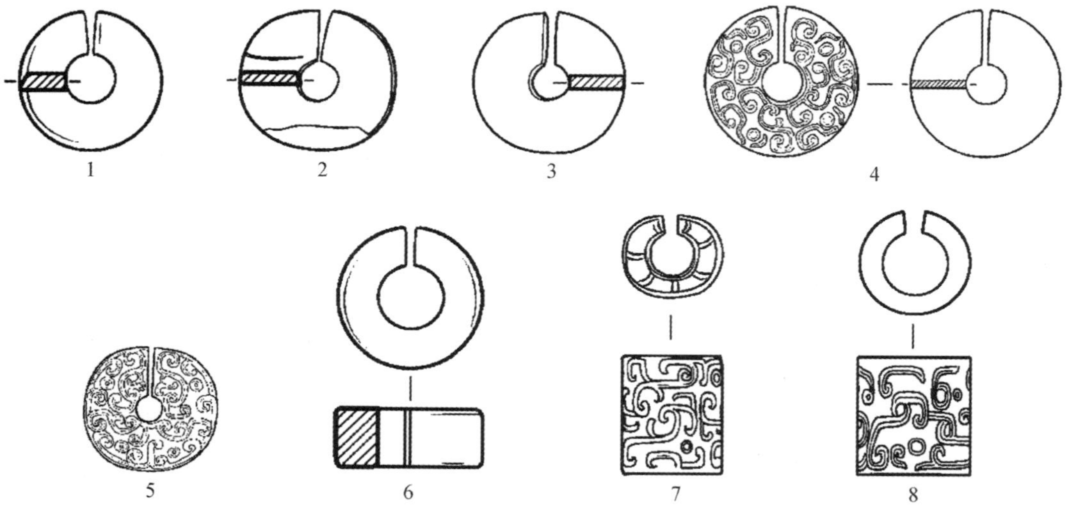

图2-4-3　沈岗墓地玉玦

1. Aa型Ⅰ式（M694：1-1）　2、3. Aa型Ⅱ式（M677：1-1、M843：1-1）　4、5. Ab型（M420：3-1、M565：1）
6. Ba型（M22：1）　7、8. Bb型（M519：1、M748：1-1）

M843：1-2。外缘弧或直，内缘斜或直。标本M677：1-1（图2-4-3，2）。标本M843：1-1（图2-4-3，3）。

Ab型　7件。分别为M39：1、M39：2、M420：3-1、M420：3-2、M455：1-1、M455：1-2、M565：1，单面饰勾连云纹。标本M420：3-1（图2-4-3，4）。标本M565：1（图2-4-3，5）。

B型　13件。体较厚，呈圆管状。按照体高矮和有无纹饰的不同可分二亚型。

Ba型　3件。分别为M22：1、M22：2、M828：1。体稍矮。素面。标本M22：1（图2-4-3，6）。

Bb型　10件。分别为M519：1-1、M519：1-2、M522：1-1、M522：1-2、M566：1-1、M566：1-2、M632：1-1、M632：1-2、M748：1-1、M748：1-2。体较高。外壁面饰勾连云纹。标本M519：1（图2-4-3，7）。标本M748：1-1（图2-4-3，8）。

璜　6件。部分残。分别为M26：1、M39：3、M631：1、M748：4、M843：2-1、M843：2-2。弧形，扁体，两端有孔。素面。标本M39：3（图2-4-4，1）。标本M843：2-1（图2-4-4，2）。

管　4件。纵向中部有透穿孔。素面。按照外壁的不同可分三型。

A型　2件。分别为M9：1、M329：1-1。方体，外壁平。标本M9：1（图2-4-4，3）。

B型　1件。圆体，外壁有多道浅槽。标本M9：2（图2-4-4，5）。

C型　1件。扁圆体，一面中部有竖凸棱。标本M329：1-2（图2-4-4，4）。

佩　6件。体扁薄。外缘有凸、凹口。根据整体形状的不同分为二型。

A型　4件。分别为M566：3、M566：4、M3：4-5、M577：3。长方形，单面阴刻卷云纹组合成兽形。标本M566：3（图2-4-4，6）。标本M577：3（图2-4-4，7）。

B型　2件。分别为M598：1-1、M598：1-2。半圆形。中部有镂孔。素面。标本M598：1-1（图2-4-4，13）。

牌形饰　4件。长方形，片状，四边有凹口。根据有无纹饰的不同分为二型。

A型　1件。素面。标本M455：2-1（图2-4-4，9）。

B型　3件。分别为M455：2-2、M455：2-3、M455：2-4。单面饰勾连卷云纹。标本M455：2-2（图2-4-4，10）。

冲牙　38件。分别为M455：3-1～M455：3-36、M565：2-1、M565：2-2。细弯角形，一端有孔，似头，另一端为角，长短不同。标本M455：3-1（图2-4-4，11）。标本M565：2-1（图2-4-4，12）。

挂饰　1件。雕刻成站立人形，上下对穿孔。标本M566：2（图2-4-4，8）。

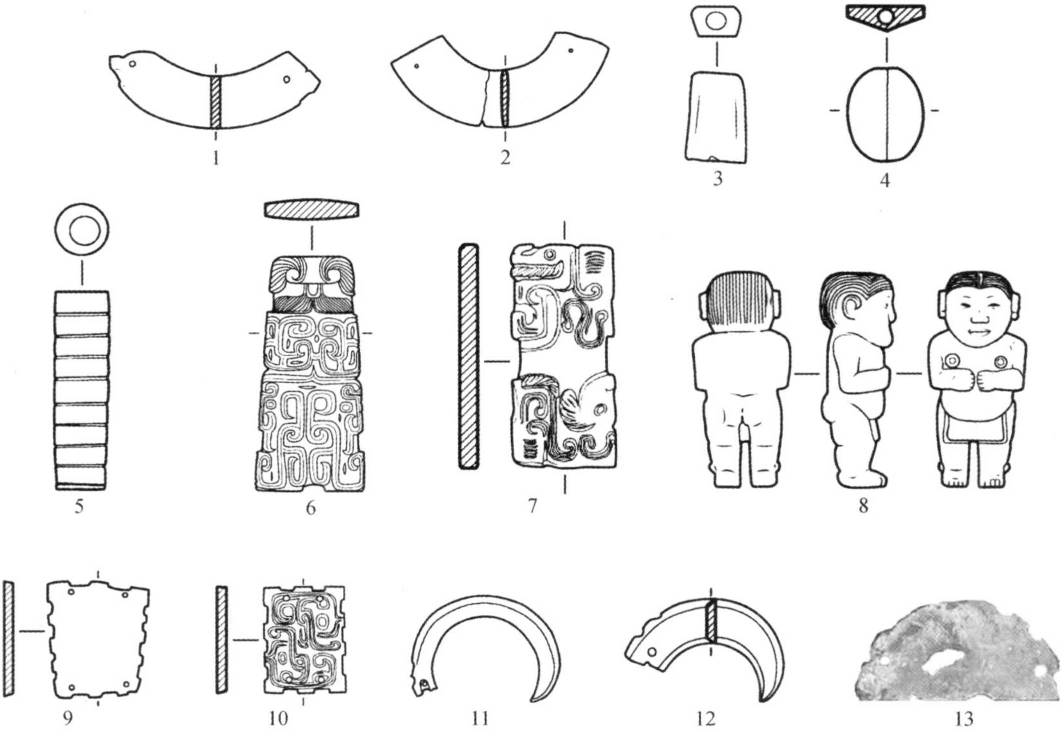

图2-4-4　沈岗墓地玉佩饰

1、2. 璜（M39：3、M843：2-1）　3. A型管（M9：1）　4. C型管（M329：1-2）　5. B型管（M9：2）
6、7. A型佩（M566：3、M577：3）　8. 挂饰（M566：2）　9. A型牌形饰（M455：2-1）
10. B型牌形饰（M455：2-2）　11、12. 冲牙（M455：3-1、M565：2-1）　13. B型佩（M598：1-1）

（2）用具

仅2件凿。分别为M748：3-1、M748：3-2。形体小。长方形或近三角形，面平，单面刃。标本M748：3-1（图2-4-5，1）。标本M748：3-2（图2-4-5，2）。

（3）殓玉

42件。器类有蛙、贝、琀等。

蛙　1件。体型小，雕刻成蛙的形状。标本M420：4（图2-4-5，3）。

贝　2件。分别为M694：1、M694：4。椭圆形，扁体，一面有竖槽。标本M694：1（图2-4-5，4）。

琀　39件。分别为M9：3-1 ~ M9：3-6、M329：2-1 ~ M329：2-3、M385：1-1、M385：1-2、M522：2-1 ~ M522：2-3、M565：3-1 ~ M565：3-12、M598：2-1 ~ M598：2-5、M677：2-1 ~ M677：2-4、M828：2-1 ~ M828：2-4。不规则小块状，有的为玉器敲碎而成。标本M677：3-1（图2-4-5，5）。

（4）其他

26件。均为玉片。体较扁薄。素面。按照平面形状的不同分为四型。

A型　4件。分别为M584：1、M594：2-1 ~ M594：2-3。方形。四角有孔。标本594：2-2（图2-4-5，6）。

B型　1件。圆形，一遍稍厚。标本M748：2（图2-4-5，7）。

C型　1件。长方形，一边厚一边薄，一端有孔。标本M329：3（图2-4-5，8）。

D型　20件。分别为M522：3、M601：1、M632：2-1 ~ M632：2-18。不规则形，为佩等玉器敲碎后的残片。标本M632：2-1（图2-4-5，9）。

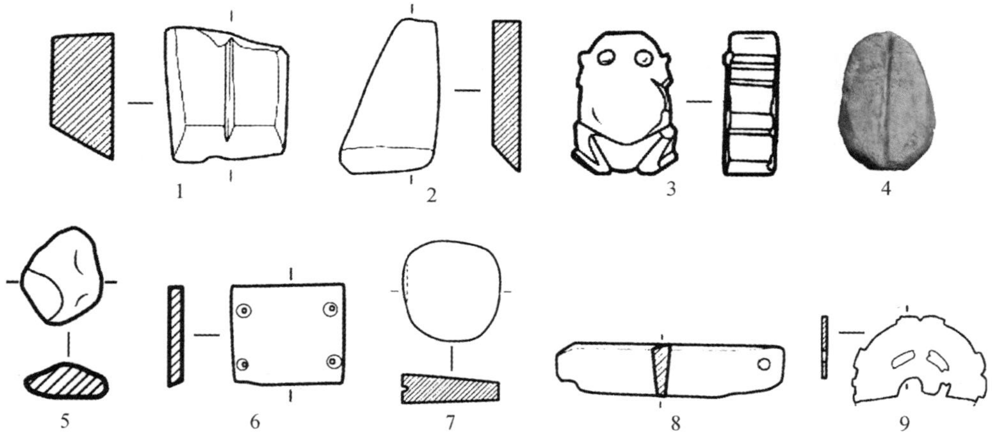

图2-4-5　沈岗墓地玉用具、殓玉、玉片

1、2. 凿（M748：3-1、M748：3-2）　3. 蛙（M420：4）　4. 贝（M694：1）　5. 琀（M677：3-1）　6. A型片（M594：2-2）　7. B型片（M748：2）　8. C型片（M329：3）　9. D型片（M632：2-1）

3. 黄家村墓地

已发掘的4座墓除1座出土陶器外，其余3座均出土玉器，共17件（枚）。

（1）礼器

1件，即戈。直内戈。标本M146：1（图2-4-6，1）。

（2）佩饰

5件。器类有玦、牌形饰。

玦　4件。分别为M130：2、M130：3、M146：2、M146：3。圆璧形，扁薄体，一侧有缺口。素面。标本M130：2（图2-4-6，2）。

牌形饰　1件。长方形，片状，四边有凹口。正面饰卷云纹。标本M130：1（图2-4-6，3）。

（3）殓玉

仅见琀，共11枚。分别为M170：1～M170：11。不规则小块状。素面。

1　2　3

图2-4-6　黄家村墓地玉礼器、佩饰

1. 戈（M146：1）　2. 玦（M130：2）　3. 牌形饰（M130：1）

4. 卞营墓地

发现玉器的墓葬最多，有18座（附表一）。共166件，以殓玉为主。

（1）礼器

仅1件残璧。圆形，仅存局部，内外弧缘。标本M182：2（图2-4-7，1）。

（2）佩饰

6件。器类仅有玦、璜。

玦　4件。圆璧形，一侧有缺口。素面。根据体厚薄和好径大小可分二型。

A型　3件。分别为M63：1、M182：1、M376：1。体扁薄，好径小。标本M63：1（图2-4-7，2）。标本M376：1（图2-4-7，3）。

B型　1件。体较厚，呈圆管状，好径大。标本M328：1（图2-4-7，4）。

璜　2件。分别为M56：1、M286：1。弧形，扁体，两端有孔。标本M56：1（图2-4-7，5）。

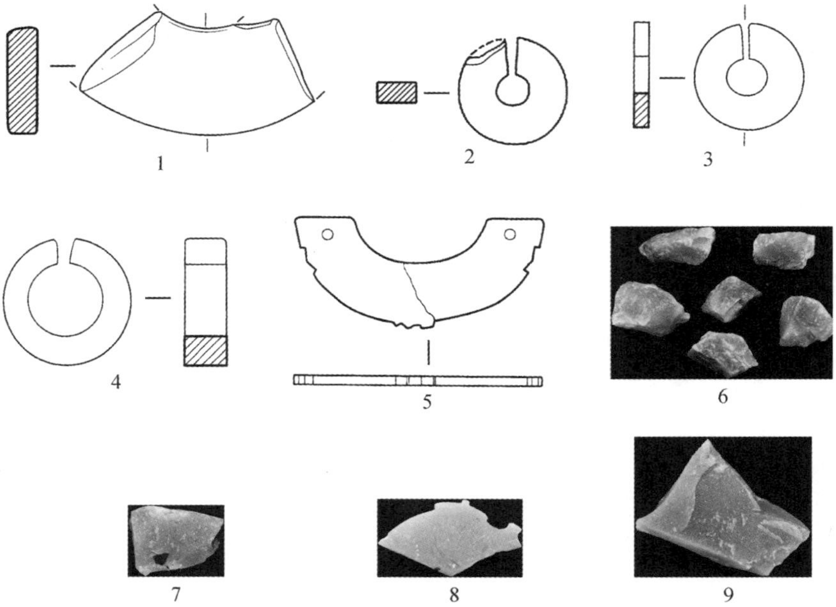

图2-4-7　卞营墓地玉器

1. 璧（M182：2）　2、3. A型玦（M63：1、M376：1）　4. B型玦（M328：1）　5. 璜（M56：1）
6、7. 琀（M66：2-1～M66：2-6、M284：1）　8、9. 片（M110：1、M291：1）

（3）殓玉

157枚，均为琀。分别为M63：2-1～M63：2-21、M66：2-1～M66：2-6、M84：1-1～M84：1-29、M134：1-1～M134：1-15、M143：2-1～M143：2-14、M284：1、M291：4-1～M291：4-12、M298：1-1、M298：1-2、M325：1-1～M325：1-6、M374：1-1～M374：1-5、M376：2-1～M376：2-42、M377：1-1～M377：1-4。不规则小块状，有的为玉器敲碎而成。标本M66：2-1～M66：2-6（图2-4-7，6）。标本M284：1（图2-4-7，7）。

（4）其他

2件。均为残玉片。分别为M110：1、M291：1。不规则片状，似为残碎玉器的部分。标本M110：1（图2-4-7，8）。标本M291：1（图2-4-7，9）。

5. 擂鼓台墓地

仅M2出土4件（附表一）。

（1）佩饰

3件。器类有玦、璜、条饰。

玦　1件。圆璧形，一侧有小缺口。素面。标本M2：10（图2-4-8，1）。

璜　1件。半环形，两端各有一小圆形穿孔，残，上壁有两个鳍状凸起。标本

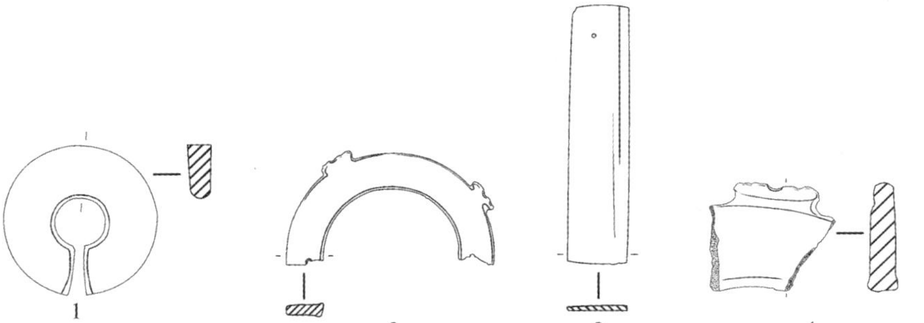

图2-4-8　擂鼓台墓地玉器
1. 玦（M2：10）　2. 璜（M2：2）　3. 条饰（M2：1）　4. 玱（M2：11）

M2：2（图2-4-8，2）。

条饰　1件。长方形条状，体扁薄，一端有一圆穿孔。标本M2：1（图2-4-8，3）。

（2）殓玉

仅1件玱。玉环或璧敲碎后制成，外端有一鳍状凸起。标M2：11（图2-4-8，4）。

（二）玉器的时代

各墓地出土的玉器种类不多，器型均较小，时代特征十分明显的玉器很少。其中作为伴出物的玉器还可从其他出土物的时代特征来进行分期，仅出土小型玉器的墓葬则只能横向比较出大致的时代。据此，可将出土玉器的时代划分如下。

1. 伴出铜、陶器之玉器的时代

主要包括王坡M1、M47、M55，沈岗M420、M694，卞营M66、M134、M143、M291、M298，擂鼓台M2。其中：

王坡M1、M55和擂鼓台M2铜容器特征较为明显，其中王坡M1、M55对应铜器分期的第四期8段，即春秋早期后段，故王坡墓地M1之玉B型玦、牛首形饰、长方形饰、片饰，M55之玉琮、B型玦、兽面饰、牌形饰、方形饰、贝、片饰的时代为春秋早期后段。如果从M55兽面饰（M55：5）的纹饰与虢国墓地M2001兽面纹铜铃（M2001：383等）纹饰[①]几乎相同的情况分析，此类玉器的时代上限或可到西周晚期。而擂鼓台M2的时代为春秋早期前段，则该墓之玉玦、璜、条饰、玱的时代亦为春秋早期前段。

王坡M47通过出土戈时代判定为春秋早期后段，则同出之玉A型玦、B型璜、贝的时代相同。

① 河南省文物考古研究所、三门峡市文物工作队：《三门峡虢国墓地（第一卷）》，文物出版社，1999年，第107页。

沈岗M420、卞营M66和卞营M298出土戈分别对应的时代为春秋早期后段、春秋早期前段，分别出土的玉Ab型玦、蛙、琀的时代也大体相同。

沈岗M694出土的8件陶器特征明显，对应分期为第三期4段，即西周晚期前段。可见，该墓同出的玉Aa型Ⅰ式玦、贝的时代也在此期段。

卞营M134、M143、M291所出铜器均仅1件镞，鉴于此类A、B型镞的延续时间较长，可从西周晚期至春秋早期后段，它们在时代上的不确定性较大，宜将其时代定在春秋早期。因此，这几座墓葬对应的玉琀时代推测大致也在这个时期。

2. 无伴出陶、铜器之玉器的时代

出土此类玉器的墓葬较多，所出玉器有礼器、佩饰、殓玉、用具和其他等，而具有一定时代特点的类别主要是礼器、佩饰。其中王坡M3，沈岗M9、M22、M26、M39、M329、M455、M519、M522、M565、M566、M577、M598、M631、M632、M677、M748、M828、M843，黄家村M130、M146，卞营M56、M63、M182、M286、M328、M376出土的玉戈、璧等礼器及玦、璜、管、佩、牛首形饰、兽面饰、牌形饰、冲牙、挂饰、长方形饰、方形饰等佩饰具有西周晚期至春秋早期玉器之特征，不同墓地之墓葬出土的玉器如玦、璜、牌形饰等也有相同的风格，这些玉器既可在张家坡墓地[①]、三门峡虢国墓地[②]西周晚期墓葬中发现形制、纹饰等特征基本相同的器物，也可在春秋早期后段的黄君孟夫妇墓[③]、春秋早期郭家庙曾国墓地[④]等墓葬中找到同类器，可见其延续时间较长，风格上也呈现出较强的统一性。若此，其时代以春秋早期为宜。

沈岗M385、M584、M594、M601，黄家村M170，卞营M84、M110、M284、M325、M374、M377等墓葬仅出土时代特征不甚明确的殓玉（琀）和玉片，主要根据出土墓葬的形制和殓玉、玉片与同墓地出土同类器物且伴出其他特征较明显的铜、陶器或玉礼器、佩饰的墓葬或玉琀、片破碎前的基体如佩的风格来判断，这些殓玉、玉片的时代也在春秋早期。

---

① 中国社会科学院考古研究所：《张家坡西周墓地》，中国大百科全书出版社，1999年，第239-304页。

② 河南省文物考古研究所、三门峡市文物工作队：《三门峡虢国墓地（第一卷）》，文物出版社，1999年，第130-195、267-292、353-366、440-448页。

③ 河南信阳地区文管会、光山县文管会：《春秋早期黄君孟夫妇墓发掘报告》，《考古》1984年第4期。

④ 湖北省文物考古研究所、湖北荆州市文物保护中心、襄阳市文物考古研究所等：《湖北枣阳郭家庙墓地曹门湾墓区（2014）M10、M13、M22发掘简报》，《江汉考古》2016年第5期；武汉大学历史学院、湖北省文物考古研究所、湖北荆州文物保护中心等：《湖北枣阳郭家庙墓地曹门湾墓区（2015）M43发掘简报》，《江汉考古》2016年第5期。

二、玉器的文化特征

鉴于邓文化遗存出土的玉器，无论是礼器还是佩饰、用具，以及殓玉和其他类，都与前述所对比的多个墓地如张家坡墓地、三门峡虢国墓地、郭家庙曾国墓地等周文化核心区或周同姓诸侯国文化玉器风格几乎一致，即这批玉器属于较典型的姬周文化风格，且在一定时间段内变化不大，具有较强的延续性。或许其中有个别独特玉器，如沈岗墓地的玉片（M594：2-2、M748：2），但这仅仅是极少数，不代表主流文化特征。

第五节　邓国考古学文化面貌分析

一、邓国文化遗址的考古学分期

邓国文化遗址经发掘、整理并可以确认的有韩岗、黄家村、周家岗、吴家坡、小马家、吴家湖、王家巷遗址等7处，这些遗址中的邓文化遗存既有部分地层，也有部分或全部遗迹如灰坑、灰沟、窑址、房址、水井等。

（一）邓文化遗址地层、遗迹

经比较，上述遗址属于邓文化遗存的地层（附表四）或遗迹（附表五）如下：

1. 韩岗遗址

地层仅有T3第4层、T7第3层，没有遗迹。

2. 黄家村遗址

地层有东南区第3～5层，北区第4、5层。

遗迹包括H1～H29、H31～H48、H50、H51、J1。

3. 周家岗遗址

地层仅第4层。

遗迹有H5、H7～H9、H12、H14、G1、J1、F1。

4. 吴家坡遗址

不见地层，仅有灰坑，包括H1～H14、G1。当然，部分灰坑可能本身为地层底部，因受到破坏作为灰坑清理。

5. 小马家遗址

主要发现了3座灰坑，即H1～H3。

6. 吴家湖遗址

地层有第3～5层。

遗迹包括H1～H10、G1、G2。

7. 王家巷遗址

地层有2008年发掘第4层，2013年发掘第3、4层。

遗迹包括H1～H14、H16～H50、J1、Y1～Y4。

（二）邓文化遗址地层、遗迹的分期

要确定这些遗存的时代或者说分期，主要依据遗存出土的器物，其具有典型时代特征的就是代表性陶器，再结合一定的地层叠压或打破关系来分析。

这些遗存出土的主要陶器已在第三节进行了型式分析和时代特征对比，得出了相对的分期。

1. 韩岗遗址

该遗址之鬲口沿，A、B型鬲（甗）足，Ba、Bb型罐，器盖分别出土于H1、H2，A型Ⅰ、Ⅱ式及B型Ⅱ式盂，Ⅲ式豆，A型罐均出土于T2第3层，H2还出土有Ⅰ式豆，Ⅳ式豆出土于T3第3层，除个别器物如Ⅰ式豆时代较早外，其余器物的时代均在春秋早期后段，即第五期8段。但由于这几个遗存同时出土有更晚时段的遗物，如板瓦等，已不属于邓国遗存范畴。仅有T3第4层、T7第3层出土陶器的风格符合春秋早期后段的特征，其分期即为第五期8段。

2. 黄家村遗址

该遗址的堆积是邓文化遗存中最为丰富的，包括多个地层和大量的遗迹。

遗址的地层堆积中，除部分遗迹直接清理外，也存在多组叠压和打破关系。

（1）东南区

第3～5层自上而下依次叠压，其上的第1、2层分别为耕土层、战国文化层。而遗迹和地层间既有叠压（开口层位）也有打破关系（以“→”表示前者叠压或打破后者，下同）。其层位关系图如下（图2-5-1）。

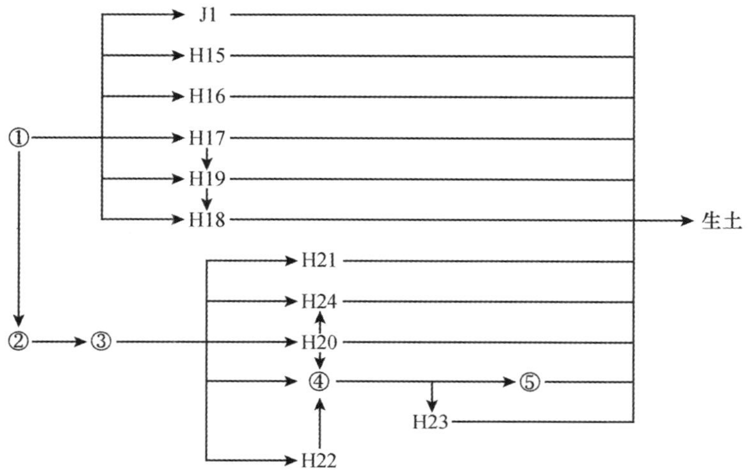

图2-5-1　黄家村遗址东南区层位关系图

（2）南区

该区堆积简单，均直接开口于耕土层（第1层）下，直接打破生土层（未考虑晚期墓葬的打破关系），其层位关系为：

①→H1～H14、H31、H38～H48、H50、H51→生土

（3）北区

该区堆积相对复杂。第4、5层上下叠压，其上的第1～3层分别为耕土层、宋以后扰乱层、战国文化层。层位关系图如图2-5-2所示。

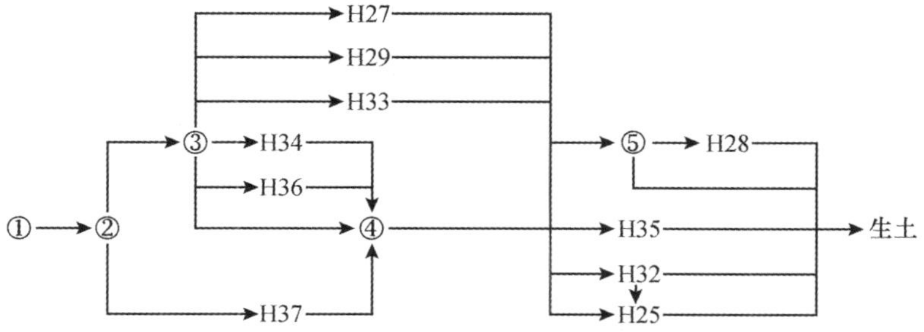

图2-5-2　黄家村遗址北区层位关系图

（4）期段划分

根据地层叠压、打破关系，结合第三节出土陶器的时代特征对比，可将该遗址遗存的期段划分如下：

西周晚期前段：H1、H5、H11、H44③；

西周晚期后段：东南区第5层，H2、H3、H6、H7、H44②；

两周之际：北区第5层，H4、H8～H10、H12～H14、H25、H26、H28、H33、H41、H44①、J1；

春秋早期前段：东南区第4层，H18、H19③、H23、H27、H29、H31②、H32、H35②、H38～H40、H42、H47、H50、H51；

春秋早期后段：东南区第3层、北区第4层，H15～H17、H19②、H19①、H20～H22、H24、H31①、H34、H35①、H36、H37、H43、H45、H46、H48。

3. 周家岗遗址

该遗址邓文化遗存的数量相对较少，但层位关系较为复杂。除涉及邓文化遗存的第4层外，还有汉代文化层的第3层和新石器时代文化层的第5层。具体层位关系图如图2-5-3所示。

根据层位关系的早晚和前述第三节各遗存出土陶器的对比分析，可将其划分为以下期段：

西周中期后段：H7；

西周晚期前段：H5③；

西周晚期后段：H5②、H8②、H9②F1；

两周之际：H5①、H8①、H9①、H14、J1⑥；

春秋早期前段：J1⑤、J1④、J1③；

春秋早期后段：第4层，H12、G1、J1②、J1①。

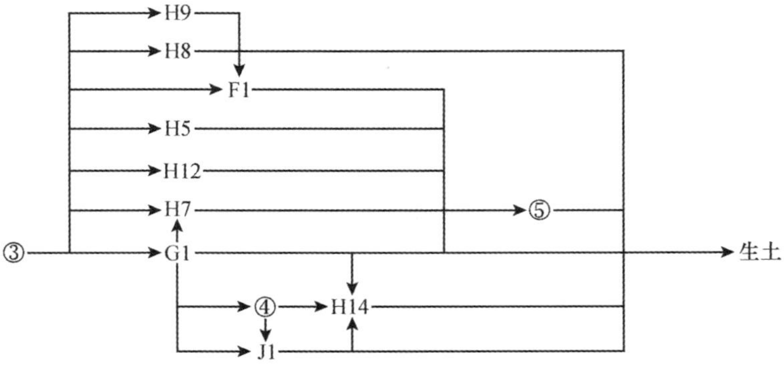

图2-5-3　周家岗遗址层位关系图

4. 吴家坡遗址

该遗址地层关系十分简单，即均开口于淤积层（耕土层下的宋以后扰乱层）下，直接打破生土层，未发现同时期地层，当然也可能遗迹就是遭破坏的地层底部，因呈散状堆积，均作为遗迹清理。这些遗迹仅有少量且较单纯的打破关系，包括H1打破G1、H3打破H4、H5打破H10和H6打破H7、H8。各遗迹出土遗物的时代特征不明显，属于第三节所划分陶器的第八组，遗物略有早晚之别，但都在春秋早期后段，时代最晚者在春秋早中期之际或略晚，即其期段为：

春秋早期后段：H1～H14、G1。

5. 小马家遗址

该遗址仅有3座分散的灰坑，无叠压也无打破关系。其出土的陶器对应邓文化遗存的前三组，时代特征明晰。通过陶器对比知其期段划分为：

西周早期后段：H3；

西周中期前段：H1；

西周中期后段：H2。

6. 吴家湖遗址

本次发掘点为遗址边缘区，邓文化遗存的地层堆积较简单，第3～5层自上而下依次叠压，其上的第1、2层为近现代层，尽管第5层无包含物，但开口其下的灰坑为邓文化遗存，故将该层也划入邓文化遗存中；第6层为次生土层。10座灰坑、2条灰沟分别开口于不同层位下。具体层位关系如下（图2-5-4）。

根据层位关系结合所出主要陶器的对比，可将其期段划分为：

西周中期后段：第4、5层，H5～H7、H10、G1、G2；

西周晚期前段：第3层，H1～H4、H8、H9。

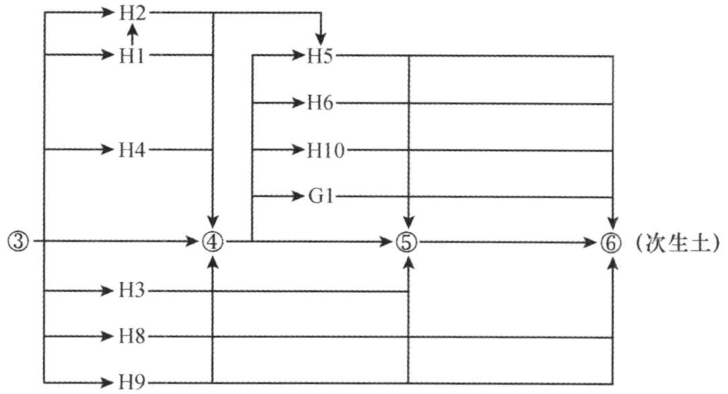

图2-5-4　吴家湖遗址层位关系图

7. 王家巷遗址

本遗址的两次发掘，地层没有统一，遗迹则按照先后顺序编号。

（1）2008年发掘层位关系

2008年发掘的层位关系比较简单，属邓文化遗存的地层仅第4层，其上叠压的第3层为汉代文化层，之下的第5层为次生土层，无包含物。层位关系图如下（图2-5-5）。

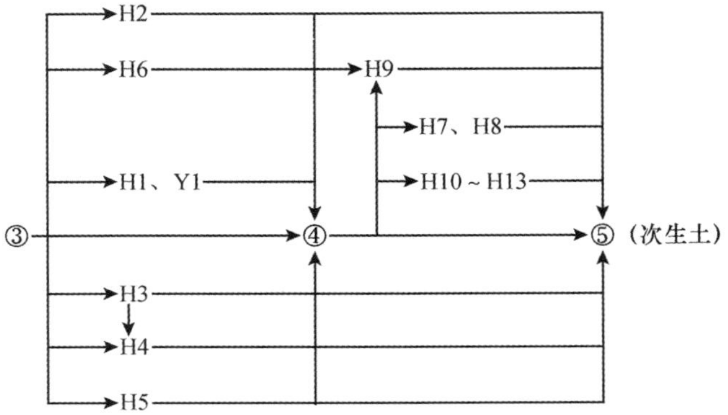

图2-5-5　王家巷遗址2008年发掘层位关系图

（2）2013年发掘层位关系

2013年发掘的层位关系也不复杂，第1、2层为近现代层，第3、4层为邓文化遗存，之下的第5层为次生土层，无包含物。层位关系图如下（图2-5-6）。

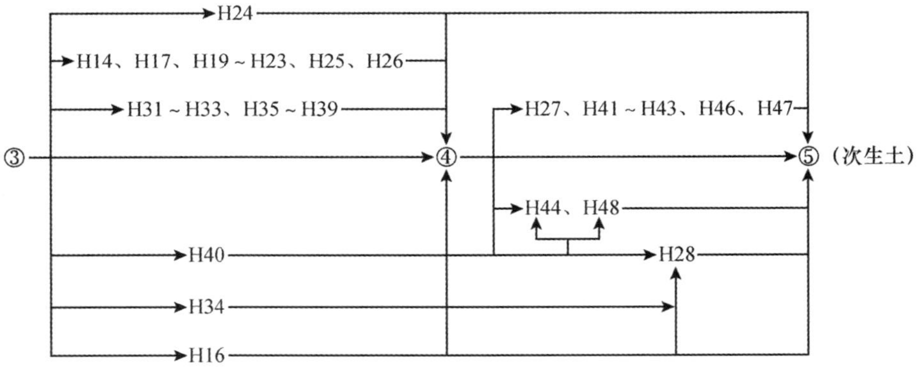

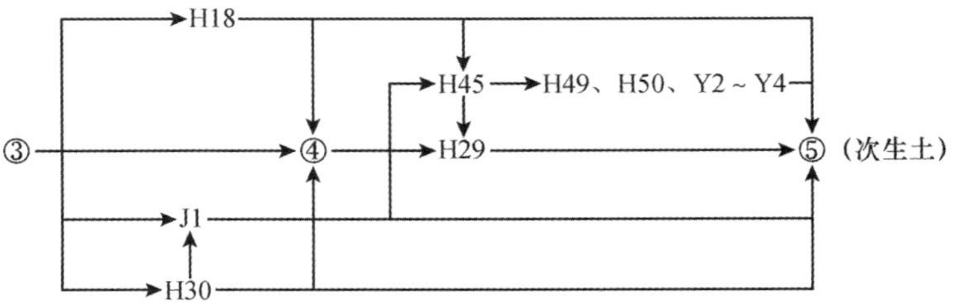

图2-5-6　王家巷遗址2013年发掘层位关系图

（3）期段划分

根据两次发掘的层位关系图，可大体确认遗存间的相对早晚关系，再结合遗存出土陶器的特征分组，可将期段划分如下。

两周之际：H27、H29；

春秋早期前段：H7、H45④、H46、H48②；

春秋早期后段：2008年第4层，2013年第3、4层，H1～H6、H8～H26、H28、H30～H44、H45①～③、H47、H48①、H49、H50、J1、Y1～Y4。

可见，上述遗址单位的分期为第五期8段（表2-5-1）。

表2-5-1　邓文化遗址遗存分期表

期段	相对年代	遗存单位
第一期1段	西周早期后段	小马家H3
第二期2段	西周中期前段	小马家H1
第二期3段	西周中期后段	小马家H2；周家岗H7；吴家湖第4、5层，H5～H7、H10、G1、G2
第三期4段	西周晚期前段	黄家村H1、H5、H11、H44③；周家岗H5③；吴家湖第3层，H1～H4、H8、H9
第三期5段	西周晚期后段	黄家村东南区第5层，H2、H3、H6、H7、H44②；周家岗H5②、H8②、H9②、F1
第四期6段	两周之际	黄家村北区第5层，H4、H8～H10、H12～H14、H25、H26、H28、H33、H41、H44①、J1；周家岗H5①、H8①、H9①、H14、J1⑥；王家巷H27、H29
第五期7段	春秋早期前段	黄家村东南区第4层，H18、H19③、H23、H27、H29、H31②、H32、H35②、H38～H40、H42、H47、H50、H51，周家岗J1⑤、J1④、J1③；王家巷H7、H45④、H46、H48②
第五期8段	春秋早期后段	韩岗T3第4层、T7第3层；黄家村东南区第3层、北区第4层，H15～H17、H19②、H19①、H20～H22、H24、H31①、H34、H35①、H36、H37、H43、H45、H46、H48；周家岗第4层，H12、G1、J1②、J1①；吴家坡H1～H14、G1；王家巷2008年第4层，2013年第3、4层，H1～H6、H8～H26、H28、H30～H44、H45①～③、H47、H48①、H49、H50、J1、Y1～Y4

二、邓国墓葬的考古学分期

经发掘确认的邓国文化墓地包括王坡、沈岗、黄家村、韩岗、惠博通、卞营、擂鼓台墓地等7处，共有墓葬107座。主要根据随葬器物特征进行分期。

1. 王坡墓地

共发现4座墓葬，分别为M1、M3、M47、M55。通过出土铜器、玉器的型式分析和时代特征判断，这几座墓葬的时代均在春秋早期后段，只是M55的时代更晚，已到春秋早中期之际。

2. 沈岗墓地

共24座葬，分别为M9、M22、M26、M39、M329、M385、M420、M455、M519、M522、M565、M566、M577、M584、M594、M598、M601、M631、M632、M677、M694、M748、M828、M843。

判断这批墓葬的期别有一个较为重要的因素是墓葬之间的打破关系。上述墓葬中出现了多例被打破的现象。其中：

M22被M23打破，M39被M37打破，M420被M418打破，M455被M466打破，M519被M520打破，M522被M521打破，M577被M578打破，M632被M633打破，M677被M678打破，M748被M747打破，M843被M813打破。经分析，这批打破的墓葬时代均为战国时期，即可以确认其时代早于战国。具体时代的判定则要依据考古类型学的对比分析。

根据前节铜、陶、玉器的分期结果，可基本对应器物的时代即为墓葬的埋藏时代。

特征最鲜明的是M694，通过8件随葬陶器分析，其时代为西周晚期前段；M420随葬具有一定时代特征的铜戈、剑，其时代为春秋早期后段；其他墓葬主要根据出土玉器的特征对比分析，可确定其时代不晚于春秋早期后段，鉴于所出玉器基本从西周晚期沿用而来，可笼统地将时代划分为春秋早期。

3. 黄家村墓地

仅4座墓葬，分别为M130、M146、M170、M262。

M262出土3件陶器，较残，属陶器分期第八组，对应时代为春秋早期后段。其余3座墓均仅出土玉器，与沈岗墓地大多数玉器一样，时代特征不甚明显，大致不晚于春秋晚期后段，即以春秋早期为宜。

4. 韩岗墓地

共31座墓葬，分别为M31、M32、M35、M36、M41、M42、M45、M51～M58、M60、M61、M63～M73、M90～M92。

仅M58、M90各出土1组陶器，为鬲、盂、豆等日用器组合，对应分期为春秋早期后段。其余墓葬均未见随葬器物，从多被东周楚文化遗存（最早时代为春秋中期）打破判断，其时代不晚于春秋早期后段，笼统归于春秋早期。

5. 惠博通墓地

仅4座墓葬，分别为M1～M4。

仅M4出土1组陶器，为鬲、盂、豆组合，时代为春秋早期后段。其余墓葬未见随葬器物，根据韩岗墓地相同情况分析，其很可能也为邓墓，时代不晚于春秋早期。

6. 卞营墓地

共38座墓葬，分别为M56、M63、M66、M84、M86、M105、M110、M126、M128、M134、M143、M148、M152、M162、M165、M182、M211、M228、M247、M284、M286、M291、M298、M325、M328、M334、M347、M361、M374、M376、M377、M468、M473、M474、M477、M481、M482、M488。

上述墓葬中，也有多组墓葬存在打破与被打破的关系，其中M66同时被M68、M70、M387打破，M86被M88打破，M128被M132打破，M134被M23打破，M143被M142打破，M148被M167打破，M165被M75、M295打破，M182被M181、M183打破，M228被M229打破，M298被M193打破，M376被M315打破，M477被M499打破，M482被M483打破，M488被M484打破等。上述打破关系中，要么是打破者均为无随葬品的土坑墓，要么是打破者为战国及以后的墓葬，即很可能同时期的墓葬没有打破关系。因此，墓葬的分期主要依据随葬器物的类型学特征判断。

该墓地墓葬中，M86、M105、M468、M473、M474、M477、M481、M482、M488均随葬日用陶器。根据陶器的分期，M468、M482的时代最早，为西周晚期后段；M481之Ⅱ式豆为陶器的第七组，分期为春秋早期前段，这从该墓未修复的粗绳纹红陶鬲的特征也可得到印证；其余墓葬出土陶器均对应陶器分期的最后一段，即春秋早期后段。

M66、M298随葬有较为典型特征的铜兵器戈，M128、M134、M143、M291则分别随葬特征不明显的铜兵器双翼镞或菱形镞。M66对应铜器分期之春秋早期后段，M298则为春秋早期前段；后4座墓的时代对应春秋早期。这6座墓还均出土不同的玉、石器等，特征也不甚明显，大致推定在春秋早期。

而M56、M63、M126、M182、M286、M328、M376出土的小型玉、石佩饰所具有的时代特征也在春秋早期。

仅出土玉、石琀、片的M84、M110、M148、M152、M162、M165、M211、M228、M247、M284、M325、M374、M334、M347、M361、M377等墓葬，经比对时代为春秋早期。

7. 擂鼓台墓地

仅2座墓葬，分别为M1、M2，均出土成组的铜容器，后者还出土铜兵器，其特征鲜明。根据对比分析，M2、M1的时代分别为春秋早期前、后段。

除此外的M126、M128、M148、M152、M162、M165、M211、M228、M247、M334、M347、M361等其他墓葬则只有少量的残破石璧或石琀随葬，其时代特征更不明确，我们主要结合部分有其他玉器并同出石琀的类似墓葬进行对比，推测它们的时代为春秋早期。

如上所述，邓国墓葬主要分为西周晚期、春秋早期两期，其中西周晚期可分前、后两段；少量春秋早期墓葬可分前、后两段，而大部分墓葬以笼统归为春秋早期为宜（表2-5-2）。

表2-5-2　邓国墓葬分期表

期别	墓数	墓号
西周晚期前段	1	沈岗M694
西周晚期后段	2	卞营M468、M482
春秋早期前段	3	卞营M298、M481，擂鼓台M2
春秋早期后段	17	王坡M1、M3、M47、M55，沈岗M420，黄家村M262，韩岗M58、M90，惠博通M4，卞营M66、M86、M105、M473、M474、M477、M488，擂鼓台M1
春秋早期	84	沈岗M9、M22、M26、M39、M329、M385、M455、M519、M522、M565、M566、M577、M584、M594、M598、M601、M631、M632、M677、M748、M828、M843，黄家村M130、M146、M170，韩岗M31、M32、M35、M36、M41、M42、M45、M51～M57、M60、M61、M63～M73、M91、M92，惠博通M1～M3，卞营M56、M63、M84、M110、M126、M128、M134、M143、M148、M152、M162、M165、M182、M211、M228、M247、M284、M286、M291、M325、M328、M334、M347、M361、M374、M376、M377

三、邓国考古学文化遗存的文化面貌

邓国考古学文化遗存之文化面貌具有本源性、地域性、独特性三种特征，这既体现在遗迹形制上，也体现在出土遗物上。

邓文化遗存分为遗址和墓地两大类，其遗址与同期墓地分开为不同地点，这一点与张家坡西周晚期居址、墓地存在一定的重合现象有区别①。

① 中国科学院考古研究所：《沣西发掘报告——1955—1957年陕西长安县沣西乡考古发掘资料》，文物出版社，1962年，第73-75页。

（一）遗址的文化面貌

邓文化遗址目前发现的数量尽管不多，但其特点较为鲜明。

1. 地层堆积

已发掘的7处遗址中，仅有小马家、吴家坡遗址地层堆积简单，或者说仅以遗迹为单位进行清理，其他遗址均有多个地层的堆积或相近时代的遗迹分布，从而说明遗址存在先后重复使用的现象，也使得这些邓文化遗存均遭到了较为严重的破坏。

所有遗址的地层堆积相对简单，均属于邓文化遗存之地层堆积最多仅有三层，最少仅有一层，且每层的堆积厚度都不厚，最厚的地层仅有0.6米；有的只有局部分布，有的甚至只有小片状分布，成片分布的不多，这种状况可能跟人类活动的时间相对较短有关，当然也不排除遭到严重破坏的结果，与丰镐地区①甚至随枣走廊如周台遗址②、鄂东南如香炉山遗址③等同时代遗址堆积较厚的情况差别明显。

地层的土层则一方面有明显的地域特点，黏性较大，即与本地的土壤构成一致；一方面因人类活动产生的包含物如红烧土块（粒）、草木灰、木炭等又有着与周原、丰镐及其他地区堆积的一致性。当然，如果计算细小包含物的话，可能又有着一定的差异性，如烧成红烧土的土壤成分、矿物质包含情况、木炭的原植物种属，甚至所包含的植物种子等更多体现的是本地土壤、植被、气候的特征，至于具体包含的成分因基本没有检测分析难以比较。

2. 遗迹

遗址所发现的遗迹以灰坑为主，并有少量灰沟、房址、水井和窑址等。

已整理的资料中，灰坑的数量最多，总数达121座，其形制多样，深浅不一，填土差别较大。坑口尺寸有大有小，最大径有15米多，最小径仅0.5米，以2～5米居多；从平面形状看，有近圆形、椭圆形、扁圆形、长方形、三角形、菱形及不规则形等，其中近圆形或椭圆形所占比例较大；坑壁多为弧壁内收，也有少量直壁或折壁的情况；底部多为锅底，部分近平底，极少量凹凸明显。这些都与丰镐及其他地区的灰坑差不多，具有较大的相似性。但不见丰镐地区较多的袋状灰坑。

---

① 中国科学院考古研究所：《沣西发掘报告——1955—1957年陕西长安县沣西乡考古发掘资料》，文物出版社，1962年，第71、72页。

② 襄樊市文物考古研究所、枣阳市文物考古队：《枣阳周台遗址发掘报告》，《襄樊考古文集（第一辑）》，科学出版社，2007年，第34-101页。

③ 香炉山考古队：《湖北武汉市阳逻香炉山遗址考古发掘纪要》，《南方文物》1993年第1期。

灰沟清理出4条，一大三小，大者为周家岗遗址G1，南北走向，长条形，斜壁，近平底。发掘结合勘探知其长约73、口宽2.35～2.6、最深1.7米，填土仅一层，相对较纯，明显的是底部有一层黑色的淤泥土，推测其为防御性沟，这在其他区域很少发现，或许与遗址的性质有关。另三条沟条形或不规则弯曲形，弧壁，底一般不平。

房址仅清理出1座，被严重破坏，可见三条浅基槽，为两间并列布局的长方形地面建筑，时代相对较早，为西周晚期后段。与同时期同规模的张家坡居址房址对比有所区别，后者为圆形土窑式房址，继承了前期的房址形制和结构[①]。其形制与本地稍晚时候的房址如真武山F10[②]等相近，很可能属于地域特色。

水井发现3口，均为直筒形，平面圆形，口稍大，未见井圈、井栏，填土分层，这与丰镐地区及本地区同时期或前后的水井具有共同性，基本没有变化，如1955～1957年沣西地区发掘的8口西周晚期水井[③]等；但没有发现沣西遗址长方形井口[④]的水井。

窑址发现4座，均在王家巷作坊遗址内，时代均为春秋早期后段。平面形状近子弹形，由操作坑、窑室（含窑门）、火膛或加烟道组成。火膛与窑室间有立柱，窑床底面有火槽，窑室面较平，与丰镐地区较早的窑址也有较大区别，如沣西地区79Y1为圆形，窑室与火塘上下叠置，时代为西周晚期[⑤]；同为西周晚期的张家坡87Y1窑室则有较多的龛[⑥]。

3. 出土遗物

以数量最多且最有时代特征的陶质生活用器为主，其他陶、石、铜质生产工具较少且特点不甚明显，难以比较，此处不做赘述。不同时期、不同器类的文化面貌有所不同，我们以不同时期的典型单位为例来进行对比说明，其中西周时期主要以沣西地

① 中国科学院考古研究所：《沣西发掘报告——1955—1957年陕西长安县沣西乡考古发掘资料》，文物出版社，1962年，第76、77页；中国社会科学院考古研究所沣西发掘队：《1979—1981年长安沣西、沣东发掘简报》，《考古》1986年第3期。

② 湖北省文物考古研究所、襄樊市博物馆：《湖北襄樊真武山周代遗址》，《考古学集刊（第9集）》，科学出版社，1995年，第138-161页。

③ 中国科学院考古研究所：《沣西发掘报告——1955—1957年陕西长安县沣西乡考古发掘资料》，文物出版社，1962年，第77、78页。

④ 中国科学院考古研究所：《沣西发掘报告——1955—1957年陕西长安县沣西乡考古发掘资料》，文物出版社，1962年，第78页。

⑤ 中国社会科学院考古研究所沣西发掘队：《1979—1981年长安沣西、沣东发掘简报》，《考古》1986年第3期。

⑥ 中国社会科学院考古研究所沣西队：《1987、1991年陕西长安张家坡的发掘》，《考古》1994年第10期。

区1997年发掘的遗存[①]为参照，而两周之际至春秋早期后段主要以同地区其他同时代的遗存为参照。

（1）西周早期后段

仅见小马家遗址H3，出土陶片较少（表2-5-3）。陶系以夹砂黑陶为主，不过胎体基本为红色，表明其烧制火候相对较低，夹砂红、褐陶次之，泥质陶较少。器表大部分饰绳纹，而以中绳纹居多；素面和弦纹、附加堆纹较少。

表2-5-3　小马家遗址H3陶系、纹饰统计表

纹饰 \ 陶系		夹砂红陶	泥质红陶	夹砂黑陶	泥质黑陶	夹砂褐陶	泥质褐陶	泥质灰陶	合计	百分比/%
绳纹	中	5	4	22	4	2		3	40	50.00
	细	4	2	4	2	5		2	19	23.75
素面		4		6	1	2	1		14	17.50
附加堆纹		2							2	2.50
凹弦纹				4		1			5	6.25
合计		15	6	36	7	10	1	5	80	100
百分比/%		18.75	7.50	45.00	8.75	12.50	1.25	6.25	100	

沣西三期遗存大致相当于本时期，该遗存夹砂陶占80%、泥质陶占20%左右；小马家遗址H3所占比例与之基本相当。

陶色中，沣西三期遗存褐、灰、红陶分别占54%、40%、6%，而小马家遗址H3则为黑、红、褐、灰陶分别占53.75%、26.25%、13.75%、6.25%，差别十分明显，如果考虑到黑陶的胎体基本为红陶的话，则红陶的比例达到了80%多，与前者正好相反。

器表装饰均以绳纹为主，沣西三期遗存的细、中绳纹分别占45%、44%，粗绳纹占1%，其余10%为素面；小马家遗址H3略有不同，但整体还是差不多的。

二者的器类大体相同，沣西三期遗存有鬲、甗、簋、盂、豆、罐、瓮，小马家遗址H3则为鬲、盂、壶，器类少得多，或许与灰坑遭到破坏出土陶片少有关。

而陶器的形制方面，在第三节陶器分期之陶器的文化特征中已有分析。

可以说，这一时期邓文化遗存与周文化遗存的整体面貌基本一致，具有地域性的文化因素反映不多。

（2）西周中期前段

仅见小马家遗址H1，出土陶片数量也不多（表2-5-4）。陶系以夹砂红陶居多，泥质红陶其次，夹砂黑陶再次，夹砂褐陶、泥质黑陶均较少。本期仅有细绳纹，不见中

① 中国社会科学院考古研究所丰镐工作队：《1997年沣西发掘报告》，《考古学报》2000年第2期。

绳纹，素面比例上升。

沣西四期遗存大致相当于本时期，该遗存夹砂陶占76%，泥质陶占24%；小马家遗址H1夹砂陶占67.8%，泥质陶占32.2%，差别不大。

陶色中，沣西四期遗存基本只有红、灰陶，各单位比例有所不同，红、灰陶比例分别在50%～70%、30%～50%；小马家遗址H1则为红、黑、褐陶，分别占75%、18.8%、6.3%，都是红陶占比极高，但其他陶色则有不同。

纹饰中，沣西四期遗存中绳纹约占80%，细绳纹和粗绳纹各占5%，素面陶占10%；这与小马家遗址的绳纹、素面占比明显不同。

器类中，沣西四期遗存与前期相同，而小马家遗址H1器类有所增加，包括鬲（甗）、簋、盂（盆）、罐，大体与前者一致。

同样，典型陶器的形制特征也在陶器分期中进行了分析。

本期陶器与典型周文化遗存出土陶器相比，依然是共性大于个性，而地域文化因素有所发展。

表2-5-4　小马家遗址H1陶系、纹饰统计表

纹饰＼陶系	夹砂红陶	泥质红陶	夹砂黑陶	泥质黑陶	夹砂褐陶	合计	百分比/%
细绳纹	34	16	10		5	65	67.7
素面	8	13	6	2	1	30	31.3
附加堆纹	1					1	1.0
合计	43	29	16	2	6	96	100
百分比/%	44.8	30.2	16.7	2.1	6.3	100	

（3）西周中期后段

包括小马家遗址H2、周家岗遗址H7和吴家湖遗址第4、5层，H5～H7、H10、G1、G2。

小马家遗址H2出土大量陶片（表2-5-5）。夹砂红陶仍占半数，夹砂黑陶次之，泥质红陶、夹砂黄陶再次，而其他陶系相对较少。其整体陶系基本延续了前期的占比，因数量大增而更为丰富。

而周家岗遗址H7同样以夹砂红陶为主，夹砂黑陶、泥质红陶次之，其他较少。吴家湖遗址该时期每个遗存的陶片数量都不多，陶质、陶色也各自存在一定差别，总体来说，夹砂红陶或泥质红陶占比较高，泥质灰、褐陶次之，夹砂灰、褐陶和泥质黑陶较少。

沣西五期遗存大致相当于这个时期，其陶质之夹砂、泥质陶占比与同遗存上期差不多，即分别为74%、26%；小马家遗址H2则分别占比83.2%、16.8%，后者夹砂陶的比例似乎更高。

表2-5-5　小马家遗址H2陶系、纹饰统计表

纹饰＼陶系		夹砂红陶	泥质红陶	夹砂黑陶	泥质黑陶	夹砂褐陶	泥质褐陶	泥质灰陶	夹砂黄陶	合计	百分比/%
绳纹	粗	6	2	1				3		12	2.1
	中	138	22	56	1	9	2	1	45	274	48.6
	细	45	23	29	3	7	1		5	113	20.0
素面		91	12	13	7	6	9	2	3	143	25.4
附加堆纹		4		2						6	1.1
凹弦纹			2	8	3	1	2			16	2.8
合计		284	61	109	14	23	14	6	53	564	100
百分比/%		50.4	10.8	19.3	2.5	4.1	2.5	1.1	9.4	100	

陶色中，沣西五期遗存依然只有红、灰两种，占比分别约70%、30%；小马家遗址H2的陶色分为红、黑、黄、褐、灰，分别占61.2%、21.7%、9.4%、6.6%、1.1%，红陶占比与前者相差不大，但灰陶极少，与上期未见差不多。

纹饰中，沣西五期遗存中、细、粗绳纹占比分别为70%、8%、7%，素面陶占13%，并有极少量弦纹；小马家遗址H2中、细、粗绳纹的数量与前者一致，但占比有所不同，且素面陶占比相对更高，也有弦纹，还有附加堆纹；周家岗遗址H7和吴家湖遗址各遗存均以中绳纹居多，细绳纹较少，素面陶占20%～30%，其他有弦纹、按窝纹、附加堆纹等。

器类方面，沣西五期遗存与四期相比，只是簋消失，其他器类均存；小马家遗址H2和吴家湖遗址本期遗存有鬲、甗、簋、盂、罐，仅吴家湖遗址第4层出个别豆。

陶器的形制，已在前述陶器分期中对其文化特征进行了分析。

这一时期的邓文化遗存面貌保持了上期的特点，与周文化遗存的风格大体相同，地域性特点继续增加。

（4）西周晚期前段

遗存的数量有所增加，其中黄家村遗址H5具有代表性（表2-5-6）。陶系变为以夹砂褐陶、泥质灰陶为主，夹砂红陶占比有所下降，其他陶系都较少。纹饰以细绳纹为主，中绳纹也有一定数量，器表素面的情况变化不大。

沣西六期遗存大致相当于这个时期。夹砂、泥质陶分别占65%、35%，与前期比，泥质陶比例上升；黄家村遗址H5则各占一半，也变化明显。

陶色方面，沣西六期遗存为灰、红二色，各占60%、40%，变为灰陶占多半；黄家村遗址H5的红、灰、褐陶占比差不多都在30%左右，黑陶较少，红陶比例同样下降明显。

表2-5-6　黄家村遗址H5陶系、纹饰统计表

纹饰＼陶系		夹砂红陶	泥质红陶	泥质灰陶	夹砂灰陶	泥质褐陶	夹砂褐陶	泥质黑陶	合计	百分比/%
绳纹	中					27	29		56	12.28
	细	86	19	51	11	9	87	31	294	64.47
凹弦纹		5					4	2	11	2.42
附加堆纹		5							5	1.10
压印纹							2		2	0.43
素面				66				22	88	19.30
合计		96	19	117	11	36	122	55	456	100
百分比/%		21.05	4.17	25.66	2.41	7.89	26.75	12.06	100	

沣西六期遗存中、细、粗绳纹占比分别为68%、12%、4%，即中绳纹基本无变化，粗绳纹上升，细绳纹下降，素面陶与弦纹等也基本无变化；黄家村遗址H5以细绳纹为主，有一定数量的中绳纹，素面陶仍维持在20%左右，其他纹饰都少。

主要器类上，沣西六期遗存没有变化，黄家村遗址H5的主要器类鬲、甗、盂、罐、瓮与前者一致，与前者和前期均不同的是增加了罍、器盖，而前者很早就有豆，但本地自本期才开始出现豆。

表现在形制方面，正如前述陶器分期分析的一样，一方面对周文化有所承继，如新出现的形制与丰镐地区几乎一致；有些器物的变化特点又呈现出与周文化越来越远的情况，如鬲、甗向高柱足的发展。再就是所具有的地域性风格，如器盖的出现与弧盘的形制不见于丰镐地区等。

可以看出，本期遗存的面貌逐步开始向更具独特性的方向发展。

（5）西周晚期后段

遗存的数量继续增加，陶系和纹饰可综合黄家村遗址东南区第5层情况进行统计（表2-5-7）。该层陶片的夹砂红陶比例近半，夹砂褐陶、夹砂灰陶、泥质灰陶次之，其他陶系较少。纹饰跟前段相比略有变化，中绳纹增加，细绳纹减少，素面陶也有15%左右，其他纹饰都很少。

沣西六期遗存因属于西周晚期，时间上包含了晚期的前、后段，黄家村遗址第5层也大致可与其对比。本层维持夹砂陶、细绳纹占绝对优势的地位，依然与前者以泥质陶、中绳纹为主的情况不同，而按照本地遗存的变化在继续，即细绳纹减少，中绳纹增加，但陶质又恢复到了夹砂陶占四分之三的状况。黄家村遗址第5层的器类主要为鬲、甗、盂、豆，可能受陶片数量较少的限制，从同时期的灰坑等遗迹出土的器类看，与上一段相同。

主要陶器形制上的变化也跟上段差不多，已在前述陶器分期中予以分析。

即本段的文化面貌继续按照自身的脉络发展。

表2-5-7　黄家村遗址东南区第5层陶系、纹饰统计表

纹饰＼陶色		夹砂红陶	泥质红陶	泥质灰陶	夹砂灰陶	泥质褐陶	夹砂褐陶	夹砂黑陶	合计	百分比/%
绳纹	中	16				3			19	18.45
	细	23	6		11		16	2	58	56.31
弦纹	凸			4					4	3.88
	凹	5							5	4.85
附加堆纹		2							2	1.94
素面		3		8	2	2			15	14.56
合计		49	6	12	13	5	16	2	103	100
百分比/%		47.57	5.83	11.65	12.62	4.85	15.53	1.94	100	

（6）两周之际

遗存的数量也较多，陶系和纹饰综合黄家村遗址北区第5层的情况统计说明（表2-5-8）。该层以夹砂红陶、夹砂褐陶、泥质褐陶占比居前，其他陶系则较少；纹饰中中绳纹已占绝对优势，细绳纹大幅减少，有个别粗绳纹出现，素面陶的变化不大，其他纹饰少见。

表2-5-8　黄家村遗址北区第5层陶系、纹饰统计表

纹饰＼陶系		夹砂红陶	泥质红陶	泥质灰陶	夹砂灰陶	泥质褐陶	夹砂褐陶	泥质黑陶	夹砂黑陶	合计	百分比/%
绳纹	粗		1							1	0.06
	中	493	41	50	49	113	428	47	6	1227	72.86
	细	71		7	1	6		1	2	88	5.23
凹弦纹		8		20		12	6			46	2.73
按窝纹						2				2	0.12
附加堆纹		12								12	0.71
素面		3	36	82		161	2	24		308	18.29
合计		587	78	159	50	294	436	72	8	1684	100
百分比/%		34.86	4.63	9.44	2.97	17.46	25.89	4.28	0.48	100	

与之时代大体相当的是郭家岗遗址两周之际的第一期遗存，该期遗存以夹砂陶为主，泥质陶较少，夹砂陶的陶色以红陶和红褐陶为大宗，其次为黑陶和灰陶，泥质陶则以灰陶为主，其次为红陶和黑陶。纹饰以中绳纹为主，粗绳纹占一定比例，其他纹饰仅少量。器类方面主要有鬲、甗、盂、豆、盆、罐等[①]。黄家村遗址北区第5层的陶

① 武汉大学历史系考古教研室、湖北省宜城市博物馆：《湖北宜城郭家岗遗址发掘》，《考古学报》1997年第4期。

系、纹饰与之差不多，只是粗绳纹仅个别。二者在器物形制方面也基本相同。

看来，本期的文化面貌已更接近于同地区的同时期遗存了。

（7）春秋早期前段

本段遗存的数量更多，陶系和纹饰综合黄家村遗址东南区第4层的陶片数据进行说明（表2-5-9）。该层泥质灰陶、夹砂红陶、夹砂灰陶、泥质红陶相差不大，其他陶系都较少；纹饰以中绳纹为主，粗绳纹增多，细绳纹减少，素面陶的占比也有增加，也有其他少量的纹饰。

宜城肖家岭遗址H22为春秋早期偏早①，大致相当于本段。前者夹砂陶约占60%以上，泥质陶处于较少的状态；而本段遗存的夹砂、泥质陶各半，与前段相比也有较大变化，即泥质陶的占比在上升。

陶色中，肖家岭H22红、褐陶各占40%，灰、黑陶较少；本段遗存的灰陶最多，达47.69%，红陶略少，占比41.73%，黑、褐陶较少，二者有一定差别。

均以绳纹为大宗，素面陶占一定比例，其他纹饰较少。

器类差不多，仍是鬲、甗、盂（盆）、豆、罐、器盖等。

器物形制的趋同性更强了，反映了地域性的整体特征。

表2-5-9　黄家村遗址东南区第4层陶系、纹饰统计表

纹饰＼陶系		夹砂红陶	泥质红陶	泥质灰陶	夹砂灰陶	泥质褐陶	夹砂褐陶	泥质黑陶	夹砂黑陶	合计	百分比/%
绳纹	粗	32								32	8.67
	中	49	25	8	66	6	2	7	7	170	46.07
	细	7	5	5						17	4.61
弦纹	凹		11	6						17	4.61
	凸		1	3						4	1.08
附加堆纹		3	2	6				1		12	3.25
素面			19	65	17	8		8		117	31.71
合计		91	63	93	83	14	2	16	7	369	100
百分比/%		24.66	17.07	25.20	22.49	3.79	0.54	4.34	1.90	100	

（8）春秋早期后段

这一段的遗存最多，可以王家巷遗址H2为例（表2-5-10），该灰坑为作坊烧制残损、变形陶器的堆积坑，陶片极多，其数据应能说明问题。该灰坑已变为以泥质灰陶为主，泥质褐陶次之，其他陶系均较少；素面陶占比过半，装饰纹样以绳纹居多，其中中绳纹最多，粗、细绳纹均很少，弦纹数量增加，也有极少量的附加堆纹。

① 湖北省文物考古研究所、宜城县博物馆：《湖北宜城县肖家岭遗址的发掘》，《文物》1999年第1期。

宜城肖家岭遗址H14为春秋早期偏晚，其与H22相比，泥质陶占比增多，灰陶的数量也增多；粗绳纹略多，其他纹饰较少；器类和形制的变化都不大，仿铜陶器如鼎、壶增加等。本灰坑的整体情况与之差不多，呈现出基本一致的特点。

表2-5-10　王家巷遗址H2陶系、纹饰统计表

纹饰＼陶系		夹砂红陶	泥质红陶	泥质灰陶	泥质褐陶	夹砂褐陶	泥质黑衣陶	泥质磨光黑皮陶	合计	百分比/%
绳纹	粗		36		30	41			107	1.38
	中	102	46	1526	1081	226			2981	38.31
	细				14				14	0.18
凹弦纹		30	25	417	165				637	8.19
素面				2478	1172		180	160	3990	51.29
附加堆纹		17	20	14					51	0.66
合计		149	127	4435	2462	267	180	160	7780	100
百分比/%		1.92	1.63	57.01	31.65	3.43	2.31	2.06	100	

（二）墓葬的文化面貌

邓文化墓地发现7处，包括王坡、擂鼓台、沈岗、黄家村、韩岗、惠博通、卞营墓地，共有墓葬107座。时代最早的为西周晚期前段，最晚的为春秋早期后段，在墓葬形制和随葬器物上因时代的差异呈现出不同的特点，以及前后变化的轨迹（表2-5-11）。

所发现的墓葬规模都不大，具有一定的差别，均为不带墓道的长方形竖穴土坑墓，其形制前后变化不大，随葬器物则有一定的时代特征。

表2-5-11　邓文化墓葬形制统计表

期别	数量/座	方向								壁龛	腰坑	葬具			葬式			
		东北	东	东南	南	西南	西	西北	北			单椁单棺	单棺	不明	仰身直肢	侧身屈肢	侧身直肢	不明
西周晚期前段	1	√									√	√						√
西周晚期后段	2					2							2		1			1
春秋早期前段	3				2	1				1		1	2		2			1
春秋早期后段	17			1	6	3	3	4		5		5	12		5	1		11
春秋早期	84	1		1	32	27	19	2	2	2	10	13	69	2	17		2	65

注：方向16°～75°为东北，76°～105°为东，106°～165°为东南，166°～195°为南，196°～255°为西南，256°～285°为西，286°～345°为西北，346°～15°为北。

1. 西周晚期前段

仅1座墓葬，即沈岗M694。墓葬方向为30°，即头向东北；墓圹口略大于底，开口为3米×1.6米左右，墓底中部有圆形腰坑；葬具为单椁单棺，人骨朽尽；随葬8件陶器置于棺外椁内北端即头箱内，4件小玉器玦、贝则在棺内北部。

陶器组合为簋、豆、罐，不见鬲。均为泥质红陶；除2件豆素面外，其余器表均饰细绳纹。

2. 西周晚期后段

仅2座墓葬，分别为下营M468、M482。墓葬方向分别为210°、205°，即头向西南；墓圹口略大于或等于底，开口2米×0.8米左右；葬具为单棺，M468人骨架基本完整，头向西南，仰身直肢葬；随葬陶器置于棺外西南端，M468石琀置于头骨之下颌骨旁（原应置于嘴内）。

M468陶器4件，组合为鬲、盂、豆，夹砂或泥质褐陶，明器。鬲、盂饰较细绳纹，豆素面；M482仅1件陶盂，组合不全，泥质黑衣灰陶，素面。

上述三座墓与张家坡87毛纺厂西周晚期M6、M15[①]等的规模、整体形制和随葬器物的数量，鬲、盂、豆的类别或组合，甚至明器的性质，以及有的有腰坑和口内含贝等情况较为类似，只是张家坡的几座墓葬基本上为底略大于口，而本地是口略大于底或口底同大，随葬器物的具体类别稍有差异，M694陶器的陶系均为泥质红陶、西周晚期组合中出现簋且每类器物为偶数也是该墓的独有特点。

3. 春秋早期（含前、后段）

春秋早期的墓葬数量多，共104座，其中可根据随葬器物特征和地层打破关系确认属春秋早期前段的墓葬3座、春秋早期后段墓葬17座，其余84座均仅能笼统划归春秋早期。

（1）春秋早期前段

该段墓葬仅有下营M298、M481，擂鼓台M2。均口略大于底。

下营M298、M481方向分别为186°、205°。前者开口2.8米×1.3米左右；后者较小，开口2.3米×0.7米，西长壁中部偏下有壁龛。葬具均为单棺，人骨架均保存完整，头向南、西南，仰身直肢葬。前者随葬器物之铜兵器置于棺内北端，玉琀置于下颌骨下。后者随葬的2件陶器置于壁龛内，组合为鬲、豆，鬲为夹砂红陶，饰粗绳纹；豆为

---

① 中国社会科学院考古研究所沣西队：《1987、1991年陕西长安张家坡的发掘》，《考古》1994年第10期。

泥质黑衣褐陶，素面。

擂鼓台M2方向182°，规模较大，为5米×3.1米以上，残深1.1米；单椁单棺，南端残存牙齿。棺底铺有朱砂。随葬器物在棺外南端，随葬铜容器鼎、簋各2件，以及铜提梁卣、罍，兵器戈、矛、镞，还有小件玉器和无法复原的陶罐。

（2）春秋早期后段

该段墓葬有王坡M1、M3、M47、M55，擂鼓台M1，沈岗M420，黄家村M262，韩岗M58、M90，惠博通M4，卞营M66、M86、M105、M473、M474、M477、M488。

其中王坡4座墓葬的方向基本一致，在175°～185°。其规模也相对较大，最大者即M55，开口6.3×4.5米，口底同大，深3.8米；最小者即M47，开口3.2米×1.7米，口大底小，残深1米；居中的M1、M3分别开口3.5米×2.2米、5.4米×3.8米，均口底同大。葬具均为单椁单棺，除M55外，棺内南端均残存牙齿。M1、M55随葬铜容器、兵器、车马器及玉器等，M47随葬个别铜兵器和玉石器，M3因被盗仅发现玉石玛瑙料器等，集中置于棺内南部。

擂鼓台M1为铜器墓，方向205°，规模较小，仅2.8米×1.36米，口底同大，残深1.1米，单棺，人骨架朽尽。棺内底有朱砂痕迹。随葬器物在棺外南端，随葬铜容器鼎、簋各2件。

韩岗M58、M90，惠博通M4为小型墓葬，头朝西，方向分别为280°、265°、285°。墓葬开口均在2.5米×1米以下。葬具单棺，韩岗M90、惠博通M4棺内底铺有朱砂。各在西壁设头龛。除惠博通M4残存牙齿外，其余2座墓葬人骨架保存部分，韩岗M58侧身屈肢葬，韩岗M90仰身直肢葬。各随葬陶器一套，组合分别为鬲、豆，鬲、盂、豆，均置于壁龛内，均为泥质灰、褐陶，鬲外壁饰粗绳纹，盂肩部饰凸弦纹，豆有的柄上部有微凸棱。惠博通M4还在头部随葬几枚石琀。

黄家村M262，卞营M86、M105、M473、M474、M477、M488，墓葬规模都不大，前三墓方向为162°～197°，后四墓方向为295°～310°。黄家村M262开口较大，为3.2米×1.6米左右，口底基本同大；单椁单棺；人骨架均朽尽。后六墓开口相对较小，在（2～2.5）米×（0.6～1.1）米左右，其中M86南壁、M474东长壁中部设壁龛；葬具均为单棺，四墓存腿骨或有完整骨架，可判定头向均朝西或西北，可辨葬式者均为仰身直肢葬。均随葬陶器，组合分别为鬲、盂、豆、罐之一、二、三种器物，即或豆（1座），或鬲、豆（1座），或鬲、盂、罐（4座），或盂、豆、罐（1座），不见完整的鬲、盂、豆、罐组合。黄家村M262陶器置于椁内棺外南端，卞营M474陶器置于壁龛内，其余陶器置于馆外一端。黄家村M262陶系均为泥质黑皮灰陶，即内外壁磨光，仅盂饰凸、凹弦纹，余素面。其余墓葬陶器中，鬲个别为夹砂或泥质红陶外，其余均为泥质灰或褐陶；鬲一般饰中、粗绳纹，盂饰凸、凹弦纹或绳纹，豆素面，罐大多饰中绳纹。

沈岗M420、卞营M66方向分别为204°、182°。规模区别明显，前者开口3.9米×2米左右，后者开口2.8米×1.2米左右，均口大底小，前者棺内底铺有一层朱砂。葬具均为单棺，前者棺内南端有牙齿可分辨头向南。二者随葬器物均为铜兵器加玉器或加玛瑙器，其中前者1件戈置于棺盖上，剑在腰间；后者铜戈在棺内北端。玉（玛瑙）器均在头部。且二墓铜戈均为断兵，即援部不存。

（3）春秋早期

不能分段的春秋早期墓葬分别为沈岗M9、M22、M26、M39、M329、M385、M455、M519、M522、M565、M566、M577、M584、M594、M598、M601、M631、M632、M677、M748、M828、M843，黄家村M130、M146、M170，韩岗M31、M32、M35、M36、M41、M42、M45、M51～M57、M60、M61、M63～M73、M91、M92，惠博通M1～M3，卞营M56、M63、M84、M110、M126、M128、M134、M143、M148、M152、M162、M165、M182、M211、M228、M247、M284、M286、M291、M325、M328、M334、M347、M361、M374、M376、M377。

这批墓葬均为小型墓葬，方向因墓地的不同而有不同。沈岗墓地墓葬方向在186°～222°；黄家村墓地3座墓葬方向分别为182°、185°、215°；韩岗墓地19座墓葬方向在250°～290°，10座墓葬方向在158°～185°；惠博通墓地3座墓葬方向分别为285°、300°、295°；卞营墓地除M63、M84、M328分别为5°、352°、35°外，其余均在170°～235°。上述墓葬的方向大部分为180°～205°。

除少量几座墓口遭到破坏的墓葬外，墓葬开口最大者为3.6米×1.9米、3.74米×1.8米，最小者为1.5×0.7米，大部分2.5米×1米左右。大部分墓葬口大于底，部分墓葬口底基本同大，仅极少量墓葬如沈岗M384、M522口略小于底。

仅个别四壁设生土台（黄家村M146），极少量一端设壁龛（沈岗M9、卞营M86）。

除极少量葬具不明（韩岗M73、卞营M84）外，仅13座墓葬开口较大者（一般为3米×2米以上）葬具为单椁单棺（沈岗M577，黄家村M146、M170，韩岗M35、M41、M52、M61、M63、M66、M71、M72、M91、M92），其余均为单棺。部分棺内底局部或全部铺有朱砂（沈岗M385、M455、M565、M577、M601、M748，韩岗M35、M41、M45、M52、M63、M66、M69、M72、M91），个别在棺顶铺沙层（沈岗M385）。还有少量墓葬坑底设腰坑（韩岗M32、M41、M42、M61、M63、M66、M71、M72、M91、M92）。

大部分墓葬人骨架朽尽，部分棺内一端残存牙齿，个别可见几段肢骨，葬式均不明。韩岗19座墓人骨架保存完整或残存部分头骨、肢骨，其中17座仰身直肢葬（M36、M45、M52、M53、M55、M60、M63～M72、M92），2座侧身直肢葬

（M31、M61）。

该批墓葬中，沈岗、黄家村、卞营墓地墓葬的随葬器物均只有玉器或加珍珠、水晶、玛瑙、石饰品，器物主要置于棺内一端，从与牙齿共出情况看，应在头部（个别葬具无存的墓葬则在墓底一端）；仅极少量玉器在棺内中部。而韩岗、惠博通墓地墓葬则均无随葬品。

四、邓国考古学文化遗存的性质

邓国考古学文化遗存包括遗址和墓地，二者分开。其中作为城址的邓城城址始建年代相对较晚，筑城前的地层堆积或遗迹时代不能早到春秋早期，仅有极少量西周晚期至春秋早期遗物，因此，邓城城址并不能被确认为邓国都城遗址。

（一）邓国文化遗址的性质

目前发现的邓国文化遗址共8处（含堰窝子遗址），6处集中于邓城城址周边，规模也有大有小。

黄家村遗址的面积最大，面积达50万平方米。属该时期的地层相对较多，但不厚；发现的遗迹最多，绝大多数为灰坑，仅有个别水井，未发现房址和窑址等。灰坑出土了大量陶质生活用器和少量生产工具，以及极少量铸造铜器的纹饰模、镞范和一定数量的铜渣，表明该遗址存在铸铜遗存。由此可知，黄家村遗址是一处西周晚期至春秋早期的面积较大并包含铸铜作坊的聚落。

韩岗遗址虽然面积很大，达120万平方米，但主体遗存为春秋中期至西汉时期的楚、秦、汉文化遗存，邓国文化遗存面积小，仅在早年第一次发掘的两个探方中发现少量片状堆积，出土陶片也不多。再结合第二次发掘清理的春秋中期楚文化遗存中发现较多的邓文化陶器看，这里最早应有一定面积的邓文化遗存，后被楚文化遗存所破坏。看来，这里曾作为邓国的一般聚落存在。

周家岗遗址分布面积15万平方米，规模不算小，地层堆积相对较厚，但遗存较为复杂，涵盖新石器时代、西周中期至春秋早期、战国、两汉直至明清等多个时代，其中西周中期至春秋早期的邓文化遗存受到晚期遗存的极大破坏，仅存一层堆积，并发现了灰坑、灰沟、房址、水井等多种形式的邓文化遗迹，其中G1口宽2米多，底部有淤泥，勘探确认的长度有70余米，很可能是具有防御功能的设施，时代为春秋早期后段。遗址所处地块是目前该区域地势最高的地方。J1口径2.4米，因担心塌方清理至3.9米深处时停止，所清理的堆积分六层，出土陶片较为丰富，自下而上第6层时代为两周之际，第5～3层为春秋早期前段，第2、1层为春秋早期后段，可见其使用时间较长。这一时期遗存出土遗物也较多，主要为大量陶质生活用器。再结合今七里河绕遗址西、南部东流的情况看，周家岗遗址很可能为一处等级较高的中心聚落（详后分析）。

吴家坡遗址面积不大，因破坏仅存少量局部分布的灰坑、沟（有的也可能为地层堆积的底部），清理出了少量的制陶工具和较多的陶质生活用器，其时代为春秋早期后段。该遗址当时可能为一般村落，或许曾有制陶作坊。

吴家湖遗址面积暂不明，因配合基建发现并在遗址的北部边缘发掘了150平方米。清理出西周中晚期的地层和灰坑、沟，出土个别石、陶工具和较多的陶质生活用器残片。看来，该遗址在当时也只是一般的村落。

而外围相对较远的小马家遗址、堰窝子遗址均仅发现少量灰坑、沟，前者的时代早，为西周早期后段至西周中期后段，后者为西周晚期，出土遗物除少量生产工具外，较多的依然是陶质生活用具残片，推测这两处遗址也是一般村落。

王家巷遗址规模虽不大，分布面积约7.5万平方米，先后三次发掘，清理出陶窑4座和较多的灰坑和个别水井，以及多个地层。特别是2008年第一次发掘时明显看出，集中分布的多座灰坑为烧制陶器取土形成，之后又成为倾倒破碎、变形陶器和烧窑灰烬、红烧土的垃圾坑；而相对较远的H2正好位于当时的一个坡地上，也成为倾倒破碎、变形陶器的场所。2013年第二次发掘时3座陶窑并列，形制完全相同，时代一致。灰坑出土器物中，发现了较多的石、陶拍，陶支垫、轮盘，角锥等制陶工具、烧陶用具，甚至不排除铜削刀、镞及磨石和陶纺轮、饼也与制陶有关。这里实为西周晚期至春秋早期邓国的制陶作坊。

（二）邓国墓地的文化性质

目前发现的邓国墓地有7处，除擂鼓台墓地外，其余6处在邓城城址周边。

1. 王坡墓地

该墓地距离邓城城址相对较远，在其北约5千米处。墓地尽管仅正式发掘4座春秋早期邓国墓葬，但整体而言，墓葬的规模相对较大。

M1开口3.5米×2.2米，葬具为单椁单棺，随葬祭器为1件铜鼎。《庄子·杂篇·天下》："天子棺椁七重，诸侯五重，大夫三重，士再重。"即单棺单棺葬具为"士"一级的葬制。《礼记·檀弓上》："天子之棺四重。"郑玄注："诸公三重，诸侯两重，大夫一重，士不重。"[①]也说明单椁单棺葬具墓主为"士"。鼎制据《春秋公羊

① （汉）郑玄注，（唐）孔颖达疏，龚抗云整理，王文锦审定：《礼记正义·檀弓上》，《十三经注疏》（标点本），北京大学出版社，1999年，第247页。

传·桓公二年》何休注："礼祭，天子九鼎，诸侯七，卿大夫五，元士三也。"[①]本墓之鼎仅1件，说明墓主人的身份尚不及元士。同时，该墓还出土铜马衔2件、马镳4件，这2套马衔镳正好可组合为当时一辆双马拉车的规制。而车马之数也有规定，《逸礼·王度记》云："天子驾六马，诸侯驾四，大夫三，士二，庶人一。"[②]也表明驾双马为"士"之制。故此，该墓主人身份很可能为中士。而从墓葬出土铜鼎和3件铜戈铭文看，墓主为邓公孙即邓王室的后代"中"（或"无忌"），铭文既表明了其国别，又确定了其贵族的身份。

M47的规模较M1稍小，墓葬开口为3.2米×1.7米，其葬具为单椁单棺，但未见铜祭器和车马器随葬，仅有1件铜戈和少量玉石器，墓主身份应比M1低。主要从葬具的重数和随葬铜戈看，墓主很可能为下士。

M55是所发现的4座墓葬中规模最大的，墓葬开口约6.3米×4.4米，残存葬具可大致分辨为单椁单棺，随葬一套完整的铜祭器，组合为五鼎六簋。从葬具看，其身份最多只能到"元士"，但因葬具腐烂严重尚难完全确认；出土铜车马器为马衔镳2套，也为"士"之车制；但从上述文献所记铜祭器组合看，墓主的等级却为"大夫"一级。再结合墓葬规模看，该墓为"大夫"级别的可能性更高，或许生前为"下大夫"，死后僭越下葬时用了"上大夫"的鼎制。

M3的规模较M55稍小，开口为5.4米×3.8米，葬具也依稀可辨为单椁单棺；但由于墓葬被盗，铜器均已不存，仅见较多的小型玉石料器。我们根据墓葬规模和葬具分析，该墓主人的等级较M55低，但又较M1高，很可能为下大夫或"元士"级别。

综上可知，王坡墓地至少是春秋早期后段邓国的贵族墓地。结合早年距该墓地不远的蔡坡土岗出土各2件西周晚期前段"邓公牧""侯氏"铜簋看，附近还应该葬有当时邓国的国君等高级贵族，这也与王坡墓地M55作为"大夫"级高等贵族相印证。从而可以推测，该墓地为邓国"公墓地"。而从该墓地大量秦汉墓葬填土中发现属春秋中期以后至战国时期的陶片看，该墓地正好在公元前678年邓国被楚国所灭后成为楚国的聚落。而在公元前279年秦拔邓后又成为秦时期的墓地。

2. 擂鼓台墓地

目前，该墓地仅发现2座墓葬，相距约30米。M1规模较小，开口仅2.8米×1.4米，葬具为单棺；其随葬铜祭器2套，即鼎、簋各2件。M2规模较大，为（5.04～5.14）米×

---

① （汉）公羊寿传，（汉）何休解诂，（唐）徐彦疏，蒲卫忠整理，杨向东审定：《春秋公羊传注疏》卷第四，《十三经注疏》（标点本），北京大学出版社，1999年，第74页。

② （晋）司马彪撰，（梁）刘昭注补：《后汉书志》第二十九舆服上，《后汉书》，中华书局，1965年，第3465页。

（3.12～3.48）米，单椁单棺，同样随葬铜核心祭器2套，即鼎、簋各2件，并有提梁卣、罍各1件，还有铜兵器戈、矛、镞和少量玉器等。这种偶数的组合在邓国墓葬中还极为少见，很可能以一鼎来确定他的身份，若此，则该墓主人很可能为中士。M1之二鼎有铭文“邓子孙白用”，M2之鼎有“邓子鄙白自作鼎”、戈有铭文“邓子白随戈”，既表明了二者的国属和墓主的贵族身份，也表明了二者的关系很可能为夫妻并穴合葬墓，其中M2规模较大，随葬器物更多，并有铜兵器，则M2为男主人（即邓子白）、M1为女主人的可能性极大，前者早于后者下葬。

3. 沈岗墓地

该墓地墓葬数量较多，除M694可以确定为西周晚期前段外，其余墓葬均在春秋早期，少量墓葬可分前、后段。

这批墓葬规模都不大，最大者为M420，开口为3.8米×2米左右，也只是与王坡墓地M1相当，部分则与王坡墓地M47差不多，还有部分更小。仅M577、M694葬具为单椁单棺，其余均为单棺。随葬器物中，仅最大墓即M420出土铜兵器，而M694出土簋、豆、罐等日用陶器组合，其他则均为小件玉器或加珍珠、水晶等，数量均不多。从墓葬规模、葬具、随葬器物的情况分析，这批墓葬等级最高者也不过“下士”一级，数量极少，其他的则基本为庶民。

因此，该墓地应为邓国的平民墓地，鉴于其距离黄家村遗址最近，二者或为生居死葬的关系。

从分布状况结合墓葬形制、随葬器物分析，墓地中存在一定的并穴合葬现象，共有四组：M519与M522、M565与M566、M631与M632、M817与M843。

4. 黄家村墓地

仅发现4座小型墓葬，M146、M170、M262的规模与王坡墓地M47相当或略小，葬具均为单椁单棺，这表明其身份为“士”；但其随葬器物又较少，或为3件陶器，或为少量玉器，这一点说明墓主的身份应较王坡墓地M47低，很可能为一般庶民，葬具或许存在一定的越制问题。而最小的M130葬具为单棺，也仅随葬几件玉器，墓主的身份应为庶民。

看来，该墓地应为邓国的平民墓地，其生前当居住在黄家村遗址内。

5. 韩岗墓地

发掘出31座墓葬，均为小型墓葬，墓葬开口在2.5米×1米左右，最大者为3.64米×2.04米，最小者为1.9米×0.6米。除个别开口长2.7米外，其余9座开口长3米以上者葬具均为单椁单棺，但都不见随葬器物，仅从葬具分析，墓主人身份不过“士”一级；

其他21座墓葬葬具均为单棺，开口长度除2座外，均在3米以下，这批墓葬仅2座随葬陶器各1套，最多不过3件，看来墓主人的身份等级也不高，一般为平民。

从墓葬排列的情况看，M56与M57、M60与M61、M90与M91两两并列，方向、规模基本相同，可能存在一定的关系。而南北方向的10座墓葬中，有8座呈东西向一字排开，是否也表明了墓主存在一定的联系，另2座在中段以南独立存在。

6. 惠博通墓地

仅发现4座小型墓葬，分布集中，方向基本一致，开口分别长2.1、2.4米，宽0.8～0.92米；葬具均为单棺。1座墓葬随葬陶器，另3座为空墓。墓主人身份很可能为平民。

7. 卞营墓地

该墓地目前发现的墓葬最多，但也全部为小型墓葬，基本情况与沈岗墓地大体一致。规模最大者为M182，略大于王坡墓地M47，其他的都更小；葬具除1座墓葬无存不明外，全部为单棺；少部分墓葬随葬日用陶器组合，最多4件，大部分则为小件玉石器，极少数伴出铜兵器或铃。推测该墓地为邓国的平民墓地，其南邻黄家村遗址，西近韩岗遗址，尚难确定其生前居所究竟属于哪个遗存，抑或二者兼有。

可以说，尽管王坡墓地暂时仅发现4座邓墓，但均为贵族墓，墓地位置距离中心遗址相对较远。而平民甚至地位更低者的墓葬则另辟葬地，似乎是按照地位划分，而与无论地位以宗族血缘关系聚葬的情况有别，这些墓地的位置就在遗址附近；同时，从墓葬形制情况看，有的墓地内还有一定的分区。

第三章　邓国与邓文化研究

邓国作为周代南土重要诸侯国，曾在“藩屏”周王朝中发挥了重要作用，但最终为楚所灭。它创造的文化以姬周文化为根，并吸收了周边诸侯国和地方文化，它曾代表当时南土先进文化对周边文化特别是楚文化形成了一定的影响。随着邓国被灭，邓文化在融入楚文化后，还能保持一段时间的自身特色。

第一节　邓国“南土”政治地位的变化

“南土”又称“南国、南邦”（也有专家认为“南土”“南国”为不同的范围[①]），在政治上是王朝在南方的行政统治区，《诗经·大雅·崧高》有“我图尔居，莫如南土”[②]之诗句。中原王朝对南方的控制和经营实际从夏代就已开始，江汉地区发现了众多夏商文化遗存，如襄阳王树岗遗址曾清理了2座典型二里头文化灰坑[③]，黄陂盘龙城城址为商王朝在南方的统治中心[④]等。甲骨文中还有“南土”“南方”[⑤]的卜辞文字。西周王朝建立后也把“南土”纳入了控制和经营的范围，《礼记正义·乐记》载：“且夫《武》，始而北出，再成而灭商，三成而南，四成而南国是疆。”[⑥]为此，周王朝在“南土”分封了多个诸侯国。《诗经·国风·汉广》毛序：“文王之道，被

---

① 赵燕姣：《西周时期的“南国”、“南土”范围刍议》，《南方文物》2013年第4期。

② （汉）毛亨传，（汉）郑玄笺，（唐）孔颖达疏，龚抗云、李传书、胡渐逵整理，肖永明、夏先培、刘家河审定：《毛诗正义》卷十八之十三，《十三经注疏》（标点本），北京大学出版社，1999年，第1213页。

③ 襄石复线襄樊考古队：《湖北襄阳法龙王树岗遗址二里头文化灰坑清理简报》，《江汉考古》2002年第4期。

④ 湖北省文物考古研究所：《盘龙城——1963～1994年考古发掘报告》，文物出版社，2001年；武汉大学历史学院、湖北省文物考古研究所、武汉市文物考古研究所：《2012～2017年盘龙城考古：思路与收获》，《江汉考古》2018年第5期。

⑤ 崔恒昇编著：《简明甲骨文词典》“南”，安徽教育出版社，2001年，第408-410页。

⑥ （汉）郑玄注，（唐）孔颖达疏，龚抗云整理，王文锦审定：《礼记正义》卷三九，《十三经注疏》（标点本），北京大学出版社，1999年，第1132页。

于南国，美化行乎江汉之域。”[①]这大致反映了周王朝“南土”的地理范围。太保玉戈铭文“六月丙寅，王在丰，令太保省南国，帅汉……”，明确提到了召公巡视南国时循汉水而行[②]。学者对其地理范围的考证也基本一致，约在今丹水以东、汉水中游以北、淮河中游以西地区[③]，即成周之南。而新出曾公畎编钟铭文记：“皇且（祖）建于南土，敝（蔽）蔡南門，質（誓）應京社，適於漢東。【南】方無疆。”[④]说明西周早期南土还在应、蔡二国以南。

自西周早期开始，邓国作为周王朝“南土”的一个重要诸侯立国于汉水中游地区，扼南阳盆地南向江汉平原、东向随枣走廊的咽喉，在政治上具有重要地位，与相邻诸国一道成为西周王朝南方的重要屏障。但随着西周末期周王朝统治力下降和诸侯争霸政治形势的变化，邓国的地位也逐步下降，并最终为楚所灭。

一、邓国“南土”政治地位的确立

《左传·昭公九年》：王使詹桓伯辞于晋，曰：“我自夏以后稷，魏、骀、芮、岐、毕，吾西土也。及武王克商，蒲姑、商奄，吾东土也。巴、濮、楚、邓，吾南土也。肃慎、燕、亳，吾北土也。”[⑤]明确说明了西周初年周王朝“四土”所至，“南土”诸侯国即邓与巴、濮、楚。《尚书·牧誓》中“庸、蜀、羌、髳、微、卢、彭、濮人”“南土八国”[⑥]誓师参与武王伐纣则表明，除“濮”在周初前存在外，其余三国均为周初分封。这也是周代邓国之始。

---

① （汉）毛亨传，（汉）郑玄笺，（唐）孔颖达疏，龚抗云、李传书、胡渐逵整理，肖永明、夏先培、刘家河审定：《毛诗正义》卷一之三，《十三经注疏》（标点本），北京大学出版社，1999年，第52页。

② 庞怀靖：《跋太保玉戈——兼论召公奭的有关问题》，《考古与文物》1986年第1期；李学勤：《太保玉戈与江汉的开发》，《楚文化研究论集（第二集）》，湖北人民出版社，1991年，第5-10页。

③ 周书灿：《中国早期四土经营与民族整合》，合肥工业大学出版社，2011年，第190页；李峰：《边缘地区：西周国家的最大地理范围》，《西周的灭亡：中国早期国家的地理和政治危机》附录1，上海古籍出版社，2007年，第362页；徐少华：《周代南土历史地理与文化》，武汉大学出版社，1994年，第1页；尹弘兵：《地理学与考古学视野下的昭王南征》，《历史研究》2015年第1期；尹弘兵：《周昭王南征与西周早期的曾、鄂、楚》，《曾国考古发现与研究》，科学出版社，2018年，第317页。

④ 郭长江、凡国栋、陈虎：《曾公畎编钟铭文初步释读》，《江汉考古》2020年第1期。

⑤ （晋）杜预集解：《春秋经传集解》第二十二昭公三，上海古籍出版社，1988年，第1320页。

⑥ 顾颉刚：《牧誓八国》，《史林杂识初编》，中华书局，1963年。

同为周王朝南土，四国位置应相邻。学者多认为濮并非诸侯国，而应为南方部族，位于江汉流域[①]。何光岳考证西周初年的濮地位于今丹水流域的陕东南、鄂西北、豫西南一带[②]；石泉考证“濮”地在随枣走廊西段今枣阳境内桐柏、大洪两山脉间的山区丘陵地带[③]。

而关于巴，商代甲骨文中就有武丁南征“巴方”的记载[④]，西周早期作为周“南土”之巴的中心一般认为在汉水上中游一带。如童书业认为在汉水上游的川陕之间[⑤]；石泉认为先秦巴国在汉水上游的陕东南安康地区，战国晚期受到秦、楚特别是秦的压力南迁进入川东、鄂西地区[⑥]；何光岳认为周初的巴迁到了汉水中游一带[⑦]。徐良高认为：“早期巴国北隔秦岭而毗邻周之京畿，东与庸、楚毗邻而居。”后来受到楚、庸、蜀的挤压而南迁[⑧]；赵炳清认为巴文化的源头是宝山文化，巴人故地应在汉中城固一带[⑨]。

至于楚，特别是早期楚国的中心一直是历代专家学者致力解决的重大课题。《史记·楚世家》：“周文王之时，季连之苗裔曰鬻熊。鬻熊子事文王，蚤卒。”“熊绎当周成王之时，举文、武勤劳之后嗣，而封熊绎于楚蛮，封以子男之田，姓芈氏，居丹阳。”[⑩]而关于早期楚都丹阳地望，先后形成了四种不同的观点，分别为淅川说、枝江说、秭归说、当涂说。随着新的考古发现和研究成果的不断出现，秭归说、当涂说基本被排除，枝江说又分为本土说和淅川迁徙说，后者与淅川说有一定相似性。两说学者各有论证，难有定论，均缺乏直接的考古证据[⑪]。近年来，随着清华简《楚居》

① 顾颉刚：《牧誓八国》，《史林杂识初编》，中华书局，1963年，第31页；徐中舒：《殷周之际史迹之检讨》，《中央研究院历史语言研究所集刊》第7本第2分，1936年；周书灿：《〈牧誓〉蜀、濮地望新考》，《南都学坛（人文社会科学学报）》2012年第1期。

② 何光岳：《濮族的来源和迁徙——兼论楚并濮地》，《贵州社会科学》1984年第3期。

③ 石泉：《春秋“百濮”地望新探》，《古代荆楚地理新探·续集》，武汉大学出版社，2004年，第1-12页。

④ ［美］夏含夷著，张德劭译：《商王武丁的末期：中国上古年代学的重构实验》，《中国文字研究（第四辑）》，广西教育出版社，2003年。

⑤ 童书业：《古巴国辨》，《童书业历史地理论集》，中华书局，2004年，第243、244页。

⑥ 石泉：《古巫、巴、黔中故址新探》，《古代荆楚地理新探·续集》，武汉大学出版社，2004年，第13-19页。

⑦ 何光岳：《巴人的来源和迁徙》，《楚灭国考》，上海人民出版社，1990年，第97-110页。

⑧ 徐良高：《周之南土：巴国与巴文化刍议》，《四川文物》2018年第4期。

⑨ 赵炳清：《先秦时期巴文化的形成与演变研究》，《长江文明（第二十六辑）》，吉林文史出版社，2017年，第1-17页。

⑩ （汉）司马迁撰，（宋）裴骃集解，（唐）司马贞索隐，（唐）张守节正义：《史记》卷四十楚世家第十，中华书局，1959年，第1691、1692页。

⑪ 徐少华、尹弘兵：《楚都丹阳探索》，科学出版社，2017年，第1-56页。

的发现和公布，淅川说似乎更胜一筹。虽然《楚居》通篇未提丹阳，但有众多与楚君相关的地名，与熊绎被封有关的记载为："至酓繹與屈紃，思鄀嗌卜徙于夷屯，为楩室，室既成，无以内之，乃竊鄀人之犝（犝）以祭。"[①]表明熊绎的"都城"在夷屯，该地与"鄀"相邻。学者们研究"鄀"的地望有上鄀、下鄀之分，并分别定位于今湖北宜城、陕西古商密（也有相反者），下鄀约当春秋中期以前被楚灭。徐少华在分析鄀国铜器和梳理文献的基础上考证出春秋以前的上、下鄀均在丹水流域[②]。陈昌远、黄锦前均认为下鄀在今古商密、淅川附近[③]；刘彬徽和《楚居》整理者也认为鄀国在此[④]。据此判断，与鄀国邻近的楚国当在汉水上游。虽然在2012年宜昌万福垴遗址出土楚季宝钟并进行两次发掘后，有学者开始将西周早期楚国的中心考证在长江中游的宜昌附近（大体属枝江说的范围）[⑤]，但无法否定清华简《楚居》的记载。

作为周王朝的"南土"，巴、濮、楚均位于汉水上中游一带，则邓不会例外。

邓与其他相邻诸侯国的关系也可从西周早期的铜器铭文中得到体现。"安州六器"和静方鼎是了解西周早期"南土"形势的重要铜器。中甗载："王令中先省南国，贯行，埶应在曾。史儿至，以王令曰：'余令女使小大邦，厥又舍女芻量，至于女（庸）小多邦。'中省自方、邓、洀（汎）、鄂邦，在鄂师（次）。白买父乃用厥人成汉中州，曰叚、曰旋。厥人□廿夫。厥贮粦言曰：贮□贝。日传肆王□休。肆肩有羞。余□□，用作父乙宝彝。"[⑥]铭文记述中先在曾驻扎，后接到周王命令巡视南国，自北向南经过方、邓、洀（汎）、鄂，最终达到鄂。

关于"安州六器"的时代，尽管有成王[⑦]、康王[⑧]、昭王[⑨]等多说，但都认可为

① 清华大学出土文献研究与保护中心编，李学勤主编：《清华大学藏战国竹简（壹）》，中西书局，2010年，上册第117-124页（图版），下册第180-194页（释文注释）。

② 徐少华：《鄀国铜器及其历史地理研究》，《江汉考古》1987年第3期。

③ 陈昌远：《〈上鄀府簠〉与鄀国地望考——河南古国史研究之二》，《中原文物》1991年第4期；黄锦前：《从近刊鄀器申论鄀国地望及楚灭鄀的年代》，《中国历史地理论丛》2017年第3期。

④ 刘彬徽：《上鄀府簠及楚灭鄀问题简论》，《中原文物》1988年第3期；清华大学出土文献研究与保护中心编，李学勤主编：《清华大学藏战国竹简（壹）》，中西书局，2010年，下册第185页。

⑤ 张昌平：《论西周时期楚国的政治中心——从宜昌万福垴遗址谈起》，《江汉考古》2021年第6期。

⑥ 中国社会科学院考古研究所：《殷周金文集成释文（第一卷）》第949器，香港中文大学出版社，2001年，第595页。

⑦ 陈梦家：《西周铜器断代（三）》，《考古学报》1956年第1期；刘启益：《西周纪年》，广州教育出版社，2002年，第75-78页。

⑧ 沈长云：《谈曾侯铜器铭文中的"南公"——兼论成康时期周人对南土的经营》，《中国史研究》2017年第1期。

⑨ 唐兰：《西周青铜器铭文分代史征》，中华书局，1986年，第291页。

西周早期。新出曾公畯编钟铭文有“卲王南行，豫（舍）命于曾”[①]之语，似可证明“安州六器”的时代以昭王为宜。铭文涉及当时的几个重要地点或诸侯国，其中的“方”，专家一般认为即方城，以唐兰为代表[②]，位于桐柏山西北端与伏牛山东端之间的隘口，相当于今河南方城县附近。鄂，根据新出西周早期鄂国铭文铜器考证，当位于今随枣走廊的随州羊子山附近[③]。按照“中”南省的顺序来看，邓当在方、鄂间，但无法明确其与曾的位置关系。但曾显然是一个重要地点或诸侯国。

静方鼎铭文主要提到了曾、鄂：“隹十月甲子，王在宗周。令师中暨静省南国相，□埶应（位）。八月初吉庚午至，告于成周。月既望丁丑，王在成周大室，令静曰：‘卑（俾）女（汝）□嗣（司）在曾、鄂师。’……”[④]曾、鄂的地位也十分突出。

曾国不见于传世文献，但近年来诸多重要曾国考古新发现如随州叶家山墓地[⑤]、枣

---

① 郭长江、凡国栋、陈虎：《曾公畯编钟铭文初步释读》，《江汉考古》2020年第1期。

② 唐兰：《西周青铜器铭文分代史征》，中华书局，1986年，第287页。

③ 随州市博物馆：《湖北随县安居出土青铜器》，《文物》1982年第12期；随州市博物馆：《湖北随县发现商周青铜器》，《考古》1984年第6期；随州市博物馆：《随州出土文物精粹》，文物出版社，2009年，第19-95页；李学勤：《由新见青铜器看西周早期的鄂、曾、楚》，《文物》2010年第1期；张昌平：《论随州羊子山新出噩国青铜器》，《文物》2011年第11期；王先福：《汉水中游西周考古遗存与早期楚国中心的探索》，《湖北文理学院学报》2015年第3期。

④ 徐天进：《日本出光美术馆收藏的静方鼎》，《文物》1998年第5期。

⑤ 湖北省文物考古研究所、随州市博物馆：《湖北随州叶家山M65发掘简报》，《江汉考古》2011年第3期；湖北省文物考古研究所、随州市博物馆：《湖北随州叶家山西周墓地发掘简报》，《文物》2011年第11期；湖北省文物考古研究所、随州市博物馆：《湖北随州市叶家山西周墓地》，《考古》2012年第7期；湖北省文物考古研究所、随州市博物馆：《随州叶家山西周墓地第二次考古发掘的主要收获》，《江汉考古》2013年第3期；湖北省文物考古研究所、随州市博物馆：《湖北随州叶家山M28发掘报告》，《江汉考古》2013年第4期；湖北省博物馆、湖北省文物考古研究所、随州市博物馆：《随州叶家山——西周早期曾国墓地》，文物出版社，2013年；黄凤春、陈树祥：《湖北随州叶家山西周墓地考古发掘获阶段性重大成果——一批出土青铜器铭文显示应为西周早期曾侯家族墓地》，《曾国考古发现与研究》，科学出版社，2018年，第1-5页；湖北省文物考古研究所、随州市博物馆、出土文献与中国文明研究协同创新中心：《湖北随州叶家山M107发掘简报》，《江汉考古》2016年第3期；湖北省文物考古研究所、随州市博物馆：《湖北随州叶家山M111发掘简报》，《江汉考古》2020年第2期；湖北省文物考古研究所、随州市博物馆：《湖北随州叶家山西周墓地126号墓的发掘》，《考古学报》2021年第4期。

阳郭家庙墓地[①]、随州文峰塔墓地[②]、京山苏家垄墓地[③]、随州汉东东路墓地[④]、随州枣树林墓地[⑤]等厘清了其历史和地望，特别是叶家山M111、曾侯與编钟、随仲嬭（芈）加编钟、曾公𠹧编钟的发现更具有里程碑式的意义，由此建构起了曾国始封、汉东大国、曾随一体、"左右楚王"和多次迁都的历史进程。曾国始封者为"南公"，即南宫括；特别是曾侯與钟、嬭（芈）加钟、曾公𠹧钟提到了周王朝分封曾国的地位和作用，西周早期，南宫括作为"稷之玄孙"因"左右文武，达殷之命，抚定天下"而"受大命""出邦于曾"，很可能与齐、鲁封国一样，南宫括本人在王室辅佐周王，其子就封。其政治中心就在今随州东北部的叶家山墓地附近，其重要任务是"君此淮夷，临有江夏"；"涉政（征）淮夷，至于繁湯（陽）"，即负有监视、征伐、管理淮夷和江夏地区的责任。另据传世和苏家垄墓地出土的曾伯桼簠"金道锡行"铭文[⑥]可知，曾国还肩负贯通周王朝铜、锡战略资源的责任。作为周的同姓国，曾在"南土"

---

① 襄樊市考古队、湖北省文物考古研究所、湖北襄樊高速公路考古队：《枣阳郭家庙曾国墓地》，科学出版社，2005年；方勤、胡刚：《枣阳郭家庙曾国墓地曹门湾墓区考古主要收获》，《江汉考古》2015年第3期；湖北省文物考古研究所、湖北荆州文物保护中心、襄阳市文物考古研究所等：《湖北枣阳郭家庙墓地曹门湾墓区（2014）M10、M13、M22发掘简报》，《江汉考古》2016年第5期；武汉大学历史学院、湖北省文物考古研究所、湖北荆州文物保护中心：《湖北枣阳郭家庙墓地曹门湾墓区（2015）M43发掘简报》，《江汉考古》2016年第5期；方勤：《郭家庙曾国墓地的性质》，《江汉考古》2016年第5期；王先福：《枣阳郭家庙墓地早期被盗问题蠡测》，《楚文化研究论集（第十三集）》，上海古籍出版社，2018年，第163-175页。

② 湖北省文物考古研究所：《湖北随州文峰塔墓地考古发掘的主要收获》，《江汉考古》2013年第1期；湖北省文物考古研究所、随州市博物馆：《随州文峰塔M1（曾侯與墓）、M2发掘简报》，《江汉考古》2014年第4期；湖北省文物考古研究所、随州市博物馆：《湖北随州文峰塔墓地M4发掘简报》，《江汉考古》2015年第1期。

③ 湖北省博物馆：《湖北京山发现曾国铜器》，《文物》1972年第2期；湖北省文物考古研究所：《湖北京山苏家垄墓地M2发掘简报》，《江汉考古》2011年第2期；方勤、胡长春、席奇峰：《湖北京山苏家垄遗址考古收获》，《江汉考古》2017年第6期；湖北省文物考古研究所：《湖北京山苏家垄墓群M85发掘简报》，《江汉考古》2018年第1期。

④ 湖北省文物考古研究所、随州市博物馆、随州市曾都区考古队：《随州汉东东路墓地2017年考古发掘收获》，《江汉考古》2018年第1期。

⑤ 湖北省文物考古研究所、北京大学考古文博学院、随州市博物馆：《湖北随州枣树林墓地2019年发掘收获》，《江汉考古》2019年第3期；郭长江、李晓杨、凡国栋等：《嬭加编钟铭文的初步释读》，《江汉考古》2019年第3期；郭长江、凡国栋、陈虎等：《曾公𠹧编钟铭文初步释读》，《江汉考古》2020年第1期；湖北省文物考古研究所、北京大学考古文博学院、随州市博物馆：《湖北随州市枣树林春秋曾国贵族墓地》，《考古》2020年第7期。

⑥ 中国社会科学院考古研究所编：《殷周金文集成释文（第三卷）》第4631、4632器，香港中文大学出版社，2001年，第588、589页；方辉、王书林：《"曾伯霥簠"的流传及相关问题——从王献堂旧藏拓本题记说起》，《江汉考古》2018年第4期。

的地位无疑是最高的。正因曾国负有监管南方诸国的重任，因此曾国或兼有监官之职，西周早期叶家山墓地M107出土的一件铜簋（M107：2）上有5字铭文“监作隣彝”，有学者考证第一字应为“邓”，“邓监”即曾国在邓国设立的监官，既有监督或还有安抚之使命[①]，也侧面印证了邓国在当时较为强大的实力。前述枣树林墓地新出曾公畎编钟铭文明确“皇且（祖）建于南土，敝（蔽）蔡南門，質（誓）應京社，適于汉东。【南】方無疆”。可大致勾画出曾国的辖域范围在汉东，蔡、应国以南，其南部无边界。

同时，商末周初见诸文献或铜器铭文的其他“南土”诸侯国还有庸、卢、厉、唐、谢、鄀等。庸、卢参与了武王伐纣的战争；厉还出现在清华简《楚居》中，“穴熊”妻“妣疠（厉）”，或即厉国女子；唐国除文献多有记载外，也见于铜器铭文中；文献有关谢国的记载仅一条，也偶见于铜器铭文中；鄀在铜器铭文中多见，延续时间较长，前引《楚居》中还有熊绎起梗室窃鄀人之犝祭祀的记录。

一般认为，庸国在今汉水上游的竹山县[②]；卢即卢戎国，汉中卢（庐）县，大致在今汉水以南的南漳县北、襄阳县西区域[③]。

厉国，或为赖国，前述太保玉戈铭文中的“令𫕎侯辟，用鼄走百人”“令”后一字学者一般释为“厉”，在湖北随州北境[④]。还有“安州六器”之中觶铭文“王大省公族于庚，振旅，王赐中𨼡（厉）侯……”[⑤]，“𨼡”释为“厉”，地在随州北境[⑥]。徐少华考证厉在随枣走廊的随州东北殷店一带[⑦]，也有认为其在随州厉山附近者[⑧]。尽管该厉的位置有所不同，但都在随枣走廊中部附近。

前述中觶之“庚”一般释为“唐”，其地在随州西北境[⑨]，《读史方舆纪要》卷

---

① 王子杨：《叶家山邓监簋铭文考释——兼及周初的监官制度》，《江汉考古》2022年第2期。

② 蔡靖泉：《庸人·庸国·庸史》，《江汉论坛》2010年第10期。

③ 石泉：《古鄢、维、涑水及宜城、中庐、邔县故址新探——兼论楚皇城遗址不是楚鄢都、汉宜城县》，《古代荆楚地理新探》，武汉大学出版社，1988年，第260-271页。

④ 陈梦家：《西周铜器断代（二）》，《考古学报》1955年第2期；陈梦家：《西周铜器断代（五）》，《考古学报》1956年第3期。

⑤ 中国社会科学院考古研究所：《殷周金文集成释文（第四卷）》第6514器，香港中文大学出版社，2001年，第353页。

⑥ 江鸿：《盘龙城与商朝的南土》，《文物》1976年第2期。

⑦ 徐少华：《周代南土历史地理与文化》，武汉大学出版社，1994年，第194-199页。

⑧ 胡安莲：《赖国地望与赖、厉关系论考》，《信阳师范学院学报（哲学社会科学版）》2009年第6期。

⑨ 江鸿：《盘龙城与商朝的南土》，《文物》1976年第2期。

七七德安府随州“唐城”[1]和《嘉庆重修一统志》卷三四三德安府古迹“古唐城”条目下也定其在随州西北的“唐县镇”一带[2]。徐少华考证其国姓为姬姓，即周同姓国，为“汉阳诸姬”之一，地在今河南唐河县一带[3]。其位置大体在随枣走廊西部范围内。

与中甗同出之中方鼎记：“隹王令南宫伐反虎方之年，王令中先省南国，贯行，埶王位在……”《殷周金文集成释文》隶定“”为“夒”[4]。徐少华梳理古今著作对该字的隶定后，进一步考订该字应为“射”，通“谢”，即西周晚期周宣王迁申之“谢”邑（国）[5]。谢国在文献中仅见于《诗经·大雅·崧高》：“亹亹申伯，王缵之事。于邑于谢，南国是式。王命召伯，定申伯之宅。登是南邦，世执其功。王命申伯，式是南邦。因是谢人，以作尔庸。”[6]即申国位于谢国故地，在今河南南阳市区（详见后考）。

鄀国据《世本·氏姓篇》：“鄀，允姓国，昌意降居为侯。”[7]可见其为古老之国。《左传·僖公二十五年》：“秋，秦、晋伐鄀。楚斗克、屈御寇以申、息之师戍商密。”杜预注：“鄀本在商密，秦、楚界上小国，其后迁于南郡鄀县。”[8]前已考上、下鄀均在古商密今河南西峡以西的区域。

不难看出，西周早期周王朝在“南土”有众多诸侯国，曾国地位最高，是周王朝在南方的代言人。其他包括鄂、巴、庸、楚、邓、厉、唐、卢、谢、鄀在内的诸侯国和濮（国或族）则作为周王朝的南部屏障纳入其统治体系，其中巴、庸、楚位于汉水上游，卢在汉水中游南岸，鄂、曾、厉、唐在汉水中游以东的随枣走廊，濮可能散居于汉水上中游山地中，而在汉水中游北岸的南阳盆地则应是谢、邓的地域。其中曾、唐国为周同姓国，其余均为异姓诸侯，周王朝在分封的同时，也要随时安抚他们，因

① （清）顾祖禹撰，贺次君、施和金点校：《读史方舆纪要》卷七七湖广三随州“唐城”，中华书局，2005年，第3619页。

② （清）穆彰阿、李佐贤、潘锡恩等纂修：《嘉庆重修一统志》卷三四三德安府古迹“古唐城”，中华书局，1986年，第17323页。

③ 徐少华：《周代南土历史地理与文化》，武汉大学出版社，1994年，第56-61页。

④ 中国社会科学院考古研究所：《殷周金文集成释文（第二卷）》第2751器，香港中文大学出版社，2001年，第341页。

⑤ 徐少华：《周代南土历史地理与文化》，武汉大学出版社，1994年，第48、49页。

⑥ （汉）毛亨传，（汉）郑玄笺，（唐）孔颖达疏，龚抗云、李传书、胡渐逵整理，肖永明、夏先培、刘家河审定：《毛诗正义》卷十八之十三，《十三经注疏》（标点本），北京大学出版社，1999年，第1210页。

⑦ （汉）宋衷注，（清）秦嘉谟等辑：《世本八种》（秦嘉谟辑补本），商务印书馆，1957年，第242页。

⑧ （晋）杜预集解：《春秋经传集解》第二十二昭公三，上海古籍出版社，1988年，第356、357页。

此经常派重臣“省南国”。周人分封建国的目的主要是“以藩屏周”，某种程度上也是防范夏商后裔和蛮、戎、夷、狄的手段。从这个意义上讲，处于方城以南扼守中原向南过汉水直通江汉腹地和向东经随枣走廊达鄂东南要地的邓国政治地位也是很高的。

传世和出土铜器确认周代最早的邓国也为西周早期，该时期的铜器包括1件邓公盉、2件邓小仲方鼎和2件邓仲牺尊，前者的时代原定在商代晚期，经考证应在西周早期康王世，其时邓国国君爵称为“公”，即诸侯五等爵秩的最高等级，其出土于山东，可能为邓国交流之器。后4件的时代稍晚，约在康昭时期，其中邓仲牺尊出土于周王室重要贵族井叔墓地的一座女性墓（M163）中，该女性可能为井叔（M157）之夫人[①]，虽墓葬时代较器物本身晚，但2件尊出土于这种高等级的墓葬显非偶然，表明与井叔家族有联系之邓国的地位在周王朝应较高。

更早的西周初年，传世盂爵铭文可寻邓国之踪，铭文记：“隹王初贲于成周，王令盂宁邓伯，宾贝，用作父宝尊彝。”[②]这是周王刚到成周时命“盂”安抚邓伯的记述，即成王时期，邓国已存在，其国君爵称“伯”，也证实其地位较高；而从事件来看，当时邓国的实力还较强。

昭王时，周“南土”发生的重大事件就是昭王两次南征。古本《竹书纪年》：“周昭王十六年，伐楚荆，涉汉，遇大兕。”“周昭王十九年，天大曀，雉兔皆震，丧六师于汉。”又云：“周昭王末年，夜有五色光贯紫薇，其年，王南巡不返。”[③]《史记·周本纪》也有“昭王南巡狩不返，卒于江上”[④]的记载。铜器铭文也有较多的记录，在此不赘述。其时昭王征伐的对象是楚还是楚蛮也有不同的看法[⑤]，但不影响邓国重要的政治地位。如果说前述曾侯與、曾公畎钟铭文提到曾国防范的目标主要是淮夷的话，那么对楚或楚蛮防范的重任就应该落到更靠近他们的邓国了。

可以说，西周早期是邓国在“南土”政治地位的确立时期，它作为周王朝的封国，有着较高的政治地位和较强的国力。

---

① 中国社会科学院考古研究所沣西发掘队：《长安张家坡西周井叔墓发掘简报》，《考古》1986年第1期。

② 中国社会科学院考古研究所：《殷周金文集成释文（第五卷）》第9104器，香港中文大学出版社，2001年，第305页。

③ 方诗铭、王修龄：《古本竹书纪年辑证》，上海古籍出版社，2005年，第46页。

④ （汉）司马迁撰，（宋）裴骃集解，（唐）司马贞索隐，（唐）张守节正义：《史记》卷四《周本纪第四》，中华书局，1959年，第134页。

⑤ 尹弘兵：《楚国都城与核心区探索》第五章第二节，湖北人民出版社，2009年，第175-184页。

二、邓国“南土”政治地位的稳固

西周中期的穆王至夷王间，传世文献关于邓国在内的几乎所有“南土”诸侯国如曾、鄂、楚、庸、巴、厉等或基本失载，或记述简略。即使是楚国，无论是传世文献，还是清华简《楚居》也只是一笔带过。倒是在东土，发生了周王朝与淮夷的多次征战，或许周王朝的主要力量在对付淮夷上，南土则相对平静。

而邓国在传世文献中根本没有涉及，所发现的邓国铜器也很少。西周中期前段邓国铜器仅见1件鼎（西安文物中心鼎），器型不大，它作为祭器昭示着邓国公族的存续。铭文虽仅六字，但标示了作器者依然为“邓公”。西周中期后段相同的4件簋均出土于平顶山应国墓地，铭文内容有着丰富的信息：一是作器者为“邓公”，即邓国国君的爵秩不变；二是标明了器物的性质为媵器；三是确认了邓国的国姓为“嫚”；四是邓公嫁女的姻亲国为应国。《国语·郑语》载史伯语：“武王之子，应、韩不在，其在晋乎？”[①]即应国为武王之后，分封于西周早期，周王朝同姓国。邓、应的联姻自然有着特别的意义，也进一步说明了当时邓国的重要地位。同时期的1件传世邓公簋拓本铭文可辨明其时邓爵“公”，并使用周历。

西周中期后段的夷王时期，周王朝南土的政治势力变得紧张而复杂起来，东南有鄂国反叛，南有楚熊渠扩张。

依前考，鄂国位于随枣走廊的随州安居羊子山附近。大约孝夷时期，鄂国与周王朝还保持较为密切的关系，如“鄂侯作王姞簋”铭文提到了鄂与周王的联姻关系：“鄂侯作王姞媵簋，王姞其万年子子孙孙永宝。”[②]也表明了鄂国姓为“姞”。而据“鄂侯驭方鼎”记载，周王南征返程驻扎“坯”时，鄂侯驭方献礼，周王与之宴射并赏赐了驭方[③]。在另一件传世铜鼎“禹鼎”中，“……鄂侯驭方率南淮夷、东夷广伐南国、东国，至于历寒。王乃命西六师、殷八师曰：‘裂伐鄂侯驭方，无遗寿幼。’……禹以武公徒御至于鄂，敦伐鄂，休获厥君驭方……”[④]即鄂侯驭方反叛并侵伐南国、东国，被周王灭国，“无遗寿幼”。不过，从2012年今河南南阳北部不远夏

---

① 上海师范大学古籍整理组校点：《国语》卷十六《郑语》，上海古籍出版社，1978年，第523页。

② 中国社会科学院考古研究所：《殷周金文集成释文（第三卷）》第3928-3930器，香港中文大学出版社，2001年，第201页。

③ 中国社会科学院考古研究所：《殷周金文集成释文（第二卷）》第2810器，香港中文大学出版社，2001年，第376页。

④ 中国社会科学院考古研究所：《殷周金文集成释文（第二卷）》第2833、2834器，香港中文大学出版社，2001年，第403、404页。

饷铺墓地发现多座西周晚期至春秋早期鄂侯、鄂侯夫人墓的情况①分析，鄂公族并未被灭，而是北迁到了夏饷铺附近。夏饷铺西北不远就是西鄂故城遗址②，可能是鄂国公族北迁后的居址。鄂国北迁后，其原统治区空虚。

而差不多同时，南边的楚国开始了第一次对外扩张。《史记·楚世家》："熊渠生子三人。当周夷王之时，王室微，诸侯或不朝，相伐。熊渠甚得江汉间民和，乃兴兵伐庸、杨粤，至于鄂，熊渠曰：'我蛮夷也，不与中国之号谥。'乃立其长子康为句亶王，中子红为鄂王，少子执疵为越章王，皆在江上楚蛮之地。及周厉王之时，暴虐，熊渠畏其伐楚，亦去其王。"③尽管熊渠的这一行动或许有"试探"的性质，但也表明了楚国扩张的决心，另一方面也说明了周王室开始衰微。正如《国语·郑语》记史伯为（郑）桓公分析当时形势时说："王室将卑，戎、狄必昌，不可逼也。当成周者，南有荆蛮、申、吕、应、邓、陈、蔡、随、唐……""夫荆子熊严生子四人：伯霜、仲雪、叔熊、季紃。叔熊逃难于濮而蛮，季紃是立，薳氏将起之，祸又不克。……唯荆实有昭德，若周衰，其必兴矣。"④鉴于楚国的强势崛起，周王朝不得不采取应对措施。关于西周晚期的楚国地望，仍有多种观点。从清华简《楚居》记载看：熊渠继位时仍居"夷屯"，但熊渠时"徙居发渐"，表明熊渠时代楚国居地已有迁徙，到西周末年时若敖"徙居鄀"，该"鄀"有可能仍为下鄀之"鄀"。但从大多数学者考证昭王南征"楚"到达汉水的情况看，汉水以南应该已成为楚国的重要区域，这样便于楚国的发展，即楚国在西周晚期仍然占据着汉水上游地区，并扩展到了汉水以南。为此，周宣王将王舅申伯迁到了南阳盆地北部，同时将吕国迁了过来。《诗经·大雅·崧高》："崧高维岳，骏极于天。维岳降神，生甫及申。维申及甫，维周之翰。四国于蕃，四方于宣。亹亹申伯，王缵之事。于邑于谢，南国是式。王命召伯，定申伯之宅。登是南邦，世执其功。王命申伯，式是南邦。因是谢人，以作尔

---

① 崔本信、王伟：《南水北调中线工程南阳夏饷铺鄂国贵族墓地发掘成果》，《中国文物报》2013年1月4日第8版；王巍、赫德川、崔本信：《河南南阳夏响铺鄂国贵族墓地》，《大众考古》2014年第10期；河南省文物局南水北调办公室、南阳市文物考古研究所：《河南南阳夏饷铺鄂国墓地M19、M20发掘简报》，《江汉考古》2019年第4期；河南省文物局南水北调办公室、南阳市文物考古研究所：《河南南阳夏饷铺鄂国墓地M7、M16发掘简报》，《江汉考古》2019年第4期；河南省文物局南水北调办公室、南阳市文物考古研究所：《河南南阳夏饷铺鄂国墓地M1发掘简报》，《江汉考古》2019年第4期；河南省文物局南水北调文物保护办公室、南阳市文物考古研究所：《河南南阳夏饷铺鄂国墓地M5、M6发掘简报》，《江汉考古》2020年第3期。

② 国家文物局：《中国文物地图集·河南分册》，中国地图出版社，1991年，第531页。

③ （汉）司马迁撰，（宋）裴骃集解，（唐）司马贞索隐，（唐）张守节正义：《史记》卷四十《楚世家第十》，中华书局，1959年，第1692页。

④ 上海师范大学古籍整理组校点：《国语》卷十六《郑语》，上海古籍出版社，1978年，第507、509、510页。

庸。王命召伯，彻申伯土田。王命傅御，迁其私人。”[①]可见申、甫（即吕）的责任在“维周之翰”。“南国是式”同一首诗歌还写出了周王派人为申伯筑成，并希望申、吕为“南土”诸国树立榜样。当然，从前述鄂国被灭北迁到夏饷铺附近看，申、吕的南迁一方面正是为了监视北迁而来的鄂国公族，另一方面或许是周王朝对楚国设置的屏障。申、吕作为周宣王南迁的诸侯国，从《国语·郑语》史伯对郑桓公曰“申、吕乃强”判断，当时两国均具有一定的实力，所以，他们才成为周王朝抵御楚国的重要诸侯国。申国所封在原谢地，徐少华考证申、吕的都城分别位于今南阳市区古宛城、南阳市区西三十里的董吕村附近[②]。

西周中期至西周晚期前段的曾（随）国不见于传世文献记载，也未发现这一时期的曾国铭文铜器，本有着“君此淮夷”任务且位于鄂国东北、距淮夷更近的曾国此时在干什么一无所知。不过，从考古资料看，西周晚期偏晚阶段，曾国的中心西迁到了枣阳周台遗址，该遗址面积大，且发现了大型建筑[③]。特别是在遗址西侧的郭家庙墓地先后发掘了200余座墓葬，包括4座带墓道的大墓，大部分铭文铜器为“曾”器，并有曾伯陭钺、曾侯绊白戈、曾侯作季汤芈鼎等重器，表明这里为西周晚期偏晚阶段至春秋早期的曾国公墓地[④]。曾国中心西迁的目的除了填补鄂国北迁后留下的空白外，应该还有向西牵制楚国的作用。

如前述，应国因武王之子而封于成王时。考古发现应国的公墓地在今河南平顶山

① （汉）毛亨传，（汉）郑玄笺，（唐）孔颖达疏，龚抗云、李传书、胡渐逵整理，肖永明、夏先培、刘家河审定：《毛诗正义》卷十八之十三，《十三经注疏》（标点本），北京大学出版社，1999年，第1210页。

② 徐少华：《周代南土历史地理与文化》，武汉大学出版社，1994年，第18-47页。

③ 襄樊市文物考古研究所、枣阳市文物考古队：《枣阳周台遗址发掘报告》，《襄樊考古文集（第一辑）》，科学出版社，2007年，第34-101页；湖北省文物考古研究所、枣阳市文体旅游新局、枣阳市博物馆：《湖北枣阳周台遗址J1、J2发掘简报》，《江汉考古》2020年第5期。

④ 襄樊市考古队、湖北省文物考古研究所、湖北孝襄高速公路考古队：《枣阳郭家庙曾国墓地》，科学出版社，2005年；方勤、胡刚：《枣阳郭家庙曾国墓地曹门湾墓区考古主要收获》，《江汉考古》2015年第3期；湖北省文物考古研究所、湖北荆州文物保护中心、襄阳市文物考古研究所等：《湖北枣阳郭家庙墓地曹门湾墓区（2014）M10、M13、M22发掘简报》，《江汉考古》2016年第5期；武汉大学历史学院、湖北省文物考古研究所、湖北荆州文物保护中心：《湖北枣阳郭家庙墓地曹门湾墓区（2015）M43发掘简报》，《江汉考古》2016年第5期；曾攀：《浅析“曾侯作季汤嬭滕鼎”铭文》，《江汉考古》2019年第6期。

滍阳镇[①]。陈、蔡二国地望，专家意见基本一致，分别位于淮河上游、桐柏山以北的今河南淮阳、上蔡一带；唐国地望与西周早期比，应该没有变化[②]。同时，根据熊渠所攻伐的对象看，庸国依然存在，其位置应不会有大的变化。

从西周晚期“南土”的形势分析，以今汉水中游的北岸为中心，偏北方位即今南阳以北有申、吕、应、陈、蔡，汉水中游以东的随枣走廊中东部有曾（随）、唐，汉水上游有庸、楚，汉水以南为楚国，若此，邓就处在汉水中游以北的中部位置，大约在南阳盆地的中南部地域。这一中心位置为邓所占据，依然彰显着邓国的重要地位，或许是作为申、吕的前沿屏障担负着抵御楚国的重任。

蔡坡土岗附近出土的2件西周晚期前段的邓公牧簋，邓国国君的爵称仍为“公”，地位没有下降。而同墓地出土的2件侯氏簋很可能为应侯嫁女到邓国的媵器。侯氏簋铭文无国属，其格式与河南平顶山M95所出4件侯氏鬲[③]完全相同（因简报未发表侯氏鬲铭文拓本，暂无法比较二者字体结构），发掘者王龙正认为该侯氏鬲之侯氏当为应侯，其与此侯氏簋之侯氏为同一人，是应侯为女儿孟姬嫁到邓国所作的媵器[④]。陈昭容从此说[⑤]。应国作为“南土”周王朝的同姓诸侯国与邓联姻，应有联合邓国之意。

除侯氏簋外，这一时期还有多件铜器铭文可反映邓国与其他诸侯国的联姻关系。西周晚期前段的邓伯氏鼎铭文仅20字，信息量也较大。一是作器者为邓国宗族伯氏与其妻姒氏，“姒”为古老的姓氏，为夏后，这是一种夏后国的女子与邓联姻；二是受

---

① 河南省文物研究所、平顶山市文管会：《平顶山市北滍村两周墓地一号墓发掘简报》，《华夏考古》1988年第1期；河南省文物研究所、平顶山市文物管理委员会：《平顶山应国墓地九十五号墓的发掘》，《华夏考古》1992年第3期；河南省文物考古研究所、平顶山市文物管理委员会：《平顶山应国墓地八十四号墓发掘简报》，《文物》1998年第9期；河南省文物考古研究所、平顶山市文物管理局：《河南平顶山应国墓地八号墓发掘简报》，《华夏考古》2007年第1期；河南省文物考古研究所、平顶山市文物局：《平顶山应国墓地十号墓发掘简报》，《中原文物》2007年第4期；河南省文物考古研究所、平顶山市文物管理局：《平顶山应国墓地Ⅰ》，大象出版社，2012年；河南省文物考古研究所院、平顶山市文物管理局、河南大学历史文化学院：《河南平顶山应国墓地M257发掘简报》，《华夏考古》2015年第3期。

② 徐少华：《周代南土历史地理与文化》，武汉大学出版社，1994年，第184-193、163-176、56-61页。

③ 河南省文物研究所、平顶山市文物管理委员会：《平顶山应国墓地九十五号墓的发掘》，《华夏考古》1992年第3期。

④ 王龙正：《平顶山应国墓地九十五号墓年代、墓主及相关问题》，《华夏考古》1995年第4期。

⑤ 陈昭容：《从铜器铭文看两周汉淮地区诸国婚姻关系》，《“中央研究院”历史语言研究所集刊》第75本第4分，2004年，第635-697页。

器者为"嫚吴"，是伯氏、姒氏的女儿，结合该器于光绪出土于陕西武功[1]的情况看，"嫚吴"嫁给了宗周附近某诸侯国或周王室的贵族；三是表明其时邓国的历法已开始使用，应是邓拟强化自身政体的反映。

西周晚期后段的邓孟方壶盖铭文不长，但反映了邓国嫁女到监国的情况，即为邓、监联姻的证明。徐少华根据传世叔硕父鼎等铭文考证，监国姬姓，为周王族[2]。

另有3件西周晚期的复公子簋铭文也提到了复国与邓国联姻事，铭文为："复公子伯舍曰敃新，作我姑登（鄧）孟媿媵簋，永寿用之。"[3]即媿姓复国的公子伯舍（又名敃新）为其大姑孟媿嫁到邓国，因此作媵器。徐少华考证复国位于今河南桐柏西北的固庙村一带[4]。

出土于春秋早期前段䍙鼓台M2但时代属西周晚期前段的旟簋应为该墓主的传世器，但无"邓"的国别标识，结合铭文"隹王正月"分析，该器可能来源于周王室或其他诸侯国，不排除联姻的可能。

可见，当时的邓国与多个诸侯国甚至周王室保持着姻亲关系，除复国外，其余姻亲国为周同姓诸侯国或王室贵族，或许正是由于此种关系，邓国成为周王朝拉拢的对象。上述邓国历法的使用表明邓国有独立发展的愿望，但所有邓国铜器均为典型姬周文化风格，又显示出周王朝控制的严格性。这一双重特性使得邓国在周王朝"南土"的政治地位趋于稳固。同时，传世和考古发现的这一时期邓国铭文材料较多，也从另一个角度反映了邓国的繁荣景象。

进入春秋早期，随着周平王东迁洛邑，"南土"的地位更为重要，但此时周王朝也进入了王室衰微、政自诸侯出的政治环境中。《史记·周本纪》："平王之时，周室衰微，诸侯强并弱，齐、楚、秦、晋始大，政由方伯。"[5]齐、楚、秦、晋四国正好对应当时周的东、南、西、北"四土"，楚国在"南土"开始坐大。在春秋早期前段的若敖、宵敖、蚡冒时期，楚国的主要精力放在内部建设和发展上，《左传·宣公

① 中国社会科学院考古研究所：《殷周金文集成释文（第二卷）》第2643器，香港中文大学出版社，2001年，第299页。

② 徐少华：《邓国铜器综考》，《考古》2013年第5期。

③ 中国社会科学院考古研究所：《殷周金文集成释文（第三卷）》第4011-4013器，香港中文大学出版社，2001年，第235、236页。

④ 徐少华：《复器、复国与楚复县考析》，《"中央研究院"历史语言研究所集刊》第80本第2分，2009年。

⑤ （汉）司马迁撰，（宋）裴骃集解，（唐）司马贞索隐，（唐）张守节正义：《史记》卷四《周本纪第四》，中华书局，1959年，第149页。

十二年》："训之以若敖、蚡冒筚路蓝缕以启山林。"[①]《国语·郑语》载："及平王之末，而秦、晋、齐、楚代兴。……楚蚡冒于是乎始启濮。"[②]其他关于楚国的记载不多，"南土"的政治形势也相对稳定，诸侯国的格局基本延续自西周晚期，没有大的变化，邓国也维持着原有的政治地位。

此时的邓国也只能从铜器铭文中找到少量的信息。其中不故中夫人簠盖的信息较为重要，一是提供了邓国与"不故"联姻的信息，"不故"据郭沫若考证为山东一带的薄姑国[③]；二是有明确的邓国历法纪年，邓历继续使用；三是邓国国君的爵称仍为"公"。邓初生匜铭文也称"邓公"。

春秋早期前段偏晚的擂鼓台M2（"邓子鄬白"墓）在汉水西岸的发现表明了邓国境土的扩张。

应该说，从西周中期到春秋早期前段，邓国在"南土"的政治地位是稳固的，国力还是比较强的，也因此受到周王室的重视。

三、邓国"南土"政治地位的衰落

春秋早期后段偏早阶段，与稍早的擂鼓台M2为夫妇合葬墓的M1之存在仍然昭示着邓国西境的扩展，反映了邓国最后的辉煌。随后，楚武王在稳定内部后于其在位的中后期寻求扩张，逐步臣服、灭亡周边诸侯国，并自称为王，宣告了楚国"南土"霸权的正式确立。在此过程中，"南土"平衡的政治格局被打破，邓国在"南土"的政治地位受到冲击开始衰落，最终走向灭亡。

清华简《楚居》记，楚武王徙都免，因人口增加"渭（溃）疆涅之波（陂）而宇人焉"[④]，扩大了都城的规模，始称"郢"。他着手巩固后方，开始采取一系列军事行动，形成了一定的震慑作用。《左传·桓公二年》（楚武王三十一年，前710年），"南土"北部的"蔡侯、郑伯会于邓（该'邓'并非当时邓国的都城，杜预注为颍川

① （晋）杜预集解：《春秋经传集解》第二十二"昭公三"，上海古籍出版社，1988年，第586页。

② 上海师范大学古籍整理组校点：《国语》卷十六《郑语》，上海古籍出版社，1978年，第524页。

③ 杨桂荣：《馆藏邓国铜器》，《中国历史博物馆馆刊》总第15-16期，文物出版社，1991年，第148-151页。

④ 清华大学出土文献研究与保护中心编，李学勤主编：《清华大学藏战国竹简（壹）》，中西书局，2010年，第120、181页。

召陵县），始惧楚也”[①]。

其时，在汉水以南楚国核心区域周边，除了前述庸、卢、巴、邓国和濮族外，汉水上游还有绞、麇国，汉水中游南岸有谷、罗国，汉水以东的随枣走廊有随、唐、贰、轸、郧国等，周王朝的“南土”形势更为复杂。因此，楚国要想强大，首先需要清除周边的阻力，在楚武王中后期，楚国的征伐战争更频繁，这也奠定了楚国强大的基础。

《左传·桓公六年》（楚武王三十五年，前706年）记武王首次伐随，因随有季氏梁而未得逞。《史记·楚世家》则记楚伐随以为随请周尊王号，周王未答应，但宣示了楚国称王的雄心。《左传·桓公八年》（楚武王三十七年，前704年）记楚国再次伐随，随师因不听季梁建议而失败；秋天楚随达成盟约。《史记·楚世家》则记（武王）三十七年，楚熊通“自立为武王，与随人盟而去。于是始开濮地而有之”[②]，攫取了汉水中游濮地的大片领土。

《左传·桓公九年》（楚武王三十八年，前703年）：“巴子使朝服告于楚，请与邓为好。楚子使道朔将巴客以聘于邓。邓南鄙鄾人攻而夺之币，杀道朔及巴行人。楚子使薳章让于邓，邓人弗受。夏，楚使斗廉帅师及巴师围鄾。邓养甥、聃甥帅师救鄾，三逐巴师，不克。斗廉衡陈其师于巴师之中以战，而北。邓人逐之。背巴师。而夹攻之。邓师大败，鄾人宵溃。”[③]应该是邓国其时仍有一定的实力，文化较为发达，故巴国请求与邓国有姻亲关系的楚国介绍与其修好，楚国安排官员引荐过程中，遭到了邓南鄙鄾人的攻击，导致楚、巴联军败邓。此战后，邓国实力可能被大大削弱了。

《左传·桓公十一年》（楚武王四十年，前701年）记楚将屈瑕与贰、轸订立盟约，而郧国则要联合随、绞、州、蓼国攻伐楚国。后楚国打败了郧国军队，“盟而还”[④]。

《左传·桓公十二年》（楚武王四十一年，前700年）：“楚伐绞，军其南门。……楚人坐其北门，而覆诸山下，大败之，为城下之盟而还。伐绞之役，楚师分涉于彭。罗人欲伐之，使伯嘉谍之，三巡，数之。”[⑤]

《左传·桓公十三年》（楚武王四十二年，前699年）：“楚屈瑕伐罗，斗伯比送之。还，谓其御曰：‘莫敖必败。举趾高，心不固矣。’遂见楚子曰：‘必济师。’楚子辞焉。入告夫人邓曼。邓曼曰：‘大夫其非众之谓，其谓君抚小民以信，训诸司

① （晋）杜预集解：《春秋经传集解》第二桓公，上海古籍出版社，1988年，第68、73页。

② （汉）司马迁撰，（宋）裴骃集解，（唐）司马贞索隐，（唐）张守节正义：《史记》卷四十《楚世家第十》，中华书局，1959年，第1695页。

③ （晋）杜预集解：《春秋经传集解》第二桓公，上海古籍出版社，1988年，第99、100页。

④ （晋）杜预集解：《春秋经传集解》第二桓公，上海古籍出版社，1988年，第106页。

⑤ （晋）杜预集解：《春秋经传集解》第二桓公，上海古籍出版社，1988年，第110页。

以德，而威莫敖以刑也。莫敖狃于蒲骚之役，将自用也，必小罗。君若不镇抚，其不设备乎？夫固谓君训众而好镇抚之，召诸司而劝之以令德，见莫敖而告诸天之不假易也。不然，夫岂不知楚师之尽行也？’楚子使赖人追之，不及。莫敖使徇于师曰：‘谏者有刑。’及鄢，乱次以济。遂无次，且不设备。及罗，罗与卢戎两军之。大败之。莫敖缢于荒谷，群帅囚于冶父以听刑。楚子曰：‘孤之罪也。’皆免之。”①

前一战，楚国败绞定盟，但受到罗军的监视；后一战，楚军被罗、卢戎联军打败。这三国尽管没有明确被灭的具体时间记载，但应不会晚于楚武王最后一次伐随之前。

文中还提到了楚武王夫人邓曼，应是邓国国君之女嫁为楚武王妻。其时，邓国与楚国仍有姻亲关系。

《左传·庄公四年》（楚武王五十一年，前690年）记楚武王第三次伐随，临行前与妻子邓曼告别。“王遂行，卒于樠木之下。令尹斗祁、莫敖屈重除道、梁溠，营军临随。随人惧，行成。莫敖以王命入盟随侯，且请为会于汉汭，而还。济汉而后发丧。”②

这一时期，楚武王攻伐的重点在汉水上中游南岸和汉水东岸，其巩固后方的举措为楚文王及其后北上争霸奠定了基础。

更是由于楚武王军事征伐的压力，邓国南土的地位开始动摇。邓国在与楚联姻的同时，也与郑国联姻。《史记·郑世家》：“四十三年，郑庄公卒。初，祭仲甚有宠于庄公，庄公使为卿；公使娶邓女，生太子忽，故祭仲立之，是为昭公。”③同时，邓国还寻求与其他诸侯国的政治联盟，鲁桓公七年（楚武王三十六年，前705年），邓侯、谷伯联合朝鲁。《春秋·桓公七年》（楚武王三十六年，前705年）：“夏，谷伯绥来朝。邓侯吾离来朝。”《左传·桓公七年》：“七年春，谷伯、邓侯来朝。”④邓国的这一系列对策都是为了继续维持自身在“南土”的政治地位，至少要保持原有的平衡。

遗憾的是，邓国的措施并没有阻止楚国北扩的步伐。正是从楚武王、邓嫚之子楚文王开始，楚国拉开了大规模北进的序幕。《左传·庄公六年》（楚文王二年，前688年）：“楚文王伐申，过邓。邓祁侯曰：‘吾甥也。’止而享之。骓甥、聃甥、养甥请杀楚子，邓侯弗许。三甥曰：‘亡邓国者，必此人也。若不早图，后君噬齐，其及图之乎？图之，此为时矣！’邓侯曰：‘人将不食吾余。’对曰：‘若不从三

① （晋）杜预集解：《春秋经传集解》第二桓公，上海古籍出版社，1988年，第112页。

② （晋）杜预集解：《春秋经传集解》第三庄公，上海古籍出版社，1988年，第135、136页。

③ （汉）司马迁撰，（宋）裴骃集解，（唐）司马贞索隐，（唐）张守节正义：《史记》卷四二《郑世家第十二》，中华书局，1959年，第1761页。

④ （晋）杜预集解：《春秋经传集解》第二桓公，上海古籍出版社，1988年，第95页。

臣，抑社稷实不血食，而君焉取余？’弗从。还年，楚子伐邓。十六年，楚复伐邓，灭之。”[①]即文王二年楚伐申后回国时，楚国还征伐了邓国，鲁庄公十六年（前678年），邓国尽管为楚的舅国，但仍逃脱不了为楚所灭的命运，因为楚国的政治抱负已不容邓国作为其阻碍了。就在这期间，楚国频繁出入方城之外，楚文王六年（前684年）“败蔡师于莘，以蔡侯献舞归”[②]。“（楚文王）六年，伐蔡……。楚强，陵江汉间小国，小国皆畏之。十一年，齐桓公始霸，楚亦始大。”[③]楚文王十年（前680年），楚灭息[④]。楚文王十二年（前678年），“秋，楚伐郑”[⑤]。也正是这一年，楚国灭亡了邓国。至此，南阳盆地完全纳入了楚国的版图，成为楚国北上争霸、问鼎中原的跳板和前沿基地。

从春秋早期后段的邓国铜器铭文看，邓国爵称仍为“公”，有传世“邓公午”簋为证，该“午”很可能就是文献中的邓侯“吾离”。而文献称“侯”，整体来说，其爵位还是处于最高的两个等级。“邓公孙无忌”鼎铭文显示，邓国仍在使用自己的历法。而从铜器的质量来看，铸造明显粗陋，工艺简单，应该是国力下降的表现，这与邓国地位的下降也是一致的。

周代邓国自西周初年被封立国，到公元前678年被楚国所灭，历300余年，作为周王朝南土的重要诸侯国，经历了由弱到强再转衰直至灭亡的过程，沦为楚国争霸的牺牲品，与周代多个诸侯国的命运相似。

四、邓国国君世系与国姓

邓国国君世系和国姓主要通过铜器铭文来考证。

（一）邓国国君世系

如前引传世文献所见邓国国君仅有最后一位，即邓祁侯吾离，之前邓国有多少代国君一无所知，但邓国铭文铜器提供了一些重要信息。

① （晋）杜预集解：《春秋经传集解》第三庄公，上海古籍出版社，1988年，第139、140页。

② （晋）杜预集解：《春秋经传集解》第三庄公，上海古籍出版社，1988年，第149页。

③ （汉）司马迁撰，（宋）裴骃集解，（唐）司马贞索隐，（唐）张守节正义：《史记》卷四十《楚世家第十》，中华书局，1959年，第1696页。

④ （晋）杜预集解：《春秋经传集解》第三庄公，上海古籍出版社，1988年，第163页。

⑤ （晋）杜预集解：《春秋经传集解》第三庄公，上海古籍出版社，1988年，第166页。

首先是盂爵[①]铭文中提到的“邓伯”，从文意理解，该“伯”即为邓国国君，只是爵称略低，所处时代为西周初年，约当成王时期。

稍晚于盂爵属第一期1段（西周早期前段）的邓公盉很可能为邓伯之后，其爵称已由“伯”变为“公”了，这是目前最早的一件“邓公”自作器，大约在康王时期。

第一期2段（西周早期后段）邓小仲方鼎、邓仲牺尊不见“邓公”“邓伯”之称，其“仲”可能为行辈，“小仲”或为名字，但均应为邓国王室成员。

第二期3段（西周中期前段）西安文物中心鼎铭文仍为“邓公”，时代大约相当于穆恭时期。从时代上看，其与前者应隔着几代“邓公”。

第二期4段（西周中期后段）仅见拓本的传世邓公簋与4件平顶山邓公作应嫚簋，作器者均为“邓公”，但从“邓”“公”二字的写法看，前者时代较后者早，应为两代“邓公”，但是否为父子还难判定。从前者的“邓”“公”写法更接近上述西安中心鼎之铭文看，或许传世“邓公簋”之“邓公”正好继承西安文物中心鼎之“邓公”而来。

第三期5段（西周晚期前段）的邓公牧簋作器者为“邓公牧”，铭文字体基本与邓公作应嫚簋相同，可能为前后两代“邓公”。

第三期6段（西周晚期后段）铜器铭文不见“邓公”。

第四期7段（春秋早期前段）有2件铜器铭文涉及“邓公”，其中不故中夫人簋（盖）受器者为“邓公”，邓初生匜的受“邓公”酬金，二者“邓”“公”以及“隹”等相同文字的字体十分接近，如果不是同一位“邓公”，也是前后相继者。

第四期8段（春秋早期后段）仅见铭文拓本的邓公午簋，其铭文特征明显较前段二器晚，其间有缺环。该“邓公午”被认为是邓国的最后一位国君“邓祁侯吾离”[②]，铜器铭文与传世文献对邓国国君的称呼有别，铜器铭文均为“公”，仅此一例的文献为“侯”。

通过对不同时代“邓公”铭文的梳理，可以排出多代“邓公”：

盂爵之“邓伯”→邓公盉之“邓公”……西安文物中心鼎之“邓公”→传世邓公簋（拓本）之“邓公”……邓公作应嫚簋之“邓公”→“邓公牧”……不故中夫人簋（盖）之“邓公”、邓初生匜之“邓公”（二者或为同一人，或有前后关系，但难以区分）……“邓公午”（或即为邓祁侯吾离）。

---

① 中国社会科学院考古研究所：《殷周金文集成释文（第五卷）》第9104器，香港中文大学出版社，2001年，第305页。

② 徐少华：《邓国铜器综考》，《考古》2013年第5期。

（二）邓国国姓

徐少华通过邓孟壶、邓公作应嫚簋、邓伯氏鼎等邓国铜器铭文考证出邓国姓为“嫚”姓①，该结论已成学界共识。这也与前引传世文献记楚武王夫人“邓嫚”一致。

与邓公作应嫚簋等铭文相对应的类似辞例还可举出最新出土的随仲嬭（芈）加鼎的例子，后者主要铭文为：“楚王媵随仲嬭（芈）加飤（食）緐。”②该鼎器主为嬭（芈）加，是“楚王”的女儿，楚国姓正是“嬭（芈）”，“仲”字说明其排行第二，“媵”字证实该器为陪嫁品，“随”就是嬭（芈）加的夫国，“食緐”则为“食器”鼎的别称。而前者主要铭文为：“登（鄧）公作应嫚毗媵簋。”器主为“嫚毗”，“邓公”的女儿，“应”显然为其夫国，“媵”标识了该簋的性质，“簋”即此器的自铭。二者格式几乎一样，从而证实邓国姓为“嫚”。嬭（芈）加鼎原为私人收藏，后为考古发掘所证实③。当然，其时此类媵器的例子还很多，不再一一赘述。

第二节　周文化体系下的邓文化演进

邓文化是周代分封诸侯国——邓国的文化，属于周王朝封国文化的一部分，其源于周王朝分封邓国，并长期在周文化的主导下形成、发展；同时，紧跟邓国历史进程，它又在形成、发展过程中受到多种因素的影响，呈现出渐进变化的特点。

一、邓文化的来源

邓文化的起源与邓国受封密切相关。

根据文献记载和学者研究，“邓”的最早起源可能跟史前“邓”部落相关，《路

① 徐少华：《周代南土历史地理与文化》，武汉大学出版社，1994年，第10、11页；徐少华：《邓国铜器综考》，《考古》2013年第5期。

② 曹锦炎：《“曾”、“随”二国的证据——论新发现的随仲嬭加鼎》，《江汉考古》2011年第4期。

③ 湖北省文物考古研究所、北京大学考古文博学院、随州市博物馆：《湖北随州枣树林墓地2019年发掘收获》，《江汉考古》2019年第3期；郭长江、李晓杨、凡国栋：《嬭加编钟铭文的初步释读》，《江汉考古》2019年第3期；湖北省文物考古研究所、北京大学考古文博学院、随州市博物馆：《湖北随州市枣树林春秋曾国贵族墓地》，《考古》2020年第7期。

史·国名纪己》之“古国”下“三皇之世”记有“邓，黄臣邓伯温”[①]。该黄帝之臣邓伯温很可能就是当时邓部族的首领，邓部族为黄帝部落联盟成员；帝舜“故三徙成都，至邓之虚而十有万家”[②]，“邓之墟”应该就是邓部族的故地、故墟，认为邓部族应是中原氏族社会时期一个具有一定经济、文化水平的古族，夏商以前在黄河流域就有了广泛活动[③]。相同章节之“夏世侯伯”记有“汤御登恒，有登氏”[④]。该“登恒”为商汤之“御”，因此有了“登”氏。据前述铜器铭文所考，“登”即“鄧”，二者相通，或表明邓部族在夏末商初依然存在，并与商王族保持着密切的关系。而《路史·后纪九下》云：“初，武丁封季父于河北曼，曰蔓侯，有曼氏。”[⑤]此曼、蔓即嫚，为邓国国姓（参前章铜器铭文的分析），似乎可继续梳理出邓国在商代晚期的踪迹。不过，这些记载似乎多有附会成分，只能大致说明邓在商代很可能仍为“封国”，具体情况尚处于模糊状态。毕竟甲骨文中并无“邓”为国之内容。这一时期及之前的邓文化也无从考证。

直至西周初年，如前引历史文献和传世铜器铭文都有邓国的相关记载，尽管很少，但也为我们提供了西周早期邓立国的信息，即其于西周初年被封，并处周之“南土”，至楚文王十二年（前678年），邓为楚所灭。

而关于“邓”的来源和族姓，《路史》有多处记载：一说为“仲康子国”即夏后、姒姓，一说夏后、曼姓，一说为商后、子姓，莫衷一是，或许因成书太晚、无法考证之故。不过，周代邓国的国“姓”，前考已明确为“嫚”。

当然，西周邓国是否为商王朝甚至夏王朝时期的邓国，因资料缺乏尚难认定，但它作为西周异姓诸侯国存在当无问题。

可以说，因为西周时期邓国的受封，邓文化随即产生，邓文化与周王朝其他封国文化一样，共同构成了丰富多彩的周封国文化的整体。也正因邓国为周王朝的封国，其文化的主源当为周文化，这一点在文化面貌上表现得十分清晰，而且时代越早，这种特征越明显。同时，由于邓国为异姓诸侯国，按照一般情况，其被周王朝分封前应有一定的地位，或者说其部族甚至古国存在的时间要早于受封时的西周早期，那么，该部族或古国至少已有一定的文化水平，具有一定的自身特色。此外，该部族或古国

① 陆费逵总勘，高时显、吴汝霖辑校，丁辅之监造：《路史·国名纪己》，《四部备要》，上海中华书局据原刻本校刊，1936年，第376页。

② （清）王先谦编著：《庄子集解（二）》卷六《徐无鬼第二十四》，成都古籍书店据商务印书馆“国学基本丛书”本1934年版影印，1988年，第51页。

③ 徐少华：《周代南土历史地理与文化》，武汉大学出版社，1994年，第10页。

④ 陆费逵总勘，高时显、吴汝霖辑校，丁辅之监造：《路史·国名纪己》，《四部备要》，上海中华书局据原刻本校刊，1936年，第382页。

⑤ 陆费逵总勘，高时显、吴汝霖辑校，丁辅之监造：《路史·后纪九下》，《四部备要》，上海中华书局据原刻本校刊，1936年，第115页。

在发展过程中会与周围部族或古国发生某种程度的交往，或许还有一定的文化融合因素，而且因受所处环境影响甚至具有地域文化因素。这些因素共同构成了邓文化的来源，只是有主有次而已。

二、邓文化的形成

由于早期历史文献有关邓国的记载极少，我们只能从文献的只言片语中大致了解其文化具有一定水平，但具体面貌如何，也只能主要借助传世或出土实物或者说考古学文化面貌来探究。传世或出土遗物、遗存的时代与周代历史发展脉络基本一致，西周早期应该是周代邓文化的萌芽期，西周中期是其形成期。

（一）萌芽期

目前我们可以确认的邓文化传世或出土实物中时代最早者为西周早期前段的邓公盉，后段的邓小仲方鼎、邓仲牺尊，它们均是十分成熟的器物。其形制、纹饰与商代晚期同类铜器有着较多相似性，结合此类商式器在周人核心区——丰镐地区发现较多的情况分析，早期周文化也应该受到了商文化的较大影响，以致自身也制造并使用了大量此类器物。而邓文化的这类器物实际是在周人影响下铸造甚至可能就是在周王畿内铸造后赏赐给邓国贵族的，这种情况在任何王朝更替时期都存在。随着王朝主流文化的逐步自主化，前朝文化的影响渐次减弱，当然作为前朝遗族或封国文化继承的这种延续性则要长一些。

作为邓文化最早的遗存仅有小马家遗址H3，平面近圆形，斜壁，近平底，形制与周文化核心区没有区别，填土的包含物也差不多，只是填土的黏性更强，这与地方土壤性质有关。出土物均为陶片，其陶质、纹饰、器类继承了周文化的特征，但陶色中黑（红胎）、红陶占比达80%以上，与周文化核心区以褐、灰陶为主有明显不同。黑、红陶为主的情况与相距不远、时代大体相同的枣阳毛狗洞遗址H1[①]出土陶器的陶色占比差不多。这说明，以黑、红陶陶色占比居大半的现象或许是汉江中游区域的共同特点。该灰坑出土的1件可大致复原的深腹分裆锥足鬲（H3：1）显然有殷式鬲的风格，其原因或许跟上述同时期的邓国铜器差不多，但同时其深腹的风格又有区域特点，这在前述对比的毛狗洞H1多件同类鬲中也可以找到共同点。

可以说，西周早期是目前所见邓文化实物最早的时段，其文化面貌具有商、周二元特征，并有少量的地域文化特点。

---

① 襄樊市博物馆：《湖北枣阳毛狗洞遗址调查》，《江汉考古》1988年第3期。

（二）形成期

到西周中期，小马家遗址H1是前段遗存的代表，中期后段遗存数量较多，除了小马家遗址H2外，还有周家岗遗址H7和吴家湖遗址部分遗存。该时期灰坑的形制、填土与前期差不多，在周文化区也是最为普遍的类型，较强的黏土特性则是本区域的特色。出土物也均为陶片，陶质的占比与前期和周文化核心区差别均不大；陶色则基本继承前期特点，红、黑陶占比高，灰陶很少，而周文化核心区的灰陶占比高。装饰均以绳纹为主，本期遗存的中、细、粗绳纹占比因遗存不同有所区别，其中小马家遗址H2细绳纹占比很高，中绳纹很少；其他遗存的中绳纹占比相对较高，细绳纹较少。与周文化核心区中，中绳纹占比很高、细绳纹占比少有明显的不同，即因遗存的不同纹饰的占比既有相同也有差别。在器类上，仍主要为日用器，类别与前期基本相同。但在器物形制上则又有一定的发展和变化，新出现了周文化的典型器物——袋足鬲、较高圈足敞口碗形簋，还有浅圈足盘，这应该是周文化得到强化后摒弃商文化、自身文化占据主流的结果，此时的邓文化也主要受周文化控制。不过，新出现的柱足鬲尽管在周文化核心区遗存中有所发现，但不占主流。而根据考古发现，这种相对较瘦高的柱足鬲是整个江汉流域两周时期普遍流行的一种鬲，看来应该是区域文化的特色器物，它们在周文化核心区的发现反而证明了周文化同时也接受了江汉地域文化的因素。即使是这种柱足鬲，它又与周文化鬲瘪裆的典型特征结合了起来，从这个意义上讲，周文化又对这种鬲文化有着较大的反作用；本地柱足鬲与周文化同类鬲的不同还表现在，腹部较后者深，足跟相对较矮，足腔深，呈矮截锥状，发现了不少二次包制的鬲足，且这一时期几乎不见弧裆等。前、后段新出现的折肩罐、弓形耳双耳罐很显然也是周文化的代表性器物，但邓文化的折肩罐为泥质红陶，器型更大，颈更长，肩更宽且折肩部位在上部，纹饰极细，同样有自身特色，这一点在陶系上与上述对比的枣阳毛狗洞H1陶罐[①]一致，但后者整体瘦长、矮领，形制区别较为明显。同时，在后段新出现了一种素面或弦纹盂，折肩或圆折肩，也见于丰镐地区的周文化遗存中；但侈口长颈圆腹圜底壶在同时期的其他区域包括周文化核心区尚未发现，当为具有自身特色的器物。

本期前后段的铜器B型Ⅰ式鼎（西安市文物中心鼎）、A型Ⅰ式簋（邓公作应嫚簋）为征集或出土所得，它们与前期铜器相比区别明显，其形制、纹饰乃至铭文字体、格式等都与周文化典型器物完全一致，是典型的周式器。而“邓公作应嫚簋”共4件，形制、纹饰及铭文完全相同，只是大小略异，应是同时铸造的器物，为“邓公”

① 襄樊市博物馆：《湖北枣阳毛狗洞遗址调查》，《江汉考古》1988年第3期。

嫁女“嫚毗”到应国的媵器。应国为武王之后，是周王朝的同姓诸侯国，其作为周文化的守护者担当着重要角色，邓国与应国的通婚也有着文化上的趋同性。B型Ⅰ式簋仅见拓本，从铭文字体、格式看，也与周文化的典型特征相同。

这一时期，邓文化受到周文化的强烈影响，主体文化为周文化，商文化元素大大减少；同时也有地域文化特征，甚至可以见到周文化与地方文化结合的器物。除此外，还有一定的自身文化特色。这应该是邓文化形成过程中的特色。

三、邓文化的发展

西周晚期到春秋早期前段是邓文化的发展期。该时期发现的邓文化遗存、遗物都相对较多。有地层，更多的是灰坑，还有房址和水井。灰坑与前期相比，类型更为丰富，但均为弧壁或直壁，锅底或近平底，依然不见周文化核心区的袋状灰坑，这一点应为地域性特征，与本地土壤的直立性差密切相关；其功能除部分可能为残存的地层底部外，基本为垃圾坑。房址为多间地面建筑。水井为圆筒形土井，形制具有当时的普遍特征。

此外，也有少量墓葬，均为不带墓道的中小型竖穴土坑墓，以小型墓为主，中型墓很少，暂未发现大型墓。墓葬方向中，仅沈岗M694为30°，这是该区所见时代最早的一座墓葬，或许表明墓主即邓人的来源在北方；其余墓葬方向为182°～205°。属西周晚期前段的一座墓（沈岗M694）墓底有腰坑，这是商文化动物殉葬或祭祀的孑遗，但该墓未发现动物骨骼，周文化核心区也有少量的墓葬有腰坑。而到春秋早期前段，个别墓出现了壁龛，壁龛在张家坡西周墓地尚未发现；墓底不见腰坑，但个别贵族墓有朱砂铺底（擂鼓台M2），这种朱砂葬实际是一种很古老的葬俗，新石器时代即已出现，夏商沿袭，直至战国时期，且一般用在等级较高的墓葬中[①]。

葬具除2座单椁单棺外，均为单棺。人骨架保存者极少，均为仰身直肢葬，面朝上或一侧，上肢下垂或交叉放置于腹部，下肢伸直，这也是常见的葬式。一般陶、铜器容器置于棺外一端或壁龛内，个别铜兵器置于棺内，玉佩饰和殓玉见于棺内头部附近，推测下葬时佩饰戴在头上或含在口内。遗存内出土了大量的陶器，具有典型特征的是生活用器。

从西周晚期前段到春秋早期前段，随着时间的推移，陶器中夹砂陶、红陶和细绳纹的比例逐步降低，泥质陶、灰陶、中绳纹的比例逐步增加并占据主流，这一点与周

① 方辉：《论史前及夏时期的朱砂葬——兼论帝尧与丹朱传说》，《文史哲》2015年第2期；方辉、李玮涓：《殷墟使用朱砂情况的考察》，《中原文物》2022年第1期。

文化核心区的情况区别较大，与汉水中游地区同时代遗存的情况则大体相同。值得注意的是，西周晚期前段的沈岗M694陶器簋、豆、罐的数量均为偶数，是陶器偶数组合的最早形态。陶器类别中的日用器基本没有变化，仿铜礼器方面，簋、壶继续发展，新见陶鼎。日用陶器按照自身的轨迹发展，锥足鬲数量极少，袋足鬲仍有发现；作为主流的柱足鬲口有大口、小口之分，足渐高，但裆内瘪程度渐小；同时，鬲肩部密集装饰弦纹的现象也远多于汉江流域的其他遗存出土鬲。盂由折肩向圆肩、弧肩变化。豆盘由折盘变为弧盘，豆柄由矮粗柄加凸箍变为矮粗柄无箍，再变为细高柄镂孔，两周之际开始出现的素面细柄折盘豆似乎开始摆脱周文化的影响而有所变化。罐的类型较多，源于周文化的折肩罐变化明显，颈变短，肩收窄，最大径下移，而作为区域特色的圆腹罐变化不明显。作为本地特色的形体较大的器盖从西周晚期前段出现，并一直沿用，变化不大。鼎虽仅见耳、足，但可看出其长方形绳纹耳、柱足的特征似乎较为特殊，与同时期的铜鼎区别明显，是否为邓文化的特有器物因缺乏完整器的对比难有定论；簋依然是较为典型的周式簋；壶的特征很明确，延续了本文化西周中期后段壶的特征，只是颈部有装饰。

本时期的铜容器有传世、征集和出土所得，无论其来源如何，铜器的类别、形制、纹饰及铭文字体、格式等均与周文化核心区及其同姓诸侯国如晋国、虢国、应国等铜器的类别和所出同类铜器的形制、纹饰及铭文字体、格式基本相同，特别是可以确认的春秋早期前段的铜器之鼎、簋组合即是传统的周文化核心组合。不过，我们从铭文内容可以看出，传世邓伯氏鼎铭文出现了“邓”历，表明邓国已有了自己的历法体系，春秋早期前段的不姑中夫人簋盖也有“邓”历的表述，是对前期的继承。

春秋早期前段完整组合的擂鼓台M2随葬容器组合为鼎、簋、提梁卣、罍，这是西周早期周文化常见的组合形式，其出现于春秋早期前段，应是复古或模仿早期组合、器型的缘故，这在同时期的晋、鄂国墓地都有发现[①]，或是当时周王朝重要诸侯国的普遍现象，但不见于楚国（如当阳赵家湖墓地同时期墓葬尚未发现[②]）。擂鼓台M2出土鼎、簋各2件，这种偶数核心器的组合具有自身特点，稍晚的黄君孟夫妇墓G1、G2为鼎、豆、壶各2件组合，但在周文化核心区及晋国、虢国、应国等姬姓诸侯国墓地不见，这在该时期是独立出现的一种葬制，后来在楚墓中多见，或许是邓文化对楚文化的一种影响。同时，该墓中的提梁卣、罍常见于商代晚期和西周早期，之后很少见。此外，商代晚期铜鼎也多成对出现，如妇好墓出土的31件青铜鼎，不少为成对出现，包括司母辛方鼎（M5：789、M5：809），大小差不多，以及扁方足鼎（M5：812、

① 徐少华：《关于南阳夏饷铺鄂国墓地的几个问题》，《江汉考古》2022年第2期。

② 湖北省宜昌地区博物馆、北京大学考古系：《当阳赵家湖楚墓》，文物出版社，1992年。

M5：813），等等[1]。正如前述承商代风格的西周早期邓小仲方鼎、邓仲牺尊也各为2件，这种情况或许表明邓国的这种传统承继商人而来，或者说西周邓国与商代邓国有着某种联系。同时，该墓提梁卣、罍的风格特殊，盖纽各为一鸟，基本不见于周文化和其他姬姓诸侯国铜器中，应是其时邓文化的特色，很可能在继承早期的邓仲牺尊鸟纽风格的基础上发展而来。

而春秋早期前段的少量铜兵器戈、矛、镞等的形制与周王朝同姓诸侯国虢国、曾国的戈相同，基本没有变化；一个特点就是戈出现“毁兵”现象，即戈援部分被人为敲断后并未下葬，致使戈残缺，这种现象在张家坡西周墓地、北窑西周墓地和三门峡虢国墓地、平顶山应国墓地等较早的墓葬中都有发现，看来是周代葬俗的普遍现象。不过，擂鼓台M2作为贵族身份的男主人仅随葬兵器，不随葬车马器也有一定的自身特点，与同时期的晋国、虢国墓地同时期同身份的男性墓主既有兵器又有车马器随葬不同。

至于这一时期的极少量玉器，同样具有普遍性特征，地域或自身特色不明显。

如上所述，这一时期的邓文化依然具有三重性，即周文化占据主导地位，但也有一定的地域文化特征和自身文化传统因素。

四、邓文化的衰落

春秋早期后段是邓文化最后的衰亡期，主要是邓国受到强大的楚国北上争霸的冲击，经过几次战争后，邓国为楚所灭，邓文化逐步衰落，作为国别意义的邓文化最终走向消亡。

该时期遗存的数量进一步增加。灰坑形制与前期差别不大，但平面形状更丰富，如出现三叶形、五边形等，少量灰坑坑壁呈台阶状，有的经人工修整，底部有的凸凹不平；灰坑除了做垃圾坑外，王家巷遗址的多座灰坑先期为因制坯取土形成，之后才作为垃圾坑所用；这时期也不见袋状灰坑。灰沟为长条形或弯曲形，前者较长，口部较宽，底有淤泥，很可能为防御性的壕沟，这在他地不见；后者作用不明。水井为沿用前期而来，即该井的使用时间较长，直到本时期。这一时期还有陶窑，其形制与其他地区相比具有一定的独特性，如窑室前部正中有立柱、有的窑室底部有浅槽等。

墓葬发现较多，规模大多为较小的小型墓，但也有墓葬开口较大的中型墓，墓葬方向中，卞营墓地4座墓（M473、M474、M477、M488）为西偏北，即295°~310°，韩岗墓地21座墓葬（M31、M32、M35、M36、M42、M45、M51、M58、M63~M65、M67~M73、M90~M92）朝西，即250°~290°，这或许与墓地的属性

① 中国社会科学院考古研究所：《殷墟妇好墓》，文物出版社，1980年，第31-34页。

相关，其余墓葬均大致南向，在162°～205°。继承前期传统，仍有部分墓葬设壁龛和腰坑。葬具多为单棺，少量为单椁单棺，部分棺内底铺有一层朱砂。单椁单棺墓一般分为头箱和棺箱。所见人骨架完整者不多，有的只有头、肢骨或牙齿，可辨葬式者大多为仰身直肢葬，有的双手抱于胸前，与前期差不多；极少量为侧身直肢、侧身屈肢葬。随葬器物的放置情况基本与前期相同，但出现了个别墓葬随葬器物置于棺盖上的现象，这一点较为特别。此外，相当一部分墓葬为空墓，或仅随葬少量玉器特别是仅见殓玉的情况多见，这在其他诸侯国少见。

遗存内的陶器数量多，其中王家巷制陶作坊遗址内出土了较多的制陶工具，这一点可与该遗址的性质相印证，除此外就是大量的陶质容器，这一时期的泥质陶占大半，夹砂陶很少；陶色中灰陶居多，褐陶次之，红、黑陶很少。器表素面陶的比例近半，装饰纹样大多为绳纹，其中中绳纹占比高，粗绳纹总量不多，但与发展期相比有较大程度的增加，细绳纹极少，还有少量弦纹和极少量附加堆纹、刻划纹、圆圈纹及暗纹，即纹饰的种类跟前期基本一致，只是占比已发生较大变化。器类也基本延续前期，分为鬲、甗、盂、豆、罐、器盖等生活用器和鼎、簋、壶等仿铜礼器两大类，前者多，后者少。此时的鬲、甗均为柱足，基本呈微瘪裆，极少量近弧裆，足整体变高，足腔变浅，大多饰中、粗绳纹，自身特色更浓；锥足、袋足鬲消失，但出现了一种器型很小的素面或弦纹柱足鬲，这种鬲的形制也较为独特，基本不见于他地。盂无论是素面、弦纹还是绳纹，都变成了圆肩或弧肩盂了，进一步确认了自身的特色。豆均为弧盘，除了少量矮细柄无箍外，基本演变为较高直柄了，成为江汉流域普遍流行的样式，而与中原地区高直柄折盘豆的变化趋势区别明显；其中少量柄中或上部有象征性箍或浅凹槽，少量高柄镂孔豆似乎来源于鄂东南地区；绝大部分素面，极少量外壁有黑彩几何纹装饰，这一点在本时期也主要发现于邓文化遗存中。自西周中期前段开始流行的折肩罐消失，具有地域特色的圆肩绳纹罐数量增多，整体形制变化不大，其他源于周文化核心区的素面、肩部弦纹圆腹罐和双弓耳罐仍有少量发现。较大形体的弧壁或折壁器盖也发现较多，形制变化较小。鼎子口附耳扁鼓腹柱足鼎，其形制与邓文化遗存同期或较早时期的铜鼎差别非常明显，来源待考；最晚形制的蹄足鼎出现，主要见耳和足，足上有密集的圆圈纹，其与稍晚的楚式鼎几乎一致，或属楚文化影响所致。而簋继续使用，形制与前期大体相同，即为较典型的周式簋，但此时这种陶簋在周文化核心区甚至周同姓诸侯国如晋国、虢国、应国等遗存中基本不见，或许意味着邓文化在继承周文化方面的传统更强，也可能存在一定的滞后性。至于壶，一种长颈圆鼓腹壶形体较大，自西周中期后段发展而来，其表面装饰黑彩几何纹的现象与同遗存豆的装饰相同；而长颈扁鼓腹小型壶则很少见，较为独特。

本时期的铜容器主要发现于擂鼓台M1，王坡M1、M55。擂鼓台M1时代稍早，随葬容器鼎、簋各2件，继续保持偶数核心器组合。其与擂鼓台M2为夫妻异穴合葬，这种情况在周文化核心区和晋国、虢国等墓地都有发现。王坡M1仅1件鼎。王坡M55为完整组合，特别其鼎、簋、壶、盘、匜是一套完整的祭器组合，而从数量上看，主体为五鼎六簋，与传统意义上周文化西周早期开始出现的五鼎四簋组合稍有差别，后者在周和同姓及其他诸侯国中均发现较多。如虢国墓地M2011为五鼎、四簋、二（方）壶、一盘、一匜，均不带墓道，但该墓的规模还略小于王坡M55，但是单椁重棺，且随葬品的种类和数量更多，墓葬时代为西周晚期，墓主人为虢国大夫[①]；洛阳润阳广场CIM9950规模也小于王坡M55，单椁重棺，铜器组合为五鼎、四簋、二（方）壶、二盘（缺匜），还有一甗、四鬲、一盉、二铺（豆），墓葬时代为春秋早期，墓主人身份为大夫级[②]。户县宋村春秋早期三号秦墓的组合也相近，墓葬底大于口，但规模仍小于王坡M55，葬具为单椁单棺，随葬铜器组合为五鼎、四簋、一甗、二壶、一盘、一匜，该墓有殉人4个。墓主人身份也为大夫级[③]，该墓也应是受周文化的深刻影响。苏家垄墓地春秋早期后段的M79随葬核心祭器2套，其中1套为五（升）鼎、四簋、四鬲等，葬具为单椁单棺；根据铜器铭文推测，墓主人为“曾伯桼”，应为曾国的高等级贵族[④]。

当然，根据现有资料，墓葬铜器组合中簋较鼎多1件的情况发现不少，如三鼎四簋、四鼎五簋等，类似王坡墓地M55五鼎六簋组合的情况在平顶山应国墓地中有所发现。如应国墓地西周晚期的M95，墓口稍小于王坡M55，为5.2米×3.9米，葬具为单椁单棺，棺内底铺有朱砂。铜器组合为五鼎（2件为明器）、六簋（2件为明器）、二方壶、二盘、二匜，还有四鬲（侯氏作姚式鬲）、三盨、一甗、一尊、七编钟、九编铃等，加上该墓带墓道[⑤]，其等级显然较王坡M55为高，有专家考证为“应侯”[⑥]，这也间接证明了王坡M55等级较高。稍晚的还有应国墓地西周末期M1，残存墓口为4.65米×3.1米，较王坡M55小，葬具为单椁单棺，随葬的铜容器有五鼎（列鼎）、六簋、二方壶、一盘、一盉、一甗、一方彝[⑦]，后三种器物不一样，但缺匜。整体来说，周王朝和

① 河南省文物考古研究所、三门峡市文物工作队：《三门峡虢国墓地M2010的清理》，《文物》2000年第12期。

② 洛阳市文物工作队：《河南洛阳市润阳广场C1M9950号东周墓葬的发掘》，《考古》2009年第12期。

③ 陕西省文管会秦墓发掘组：《陕西户县宋村春秋秦墓发掘简报》，《文物》1975年第10期。

④ 方勤、胡长春、席奇峰：《湖北京山苏家垄遗址考古收获》，《江汉考古》2017年第6期。

⑤ 河南省文物考古研究所、平顶山市文物管理委员会：《平顶山应国墓地九十五号墓的发掘》，《华夏考古》1992年第3期。

⑥ 王龙正：《平顶山应国墓地九十五号墓年代、墓主及相关问题》，《华夏考古》1995年第4期。

⑦ 河南省文物研究所、平顶山市文管会：《平顶山市北滍村两周墓地一号墓发掘简报》，《华夏考古》1988年第1期。

虢国、应国墓地同等规模的铜容器组合中有甗参与，邓国墓地未见，表明其组合中有相同也有不同。

而该段核心铜容器的形制、纹饰与前期相比变化不太大，仍是以周文化为祖型，继承了前期的特征，同时部分器物形制又有了自身的变化。如A型Ⅴ、Ⅵ式簋与洛阳地区同时代的簋相比就有所区别；纹饰的线条更密，或部分纹饰有不规整的现象，个别铜器铭文行文顺序出现从左向右的情况，这些都有自身的特点。春秋早中期之际的王坡墓地M55一套代表性容器可能因为铸造或明器的原因，整体较为简陋，器体较薄，形制上变化较大，如鼎侈口浅腹，簋扁鼓腹且圈足下无小足，壶腹扁鼓更甚等。特别是纹饰简化特点更突出，自西周晚期以来的重环纹有的简化为“T”形线条，有的简化为前后直接无分隔的衔接；垂鳞纹整体变长，且其内线条有曲折或卷曲现象。本段新出现了春秋中期开始流行的蟠螭纹。铭文字体、行文顺序、历法表述等似乎更为随意或草率。从而表现出文化衰落的迹象。

本段也有部分兵器和车马器，并非主流铜器，其器类、形制、纹饰与周文化及其同姓诸侯国文化同类器基本相同。其中戈也有毁兵情况。但个别内上鸟纹，马镳、环上的索纹特征及王坡墓地M55片饰罕见于其他地区。而该阶段的玉器几乎是周文化同类器的“翻版”。同时，王坡M1、M55除铜容器外，既随葬兵器也随葬车马器，这与前段擂鼓台M2仅随葬兵器而不随葬车马器有别，兵器与车马器同时随葬与后来诸多楚国贵族墓相同，其原因与同时段陶器发现较多楚文化因素相同。

此外，因为较多的墓葬仅出土时代特征相对模糊的小件玉器，我们只能笼统归为春秋早期，无法分出前后段。这批墓葬数量多，无论是墓葬形制，还是随葬器物的位置、形制、纹饰等都与春秋早期前、后段差不多，在此不做多的介绍。其中也发现少量棺内底铺一层朱砂，虽然之前的朱砂葬更多出现在贵族墓中，但从本段邓文化墓葬的规模均较小、葬具均为单棺且随葬品少的情况分析，这些墓主人身份等级不高，更多的可能只是平民，或许表明使用朱砂葬者向低等级延伸，应该是“礼崩乐坏”的反映。而作为史前葬俗的一种孑遗，是否与史前邓部族的文化传承有关尚难认定。

从墓葬的布局和墓葬规模、方向、形制看，除擂鼓台M1、M2外，沈岗、韩岗墓地也存在着夫妻并穴合葬的情况，这一点在商代即已出现，周代也有不少实例。

可见，在这一时期的偏早时段，邓文化仍有较为强大的生命力，它的主体虽仍为周文化因素，但自身因素也很强，到偏晚特别是春秋早中期之际，很可能因为楚国的兼并战争，国力削弱，文化也处于衰落期。约当春秋早中期之际的公元前678年，邓国被楚国灭亡。之后，邓文化逐步融入楚文化并最终汇入大一统的中华文化之中。

第三节　楚文化体系下的邓文化孑遗

《左传·庄公元年》载，楚文王十二年（前678年），楚灭邓，并设县治理[①]。邓国虽被灭，邓国公族很可能并未被楚国“灭族”，正如鄂国一样。

传世禹鼎记：“鄂侯驭方率南淮夷、东夷广伐南国、东国……。王乃命西六师、殷八师曰：‘裂伐鄂侯驭方，无遗寿幼。’”[②]（图3-3-1）。而据传世鄂侯驭方鼎铭文内容考证，鄂侯驭方曾到“坯”地见厉王，得到了厉王的赏赐（图3-3-2）[③]；其后又因反叛遭到灭国，推测鄂国被灭也当为西周晚期前段的厉王时期或稍晚。这一时期并上溯到西周早期的鄂国中心，因随州羊子山早年多件鄂器特别是M4的发现，基本被认定在羊子山墓地附近[④]。但在更晚的西周末期至春秋早期，又在今南阳市区以北不远的夏

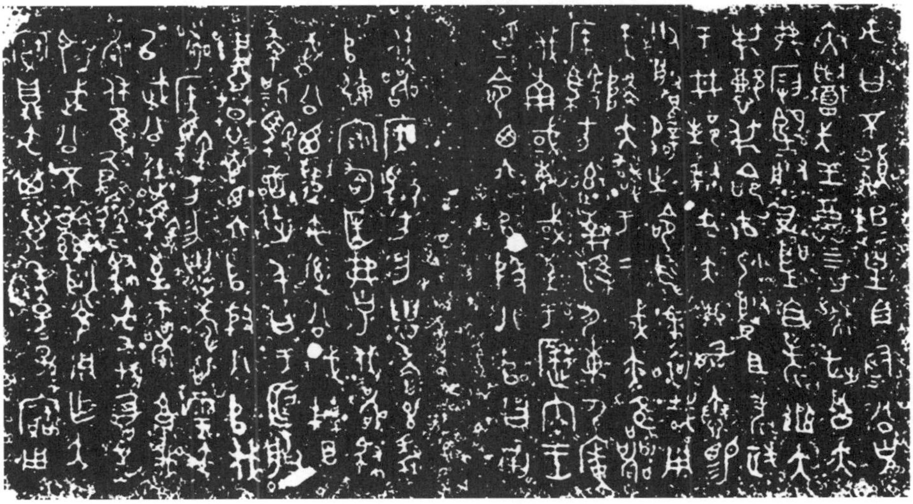

图3-3-1　禹鼎铭文拓本

① 石泉：《古邓国、邓县考》，《古代荆楚地理新探》，武汉大学出版社，1988年，第105-126页；徐少华：《周代南土历史地理与文化》，武汉大学出版社，1994年，第10-19页；王先福：《楚邓县故址考》，《湖北文理学院学报》2018年第12期。

② 中国社会科学院考古研究所：《殷周金文集成释文（第二卷）》第2833、2834器，香港中文大学出版社，2001年，第403、404页。

③ 中国社会科学院考古研究所：《殷周金文集成释文（第二卷）》第2810器，香港中文大学出版社，2001年，第376页。

④ 李学勤：《由新见青铜器看西周早期的鄂、曾、楚》，《文物》2010年第1期；张昌平：《论随州羊子山新出噩国青铜器》，《文物》2011年第11期；傅玥、高旭旌：《从羊子山M4青铜器群看西周鄂国的地望》，《楚文化研究论集（第九集）》，上海古籍出版社，2011年，第362页。

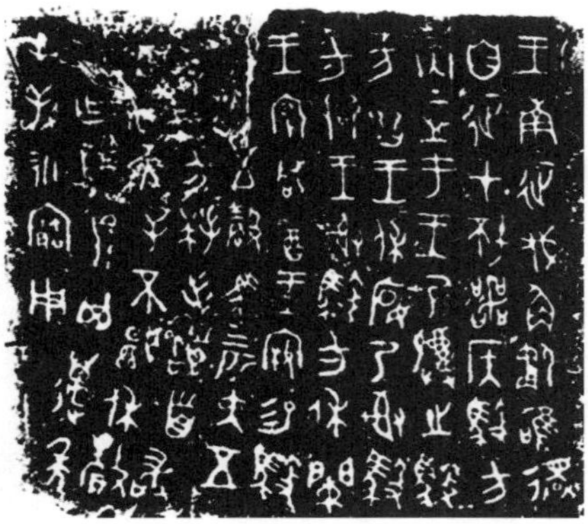

图3-3-2　鄂侯驭方鼎铭文拓本

饷铺发现了“鄂侯”的家族墓地[①]，从而表明，鄂公族并未被灭族，而是灭国后被从随州羊子山附近迁到了南阳夏饷铺附近。此类情况还有同位于南阳盆地的申国，徐少华从郧县肖家河出土的“申王之孙叔姜”簠入手，结合其他申国铜器铭文和传世文献分析后认为，楚文王灭申国后迁申人于他地，春秋晚期复国并回故地，战国早期依然存于世[②]。

从这个意义上来说，邓文化并未因灭国而消亡，而是有了新的演变路径。

一、灭国后“邓子”铭文铜器的属性与特征分析

目前发现邓被灭国后仍有“邓子”等铭文铜器，包括邓子仲盆、邓子與盘、邓子午鼎、邓鰲鼎等。徐少华在分析了春秋晚期邓子與盘、邓子午鼎、邓鰲鼎等铜器后认为，这几件“邓”器应该是邓国公族之用器，并指出，当年楚文王灭邓后并未使邓国绝祀，而是保留其公族并迁往他地安置[③]。楚国常用此办法，如克申、息后在二地设县，将两国公族迁往淮域安置[④]；近期在湖南汨罗市发现的罗城遗址很可能就是楚灭罗国迁罗人的居住点[⑤]等。若此，这几件铜器的特征即可视为邓文化之流。

---

① 崔本信、王伟：《南水北调中线工程南阳夏饷铺鄂国贵族墓地发掘成果》，《中国文物报》2013年1月4日第8版；王巍、赫德川、崔本信：《河南南阳夏响铺鄂国贵族墓地》，《大众考古》2014年第10期；河南省文物局南水北调办公室、南阳市文物考古研究所：《河南南阳夏饷铺鄂国墓地M19、M20发掘简报》，《江汉考古》2019年第4期；河南省文物局南水北调办公室、南阳市文物考古研究所：《河南南阳夏饷铺鄂国墓地M7、M16发掘简报》，《江汉考古》2019年第4期；河南省文物局南水北调办公室、南阳市文物考古研究所：《河南南阳夏饷铺鄂国墓地M1发掘简报》，《江汉考古》2019年第4期；河南省文物局南水北调文物保护办公室、南阳市文物考古研究所：《河南南阳夏饷铺鄂国墓地M5、M6发掘简报》，《江汉考古》2020年第3期；徐少华：《关于南阳夏饷铺鄂国墓地的几个问题》，《江汉考古》2022年第2期。

② 徐少华：《从叔姜簠析古申国历史与文化的有关问题》，《文物》2005年第3期。

③ 徐少华：《论近年来出土的几件春秋有铭邓器》，《古文字研究（第25辑）》，中华书局，2004年；徐少华：《邓国铜器综考》，《考古》2013年第5期。

④ 徐少华：《周代南土历史地理与文化》，武汉大学出版社，1994年，第28-47页。

⑤ 盛伟、何晓琳：《罗国遗都　南楚重镇——考古揭示最早楚文化入湘》，《中国文物报》2021年1月22日第4版。

1. 邓子仲盆

此盆仅存盖，湖南省博物馆征集，来源不详。敞口，平折沿，沿有两个对称的小缺口，弧壁，圈足状握手。弧壁饰多列勾连“S”形蟠螭纹（图3-3-3，1）。内底有五行31字（含重文）铭文：“隹八月初吉丁亥，鄧子仲擇其吉金，自乍（作）𨦃盆，其眉寿无疆，子子孫孫永寶用之。”[1]（图3-3-3，2）

该盆盖与传世曾孟嬭（芈）谏盆[2]形制、纹饰大体相近，只是曾孟嬭（芈）谏盆沿有卡扣，蟠螭纹由呈方块状缠绕的龙纹组成。而曾孟嬭（芈）谏盆与樊君夔盆（信阳平桥M1：10）几乎一致[3]，樊君夔墓的时代整体又与不晚于公元前648年的黄君孟墓[4]相当，推测该盆盖的时代不晚于春秋中期前段。该盆盖的此类蟠螭纹组合极少见，目前尚未发现该时期同类纹饰的典型楚式盆，结合此类纹饰很可能为春秋晚期流行的楚式铜器“S”形蟠虺纹[5]的早期形态来看，该盆或是时代较早的楚式盆。不过，其“S”形组合的纹饰或许受到了长江下游吴越文化的影响[6]。同时，该盆盖与曾孟嬭（芈）谏盆相同，而曾孟嬭谏盆属曾国贵族为所嫁楚国女子“嬭（芈）谏”自作之器，其风格或兼具曾、楚文化特征，这也是盆作为非典型楚式器具有多种文化来源的例证。

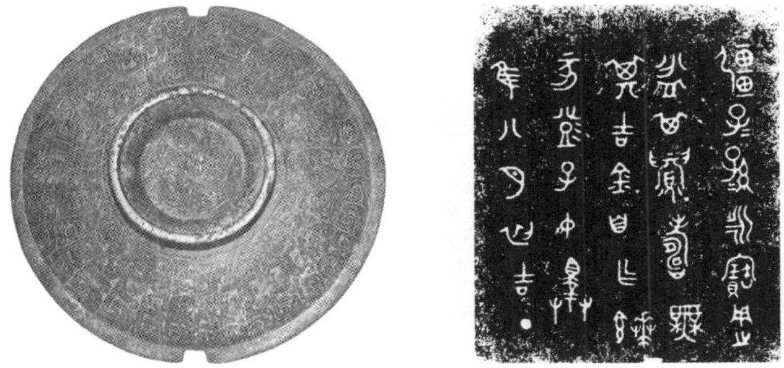

1　　　　　2

图3-3-3　邓子仲铜盆盖

1. 盆盖　2. 铭文拓片

① 湖南省博物馆：《介绍几件馆藏周代铜器》，《考古》1963年第12期。

② 曾昭岷、李瑾：《曾国和曾国铜器综考》，《江汉考古》1980年第1期。

③ 河南省博物馆、信阳地区文管会、信阳市文化局：《河南信阳市平桥春秋墓发掘简报》，《文物》1981年第1期。

④ 河南信阳地区文管会、光山县文管会：《春秋早期黄君孟夫妇墓发掘报告》，《考古》1984年第4期。

⑤ 王先福：《襄樊余岗墓地楚式青铜礼器分期研究》，《江汉考古》2010年第3期。

⑥ 郎剑锋：《东周吴越式青铜盖鼎刍议》，《考古》2022年第2期。

2. 邓子與盘

此盘出土于钟祥黄土坡墓地M3，敞口，平折沿，浅弧腹，圜底近平，两两对称四环耳，其中一对耳衔环，三兽面矮蹄足。上腹饰一周蟠虺纹下接一周内填卷云的三角纹，中腹饰一周索状凸弦纹；环耳及衔环面饰绹索纹（图3-3-4，1）。盘内底存铭文四行21字："隹正月初吉丁亥，鄧子與媵叔□盥□□□□子孙永……"（图3-3-4，2、3）。其时代被发掘者认定为春秋晚期前段[①]，徐少华认为在春秋晚期初年[②]。该盘与淅川下寺春秋中期晚段M36：7和春秋晚期前段M2：52之盘均十分接近[③]，这种盘显然是楚文化的典型器物。但不能确定黄土坡M3就是"邓子與"之墓，无法整体分析其文化面貌。

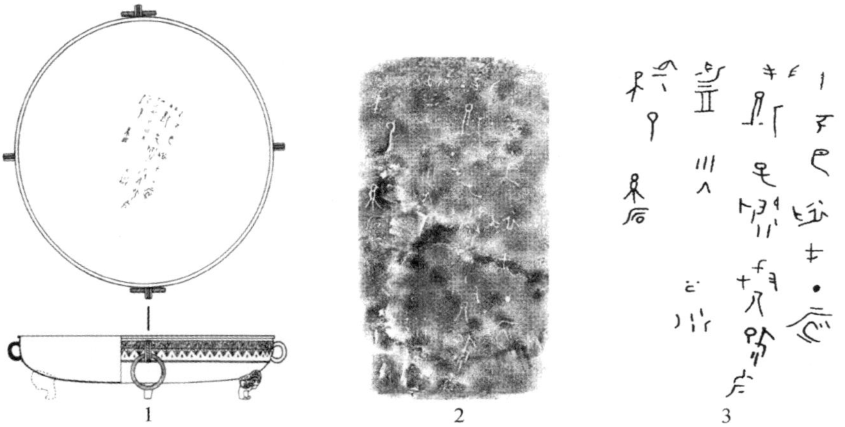

图3-3-4　邓子與铜盘

1. 盘　2. 铭文拓本　3. 铭文摹本

3. 邓鰲鼎

此鼎为湖北京山征集所得，现藏荆州博物馆，应为出土品，地点不详。微敛口，口外一箍，箍下微束，微折肩，较深弧腹内收，圜底近平，三兽面蹄足稍矮，附对称长方形耳；承浅弧盘状盖，盖顶有圆环状握手。上腹、盖各一、三道凸棱上下或内外饰细密蟠虺纹（图3-3-5，1）。鼎内壁、盖内顶各有铭文1行5字："登（鄧）鰲之飤鼎。"（图3-3-5，2）其时代为春秋晚期前段[④]，属典型的楚式鼎。该鼎与淅川下寺

① 刘昌银：《钟祥出土的邓子盘》，《江汉考古》1993年第4期；荆州博物馆、钟祥市博物馆：《湖北钟祥黄土坡东周秦代墓发掘报告》，《考古学报》2009年第2期。

② 徐少华：《邓国铜器综考》，《考古》2013年第5期。

③ 河南省文物研究所、河南省丹江库区考古发掘队、淅川县博物馆：《淅川下寺春秋楚墓》，文物出版社，1991年，第43、134页。

④ 刘彬徽：《湖北出土两周金文国别年代考述》，《古文字研究（第13辑）》，中华书局，1986年，第257页；刘彬徽：《楚系青铜器研究》，湖北教育出版社，1995年，第323、434页。

1

2

图3-3-5　邓鰲鼎
1. 鼎　2.铭文拓本

乙组春秋晚期前段的M1：67鼎[①]相近，并基本同于麻城李家湾M70：3鼎，麻城李家湾M70：3鼎上有“楚旒之石沱”铭文，据考证，旒可能就是公元前575年晋楚鄢陵之战中为晋军所俘获的楚公子茷[②]，二者年代相当。

4. 邓子午鼎

此鼎为武汉市文物商店所征集，从锈迹情况推测原应为出土品，但出土地点不详。微敛口，口外一箍，深弧腹内收，圜底近平，三较高兽蹄足，两附长方形耳略外撇；承浅弧盘状盖，盖周三环纽，顶心有纽（环失）。上腹一道凸棱上下及盖壁三道凸棱内外各饰一、二周二方连续蟠虺纹（图3-3-6，1）。盖内壁铭文一行7字：“盅子□自作飤鐈。”器内壁铭文1行6字“鄧（邓）子午之飤鐈”（图3-3-6，2）[③]。该鼎的形制、纹饰也是典型的楚式鼎风格，与淅川下寺春秋晚期后段M10：48鼎[④]极为近似，此类鼎是春秋晚期至战国早期楚式鼎的常见器型，如襄阳山湾春秋末期M19：1[⑤]，淅

① 河南省文物研究所、河南省丹江库区考古发掘队、淅川县博物馆：《淅川下寺春秋楚墓》，文物出版社，1991年，第53页。

② 湖北省文物考古研究所：《湖北麻城市李家湾春秋楚墓》，《考古》2000年第5期。

③ 武汉市文物商店：《武汉市收集的几件重要的东周青铜器》，《江汉考古》1983年第2期。

④ 河南省文物研究所、河南省丹江库区考古发掘队、淅川县博物馆：《淅川下寺春秋楚墓》，文物出版社，1991年，第250页。

⑤ 湖北省博物馆：《襄阳山湾东周墓葬发掘报告》，《江汉考古》1983年第2期。

1

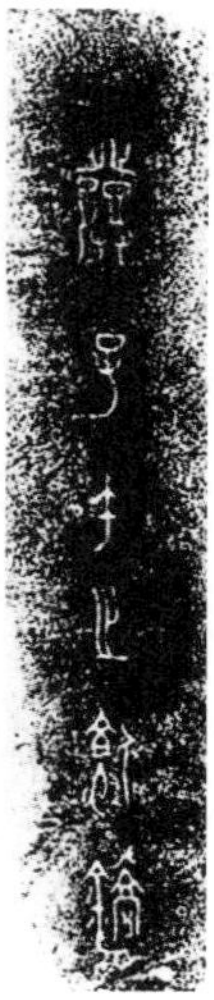

2

图3-3-6　邓子午铜鼎

1. 鼎　2. 鼎内壁铭文拓本

川徐家岭战国早期M1：5[①]，郧县肖家河春秋晚期XM1：1、XM1：2[②]等。从铭文内容看，“飤”表明了其性质，即与“食”相关，应为宴飨之器，“鐈”很可能是对“鼎”的别称，其性质应有别于其他鼎。自铭“鐈”的鼎，这是目前发现时代最早的1件，刘彬徽据《说文》考证认为“鐈”为长足，该型鼎即高足鼎，正与楚式鼎时代越晚足越高相对应[③]。其后直到战国中晚期，才有鐈鼎发现。包山二号墓遣策所记“二喬鼎”（简265）[④]，“喬”即“鐈”，研究者指出，这二鼎为2件铁足铜鼎（M2：150、M2：152）[⑤]。二鼎均为子口，上壁直，下腹弧收，腹相对较浅，三兽面蹄足高直，附对称长方形耳；承浅弧盘状盖，盖周三环纽，顶心有纽衔环。中腹、盖各有一、二道凸棱。从形制上看，后者与前者有明显的演进关系。而到战国晚期，“鐈鼎”自铭见于寿县楚幽王墓，即熊悍鼎，铭文为：“楚王熊忎战获兵铜，正月吉日，作铸鐈鼎（之盖），以供岁尝。”[⑥]其形制与前者基本相同。而按照“岁尝”的字义理解，该鼎应该属于重要的“祭器”了。但“鐈”之名是否因此鼎而首命名，抑或有更早的“邓”鼎之源在新的材料出来之前，可能仍应作为楚文化风格看待（表3-3-1）。

① 河南省文物考古研究所、南阳市文物考古研究所、淅川县博物馆：《淅川和尚岭与徐家岭楚墓》，大象出版社，2004年，第11页。

② 郧阳地区博物馆：《湖北郧县肖家河春秋楚墓》，《考古》1998年第4期。

③ 刘彬徽：《楚系青铜器研究》，湖北教育出版社，1995年，第115页。

④ 湖北省荆沙铁路考古队：《包山楚简》，文物出版社，1991年，第38页。

⑤ 湖北省荆沙铁路考古队：《包山楚墓》，文物出版社，1991年，第478页。

⑥ 商承祚：《十二家吉金图录·楚王熊忎鼎》，金陵大学中国文化研究所1935年影印本。

表3-3-1　春秋中晚期青铜“邓”器与楚式器对比表

<table>
<tr><th>时代</th><th>“邓”器</th><th>楚式器</th></tr>
<tr><td>春秋中期</td><td>
邓子仲盆盖</td><td>
曾孟嬭谏盆</td></tr>
<tr><td rowspan="2">春秋晚期前段</td><td>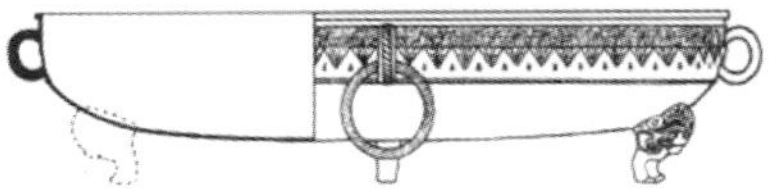
邓子與盘</td><td>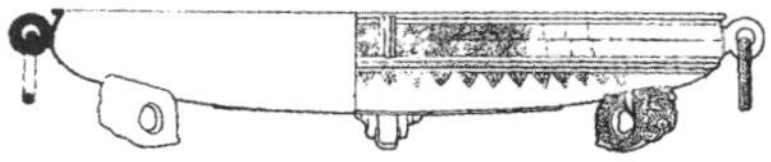
下寺M36：7
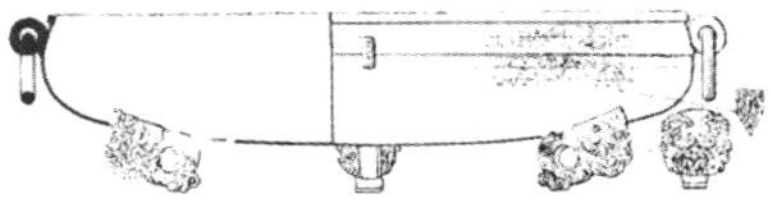
下寺M2：52</td></tr>
<tr><td>
邓鯗鼎</td><td>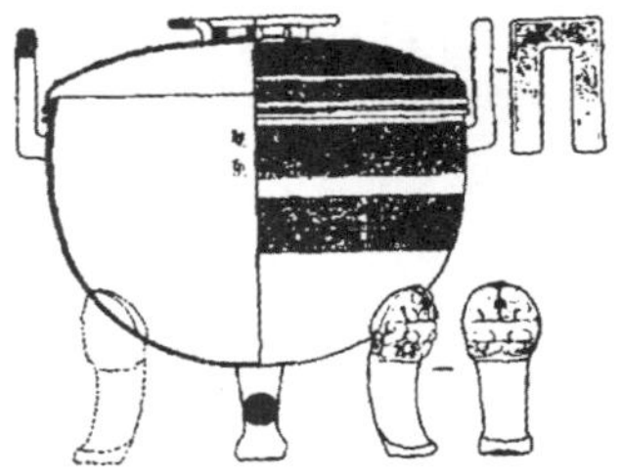
麻城李家湾M70：3</td></tr>
<tr><td>春秋晚期后段</td><td>
邓子午鼎</td><td>
下寺M10：48</td></tr>
</table>

二、邓国遗民墓地的发现与文化特征

一般情况下，楚灭邓迁其公族后，邓国的其他臣民至少会有部分仍然留在邓国的核心区，如果能找到其墓地则可以从多个方面了解邓文化的流变。

通过墓葬分布、规模、方向、形制和随葬器物特征的比较，我们在邓城城址东2千米的余岗墓地发现了一个墓区，其特征具有一定的独特性，很可能是邓国遗民的墓地。

（一）墓地概况

余岗墓地是一处分布范围很大的墓地（本墓地仅指邓城村余岗自然村周围集中分布的墓地，不包括早年发现被称为余岗墓地的山湾、蔡坡墓地），1987年以后，经过近三十年的数次发掘，先后清理楚、秦、汉墓千余座。根据墓葬清理的情况看，中间有不宽的空余地带将墓地分为东、西两部分。其中东部除极少量唐、宋墓葬外，墓葬分区明确，北部为秦墓区，分别清理墓葬55座①；南部为汉墓区，清理墓葬百余座②；中部为楚墓区，两次清理墓葬248座。2004～2005年第三次发掘清理235座（含北区秦墓），分别编号M57～M291，其中楚墓179座③；2008年第四次对该墓区西端的356座墓葬（分别编号M292～M647）进行了清理，其东墓区（该墓区与西墓区中间有一宽约30米、东北至西南走向的沟）的69座楚墓（编号M579～M647）正好与第三次发掘的楚墓区构成了完整的墓区④，即整个墓区得到了完整的揭露（图3-3-7）。

第三次发掘的179座楚墓资料已完整公布，其布局呈现较强的规律性，墓区的墓葬基本自西区、南区、北区、东区渐晚，报告将墓葬分为四期6段，第一期1段为春秋中期后段，第四期6段为战国中期前段。各区还可大致分组，墓葬没有打破关系，存在不少两两并列应属夫妻异穴合葬的墓葬。

第四次发掘的69座楚墓，其布局与第三次发掘的墓区西部相接，正好补齐原划分的两组墓葬。仅见1例打破关系。南北呈多排分布，有两两并列甚至三墓并列的情形。

---

①　襄樊市博物馆：《湖北襄阳余岗战国墓发掘简报》，《考古》1992年第9期；襄樊市博物馆：《襄樊余岗战国秦汉墓第二次发掘简报》，《江汉考古》2003年第2期；王先福：《襄阳秦墓初探》，《考古与文物》先秦考古增刊，2004年；襄阳市文物考古研究所2004年发掘资料。

②　襄阳市文物考古研究所2004年及以后各年发掘资料。

③　襄阳市文物考古研究所：《余岗楚墓》，科学出版社，2011年。

④　襄阳市文物考古研究所：《湖北襄阳市余岗墓地春秋墓葬》，《考古》2018年第1期；襄阳市文物考古研究所：《枣园楚墓》，科学出版社，待出版。

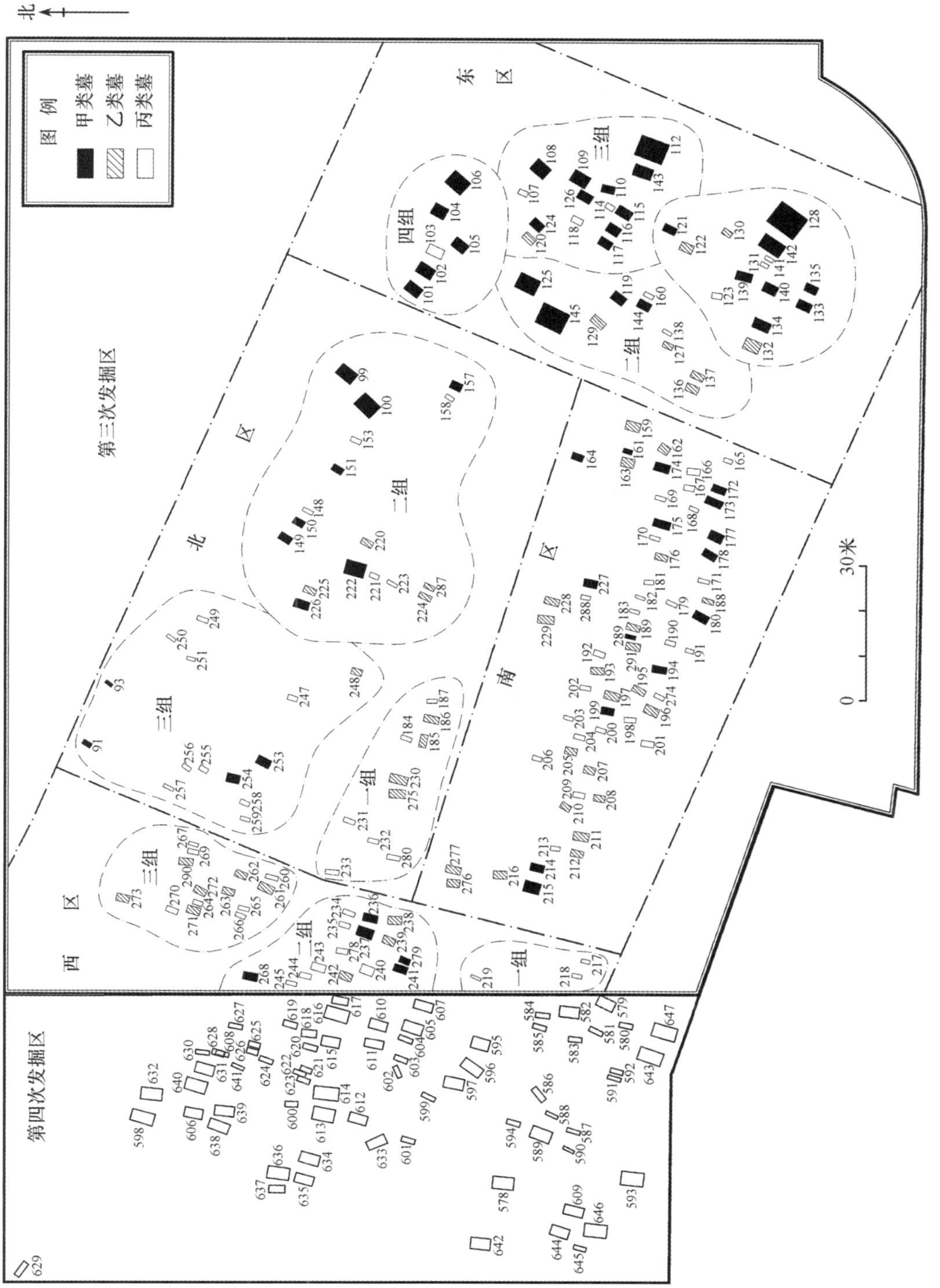

图3-3-7　余岗墓地楚墓区墓葬分布图

（二）墓葬形制

所有墓葬均为长方形土坑竖穴墓。

除8座因既无随葬品、人骨架又完全腐烂的墓葬只能确定方向为北偏东至南偏西外，其余可根据人骨架或随葬品位置确定头向的墓葬中，仅有3座墓葬头向为40°（M91）、240°（M633）、280°（M185），其余均为180°～225°，并以185°～205°占大多数。

所有墓葬均不设墓道，仅有15座墓葬设一至三级台阶或踏步、生土台，其中四壁设台阶的墓葬仅4座，所占比例极小。墓地设置腰坑的现象相对较多，共26座，均为单椁单棺墓，墓葬开口相对较大；83座墓葬设有壁龛，除1座侧龛外，其余均为头或足龛，设在南壁中下部，此类墓葬葬具均为单棺，规模相对较小。未设龛的墓葬中，葬具有的为单棺，有的为单椁单棺。

这些墓葬方向、无墓道、有一定比例设腰坑的现象与几处邓国墓地的情况十分相似。邓国墓地中，除时代最早的沈岗M694头向东北和卞营墓地7座墓葬头向北、西北、东北外，其余墓葬的方向在162°～235°，大部分在190°～205°。均无墓道，其中王坡墓地M55是一座大夫级别的墓葬，也未发现墓道，当然这或许跟当时对礼制的遵循更严格相关。少量墓葬设有生土台或壁龛，时代最早的M694有腰坑，韩岗墓地10座墓葬设有腰坑，其中8座单椁单棺、2座单棺。

这种情况跟典型的楚墓地相比则有较为明显的差异，如江陵雨台山墓地，558座墓葬头向较为杂乱，以南向为主（160°～200°），有369座，西南向（204°～245°）29座；同时，其他各个方向都有。32座墓葬设有墓道，无一例设腰坑①。

在余岗墓地东侧仅隔一条东北至西南向冲沟的沈岗墓地，其西区除了24座邓墓外，有楚墓591座，墓葬之间存在较多的打破关系；其头向以南向为主，但依然较为杂乱，各个方向都有，且都占一定比例。59座墓葬设有墓道；93座墓葬四壁设台阶，一、两壁设台阶的墓葬仅3座；设壁龛占有较大比例；并有少量墓葬设踏步、生土台，但仍无一墓设腰坑②。这种情况也与余岗墓地东北不远的卞营墓地222座楚墓③情况类似。

---

① 湖北省荆州地区博物馆：《江陵雨台山楚墓》，文物出版社，1984年。

② 襄阳市文物考古研究所：《襄阳沈岗东周墓（西区）》，科学出版社，2020年，第518-530、541页。

③ 湖北省文物考古研究所、襄阳市文物考古研究所：《襄阳卞营墓地》，文物出版社，2019年，第11-96页。

（三）随葬器物

1. 器物组合

从余岗墓地与同区域内的其他楚墓地对比可知，铜、陶容器的共生或互补组合存在差别。本地楚墓迄今共有近百座发现了铜容器组合，除余岗墓区28座外，其他均为典型楚墓地，见诸报道的山湾墓地7座①、蔡坡墓地7座②、贾庄墓地1座③、团山墓地2座④、沈岗墓地6座⑤、鏖战岗墓地2座⑥。这些墓葬中，山湾墓地的7座墓葬均为铜容器组合，无共出陶容器。蔡坡墓地7座墓葬中4座有共出陶容器组合，其中3座墓葬为纯粹的仿铜礼器，这也可能与该墓地时代相对较晚有关；只有最大的M12既有仿铜礼器，也有日用器，但该墓早年被盗，组合不全。贾庄、团山墓地的3座墓葬也均无陶容器。沈岗墓地6座墓葬中3座未共出陶容器，另3座共出陶容器的墓葬中，1座为仿铜礼器，时代较晚，2座为日用器，时代较早。

而余岗墓地28座墓葬无论早晚全部共出陶容器，且要么是单纯的日用器，要么是仿铜礼器加日用器，未见单纯的仿铜礼器。参与组合的日用器类中，20座墓葬有盂（盆）、豆、罐，且多为盂（盆）1、豆2、罐1组合；其余8座墓葬则为这三类器物中的一或两种。饪器为鬲或鼎，但二者不同出，少量无陶饪器的墓葬中，铜容器中一定有鼎。个别墓葬有簠，这一点显然是邓文化的残留。

而在单纯的陶容器组合中，其组合器类也呈现出与上述铜、陶容器基本一致的特点，除极少量晚期墓葬为单纯的仿铜礼器鼎、敦、壶或加盘、匜组合外，大部分为单纯的日用器组合，少部分为单独的鼎或鼎、敦、壶（尊缶）（或有盘、匜）仿铜容器加日用器的组合。单纯日用器或仿铜礼器鼎参与的组合中，多为鬲（鼎）、盂

---

① 湖北省博物馆：《襄阳山湾东周墓葬发掘报告》，《江汉考古》1983年第2期；陈振裕、杨权喜：《襄阳山湾五座楚墓的年代及其相关问题》，《江汉考古》1983年第1期。

② 湖北省博物馆：《襄阳蔡坡战国墓发掘报告》，《江汉考古》1985年第1期；襄阳首届亦工亦农考古训练班：《襄阳蔡坡12号墓出土吴王夫差剑等文物》，《文物》1976年第11期；襄樊市考古队：《湖北襄樊市蔡坡战国墓第二次发掘》，《考古》2005年第11期；刘江生：《湖北襄阳蔡坡20号战国墓》，《考古》2007年第7期。

③ 襄樊市考古队：《湖北襄樊市贾庄发现东周墓》，《考古》2005年第1期。

④ 襄樊市博物馆：《湖北襄阳团山东周墓》，《考古》1991年第9期；刘江生：《湖北襄阳市团山墓地M107》，《考古》2017年第1期。

⑤ 襄阳市文物考古研究所：《湖北襄阳沈岗墓地M1022发掘简报》，《文物》2013年第7期；襄阳市文物考古研究所：《湖北襄阳市沈岗春秋时期墓葬》，《考古》2017年第5期；襄阳市文物考古研究所：《襄阳沈岗东周墓（西区）》，科学出版社，2020年。

⑥ 襄阳市文物考古研究所：《湖北襄阳市鏖战岗战国楚墓的发掘》，《考古》2016年第11期。

（盆）、豆、罐（壶），鼎、敦、壶（尊缶）（或有盘、匜）仿铜容器加日用器组合中，为盂（盆）、豆、罐中的一至三种参与，而豆也多为2件；只有少部分墓葬无任食器，则一般为上述三类日用器的一至三种。

可见，余岗墓地的这种组合具有自身的特点，只是到了战国时期，这种特点相对减弱，已完全融入楚文化中了。

2. 早期墓葬的分期辨析

在讨论器物的形制特征之前，我们有必要对余岗墓区早期墓葬重新分期，以更好地分析该墓地器物与邓文化之间的紧密联系。

根据《余岗楚墓》考古报告①（以下所涉本墓区的所有器物均以此注释为准，不再另行注释）的分期，该墓地第三次发掘之第一期1段墓葬的时代为春秋中期后段，最早当公元前620年左右，与邓国被楚国所灭的公元前678年存在50年左右的缺环。如果该墓地确为邓国遗民墓地或者说邓文化孑遗的话，这缺环的50年似乎就有问题了。

报告根据器物组合和形制等划分为第一期1段的墓葬有20座，包括M217～M219、M233～M237、M239、M241、M244、M260、M265～M268、M270、M278、M279、M290。该期段墓葬中出土铜容器的墓葬有M236、M237、M268、M241、M279，这也是确定时代的主要依据。目前对楚式铜容器的时代划分已有比较细的标准，从铜容器的时代特征看，M279可到春秋中期后段；M241应稍晚，约在春秋中、晚期之际；M236铜容器仅见Ⅱ式鉚，与同出该式鉚的M241时代大致相同；M268所出Bc型Ⅲ式鼎与M241鼎相同，时代相当；M237更晚，已到春秋晚期前段②。这三座墓均出土陶容器，以此为标准结合邓文化遗存出土同类陶器的特征，我们来重新分析部分墓葬的时代。

上述墓葬出土仿铜礼器之核心器鼎中，具有较早形制特征的有子口鼎M234：3、M249：4，于鼎M239：3，繁鼎M241：7，虽然其在口沿上有区别，但腹、底及耳、足的整体特征差别不大，均为较深腹，凸圜底，附耳，三蹄足，如果据此与已按照铜容器特征确定时代的M241鼎对比即可大致看出早晚。M241：7鼎深腹，矮蹄足，足根部素面（图3-3-8，3）；M234：3鼎深腹，但足稍高且外撇，足根部为简化的兽面（图3-3-8，1），按照铜容器鼎的变化特征，该陶鼎的时代要略晚于M241：7鼎；M239：3鼎为深腹，小柱足（图3-3-8，2），较M241：7鼎稍矮并略外撇，且肩部弦纹间有波折暗纹，腹饰绳纹，较M241：7具有更早的特征；M249：4鼎腹稍浅，蹄足略高，足根素

---

① 襄阳市文物考古研究所：《余岗楚墓》，科学出版社，2011年。

② 襄樊市考古队：《襄樊余岗墓地楚式青铜礼器分期研究》，《江汉考古》2010年第3期；王先福：《襄阳邓城区域楚式铜容器的类型学和年代学分析》，《考古学报》待刊。

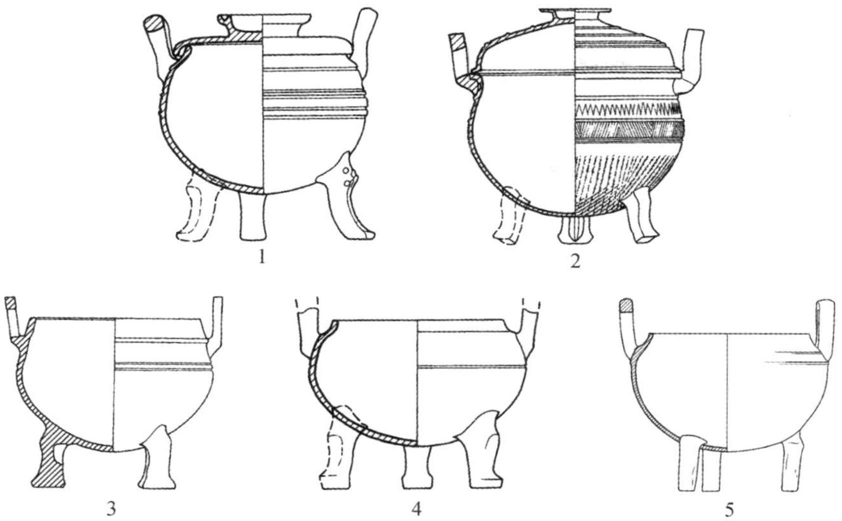

图3-3-8　楚、邓式陶鼎对比图

1. 余岗M234：3　2. 余岗M239：3　3. 余岗M241：7　4. 余岗M249：4　5. 王家巷H10：2

面（图3-3-8，4），其时代与M241：7鼎应相当。从这4件鼎的特征看，M239：3鼎时代最早，M241：7、M249：4鼎其次，M234：3鼎稍晚。此外，M239：3鼎与王家巷遗址H10：2鼎（图3-3-8，5）相比，主要是在足上的区别，后者为较矮的直立柱足，足根部微凸，前者的时代要晚于后者。结合M241和王家巷遗址H10的时代分别为春秋中期后段偏晚和春秋早期后段偏晚的情况看，M239：3的时代大约在春秋中期后段偏早或可至春秋中期前段；M249的时代与M241差不多，约春秋中、晚期之际；M234则为春秋晚期前段。

这几座墓葬还共出其他陶器，其中最早的M239之盂（含器盖）、豆跟吴家坡遗址同类器没有多大差别，这也是判定其时代为春秋中期的一个参照。

同时，M279同出的陶器均为日用器，有鬲、盂、豆、罐，只是均残破严重，鬲无法复原，盂、豆跟上述M239盂、豆基本相同，其罐为长颈罐，与邓文化遗存中的长颈壶如王家巷遗址的壶等存在一定渊源。

而M236之盂、豆也正好较M239、M279之盂、豆的特点稍晚；M268陶器残碎严重。

M290陶器为核心仿铜礼器鼎与日用器盂、豆、罐的组合，可惜鼎未修复，盂、罐仅大致修复，从盂肩部的纹饰和整体形制看，其时代约在春秋中期后段，高柄直壁浅弧盘豆也有其时的风格。

余岗墓地楚墓区第一期1段除上述墓葬外的其他墓葬均为日用陶器墓，一般为鬲、盂、豆、罐之一至四种。M217～M219、M233～M235、M244、M265，可修复器物特别是核心器较少，修复较多的是豆，其整体时代特征确定在春秋晚期以前无问题，但是否能到春秋中期前段尚无确切依据。M260随葬鬲、盂、豆、罐，其中核心器鬲为小口微瘪裆，这种鬲在邓文化遗存春秋早期后段常见，与黄家村遗址H31①：1较为接近；该墓盂仅存口沿；豆柄壁直，内空至盘底，与黄家村、王家巷等遗址春秋早期后段的豆也一脉相承；罐的形制也可在黄家村、王家巷、周家岗等遗址春秋早期后段的同类罐中找到诸多共同点，该墓的时代当以春秋中期前段为宜。M266、M270、M278随葬陶器也均为鬲、盂、豆、罐，鬲为大口微瘪裆，其与盂、豆在形制上同M260所对比的黄家村、王家巷遗址等同类器一致，M270：1罐与M260：3罐基本一致。M267为鬲、豆、罐，其中鬲为小口弧裆，但整体偏瘦高，推测时代为春秋晚期。

通过上述分析，至少可以说明，余岗墓地楚墓区中存在春秋中期前段的墓葬，这就可以将其与邓国其他墓地废弃后的时代连接起来，以便于从器物形制上说明二者的联系。

3. 器物形制

（1）铜或仿铜陶容器

随葬的铜器均为典型的楚式铜器；而在陶器上，即使是仿铜礼器，从早到晚也呈现出与楚式器相同的特点，如早期箍口、侈口鼓腹鼎显然分别为仿铜繁鼎或于鼎而来，之后的子口鼎以及敦、尊缶、盘、匜等同样是楚式特征。这与楚国的统治者角色分不开，作为核心礼制的代表，这种器物必须符合统治者的规范。

仅有个别器类如簋的使用和罍、小口鼎纽为鸟形纽的形制可能是邓文化的自身传统，如西周晚期前段沈岗M694就有早期形制的陶簋和王家巷遗址春秋早期后段H7出土的陶簋，以及擂鼓台春秋早期M2铜器上有鸟形纽等，但这种器类和形制仅见于个别墓葬。

还有一个重要的器类壶，这种壶为无盖壶，最初应属于日用器类，泥质黑陶或黑皮、黑衣陶占较大比例，形制为侈口，束长颈，圆肩，圆鼓腹，凹圜底；素面或局部有绳纹，不少壶的颈、肩部装饰密集竖线、横线或网格、三角、波折等几何纹暗纹或黑彩，此类壶在余岗墓地楚墓区发现很多（即《余岗楚墓》报告中的A型陶罐），在墓葬中占比较大，沿用时间也较长，最后很可能成为楚式长颈壶演变的一个因素，若此，也是邓文化对楚文化的一种影响。

（2）日用陶器

在日用器类的形制上，该墓区则有较多自身特色的体现，或者说可以看到余岗墓地楚墓区与邓国文化遗存之间的承继关系，主要体现在部分标型器上。

1）鬲。

如前述的重新分期，余岗墓地楚墓区存在春秋中期前段的墓葬，其随葬器物中时代最早的陶鬲既有大口鬲，也有小口鬲，如果说整体特征与楚式鬲无差别的话，则其所具备的瘪裆特征则是楚式鬲不见的，而且这种瘪裆鬲在其他楚墓地中均未发现。

2）盂（盆）。

其主体形制基本未变，为侈口，翻折沿，束颈，圆肩或溜肩，弧腹内收，凹底；大部分肩部饰凸、凹弦纹，时代较早者还多在肩部的弦纹间饰网格、波折纹，其下多素面，且多承浅弧盘状盖，盖顶圈足状握手，这一点在邓文化遗存春秋早期的盂（盆）上常见；不过，这种风格的盂（盆）在真武山、肖家岭和韩岗等楚文化遗址春秋遗存中也有一定发现，只是本墓地所占比例相对较高。

3）豆。

豆的数量多，其中本墓区部分墓葬中随葬的豆柄中部有旋纹或两道凹弦纹，这在其他楚墓随葬豆上则基本不见，此种风格与邓文化遗存中有一种豆柄上或中部有微凸棱或多道凹弦纹的特征类似，应有一定的传承关系。

同时，本区之豆柄壁直，且较早时期壁的上下部厚薄一致，内空至盘底；时代较晚，则内部上端变成实体，内空呈尖状，这种形制是典型楚式豆的风格，在其他楚墓地多见，也是本区豆的一种特色。

4）罐。

其主体为圆肩鼓腹绳纹罐，即报告所分的Ba型罐，这种罐发现的范围广、延续时间长，但特点不突出。在该墓区中，其数量占比较A型罐（即前述的长颈壶）要少一半多。

综合上述特点和对比分析（表3-3-2），我们认为该墓地应为邓国遗民的墓地，属于邓文化遗存的孑遗。

第四节　邓文化对楚文化形成与发展的影响

西周早期，邓、楚几乎同时分封于周王朝的南土，且位置毗邻，二者共存时间直至春秋早期楚灭邓止。如果说西周晚期前，邓国的地位更高、文化更发达的话，随着西周晚期楚熊渠的崛起和扩张，楚国的实力开始增强，并逐步占据主动，最终完全压倒邓国，将其国土和文化纳入自己的统治范围。在此过程中，邓、楚文化也有着一定程度的交流和影响，并促进了楚文化的发展。

表3-3-2　余岗墓区早期主要陶器与邓文化遗存晚期同类器对比表

遗存	时代	鬲		盂、器盖	豆		罐	鼎	簋	壶
		大口鬲	小口鬲							
余岗墓地楚墓区	春秋中期	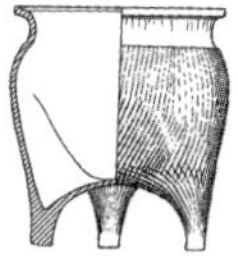 M270：4	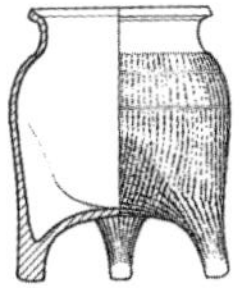 M260：4	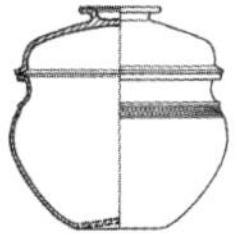 M239：2	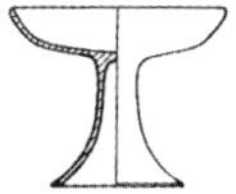 M239：5	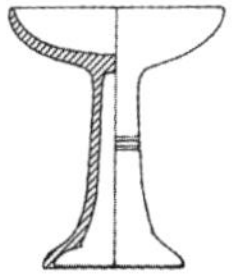 M241：10	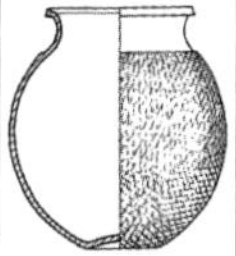 M260：3	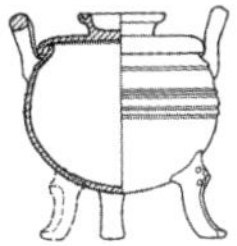 M234：3 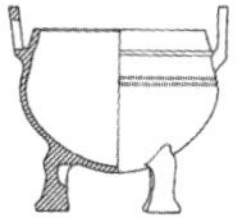 M241：7	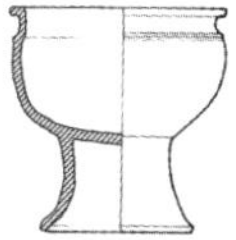 M241：1	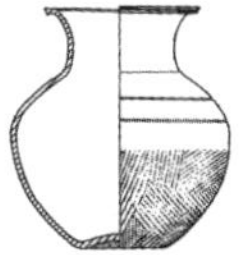 M279：1
邓文化遗存陶器	春秋早期后段	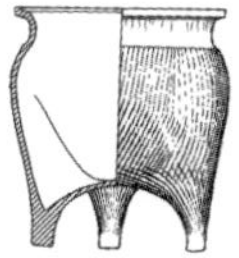 黄家村 TE15N02③：5	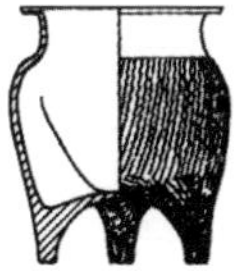 黄家村 H31①：1	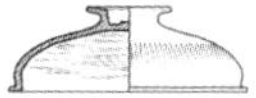 吴家坡 H12③：28 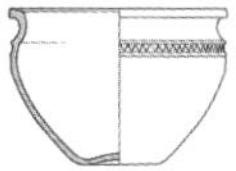 王家巷H42：2	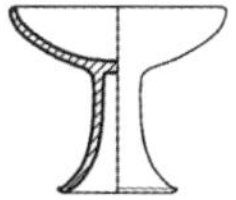 吴家坡H4：1	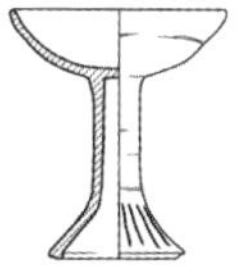 王家巷H18：3	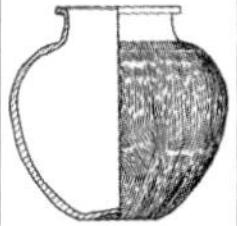 黄家村 H19②：5	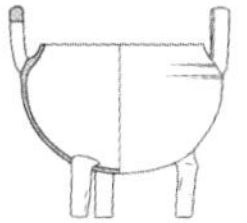 王家巷H10：2 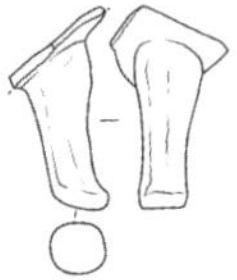 王家巷H45②：2	 王家巷H38：4 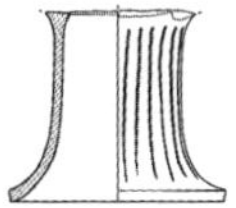 王家巷H32：5	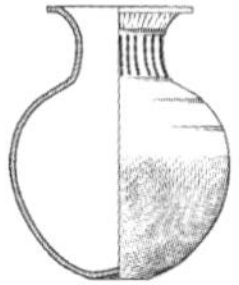 王家巷 H12：6

一、楚灭邓前邓、楚文化的交流与影响

目前，学术界普遍认为可以确认的考古学楚文化是从春秋中期开始的，最典型的就是淅川下寺楚墓的发掘[①]。而往前追溯到春秋早期及之前，楚文化的整体面貌则处于探索之中，仅有零星、分散、片面的反映。同时，早期邓文化的物质资料也很少。由于资料的缺失，早期邓、楚文化的交流难以进行较系统、全面的分析，只能进行大概的辨识。

（一）邓、楚国铜器的比较

从已发现的遗存看，可能属西周早中期的楚文化遗存为宜昌万福垴遗址，其出土的铜器包括1件圆鼎、12件甬钟，鼎的时代为西周中期，甬钟的时代从西周早期偏晚到西周晚期偏早，而1件甬钟上“楚季宝钟厥孙乃献于公公其万年受厥福”为刻铭，“是钟铸造完成使用过一段时间后再进行錾刻而成”[②]。

西周晚期至两周之际的楚国铜器包括传世、出土的楚公冢钟、戈[③]，楚公逆编钟[④]、短剑[⑤]。关于“楚公冢”，今有两种不同说法，分别为楚熊渠或熊仪，而“楚公逆”，多认为是楚熊咢[⑥]。不过，随着山西横水M2055楚公逆铜短剑的出土，发掘者在分析墓葬年代后认为“楚公逆”所处的时代是西周中期偏晚，约当西周孝、夷时期，下限为厉王早期；而“楚公冢”则稍晚，约当厉王时期，并推测二者分别为楚熊渠、

① 河南省文物研究所、河南省丹江库区考古发掘队、淅川县博物馆：《淅川下寺春秋楚墓》，文物出版社，1991年。

② 湖北省文物考古研究所、武汉大学历史学院考古系、宜昌博物馆：《湖北宜昌万福垴遗址发掘简报》，《江汉考古》2016年第4期；黄文新、赵芳超：《湖北宜昌万福垴遗址出土甬钟年代及相关问题研究》，《江汉考古》2016年第4期；李伯谦：《宜昌万福垴遗址发掘引发的思考》，《华夏文明》2018年第1期。

③ 中国社会科学院考古研究所：《殷周金文集成释文（第一卷）》第42-45器，香港中文大学出版社，2001年，第22-24页；高至喜：《“楚公冢”戈》，《文物》1959年第12期；罗西章：《陕西周原新出土的青铜器》，《考古》1999年第4期。

④ 中国社会科学院考古研究所：《殷周金文集成释文（第一卷）》第106器，香港中文大学出版社，2001年，第68页；山西省考古研究所、北京大学考古学系：《天马-曲村遗址北赵晋侯墓地第四次发掘》，《文物》1994年第8期。

⑤ 山西省考古研究院、山西大学北方考古研究中心、运城市文物保护中心等：《山西绛县横水西周墓地M2055发掘简报》，《江汉考古》2022年第2期。

⑥ 李学勤：《试论楚公逆编钟》，《文物》1995年第2期。

熊挚[1]。春秋早期楚国铜器有楚皇城遗址大铜方壶[2]。

邓国铜器则以容器为主，未发现青铜钟，基本同时期的西安文物中心邓公圆鼎与万福垴遗址同时期圆鼎形制差别极大；邓孟壶与楚皇城遗址铜方壶形制、纹饰则差不多。邓国青铜戈、剑的时代均偏晚，其中戈、短剑与西周晚期楚公豙戈、西周中晚期楚公逆短剑存在时代特征上较大的差别。楚公豙钟侧鼓部的鸟纹在西周甚至商代铜器装饰上已有较多运用，邓仲牺尊盖纽呈实体鸟形，形体虽有差异，但整体风格一致。这批铜器的形制、纹饰、铭文风格与姬周文化基本相同，仅有极少差别，原因自然是周王朝强力统治使得姬周文化居主导地位，并强烈影响着诸侯国的文化。同时，因可比较的器类很少，尚无法比较邓文化与楚文化铜器的影响。春秋早期后段明确的楚文化铜器仅在赵家湖墓地ZHM2发现铜鼎、簋各1件，制作较为粗糙，属周文化风格[3]。而其时是邓文化的衰落期，邓文化铜器以出土为主，兼有少量传世品，种类增多，既有容器，也有兵器、车马器，但依然为典型的周文化风格，或许因楚国的强势和北上，邓国处于弱势下，邓文化铜器反而受到了楚文化的影响。

（二）邓文化遗存与汉水上游“楚文化遗存”的比较

若如本章第一节所考，则西周早期熊绎受封时，楚国位于与鄀国毗邻的汉水上游，西周中期的记载很少，到西周晚期，其中心仍位于汉水上游，但其势力已过汉水到达汉水以南地区，不晚于春秋早期的楚武王时期，楚国的中心已经到了汉水以南。理论上，这些区域的文化遗存就应该是楚文化遗存了。

汉水上游经发掘的西周楚文化遗址主要包括淅川下王岗遗址西周遗存、均县朱家台遗址等。

淅川下王岗遗址的时代最早，先后清理了较多的灰坑和少量房址、墓葬，灰坑的坑口平面为圆形、椭圆形和不规则形，弧或直壁，平或近平底。出土陶器以泥质褐陶、夹砂灰陶居多，泥质黑陶和红砂陶很少；多绳纹，但多较粗；器类有鬲、甗、盂（盆）、豆、罐、瓮等。标型器鬲整体均瘦高，一般口径小于腹径（小口鬲），鬲足不高，分为袋足或乳状足、锥足、矮柱足等，分裆或联裆，西周早期有个别瘪裆。有的盂、罐圆折肩。豆弧盘或微折盘。时代自西周早期至西周晚期偏早阶段。发掘者认

① 靳健、谢尧亭：《“楚公逆”的年代及相关问题新探》，《江汉考古》2022年第2期。

② 楚皇城考古发掘队：《湖北宜城楚皇城勘查简报》，《考古》1980年第2期。

③ 湖北省宜昌市博物馆、北京大学考古系：《当阳赵家湖楚墓》，文物出版社，1992年，第175页。

为西周中晚期遗存应是最早的楚文化遗存[1]。考察遗址西周中期偏早的H150和西周晚期H17：1、H90：1之矮柱足鬲，有一定的楚式鬲因素，但似乎与春秋中期典型的楚式鬲又有一定的区别。他们是继承本遗址西周早期锥足鬲（如H135：2）发展而来，并具有前后的延续性。但这种鬲是否为早期楚式鬲还有待研究。

而作为邓文化遗存的小马家遗址西周早、中期H1～H3的形制与相距不远的下王岗同时期灰坑差不多；但出土陶器的陶质、陶色差别大，H1、H2以夹砂红陶为主，H3以夹砂黑陶为主（胎多为红色）；H1绳纹装饰均为细绳纹；H2、H3则多为中绳纹。同时，主要器型也有一定差别，如小马家遗址有较典型的周式簋，不见豆；西周早期鬲虽整体瘦高、分裆，但腹径大于口径（大口鬲），西周中期的鬲相对较宽矮、瘪裆；折肩罐颈较长。而下王岗遗址有豆，不见簋，微折肩罐颈短等。除鬲的分裆、瘪裆、乳状足、柱足等局部特征基本相同外，仅有少量器物的整体特征有相似之处，如小马家遗址H2：10与下王岗遗址H137：1之甗，前者H2：19与后者H121：6之长颈鼓腹壶等，下王岗遗址H121、H137的时代为西周中期偏早，而小马家遗址H2的时代为西周中期后段，这是否意味着是下王岗遗址影响了小马家遗址呢，似乎缺乏足够的证据，但二者都属周文化系统，且同在一个区域，有着相似特征的器物并不为怪。不过，不少特征的差异或许表明二者确实存在族群的不同，并在文化风格上表现出一定的差异（表3-4-1）。

吴家湖遗址因受发掘所限，灰坑、灰沟均没有清理完整，平面形状更为多样，坑壁多为弧壁，少数折壁；坑底一般为锅状或近平底，仅个别凹凸不平，与下王岗遗址灰坑也差不多。出土陶片数量均不多，陶质、陶色因遗迹不同有所区别。其西周中期后段遗存陶器的陶质、陶色整体与小马家遗址类似，以夹砂红陶或泥质红陶为主，泥质灰、褐陶占比一般各约五分之一，个别遗迹中夹砂灰陶占比约四分之一；西周晚期前段遗存中，泥质灰或褐陶占比明显上升，仅少量以夹砂红陶为主。与小马家遗址装饰为主的绳纹多为细、中绳纹不同的是，该遗址的绳纹则多相对较粗，反而与下王岗遗址有些类似。器类方面，最主要的鬲足为尖锥状或矮截锥状柱足，足腔很深；甗之甑体大口，深腹，矮足；也出现了周式簋；盂为圆折肩；豆微折盘，等等（表3-4-1）。其文化面貌承继小马家遗址而来，且部分特征在下王岗遗址中也能找到相同的因素（表3-4-1）。有所不同的是，吴家湖遗址还发现了雷纹器盖、双耳罐等。

---

① 河南省博物馆、长江流域规划办公室文物考古队河南分队：《河南淅川下王岗遗址的试掘》，《文物》1972年第10期；河南省文物研究所、长江流域规划办公室文物考古队河南分队：《淅川下王岗》，文物出版社，1989年，第307-338页；中国社会科学院考古研究所山西队、河南省文物局南水北调办公室：《河南淅川县下王岗遗址西周遗存发掘简报》，《考古》2010年第7期；中国社会科学院考古研究所：《淅川下王岗：2008～2010年考古发掘报告》，科学出版社，2020年，第391-422页。

表3-4-1　下王岗遗址与小马家、吴家湖遗址西周遗存主要陶器群对照表

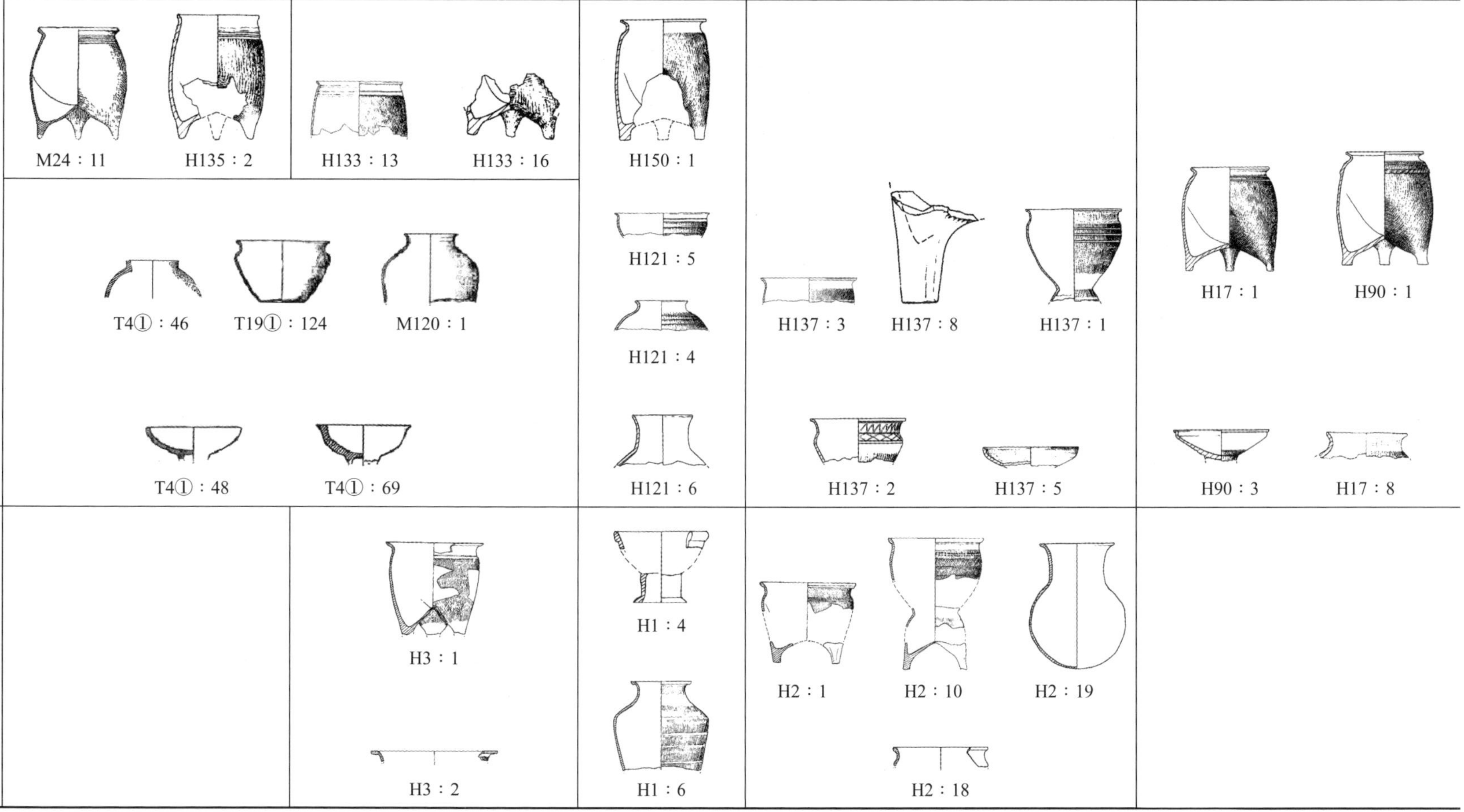

遗存	西周早期前段	西周早期后段	西周中期前段	西周中期后段	西周晚期前段
下王岗遗址	M24：11；H135：2	H133：13；H133：16	H150：1；H121：5；H121：4；H121：6	H137：3；H137：8；H137：1；H137：2；H137：5	H17：1；H90：1；H90：3；H17：8
下王岗遗址（西周早期）	T4①：46；T19①：124；M120：1；T4①：48；T4①：69				
小马家遗址		H3：1；H3：2	H1：4；H1：6	H2：1；H2：10；H2：19；H2：18	

遗存	西周早期前段	西周早期后段	西周中期前段	西周中期后段	西周晚期前段
吴家湖遗址				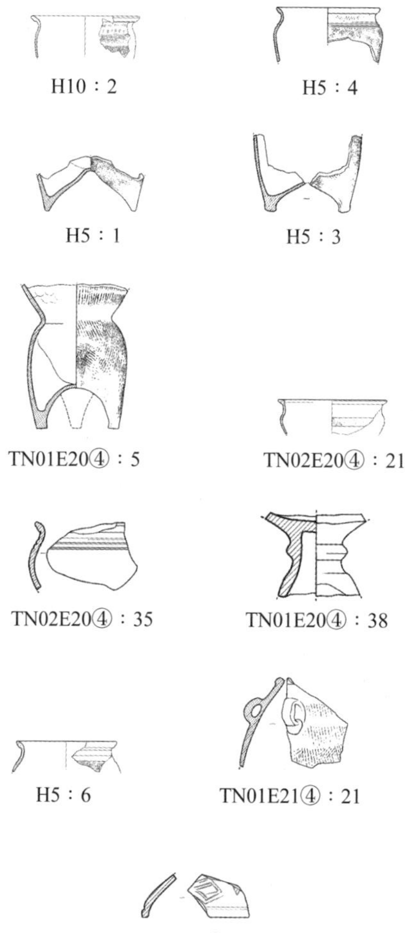 H10：2 H5：4 H5：1 H5：3 TN01E20④：5 TN02E20④：21 TN02E20④：35 TN01E20④：38 H5：6 TN01E21④：21 TN02E20④：46	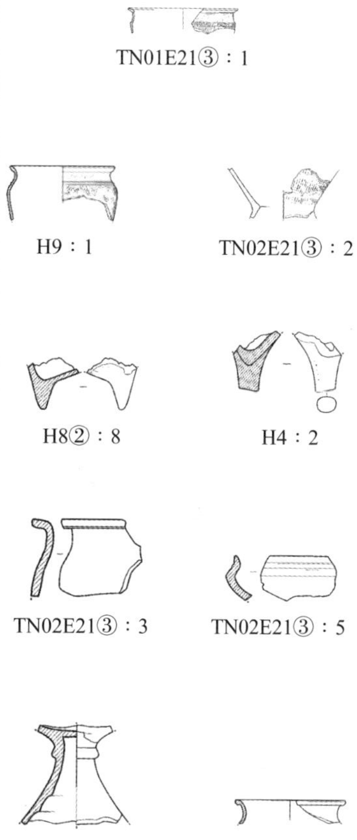 TN01E21③：1 H9：1 TN02E21③：2 H8②：8 H4：2 TN02E21③：3 TN02E21③：5 TN02E21③：1 TN01E18③：6

总之，其整体风格依然是姬周文化，以同为主，异为辅。

值得一提的是，小马家、吴家湖遗址西周中期后段遗存发现了部分“二次包制”的矮截锥状柱形鬲足，苏秉琦曾在比较殷式鬲、周式鬲、楚式鬲的基本特征时将这种“二次包制”特征的柱足鬲认定为典型的楚式鬲[①]。下王岗遗址西周早期H89出土的鬲足开始出现包足成梯形柱足的痕迹，这是目前所见最早的“二次包制”鬲足，并在西周中期后段的H137等遗存中也发现更明显的“二次包制”矮柱形鬲足，是否意味着这就是“楚式鬲”的萌芽和发展还值得探讨。从目前的考古发现看，这种鬲的分布范围至少包括长江中游的广大区域，以及南阳盆地、淮河上游等，出现的时间也较早，有的并不在当时楚国的统治区或影响区内，因此，这种鬲是否为完全意义上的“楚式鬲”，还需要更多的证据。如果是，则可能表现出早期楚文化对邓文化的影响。

朱家台遗址西周遗存均为地层，出土可辨别时代的陶器之陶质中，夹砂褐陶近半，夹砂灰陶、泥质褐陶、泥质灰陶较少；绳纹装饰为主，但多中绳纹；器类基本为鬲、甗、盂、豆、罐，还有个别雷纹簋。鬲体整体较宽矮，由深腔矮柱足瘪裆到浅腔高柱足弧裆，细绳纹到粗绳纹；盂微折肩，肩部或饰弦纹加波折纹，这种盂在下王岗遗址中也有发现，或腹饰绳纹；豆由折盘矮粗柄到带凸箍较细柄弧盘、无箍细柄弧盘；罐有圆肩鼓腹圜底绳纹罐，也有矮领圆折肩平底素面罐。其时代为西周中期至春秋早期[②]。

邓文化遗存中包括吴家湖遗址西周晚期遗存，以及黄家村、周家岗遗址和沈岗M694、卞营M468等遗存，主要陶器的特征基本与朱家台遗址同时期同类器物相同，以共性为主，但也存在少量的差别。如前者盂微折肩，有的肩饰弦纹、绳纹加波折纹，弧壁柄带凸箍的豆一般折盘，绳纹罐凹底，而后者的盂折肩，素面，弧壁柄带凸箍的豆弧盘，绳纹罐圜底；前者的簋为典型的周式簋，而后者似为殷式簋。张家坡西周墓地出土的盂有折肩，也有圆折肩，豆则均为折盘。看来，邓文化遗存传承姬周文化更多一些，而朱家台遗址的豆可能存在着“楚人”的创新。二者存在文化交流当无问题，可能还有一定程度的相互影响，但难以看出哪个文化占主导。

可以说，邓文化遗存与汉水上游“楚文化遗存”相比，均属周文化系统，主体文化面貌相同，但又各有一定特色；同时，二者西周早期的风格差别稍大，到中晚期，共性更多一些，但看不出邓文化对楚文化的重要影响。

---

① 苏秉琦：《从楚文化探索中提出的问题》，《江汉考古》1982年第1期。

② 中国社会科学院考古所长江工作队：《湖北均县朱家台遗址》，《考古学报》1989年第1期。

（三）邓文化遗存与汉水中游楚文化遗存的比较

汉水中游经发掘的典型楚文化遗址包括真武山、郭家岗、肖家岭遗址等。

真武山遗址是汉江中游的一处典型周代遗址，遗迹、遗物丰富，时代自西周中期至战国中期，与周家岗等遗址隔汉江相望[①]；郭家岗遗址则位于襄宜平原中部，分布面积大，遗迹、遗物十分丰富，其时代自两周之际至战国中期[②]；而肖家岭遗址位于襄宜平原东部，距离汉江不远，为春秋早期遗存，出土陶器较多[③]。关于此类遗存的性质，张昌平认为以真武山遗址为代表的真武山一类遗存是晚期楚文化的直接渊源或早期楚文化[④]，他还提出发现真武山、郭家岗、肖家岭、桐树园等遗址的襄宜平原地区可能是早期楚文化的中心[⑤]；王力之认为包括淅川下王岗、商州东龙山、均县朱家台、襄阳真武山、宜城郭家岗等遗址在内的鄂西北区两周遗存为早期楚文化[⑥]；黄尚明则认为，真武山遗址西周时期遗存可能属于邓文化[⑦]；魏凯在分析了真武山遗址的材料后认为，其西周中晚期遗存为邓文化遗存，到春秋早期早段才纳入楚文化范围[⑧]。鉴于这三处遗存的文化面貌几乎相同，且前后一脉相承，按照前述分析的楚人南进时间和线路的吻合，我们倾向认为，此类遗存为楚文化遗存。

上述遗存以真武山遗址为代表，根据该遗址地层关系和器物特征的演进规律，我们认为该遗址H36、H39的时代为西周中期可从；同时H85的豆柄粗，最细处在上部，无箍，接近丰镐地区1997年发掘遗存第五期即西周中期偏晚时期的豆柄[⑨]。但其西周晚期、春秋早期遗存还可细分，甚至适当调整。发掘者认为遗址西周晚期的典型遗迹

---

① 湖北省文物考古研究所、襄樊市博物馆：《湖北襄樊真武山周代遗址》，《考古学集刊（第9集）》，科学出版社，1995年，第138-161页。

② 武汉大学历史系考古教研室、湖北省宜城市博物馆：《湖北宜城郭家岗遗址发掘》，《考古学报》1997年第4期。

③ 湖北省文物考古研究所、宜城县博物馆：《湖北宜城县肖家岭遗址的发掘》，《文物》1999年第1期。

④ 张昌平：《试论真武山一类遗存》，《江汉考古》1997年第1期。

⑤ 张昌平：《早期楚文化中心区域的考古学观察》，《楚文化研究论集（第六集）》，湖北教育出版社，2005年，第450-454页。

⑥ 王力之：《早期楚文化探索》，《江汉考古》2003年第3期。

⑦ 黄尚明：《湖北襄樊真武山遗址西周时期遗存族属试探》，《楚文化研究论集（第六集）》，湖北教育出版社，2005年，第309-313页。

⑧ 魏凯：《周代前期南土文化格局的考古学观察》，吉林大学博士学位论文，2018年，第190页。

⑨ 中国社会科学院考古研究所丰镐工作队：《1997年沣西发掘报告》，《考古学报》2000年第2期。

有H79、H81、G3，均开口于探方的西周晚期文化层第4层下，其中G3还打破H79。从出土陶器看，G3鬲瘪裆高；豆为折盘，口微内敛且盘外壁多道弦纹的风格在张家坡墓地第三至五期就有发现①，其应不晚于西周晚期；H79的鬲裆内瘪较甚；但豆弧盘，短柄，中部较宽并微凸，不见于张家坡西周墓地和丰镐遗址，与邓文化遗存稍晚的豆较为接近，其时代可能稍晚。而H81的鬲瘪裆不甚；豆近弧盘，较深，豆柄短，圈足壁微隆，也属偏晚的特征，不早于两周之际，第4层也大致为这个时期。春秋早期的典型遗址有H12、H18、H42②，其中H18、H42②出土陶器的特征明显早于H12，即前者应为前段，后者为后段。

通过此类文化遗存与邓文化遗存西周中期至春秋早期遗存的分析比较（表3-4-2）可以看出，典型陶器的特征基本相同，且时代越晚，趋同性越强，到春秋早期偏晚就基本一致了。整体来看，邓文化遗存保留姬周文化的印迹更多，延续时间更长，如周式簋、折盘豆、折肩罐等。其中折肩罐最先出现于周文化遗存，邓文化遗存不迟于西周中期即已出现，并沿用到了春秋早期前段，但其器型、纹饰与前者相比已经有了较大变化，应该是邓文化创新的结果。而这种折肩罐在真武山类文化遗存中出现于两周之际，存在着受邓文化影响的可能。真武山类遗存不见周式簋，且有的陶器如弧盘豆在真武山遗址中出现时间更早，甚至西周早期已见于下王岗遗址西周早期遗存，可能意味着楚文化一开始就想挣脱周文化的束缚要独立发展。同时，邓文化遗存之长颈壶自西周中期出现，不仅春秋早期后段继续使用，在襄阳余岗楚墓中也一直传承了下去，为春秋开始出现的楚式长颈壶所继承，但在真武山类文化遗存中不见这种长颈壶。看来，相邻两国且仅隔汉水的两类遗存间的文化有一定的差别，但也存在一些交流，甚至有较强的影响，但这种影响的程度还难以评估。

此外，真武山、肖家岭遗址发现20片卜骨、卜甲，张昌平对其选材、修整、钻孔、烧灼等特点做了研究②。而邓文化遗存仅在王家巷遗址春秋早期前段的H7发现2块卜骨，表面修削，孔为双联圆钻，小而密集，呈竖向排列，其特点与真武山遗址西周晚期的H81卜骨相同，依然是处在周文化体系下的地方类型。稍有不同的是，王家巷遗址H7卜骨经烧灼，多数圆孔底部可见裂痕，但兆纹不明显。二者之间的影响因素难以确定。

---

① 中国社会科学院考古研究所：《张家坡西周墓地》，中国大百科全书出版社，1999年，第357页。

② 张昌平：《论湖北襄樊地区两周甲骨》，《考古与文物》1996年第5期。

（四）邓文化遗存与江汉平原楚文化遗存的比较

在江汉平原地区，近年发现的万福垴遗址[①]和早年发现的当阳赵家湖墓地[②]被认为是典型的楚文化遗存，二者出土陶器的主要风格相同。

万福垴遗址的分期为西周晚期、春秋早期和春秋中期，其中最早的西周晚期遗存除了出土铜鼎、12件铜编钟外，大部分为陶器。陶器器类有鼎、鬲、簋、豆、罐等，其中鬲为夹砂红、褐陶宽体微瘪裆鬲；一种簋口沿（TN05E20⑤：6，原定名豆）近直壁弧折收，另有一种敛口簋似为遗址自身特色器物，沿用至春秋中期；罐口沿溜肩残（TN05E20⑤：3），据尚未报道的同遗址西周晚期H7出土折肩罐[③]推测该类罐为折肩、其下弧收，这几种陶器有周文化特征，在邓文化遗存中也能找到相同风格的器型。春秋早、中期的上述器型继续沿用，但也有一定的变化，如鬲颈长、弧裆，簋口外侈较甚、腹变深并饰暗纹，折肩罐颈壁高直、肩下移等，特别是折肩罐与邓文化遗存十分类似，如果说鬲、簋是典型周式器的话，这种特征几乎相同、整体相对瘦高的折肩罐基本不见于其他地域，或许曾受到了邓文化的影响；同时，器表装饰暗纹的情况较早出现于邓文化遗存中，该遗址的暗纹也与之相近。当然，万福垴遗址陶器有一个显著的特征，就是器表多有黑衣或黑皮，而其他器物如釜、镂孔高柄浅弧盘豆、滤盉等则受到了多种外来因素的影响，遗址自身的特征较为明显，正如简报结语所言：“其总体文化面貌与汉西地区同时期遗存有较大的差异，汇聚了鄂东乃至长江下游和峡江地区及长江上游的多种文化因素，同时与周文化保持了非常亲密的亲缘关系，呈现出多元文化因素融合的特征。但究其主要文化内涵仍属楚文化范畴。”

赵家湖墓地发掘了297座墓葬，其中春秋早、中期的A型豆与邓文化遗存的豆形制基本相同，可能存在关联。春秋早期后段的A型Ⅰ式豆（ZHM2：17）为素面无箍细柄折盘，春秋中期前段的A型Ⅱ式豆（ZHM4：3）为较深弧盘细柄微凸棱，春秋中期后段的A型Ⅲ式豆（JM7：9）为弧盘细柄，外壁有细线暗纹或加弦纹，而邓文化遗存的素面折盘无箍豆出现于两周之际，细柄微凸棱弧盘豆和外壁施暗纹或加弦纹的细柄弧盘豆均出现于春秋早期前段，较上述型式的豆早一个阶段，且呈现前后演进的序列。此类折盘豆与丰镐地区西周时期的折盘豆有着一定的区别；同时，弧盘豆的微凸棱也有变化，应属于邓文化的创新。赵家湖墓地出土了少量的长颈罐，其最早的春秋中期后段Ⅰ式长颈罐（ZHM23：1）与邓文化遗存西周中期出现沿用到春秋早期的束长颈

① 湖北省文物考古研究所、武汉大学历史学院考古系、宜昌博物馆：《湖北宜昌万福垴遗址发掘简报》，《江汉考古》2016年第4期。

② 湖北省宜昌市博物馆、北京大学考古系：《当阳赵家湖楚墓》，文物出版社，1992年。

③ 湖北省博物馆：《楚国八百年》，文物出版社，2022年，第34页。

罐（壶）近似度极高，只是前者腹扁鼓，后者腹圆鼓，可能存在一定的影响关联和演进。还有其B型Ⅱ式鼎（CM3：13）即附耳扁鼓腹鼎属典型楚式繁鼎的早期形态，与邓文化遗存春秋早期后段的同型鼎也近似，后者表现出明显的较早时代特征，如口微内敛、矮柱足。至于碗形高圈足簋，使用时间仅在春秋早期后段至春秋中期后段，其形制稍有不同，即腹壁微外扩后内折到下腹微折再到微鼓腹，似与邓文化遗存同类簋的弧腹内收到近直壁、圈足较高粗有区别。还有一个明显的特征，就是邓文化遗存在春秋早期前段的簋、豆、长颈罐（壶）壁上有暗纹或黑彩线条装饰，春秋早期后段同类器沿用，而赵家湖墓地则自春秋中期后段开始较多出现于盂、豆、罐上。

江汉平原地区还有一处典型楚墓地，即江陵九店墓地。该墓地先后发掘墓葬600座，其中甲组墓19座，报告认为这批墓葬属中原姬周文化体系。这批墓葬方向为178°～224°；均无墓道，5座墓在墓底中部设长方形或圆形腰坑；16座葬具为单椁单棺，2座单棺，1座无葬具。出土器物除1件木器、2件料器外，大部分为陶器，部分为铜铃。陶器不见鬲，为簋（盂）、豆、罐之1或3类组合。两组墓葬为夫妻异穴合葬。报告将19座墓分为三期5段，分别为西周晚期，春秋早期早、晚段，春秋中期早、晚段，其中西周晚期、春秋早期早段墓葬各仅1座①。墓葬形制、布局和随葬器物组合等与邓文化遗存有诸多相似之处，如九店墓地出簋的墓葬有腰坑，陶器组合为簋、豆、罐，且簋均为2件，从簋、豆、罐的时代特征分析，几座墓葬的时代均为春秋中期，而邓文化遗存之沈岗M694与此十分接近，后者的时代为西周晚期前段②。我们通过将九店墓地甲组墓出土的陶器与邓文化遗存和前述赵家湖墓地同类器对比，认为报告将其西周晚期、春秋早期早段的两座墓葬的时代划分偏早，报告称第一期1段的M224对比材料未见，只是根据流行于西周晚期的篦纹来推测时代；实际上，该墓出土的带暗纹加弦纹的弧盘细柄大喇叭状圈足豆（M224：1）见于赵家湖墓地春秋中期墓葬中，就是邓文化遗存王家巷作坊遗址发现的此类豆也为春秋早期后段。而属春秋早期早段的M201也仅出豆、罐，豆为A型Ⅱ式（M201：2），晚于前者，其C型罐（M201：1）明显是少见的非流行器型，而B型Ⅰ式罐（M201：3）与前者之A型Ⅰ式罐（M224：7）为圆腹罐，是典型的楚式罐，但使用十分普遍的这种罐时代特征却不明显。为此，我们认为，这两座墓的时代不早于春秋早期后段，为春秋中期的可能性更大。同时，春秋中期D型罐也有邓文化遗存长颈圆鼓腹罐的风格。此外，春秋中期早段M245随葬铜

① 湖北省文物考古研究所：《江陵九店东周墓》，科学出版社，1995年，第12-27、419、420页。

② 襄樊市文物考古研究所：《襄樊沈岗西周墓发掘报告》，《襄樊考古文集（第一辑）》，科学出版社，2007年，第127-131页；胡刚：《襄阳沈岗M694的年代及其性质浅析》，《江汉考古》2012年第2期。

铃的情况跟邓文化遗存卞营墓地M86相近①。作为周文化的典型器，其簋的风格已发生变化，并明显较邓文化遗存簋晚。从整体情况看，九店墓地甲组墓的墓主不排除为邓国遗民（前述襄阳余岗第三次发掘的邓遗民墓地179座墓葬中，作为反映族群葬俗的一个重要特征的头向除3座墓葬外，其余墓葬均为180°～225°②，与九店墓地甲组墓几乎相同），他们因楚灭邓被迁或服兵役等其他原因到本地生活。若此，则该墓地也很可能是邓文化的孑遗（表3-4-3）。

从传世文献记载看，楚武王三十一年（前710）以后，楚国势力发展很快，并在逐步开始清除周边邻国的同时，向北、东扩张。其间还发生了巴请楚结好于邓的政治事件，其时的邓国在南土尚有一定的实力和较发达的文化。而在楚武王扩张过程中，来自邓国的武王妻子邓曼为楚军两次出征提出了有远见的建议，这又从一个侧面反映了当时邓国的政治、经济、文化有较高的水平。尽管楚国处于强势的扩张态势，来自邓国深受邓文化影响、"参政"楚武王的邓曼很可能对楚文化施加了来自邓文化的影响。

综上所述，同处周王朝南土且相邻的邓、楚二国文化自西周初年开始应该有一定的交流，甚至相互影响，早期由于邓文化的实力更强，邓文化对楚文化的影响可能更大一些。随着楚国实力的增强和楚国的扩张，楚文化的影响逐步扩大，对包括邓文化在内的其他文化施加更为强烈的影响，当然，楚文化也有一个对邓文化吸收的过程，在以周文化为基础，坚持自我革新并吸收其他文化的过程中，楚文化逐步形成。

二、楚灭邓后楚文化对邓文化的吸收

楚国灭亡邓国后，邓文化仍有一个融入楚文化的过程，其中的部分元素甚至为楚文化所吸收。

正如前节和本节前述邓文化孑遗的存在，它们自然成为同时期楚文化的组成部分。除此外，邓国文化遗存的部分特征也为楚文化所吸收，重点表现在考古学文化上。

1. 偶数鼎制

相同形制的偶数鼎制尤其是在仿铜陶礼器上的应用是成熟时期楚文化的典型特征之一，而这种偶数鼎制最先出现于可能受到殷商文化影响并有偶数组合传统的邓文化遗存中。谷城擂鼓台两座墓葬（M1、M2）均为铜两鼎两簋偶数组合，M1铜鼎铭文为

① 湖北省文物考古研究所、襄阳市文物考古研究所：《襄阳卞营墓地》，文物出版社，2019年，第296页。

② 襄阳市文物考古研究所：《余岗楚墓》，科学出版社，2011年，第7-9、407-413页。

表3-4-3　邓文化遗存与江汉平原典型楚文化遗存同型陶器对比表

遗存	西周中期	西周晚期	两周之际	春秋早期前段	春秋早期后段	春秋中期前段	春秋中期后段
邓文化遗存	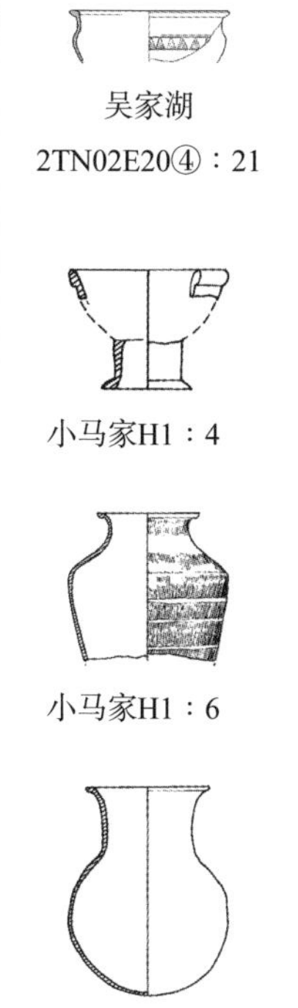 吴家湖 2TN02E20④：21 小马家H1：4 小马家H1：6 小马家H2：19	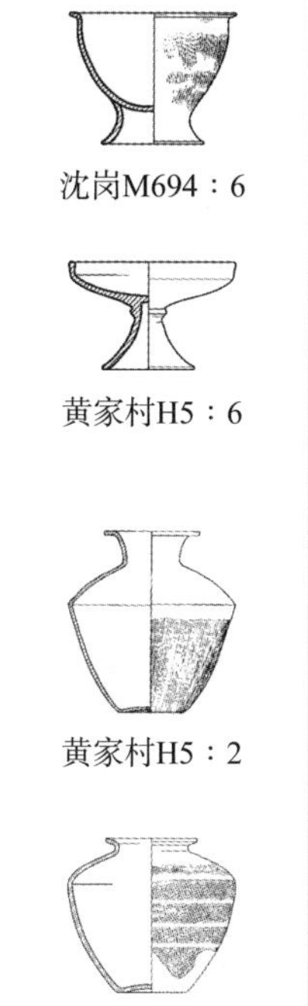 沈岗M694：6 黄家村H5：6 黄家村H5：2 周家岗H5②：39	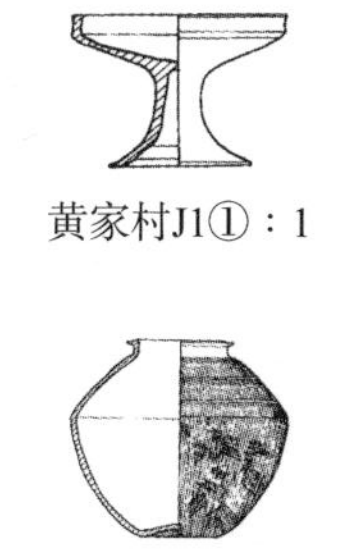 黄家村J1①：1 黄家村H14：1	 王家巷H7：37 黄家村H47：16 王家巷H7：28 周家岗J1③：23 王家巷H7：26	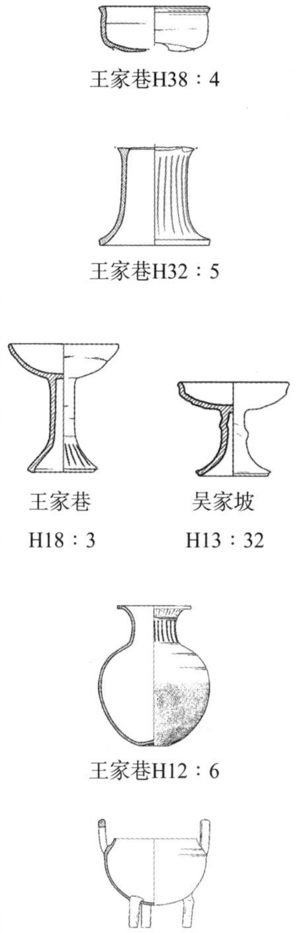 王家巷H38：4 王家巷H32：5 王家巷 H18：3 吴家坡 H13：32 王家巷H12：6 王家巷H10：2		

遗存	西周中期	西周晚期	两周之际	春秋早期前段	春秋早期后段	春秋中期前段	春秋中期后段
万福垴遗址		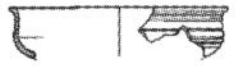 TN05E20⑤：6 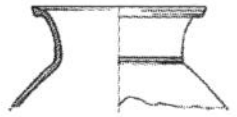 TN05E20⑤：3			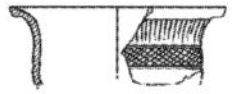 Y1③：8 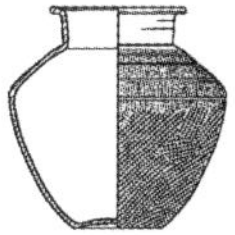 Y1③：4	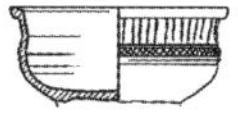 G2②：57	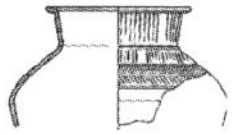 G2②：32
赵家湖墓地					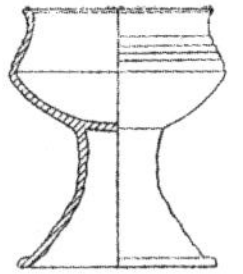 ZHM1：9 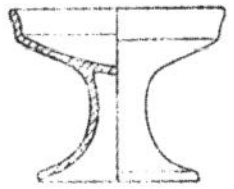 ZHM2：17	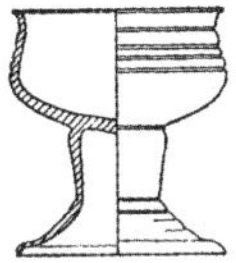 ZHM4：2 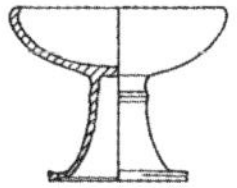 ZHM4：3	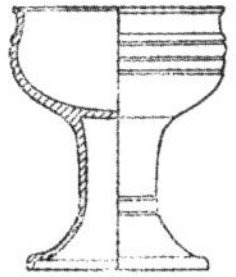 ZHM8：10 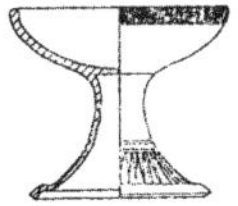 JM7：9 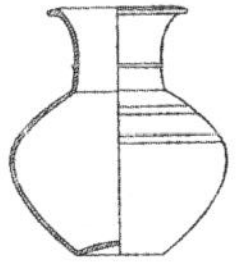 ZHM23：1 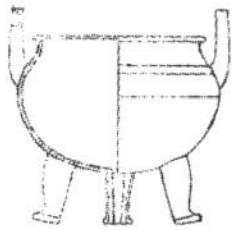 CM3：13
九店墓地						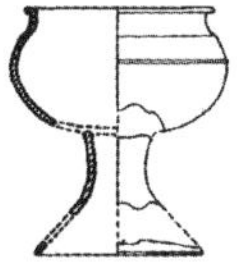 M248：4 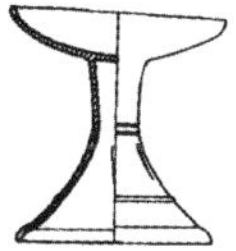 M224：1 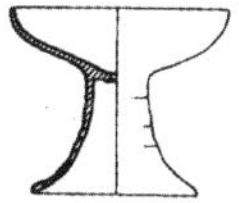 M201：2	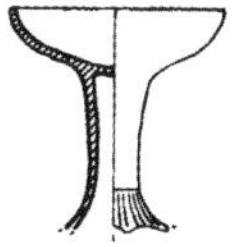 M242：2 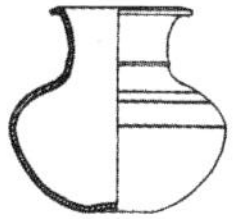 M638：1

“邓子孙白用”，M2铜鼎器主为“邓子鄗白”且铜戈铭文为“邓子孙白随戈”，表明了二者的关系。其时代为春秋早期前段，而目前所发现的楚文化相同形制偶数鼎制的时代要晚于这个时期。最早者为沈岗墓地春秋中期中段的M1022[①]，铜容器主要组合为两鼎、两簠、两盥缶，鼎、簠、缶的组合属典型楚式器组合；春秋中期后段的当阳金家山M9，铜器组合为两鼎、两簋、一盏、一舟，但有陶鼎1件、簋4件[②]。

2. 装饰艺术

（1）盖顶鸟纽装饰

盖纽上装饰鸟的情况在战国楚墓陶罍、鼎中有少量发现，如赵家湖JM57：15[③]，九店M258：3、M537：15[④]，余岗战国中期M125：9罍、M128：28小口鼎也是这种装饰[⑤]。但这种装饰的源头很可能为擂鼓台M2的铜罍、提梁卣，只是其时代为春秋早期前段，与前述多座墓葬的时间间隔较长。如果再往前追溯，甚至可到西周早期“邓仲牺尊”的鸟盖纽。一般认为楚墓中的这种鸟的装饰与楚人崇凤有关，那么擂鼓台M2展示的这种文化风格是否就是楚人崇凤的来源之一呢？也还需要证据支撑。

同时，由于地缘关系，原邓国核心区的楚国统治区受到邓文化影响更甚。与邓遗民墓地余岗墓地一沟之隔的沈岗墓地属典型的楚墓地，时代最早的M1022为春秋中期中段前后，距离楚灭邓的时间不远，其随葬器物大部分为铜器，风格较为复杂，鼎的平盖多见于北方乃至淮河流域，鼎耳的重环纹、簠的环带纹与垂鳞纹和盘的形制及窃曲纹、垂鳞纹饰又具有中原文化风格，特别是“亚”字形垂鳞纹与王坡墓地M55部分铜器的垂鳞纹[⑥]相同；戈的毁兵现象与王坡M47[⑦]、卞营M66[⑧]等铜戈相同。还有矮柄豆，M65为春秋中期楚墓[⑨]，该墓出土了铜容器立耳鼎、盆，这些在楚式铜器中少见。

---

① 襄阳市文物考古研究所：《湖北襄阳沈岗墓地M1022发掘简报》，《文物》2013年第7期。

② 湖北省宜昌市博物馆、北京大学考古系：《当阳赵家湖楚墓》，文物出版社，1992年，第225页。

③ 湖北省宜昌市博物馆、北京大学考古系：《当阳赵家湖楚墓》，文物出版社，1992年，第108页。

④ 湖北省文物考古研究所：《江陵九店东周墓》，科学出版社，1995年，第176页。

⑤ 襄阳市文物考古研究所：《余岗楚墓》，科学出版社，2011年，第162、176页。

⑥ 湖北省文物考古研究所、襄樊市考古队、襄阳区文物管理处：《襄阳王坡东周秦汉墓》，科学出版社，2005年，第28、29页。

⑦ 湖北省文物考古研究所、襄樊市考古队、襄阳区文物管理处：《襄阳王坡东周秦汉墓》，科学出版社，2005年，第50页。

⑧ 湖北省文物考古研究所、襄阳市文物考古研究所：《襄阳卞营墓地》，文物出版社，2019年，第294页。

⑨ 襄阳市文物考古研究所：《湖北襄阳市沈岗春秋时期墓葬》，《考古》2017年第5期。

另有陶豆3件、罐2件，其中2件豆为深弧盘，短柄，喇叭状圈足，圈足壁微隆，同时1件豆还承浅盘盖，盖顶有圈足状握手，此种形制的豆在邓文化春秋早期遗存中也有发现。上述风格不排除受邓文化的影响所致。

还有一个值得关注的是，由于邓故地的交通位置十分重要，其扼南阳盆地南过汉水进入楚国腹心地区、东过唐白河进入随枣走廊之要冲，因此，楚国要北扩、东进均要灭掉邓国，灭邓后据此设立邓县（详见第四章第一节），即成为楚国核心区的北部屏障，又是其北上争霸的跳板。楚邓县继邓国而来，故邓地固有的文化传统一定会融入楚文化之中。

（2）陶器彩绘装饰

邓文化遗存出土的陶盂、豆、壶等表面以暗纹或黑彩装饰线条、卷云、波折、网格纹等，对春秋中晚期开始出现的楚文化陶器暗纹、彩绘装饰很可能产生了一定的影响。

第四章　周代邓国、楚邓县地理空间形态研究

据传世、出土文献结合铜器铭文知，周代邓国与楚国作为相邻两国于西周初年被封，同处周之南土。公元前678年，楚灭邓，之后楚设邓县。楚邓县因邓国而来，秦汉至南北朝因袭。而关于其地理位置，历来有不同的说法，而只有确定了其地理位置和辖域后才能了解和重建其地理空间形态。

第一节　楚邓县考

虽然楚邓县不见于传世文献，但通过传世、出土文献的梳理可知，楚所灭之邓国都城和楚、秦、汉至南北朝时期邓县及其治所是前后沿袭的，只有时代的变化，但县名和位置没有变化。

一、楚邓县沿革考

（一）西汉至南北朝时期的邓县

古邓县见于传世文献，最早为西汉时期，时邓县为南阳郡下属县，《汉书·地理志》南阳郡“邓，故国。都尉治。”注引应劭曰：邓侯国[①]。《后汉书·郡国志》南阳郡“邓，‘有鄾聚’”[②]。

其后，《三国志》也有多处提到“邓”，其中《蜀书·刘封传》：“陛下大军，金鼓以震，当转都宛、邓。”[③]这里将“邓”与“宛”并称，且以“都”形容，其地位显然较高。《魏书》有“邓王、邓侯”之爵位，如《魏书·邓哀王传》有“邓哀

① （汉）班固撰，（唐）颜师古注：《汉书》卷二八，中华书局，1962年，第1564、1565页。

② （晋）司马彪撰，（梁）刘昭注补：《后汉书志》第二二郡国四，《后汉书》，中华书局，1965年，第3476页。

③ （晋）陈寿撰，（宋）裴松之注，陈乃乾校点：《三国志》卷四十，中华书局，1959年，第993页。

王（侯）冲”，“二十二年，封琮为邓侯。黄初二年，追赠谥冲曰邓哀侯”[①]。《魏书·邓艾传》：“今以艾为镇西将军、都督陇右诸军事，进封邓侯。”[②]结合前后封赠情况看，该“邓”确为地名。

晋代则分南阳郡置义阳郡，《晋书·地理志》义阳郡“邓，古邓侯国”[③]。

《宋书·州郡三》雍州刺史之“新野太守”下有：“蔡阳、邓县。并汉旧县。”雍州刺史总序提到“晋孝武始于襄阳侨立雍州，并立侨郡县。宋文帝元嘉二十六年（449年），割荆州之襄阳、南阳、新野、顺阳、随五郡为雍州，而侨郡县犹寄寓在诸郡界。孝武大明（457～464年）中，又分实土郡县以为侨郡县境”。新野为“晋惠帝分南阳立”[④]。

《南齐书·州郡下》雍州之京兆郡下有“邓”县，时京兆郡为雍州所辖侨郡。雍州治襄阳，辖襄阳、南阳、新野、京兆、扶风等四十六郡，部分为侨郡[⑤]。而邓县作为汉旧县，应为“实土”县。

南朝梁和北朝西魏时期已不见明确设置的邓县记载，但雍州有“邓城”，且《魏书》《梁书》《周书》《南史》《北史》等多处宛、邓或樊、邓并称。如《魏书·张彝传》张彝向北魏世宗（500～515年在位）上表曰：“而值銮舆南讨，问罪宛、邓，臣复忝行军，枢机是务。”[⑥]《南史·柳仲礼传》：“中大通（529～534年）中，西魏将贺拔胜来逼樊、邓，仲礼出击，破之，除黄门郎。”[⑦]《周书·韩褒传》：“（西魏大统）二年（536年），梁人北寇商洛，东魏复侵樊、邓。”[⑧]《北史·杜杲传》：“建德初（572年），授司城中大夫，仍使于陈。……又遣谓之曰：‘若欲合从，共图齐氏，能以樊、邓见与，方可表信。’”[⑨]宛、邓或樊、邓并称与《三国志》所记类似，说明邓城的地位确实重要，不排除邓县依然存在。

可见，邓县自西汉设立后，两汉属南阳郡辖县，其源于古邓国，并有“鄾”地；晋代邓县虽属义阳郡，但其为南阳郡所分设，其间的三国时期尽管没有明确的邓县设

---

① （晋）陈寿撰，（宋）裴松之注，陈乃乾校点：《三国志》卷二十，中华书局，1959年，第580页。

② （晋）陈寿撰，（宋）裴松之注，陈乃乾校点：《三国志》卷二十，中华书局，1959年，第778页。

③ （唐）房玄龄等撰：《晋书》卷十五，中华书局，1974年，第455页。

④ （梁）沈约撰：《宋书》卷三七，中华书局，1974年，第1135、1137页。

⑤ （梁）萧子显撰：《南齐书》卷十五，中华书局，1972年，第281-287页。

⑥ （北齐）魏收撰：《魏书》卷六四，中华书局，1974年，第1431页。

⑦ （唐）李延寿撰：《南史》卷三八，中华书局，1975年，第992页。

⑧ （唐）令狐德棻等撰：《周书》卷三七，中华书局，1971年，第661页。

⑨ （唐）李延寿撰：《北史》卷七十，中华书局，1974年，第2429、2430页。

立，但“邓”与当时南阳郡治所的“宛”（县）并称，推测“邓”至少也为县，上承东汉，下接晋代；东晋孝武帝于襄阳侨置雍州，宋元嘉割襄阳、南阳等五郡为雍州后据有实土，其下汉旧县之邓县为分自南阳郡之新野太守管辖，南齐时期则为雍州治下侨郡京兆郡属县，可见其前后一脉相承。梁和西魏时期，虽不见邓县的设置，但从“邓城”的重要位置等分析，其应与之前的“邓县”相关。

其后，隋开皇初年，南阳郡改称邓州，直至清代，州名基本维持不变。但从唐代邓州与襄阳府下设邓城县同时存在的情况看，邓州的位置应该已经发生了变化。

（二）秦邓县

自西汉上溯到秦时期，传世文献中，明确提到秦邓县的是《水经注·淯水》：“南过邓县东。”郦道元注：“县故邓侯吾离之国也，楚文王灭之，秦以为县。”① 出土文献中，《岳麓书院藏秦简》之《三十五年私质日》中简文主人前往关中的行程中“（四月6日）宿邓”，返回行程中“（五月6日）宿鄾乡”与“邓”县相关②。再往前，抄写于秦始皇三十一年（前216年）和三十三年（前214年）的《北京大学藏水陆里程简》（以下简称《简册》）记载了秦南郡主要水路、陆路沿线各地点之间的里程③，其中从杨口溯汉水北上到淯口之间，“邓新邓津到淯口二十里”（【04-216】）、“淯口到邓攀渚十四里”（【04-215】），其“邓新邓津”“邓攀渚”之“邓”很显然为“邓县”，与同里程记录“鄢巩阳乡”“鄢路卢津”之“鄢县”格式相同④。《汉书·地理志》载：“南郡，秦置……宜城，故鄢，惠帝三年更名。”⑤《岳麓书院藏秦简》之《质日·二十七年质日》有“之鄢具事”⑥的记录，云梦睡虎地M11墓主人“喜”曾出任秦“鄢令史”⑦，证实“鄢”确曾为秦县。此种情况还见于同《简册》自宛城沿淯水下行的水路里程记录，为“宛梁门下行到邓西陵四百九十一

① （后魏）郦道元注，（清）杨守敬、熊会贞疏，段熙仲点校，陈桥驿复校：《水经注疏》卷三一，江苏古籍出版社，1989年，第2620页。

② 郭涛：《岳麓书院藏秦“质日”简交通地理考》，《历史地理（第三十辑）》，上海人民出版社，2014年，第239-248页。

③ 北京大学出土文献研究所：《北京大学藏秦简牍概述》，《文物》2012年第6期。

④ 辛德勇：《北京大学藏秦水陆里程简册初步研究》，《出土文献（第四辑）》，中西书局，2013年，第220页。

⑤ （汉）班固撰，（唐）颜师古注：《汉书》卷二八，中华书局，1962年，第1566页。

⑥ 朱汉民、陈松长主编：《岳麓书院藏秦简》之《质日·二十七年质日》第0626正号简，上海辞书出版社，2010年。

⑦ 《云梦睡虎地秦墓》编写组：《云梦睡虎地秦墓》图版五十一，文物出版社，1981年。

里”（【04-203】），“武庾到邓西陵四百八十里二百步”（【04-200】）[①]，“宛”即秦宛县，为当时的南阳郡治。《史记·秦本纪》：“百里傒亡秦走宛，楚鄙人执之。”【集解】：《地理志》南阳有宛县[②]。“政代立为秦王。当是之时，秦地已并巴、蜀、汉中，越宛有郢，置南郡矣。”[③]《史记·高祖本纪》：“略南阳郡，南阳守齮走，保城守宛。……今足下留守宛。宛，大郡之都也……”《史记正义》引《括地志》云：“南阳县故城在宛大城之南隅，其西南有二面，皆故宛城。”[④]可见，“邓”无疑也为秦县。而出土的秦封泥中有“邓丞之印”两枚，傅嘉仪认为“邓县，秦置……”[⑤]林丽卿也认为：“邓丞之印：秦代邓县……，此即为邓县县丞之印的封泥。”[⑥]

此外，《里耶秦简》9-2076载：“十月辛丑，南陽守衍下縣……。鄧下南郡守。”“十月己酉，鄧守丞尚敢言之。”[⑦]“邓守丞”显然为邓县官员，邓县因位于南阳郡和南郡之间，故文书从南阳郡传递到邓县后，由邓县再将文书传递到南郡[⑧]。

（三）楚邓县

传世文献和出土文献均表明，秦邓县是拔楚“邓”而来。《史记·秦本纪》载：“（昭襄王）二十八年，大良造白起攻楚，取鄢、邓，赦罪人迁之。”[⑨]《史记·白起王翦列传》：“后七年，白起攻楚，拔鄢、邓五城。”《集解》徐广曰：“昭王

---

① 辛德勇：《北京大学藏秦水陆里程简册初步研究》，《出土文献（第四辑）》，中西书局，2013年，第257、258页。

② （汉）司马迁撰，（宋）裴骃集解，（唐）司马贞索隐，（唐）张守节正义：《史记》卷五，中华书局，1959年，第186页。

③ （汉）司马迁撰，（宋）裴骃集解，（唐）司马贞索隐，（唐）张守节正义：《史记》卷六，中华书局，1959年，第223页。

④ （汉）司马迁撰，（宋）裴骃集解，（唐）司马贞索隐，（唐）张守节正义：《史记》卷八，中华书局，1959年，第359、360页。

⑤ 傅嘉仪编著：《秦封泥汇考》，上海书店出版社，2007年，第213页。

⑥ 林丽卿：《秦封泥地名研究》，台湾师范大学国文研究所国文教学硕士学位论文，2002年，第200页。

⑦ 里耶秦简牍校释小组：《〈里耶秦简（贰）〉校读（一）》，简帛网，http：//www.bsm.org.cn/?qinjian/7837.html，2018年5月17日。

⑧ 张弛：《读〈里耶秦简（贰）〉9-1861、9-2076小札》，简帛网，http：//www.bsm.org.cn/?qinjian/7842.html，2018年5月17日。

⑨ （汉）司马迁撰，（宋）裴骃集解，（唐）司马贞索隐，（唐）张守节正义：《史记》卷五，中华书局，1959年，第213页。

二十八年。”《正义》“鄢、邓二邑在襄州”[①]而云梦睡虎地秦简《编年记》则载：（昭襄王）“二十七年，攻邓”（简027）[②]。据此对照可知，白起于秦昭襄王二十七年（前280年）攻邓，二十八年（前279年）拔邓。关于白起所拔与“邓”并列之“鄢”，《战国策》之《秦三》《秦四》《齐六》《楚一》《楚四》等多处记为“鄢郢”，可见，当时的“鄢”实为楚国别都——“鄢郢”，从而表明了“邓”也应为楚国的一处重要城邑，至少应该是县一级行政区治所。

邓县虽不见于楚设县的文献记载，但从出土文献和考古资料可得到证实。

1986年，为配合荆（门）沙（市）铁路建设，湖北省文化厅组织相关单位在荆门十里铺镇王场村发掘了包山墓地[③]，其中二号墓楚简中有邓人、邓公的记载。

简43　十月辛巳之日不归板于邓人以致命于郢……

简44　十月辛巳之日不归邓人之金，……

简58　九月戊午之日，宣王之垞州人苛矍、邓公边之州人苛矤……

简92　九月戊申之日，□陈午之里人蓝讼邓令尹之里人苛□……[④]

徐少华认为简文中的“邓公边”应为当时的楚邓县县公，“邓令尹”为楚邓县之令尹[⑤]。据出土竹简研究，包山二号墓的下葬年代为公元前316年[⑥]。

如前述，襄阳山湾墓地曾采集到邓公乘鼎[⑦]和邓尹疾鼎[⑧]。时代分别为春秋晚期前、后段。徐少华、顾久幸研究后均认为，“邓公乘”“邓尹疾”应为楚邓县县公（县尹）[⑨]，与前述包山二号墓简文中的“邓公边”之“邓公”性质一致。

而在春秋晚期前段之前，邓县则不见于任何历史文献和出土资料，也就是说，楚邓县的设立至迟在春秋晚期前段，约当公元前6世纪中叶。

通过对传世文献、出土文献和考古资料的分析，我们认为，楚设邓县之缘由很可

---

① （汉）司马迁撰，（宋）裴骃集解，（唐）司马贞索隐，（唐）张守节正义：《史记》卷七三，中华书局，1959年，第2331、2332页。

② 《云梦睡虎地秦墓》编写组：《云梦睡虎地秦墓》，文物出版社，1981年，第15页。

③ 湖北省荆沙铁路考古队：《包山楚墓》，文物出版社，1991年。

④ 湖北省荆沙铁路考古队：《包山楚简》，文物出版社，1991年，第19-23页。

⑤ 徐少华：《包山楚简释地五则》，《考古》1999年第11期。

⑥ 湖北省荆沙铁路考古队：《包山楚墓》，文物出版社，1991年，第331-333页。

⑦ 杨权喜：《襄阳山湾出土的鄀国和邓国铜器》，《江汉考古》1983年第1期。

⑧ 王少泉：《襄樊市博物馆收藏的襄阳山湾铜器》，《江汉考古》1988年第3期。

⑨ 徐少华：《论近年来出土的几件春秋有铭邓器》，《荆楚历史地理与考古探研》，商务印书馆，2010年；顾久幸：《春秋楚、晋、齐三国县制的比较》，《楚文化觅踪》，中州古籍出版社，1986年。

能与《左传》载楚灭息后即因其地设息县情形一样，是楚灭邓后于邓故都所设，此类情形还有申国、申县，吕国、吕县，兼国、兼县，钟离国、钟离县等[①]。因其重要地位，秦拔邓后“赦罪人迁之”，并继设邓县，汉因袭，直至南北朝时期，且其前后位置没有变化。

二、楚邓县治所考

正因楚邓县治所即其后的秦、汉至南北朝治所，我们可通过文献分析和考古资料进行较为充分的论证。

（一）西汉至南北朝时期的邓县治所

《后汉书·岑彭传》载：“车驾引还，令彭率傅俊、臧宫、刘宏等三万余人南击秦丰。拔黄邮，丰与其大将蔡宏拒彭等于邓，数月不得进。帝怪以让彭，彭惧，于是夜勒兵马，申令军中，使明旦西击山都。乃缓所获虏，令得逃亡，归以告丰，丰即悉其军西邀彭。彭乃潜兵度沔水，击其将张杨于阿头山，大破之。”[②]从内容看，岑彭围邓城数月不克被责后，于某天夜间整军，第二天拂晓前向西攻陷山都城，表明邓城在山都城以东，且距离不远，正因如此，岑彭军才能从邓城外围迅速到达山都城外，且能保持战斗力很快攻陷山都。之后，岑彭迅速渡过沔（汉）水，在阿头山大破秦丰部将张杨，说明山都城离沔（汉）水也较近。山都县同为当时的南阳郡属县，《后汉书》引李贤注“山都故城在襄州义清县东北”[③]。笔者结合考古资料考证出山都在今襄阳市樊城区太平店镇乔岗遗址[④]。则邓县可在山都以东、距汉水不远的范围内寻找。

《三国志》之《吴书·孙坚传》载：“初平三年（192年），术使坚征荆州，击刘表。表遣黄祖，逆于樊、邓之间。坚击破之，追渡汉水，遂围襄阳。单马行岘山，为祖军士所射杀。”裴松之注引《典略》曰：“坚悉其众攻表。表闭门，夜遣将黄祖潜出发兵。祖将兵欲还，坚逆与战。祖败走，窜岘山中。坚乘胜，夜追祖。祖部兵从竹木间暗射坚，杀之。”[⑤]刘表荆州即以襄阳为首府的荆州，其时的襄阳、樊城为今之襄

① 徐少华：《邓国铜器综考》，《考古》2013年第5期。

② （宋）范晔撰，（唐）李贤等注：《后汉书》卷十七，中华书局，1965年，第657页。

③ （宋）范晔撰，（唐）李贤等注：《后汉书》卷二四，中华书局，1965年，第845页。

④ 王先福：《襄阳地区汉代南阳郡属县治所初考》，《江汉考古》2014年第3期。

⑤ （晋）陈寿撰，（宋）裴松之注，陈乃乾校点：《三国志》卷四六，中华书局，1959年，第1100、1101页。

阳、樊城均为专家学者所公认，笔者也做过较为详细的梳理[①]。孙坚征伐位于襄阳的荆州，黄祖阻击的军队不可能距离荆州城（即襄阳城）较远。同时，“樊、邓之间”之“邓”还当在与樊城邻近的区域。

《三国志》之《吴书·三嗣主传》裴松之注引（东晋）孙盛曰：“魏氏尝藉战胜之威，率百万之师，浮邓塞之舟，下汉阴之众。”[②]则邓塞旁应有水系可以行船通达汉水，并在汉水以南聚集军队，也说明了邓县就在汉水附近。且“邓塞”离樊城不远。《三国志》之《魏书·张既传》裴松之注引《魏略》曰：“正始二年（241年），朱然围樊城，城中守将乙修等求救甚急。（夏侯）儒进屯邓塞，以兵少不敢进，但作鼓吹，设导从，去然六七里，翱翔而还，使修等遥见之，数数如是。”[③]而北魏郦道元著《水经注·淯水》记：“（淯水）又西南过邓县东。县故邓侯吾离之国也，楚文王灭之，秦以为县。淯水右合浊水，俗谓之弱沟。水上承白水于朝阳县，东南流径邓县故城南。习凿齿《襄阳记》曰：楚王至邓之浊水，去襄阳二十里。即此水也。浊水又东径邓塞北，即邓城东南小山也，方俗名之为邓塞，昔孙文台破黄祖于其下。浊水东流注于淯。淯水又南径邓塞东，又径鄾城东，古鄾子国也。盖邓之南鄙也。昔巴子请楚与邓为好，鄾人夺其币，即是邑也。司马彪以为邓之鄾聚也。（淯水）南入于沔。”疏按《御览》一百九十二引盛弘之《荆州图记》樊城西北有鄾城，即《春秋》所称鄾子之国。并按《左传》杜《注》，鄾在邓县南，沔水之北[④]明确了邓塞在邓城东南和汉水以北、淯水以西。这些文献记载建构了邓城、邓塞、樊城、汉水以及鄾城之间的相对关系。

此外，《三国志》之《蜀书·诸葛亮传》裴松之注引东晋史学家习凿齿《汉晋春秋》曰：“亮家于南阳之邓县，在襄阳城西二十里，号曰隆中。”[⑤]也指明了邓县与襄阳的大致关系。

南北朝时期，魏、齐邓城之战是一次南北方的重要战争，据《梁书·武帝本纪》《南齐书·魏虏传》《南齐书·崔慧景传》《魏书·宇文福传》等可以还原整个战争的过程。（南齐建武）四年（497年），魏孝文帝元宏率军进攻南齐雍州，齐明帝令太

---

① 王先福：《古代襄樊城市变迁进程的初步研究》，《中国历史地理论丛》2010年第1期。

② （晋）陈寿撰，（宋）裴松之注，陈乃乾校点：《三国志》卷四八，中华书局，1959年，第1180页。

③ （晋）陈寿撰，（宋）裴松之注，陈乃乾校点：《三国志》卷十五，中华书局，1959年，第477页。

④ （后魏）郦道元注，（清）杨守敬、熊会贞疏，段熙仲点校，陈桥驿复校：《水经注疏》卷三一，江苏古籍出版社，1989年，第2620-2622页。

⑤ （晋）陈寿撰，（宋）裴松之注，陈乃乾校点：《三国志》卷三六，中华书局，1959年，第911页。

子中庶子梁王萧衍驰援，十月进至襄阳。后命度支尚书、太子左率崔慧景总督雍州诸军。次年即永泰元年（498年），崔慧景至襄阳，并分兵守樊城。三月，崔慧景、萧衍等率5000余人进驻邓城。元宏率魏军十万攻至邓城，崔慧景守南门，萧衍守北门，魏军分兵对城东南、城东、城北重点进攻，萧衍欲出战被拒。魏军不断增兵，崔慧景于南门出逃，过闹沟时桥断，军士相互践踏死伤无数。魏军攻破北门入城，齐将刘山阳等且战且退，退至汉水北岸被围，据樊城苦战，到晚上，魏军退兵。崔慧景等因恐惧而渡船过汉水回到襄阳城。更可看出邓城、樊城、汉水、襄阳城之间的关系，即所涉几处地理实体之间，邓城在樊城以北，樊城在汉水北岸，南过汉水为襄阳城。

综上所考，西汉至南北朝时期的邓城就在当时的山都城以东不远、今樊城西北、南有河流（浊水）、东有淯水且距汉水不远的地方，南过汉水就是襄阳城，其东南有邓塞、鄾城。结合上述文献多次提到围邓、攻邓等记载和汉及以后的县级治所普遍有城防体系的情况看，邓县治所也应有城。

求之于考古发现，在今樊城中心城区西北5千米处正有一处邓城城址符合这些条件（今天二者之间的城区实际已连为一体）。城址西侧有七里河（古浊水）东南流，在城南再折向东流注今小清河（即古清水，原注入淯水，后因改道直接流注汉水），邓城东距小清河约4千米、距唐白河（淯水）约10千米，西距当时的山都县城约23千米，南距今汉水北岸约5千米。

（二）秦邓县治所

根据新出《北京大学藏秦水陆里程简》（以下简称《简册》）中的相关里程来分析和测算秦邓县的大致位置。《简册》记杨口上溯汉水到淯口的连续里程、到西陵的总里程如下：

> 杨口到匡津七十里。【04-059】
> 匡津到销县容击乡九十里。【04-060】
> 容击到麄水口百九十里。【04-072】
> 麄水口到鄀巩阳乡七十里。【04-085】
> 巩阳乡到离津四十里。【04-089】
> 离津到瓯津六十里。【04-088】
> 瓯津到䓘陵津六十里。【04-235】
> 䓘陵到邔乡七十里。【04-234】
> 邔乡到鄀路庐津二十里。【04-218】
> 路庐津到邓新邓津七十里。【04-217】

新邓津到淯口二十里。【04-216】

淯口到邓攀渚十四里。【04-215】

凡杨口到西陵七百七十四里。【04-214】①

按照上述记载与“邓”相关的内容分析，邓县的辖境很显然已到了汉水边。“淯口”即淯水口，淯水即今白河，淯口即唐白河汇入汉水之河口，即使古今淯口可能存在偏移，但大致位置应相差不远，就在今汉水北岸、襄阳市襄州区张湾镇之唐白河汇入汉水处附近。而将由杨口溯汉水北上所经由的各个地点到淯口的里程相加，则杨口到淯口的水路里程共760里，同时，《简册》记杨口到西陵774里，由此推算，西陵应在淯口上溯淯水约14里处。

同时，该《简册》还有自宛城沿淯水下行的水路里程记录：

淯口到西陵十二里。【04-231】

宛梁门下行到邓西陵四百九十一里。【04-203】

宛宜民庾行淯水到西陵四百五十里。【04-202】

武庾到邓西陵四百八十里二百步。【04-200】②

从推算和直接记述的情况看，淯口到西陵的距离有2里的差别，在长700多里的距离中，这种误差不大，可以证明其数据的真实性。按照直接距离更为明确的原则，我们还是以“淯口到西陵十二里”为准，即西陵在淯口上溯淯水12里处。《简册》记“邓西陵”“邓新邓津”“邓攀渚”与淯口的距离均在20里范围内，而淯口位于汉水北岸淯水入汉水处，则属“西陵”“新邓津”“攀渚”上级行政区的“邓”县自然在汉水北岸。

从上述淯水水路里程的几个地点测算，西陵沿淯水上溯450里有“宛宜民庾”，再往上游约30里为“武庾”，“武庾”上溯约11里为“宛梁门”，即“宛宜民庾”到“宛梁门”约41里。“宛”县为楚宛郡（宛县）治所③，应即上引多处之宛城，则“梁门”应为宛县的某座城门。诸多专家一致认为，楚、秦、汉“宛”城即今南阳市区宛

---

① 辛德勇：《北京大学藏秦水陆里程简册初步研究》，《出土文献（第四辑）》，中西书局，2013年，第220页。

② 辛德勇：《北京大学藏秦水陆里程简册初步研究》，《出土文献（第四辑）》，中西书局，2013年，第257、258页。

③ 陈伟：《包山楚简所见楚国的宛郡》，《新出楚简研读》，武汉大学出版社，2010年，第1-7页。

城遗址[①]，位于今白河北岸。

再结合南郡北上南阳郡陆上通道简文“邓到宜民庾二百一十里”（【04-065】）记录[②]测算，鉴于淯水在经过今宛城遗址南部下行段基本呈南北直线走向，则“宛梁门”到“宛宜民庾”的陆上距离约40里，那么，“宛”县到“邓”县的陆上里程约为250里，按照一秦里约合今里415.8米[③]计算，二者之间的陆上距离约今104千米。

此外，《简册》还记“鄢到邓百四十里”（【04-076】）[④]，按照今里与秦里的同一标准换算，则当时的140里相当于今天的58千米左右。鄢县的具体位置，《水经注》与今之学者均认为即今湖北宜城市楚皇城遗址[⑤]。

“宛”“鄢”的具体位置确定后，根据宛县向南约104千米、鄢县向北约58千米的距离测算，即可将秦邓县定位于今襄阳市樊城城区以北。同时，根据上述简文记录推测，邓应与西陵接近。关于“邓”与“西陵”的关系，在《史记》《战国策》等传世文献中，有将二者并为一地、互相替代的记载。前引《史记·秦本纪》《史记·白起王翦列传》记为白起取（拔）“鄢、邓”；而《史记·楚世家》记楚顷襄王二十年（前279年）“秦将白起拔我西陵”。次年，“秦将白起遂拔我郢，烧先王墓夷陵”[⑥]。《史记·六国年表》记楚顷襄王二十年“秦拔我鄢、西陵”[⑦]。童书业也认为“此‘西陵’似即邓”[⑧]。这一结论应可进一步确定邓县在汉水以北的事实，正与汉至南北朝的邓县位置相合。

---

① 何光岳：《楚灭国考》，上海人民出版社，1990年，第111-124页；徐少华：《周代南土历史地理与文化》，武汉大学出版社，1994年，第28-38页；马世之：《中原楚文化研究》，湖北教育出版社，1995年，第97-102页；徐少华：《“平王走（奔）西申”及相关史地考论》，《历史研究》2015年第2期。

② 辛德勇：《北京大学藏秦水陆里程简册初步研究》，《出土文献（第四辑）》，中西书局，2013年，第259页。

③ 杨生民：《中国里的长度演变考》，《中国经济史研究》2005年第1期；丘光明：《中国历代度量衡考》，科学出版社，1992年，第10、11页。

④ 辛德勇：《北京大学藏秦水陆里程简册初步研究》，《出土文献（第四辑）》，中西书局，2013年，第259页。

⑤ 黄盛璋：《关于湖北宜城楚皇城遗址及其相关问题》，《江汉学报》1963年第9期。

⑥ （汉）司马迁撰，（宋）裴骃集解，（唐）司马贞索隐，（唐）张守节正义：《史记》卷四十，中华书局，1959年，第1735页。

⑦ （汉）司马迁撰，（宋）裴骃集解，（唐）司马贞索隐，（唐）张守节正义：《史记》卷十五，中华书局，1959年，第742页。

⑧ 童书业：《楚王酓章钟铭“西阳”解》，《中国古代地理考证论文集》，中华书局，1962年。

（三）楚、秦、汉至南北朝邓县治所的考古学实证

楚、秦、汉至南北朝邓县的大体位置确定后，我们就在汉水北岸今樊城城区以北来考察这几个时期的邓县故址。鉴于其时邓县的重要地位，该故址需要有一定的规模，或有城垣，其时代至少要涵盖楚、秦、汉至南北朝几个时期，且周围分布有较多的同时代遗存。而在这一相对狭小的范围内正好就有前依文献线索对应的邓城城址符合其特征。

邓城城址位于今湖北省襄阳市樊城城区西北的高新区团山镇邓城村，面积约84万平方米。现存城垣、城门、护城河。城内及城墙上暴露遗物十分丰富，包含陶鬲足、鬲口沿、豆盘、豆柄、盆口沿、罐口沿等容器及绳纹砖、瓦等建筑材料残片，并有少量硬陶器。其时代上自春秋中期，下至南北朝时期①。2012年曾在城内东北部试掘50平方米，地层最多分七层，第7层出土盆、瓮口沿及筒瓦、砖残片，时代不早于西汉晚期，并有少量两周鬲足、豆柄等；最晚的文化层为第3层，出土黄瓷碗底和砖、板瓦等，时代为唐代。同时对东门南侧城墙暴露的剖面进行了简单清理，现路面以上地层分六层，除耕土、扰土层外的第3层出土影青瓷、白瓷碗、小盂等，时代不早于宋代，时代最早的第6层出土盆、罐口沿和筒瓦、瓦当等，时代不早于西汉；以下未清理。东城墙剖面还清理出1座宋代灰沟、1座南朝灰坑②。从城墙剖面地层和遗迹情况看，城址至少在汉代进行过修缮或加固，很可能在南北朝时期废弃。结合城内试掘情况分析，城址在汉至南北朝时期较为繁荣，出土的早期遗物表明至少在西周晚期至春秋时期，城内应有人居住；同时，城址废弃后，城内依然有人居住，直至宋代。只是城址始建年代因城墙未解剖到底尚难以确定。但可以肯定的是，邓城在汉代至南北朝时期是有城垣的，其作为当地的中心聚落当无问题。

在邓城城址周边方圆6千米的范围内发掘了40余处楚、秦、汉至南北朝时期的文化遗存（图4-1-1；附表六、附表七），面积有大有小，既有遗址，也有墓地，其中遗址的时代自春秋中期至汉代，墓地的时代自春秋中期至唐宋时期。

紧邻城址北、东侧的韩岗、卞营遗址规模较大，其面积均100万平方米以上，文化层堆积在1米以上，是整个襄阳地区少见的大型村落遗址。其中韩岗遗址先后多次发掘，清理出了较多的灰坑、水井、窑址、房址等遗迹；出土了生产工具、生活用器、

---

① 襄樊市文物普查办公室、襄樊市博物馆：《襄樊市文物史迹普查实录》，今日中国出版社，1995年，第2页；国家文物局：《中国文物地图集·湖北分册》，西安地图出版社，2002年，第61页；襄阳市第三次全国文物普查领导小组办公室：《襄阳史迹扫描》，湖北人民出版社，2013年，第218页。

② 湖北省文物考古研究所2012年邓城城址试掘资料。

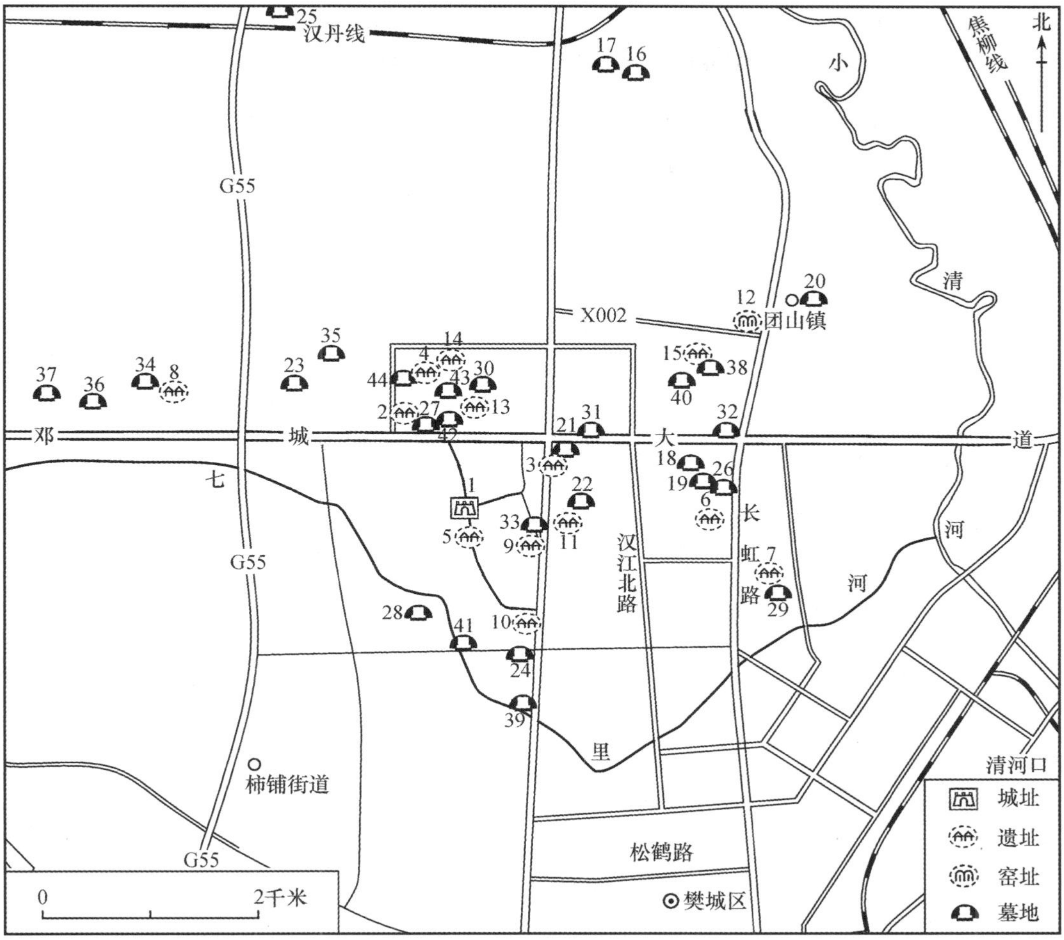

图4-1-1　邓城城址及周边楚、秦、汉至南北朝时期文化遗存分布示意图

1. 邓城城址　2. 韩岗遗址　3. 卞营遗址　4. 南岗遗址　5. 庙台子遗址　6. 余岗遗址　7. 彭岗遗址　8. 张营遗址
9. 周家岗遗址　10. 王家巷遗址　11. 黄家村遗址　12. 团山窑址　13. 贾庄水井遗址　14. 后官田遗址　15. 蔡庄遗址
16. 山湾墓地　17. 蔡坡墓地　18. 余岗墓地　19. 沈岗墓地　20. 团山墓地　21. 卞营墓地　22. 黄家村墓地
23. 鏖战岗墓地　24. 贾巷墓地　25. 王坡墓地　26. 沈岗东墓地　27. 韩岗墓地　28. 吴家坡墓地　29. 彭岗墓地
30. 贾庄墓地　31. 岭子墓地　32. 上岗墓地　33. 周家岗墓地　34. 张营墓地　35. 酒店墓地　36. 汤岗墓地
37. 小李营墓地　38. 蔡庄墓地　39. 王寨墓地　40. 骆台墓地　41. 西王家巷墓地　42. 解放店墓地　43. 前官田墓地
44. 惠博通墓地

建筑材料等大量遗物。其时代从春秋中期至汉代连续发展，没有间断[①]。卞营遗址于2008年因配合襄樊内环线建设发掘，地层分八层，以春秋晚期至战国早期遗存为主，最早约当春秋中期，战国中期地层上叠压有汉代地层，曾在200平方米范围内清理出了8口水井，一方面或许表明了人口的密集程度，另一方面或许表明了其可能为作坊的用途[②]。两者的楚文化主体性质突出，后者缺少秦文化遗存。

城址北约800米的南岗遗址分布面积约10万平方米，2011年发掘，文化层分四层，最厚2米以上，清理出较多的灰坑、灰沟、水井，出土铜鼎和大量的陶质生活用器及少量生产工具，时代为东周[③]，属典型的楚文化遗址。

城址南侧的庙台子遗址和东约2.5、3千米的余岗、彭岗遗址及西北约1千米的张营遗址面积均较小，不到10万平方米。庙台子遗址为调查发现，地表暴露较多的板瓦、筒瓦、盆、壶、罐、豆等残片，时代为东周[④]；余岗遗址文化层仅厚0.4米，出土器物以陶日用器为主，时代为东周[⑤]，该遗址可能与黄家村遗址为同一个遗址；彭岗遗址出土了石、陶、铜、铁器等遗物，包括楚国其他地区不见的铜布币，其时代为战国中晚期，属典型的楚文化村落遗址[⑥]，尹弘兵考证为“邓西陵”[⑦]。张营遗址2006年发掘，地层堆积仅两层：现代耕土层和汉代文化层（第2层），清理出灰坑、房址，出土较多的绳纹筒瓦、板瓦和盆、罐等残片[⑧]；2016年发掘时清理汉代灰坑7座、墓葬1座，出

---

① 湖北省文物考古研究所、襄樊市博物馆：《湖北襄阳邓城韩岗遗址发掘报告》，《江汉考古》2002年第2期；国家文物局：《中国文物地图集·湖北分册》，西安地图出版社，2002年，第61页；襄樊市博物馆：《湖北省襄樊市邓城遗址试掘简报》，《江汉考古》2004年第2期；襄阳市第三次全国文物普查领导小组办公室：《襄阳史迹扫描》，湖北人民出版社，2013年，第191页；襄阳市文物考古研究所2009年、2011年韩岗遗址发掘资料。

② 襄阳市第三次全国文物普查领导小组办公室：《襄阳史迹扫描》，湖北人民出版社，2013年，第191页；王先福：《襄樊市内环线一期工程沿线新石器时代至明代遗址》，《中国考古学年鉴（2009）》，文物出版社，2010年，第302页。

③ 襄阳市文物考古研究所2011～2012年南岗遗址发掘资料。

④ 襄阳市第三次全国文物普查领导小组办公室：《襄阳史迹扫描》，湖北人民出版社，2013年，第191页。

⑤ 襄樊市文物普查办公室、襄樊市博物馆：《襄樊市文物史迹普查实录》，今日中国出版社，1995年，第3页；国家文物局：《中国文物地图集·湖北分册》，西安地图出版社，2002年，第61页；襄阳市第三次全国文物普查领导小组办公室：《襄阳史迹扫描》，湖北人民出版社，2013年，第191页。

⑥ 襄樊市考古队：《襄樊市彭岗东周遗址发掘简报》，《江汉考古》2000年第2期；国家文物局：《中国文物地图集·湖北分册》，西安地图出版社，2002年，第61页。

⑦ 尹弘兵：《楚西陵邑小考》，《楚文化研究论集（第十三集）》，上海古籍出版社，2018年，第301-314页。

⑧ 襄阳市第三次全国文物普查领导小组办公室：《襄阳史迹扫描》，湖北人民出版社，2013年，第190页。

土较多的绳纹筒瓦、板瓦及陶罐残片等，第二次在第2层下还清理出新石器时代灰坑8座、墓葬4座[①]。

邓城城址东南侧的周家岗遗址、南约600米处的王家巷遗址、东侧不远的黄家村遗址在邓文化遗存之上还分别叠压有汉代、战国楚文化遗存，其中汉代文化遗存几乎分布于整个遗址，有地层和灰坑、灰沟及墓葬等遗迹，面积10万平方米左右，文化层相对较薄[②]。

此外，城址东北约2.5千米的团山窑址曾清理出2座东周陶窑[③]；北约1.5千米的贾庄村清理5口战国中晚期水井，出土遗物除1件板瓦外，均为陶罐，井的性质不明[④]；北约2.5千米的后官田遗址清理出东周时期的4座灰坑、1条灰沟，出土石凿和陶鼎、鬲、豆、罐等[⑤]；东北约2.1千米的蔡庄遗址清理两次，清理46座东周灰坑，出土石斧，陶鼎、鬲、甗、豆、盂、罐，铜镞、带钩等[⑥]；在王坡墓地战国晚期至汉代墓葬填土中发现了少量的东周石器和陶片，推测这里曾短暂作为楚国的村落[⑦]。

如果说邓城城址周边遗址相对较少的话，墓地分布则多而密集，既有山湾、蔡坡及余岗、沈岗、团山、卞营、黄家村、鏖战岗、贾巷、王坡等面积在50万平方米及以上的大型墓地，也有沈岗东、韩岗、吴家坡、彭岗、贾庄、岭子、上岗、周家岗、张营、酒店、汤岗、蔡庄、王寨、骆台等面积约10万平方米及以下的中、小型墓地。

城址东北约4千米的山湾、蔡坡墓地是城址外围最重要的楚墓地，从地理环境和延续时代看，二者南北相连，山湾墓地的时代早，蔡坡墓地的时代晚，但正好与山湾墓地衔接，这两处墓地实为同一墓地。调查发现墓葬数百座，清理了200余座（仅报道了

---

① 襄阳市第三次全国文物普查领导小组办公室：《襄阳史迹扫描》，湖北人民出版社，2013年，第190页；周婷：《蒙华铁路工程樊城前朱家遗址发掘》，《襄阳考古年报（2016）》，内部刊物，2017年，第32-38页。

② 湖北省文物考古研究所、襄阳市文物考古研究所：《襄阳王家巷遗址春秋制陶作坊遗存发掘简报》，《江汉考古》2020年第4期；襄阳市文物考古研究所：《襄阳黄家村》，科学出版社，2013年，第241-246页。

③ 襄阳市第三次全国文物普查领导小组办公室：《襄阳史迹扫描》，湖北人民出版社，2013年，第47、48页。

④ 襄樊市考古队：《襄樊市邓城古井清理简报》，《江汉考古》1999年第4期；国家文物局：《中国文物地图集·湖北分册》，西安地图出版社，2002年，第62页。

⑤ 周婷：《后官田遗址发掘》，《襄阳考古年报（2020）》，内部刊物，2021年，第23-31页。

⑥ 王伟：《高新区枫叶国际学校蔡庄遗址墓地》，《襄阳考古年报（2018）》，内部刊物，2019年，第67-75页；谢晓庆：《2020高新区蔡庄遗址发掘》，《襄阳考古年报（2020）》，内部刊物，2021年，第18-22页。

⑦ 湖北省文物考古研究所、襄樊市考古队、襄阳区文物管理处：《襄阳王坡东周秦汉墓》，科学出版社，2005年，第65、219页。

50余座墓葬资料）。均为土坑墓，规模相对较大，方向因规模大小而有区别，大者一般东向，小者多南向，部分战国墓设二至六级台阶和斜坡墓道，葬具有单椁重棺、单椁单棺、单棺等类型，随葬器物有成组的铜礼器、兵器、车马器及陶仿铜礼器、日用器和较多的玉石器等，青铜礼器数量较多，部分铭文铜器涉及楚、吴、蔡、徐、上鄀等多个诸侯国。除山湾十八号墓为秦墓外，其余均为楚墓，只是少量楚墓有秦文化因素，楚墓时代自春秋中期至战国晚期①。重要的是，墓地出土了春秋晚期的邓公乘鼎②、邓尹疾鼎③，表明了墓地中葬有包括楚邓县县公在内的高等级贵族。

城址东约1.2千米处的余岗墓地已清理的1100余座墓葬，楚、秦、汉墓分别形成不同墓区。其中楚墓均为土坑墓，方向较为一致，墓葬规模相对较小，少量墓葬设一、二级台阶或踏步、蹬台、生土台、头龛，无墓道，葬具有单椁单棺、单棺等两种类型，随葬器物有青铜礼器和陶仿铜礼器、日用器及部分漆器，仅个别墓葬随葬玉器，时代自春秋早中期之际至战国晚期；秦墓均为土坑墓，规模较小，方向较乱，较多墓葬设生土台，少量设龛，葬具有单椁单棺、单椁并棺、单棺三种类型，随葬器物为陶仿铜礼器或日用器，时代为战国晚期至秦代；汉墓分为土坑墓、砖室墓两类，规模大小不一，方向较乱，大多设有墓道，葬具有单椁单棺、单棺，随葬器物除少量铜器外，主要为陶仿铜礼器、日用器、模型明器等④。该墓地东半部的楚墓区经分析为邓遗民的墓地（参见第三章第三节）。还有极少量的宋代砖室墓。

---

① 湖北省博物馆：《襄阳山湾东周墓葬发掘报告》，《江汉考古》1983年第2期；湖北省博物馆：《襄阳山湾十八号秦墓》，《考古与文物》1983年第3期；湖北省博物馆：《襄阳山湾出土的东周青铜器》，《江汉考古》1988年第1期；湖北省博物馆：《襄阳蔡坡战国墓发掘报告》，《江汉考古》1985年第1期；襄阳首届亦工亦农考古训练班：《襄阳蔡坡12号墓出土吴王夫差剑等文物》，《文物》1976年第11期；襄樊市文物普查办公室、襄樊市博物馆：《襄樊市文物史迹普查实录》，今日中国出版社，1995年，第528、529、538页；国家文物局：《中国文物地图集·湖北分册》，西安地图出版社，2002年，第62页；襄樊市考古队：《湖北襄樊市蔡坡战国墓第二次发掘》，《考古》2005年第11期；刘江生：《湖北襄阳蔡坡20号战国墓》，《考古》2007年第7期；襄阳市第三次全国文物普查领导小组办公室：《襄阳史迹扫描》，湖北人民出版社，2013年，第253页。

② 杨权喜：《襄阳山湾出土的鄀国和邓国铜器》，《江汉考古》1983年第1期。

③ 王少泉：《襄樊市博物馆收藏的襄阳山湾铜器》，《江汉考古》1988年第3期。

④ 襄樊市博物馆：《湖北襄阳余岗战国墓发掘简报》，《考古》1992年第9期；襄樊市文物普查办公室、襄樊市博物馆：《襄樊市文物史迹普查实录》，今日中国出版社，1995年，第530页；国家文物局：《中国文物地图集·湖北分册》，西安地图出版社，2002年，第63页；襄樊市博物馆：《襄樊余岗战国秦汉墓第二次发掘简报》，《江汉考古》2003年第2期；襄阳市文物考古研究所：《余岗楚墓》，科学出版社，2011年；襄阳市第三次全国文物普查领导小组办公室：《襄阳史迹扫描》，湖北人民出版社，2013年，第258页；襄阳市文物考古研究所：《湖北襄阳余岗墓地M714发掘简报》，《文物》2013年第7期；襄阳市文物考古研究所：《湖北襄阳市余岗墓地春秋墓葬》，《考古》2018年第1期；襄阳市文物考古研究所：《枣园楚墓》，科学出版社，待出版。

沈岗墓地位于城址东约1.8千米处，先后清理1100余座墓葬，除少量西周至春秋早期土坑墓（邓墓）和汉、宋代砖室墓外，楚墓近千座，方向较为杂乱，少量墓葬规模稍大，部分战国中晚期墓葬带斜坡墓道，设一至三级台阶或生土台、壁龛，葬具同余岗墓地，除4座春秋中、晚期墓葬随葬成组的铜礼器或加陶器组合外，其余墓葬一般随葬陶仿铜礼器或日用器。另发现2座车马坑。时代自春秋中期至战国晚期①。

团山墓地位于城址东北约3千米处，共有墓葬数百座，已发掘的107座墓葬主要为楚墓，方向较杂，规模均不大，少量墓设一至二级台阶、墓道，葬具有单椁单棺、单椁并棺、单棺等类型。随葬器物有成组的铜、陶礼器，或配以兵器、车马器，并有少量随葬日用陶器。少量铜器铸有铭文，表明其郑、蔡国属，时代自春秋晚期至战国晚期。该墓地还有少量秦、西汉土坑墓，随葬部分陶仿铜礼器、日用器②。

卞营墓地位于城址东北角外侧约300米处。先后清理墓葬575座，分布十分密集，除5座明清墓葬外，其余墓葬的时代自西周晚期至东汉、南朝至宋代，以楚、秦、汉为主，西周晚期至春秋早期的邓墓38座，南朝至宋代墓葬仅19座。其中楚、秦、西汉墓（不含新莽时期）的墓葬形制、随葬器物、时代特征分别与沈岗、余岗墓地同时期墓葬基本相同。新莽、东汉、南朝至宋代墓葬均为砖室墓，有的设墓道；方向不一，大部分葬具不明，少量有木棺或可见铁质棺钉，极少量可见人骨架的局部；随葬器物有陶、瓷、铜、铁、石、漆器等③。

黄家村墓地位于邓城城址东约500米处。先后清理春秋早期至宋代墓葬427座，除4座春秋早期邓墓外，其余墓葬时代为战国至汉、南朝至宋，以后者为主，达284座。同

---

① 襄阳市第三次全国文物普查领导小组办公室：《襄阳史迹扫描》，湖北人民出版社，2013年，第257页；襄阳市文物考古研究所：《湖北襄阳沈岗墓地M1022发掘简报》，《文物》2013年第7期；襄阳市文物考古研究所：《湖北襄阳市沈岗春秋时期墓葬》，《考古》2017年第5期；襄阳市文物考古研究所：《襄阳沈岗东周墓（西区）》，科学出版社，2020年。

② 襄樊市博物馆：《湖北襄阳团山东周墓》，《考古》1991年第9期；襄樊市文物普查办公室、襄樊市博物馆：《襄樊市文物史迹普查实录》，今日中国出版社，1995年，第528、529页；王先福：《襄北楚陶器墓综述》，《江汉考古》2000年第2期；国家文物局：《中国文物地图集·湖北分册》，西安地图出版社，2002年，第62页；襄阳市第三次全国文物普查领导小组办公室：《襄阳史迹扫描》，湖北人民出版社，2013年，第258页；刘江生：《湖北襄阳市团山墓地M107》，《考古》2017年第1期。

③ 襄樊市考古队：《襄樊团山卞营墓地第二次发掘》，《江汉考古》2000年第2期；国家文物局：《中国文物地图集·湖北分册》，西安地图出版社，2002年，第63页；襄樊市博物馆：《襄樊余岗战国秦汉墓第二次发掘简报》，《江汉考古》2003第2期；襄阳市第三次全国文物普查领导小组办公室：《襄阳史迹扫描》，湖北人民出版社，2013年，第258页；湖北省文物考古研究所、襄阳市文物考古研究所：《襄阳卞营墓地》，文物出版社，2019年。

时代的墓葬特征与卞营墓地基本相同[①]。

鏖战岗墓地位于城址北约3千米处，共有墓葬数百座，已清理的235座墓葬均为楚墓，方向较为杂乱，规模不大，少量设有台阶、墓道、壁龛，葬具有单椁单棺、单棺。随葬器物有成组的陶仿铜礼器或日用器，有少量铜礼器，或配以漆器和铜兵器、车马器等，时代为春秋中期至战国中期[②]。

贾巷墓地位于城址南约600米处，先后七次发掘，共清理墓葬近2000座，是一处春秋中期至宋代的大型墓地。其中楚、秦、西汉土坑墓的形制、随葬器物、时代特征与卞营、沈岗、团山等墓地同时期墓葬基本相同；汉至宋代砖室墓的墓葬形制、随葬器物与黄家村墓地同时代墓葬大致相同，值得注意的是，墓地发现了三国晚期、晋代的大型多室砖墓和南朝纪年墓，并出土较多的籍贯、姓氏铭文砖[③]。

王坡墓地位于城址北约5千米处，发掘墓葬176座，除4座春秋早期墓葬，3座宋、清代墓葬外，均为秦汉墓葬。其中秦墓99座，均为中小型土坑墓，方向较为一致，仅个别设墓道，部分墓葬设生土台、壁龛，葬具一般为单椁单棺、单棺，随葬器物以陶器为主，有陶仿铜礼器、日用器，并有部分铜礼器、日用器和少量铜兵器、服饰器、杂器、钱币等，时代为战国晚期至秦代；西汉墓葬66座，除1座小型砖室墓外，均为中小型土坑墓，方向较为杂乱，仅2座设墓道，少量设生土台，个别设台阶，葬具为单椁单棺、单棺，随葬器物以陶器为主，有陶仿铜礼器、日用器、模型明器，还有部分铜礼器、日用器及服饰器、杂器、钱币等，时代为西汉早期至西汉晚期；东汉墓葬10座，为中小型土坑、砖木合构、砖室墓，方向较为杂乱，分单、双、多室几种，均设墓道，葬具均为单椁单棺或单棺，随葬器物除部分铜钱和极少量硬陶、青瓷、铜、

---

① 襄樊市考古队：《襄樊高新区黄家村唐墓发掘简报》，《江汉考古》1999年第4期；国家文物局：《中国文物地图集·湖北分册》，西安地图出版社，2002年，第64页；襄阳市文物考古研究所：《襄阳黄家村》，科学出版社，2013年，第255-402页。

② 襄阳市文物考古研究所：《湖北襄阳市鏖战岗战国楚墓的发掘》，《考古》2016年第11期。

③ 襄阳市文物考古研究所：《襄樊贾巷墓地发掘报告》，《襄樊考古文集（第一辑）》，科学出版社，2007年，第299-335页；襄阳市文物考古研究所：《湖北襄阳市贾巷墓地两座南朝墓葬的发掘》，《考古》2021年第5期；襄阳市文物考古研究所2008年襄阳内环路贾巷墓地发掘资料；梁超：《樊城贾巷墓地第三次发掘》，《襄阳考古年报（2014）》，内部刊物，2015年，第22-25页；周婷：《樊城贾巷墓地绿地三期项目2015年发掘》，《襄阳考古年报（2015）》，内部刊物，2016年，第29、30页；周婷：《樊城贾巷墓地云兴路项目2015年发掘》，《襄阳考古年报（2015）》，内部刊物，2016年，第31-36页；周婷：《樊城贾巷墓地绿地三期项目2016年发掘》，《襄阳考古年报（2016）》，内部刊物，2017年，第58-63页；周婷：《樊城贾巷墓地云兴路项目2016年发掘》，《襄阳考古年报（2016）》，内部刊物，2017年，第64-68页；周婷：《2018樊城贾巷遗址墓地发掘》，《襄阳考古年报（2018）》，内部刊物，2019年，第47-56页；谢晓庆：《2020樊城贾巷墓地发掘》，《襄阳考古年报（2020）》，内部刊物，2021，第37-46页。

铁、铅锡、骨器外，大部分为陶器，有仿铜礼器、日用器和模型明器，时代为东汉早中期①。

沈岗东墓地（初定为余岗墓地，实际余岗为当时的乡政府所在地，因地名过大，后按照小地名重新命名）位于邓城城址东约2.2千米处。1988～1993年清理墓葬60座，时代为战国晚期至东汉时期，分为土坑、砖室墓两种，墓葬形制、随葬器物与前述多个墓地同时期墓葬相同②。

韩岗墓地位于邓城城址北侧，先后发掘墓葬100余座。除31座春秋早期邓墓外，墓葬的时代为西汉中晚期至唐代。均为砖室墓，被破坏严重，多有墓道；随葬器物有陶、瓷、铜、铁器等。其中有3座铭文砖砌筑的南朝刘宋砖墓，砖铭均有“韩”“辽西韩”“孝建元年岁在午八月四日韩法立为祖公父母兄妹造”字样；墓地中现存一座较大的封土堆（俗称“韩冢”），底径30余米、残高约7米，2000年其被盗后进行了调查，确认该墓为1座大型砖室墓，墓壁及顶部有彩绘壁画，初步认定其时代为南朝，很可能与“辽西韩”家族有关③。

吴家坡墓地位于邓城城址西南约500米处的吴家坡东。2011年发掘墓葬123座，除3座土坑墓外，均为砖室墓。大部分墓葬有随葬器物，包括陶、瓷、铜、铁器等。时代为西汉至宋代，东汉、南朝、唐墓相对较多，包括1座南朝画像砖并“弘农杨”铭文砖墓（M56），1座南朝“韩”“辽西韩”“孝建元年岁在午八月四日韩法立为祖公父母兄妹造”铭文砖墓（M79）④。

彭岗墓地位于城址东南约3.5千米处，已清理出的166座墓葬中有楚墓106座，方向

---

①　襄樊市文物普查办公室、襄樊市博物馆：《襄樊市文物史迹普查实录》，今日中国出版社，1995年，第546页；国家文物局：《中国文物地图集·湖北分册》，西安地图出版社，2002年，第78页；湖北省文物考古研究所、襄樊市考古队、襄阳区文物管理处：《襄阳王坡东周秦汉墓》，科学出版社，2005年，第64-401页；襄阳市第三次全国文物普查领导小组办公室：《襄阳史迹扫描》，湖北人民出版社，2013年，第257页。

②　襄樊市博物馆：《湖北襄樊市余岗战国至东汉墓葬发掘报告》，《考古学报》1996年第3期。

③　襄樊市文物普查办公室、襄樊市博物馆：《襄樊市文物史迹普查实录》，今日中国出版社，1995年，第537、538页；湖北省文物考古研究所、襄樊市博物馆：《湖北襄阳邓城韩岗遗址汉唐墓葬》，《江汉考古》2002年第2期；国家文物局：《中国文物地图集·湖北分册》，西安地图出版社，2002年，第64页；襄阳市第三次全国文物普查领导小组办公室：《襄阳史迹扫描》，湖北人民出版社，2013年，第257页；襄樊市文物考古研究所：《湖北襄樊市韩岗南朝“辽西韩”家族墓的发掘》，《考古》2010年第12期；襄阳市文物考古研究所2011年韩岗墓地发掘资料；襄阳市第三次全国文物普查领导小组办公室：《襄阳史迹扫描》，湖北人民出版社，2013年，第257页。

④　襄阳市文物考古研究所、襄樊市博物馆：《襄阳吴家坡墓地南北朝墓发掘简报》，《江汉考古》待刊；襄阳市文物考古研究所：《襄阳吴家坡》，科学出版社，待出版。

较杂，规模较小，个别墓设一级台阶，少量带斜坡墓道、壁龛，随葬品除个别小铜饰件外，全为陶器，组合有日用器和仿铜礼器两类，时代自春秋中期至战国晚期前段。其余墓葬除少量明清墓葬外，均为西汉墓，分土坑墓、砖室墓两种，少量设墓道，葬具为单椁单棺、单棺，随葬器物主要为陶仿铜礼器、日用器、模型明器，以及少量铜钱①。

贾庄墓地位于城址东北约1.5千米处。先后清理100余座墓葬，以汉墓为主，楚墓相对较少，其中有一座三国时期的大型多室砖墓，由甬道、前堂、侧室、后室组成，墓室通长12米左右。出土大量釉陶器和少量瓷、石、铜、铁、锡、金、银器等。其余墓葬的形制、随葬器物及时代特征与彭岗、贾巷墓地楚、汉墓基本相同②。

岭子墓地位于城址东北约800米处。两次发掘墓葬117座，分土坑墓和砖室墓，出土陶仿铜礼器、日用器、模型明器及较多铜钱等。时代为战国晚期至西汉中期③。

城址东约2.2千米处的上岗墓地于2001年、2018年两次清理战国晚期至西汉早期土坑墓41座，汉代砖室墓2座，唐代砖室墓4座，宋代砖室墓7座，均为小型砖室墓④；城址东南侧的周家岗墓地于2008年发掘周家岗遗址时清理出战国、两汉墓葬10座，其中战国、西汉土坑墓7座，东汉砖室墓3座⑤；城址西北约2千米处的张营墓地两次发掘汉代至宋代砖室墓葬47座，其中墓地西北部现存封土堆1座，底径约50米，残高约7米，

① 湖北省文物考古研究所、襄樊市博物馆：《湖北襄樊市彭岗东周墓群第三次发掘》，《考古》1997年第8期；襄樊市文物管理处、襄樊市博物馆：《襄樊彭岗东周墓地第一次发掘简报》，《江汉考古》1999年第4期；襄樊市考古队：《襄樊彭岗汉墓群发掘简报》，《江汉考古》2000年第2期；国家文物局：《中国文物地图集·湖北分册》，西安地图出版社，2002年，第62页；襄樊市文物考古研究所：《襄樊彭岗墓地第六次发掘简报》，《襄樊考古文集（第一辑）》，科学出版社，2007年；襄阳市第三次全国文物普查领导小组办公室：《襄阳史迹扫描》，湖北人民出版社，2013年，第259页。

② 国家文物局：《中国文物地图集·湖北分册》，西安地图出版社，2002年，第62页；襄樊市考古队：《湖北襄樊市贾庄发现东周墓》，《考古》2005年第1期；襄阳市第三次全国文物普查领导小组办公室：《襄阳史迹扫描》，湖北人民出版社，2013年，第259页；王先福：《襄樊三国时段地下遗存》，《襄阳考古探研》，科学出版社，2016年，第106-114页。

③ 襄樊市博物馆：《襄樊余岗战国秦汉墓第二次发掘简报》，《江汉考古》2003年第2期；襄阳市第三次全国文物普查领导小组办公室：《襄阳史迹扫描》，湖北人民出版社，2013年，第260页。

④ 襄樊市文物考古研究所：《襄樊上岗唐宋墓葬发掘简报》，《襄樊考古文集（第一辑）》，科学出版社，2007年，第398-408页；龚祥炜：《襄阳新城吾悦广场项目上岗墓地发掘》，《襄阳考古年报（2018）》，内部刊物，2019年，第61-66页。

⑤ 襄阳市文物考古研究所2008年襄阳内环路周家岗墓地发掘资料；襄阳市第三次全国文物普查领导小组办公室：《襄阳史迹扫描》，湖北人民出版社，2013年，第261页。

因被盗调查为大型砖室墓[①]；城址西北约2.7千米的酒店墓地2019年勘探发现并发掘中小型土坑楚墓136座，时代以战国为主，有少量的春秋中晚期墓葬[②]；城址西约4千米处的汤岗墓地于2014年、2015年勘探发现并发掘砖室墓葬62座（包括2座多室墓葬），时代为东汉晚期至宋代[③]；城址西约5千米处的小李营墓地于2014年勘探发现并发掘晋至唐代小型砖室墓葬68座[④]；城址东北约2.1千米处的蔡庄墓地于2018年、2020年清理西汉土坑墓2座，东汉砖室墓14座[⑤]；城址南约3千米处的王寨墓地于2018年清理汉晋墓葬12座，隋唐墓葬15座，均为砖室墓[⑥]。这些墓地的墓葬形制、随葬器物等与前述各墓地同时期的墓葬差不多。

城址东北约2千米的骆台墓地于2015年清理石室墓、砖室墓各1座。其中石室墓规模较大，总长14.64米，由墓道、甬道、前堂、三后室组成，石墓门及柱上有画像，出土较多的陶、铜器和数百枚“大泉五十”铜钱，墓道前有享堂类建筑遗迹，时代为两汉之际；砖室墓为双室，墓圹长7.7、宽2.8米，出土陶、石、铅锡器及“五铢”铜钱等，时代为东汉中期[⑦]。

此外，因资料整理的滞后性，实际上邓城城址周边还有部分墓地未能统计，如城址南约1千米的西王家巷墓地、北约800米的解放店墓地、北约1.6千米的前官田墓地等都发现和发掘了较多的两汉至唐代墓葬，还有城址西北约2千米的惠博通墓地除4座邓墓外，还有5座汉墓等。

---

① 襄樊市文物普查办公室、襄樊市博物馆：《襄樊市文物史迹普查实录》，今日中国出版社，1995年，第540页；国家文物局：《中国文物地图集·湖北分册》，西安地图出版社，2002年，第77页；襄阳市第三次全国文物普查领导小组办公室：《襄阳史迹扫描》，湖北人民出版社，2013年，第254、269页；杨一：《张营墓地发掘》，《襄阳考古年报（2014）》，内部刊物，2015年，第12、13页。

② 襄阳市文物考古研究所2019年酒店墓地发掘资料。

③ 梁超：《襄阳汤岗墓地发掘》，《襄阳考古年报（2014）》，内部刊物，2015年，第43、44页；梁超：《樊城汤岗墓地第二次发掘》，《襄阳考古年报（2015）》，内部刊物，2016年，第13页。

④ 周婷：《襄阳小李营墓地发掘》，《襄阳考古年报（2014）》，内部刊物，2015年，第10、11页。

⑤ 王伟：《高新区枫叶国际学校蔡庄遗址墓地》，《襄阳考古年报（2018）》，内部刊物，2019年，第67-75页；杨一：《2020高新区蔡庄墓地金科美院M1发掘》，《襄阳考古年报（2020）》，内部刊物，2021年，第47-52页。

⑥ 高顺利、杨一：《2018王寨墓地发掘情况》，《襄阳考古年报（2018）》，内部刊物，2019年，第25-29页。

⑦ 襄阳市第三次全国文物普查领导小组办公室：《襄阳史迹扫描》，湖北人民出版社，2013年，第271页；杨一：《高新区骆台墓地发掘》，《襄阳考古年报（2015）》，内部刊物，2016年，第9-12页。

从分布上看，上述遗址和墓地主要分布在邓城城址的北、东、南三面，西面基本没有，这可能与其西面基本建设少致配合进行的考古工作少有关。从规模上看，遗址、墓地有大有小，大者面积超过100万平方米，遗址堆积较厚，遗迹、遗物丰富，墓地有墓葬上千座者，小者仅数千平方米，墓葬仅十几座，还有仅见单墓者；而墓葬也有大小之分，特别是砖室墓，一般大型墓为多室、中型墓为双室、小型墓为单室。从延续时间上看，既有从东周到唐宋时期连续不断的遗存，也有中间有缺环如有汉代、南北朝但缺乏秦、三国、两晋时期的遗存，还有的只有秦、汉或南北朝时期的遗存等。这些遗存以邓城城址为中心，分布十分密集，规模大小不一，延续时间较长，具有一定的功能分区，其中还有多个墓地南北朝时期墓葬出土的铭文砖为流民的迁入和郡县的侨置提供了依据，这种情况只有一种可能，那就是邓城城址为同时期该区域的中心城市，且只能是邓县县城（邓城）。而部分墓地唐宋墓葬的发现也为城址在南北朝时期废弃后作为普通聚落继续存在做了注解。当然，邓城周边遗址的时代最晚为汉代，很可能表明汉以后的三国两晋南北朝时期，邓城城址成为南北争夺的战略要地后，其外围村落遭破坏后废弃，人们均居住到了城内。

需要说明的是，在传世文献中，据《史记·屈原贾生列传》："怀王乃悉发国中兵以深入击秦，战于蓝田。魏闻之，袭楚至邓。"（索隐）按此邓为"汉水之北，故邓侯城也"①。不过，从当时的形势分析，该邓应为《左传·桓公二年》（前710年）"蔡侯、郑伯会于邓，始俱楚也"之"邓"，杜预注"颍川召陵县西南有邓城"②。《左传·成公九年》"郑伯会楚公子成于邓"③，该邓也即"蔡侯、郑伯"所会之邓，此"邓"非楚邓县之"邓"④。

三、楚邓县辖域考

如上考，楚邓县治所在今邓城城址，则其辖域当在以邓城城址为中心的范围内，其四至要结合同时期其邻县或封君采邑的大致位置进行考察。

楚设邓县文献无载，其初设时间更难考证，但其最早也不过楚灭邓之时，而最晚也在春秋晚期前段，约公元前570～前520年。其时，根据文献考证，其北部有申、吕

① （汉）司马迁撰，（宋）裴骃集解，（唐）司马贞索隐，（唐）张守节正义：《史记》卷八四《屈原贾生列传第二四》，中华书局，1959年，第2484页。

② （晋）杜预集解：《春秋经传集解》第二桓公，上海古籍出版社，1988年，第68页。

③ （晋）杜预集解：《春秋经传集解》第十二成公上，上海古籍出版社，1988年，第701页。

④ 李世佳：《〈春秋左传注〉蔡"邓"、楚"邓"辨析》，《中国历史地理论丛》2011年第4期。

县，西部有下阴。

《左传·哀公十七年》（前478年）记楚太师问子谷楚国往事时，子谷曰：“彭仲爽，申俘也，文王以为令尹，实县申、息。”杜预注：“楚文王灭申息以为县。”[①]可能在春秋早期申、息即以为楚县。同时，《左传·庄公三十年》（前664年）载：“秋，申公斗班杀子元。”杜预注：“申，楚县也。楚僭号，县尹皆称公。”[②]该申公应为申县县公。1975年，南阳西关煤场清理一座土坑墓，其中簠内有铭文“申公彭宇”，时代不晚于春秋中期[③]。徐少华运用文献、考古资料考证申县为春秋早期楚灭国设县，治所即今南阳市的宛城遗址[④]，证据充分，大部分学者均有此观点，如上博简《灵王遂申》的整理者陈佩芬[⑤]等。值得注意的是，近年来在原“申公彭宇”墓附近又清理出了多座春秋中晚期的“彭”氏墓葬[⑥]，证实这里为春秋时期申公彭氏的家族墓地，这也进一步证明了申县治所在今宛城遗址的史实。从春秋晚期以后申县（申公、申师）不见于文献的情况看，申县很可能在春秋晚期废除。《汉书·地理志》南阳郡下设宛县，为“故申伯国”[⑦]，其所设很可能继申县而来，为楚县。董珊认为：南阳之申，则名为“宛”，有宛公，见于曾侯乙简、包山简、新蔡简及《史记·秦本纪》：“百里奚亡秦走宛。”[⑧]据此分析，“宛”在春秋早期可能为楚地，不迟于战国早期的楚惠王时期设有宛县。楚怀王二十八年（前301年）垂沙之战后，宛县为韩所有[⑨]。

---

① （晋）杜预集解：《春秋经传集解》第三十哀公下，上海古籍出版社，1988年，第1829、1830页。

② （晋）杜预集解：《春秋经传集解》第三桓公，上海古籍出版社，1988年，第205页。

③ 王儒林、崔庚明：《南阳市西关出土一批铜器》，《中原文物》1982年第1期；尹俊敏：《〈南阳市西关出土一批春秋青铜器〉补记》，《华夏考古》1999年第3期。

④ 徐少华：《周代南土历史地理与文化》，武汉大学出版社，1994年，第32、33页。

⑤ 马承源主编：《上海博物馆藏战国楚竹书（九）》，上海古籍出版社，2012年，第159页。

⑥ 董全生、李长周：《南阳市物资城一号墓及其相关问题》，《中原文物》2004年第2期；林丽霞、王凤剑：《南阳市近年出土的四件春秋有铭铜器》，《中原文物》2006年第5期；乔保同、柴中庆、王凤剑：《河南南阳楚墓发掘工作取得重大收获》，《中国文物报》2008年8月29日第2版；柴中庆、乔保同、王凤剑：《南阳市新发现春秋楚国贵族墓》，《中国文物报》2009年5月15日第4版；南阳市文物考古研究所：《河南南阳春秋楚彭射墓发掘简报》，《文物》2011年第3期；燕睿：《二十年来南阳地区楚文化的考古发现与研究》，《楚文化研究论集（第十三集）》，上海古籍出版社，2018年，第379-386页。

⑦ （汉）班固撰，（唐）颜师古注：《汉书》卷二八，中华书局，1962年，第1563页。

⑧ 董珊：《读清华简〈系年〉》，《简帛文献考释论丛》，上海古籍出版社，2014年，第107、108页。

⑨ 杨宽：《战国史》附录一《战国郡表》，上海人民出版社，1955年，第536页；徐少华：《周代南土历史地理与文化》，武汉大学出版社，1994年，第346、347页。

《史记·秦本纪》记昭襄王十五年（前292年）："攻楚，取宛。"[①]云梦睡虎地秦简《编年纪》也记："（昭襄王）十六年（前291年），攻宛。"[②]足证宛县为楚设，最后被秦据有，成为秦县，《史记·秦始皇本纪》秦王（嬴政）"越宛有郢，置南郡也"[③]。这可还从前述《北京大学藏水陆里程简》之"宛梁门"可以看出，并通过"宛梁门"到淯口的历程反证出宛县治所仍在原申县故址——宛城城址。

吕县的情形与申县大体相同，吕国几乎同时与申国南迁，处申国以西不远，后为楚所灭，并于原地设置吕县[④]，也很可能在春秋晚期废除，战国早期纳入宛县（宛郡）辖区。

《左传·昭公十九年》："春，楚工尹赤迁阴于下阴。"杜预注："阴县，今属南乡郡。"[⑤]时为春秋晚期。而据包山楚简所记多条内容涉及"阴人""阴司败""阴侯"（简51、131～139）[⑥]的情况看，"阴"县直至战国中期依然存在，何浩、郑威均认为当时"阴县""阴侯（即封君）"并存，处同一地域范围内[⑦]。传统观点认为"下阴"即汉代阴县，地在今老河口市西北、丹江口市东南的汉水中游东岸[⑧]。郭涛在检视周家台秦简"路阴"和岳麓秦简"阴娶（聚）"后认为，秦代也设有阴县，正可承上启下，其位置引用了郑威的观点[⑨]。笔者经考证后先认为，阴县县治位于今汉水西岸谷城县冷集镇的鄾阳城遗址[⑩]，所推测的尖角墓群被盗大型墓葬为封君级别[⑪]正合"阴侯（君）"之名；后重新梳理文献和考古资料后指出了原考证的错漏之处，认为阴县应该在老河口仙人渡镇的柴店岗遗址[⑫]。

战国晚期，宛县以南设有穰县。《史记·韩世家》："（韩襄王）十一年（前301年），秦伐我，取穰。"【正义】：穰，邓州县也。郭仲产《南雍州记》云："楚

---

① （汉）司马迁撰，（宋）裴骃集解，（唐）司马贞索隐，（唐）张守节正义：《史记》卷五，中华书局，1959年，第212页。

② 《睡虎地秦墓竹简》整理小组：《睡虎地秦墓竹简》，文物出版社，1978年。

③ （汉）司马迁撰，（宋）裴骃集解，（唐）司马贞索隐，（唐）张守节正义：《史记》卷五，中华书局，1959年，第223页。

④ 徐少华：《周代南土历史地理与文化》，武汉大学出版社，1994年，第39-47页。

⑤ （晋）杜预集解：《春秋经传集解》第三十哀公下，上海古籍出版社，1988年，第1439页。

⑥ 湖北省荆沙铁路考古队：《包山楚简》，文物出版社，1991年，第20、26、27页。

⑦ 何浩、刘彬徽：《包山楚简"封君"释地》，《包山楚墓》，文物出版社，1991年，第570、571页；郑威：《楚国封君研究》，湖北教育出版社，2012年，第89-91页。

⑧ 徐少华：《包山楚简释地五则》，《江汉考古》1996年第4期。

⑨ 郭涛：《秦代南郡"阴"地考》，《中国历史地理论丛》2015年第4期。

⑩ 王先福、余桥：《襄阳地区汉代南阳郡属县治所初考》，《江汉考古》2014年第3期。

⑪ 周婷、梁超：《湖北谷城尖角墓地出土重要文物》，《江汉考古》2015年第3期。

⑫ 王先福：《楚"阴"地考》，《湖北文理学院学报》待刊。

之别邑。秦初侵楚，封公子悝为穰侯。后属韩，秦昭王取之也。”[①]《史记·穰侯列传》：穰侯魏冉“其先楚人，姓芈氏”。秦昭襄王十五年（前292年），因举白起“取楚之宛、叶”等有功而封于穰[②]。该穰在今河南邓州市东南隅[③]。《北京大学藏秦水陆里程简》南郡北出南阳郡的路上里程有“邓到襄百八十里”【04-064】，结合其前、后分别为“鄢到邓百四十里”【04-076】、“邓到宜民庾二百一十里”【04-065】[④]的顺序看，“襄”应该在“邓”的北部，该“襄”当为“穰”，即穰县所在。按照前述秦里相当于今415.8米计算，穰到邓的距离合今74.8千米，与今天邓城城址至邓州市中心的直线距离65千米相差约10千米，如果考虑陆路稍有弯曲的话，则当时的穰县或在今邓州市区偏北不远之地。该穰县为汉代所因袭[⑤]。

此外，战国早期的曾侯乙简42、简60、简144、简150、简153、简158、简194、简197均提到鄟君[⑥]，战国中期的包山简68也有鄟君，同时简143还有“鄟路尹”[⑦]，后者或为鄟县的官员，郑威、颜世铉均考证后认为，鄟地的封君和鄟县并存，即《汉书·地理志》中的鄟侯国[⑧]，地在今老河口市北境[⑨]。笔者原考证认为其地在今老河口市东南的仙人渡镇柴店岗遗址[⑩]，再考证指出其应在老河口市区南部不远的李楼街道陈家埠口村附近[⑪]，西与阴县为邻。

而邓城城址东、南部不远分别为淯水（今唐白河）和汉水，按照当时以自然河流作为县域界线的惯例来看，邓县的东、南境很可能就在河流附近。据考证，汉水以南

---

① （汉）司马迁撰，（宋）裴骃集解，（唐）司马贞索隐，（唐）张守节正义：《史记》卷四五，中华书局，1959年，第1872页。

② （汉）司马迁撰，（宋）裴骃集解，（唐）司马贞索隐，（唐）张守节正义：《史记》卷七二，中华书局，1959年，第2323-2325页。

③ （清）穆彰阿、李佐贤、潘锡恩等纂修：《嘉庆重修一统志》卷二一一南阳府古迹“穰县故城”，中华书局，1986年，第10360页。

④ 辛德勇：《北京大学藏秦水陆里程简册初步研究》，《出土文献（第四辑）》，中西书局，2013年，第259页。

⑤ （汉）班固撰，（唐）颜师古注：《汉书》卷二八，中华书局，1962年，第1564页。

⑥ 湖北省博物馆：《曾侯乙墓》，文物出版社，1989年，第492、493、497、498、500页。

⑦ 湖北省荆沙铁路考古队：《包山楚简》，文物出版社，1991年，第20、26、27页。

⑧ （汉）班固撰，（唐）颜师古注：《汉书》卷二八，中华书局，1962年，第1563页。

⑨ 郑威：《楚国封君研究》，湖北教育出版社，2012年，第74、75页；颜世铉：《包山楚简地名研究》，台湾大学中国文学研究所硕士学位论文，1997年，第208页。

⑩ 王先福、余桥：《襄阳地区汉代南阳郡属县治所初考》，《江汉考古》2014年第3期。

⑪ 王先福、余桥：《楚“鄟”地考》，《长江大学学报（社会科学版）》2021年第3期。

战国中晚期为楚、秦邔县，西汉早期为邔侯国辖域，西汉武帝后则新设襄阳县[①]，其北界即汉江。

如上所考，楚邓县辖域北界先后与楚申、吕县和穰县为邻，西界与楚阴、酂县或阴、酂君封地相接，东、南部分别到淯、汉水附近。

楚邓县治所及辖域的定位为确定其因袭的邓国都城及其辖域提供了重要参考。

第二节　周代邓国都城考

如第三章第一节的分析，西周早期，邓国就作为重要诸侯国位于周之南土，再如上节所考，楚邓县因灭邓国所设，其位置当前后相继，即周代邓国被灭前的都城也应在邓城城址或附近，其存在多长时间，再往前是否发生变动则需做进一步的考证。

一、西周晚期至春秋早期邓国都城考

传世文献对邓国的记载不多，仅见的几条也集中在这一时期，其地望反映在与周王朝和其他诸侯国的相对或相邻关系上，如《国语·郑语》记史伯为（郑）桓公论当时形势时说："王室将卑，戎、狄必昌，不可逼也。当成周者，南有荆蛮、申、吕、应、邓、陈、蔡、随、唐……"[②]具有明确方位的记载见于《左传·庄公六年》："楚文王伐申，过邓……。十六年（前678年），楚复伐邓，灭之。"[③]即邓国居楚、申两国之间，时值邓国灭亡前夕。在此之前，楚国中心区已位于汉水以西、以南，我们仅从楚武王三次伐随的路线即可得到证明。《左传·桓公六年》（前706年）："楚武王侵随……汉东之国，随为大……"《左传·桓公八年》（前704年）："楚子伐随，军于汉、淮之间。"《左传·庄公四年》（前690年）："王遂行，卒于樠木之下。令尹斗祁、莫敖屈重除道、梁溠，营军临随。随人惧，行成。莫敖以王命入盟随侯，且请为会于汉汭，而还。济汉而后发丧。"[④]根据汉水流势，随国在汉东，楚国自然在

① 王先福：《古邔县（侯国）故址新证》，《楚文化与长江中游早期开发国际学术研讨会会议论文集》，武汉大学出版社，2021年，第623-632页；叶植：《襄阳城变迁考辨》，《江汉考古》2018年第4期。

② 上海师范大学古籍整理组点校：《国语》卷十六《郑语》，上海古籍出版社，1978年，第507页。

③ （晋）杜预集解：《春秋经传集解》第三庄公，上海古籍出版社，1988年，第139、140页。

④ （晋）杜预集解：《春秋经传集解》第二桓公、第三庄公，上海古籍出版社，1988年，第87、88、97、136页。

汉西、南。而此申国显为周宣王“保南土”所迁之南申，《诗经·大雅·崧高》描述了申国分封于谢地的盛况[①]，其地望在今南阳城区附近[②]。而据《左传·桓公九年》载邓南鄙有鄾地，杜预注鄾在汉水北岸[③]，这是邓国南境为汉水的又一条文献证据。则邓国位于今汉水以北至南阳城区之间，且这种位置关系当不晚于申国南迁之西周晚期周宣王时。

如前介绍，正在此区域之间，近年来在襄阳王坡发现了属该时期的邓国贵族墓地，其中M55墓主人应为身份等级较高的大夫。而在墓地东部不远的蔡坡土岗出土了邓公牧簋和侯氏簋各2件。蔡坡土岗是一条近南北向的土岗，其上为一处大型战国墓地，以楚墓为主，并有少量秦墓[④]；该墓地南部因取土已不存，北部尚存部分墓葬，包括1座大型封土堆（陈家庄墓）[⑤]。与蔡坡土岗隔冲沟相望的是山湾土岗，土岗上发掘了大量楚墓，以春秋时期为主，出土了多个诸侯国的铭文铜器，包括作为楚邓县县公的邓公乘鼎、邓尹疾鼎。而王坡、蔡坡、山湾墓地所在的岗地正是襄阳北部连绵低岗地的最南端，其南侧即为汉水淤积平原。蔡坡墓地以西不到2千米处即是王坡墓地，其间还有后张坡、西张坡墓地分布[⑥]。因此，蔡坡土岗甚至其间岗地的某处很可能有邓国墓地。

前已考，4件铜簋属典型的西周晚期器，其中邓公牧簋为自作器，器主当为邓国国君“牧”；侯氏簋则是应侯为女儿孟姬嫁到邓国所作的媵器。结合平顶山应国墓地出土4件时代相当或略早的邓公作应嫚簋情况看，发生在应侯、邓公国君家族间的通婚显

---

① （汉）毛亨传，（汉）郑玄笺，（唐）孔颖达疏，龚抗云、李传书、胡渐逵整理，肖永明、夏先培、刘家河审定：《毛诗正义》卷十八之十三，《十三经注疏》（标点本），北京大学出版社，1999年，第1210页。

② 何光岳：《楚灭国考》，上海人民出版社，1990年，第111-124页；徐少华：《周代南土历史地理与文化》，武汉大学出版社，1994年，第28-38页；马世之：《中原楚文化研究》，湖北教育出版社，1995年，第97-102页；徐少华：《“平王走（奔）西申”及相关史地考论》，《历史研究》2015年第2期。

③ （晋）杜预集解：《春秋经传集解》第二桓公，上海古籍出版社，1978年，第100页。

④ 湖北省博物馆：《襄阳蔡坡战国墓发掘报告》，《江汉考古》1985年第1期；襄阳首届亦工亦农考古训练班：《襄阳蔡坡12号墓出土吴王夫差剑等文物》，《文物》1976年第11期；襄樊市考古队：《湖北襄樊市蔡坡战国墓第二次发掘》，《考古》2005年第11期；刘江生：《湖北襄阳蔡坡20号战国墓》，《考古》2007年第7期。

⑤ 襄樊市文物普查办公室、襄樊市博物馆：《襄樊市文物史迹普查实录》，今日中国出版社，1995年，第529、538页；襄阳市第三次全国文物普查领导小组办公室：《襄阳史迹扫描》，湖北人民出版社，2013年，第65、253、254页。

⑥ 襄阳市第三次全国文物普查领导小组办公室：《襄阳史迹扫描》，湖北人民出版社，2013年，第268、290页。

然有政治联姻的考量，婚姻双方的地位自然很高，平顶山墓地为应国国君墓地已被发掘资料证实[①]。那么，侯氏簋、邓公牧簋所在的墓地则当为邓国国君家族墓地，时代不晚于西周晚期前段。

根据生居死葬的一般规律，包括国君在内的高等级墓地附近不远的范围内一定有同时期的都城与核心区，如平顶山滍阳镇应国墓地与都城[②]、琉璃河燕国墓地与都城[③]、三门峡上村岭虢国墓地与都城[④]等。

若我们按照都城的建制和规模考察，则蔡坡、王坡所在岗地以南约5千米处、保存较好的东周时期邓城城址[⑤]似乎与之相符。该城为邓国都城的记载最早见于刘宋时期盛弘之《荆州记》："樊城西北，有鄾城。……鄾城西北行十余里，邓侯吴离之国，为楚文王所灭，今为邓县。"[⑥]《水经注·淯水》亦记："（淯水）又西南过邓县东。县故邓侯吾离之国也，楚文王灭之，秦以为县。淯水右合浊水，俗谓之弱沟。水上承白水于朝阳县，东南流径邓县故城南。"[⑦]其后，多部传世文献及注、疏也沿用此说。清乾隆《襄阳府志》卷五"古迹"之襄阳县"邓城"条下云："县西北二十里。春秋时邓国地。"清同治《襄阳县志》"古迹"之"邓城"条下亦云："县城西北二十里。今城基尚存，高丈余，濠淤成田。"今天也有不少学者进行了考证和认可[⑧]。

但从前节所述该城址经过试掘和对东门南城墙解剖的情况和城垣包含的陶片看，

① 河南省文物考古研究所、平顶山市文物管理局：《平顶山应国墓地Ⅰ》，大象出版社，2012年。

② 河南省文物考古研究所、平顶山市文物管理局：《平顶山应国墓地Ⅰ》，大象出版社，2012年。

③ 北京市文物研究所等：《琉璃河西周燕国墓地（1973—1977）》，文物出版社，1995年；琉璃河考古队：《琉璃河遗址1996年度发掘简报》，《文物》1997年第6期。

④ 中国科学院考古研究所：《上村岭虢国墓地》，科学出版社，1959年；河南省文物考古研究所、三门峡市文物工作队：《三门峡虢国墓（第一卷）》，文物出版社，1999年；宁景通：《三门峡发现周代窖仓和铸铜作坊》，《中国文物报》1991年5月19日；三门峡市文物工作队：《三门峡李家窑遗址发掘简报》，《华夏考古》1993年第4期；李家窑遗址考古发掘队：《三门峡发现虢都上阳城》，《中国文物报》2001年1月10日。

⑤ 襄樊市文物普查办公室、襄樊市博物馆：《襄樊市文物史迹普查实录》，今日中国出版社，1995年，第2页；国家文物局：《中国文物地图集·湖北分册》，西安地图出版社，2002年，第61页；襄阳市第三次全国文物普查领导小组办公室：《襄阳史迹扫描》，湖北人民出版社，2013年，第43页。

⑥ （宋）李昉等：《太平御览》卷一九二居处部二十"城上"所引，中华书局影印本，1960年，第929页。

⑦ （后魏）郦道元注，（清）杨守敬、熊会贞疏，段熙仲点校，陈桥驿复校：《水经注疏》卷三一，江苏古籍出版社，1989年，第2620-2622页。

⑧ 石泉：《古邓国、邓县考》，《古代荆楚地理新探》，武汉大学出版社，1988年，第105-126页；徐少华：《周代南土历史地理与文化》，武汉大学出版社，1994年，第10-18页；王先福：《周代邓国地望考》，《襄阳考古探研》，科学出版社，2016年，第136-146页。

其最早也不过春秋中期。出现这种情况存在两种可能性，一是城址的始筑年代为春秋中期，之前则无城垣，但有中心聚落；一是此地在春秋中期才兴起，并与楚的占领有关。但鉴于城内和城垣均未做细致的考古工作，要准确判断其春秋中期以前的性质还存在较大难度。因此，我们不妨从其外围同时代遗存的内涵和性质进行分析。

除前述邓国贵族墓地外，在邓城城址周边韩岗、沈岗、黄家村、卞营、惠博通等几处墓地中还清理了101座同时期邓国小型墓葬，墓主人身份相对较低，基本为低等贵族或平民。其所处的时代也为西周晚期至春秋早期。特别是韩岗墓地出现墓葬被较多楚文化灰坑打破且较深的情况，这可能与楚人的有意破坏有关，也从一个侧面表明了这批墓葬为邓国国属。

当然，不仅墓地有着等级划分，墓地和邓城城址周边分布的7处同时期遗址也有规模和功能上的不同。

城址东侧的黄家村遗址面积达50万平方米，其主体遗存时代为西周晚期前段至春秋早期后段，发现了较多的灰坑及少量灰沟、水井，可以看出是一处范围较大、延续时间相对较长的聚落遗址，重要的是遗存中发现了少量铸铜模、范及铜渣，表明该聚落很可能存在铸铜作坊①。城址南约600米的王家巷遗址则发现了多座陶窑和烧窑制造陶坯的灰坑，特别是遗物中发现了大量变形陶器和部分制陶工具，其时代自西周晚期至春秋早中期之际，可以确定，这里是一处该时期的制陶作坊遗址②。同时，在城址北侧的韩岗遗址发现了少量春秋早期遗存③，不少春秋中期楚文化遗存中夹杂春秋早期陶鬲、豆等残片④。城址西北不远的吴家湖遗址仅发掘了遗址的边缘，出土陶器表明其时代为西周中晚期，可能是一处小型聚落⑤。城址西南侧的吴家坡遗址仅可见少量灰坑（部分可能为地层的残留），面积不大，出土陶器较多，时代为春秋早期后段，也应是一处小型聚落⑥。城址东南侧的周家岗遗址分布面积较大，因地处周边地势最高处，成为战国及以后多个时代的墓地，加上遗址上有周家岗、陈家楼两个自然村庄，致使

---

① 襄阳市文物考古研究所：《襄阳黄家村》，科学出版社，2013年，第26-246页。

② 湖北省文物考古研究所、襄阳市文物考古研究所：《襄阳王家巷遗址春秋制陶作坊遗存发掘简报》，《江汉考古》2020年第4期；周婷：《2018樊城贾巷遗址墓地发掘》，《襄阳考古年报（2018）》，内部刊物，2019年，第47-56页。

③ 襄樊市博物馆：《湖北省襄樊市邓城遗址试掘简报》，《江汉考古》2004年第2期。

④ 湖北省文物考古研究所、襄樊市博物馆：《湖北襄阳邓城韩岗遗址发掘报告》，《江汉考古》2002年第2期。

⑤ 耿壮壮：《吴家湖遗址发掘》，《襄阳考古年报（2019）》，内部资料，2020年，第12-18页。

⑥ 襄阳市文物考古研究所：《襄阳吴家坡遗址发掘简报》，《襄阳考古文集（第二辑）》，科学出版社，待出版。

遗址遭到严重破坏，该遗址清理出了部分灰坑、灰沟、房址、水井等遗存，出土了大量陶器，其时代为西周中期后段至春秋早期后段，其下为新石器时代文化遗存[①]。这些遗址出土陶器与上述墓地同时代的陶器特征一致，其国属性质应相同。

上述分布相对密集、自西周中期后段至春秋早、中期之际连续发展且具有不同功能的遗址特别是铸铜、制陶作坊遗存和不同等级的墓地分布（图4-2-1）表明，这里确应有一处同时期具有都城性质的中心聚落即邓国都城存在。但目前由于考古工作所限，缺少与都城内布局相关联的宫殿、宗庙建筑基址等核心遗存的考古实证，都城的具体位置似乎难以确定，而原来学者考证为邓国都城之邓城城址的实物证据似乎并不充分。那么，我们的视角或许要转向考察当时是否存在城垣的情况。

根据考古资料，西周时期的部分诸侯国都城有的已筑城，如燕国都城琉璃河遗址[②]、鲁国曲阜故城[③]、虢国都城上阳城遗址[④]等；但也有部分未筑城，如晋国都城天马-曲村遗址[⑤]、齐国都城临淄故城遗址[⑥]；还有的因特殊原因不太明确，如应国都城[⑦]；更有不少诸侯国西周时期的都城位置尚未找到，如楚都丹阳。总的来说，西周时期诸侯国都城筑城的情况存在较大差别。到东周时期，筑城才成为普遍现象，且除诸侯国都城外，还有别都封邑、边境军事城堡、县邑等[⑧]。关于周代都城设城垣的情况，

---

① 湖北省文物考古研究所、襄阳市文物考古研究所：《湖北襄阳周家岗遗址周代文化遗存2008年发掘简报》，《江汉考古》2021年第2期。

② 北京市文物研究所：《琉璃河西周燕国墓地（1973—1977）》，文物出版社，1995年；琉璃河考古队：《琉璃河遗址1996年度发掘简报》，《文物》1997年第6期。

③ 山东省文物考古研究所、山东省博物馆、洛宁地区文物组等编：《曲阜鲁国故城》，齐鲁书社，1982年。

④ 宁景通：《三门峡发现周代窖仓和铸铜作坊》，《中国文物报》1991年5月19日；三门峡市文物工作队：《三门峡市李家窑遗址发掘简报》，《华夏考古》1993年第4期；李家窑遗址考古发掘队：《三门峡发现虢都上阳城》，《中国文物报》2001年1月10日。

⑤ 北京大学历史系考古专业山西实习组、山西省文物工作委员会：《翼城曲沃考古勘探记》，《考古学研究（一）》，文物出版社，1992年；北京大学考古专业商周组、山西省考古研究所、河南省安阳、新乡地区文化局等：《晋豫鄂三省考古调查简报》，《文物》1982年第7期；李伯谦：《晋国始封地考略》，《中国文物报》1993年12月12日第3版；邹衡：《论早期晋都》，《文物》1994年第1期；北京大学考古学系商周组、山西省文物考古研究所：《天马-曲村（1980—1989）》，科学出版社，2000年。

⑥ 山东省文物考古研究所：《临淄齐故城》，文物出版社，2013年，第214-216、538、539页。

⑦ 河南省文物考古研究所、平顶山市文物管理局：《平顶山应国墓地Ⅰ》，大象出版社，2012年，第871、872页。

⑧ 中国社会科学院考古研究所：《中国考古学·两周卷》，中国社会科学出版社，2004年，第227-271页。

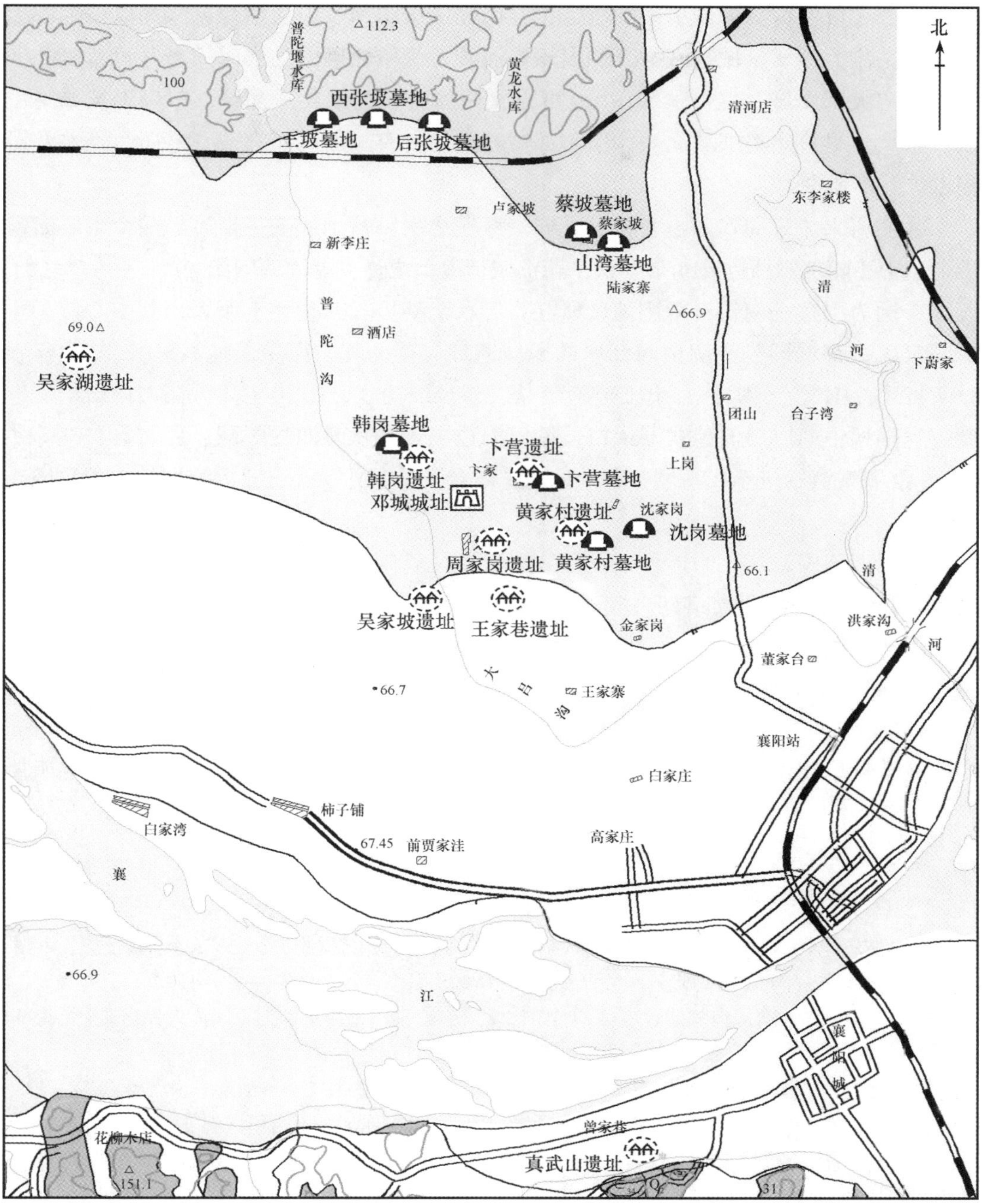

图4-2-1　邓城区域地形地貌及相关遗存分布示意图

许宏结合大量考古实证做了系统研究，并明确提出西周及以前的都邑布局以“大都无城”为主流，春秋筑城扩城才开始大规模展开，筑城之原因与当时的兼并背景有关，但仍有“大都无城”之孑遗[①]。由此可见，西周时期的诸侯国都城，似以不筑城为主流。当然，尽管此类都城无城，但与都城相关的所有功能区如宫殿、宗庙、作坊及居住点等并不能少。

我们再来考察周代南土与邓国处同一区域之南阳盆地、随枣走廊的两个主要诸侯国申、曾（随）国西周晚期至春秋早期都城情况，或许更能说明问题。

申国为周宣王南迁于南阳地区所立，春秋早期后段为楚文王所灭，其中心位于今南阳市区，都城即今南阳白河北岸的宛城遗址。据调查，宛城遗址城垣叠压在2座春秋灰坑H1、H2上，其中H1出土矮蹄足鼎、弧盘细柄豆，H2出土高弧裆大口鬲，其形制应为春秋中期以后的楚式器风格；城垣内也包含春秋时期的陶鬲、豆、盆、罐等残片[②]。推测城垣始筑年代不早于春秋中期，即春秋早期并前溯至西周晚期的申国都城并无城垣。

曾国即随国，这也为近年来发掘的大量考古资料特别是曾侯與编钟[③]、嬭加编钟[④]的发现所证实。其西周早期“建于南土”“适于汉东”（正与前引《左传·桓公六年》“汉东之国，随为大”相印证）[⑤]，立国于随枣走廊。其政治中心有一个变迁的过程，西周早期位于随州淅河镇漂水东岸的庙台子遗址，该遗址为一台地，呈“8”字形环壕聚落结构，未发现城垣[⑥]；西周中期的政治中心遗存尚未发现。而关于西周晚期至春秋早期曾国的政治中心，其位置存在争议，一种认为可能位于今随州安居遗

① 许宏：《大都无城——论中国古代都城的早期形态》，《文物》2013年第10期；许宏：《大都无城——中国古都的动态解读》，生活·读书·新知三联书店，2016年，第70-159页。

② 王建中：《南阳宛城建置考》，《楚文化研究论集（第四集）》，河南人民出版社，1994年，第348-360页。

③ 湖北省文物考古研究所、随州市博物馆：《随州文峰塔M1（曾侯與墓）、M2发掘简报》，《江汉考古》2014年第4期。

④ 湖北省文物考古研究所、北京大学考古文博学院、随州市博物馆：《湖北随州枣树林墓地2019年发掘收获》，《江汉考古》2019年第3期；郭长江、李晓杨、凡国栋等：《嬭加编钟铭文的初步释读》，《江汉考古》2019年第3期；湖北省文物考古研究所、北京大学考古文博学院、随州市博物馆：《湖北随州市枣树林春秋曾国贵族墓地》，《考古》2020年第7期。

⑤ 郭长江、凡国栋、陈虎等：《曾公畎编钟铭文初步释读》，《江汉考古》2020年第1期。

⑥ 黄凤春、陈树祥、凡国栋：《湖北随州叶家山新出西周曾国铜器及相关问题》，《文物》2011年第11期；湖北省文物考古研究所、随州市博物馆、曾都区考古队：《湖北随州庙台子遗址西周遗存发掘简报》，《江汉考古》2022年第1期。

址[①]，该遗址处涢水北岸、溠水东岸交汇处，发现了不少于一处的人工土台，推测为建筑基址，其外围有环壕[②]。1997年，遥感探测到遗址上有夯土城垣，可确定为一处小型城址，使用年代为春秋时期，调查者认为该遗址或许暗示着春秋中晚期曾国都城的变迁[③]。一种认为位于今湖北枣阳的周台遗址（含其南侧台地上的忠义寨遗址），南临滚河[④]，周台遗址、忠义寨遗址均经发掘，前者位于岗地上，发现了大型建筑基址（F3），而多处含有炼渣的炉壁残件、铜渣和M1出土的铅锭表明，这里还应有铸造作坊；发现了一处大型水井，其下也有新石器时代遗存。忠义寨遗址位于一长方形台地上，也清理出了大型建筑基址。周台、忠义寨之间地势稍低，但仍有文化层堆积。遗址整体面积大，但没有发现城垣。而忠义寨遗址现有城垣及护城河为清代修建的寨堡遗存[⑤]。

即使是当时同处一地并开始扩张的楚国，目前的考古资料也没有发现春秋晚期以前的城址，或正如《左传·昭公二十三年》（前519年）所记：楚囊瓦为令尹，城郢。沈尹戌曰："……若敖、蚡冒至于武、文，土不过同，慎其四竟，犹不城郢。今土数圻，而郢是城，不亦难乎？"[⑥]

此外，在随枣走廊西口的今襄阳市襄州区黄龙镇发现了一座西周中晚期的"楚王城遗址"，该遗址也位于一处高台地上，其下为新石器时代遗存，面积不大，但堆积厚，其北、东部为沙河的支流许家河环绕，西、南似有护城河，遗址内可分大、小

---

① 黄凤春、黄建勋：《关于曾国的政治中心及其变迁问题》，《曾国考古发现与研究》，科学出版社，2018年，第282-292页；石泉：《古代曾国—随国地望初探》，《古代荆楚地理新探》，武汉大学出版社，1988年，第84-104页；左德田：《曾都刍议》，《江汉考古》1990年第1期。

② 武汉大学荆楚史地与考古教研室：《随州安居遗址初次调查简报》，《江汉考古》1984年第4期。

③ 张昌平：《安居周代城址的发现及其意义》，《中国文物报》1998年8月26日第3版；张昌平：《曾国铜器研究》，科学出版社，2009年，第343页。

④ 襄樊市考古队、湖北省文物考古研究所、湖北孝襄高速公路考古队：《枣阳郭家庙曾国墓地》，科学出版社，2005年，第336页；襄樊市考古队、枣阳市文物考古队：《枣阳周台遗址发掘报告》，《襄樊考古文集（第一辑）》，科学出版社，2007年，第34-101页；张昌平：《曾国青铜器研究》，文物出版社，2009年，第342、343页；方勤：《郭家庙曾国墓地的性质》，《江汉考古》2016年第5期；王先福：《枣阳郭家庙墓地早期被盗问题蠡测》，《楚文化研究论集（第十三集）》，上海古籍出版社，2018年，第163-175页；胡嘉麟：《从曾侯器的分布看两周之际曾国政治中心的变迁》，《曾国考古发现与研究》，科学出版社，2018年，第295-316页。

⑤ 湖北省博物馆编：《湖北省博物馆（2016）》，武汉大学出版社，2017年，第48页；湖北省文物考古研究所、枣阳市文体旅游新局、枣阳市博物馆：《湖北枣阳周台遗址J1、J2发掘简报》，《江汉考古》2020年第5期。

⑥ （晋）杜预集解：《春秋经传集解》第二十五昭公六，上海古籍出版社，1988年，第1504页。

城，但均未发现城垣[①]。虽然其性质不明，但作为一处扼守随枣走廊西口的重要遗存当无问题，或与楚熊渠扩张至鄂地相关[②]。

从上述相邻地域西周晚期至春秋早期重要诸侯国都城未发现城垣、已可明确为西周中晚期“城址”性质的楚王城遗址也无城垣的情况看，同时期的邓国都城在具备相应功能区的基础上，很可能并无城垣，其护城河或许也为自然河流所绕，甚至与周台遗址、楚王城遗址一样，其地势在周边最高，下层也有新石器时代文化层。

对照上述多重因素，周家岗遗址就进入了我们的视线。该遗址分布面积较大，约15万平方米，其西北与邓城城址相接。遗址位于整个台地的制高点上，海拔高出周围2～3米，发掘清理的遗存时代最早可到西周中期后段，最晚为春秋早、中期之际，其间连续发展。重要的是在遗址东部发现了一条长70余米、口宽2.35～2.6、深1.7米具备防御性质的壕沟，以及1眼口径2.4米、深达数米且延续时间较长的水井。周代地层正好叠压在新石器时代文化层上。周代地层上清理出了1座战国楚墓，则表明了楚人占领邓城区域后并未在邓国遗存上直接生活的征服者思维。遗址的西、南两面临今七里河分出的一条小支流。正由于周家岗遗址地势高，战国及以后成为墓地，今天又被两个现代村庄所压，破坏十分严重，所做的工作也相对较少，获得邓国都城的确证还有难度，但上述推测应该还是有一定依据的。同时，现邓城城址的东南角或许也为邓国都城的一部分。这些尚需今后的考古工作来证实。

二、西周晚期至春秋早期邓国辖境考

西周晚期至春秋早期的邓国中心区即都城区在今襄阳邓城区域的周家岗遗址及周边，那么其辖域四至可大致到哪里呢？周永珍认为春秋邓国疆域为“北起南阳盆地南部，南到汉水，西与谷国相连，即今之谷城县。东与曾国之北境，即今河南新野相邻”[③]。石泉考证后认为“古代邓国境土大致包括今南阳盆地南部今襄阳县（即现襄州区）境的汉水以北和新野、邓县地带”[④]。均大致无误。

周家岗遗址南距汉水约4千米，过汉水与真武山遗址相对。关于真武山遗址的性质，前述分析也认为以楚文化遗存为宜。则邓国南境为汉水。同时，据《左传·桓公

---

① 襄阳市博物馆：《湖北襄阳楚王城西周城址调查简报》，《江汉考古》2012年第1期。

② 王先福：《襄阳楚王城或为楚熊渠所封鄂王城初考》，《楚简楚文化与先秦历史文化国际学术研讨会论文集》，湖北教育出版社，2013年，第638-641页。

③ 周永珍：《两周时期的应国、邓国铜器及地理位置》，《考古》1982年第1期。

④ 石泉：《古邓国、邓县考》，《古代荆楚地理新探》，武汉大学出版社，1988年，第119页。

九年》载邓南鄙有鄾地，杜预注鄾在汉水北岸[①]，是邓国南境为汉水的一条文献证据。

邓国西境因今谷城庙滩镇擂鼓台发现了2座春秋早期的邓墓[②]而可确认过了汉水；由于其西部为谷国辖境[③]，可知至少春秋早期的邓国西境已经到了汉水西岸，并与谷国接壤。至于西周晚期邓国西境，或许最少也达汉水岸边。

西周晚期至春秋早期，在南阳盆地北部有周宣王所迁的申、吕国，如前考，申国的中心位于今南阳市区基本无疑义，吕国的中心在申国以西不远处，但二者的南境尚无确切边线。其时同处南阳盆地的邓国北境应与申、吕国南境相接，如果考虑到历来邓国有河南邓州和襄阳邓城之争的因素，邓国北境到达今河南邓州南部当无问题。

据上部分分析，汉水以东今枣阳周台遗址为西周晚期至春秋早期的曾（随）国中心。该中心区以西不远的枣阳熊集镇段营村发现了1座曾国墓葬，1件窃曲纹鼎铸有“曾子仲谠”铭文，这是目前曾国铜器最西的1座墓葬[④]。张昌平在梳理曾国铜器出土情况后考证曾国西部疆域包括滚水流域[⑤]，至少包括滚水中游地区，滚水下游流注唐白河（淯水），再注入汉水。滚水下游即滚河、沙河汇合后往西至汉水东岸区域是否为曾国疆域目前尚无确切证据。如果从新野小西关发现春秋早期曾墓[⑥]情况看，曾国的西境或许就在白河至汉水一线，这也符合古代诸侯国多以大河作为分界的一般规律。前引《左传·庄公四年》（前690年）楚武王伐随卒，令尹斗祁、莫敖屈重继续进军并迫使随侯结盟后，会于汉汭而还，济汉而后发丧。杜预注：“汭，内也，谓汉西。水曲曰汭。”[⑦]叶植考证该处为今襄阳东津，正在唐白河（淯水）入汉处[⑧]。则邓国东境到达唐白河、汉水一线基本可以确认，这还可从前引《北京大学藏秦水陆里程简册初步研究》之“邓新邓津”在汉水边上得到证明，但其是否越过汉水或在汉水以东多远尚难确定。2006年正好在唐白河入汉水处东岸发掘了一处西周晚期至春秋战国的遗址[⑨]，

① （晋）杜预集解：《春秋经传集解》第二十五昭公六，上海古籍出版社，1988年，第99、100页。

② 陈千万：《湖北谷城发现的邓国铜器及相关问题》，《襄樊考古文集（第一辑）》，科学出版社，2007年，第519-525页；湖北省文物考古研究所2016年发掘资料。

③ 何浩：《楚灭国研究》，武汉出版社，1989年，第216、217页。

④ 湖北省博物馆：《湖北枣阳县发现曾国墓葬》，《考古》1975年第4期。

⑤ 张昌平：《曾国青铜器研究》，文物出版社，2009年，第332、333页。

⑥ 郑杰祥：《河南新野发现的曾国铜器》，《文物》1973年第5期。

⑦ （晋）杜预集解：《春秋经传集解》第三庄公，上海古籍出版社，1988年，第136页。

⑧ 叶植：《楚东津道及相关问题考辨》，《社会科学动态》2019年第9期。

⑨ 湖北省文物考古研究所、襄阳市文物考古研究所、襄阳市襄州区文物管理处：《襄阳陈坡》，科学出版社，2013年。

经调查在今襄州区黄龙镇有一处西周中晚期的楚王城遗址[①]，其性质均难确定。

由分析可大致勾勒出邓国辖境的范围，即南到汉水，西过汉水不远抵今谷城庙滩镇附近与同时期的谷国接壤，北到今南阳市南部，东部至少到达今唐白河、汉水一线，或可东出一定距离。其辖域东西约50、南北约50千米，应是当时面积较大的一个诸侯国。

三、西周早中期邓国中心区辨析

虽然推测西周中晚期至春秋早期的邓国都城在周家岗遗址，但该区域尚未发现西周晚期以前的邓国高等级聚落或墓地，表明有可能西周晚期以前的邓国中心区不在该区域。但具体在哪里，至今尚未发现明确的考古学证据。

目前，经过考古发掘确认的邓国西周早中期遗存或遗物出土点只有两处：一是邓城区域以北约25千米的小马家遗址，该遗址因改田破坏严重，仅清理出3座西周早中期的灰坑，遗址面积虽然较大，但主体为东周时期，西周遗存较少，其等级也较低，应为邓国的普通聚落。一处是张家坡墓地，M163出土了2件西周早期的邓仲牺尊，其形制特殊。该墓葬于井叔家族墓地，墓主为年龄25～30岁的女性，很可能与其西侧墓地最大的M157为夫妇异穴合葬墓；而据同出的井叔采钟推测，M157墓主即“井叔采”。但M163的时代为西周中期，而邓仲牺尊的时代为西周早期康王时[②]，则邓仲牺尊应为传承品下葬，或是邓国与井叔家族联姻的证物。当然，这并不能表明其时邓国的地望在关中。关中邓国之说，陈梦家曾依复公子簋、邓孟壶、邓伯氏鼎考证后提出：“邓为媿姓，是西周之邓或在陕境。”[③]对此，徐少华进行了辨析[④]。

对于西周早期的邓国地望，前依文献和“安州六器”之中甗、中方鼎等铜器铭文及铭文中所涉及的方、曾、鄂等地、国的考证表明，“中”省南国的路线应为自成周出发，过方城隘口进入南阳盆地的邓、洀（汎）、鄝邦，经随枣走廊到达鄂，再东北行回到曾国。可见，其时的邓国当在方城以南、汉水以北和曾、鄂以西及秦岭东部楚、鄀以东的区域，大致不出今南阳盆地的范围，但准确区域尚无法确认，中心区更

① 襄阳市博物馆：《湖北襄阳楚王城西周城址调查简报》，《江汉考古》2012年第1期；王先福：《襄阳楚王城或为楚熊渠所封鄂王城初考》，《楚简楚文化与先秦历史文化国际学术研讨会论文集》，湖北教育出版社，2013年，第638-641页。

② 中国社会科学院考古研究所：《张家坡西周墓地》，中国大百科全书出版社，1999年，第19、20、41-44、161-164、366、368页。

③ 陈梦家：《西周铜器断代（二）》“盂爵”考释，《考古学报》1955年第2期。

④ 徐少华：《周代南土历史地理与文化》，武汉大学出版社，1994年，第14页。

是因缺少直接证据而难觅其踪。也可见，西周早期的邓国必当位于南土，为南土诸侯之一。西周南土的地理范围，学者有大体一致的意见，如周书灿认为南土大致应包括颍汝、汝淮及南阳盆地和江汉平原等地区[①]；李峰认为江汉平原是西周国家势力到达的最南端[②]；徐少华认为周代南土西起丹江流域、东至淮河中游、南以汉水和桐柏、大别山为界，北抵汝、颍、涡诸水上游（即文献所载的周王朝南部境土）[③]；李朝远则认为西周的南土大致在南阳盆地和淮水中上游的若干地段[④]。但以上所言，是广义的南土，若仅就《左传》所载詹桓伯所言周之南土，邓与巴、濮、楚同列，按巴国在汉水上游、濮在汉水中游一带，均在汉水一线，楚国则稍偏北，在汉水以北的支流丹水流域。再结合西周晚期申国的中心在西周早期实为谢国地域，可推知西周早期邓国的地理范围：汉水以北至谢国以南。至于西周早期时邓国是否已至汉水边上的今襄阳以北区域，目前还无法做出准确的判断。但小马家遗址的西周早期遗存至少表明，西周早期偏晚时，邓国差不多到达了距汉水不远的区域。

至于西周中期邓国中心区，虽然在邓城区域的周家岗、吴家湖遗址发现了西周中期晚段的少量遗存和遗物，但目前还不能肯定这里就是西周中期的邓国中心区，有待今后的考古工作予以确认。

第三节　周代邓国、楚邓县地理空间形态重建

综上可知，目前西周早中期邓国的中心不明，辖域范围仅能大致推测在今南阳盆地范围内，即今南阳市域和襄阳之老河口、枣阳、襄州区域内。

根据前两节的分析，楚邓县治所在今襄阳市高新区团山镇邓城城址，辖域范围北部战国晚期前与申、吕县或宛县接壤，战国晚期则与宛县以南的穰县接壤，约在今南阳市域南部邓州、新野一线；西界与楚阴、鄾县或阴、鄾君封地相接，大致在今老河口、谷城东部；东、南部分别到淯水（今唐白河）、汉水附近。

西周晚期至春秋早期邓国都城在邓城城址东南的周家岗遗址，其辖域范围北与申、吕国相邻，西到并过汉水与谷国相接，东、南部也大致到淯水（今唐白河）、汉水附近，与楚国早期邓县的辖域范围基本相当。

按照周代邓国、楚邓县辖域，最大区域也不过南阳盆地范围。

---

① 周书灿：《中国早期四土经营与民族整合》，合肥工业大学出版社，2011年，第190页。

② 李峰：《边缘地区：西周国家的最大地理范围》，《西周的灭亡：中国早期国家的地理和政治危机》附录1，上海古籍出版社，2007年，第362页。

③ 徐少华：《周代南土历史地理与文化》，武汉大学出版社，1994年，第1页。

④ 李朝远：《青铜器上所见西周文化在南方影响的递衰》，《中原文物》1997年第2期。

一、南阳盆地地理空间形态

（一）南阳盆地地理概况

南阳盆地又称南襄盆地，是一个相对独立的地理单元，其北有秦岭支脉——伏牛山，西有秦岭，西南、南有大巴山余脉之武当山、荆山，东有桐柏山，东南有大洪山，正好围合成一个近圆形的盆地，直径约170千米，面积约2.6万平方千米。其西、北、东三面为山地，南面为丘陵。汉水自西北往东南穿过盆地南部，淯水自北向南穿过盆地中、东部，形成河流冲积平原，以及河流下切割裂平地的众多矮岗。

伏牛山往东延伸到鲁山县东南逐渐降低形成矮丘，其与桐柏山西端同样降低形成的矮丘间出现了一个较大、较平坦的缺口——方城隘口，往东北即进入广阔的中原；而在伏牛山、桐柏山逐渐降低的山岭上也有多个具备通行的隘口，其中伏牛山有一隘口——鲁阳关，南坡临鸦河，南流入淯水，与其相对的分水岭北坡有三鸦河，这里因此成为北通汝洛的要道。

1. 区位特点

南阳盆地基本位于中国的中心区域，自古以来是东西、南北的重要交通孔道。这里西越武关可进入关中平原，逆汉江而上进入汉中盆地，北出方城隘口可入中原，东北翻桐柏山隘口即为淮河上游，南渡汉江直下江汉平原，东南过狭长的随枣走廊为武汉地区，区位优势十分明显，尤其是历史时期特别是政治中心在关中和中原时期，这里是王朝经营南方的关键。交通位置的重要也使其成为南北文化交流的重要通道，考古发掘表明，这里自新石器时代以来就不断发生南北文化的交流、碰撞、融合，并逐步形成了一定的地域特色。

2. 地形地貌

南阳盆地的地质构造，东北部属于华北地台，其余为秦岭地槽褶皱带。地势位于中国地势“第二台阶”与“第三台阶”的交会处，西部的秦岭山高险峻，而东部的桐柏山海拔不高，南、北缘为山系余脉，地势起伏且隘口便捷通行。其间围合的盆地地势平缓，中、东部为唐白河冲积平原，南部为汉江冲积平原，海拔基本在120米以下；冲积平原间及西北、东南部有低岗矮丘，海拔多在120～200米，接近山体处地势渐高。

3. 主要河流

南阳盆地水系主要为汉江水系。盆地南缘有长江最大的支流——汉江自西北向东南流过，汉江自盆地东南角折向南流，其上南有南河、北有丹江汇入，南拐处分别有小清河、唐白河汇入。其中唐白河水系基本自北向南贯穿整个南阳盆地，唐白河发源于伏牛山，西支白河有潦河、湍河、刁河汇入，东支唐河有沘河、泌阳河、三夹河、桐河汇入，唐、白河在今襄阳市襄州区龚家嘴附近汇合南流，下游有滚河自东向西汇入后，在今襄州张湾镇注入汉江。

此外，盆地西北有黄河水系伊河上游支流、东北有淮河水系上游小支流源头。

4. 气候条件

盆地正处中国南北地理分界线的中部，属亚热带季风型大陆性气候，具亚热带向暖温带气候的过渡特征。四季分明，气候温和，热量适中，雨量充沛。年平均气温15℃，温度最低1月份平均温度0～2℃，温度最高7月份平均温度27～35℃；年均降雨量800～1200毫米。

适宜的气候、充沛的水量和多种不同类型的土壤，使这里适合多种植物生长和动物饲养，成为经济发展的重要基础，为城镇的繁荣、人口的居住和增长提供了先决条件。

5. 行政区划

该区域现行政区划分属河南省南阳、驻马店市和湖北省襄阳、十堰市。包括：

南阳市辖邓州、方城、社旗、南召、淅川、西峡、内乡、镇平、新野、唐河和城区宛城区、卧龙区、高新区、南阳新区、鸭河工区、官庄工区。

驻马店市辖泌阳县。

襄阳市辖老河口市及樊城区、高新区、襄州区和谷城县东部、枣阳市西部。

十堰市辖丹江口市。

该区域主要有两个行政中心，即南阳市和襄阳市，其下有多个县级政区管理众多的乡镇、村落，形成了市、县、镇、村四级行政区划体系、聚落布局和交通网络，容纳区域内众多的人口和各类设施。

（二）南阳盆地历史人文环境演变

南阳盆地区域地理空间形态在现当代已发生重大变化，特别是城市扩张、基础设施建设、经济活动转型影响巨大。

根据三次全国文物普查的情况看，历史时期文化遗存多位于河流旁边的台地及附近，大量的现代城市与原有遗存特别是重要遗存如城址等重合，加上现当代的城市大规模扩张和各类基础设施建设，更对这些遗存及遗存群造成了严重甚至毁灭性的破坏。而一些经济活动如20世纪50～80年代的农田改造、农田水利建设和21世纪初的大规模土地平整等使小区域的地形地貌、水文发生了局部甚至大范围的改变，这种状况为我们重建先秦时期的地理空间形态制造了难度，也确定了必要性。

如果说现当代的人类活动对地理空间形态改变巨大的话，历史上不同时期社会动荡和人类活动也会造成一定的变化，只是程度不同而已。

根据学者研究，秦占领南阳盆地后设立南阳郡，西汉因袭，南阳盆地经济社会得到进一步发展，在全国居于较高水平，城邑分布较为密集，人口密度大。《史记·货殖列传》载："南阳西通武关、郧关，东南受汉、江、淮。宛亦一都会也。俗杂好事业，多贾。其任侠，交通颍川，故至今谓之夏人。"[①]南阳盆地生产力水平与中原相近，广泛使用铁农具和农耕，农田水利的兴修更大大提高了生产力。这里的地形地貌最易于形成河流径流的骤发骤损，有雨则洪涝，无雨则干旱。两汉时期是南阳灌区的形成期，兴修的水利工程达数十处，张衡《南都赋》云："其水则开窦洒流，浸彼稻田。沟浍脉连，堤塍相輷朝云不兴，而潢潦独臻。决渫则暵，为溉为陆。"但是，南阳盆地自三国迄于明，在1400余年的时间内，其经济发展在总体上呈现出破坏→恢复→短期发展→再破坏的周期性特点，其发展水平似乎一直未能赶上两汉时期水平。隋唐以后，其经济发展水平呈下降趋势，这与战乱等多种社会、自然因素都有着密切关系[②]。

一般来说，明代中期之前，南阳盆地的经济活动限于盆地中心的平原地带。明代中后期，由于荆襄流民附籍南阳盆地后，周边山区得到开发，明政府在周边设县治理，行政区划不断扩大，而明末农民起义转战该区时间长，战事频仍，致使土地荒芜。清康乾时期生产得到发展，社会较为安定。清中期以后，随着人口压力的增大，南阳盆地人地矛盾日渐突出，至民国时期更为紧张。明清以来，南阳盆地周边山区对山区土地、森林等资源的掠夺式开发，极大破坏了山区原有的生态系统，致使山洪频发，河渠淤塞甚至改道，区位交通和经济都受到极大影响[③]。

可以说，历史时期的各种人类活动使得地理空间形态发生了较大改变。

---

① （汉）司马迁撰，（宋）裴骃集解，（唐）司马贞索隐，（唐）张守节正义：《史记》卷一二九《货殖列传第六十九》，中华书局，1959年，第3269页。

② 鲁西奇：《历史时期汉江流域农业经济区的形成与演变》，《中国农史》1999年第1期。

③ 刘振华：《近代南阳盆地社会衰败的生态史考察》，《华南农业大学学报（社会科学版）》2013年第4期。

（三）南阳盆地人文地理概况

秦汉时期是南阳盆地经济发展、社会稳定的时期，也是南阳盆地发展最辉煌的时期，这与该区域的地理位置、自然条件等有着密切的关系。

1. 水陆交通

南阳盆地水陆交通十分发达，自史前时期以来就一直是南北交通要道和南北文化交流的重要孔道，在军事上也占有重要地位。

（1）水路

《水经注》沔水、淯水篇是关于南阳盆地南北朝以前主要水系的重要记录。

汉江即汉水，《水经注》之沔水。其自上游流出山区后，北有均水注入，均水即丹水、淅水汇流而成，入汉处称均口，位于今丹江口市城区西。沔水南过筑阳县东，筑水东过其县后南流注之，筑阳县即今谷城县，位于今县城西[①]，则筑水即今南河。（沔水）又从（襄阳）县东屈西南，淯水从北来注之。襄阳城东有东白沙，白沙北有三洲，东北有宛口，即淯水所入也[②]。

即如果溯汉水而上，则可沟通汉中地区；沿汉水支流丹水行走，转陆路后过武关可通关中地区，即武关道。前引《史记·货殖列传》载："南阳西通武关、郧关。"[③]也正是这条线。而武关正是秦之南关。《水经注·丹水》载："丹水自商县东南流注，历少习，【守敬按：《左传·哀四年》杜《注》，少习，商县武关也。故郦氏下就少习、武关交互言之。】出武关。应劭曰：'秦之南关也，通南阳郡'。"【守敬按：《汉书·高帝纪》应劭《注》文。《史记·始皇本纪·集解》引同。《史记·苏秦传》，秦四塞之国。《小学绀珠》，秦四关，东陕州函谷关，南商周武关，西凤翔府散关，北原州萧关。】[④]

最主要的是，汉水和淯水水路是秦汉时期南方物产通往北方的重要交通线。

前引《北京大学藏秦水陆里程简》对自杨口上溯汉水、淯水的水路里程和停驻点有明确的记载。

---

① 王先福、余桥：《襄阳地区汉代南阳郡属县治所初考》，《江汉考古》2014年第3期。

② （后魏）郦道元注，（清）杨守敬、熊会贞疏，段熙仲点校，陈桥驿复校：《水经注疏》卷二八《沔水中》、卷三一《淯水》，江苏古籍出版社，1989年，第2345-2377、2593-2622页。

③ （汉）司马迁撰，（宋）裴骃集解，（唐）司马贞索隐，（唐）张守节正义：《史记》卷一二九《货殖列传第六十九》，中华书局，1959年，第3269页。

④ （后魏）郦道元注，（清）杨守敬、熊会贞疏，段熙仲点校，陈桥驿复校：《水经注疏》卷二十《丹水》，江苏古籍出版社，1989年，第1729页。

自汉水上的杨口至淯水入汉处的淯口及附近的西陵里程如下：

杨口到匡津七十里。【04-059】
匡津到销县容击乡九十里。【04-060】
容击到彘水口百九十里。【04-072】
彘水口到鄀巩阳乡七十里。【04-085】
巩阳乡到离津四十里。【04-089】
离津到瓯津六十里。【04-088】
瓯津到蕺陵津六十里。【04-235】
蕺陵到邔乡七十里。【04-234】
邔乡到鄀路庐津二十里。【04-218】
路庐津到邓新邓津七十里。【04-217】
新邓津到淯口二十里。【04-216】
淯口到邓攀渚十四里。【04-215】
凡杨口到西陵七百七十四里。【04-214】[①]
而从淯口至宛城的里程如下：
淯口到西陵十二里。【04-231】
宛梁门下行到邓西陵四百九十一里。【04-203】
宛宜民庚行淯水到西陵四百五十里。【04-202】
武庚到邓西陵四百八十里二百步。【04-200】[②]

这条通行线路很明确地说明了当时汉水、淯水水路交通的发达和重要，沿途有多个重要津渡，也显示了津渡所属的县级行政区销、鄀、邓、宛等。

而在战国时期，“鄂君启节”舟节记：“自鄂市，逾油，上汉，就俈，就芸阳。逾汉，就䢼。”这一段正是鄂君出发下淯水或溯汉水而上，或沿汉水而下的一段水路。鄂君启节出现后，诸多古文字学家对其节文进行了考释，针对同一字有不同的考释，有学人进行了详细梳理[③]。出现不同考释的一个主要原因是对“鄂”的定位不同造成的，一说此“鄂”为东鄂，即今湖北鄂州市；另一说为西鄂，即今河南南阳的西鄂故城。二说并立争论不休。从第三章第一节结合近年来河南南阳北部不远的夏饷铺发

① 辛德勇：《北京大学藏秦水陆里程简册初步研究》，《出土文献（第四辑）》，中西书局，2013年，第220页。

② 辛德勇：《北京大学藏秦水陆里程简册初步研究》，《出土文献（第四辑）》，中西书局，2013年，第257、258页。

③ 王谷：《〈鄂君启节〉集释及其相关问题研究》，湖北省社会科学院硕士学位论文，2016年。

现西周晚期至春秋早期鄂国国君墓地分析的情况看，春秋早期楚文王北上灭申、吕的同时很可能同步或不久灭掉了鄂国，或设西鄂县，后为汉代西鄂县[①]，其位置就在今河南南阳市北的西鄂故城[②]。东鄂则无任何考古实证。同时，根据此条记载，鄂君船队从西鄂出发正好顺淯水而下入汉，进入汉水后既可上溯，也可下行。当然，根据鄂君启节铭文考证其铸制时间为前322年[③]，其时西鄂仍属楚国辖境。这也是战国时期南阳盆地水路交通的主线。

我们从襄阳城运动路、许指巷遗址发现的战国、汉代及连续叠压的后期遗存分布情况看，秦汉时期的汉水水位较现在低4米以上，而后缓慢抬升[④]，这还从樊城菜越三国墓墓口地表距现地面4.2米可以看出[⑤]。

汉水河床的缓慢抬升是跟河流不断淤积分不开的，而河流淤积则由河水冲刷河岸所致，河岸受到冲刷后很可能原本位于两岸的遗存被毁。淯水很可能也是如此，特别是进入下游入汉处，淯口位置的变化当与此相关。

汉水、淯水这两条该区域主要河流发生的变化势必影响到其支流的变化，由于河床抬高，一些小的支流开始淤积、变窄，甚至淤塞、断流，最终消失成为古河道。

当然，由于汉水、淯水形成的时间较长，依托两条水系发展起来的水路交通还可继续往前追溯，甚至到史前时期。如曹玮在对比分析了关中地区与南方以两湖为主地区出土西周铜甬钟的特征后认为："从湖北沿长江入汉辗转进入关中这条路线在西周前期发挥着较重要的作用。"[⑥]

（2）陆路

秦汉时期南阳盆地的陆路交通线依然可以《北京大学藏秦水陆里程简》的陆路里程来说明。

简册记南郡北上南阳郡的陆上通道：

---

① （汉）班固撰，（唐）颜师古注：《汉书》卷二八上，中华书局，1962年，第1564页。

② （后魏）郦道元注，（清）杨守敬、熊会贞疏，段熙仲点校，陈桥驿复校：《水经注疏》卷三一，江苏古籍出版社，1989年，第2597页。

③ 刘彬徽：《从包山楚简纪时材料论及楚国纪年与楚历》，《包山楚墓（上）》附录二一，文物出版社，1991年，第533-547页。

④ 襄樊市文物考古研究所：《襄阳城内遗址发掘报告》，《襄樊考古文集（第一辑）》，科学出版社，2007年，第152-197页。

⑤ 襄樊市文物考古研究所：《湖北襄樊樊城菜越三国墓发掘报告》，《考古学报》2013年第3期。

⑥ 曹玮：《西周前期南北方钟的比较与北传路线》，《周原遗址与西周铜器研究》，科学出版社，2004年，第158-164页。

鄀到邓百四十里。【04-076】
邓到襄百八十里。【04-064】
邓到宜民庾二百一十里。【04-065】[①]

而从前引水路里程核算，宜民庾为宛县所辖，位于宛梁门以南，宛梁门至宛宜民庾约四十一里。

简册还记：

宜民庾到鲁阳三百六十五里。【04-201】
鲁阳到女（汝）阳百一十里。【04-067】
女（汝）阳到输民八十九里。【04-068】
输民到洛阳百一十里。【04-069】[②]

如果以宛作为基点往北行的话，其过鲁阳即进入颍川郡或三川郡，向北到达洛阳即是传统意义上的三鸦路。

此外，简册还记载有一条武庾北行的路：

武庾到雉白土乡五十三里。【04-210】
白土乡到雉廿四里。【04-209】
雉到石城十七里。【04-061】
石城到尯渠庾四十五里。【04-062】
尯渠庾到阳新城庾百四里。【04-063】
凡二百四十三里。【04-055】

其中武庾从前述水路里程测算可知，武庾北距宛梁门仅不到十一里，其北出通道中的诸多小地名难考，不过从雉县所在的位置[③]看，这条路正是传统意义上北出方城的“夏路”。

也就是说，从当时南郡的首府江陵北上，经过鄀、邓、襄，到达南阳郡首府宛。

---

① 辛德勇：《北京大学藏秦水陆里程简册初步研究》，《出土文献（第四辑）》，中西书局，2013年，第259页。

② 辛德勇：《北京大学藏秦水陆里程简册初步研究》，《出土文献（第四辑）》，中西书局，2013年，第262、263页。

③ 谭其骧：《中国历史地图集》第二册《西汉荆州刺史部图》，中国地图出版社，1982年，第22、23页。

而南阳郡北出中原有两条主要通道：一是过鲁阳入洛阳，即为三鸦路；一是过方城进入黄淮平原，即为夏路。这两条路正是当时南北的主要通道。

与鄂君启舟节并行的还有车节，有关线路的记载为："自鄂市，就阳丘，就方城，就象禾，就柳焚，就繁阳，就高丘，就下蔡，就居鄛，就郢。"该鄂自当也为西鄂故城，此方城显然为楚国的方城，结合繁阳、下蔡等地理位置看，该条线正是北出的夏路。正如谭其骧所云夏路为："大致即相当于今自南阳盆地东北经方城县东出伏牛山隘口的那条公路。"[①]

实际上，三鸦路和夏路的形成时间更早，其中夏路可能使用频率更高。

《史记·勾践世家》载："夏路以左，不足以备秦，江南、泗上不足以待越矣。"【索引】：徐氏以为江夏，非也。刘氏云"楚适诸夏，路出方城，人向北行，以西为左，故云夏路以左"，其意为得也[②]。

作为夏路主要节点的方城很早就纳入了楚国的控制范围。《左传·僖公四年》（前656年）：（四年）夏，楚子使屈完如师。师退，次于召陵。齐侯陈诸侯之师，与屈完乘而观之。齐侯曰："岂不穀是为？先君之好是继，与不穀同好如何？"对曰："君惠徼福于敝邑之社稷，辱收寡君，寡君之愿也。"齐侯曰："以此众战，谁能御之！以此攻城，何城不克！"对曰："君若以德绥诸侯，谁敢不服？君若以力，楚国方城以为城，汉水以为池，虽众，无所用之！"屈完及诸侯盟[③]。

而在西周早期，前引"安州六器"之中甗铭文记载"中"自成周省南国"贯行"，很显然是经常走的大道，其路线开始之地就是"方"，该"方"地正是方城。随后，昭王南征很可能也走该条线路自方城进入南阳盆地，进而沿随枣走廊到达鄂、曾。

至于三鸦路，或因山路较为崎岖见于文献记载相对较少。《史记·魏世家》："（魏武侯）十六年（前380年），伐楚取鲁阳关。"[④]《史记·赵世家》："（惠文王）九年（前290年），赵梁将，与齐合军攻韩，至鲁关下。"《正义》引刘伯庄云："盖在南阳鲁阳关。"[⑤]

南阳盆地水陆交通的便利有利于行政统治、军事控制和文化交流的同时，也为物

---

① 谭其骧：《鄂君启节铭文释地》，《长水集》，人民出版社，1987年，第197页。

② （汉）司马迁撰，（宋）裴骃集解，（唐）司马贞索隐，（唐）张守节正义：《史记》卷四一，中华书局，1959年，第1748、1750页。

③ （晋）杜预集解：《春秋经传集解》第五僖公上，上海古籍出版社，第244、245页。

④ （汉）司马迁撰，（宋）裴骃集解，（唐）司马贞索隐，（唐）张守节正义：《史记》卷四四，中华书局，1959年，第1842页。

⑤ （汉）司马迁撰，（宋）裴骃集解，（唐）司马贞索隐，（唐）张守节正义：《史记》卷四三，中华书局，1959年，第1816页。

资运输甚至商品贸易提供了便利条件。

而在夏商时期，襄阳王树岗遗址发现了较为典型的二里头文化遗存[1]，枣阳王城发现了商代重器铜鼎、尊[2]，位居中原的夏商王朝统治势力南下襄宜平原和随枣走廊也很可能走这两条线。再往上到史前时期，北方仰韶文化、龙山文化南下和南方的屈家岭文化、石家河文化北上也大致不出此传播通道[3]。

2. 城邑布局

南阳盆地的城邑布局随着时间的推移发生了一定的变化，但整体而言，时间越晚，城邑布局越密集，规模越大，对社会活动的影响越大。我们以秦和西汉时期的城邑布局来说明其对早期城邑布局的传承。

西汉为南阳盆地古代城邑布局的成熟期，设南阳郡，下辖县三十六。《汉书·地理志》有明确记载：南阳郡，秦置。户三十五万九千〔三〕百一十六，口一百九十四万二千五十一。县三十六：宛、犨、杜衍、酇、育阳、博山、涅阳、阴、堵阳、雉、山都、蔡阳、新野、筑阳、棘阳、武当、舞阴、西鄂、穰、郦、安众、冠军、比阳、平氏、随、叶、邓、朝阳、鲁阳、舂陵、新都、湖阳、红阳、乐成、博望、复阳[4]。

周振鹤对上述城邑地望进行了考证，南阳郡治宛，即今河南南阳市；犨在今鲁山县东南，杜衍在今南阳市西南，酇在今老河口市西北（笔者认为在今老河口市西南的陈家埠口遗址群[5]），育阳在今南阳市南，博山在今淅川县南，涅阳在今镇平县南，阴在今老河口市北（笔者认为在老河口市仙人渡镇柴店岗遗址[6]），堵阳在今方城县东，雉在今南召县东南，山都在今襄阳市襄城区西北（该地在汉水以南，笔者认为山都在汉水北岸的今樊城区乔岗遗址[7]），蔡阳在今枣阳市西南，新野在今新野县，筑阳在今谷城县东北，棘阳在今新野县东北，武当在今丹江口市西北，舞阴在今泌阳县北，西鄂在今南阳市北，穰在今邓州市，郦在今南阳市西北，安众在今邓州市东北，冠军

① 襄石复线襄樊考古队：《湖北襄阳法龙王树岗遗址二里头文化灰坑清理简报》，《江汉考古》2002年第4期。

② 徐正国：《湖北枣阳市博物馆收藏的几件青铜器》，《文物》1994年第4期；徐正国：《湖北枣阳发现一件商代铜尊》，《文物》1990年第6期。

③ 马保春、杨雷：《新石器时代晚期鄂豫陕间文化交流通道的初步研究》，《江汉考古》2007年第2期。

④ （汉）班固撰，（唐）颜师古注：《汉书》卷二八，中华书局，1962年，第1563、1564页。

⑤ 王先福：《楚“酇”地考》，《长江大学学报（社会科学版）》2021年第3期。

⑥ 王先福：《楚“阴”地考》，《湖北文理学院学报》待刊。

⑦ 王先福、余桥：《襄阳地区汉代南阳郡属县治所初考》，《江汉考古》2014年第3期。

在今邓州市西北，比阳在今泌阳县，平氏在今桐柏县西北，随在今随州市，叶在今叶县南，邓在今襄阳市区西北，朝阳在今邓州市东南，鲁阳在今鲁山县，春陵在今枣阳市南，新都在今新野县东，湖阳在今唐河县南，红阳在今叶县南，乐成在今邓州市西南，博望在今南阳市东北，复阳在今桐柏县西北[①]。尽管有学者对上述少量城邑的考订有一些不同的看法，但大体位置出入不大。其中除犨、叶、鲁阳、红阳在盆地以北，随在随枣走廊外，其余城邑基本在盆地内，只是筑阳在汉水以南。

同时，南阳盆地的汉代城邑还包括属南郡的襄阳县[②]。

以这些城邑为基础，周围分布有密集程度不同的村落，共同构成了当时南阳盆地的城邑体系。

而从《汉书·地理志》的记载看，上述南阳郡为秦置，且不少县级治所也是延续秦县而来，有的甚至更早，它们在战国上溯到春秋甚至更早的时期就已存在，有的为楚、秦县，如宛、邓、穰、雉、郦等；有的为楚封君地，如鲁阳；或兼而有之，如阴、鄛；有的为楚军事要津，如曾为楚北津的襄阳。它们不仅见于传世文献之中，就是前述《北京大学藏秦水陆里程简》和《包山楚简》《曾侯乙简》等出土文献也有不少的记载，还有的见于早期金文中。有的可直接追溯到两周时期的诸侯国，如申地的宛、西鄂的鄂国故地、邓国都城邓、谷国地筑阳等。只是时代越早，城邑的密度和规模均越小，有的则不见于秦汉时期的南阳郡，或因灭国消失，如谢、吕、息，或被迁，如都，等等。

这些城邑主要依水而兴，位处交通便利的通道上。

可以说，南阳盆地的城邑布局有着一定的前后延续性，其兴起均有着一定的发展基础。

3. 经济形态

如果说水系和地形是城邑兴起的基本条件的话，经济形态则是城邑发展的支撑。

南阳盆地有着优越的自然环境和适宜的气候，自古以来也成为农业经济发达的地区之一，特别是适宜的降水、湿热的气候和丰厚的土壤决定了其以稻作农业为主，稻粟混作的原始农业经济形式。

史前时期的农业经济奠定了该地区经济发展的基础。以河南邓州八里岗遗址为例，该遗址的发掘及周边史前遗址的调查被认为建构起了南阳盆地文化发展的序列，即仰韶文化早期→仰韶文化中晚期→屈家岭文化中晚期→石家河文化→河南龙山文

---

① 周振鹤：《汉书地理志汇释》，安徽教育出版社，2006年，第124-133页。

② （汉）班固撰，（唐）颜师古注：《汉书》卷二八，中华书局，1962年，第1566页。

化[①]，也正好是南北文化交融的见证。遗址出土的植物遗存分析显示，该遗址前仰韶时期的植物性食物资源为栽培水稻和橡子，其经济方式为农业与采集并存。自仰韶文化时期开始，就一直保持着稻粟黍的作物组合，只是其比例在不同时期存在一定的变化，这一点又跟考古学文化的变迁一致，比如稻作农业从仰韶文化到石家河文化时期的比例在加大，也从农业经济的角度体现了南北方文化的消长过程[②]。而淅川下王岗遗址仰韶文化一、二、三期和屈家岭文化、石家河文化遗存中均发现了大量骨器和动物骨骼[③]，也表明渔猎经济和家禽家畜饲养一直占据一定比重。

南阳盆地的这种经济形式在先秦时期变化不大，这从淅川下王岗二里头、西周文化遗存的发现可得到证明[④]。之后一直到明清时期，除了渔猎、采集经济大幅度减少外，稻粟混作、家禽家畜饲养为农业经济的主体基本维持不变。另张衡《南都赋》记有“穰橙邓橘”，李善注：“《汉书》：南阳郡有穰县、邓县。《说文》曰：橙，橘属也。”张铣注：“皆果名，穰、邓皆地名，出橙、橘也。”[⑤]推测先秦时期南阳盆地也出产橙、橘类经济作物。

同时，随着工具制作等的发展，史前时期也逐步出现了制石、制陶、制骨、琢玉、纺织等手工业经济，且分工越来越细。特别是在铜器出现后，冶炼、铸造等手工业经济开始得到大发展；物物交换也发展成了具有一定规模的商品经济，并诞生了货币。进入春秋晚期，冶铁业开始出现并在战国及以后成为推动生产力发展的主要经济形式。

---

① 北京大学考古学系、南阳地区文物研究所：《河南邓州八里岗遗址的调查与试掘》，《华夏考古》1994年第2期；北京大学考古学系、南阳地区文物研究所：《河南邓州市八里岗遗址1992年的发掘与收获》，《考古》1997年第12期；北京大学考古实习队、河南省南阳市文物研究所：《河南邓州八里岗遗址发掘简报》，《文物》1998年第9期；北京大学考古文博院、南阳地区文物研究所：《河南邓州八里岗遗址1998年度发掘简报》，《文物》2000年第11期。

② 邓振华、高玉：《河南邓州八里岗遗址出土植物遗存分析》，《南方文物》2012年第1期；姜钦华、张江凯：《河南邓州八里岗遗址史前稻作农业的植硅石证据》，《北京大学学报（自然科学版）》1998年第1期。

③ 贾兰坡、张振标：《河南淅川县下王岗遗址中的动物群》，《文物》1977年第6期；河南省文物研究所、长江流域规划办公室考古队河南分队：《淅川下王岗》，文物出版社，1989年，第429-439页；中国社会科学院考古研究所：《淅川下王岗：2008～2010年考古发掘报告》，科学出版社，2020年，第477-588页。

④ 河南省文物研究所、长江流域规划办公室考古队河南分队：《淅川下王岗》，文物出版社，1989年，第264-331、429-439页；中国社会科学院考古研究所：《淅川下王岗：2008～2010年考古发掘报告》，科学出版社，2020年，第357-422页。

⑤ （梁）萧统编，（唐）李善、吕延济、刘良等注：《六臣注文选》，中华书局，1987年影印本，第86页。

经济的发展导致人口和各种需求增加，城邑数量不断增加，规模不断扩大，城邑周边的村落也在同步增加，人类活动开始造成自然、人文环境的微妙变化，地理空间形态也发生了改变。

二、周代邓国地理空间形态分析

邓国处周之南土，西周晚期至春秋早期邓国的地理位置可考，但西周早中期邓国地理位置目前还无法确定。西周晚期至春秋早期的邓国都邑推测在今之周家岗遗址，虽然对邓城、周家岗遗址的考古调查与发掘还极为有限，但我们仍可依据这些极为有限的资料，加上邓城、周家岗遗址周围同时期的考古资料，对周代邓国的地理空间形态做出一些初步的考察。

（一）西周晚期至春秋早期邓国地理空间形态分析

1. 核心聚落

作为西周晚期至春秋早期邓国都城的周家岗遗址，南部紧邻今大李沟（下游称七里河）东支——普陀沟的一条分叉小支流，该支流自西北流注邓城城址西护城河，在南护城河中部下分贴周家岗遗址南缘东南流，后在王家寨注入大李沟。从勘探情况看，遗址南缘以外正是较厚的淤积土层，而岗地上为黏性土。表明新石器至西周时期，汉水北岸可能在周家岗以南不远处，由于邻近汉水，交通条件较为便利，正处南北水陆交通要道上，这应当是周家岗遗址和邓城兴起的地理条件。

从周家岗遗址所处的地理小区域来看，汉水及其支流唐白河、唐白河支流清河、清河支流七里河围护的地理环境中，河网密布，这里也正是汉水及其支流的冲积扇（图4-3-1），南部一过汉江即为荆山余脉——岘山，北部则为呈弧形分布的牛首—王坡—蔡坡岗地，该岗地往北就是连绵低岗——襄北岗地，南北最宽约14千米。汉水自西北东南流，到谷城茨河镇后受到南部山体阻挡并夹在与北部低岗的狭窄空间折向东北，流过较短的一段后到达今樊城区牛首镇以西，地势豁然开朗，形成了一个近三角形的低地，如无阻隔，汉水将在该区域的南部山体与北部岗地间摆动。不过，此区域内也有一些小的地势更低的矮岗，地势最高者为冲积扇东部的一条南北向岗地——团山，最高处海拔78米，高出外围平地约12米，岗地南北长约3、东西宽约0.8千米，且自北向南渐低。次高者为冲积扇中部周家岗遗址所在的周家岗，呈东西走向，长约1、宽约0.3千米，中部最高处海拔72米，高出外围平地4～6米。并在周家岗北、东不远分别有韩岗和余岗、沈岗三条东北至西南向的短岗，海拔70～71米，外围平地海拔一般为

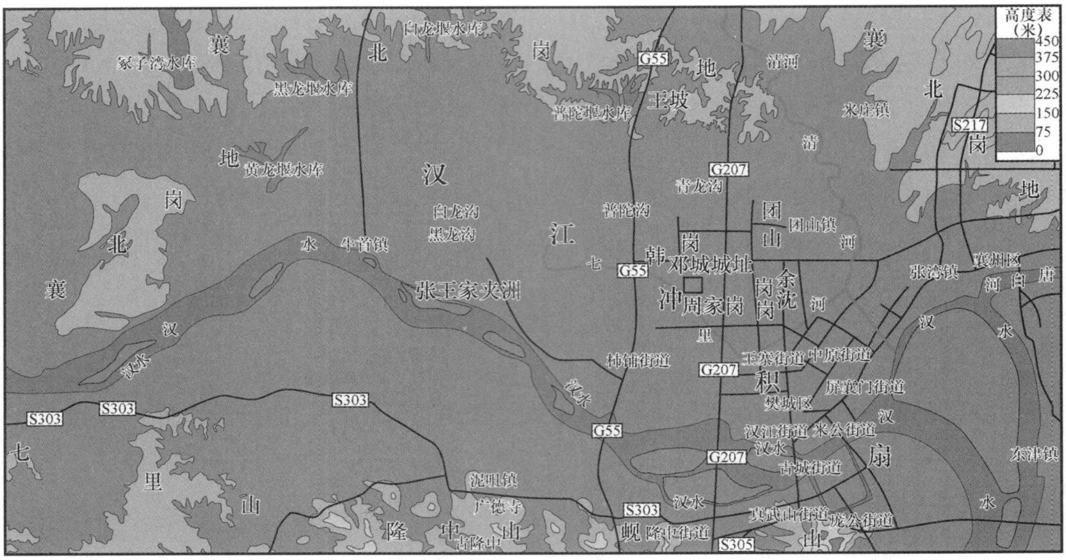

图4-3-1　汉江冲积扇襄阳樊城段地形图

66～68米，这几条岗地的土壤均为黏性黄褐色土，与其间平地沙性黄土有明显区别，后者即为河流冲积所形成。在这片区域，除了周家岗遗址有新石器时代晚期文化遗存外，其余部分包括几条岗地上的遗存均为西周中晚期以后。

进一步来说，新石器时代的屈家岭-石家河文化时期，襄北区域的中心在邓城西北约20千米处的凤凰咀遗址，这里地势较高，距汉水也稍远一些，因条件较好无水患，因而成为新石器时代襄北区域之中心[①]。而邓城区域在新石器时代，仅周家岗因地势较高发展成为史前聚落，此种情形可能与新石器时代的地理环境有关：新石器时代晚期时，襄北区域虽已开发，但邓城一带因地势较低且距汉江过近之故，成为汉水的冲积地带，长时间为水所困，甚至汉水支流的水流还较大，如前引《三国志》之《吴书·三嗣主传》裴松之注引（东晋）孙盛曰："魏氏尝藉战胜之威，率百万之师，浮邓塞之舟，下汉阴之众。"[②]前面根据《水经注·淯水》所记和考证，邓塞位于浊水边，而浊水为今七里河，该七里河正是周家岗遗址南临之水，七里河在三国时期尚能行船，可见之前水流之大。当然，汉水河泓相对稳定后，仍然对两岸进行冲刷。如今周家岗遗址西南不远的樊城区施营（月亮湾公园）附近曾是唐代张柬之家族墓地，汉水冲刷北岸致墓地遭到破坏，部分墓葬的10余方墓志于清光绪年间在汉江两岸临汉

① 向其芳：《襄阳凤凰咀城址的确认与意义》，《中国文物报》2019年8月9日第6版。

② （晋）陈寿撰，（宋）裴松之注，陈乃乾校点：《三国志》卷四八，中华书局，1959年，第1180页。

门、长丰洲等地被发现[①]。同时，汉水支流的河床也不断抬高，其流速降低，河流也就慢慢淤塞变窄，其作用也渐渐减弱。

因此新石器时代邓城地区的地理环境不太适合人类居住和生活，造成人类聚落并不密集，仅有周家岗一处新石器时代遗址，直至持续到西周早期。进入西周早期后，汉水岗地之间的低地慢慢淤积抬高，这几条矮岗或者还有其他的矮岗之间的低地被淤积土所覆盖，整个区域也连成一片，汉水及其支流也逐步形成相对稳定的河道并不再大幅摆动后才成为人们居住生活的理想家园。同时，土壤等地理条件的好转也为农业经济的发展和繁荣提供了条件。

还需要说明的是，新石器时代末期，江汉地区的古代文化发展发生了重大转折，中原文化大举南下，从根本上改变了江汉地区的古代文化性质，此后江汉地区的古代文化是作为中原文化系统的边缘区和边缘组成而存在的。随后江汉地区更进一步发生了史前文化发展链条突然中断的重大变故，后石家河文化（亦称肖家屋脊文化）消失，夏商时期的江汉地区长期处于荒凉状态，人烟稀少，聚落稀疏。直到西周建立后，周人沿丹江、汉水南下进入南阳盆地及随枣走廊地区，封建诸侯，形成了西周的南土。此一发展进程与同时期的气候、生态环境的演进同步。新石器时代气候温暖而湿润，此种气候与生态条件下邓城区域尚为汉水之冲积扇，仅有几条矮岗不受汉水冲积所覆盖，此时的汉水河道可能也不太稳定，于是邓城一带仅有地势最高的周家岗适合人类居住和生活并发展成为居民点。但夏商西周时期，全新世大暖期结束，气温下降，气候变得较为干旱，不再是仰韶时代那种湿润多雨的环境，襄北邓城区域的地理环境也因此得到大幅度改善，汉水河道也较为稳定，而邓城区域地理环境改善后邻近汉水反而成为优点，为水陆交通要冲之所，于是西周时期，邓城区域的周家岗遗址取代了其西北20千米处龙王镇一带的凤凰咀遗址发展成为襄北区域的中心聚落，且此地靠近汉水，水陆交通极为便利，在周人经营南土的过程中，邓国从中原南迁于此，邓城地区成为襄阳地区的中心，邓国并于汉水边设鄾邑。

邓国南迁之后坐落于周家岗遗址，于是周家岗遗址成为西周时期邓国的核心聚落，在邓国地理空间形态中处于中心地位。

2. 附属聚落

西周时期各诸侯国初建之时可能只有一个居邑，事实上是城邑国家形态，但分封到各地的西周诸侯，还同时有统治当地土著族群的任务，因此经过西周一代的发展，西周的各大诸侯都从城邑国家发展成为地域国家。但邓城区域在邓国南迁于此之前是

① 张靖：《勒石永记——张柬之父、弟墓志》，《襄阳瑰宝巡礼》，湖北人民出版社，2013年，第152-157页。

较为荒凉的，不仅夏商时期几乎荒无人烟，即使在江汉地区高度繁荣的新石器时代晚期，邓城区域也因地理环境欠佳而仅有周家岗一个居民点，因此南迁于南襄盆地南缘、汉水北岸的邓国，初至此地时，可能谈不上有土著居民可供统治驱使，因此初至襄北地区的邓国，可能是以较为单纯的城邑国家而存在的。

但历经西周一代的发展，不仅邓国的人口会有较大幅度的增加，而且江汉地区的各种土著居民也会发展起来，也有可能进入邓城区域及其附近地区并接受邓国统治，文献记载中的邓南鄙之鄾邑，可能就属于此种情形，或为邓国人口增殖后之分支，或为江汉土著迁于此地后接受邓国的统治，或二者兼而有之。总之，西周晚期至春秋早期的邓国，在地理空间形态上并不可视为仅有一核心居邑，而是发展成为有一定疆域的地缘国家，而即使是在其都邑所在的邓国核心区，也由单一居邑发展成为一个由核心聚落、附属聚落及墓地组成（参见图2-1-2、图2-1-3）并占有一定区域的地理空间形态。

（1）内圈层附属聚落

邓国南迁于周家岗遗址后，可能由于人口的增殖及土著居民的迁入而形成了核心聚落之外的附属聚落。这些附属聚落存在明显的圈层结构，在周家岗遗址周围，紧邻分布的是黄家村、王家巷、吴家坡、韩岗遗址等，均分布在周家岗遗址两千米范围内，形成了周代邓国地理空间形态的内圈层。

黄家村遗址在周家岗东北侧，面积达50万平方米；王家巷遗址在周家岗东南，其东北隔七里河小支流与黄家村遗址相望，面积约7.5万平方米。这两处遗址可能是周家岗遗址的直接附属，年代基本与周家岗遗址相同，无论是地理位置还是遗存内涵，与周家岗遗址的关系至为密切。而从实地来看，黄家村遗址与周家岗遗址几乎连为一体，与王家巷遗址仅有一沟之隔，当是为周家岗都邑遗址提供陶器和铜器的作坊遗址。

周家岗遗址西南的吴家坡遗址，面积不大；西北的韩岗遗址也有局部的邓文化遗存，尽管韩岗遗址总面积达120万平方米，但从历次的发掘情况看，邓文化遗存的分布范围相对较小。两处遗址应为周代邓国都邑附属的普通村落。

黄家村、吴家坡遗址邓文化遗存因遭到破坏所剩无几，前者从叠压的战国遗存及其上较厚的宋代土层来看，该遗址很可能在宋代经历了一次较大规模的土地翻耕活动。当然，遗址上分布的400余座楚、秦、汉至宋代的墓葬也对其造成了很大破坏。吴家坡遗址也被200余座分布密集的汉至唐代墓葬所打破，造成了遗址的支离破碎，而在墓葬开口之上叠压着厚1米以上的土层，是人类活动所致。

总的来说，邓国地理空间的内圈层亦略有区别，黄家村、王家巷遗址与作为邓国都邑的周家岗遗址实际联成一体，是作为都邑的铜、陶作坊而存在的，分布在周家岗的东北至东南；韩岗、吴家坡遗址应是附属的普通村落，分布在遗址西北、西南，距离稍远一些。

（2）外圈层附属聚落

在周家岗外围10千米范围内，分布着外围的附属聚落，这些附属聚落组成了邓国地理空间形态的外圈层。

周家岗西北约7千米处的吴家湖遗址，时代为西周中晚期①，但遗憾的是吴家湖遗址破坏严重，发掘区面积小，位于遗址的边缘区。但可以确认其属于周家岗中心聚落的外围附属聚落。

（3）外围聚落

西周时期，各诸侯国在进入封地之后开始向地缘国家方向发展，逐渐发展形成疆域，反映在地理空间形态上，就是在距都城较远的地区出现了受邓国统治的外围聚落。这些外围聚落目前已发现的主要分布范围，南部当在汉水一线，并未进一步向南发展，东部也可能仍在淯水一线，但其西部至少到了汉江甚至在春秋早期越过汉水抵达今谷城庙滩一带，北部则与申、吕国接壤。在此区域内，古已有之的陆路交通线和汉水、淯水的水路交通线也会发挥重要作用。不过，目前所发现的该时期邓文化遗存的分布状况较疏，规模也相对较小。除小马家遗址、堰窝子遗址外，襄阳市樊城区、襄州区境内发现可能有西周遗存的遗址有胡家营、军营坡、大台渠、南河咀、东楼、后中营、宋湾遗址等（附表八），上部分楚邓县空间内属东周文化遗址中的春秋早期文化遗存也应属于邓国聚落（图4-3-2）。而南阳市宛城区以南的邓州、新野境内仅发现了邓州褚营、冢纪、程集、杨岗四处商周遗址，分散在四个乡镇，面积最大者10万平方米②。

3. 墓地

人类生居死葬，因此墓地一般分布在居址附近，居地与墓地之间就构成了一个生死往返区域，形成了一个邓国都城区域的生死活动空间。

（1）低等级墓地

低等级贵族及平民墓地一般分布在聚邑周围。就邓国而言，在周家岗遗址东、北侧1～2千米处发掘了黄家村、沈岗、卞营墓地，分别清理了4、24、38座小型墓；周家岗遗址西北侧1千米处的惠博通、韩岗墓地分别清理了4、31座小型墓。这些墓葬均不设墓道，规模都很小；葬具除少量单椁单棺外，均为单棺；少量墓葬随葬陶器、小型玉石器、铜兵器，有的则无随葬品。均表明墓主人身份为低等贵族和一般平民。

这些低级墓地与居址关系密切，黄家村、沈岗、卞营墓地紧邻周家岗或黄家村遗

---

① 襄阳市文物考古研究所：《襄阳吴家湖遗址2019年发掘简报》，《襄阳考古文集（第二辑）》，科学出版社，待出版。

② 邓州市第三次全国文物普查资料。

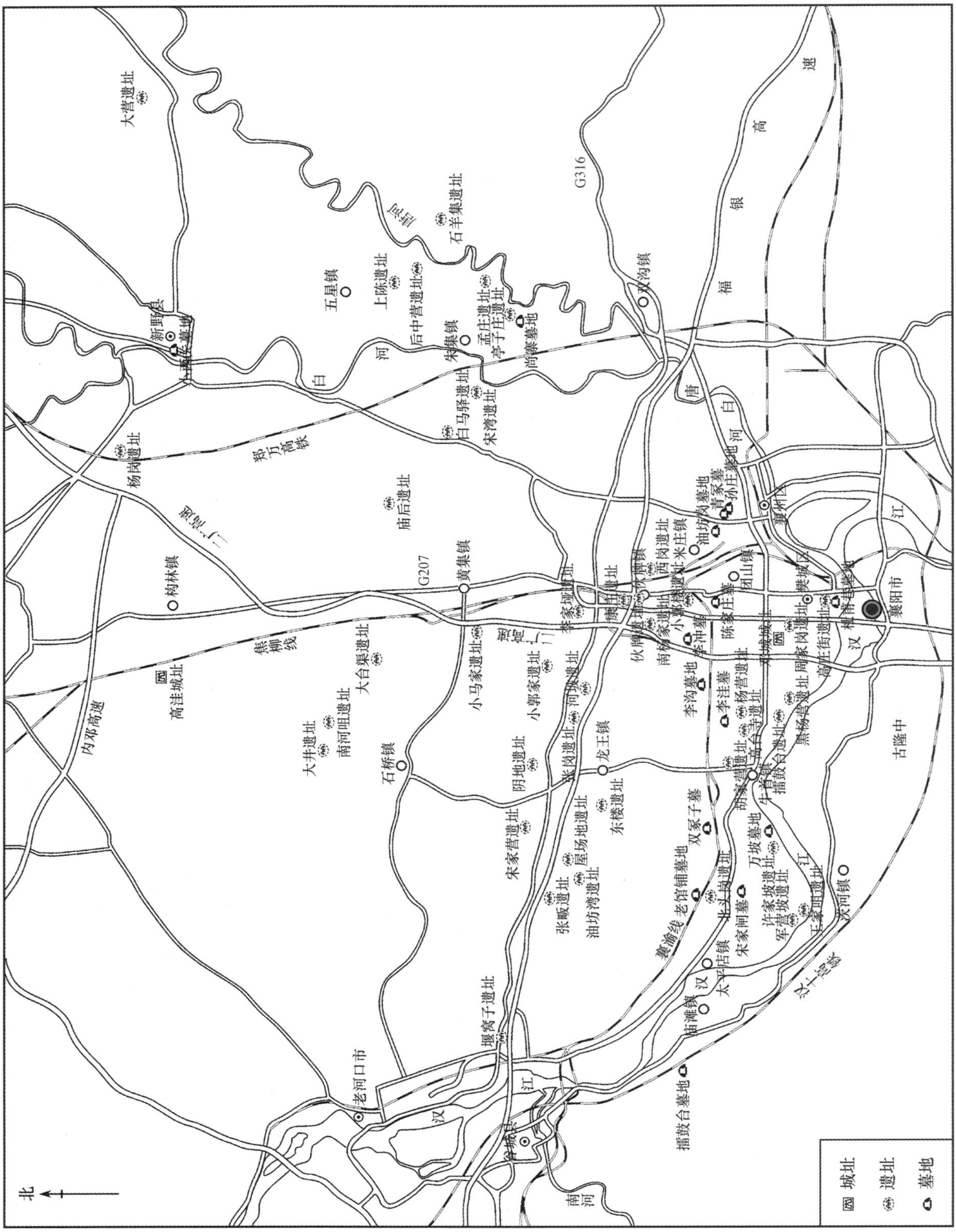

图4-3-2　周代邓国、邓县核心区外围聚落遗存分布示意图

址，表明其当为周家岗、黄家村聚落一般居民的墓地。韩岗、惠博通墓地可能为韩岗聚落居民的墓地。因此低级贵族和普通平民的生死活动空间是在聚邑附近形成的。值得注意的是，因为该区域多为淤积土，加上墓葬规模小，不少墓葬还无随葬器物，因此，这些墓地中不排除尚有墓葬未被探出的可能。

不过，谷城擂鼓台墓地目前是个例外，该墓地位于汉水以西，东距邓城核心区约20千米。发现了2座墓葬，各下葬有2套铜鼎、簠，从两墓出土器物组合和铜器铭文分析，二者为夫妻异穴合葬，男主人为“邓子孙白”。从墓葬规模、形制和随葬器物推测，墓主人身份为“士”级贵族，周边暂未发现遗址。

（2）高等级墓地

邓国高等级墓地主要分布在周家岗遗址正北约5千米的岗地上，这里有一处春秋早期的邓国高等级墓地——王坡墓地，所发现的M55属上大夫级别。同时，考古发掘表明，蔡坡土岗至王坡可确定为西周晚期至春秋早期的邓国贵族墓地。该墓地未发现楚墓，或许跟楚人灭邓另辟高等级贵族墓地的理念有关。而从西周晚期邓公牧簋、侯氏簋出土情况看，邓国国君墓地也当在附近。看来，高等级墓地的选择并不会在都城附近，而是稍远且地势较高之所。

从地貌上看，王坡墓地正在邓城区域北面的一列低岗的南坡，这一列低岗丘陵海拔78～112米，处于襄北低岗地的南缘，正好将邓城区域与其以北地区分隔开来，形成邓城区域天然的北界。总体而言，邓城区域正好在襄北低岗丘陵与汉水之间，而邓城和周家岗恰好位于这一区域的中心点，因此成为邓国的中心聚落。如果将眼光更进一步南延至汉水南岸的荆山余脉之岘山，或可将邓城区域进一步扩展至汉水南岸，将邓城区域定义为襄北低岗丘陵与岘山之间，汉水从南部边缘穿过，从而形成了以这一自然地理为基础的人文地理区域：邓国核心区。

与平民和低级贵族的生死活动空间在聚邑附近形成不同，作为邓国的高级贵族，其墓地则离聚邑稍远一些，分布在聚邑北面的天然分界线上，直线距离约5千米。这也表明，作为邓国的统治者，其生死活动空间的直线距离要比平民和低级贵族墓地远一些，这也是统治者所能控制的人力和物力较多在生死活动空间上的反映。

（二）西周早中期邓国地理空间形态追溯

如本章第二节所考，西周早期或可延续至西周中期的邓国可能位于当时谢国以南、邓城区域以北的南阳盆地中部偏南区域，大致范围不超过今天河南省南阳市下辖之宛城区、卧龙区、淅川县和内乡县的南境，邓州市、唐河县、新野县、桐柏县及驻马店市泌阳县和湖北省襄阳市襄州区、老河口市的北境，十堰市丹江口市东境等。或位于当时谢国以北、方城以南的南阳盆地北部区域，大致范围最多包括河南南阳市下辖之宛城区、卧龙区、淅川县、内乡县北境和西峡县、南召县、社旗县、方城县等。

无论是南阳盆地中部偏南还是南阳盆地北部区域，目前西周早期遗存考古工作均有限。相对比较集中的是淅川县，经考古发掘的有淅川下王岗①、申明铺东遗址②、下寨遗址③、龙山岗遗址④等。关于这批遗存的性质，徐少华、尹弘兵认为属早期楚文化⑤，何晓琳认为属本地土著文化⑥，魏凯认为属以鄀国为代表的地方土著遗存⑦，但不管怎样，似乎跟邓文化没有关系，看来，这里是西周早期邓国空间区域没有到达之地。

从第二、三次全国文物普查的情况看，南阳市域有西周遗存54处，其中淅川县就有29处，其他县、市、区只有25处，这些遗存的时代多以新石器时代至周代、商周、周统称，明确为西周遗址者仅有西峡县的鄀国城遗址，内乡县的郦国故城，宛城区的申国贵族墓地、龚营遗址，南召县的四十里铺驿道遗址，社旗县的王庄遗址、许封遗址，方城县的大马庄遗址、寺门遗址，而鄀国城遗址、郦阳故城、申国贵族墓地与邓国无关。泌阳县仅有小马庄遗址可能存在西周遗存⑧，这些遗址除了唐河县湖阳遗址等个别遗址面积超过50万平方米外，均在20万平方米以下，且多为10万平方米以下者⑨。而在老河口市北境的西周遗存几乎不见，仅在南境调查有堰窝子、查营、蔡家岗遗址等3处西周遗存⑩；丹江口市东境的西周遗存也极少，仅有袁家店、小店子、郭家营、

---

① 河南省文物研究所、长江流域规划办公室考古队河南分队：《淅川下王岗》，文物出版社，1989年；中国社会科学院考古研究所山西队、河南省文物局南水北调办公室：《河南淅川县下王岗遗址西周遗存发掘简报》，《考古》2010年第7期；中国社会科学院考古研究所：《淅川下王岗：2008～2010年考古发掘报告》，科学出版社，2020年，第391-422页。

② 郑州大学历史学院考古系、河南省文物局南水北调文物保护管理办公室：《河南淅川申明铺东遗址文坎沟东地点龙山与西周遗存发掘简报》，《文物》2017年第3期。

③ 河南省文物考古研究院、河南省文物局南水北调文物保护办公室：《河南淅川县下寨遗址西周遗存发掘简报》，《华夏考古》2017年第2期。

④ 河南省文物考古研究院、河南省文物局南水北调文物保护办公室：《河南淅川龙山岗遗址西周遗存发掘简报》，《中国国家博物馆馆刊》2015年第7期。

⑤ 徐少华、尹弘兵：《楚都丹阳探索》，科学出版社，2017年，第94页。

⑥ 何晓琳：《汉水中游流域西周到春秋早期考古学文化谱系研究——楚文化的起源地及其早期发展》，北京大学博士学位论文，2011年。

⑦ 魏凯：《周代前期南土文化格局的考古学观察》，吉林大学考古学院博士学位论文，2018年，第188、189页。

⑧ 泌阳县第三次全国文物普查资料。

⑨ 南阳市第三次全国文物普查资料。

⑩ 襄阳市第三次全国文物普查办公室：《襄阳史迹扫描》，湖北人民出版社，2013年，第182、189页。

薄家湾、观音坪、朱家台遗址等[①]，面积也都不大。

可以说，上述两片区域内的西周遗存数量少且分散，面积大小不等，以小面积为主。这也许跟当时该地的开发力度相对较小有关。而根据周王朝封同姓国曾、唐，王室姻亲国鄂在随枣走廊的情况看，曾、唐、鄂等国控制的随枣走廊可能因为占据压制东方淮夷的地位更受周王朝重视，而南阳盆地则相对次要，所分封的诸侯国也均为异姓。从目前发现的材料看，很难确定西周早期的邓国核心区，也只能在上述两个区域内去寻找。

三、楚邓县地理空间形态重建

如本章第一节所考，楚邓县辖域处今南阳盆地中、南部，中心在今邓城城址。历年来的考古发掘资料与文献资料的梳理可以大致复原其地理空间形态。

（一）中心区地理空间形态重建

进入春秋时期，楚国在汉水以南迅速强大起来，邓国虽与楚国有婚姻关系，但也感受到了楚国的威胁，《左传·桓公二年》（楚武王三十一年，前710年）："蔡侯、郑伯会于邓，始惧楚也。"[②]鲁庄公六年（前688年），楚文王伐申过邓，邓祁侯享之，邓三甥欲杀楚文王不果，次年，楚伐邓。鲁庄公十六年（前678年），楚灭邓以为县。楚邓县在邓国发展的基础上，其发展有了较大进步，楚邓县的地理空间形态也远较邓国复杂。

1. 中心聚落

楚邓县故址即今之邓城城址，面积约84万平方米，结构较为完整，至今保留着城墙、城门及护城河，城内及城墙上暴露遗物十分丰富，时代为春秋中期至南北朝时期[③]。城址在汉代进行过修缮或加固，南北朝时期废弃，现可确认邓城城址为楚、秦、汉至南北朝时期邓县治所。据试掘情况分析，邓城在汉至南北朝时期较为繁荣，为战

---

① 国家文物局：《中国文物地图集·湖北分册》，西安地图出版社，2002年，第289-291页；丹江口市第三次全国文物普查资料。

② 杨伯峻编著：《春秋左传注》桓公二年，中华书局，1990年，第90页。

③ 襄樊市文物普查办公室、襄樊市博物馆：《襄樊市文物史迹普查实录》，今日中国出版社，1995年，第2页；国家文物局：《中国文物地图集·湖北分册》，西安地图出版社，2002年，第61页；襄阳市第三次全国文物普查领导小组办公室：《襄阳史迹扫描》，湖北人民出版社，2013年，第218页。

国至南北朝时期邓城区域之中心聚落。但由于邓城城址内未做发掘，城址内的建筑布局还不明确。

2. 附属聚落

楚邓县以中心区的邓城城址为核心，周围分布着40余处楚文化遗存，其中遗址14处（附表六）、墓地29处（附表七），亦分为内圈层与外圈层两层结构（图4-1-1）。

内圈层分布在邓城周围半径约3千米范围内，其中邓城周围的遗址面积较大，城址北侧的韩岗遗址和东北侧的卞营遗址2处、面积达100万平方米，城址东侧的黄家村遗址面积约50万平方米，这3处遗址几乎与城址相连。前两处遗址伴随着城址时代的始终，后者时代为战国，均应该是作为城址外围的附属聚落存在的。规模大则意味着当时邓县人口多，他们成为楚邓县经济发展和军事力量的重要支撑。

在城址以北、以东、以南3千米范围内还有6处面积较小的遗址，从0.7万～10万平方米，南岗、蔡庄、庙台子遗址的时代为春秋中期至战国时期，余岗、彭岗、贾庄遗址均为战国时期。这一方面表明，楚邓县中心区的吸附能力强，另一方面表明战国早中期是楚邓县发展的最盛期。邓县地位的加强与春秋时期楚国北上争霸和战国时期开始防御中原诸侯国特别是秦国有着密切关系。但值得注意的是，邓城城址西侧暂未发现同时期的遗址，原因不明，不知是否跟城址西侧紧邻河道相关。从卞营、贾庄遗址发现密集的水井看，这两处或有铸造作坊。这些遗址均位于平地上，地势平缓，为河流冲积平原。此外，在城址东北约2.5千米处发现了团山窑址，面积仅2000平方米，清理东周窑址2座，推测这里或为楚邓县外围的制陶作坊区。而城址北约4千米的王坡墓地部分秦汉墓葬填土中清理出了东周陶片，推测这里或许曾为楚国村落，存在的时间不长。

由上可以看出，进入东周时期，尤其是战国时期，随着生产力的大发展，楚邓县核心区也获得了巨大发展，其内圈层附属聚落由4处发展到了9处，圈层范围由西周时期的2千米发展到了3千米，遗址的面积也大大增加，这也意味着楚邓县的人口大大超过邓国时期。

东周时期楚邓县在地理空间形态上的另一显著发展，是楚邓县的地理景观也发生了重大的变化，其内圈层由点状居民点发展成为整体开发，邓城区域呈现网格状整体开发的格局。春秋战国时期邓县地理空间主要是向邓城的北、东、南三面发展，这可能是有原因的：邓城的北面是襄北低岗，这是邓城区域的天然北界，自西周邓国起襄北低岗即是邓国高级贵族墓地所在，战国时期这里得到进一步发展顺理成章；南面是汉水，随着汉水河道的稳定，尤其是楚国是从汉南发展起来的，因此在楚国的统治下汉水南岸必然越来越重要，由此楚邓县地理空间也必然会向汉水边上发展；在东边，今清河下游原为淯水下游，因此清河至淯水河道是邓城区域天然的东界，而淯水是连接南阳与邓县的交通要道，因此邓县东侧邻近淯口一带就因位于交通要冲而成为重要聚邑，尤其是在战国时期商品经济大发展的情形下，邓城东侧的彭岗遗址一带发展成为楚秦汉西陵邑，由于位处交通要冲，作为商业都市，西陵在楚秦时期一度可以替代传统的政治中心邓[①]。

而在外圈层，楚邓县的地理空间形态也有进一步的发展。汉水以南、岘山北侧的真武山遗址在春秋战国时期得到进一步发展，邓城西侧牛首镇大李营村附近发展起了杨营遗址，邓城西南的牛首镇兴隆村有黑杨营遗址，以上两遗址距邓城直线距离均在6千米范围内，另在邓城以西约10千米的牛首镇花园村有胡家营遗址，邓城以西约7.5千米处的刘古岗村有高台寺遗址，邓城以西约6.6千米的牛首镇竹条社区有擂鼓台遗址，在邓城以南汉水边上则有高庄街遗址。亦即楚邓县地理空间的外圈层约在中心聚落直线距离的6～10千米范围内。上述遗址的规模，胡家营遗址和北部襄州区黄集镇的小马家遗址面积均超过30万平方米，介于胡家营遗址和邓城城址中间的擂鼓台遗址面积为24万平方米（附表六、附表八）。就地理范围而言与西周邓国的外圈层基本相当，而此一外圈层范围基本上是由自然地理所决定的，即北以襄北低岗为界、南以岘山为界，东以清河及古淯水为界，独西面的界限不太明确，但可以确定的是大致以今牛首镇为界，距邓城直线距离最远约10千米应是楚邓县中心区地理空间外圈层的极限。

上述考古遗存在传世文献和出土文献中有所反映，因此我们可以大致将考古遗址与文献所记楚邓县周边的重要地理实体相联系。

《水经注·淯水》记："（淯水）又西南过邓县东。县故邓侯吾离之国也，楚文王灭之，秦以为县。淯水右合浊水，俗谓之弱沟。水上承白水于朝阳县，东南流径邓县故城南。习凿齿《襄阳记》曰：楚王至邓之浊水，去襄阳二十里。即此水也。浊水又东径邓塞北，即邓城东南小山也，方俗名之为邓塞，昔孙文台破黄祖于其下。浊水东流注于淯。淯水又南径邓塞东，又径鄾城东，古鄾子国也。盖邓之南鄙也。昔巴子请楚与邓为好，鄾人夺其币，即是邑也。司马彪以为邓之鄾聚也。（淯水）南入于沔。"[②]石泉对上述几个重要地点进行了考证，认为邓县之浊水即今之七里河，邓塞是位于今洪家沟南、七里河（古浊水）入古淯水处的南岸，亦即今清河下游西岸处的低丘，鄾城位于邓城以南的汉水边[③]。

---

① 尹弘兵：《楚秦汉西陵考》，《纪念石泉先生百年诞辰学术研讨会论文集》，武汉大学历史地理研究所，2018年，第72-86页。

② （后魏）郦道元注，（清）杨守敬、熊会贞疏，段熙仲点校，陈桥驿复校：《水经注疏》卷三一，江苏古籍出版社，1989年，第2620-2622页。

③ 石泉：《古邓国、邓县考》，《古代荆楚地理新探》，武汉大学出版社，1988年，第105-126页。

《北京大学藏秦水陆里程简》还记载了秦邓县之西陵、攀渚、新邓津等三处地名，其中西陵传承楚西陵而来，攀渚、新邓津二地也不排除因楚而设。辛德勇认为："'攀渚'与西陵应大体在同一地点。或即水侧山丘而言，则为'西陵'；就滨水崖涘而言，乃为'攀渚'。"[①]晏昌贵也认为西陵和攀渚为同一地，攀渚则为襄阳城东北白沙之三洲，新邓津在今襄阳东津镇附近的汉水东岸[②]。尹弘兵认为西陵为今邓城城址东南3.5千米的彭岗遗址，而攀渚在樊城区的高庄遗址[③]。

这里可能还有一个值得关注的地名"樊郢"，"樊郢"见于清华简《楚居》："至文王自疆浧（郢）徙居湫郢，湫郢徙居樊郢，樊郢徙居为郢，为郢复徙居免郢，焉改名之曰福丘……至庄王徙袭樊郢，樊郢徙居同宫之北。"[④]樊郢为楚文王、庄王所居，或正是二王北上争霸之时。关于此"樊郢"地望，整理者认为在今襄阳之樊城[⑤]，也有一些学者赞同此说[⑥]。当然，也有学者持不同意见。"樊郢"在襄阳樊城毕竟缺乏直接的证据，而且楚文王灭邓后第二年就去世了，他不可能在灭邓前就在邓国都城边上修建"樊郢"，灭邓后再建"樊郢"并徙居的难度也很大。是否如此，尚待新的发现去印证。

楚邓县南部临汉水，这里南过汉水即进入楚国腹心地区的襄宜平原，其汉水南岸的津渡当为楚北津。东津习凿齿《襄阳耆旧记》载："（襄阳）城本楚之下邑，檀溪带其西，岘山亘其南，为楚之北津戍。楚有二津：谓从襄阳渡沔，自南阳界，出方城关是也，通周、郑、晋、卫之道。其东则从汉津渡江夏，出平皋关是也，通陈、蔡、齐、宋之道。"[⑦]叶植、王先福均通过文献结合考古资料考证楚北津就在今襄阳城西真

① 辛德勇：《北京大学藏秦水陆里程简册初步研究》，《出土文献（第四辑）》，中西书局，2013年，第220页。

② 晏昌贵：《北大藏水陆里程简册所见的汉江水道与津渡》，《秦汉魏晋南北朝史国际学术研讨会论文集》，中国社会科学出版社，2018年，第50-59页。

③ 尹弘兵：《楚西陵邑小考》，《楚文化研究论集（第十三集）》，上海古籍出版社，2018年，第301-314页。

④ 清华大学出土文献研究与保护中心：《清华大学藏战国竹简（壹）》，中西书局，2010年，第181页。

⑤ 清华大学出土文献研究与保护中心：《清华大学藏战国竹简（壹）》，中西书局，2010年，第188页。

⑥ 李守奎：《〈楚居〉中的樊字及出土楚文献中与樊相关文例的释读》，《文物》2011年第3期，第75页；赵平安：《〈楚居〉"为郢"考》，《中国史研究》2012年第4期，第6页。

⑦ （东晋）习凿齿撰，黄惠贤校补：《校补襄阳耆旧记》卷四《城邑》"襄阳"条，中州古籍出版社，1987年，第68页。

武山遗址附近[①]。真武山遗址距现地表2米以上，其时代自西周中期至战国中期[②]，从发现春秋早期的有字卜骨看，其在楚国战略上的地位应该不低。该遗址北过汉水目前发现了一处大型墓地——杜甫巷墓地，先后发掘战国至唐宋时期的墓葬300余座[③]，该墓地位于江边的一块台地上，或许正是南对真武山遗址的北部要津，墓地北部不远就是高庄东周遗址[④]，这中间应该存在一定的联系。其北行约3千米则是邓城城址。

当然，考古资料证实，当时的汉水水位低于现今数米，也可能造成其支流水系的水位同样偏低，而在后来河流泛滥致使河床抬高、对两岸冲刷严重的情况下，临水的津渡乃至重要邑聚被淹没或者消失。

可以说，该地作为楚国北上的重要节点，甚至与申、吕县一样成为其军事和赋税的重要来源，一直为楚国所重点经营。这里不仅设立邓县作为中心，或一度成为楚之王都（樊郢），其周边也建有较为密集且功能完备的聚落，人口密度较大，布局紧凑，交通发达，成为楚国县域地理空间布局的一个重要代表。

3. 墓地

墓地是人文地理空间的有机组成，与居址共同构成了楚邓县的地理空间体系。这些墓地一般分布在遗址群之间或外围，其规模、等级存在一定的差别，同样可分高级墓地和一般墓地两类。

（1）高级墓地

高级墓地不但等级高，而且面积也大，就目前来看，城址东北4千米左右的山湾、蔡坡墓地均达到100万平方米左右，山湾墓地的时代除个别战国秦墓外，均为春秋中晚期，发现了邓公乘鼎、邓尹疾鼎、子季嬴青簠、上鄀府簠、楚子敦、徐王义楚元子羽剑等春秋楚国县公、县尹、上鄀县公及其他贵族和其他诸侯国的重要铭文铜器，表明其等级最高，应该是春秋时期楚邓县的高级贵族墓地。西隔一条冲沟相望的蔡坡墓地时代为战国，发现大中型墓葬，也出土蔡公子姬安缶、吴王夫差剑等铭文铜器，应该是战国时期楚邓县的高等级墓地。城址东北约3千米的团山墓地也是一处较大规模的楚

① 叶植：《襄阳城变迁考辨》，《江汉考古》2018年第4期；王先福：《古代襄樊城市变迁进程的初步研究》，《中国历史地理论丛》2010年第1辑；王先福：《从考古发现看襄阳古城的历史变迁》，《襄樊学院学报》2007年第9期。

② 湖北省文物考古研究所、襄樊市博物馆：《湖北襄樊真武山周代遗址》，《考古学集刊（第9集）》，科学出版社，1995年，第138-161页。

③ 襄樊市博物馆：《襄樊杜甫巷东汉、唐墓》，《江汉考古》2000年第2期；王伟：《樊城杜甫巷墓地东铁正新人民路项目发掘》，《襄阳考古年报（2015）》，内部刊物，2016年，第21-25页。

④ 襄阳市第三次全国文物普查领导小组办公室：《襄阳史迹扫描》，湖北人民出版社，2013年，第191页。

墓地，时代从春秋晚期至战国中期，发现了殉人墓，出土郑臧公之孙鼎、蔡公子加戈等其他诸侯国铭文铜器，推测这里是楚国中低级贵族和平民的墓地。这几处较高等级的大型墓地距离城址相对较远，基本上分布在襄北低岗地上。总体而言，楚邓县在高级墓地选择上与周代邓国存在较大的一致性。

（2）低级墓地

楚邓县的低级墓地面积一般超过50万平方米，共有4处。这4处墓地的分布特点是距城址较近，应为附近遗址中一般居民的墓地。除鏖战岗墓地距离城址相对较远、在其西北约3千米外，余岗、沈岗、卞营墓地均距离城址较近，时代均从春秋中期至战国中期。余岗、沈岗墓地发掘的楚墓分别在700座和1000座以上，墓葬分布十分密集，其中余岗墓地东区中部200余座墓葬呈一定规律布局，墓葬形制、随葬器物具有较大的相似性，当为邓遗民的墓区。鏖战岗、卞营墓地楚墓各为200余座。这4处墓地的楚墓规模均不大，出土铜容器的墓葬极少，且单座墓核心礼器鼎的组合最多2件，按照楚墓偶数组合的情况分析，其墓主等级为“元士”；同时，这些墓葬中无随葬品者也极少。分析这几处墓地是楚邓县低等贵族和平民的墓地。

另外2处总面积虽然超过50万平方米，但楚墓数量相对较少的墓地中，城址东南的黄家村墓地仅有楚墓20余座，城址南约600米的贾巷墓地有楚墓200余座，所占比例相对较小。其余楚墓地的规模相对较小，均在20万平方米以下，城址东北约1.5千米的贾庄墓地清理春秋中期至战国中期楚墓100余座，城址东南约3.5千米的彭岗墓地清理楚墓166座，城址北约2.7千米的酒店墓地清理楚墓136座、车马坑1座，而城址东南侧的周家岗墓地仅清理楚墓1座。

这些墓地均围绕在邓城城址周边，单个墓葬的规模也不大，葬具除极少量单椁重棺外，绝大部分为单椁单棺或单棺，极少无葬具者，随葬器物也以陶器为主，相当部分为仿铜陶礼器，数量也不多。表明墓主的等级最高也不过“元士”，多为一般的平民。

正是因为邓城城址作为楚邓县的重要地位，其外围才密集分布着规模大小不等甚至性质不一的村落和墓地，构成了楚邓县核心区城邑、村落与葬地的空间布局。

作为楚国的县级政区，邓县周边遗存分布的密度和近年来发掘的楚墓数量及其时代上的延续性在楚国同级别政区遗存中的发现是极为罕见的，我们从所发掘楚墓的数量不少于3000座来推测楚邓县的人口数量是较多的，经济是繁荣的，这也可看出邓县在当时所处的重要地位。

（二）外围辖域地理空间形态

前文已考，楚邓县的辖域范围西、北分别与楚阴县（阴君封地）、鄾县（鄾君封地）和穰县相邻，南、东则分别在汉水、唐白河一线。其围合的区域可大致划分在今汉水以北、唐白河以西、老河口市境以东、邓州市境南部及以南。包括今湖北襄阳市樊城区、高新区和襄州区的西半部，甚至可能还有老河口市的东部少部分，以及河南邓州的南部、新野南部等区域。

通过第二、三次全国文物普查资料梳理，在该区域内的今湖北襄阳市樊城区、高新区和襄州区的西半部已发现东周时期遗址37处、墓葬（地）13处（附表八），分布相对较为均匀（图4-3-2）。

这些东周遗址和墓地大致集中分布在西部和东北部两个方向。西部的太平店镇一带有军营坡、王家咀、许家坡、北头岗等遗址，西部偏北的龙王镇一带有宋家营、屋场地、张畈、油坊湾、东楼、阴地等遗址，石桥镇一带有大台渠、南河咀、大井等遗址，其中北头岗遗址面积达60万平方米，距邓城直线距离10～30千米。

在东北方向，清河外的米庄镇一带分布有小郭楼遗址，这是邓城东北方向距核心区最近的一处遗址，距邓地直线距离约9千米。米庄镇之北的伙牌镇分布有李家垭、西岗、康庄、小马家、南杨家、伙牌等遗址，在较远的朱集镇一带有后中营、孟庄、上陈、亭子庄等遗址，古驿镇一带有宋湾、庙后、白马驿等遗址，黄集一带有河坡、小郭家、张岗等遗址，最远的程河镇一带有石羊集遗址，距邓城直线距离超过40千米，这些遗址中面积最大者为伙牌遗址，约40万平方米。

即使在可能属楚邓县的今老河口市东部也分布着差不多密度的村落遗址。这些遗址很可能构成了核心区之外次一级的中心和副中心聚落群，共同支撑着楚邓县的统治。

不过，在今邓州市南部及新野县南部的楚文化遗存极少，包括邓州市构林镇高洼村南的战国高洼城址，面积不大，周长800米①。该城址正好在楚邓县正北的交通陆路上，可能是一处军事据点。

这些遗存依托汉水和淯水及其支流呈散状分布，彼此距离又不远，形成了一种网格状的布局，三鸦路、夏路通道和淯水水路成为沟通楚国核心区与楚邓县至北部申、吕县或穰县的主要线路。

第四节　周代邓国在江汉地区开发进程中的地位与作用

邓国所处的南阳盆地，扼南北交通咽喉，地理位置极为重要。同时，这里是中国地理分界线，自然环境条件好，并具有南北过渡性特点，是最早得到开发的地域之一。

---

① 国家文物局：《中国文物地图集·河南分册》，中国地图出版社，1991年，第531页。

从新石器时代开始，这里就是江汉文化系统北上和中原文化系统南下的必经之地。仰韶时代，仰韶文化兴旺发达。在仰韶全盛时期，仰韶文化的发展水平高于同时期的长江中游新石器时代文化，其分布范围广及汉水中游地区，仰韶文化分布的最南端，就目前所见为宜城平原北部的曹家楼遗址①，南阳盆地至汉水中游均为仰韶文化的南部边缘区。汉水下游地区的屈家岭文化兴起后，亦通过汉水中游、荆山与大洪山之间的隘道北上，占有了原为仰韶文化分布区的整个汉水中游地区和南阳盆地，宜城平原上顾家坡遗址的部落冲突遗迹②、襄阳西北的凤凰咀城址③，还有淅川下王岗遗址④、龙山岗城址⑤、沟湾遗址等⑥，即为屈家岭文化北上丹淅水、唐白河流域所留下的痕迹。而中原文化和中原政治势力南下江汉，南阳盆地尤其是其南部亦为关键节点。这也是巴、濮、楚、邓同列为南土重要诸侯的地理与历史背景。

作为周代南土诸侯中的重要成员，西周时期，邓国在江汉地区的开发中发挥了重要作用。楚国进入江汉地区后，因邓、楚两国地理邻近，关系密切，邓国在襄阳地区的长期发展亦为楚国的兴起和楚文化的兴盛奠定了重要基础，在楚国兴起并进一步开发江汉地区的过程中，邓国亦有非常特殊的作用。

一、江汉地区早期开发概况

旧石器时代，长江中游地区即是古人类生息繁衍之地，发现多种古人类化石和旧石器时代文化遗址。进入新石器时代，长江中游地区是我国新石器时代文化起源和早期发展之地，随着新石器时代文化的发展，长江中游地区的开发也逐渐深入。新石器时代晚期时，江汉地区发展起来的屈家岭-石家河文化系统，是高度发达的新石器时代文化。屈家岭文化形成后，迅速扩展到整个长江中游地区，取代了原来长江中游地区的大溪文化、汤家岗文化和仰韶文化，促使长江中游地区实现了空前的文化统一，

---

① 武汉大学历史系考古教研室、襄樊市博物馆、宜城县博物馆：《湖北宜城曹家楼新石器时代遗址》，《考古学报》1988年第1期。

② 贾汉清：《从顾家坡墓地的发掘看史前时代文化交叉地带的部落冲突》，《华夏考古》2004年第4期。

③ 向其芳：《襄阳凤凰咀城址的确认与意义》，《中国文物报》2019年8月9日第6版。

④ 中国社会科学院考古研究所：《淅川下王岗：2008～2010年考古发掘报告》，科学出版社，2020年，第134-162页。

⑤ 梁法伟：《河南淅川龙山岗仰韶时代晚期城址发掘收获》，《中国文物报》2013年3月29日第8版。

⑥ 郑州大学历史学院考古系、河南省文物局南水北调文物保护管理办公室：《河南淅川县沟湾遗址屈家岭文化遗存发掘简报》，《考古》2018年第10期。

出现了繁荣的人类社会，江汉地区的早期开发，在屈家岭及后继的石家河时代达到高峰。

但石家河文化晚期时，中原文化大举南下，在中原文化的冲击下，石家河文化晚期遗存掺入大量的中原文化因素，致使文化结构发生了变化，中原文化系统因素占据了主导地位，改变了当地的文化格局，形成后石家河文化（或称肖家屋脊文化）。王劲将其分为四个类型：三峡地区为“白庙类型”，鄂西地区为“石板巷子类型”，鄂豫陕交界处的丹江库区为“乱石滩类型”，江汉平原则为“三房湾类型”[①]。但后石家河文化作为一个整体，在江汉地区并没有得到持续发展，而是基本上消失了，江汉地区的古代文化发展在后石家河文化之后出现了中断。

西陵峡区的白庙类型没有发展下去，而是为朝天嘴-路家河类型所取代。这一支考古学文化是来自成都平原的三星堆文化向东扩张的结果，年代约在夏至西周初年[②]。在鄂西地区和汉水中下游平原地带，石板巷子类型和三房湾类型基本上消失了，仅发现江陵荆南寺[③]、钟祥乱葬岗[④]、襄阳王树岗[⑤]三处二里头文化遗址，年代约为二里头文化二、三期，但荆南寺和乱葬岗的二里头文化遗存都很单薄，遗物很少，说明这两处遗址都是人口稀少的居民点，王树岗遗址则遭严重破坏。石河地区为屈家岭、石家河文化的心脏地带，当地文化发展在后石家河文化之后完全中断，直到西周时期才出现土城遗址[⑥]，而土城遗址很小，远不能与新石器时代规模巨大的石家河遗址群相比。类似情形也普遍出现在江汉地区，如天门笑城遗址，原为新石器时代城址，废弃后直到西周晚期才重新得到利用[⑦]；钟祥六合遗址，西周文化遗存叠压在石家河文化遗存之上[⑧]；孝感吴家坟遗址，打破龙山文化层的是东周墓葬[⑨]。文物普查资料亦表明，江汉

---

① 王劲：《后石家河文化定名的思考》，《江汉考古》2007年第1期。

② 林春：《宜昌地区长江沿岸夏商时期的一支新文化类型》，《江汉考古》1984年第2期；杨权喜：《三峡的重大考古发现》，《江汉考古》1994年第1期。

③ 荆州地区博物馆、北京大学考古系：《湖北江陵荆南寺遗址第一、二次发掘简报》，《考古》1989年第8期。

④ 荆州市博物馆、钟祥市博物馆：《钟祥乱葬岗夏文化遗存清理简报》，《江汉考古》2001年第3期。

⑤ 襄石复线襄樊考古队：《湖北襄阳法龙王树岗遗址二里头文化灰坑清理简报》，《江汉考古》2004年第4期。

⑥ 北京大学考古系、湖北省文物考古研究所、湖北荆州地区博物馆石家河考古队：《石家河遗址调查报告》，《南方民族考古（第五辑）》，四川科学技术出版社，1993年，第213-294页。

⑦ 湖北省文物考古研究所、天门市博物馆：《湖北天门笑城城址发掘报告》，《考古学报》2007年第4期。

⑧ 荆州地区博物馆、钟祥县博物馆：《钟祥六合遗址》，《江汉考古》1987年第2期。

⑨ 孝感市博物馆：《湖北孝感吴家坟遗址发掘》，《考古学报》1998年第3期。

核心区的夏商时期遗存极为稀少，普遍的情形是没有发现从新石器时代到西周的连续遗存，许多遗址的调查资料都是新石器时代遗物、周代遗物，就是没有中间的夏商遗物[①]。在北部和东部边缘地区，情形稍有不同，石家河文化的遗民似乎在夏代有一定的持续性发展。在鄂豫陕交界处的丹江库区，淅川下王岗遗址有二里头文化一、三期的遗存[②]，早年即有学者将此类遗存称之为二里头文化“下王岗类型”[③]，郧县辽瓦店子遗址有丰富的夏商时期文化遗存，第一期年代相当于二里头文化一期，第二期年代相当于夏末或夏商之际[④]。汉东地区相当于夏代的二里头文化遗存，在黄陂盘龙城、大悟土城、墩子畈、孝感聂家寨等处有少量的分布[⑤]，其中盘龙城遗址一至三期属二里头文化，相当于二里头文化二至四期或偏晚[⑥]。

总的来说，江汉地区的夏商遗存颇为稀疏，普遍出现西周遗存直接叠压新石器时代文化遗存的情形。虽然我们并不能说已尽知地下文物的分布情况，但是，在文物普查资料和考古发掘资料积累到今天的情况下，这至少可以说明一部分问题。首先，人类对于居址的选择是有一致性的，只要地理环境没有大的改变，后人的居住点往往与前人相吻合，因此常见一个遗址堆积有多个时代的文化遗存，这可以说明在江汉地区最适宜居住的地点上，一般是见不到夏商遗存的，就算今后能再发现一些新的遗址，也不能改变江汉核心区夏商遗存较为稀少这一基本格局。

可见龙山晚期中原文化的南下基本摧毁了江汉地区原有的文化系统，在石家河文化和后石家河文化的分布范围内，仅有汉东地区和丹江地区保持了延续的发展，其他地区或是一片荒芜，或是被外来文化所取代，江汉地区的文化发展链条中断，江汉地区曾发展到很高程度、已进入初期文明阶段的人类社会在夏商时期完全消失了，江汉地区的史前文明受到毁灭性破坏并在其后数百年间出现文化断层[⑦]。

夏代时，二里头文化从南阳盆地过随枣走廊进入长江中游的江汉平原地区，再向

---

① 国家文物局：《中国文物地图集 · 湖北分册》，西安地图出版社，2002年；襄樊市文物普查办公室、襄樊市博物馆：《襄樊市文物史迹普查实录》，今日中国出版社，1995年。

② 河南省文物研究所、长江流域规划办公室考古队河南分队：《淅川下王岗》，文物出版社，1989年，第264-306页；中国社会科学院考古研究所：《淅川下王岗：2008～2010年考古发掘报告》，科学出版社，2020年，第357-390页。

③ 李龙章：《下王岗晚二期文化性质及相关问题探讨》，《考古》1988年第7期。

④ 王然、傅玥：《湖北郧县辽瓦店子遗址夏商时期文化遗存研究》，《石泉先生九十诞辰纪念文集》，湖北人民出版社，2007年，第190、191页。

⑤ 熊卜发：《浅谈鄂东北地区古代文化》，《鄂东北地区文物考古》，湖北科学技术出版社，1995年，第3页。

⑥ 湖北省文物考古研究所：《盘龙城——1963～1994年考古发掘报告》，文物出版社，2001年。

⑦ 鲁西奇：《区域历史地理研究：对象与方法——汉水流域的个案考察》，广西人民出版社，2000年，第124-127页。

东进入鄂东北地区[①]，形成以盘龙城为中心的分布态势，沿长江而上将其影响传至荆沙地区，并以盘龙城和荆南寺为据点，向南对湘北地区、向西对三峡地区甚至更西地区产生影响。

到了商代，江汉地区的人类社会有一定程度的恢复，但主要是在汉北和汉东地区。商人沿着夏人的足迹南下江汉，在江汉交汇处建立了著名的盘龙城。鄂东北地区成为商人经营的重点区域，商人沿涢水、澴水、滠水等河流两岸台地留下大量遗址，已知有40余处[②]，其中心就是盘龙城，形成盘龙城商文化。商人以盘龙城为中心控制长江中游广大地区，溯长江而上至荆沙地区的荆南寺遗址，学者推测荆南寺遗址在当时似乎是一处自由贸易港之类的地点[③]。并进一步向长江南岸的湘江、澧水下游，以及赣江下游发展，在这些地方出现了商文化的若干据点。但中商晚期时商文化突然衰落，盘龙城废弃，晚商时商文化退出了整个长江中游地区，“长江流域广大地区已基本为地方性考古学文化覆盖”[④]。而在商文化影响下产生的各种土著文化则空前活跃，填补了商人撤退后的空白。

夏商时期，江汉核心区一片荒芜，新石器时代较为边缘的鄂东北地区成为中原王朝开发南方的重心所在。而且夏代以后，江汉地区的人文地理结构也发生了根本性的变化，新石器时代的江汉地区是一个完整的人文地理区，但夏商时期，汉水两岸却分别发展。学者注意到二里头文化时期，襄宜地区和鄂西地区不仅文化遗址极为稀少，而且似乎没有什么文化上的联系，二里头文化在南下时并未打通从襄宜地区到长江沿岸的通道[⑤]。此种情形到商代时更为显著，汉水两岸在考古学文化的分布、面貌、发展序列、与中原的关系等方面有较大差别，汉水东北中原文化占主导，汉水西南则是土著文化占主导，并受湖南和四川青铜文化的影响，汉水成了南北分界线[⑥]。更进一步说，新石器时代的长江中游地区是一个独立的区域主体和文化主体，屈家岭-石家河文化系统也是一个独立发展的文化系统，但中原文化的南下基本摧毁了江汉地区的原有文化系统，中原文化占据了主导地位，此后，江汉地区不再是独立的区域主体、

① 向桃初：《二里头文化向南方的传播》，《考古》2011年第10期。

② 熊卜发：《浅谈鄂东北地区古代文化》，《鄂东北地区文物考古》，湖北科学技术出版社，1995年，第1-10页；熊卜发：《鄂东北地区古代文化发展序列概述》，《鄂东北考古报告集》，湖北科学技术出版社，1996年，第1-15页。

③ 张昌平：《夏商时期中原与长江中游地区的文化联系》，《华夏考古》2006年第3期。

④ 中国社会科学院考古研究所：《中国考古学·夏商卷》，中国社会科学出版社，2003年，第266页。

⑤ 张昌平：《夏商时期中原与长江中游地区的文化联系》，《华夏考古》2006年第3期。

⑥ 杨权喜：《湖北商文化与商朝南土》，《奋发荆楚　探索文明》，湖北科学技术出版社，2000年。

文化主体和政治主体，而是作为中原文化的附属和边缘存在。夏商两代，江汉地区在文化上是中原文化的边缘组成部分，在政治上是中原王朝的附属，其居民受中原王朝统治，但又因叛服无常而受到中原王朝的征伐。夏商时期江汉地区文化地理格局的形成，奠定了周代南土的历史基础，对西周时期南方地理格局的形成、发展及其演变，周代时江汉地区的开发进程，产生了深远影响。

二、周王朝对南土的经营

商代晚期，周人在关中崛起，“周人自大王居歧以后，即以经营南土为其一贯之国策”[①]。至周文王时期，趁商深陷于与东夷的战争之机，“帅殷之叛国以事纣”[②]，自中商后期起即已脱离了商王朝统治的众多南方、西方部族成为周人极力争取的对象，在武王伐商过程中，这些南方部族发挥了重要作用。《尚书·牧誓》为周武王伐商时在牧野誓师之言，其中提及“庸、蜀、羌、髳、微、卢、彭、濮人”，通称牧誓八国，此八国，学者多有考证[③]，虽各家说法不一，但可以肯定在周之西之南地区。八国随武王伐商至于牧野，表明周人经营南土甚早，如此才能在灭商之前“三分天下有其二”[④]。武王灭商后，周人在南方封建诸侯，形成了西周的南土。

周势力进入汉水流域，可能早在文王时期。《诗序》中有文王化行南国的说法[⑤]，谓文王的教化由召公推行于南国。《诗谱序·周南召南谱》：“至纣，又命文王典治南国江、汉、汝旁之诸侯。”[⑥]《诗经·国风》有周南、召南，二南之地域，历代学者虽多有解释，但总之包含江汉地区在内，《水经注·江水》引《韩诗序》：“二南其

① 徐中舒：《殷周之际史迹之检讨》，《徐中舒历史论文选辑》，中华书局，1998年，第688页。

② （晋）杜预集解：《春秋经传集解》第十四襄公一，上海古籍出版社，1988年，第812页。

③ 顾颉刚：《牧誓八国》，《史林杂识初编》，中华书局，1963年。

④ 周人在灭商前三分天下有其二，上博简《容成氏》的发表，使我们对之有更为清晰的理解。参李零：《三代考古的历史断想——从最近发表的上博楚简〈容成氏〉、豩公盨和虞逑诸器想到的》，《中国学术》2003年第2期。

⑤ （汉）毛亨传，（汉）郑玄笺，（唐）孔颖达疏，龚抗云、李传书、胡渐逵整理，肖永明、夏先培、刘家河审定：《毛诗正义》，《十三经注疏》（标点本），北京大学出版社，1999年，第19、52、77、83、90页。

⑥ （汉）毛亨传，（汉）郑玄笺，（唐）孔颖达疏，龚抗云、李传书、胡渐逵整理，肖永明、夏先培、刘家河审定：《毛诗正义》，《十三经注疏》（标点本），北京大学出版社，1999年，第10页。

地在南郡、南阳之间。”[①] 清王先谦谓：“盖周业兴于西岐，化被于江汉汝蔡。”[②]

但文王化行南国之说，颇为学者所疑。清崔东壁谓：“先儒说二南者，皆谓文王徙都于丰，分岐故地为周公、召公之采邑，使周公为政于国中而召公宣布于诸侯；于是德化大成于内，而江、沱、汝、汉之间莫不从化。余按经传，二公皆至武王之世始显；迨成王朝，始分陕而治。当文王时，二公年皆尚少，况有虢叔、闳夭之属亲旧大臣在朝，必无独任二公分治内外……。盖由说者误以二南为文王时诗，故曲为之解耳。”[③] 疑古之风起后，学者更谓《诗序》为伪作，所言自不足信，且文王之时，周势力未出岐、丰之域，其势力未达于江、汉之间，就更谈不上文王之教化行乎南国了，二南的时代，不得超过周宣王，可能是来自南国地区，《诗序》所言，乃是误以为二南为文王时诗，误以南国为周之统治基地，而曲为之说罢了[④]。

以上议论，固有其理，但似过于拘泥。召公的时代，跨文王、武王、成王，文王时周、召二公虽然尚未有后来武王、成王时的重要地位，但当已崭露头角。而召公将文王之教化推行于南国，亦未必为文王时之事。文王为周人基业的奠基者，周人言必称文王，是以文王为旗帜，作为政治号召。武王继位不改元，盟津之会时，“武王自称太子发，言奉文王以伐，不敢自专”[⑤]。可见周人是以文王为政治旗帜。且《诗序》已明言是“文王之道”，按周人的立场和观点，凡周之政教皆得谓“文王之道”，因此召公推行文王之教化于南国，未必一定要在文王之时，若强解为文王，反而不美。

盟津之会号为八百诸侯，此“八百诸侯”当主要为叛商而归周的西土、南土方国和部族。而南土方国和部族依附周人，可以肯定并非始于武王，而是奠基于文王，成于武王。牧野之战时，除周的“锐兵”外，还有牧誓八国，学者对牧誓八国虽意见分歧，但八国中的庸、卢、彭、濮人位于汉水流域这一点是各家的共识[⑥]。可见文献中的“文王化行江汉”当是指周人于文王时大力经营南方，获得南方部族的拥护，如此才有南方部族参与伐纣之役。

武王获得牧野之战的胜利后，曾大规模向南用兵，以征服商在黄河以南的南国诸侯。《礼记》卷三九《乐记》描写周人歌颂克商过程的《大武》，孔颖达《正义》：

---

① （后魏）郦道元注，（清）杨守敬、熊会贞疏，段熙仲点校，陈桥驿复校：《水经注疏》卷三四《江水二》，江苏古籍出版社，1989年，第2862页。

② （清）王先谦撰：《诗三家义集疏》，中华书局，1987年，第1页。

③ （清）崔述撰著，顾颉刚编订：《丰镐考信别录》卷一，《崔东壁遗书》，上海古籍出版社，1983年，第170页。

④ 郭人民：《文王化行南国与周人经营江汉》，《河南师大学报》1980年第2期。

⑤ （汉）司马迁撰，（宋）裴骃集解，（唐）司马贞索隐，（唐）张守节正义：《史记》卷四，中华书局，1982年，第120页。

⑥ 顾颉刚：《牧誓八国》，《史林杂识初编》，中华书局，1963年。

“象武王伐纣之后，南方之国于是疆理也。”① 《大武》第五场是“五成而分，周公左，召公右”，杨宽谓此场是周、召二公分别指挥战事②， 近出《柞伯鼎》记载周公曾“广伐南国”③，可与杨宽之说印证。出土于陕西岐山的太保玉戈铭文也留下了周初召公经营南国的直接证据。

综上所述，周人自居歧以后即大力经营南方，文王时周势力即已进入江汉地区，获得南土诸侯的支持，并在灭商过程中发挥了重要作用。武王克商后周人大规模南征，自黄河以南到江汉，周势力连成一片，周人在汉、淮之间封建诸侯，形成了周代的南土疆域。在周人的记忆中，巴、濮、楚、邓四国成为周初南土最重要的诸侯，四国地望，虽各家说法不一，但就地域范围而言皆在汉水流域④。邓国位居南阳盆地的最南缘，在周代南土中居于最前缘的位置，西周初年，汉水以南对周人来说几乎相当于蛮荒异域。

西周前期，周人曾大力经营南方，试图恢复商代时以江汉之会的盘龙城为中心控制长江中游广大地区的格局，保障铜、锡资源的供给。周昭王时的南征，是周人经营南方的最高峰，在西周经营南土的过程中，邓也是重要角色，宋代出土的安州六器之中甗记“中”巡视包括邓国在内的多国、地，彰显邓国因位处南阳盆地南缘而在西周南土政治地理格局中的重要地位，并在周昭王南征中起过重要作用。

三、邓国及南土诸侯与江汉地区开发的深化

西周早期时，不但江汉核心区较为荒凉，而且商代时有一定程度发展的汉东、汉北地区，由于中商晚期以后商势力的全面撤退，其开发亦有所倒退。商势力退出江汉地区后，汉水东北受中原文化影响、作为中原文化边缘和附属的地区，只有一些较为落后的部族居住和生活，主要是楚蛮、百濮等土著族群⑤。这些土著族群的发展水平远不及中原王朝，因此夏商两代直至西周初年，江汉地区的开发程度是较低的，不但原来屈家岭-石家河文化的核心区仍是一片荒芜，有一定发展的鄂东北和汉北地区也因商人的退出而有所倒退。

但周代南土诸侯的到来，使得江汉地区的开发程度大为提高，江汉地区的开发开

① （汉）郑玄注，（唐）孔颖达疏，龚抗云整理，王文锦审定：《礼记正义》卷三二，《十三经注疏》（标点本），北京大学出版社，1999年，第1132、1133页。

② 杨宽：《西周史》，上海人民出版社，1999年，第103页。

③ 朱凤瀚：《柞伯鼎与周公南征》，《文物》2006年第5期。

④ 尹弘兵：《楚国都城与核心区探索》，湖北人民出版社，2009年，第131-134页。

⑤ 张硕、尹弘兵：《楚蛮的考古学观察》，《中国文化研究》2011年秋之卷。

始加速。南土疆域形成后，大量发展水平较高的西周诸侯进入江汉。这些南土诸侯或为周室重臣如曾国，现在已知曾为周初重臣南宫适（括）之后[①]，南宫适即金文中屡见的“南公”，其后嗣于周初被封于南土，被赋予“君此淮夷，临有江夏”的重任。曾国在南方的地位，有类于召公之后封于北方为燕，周公之后被封于山东为鲁，太公被封于山东为齐，康叔被封于故殷地为卫，可见曾国为南方诸侯之首，是周人经略四方的重要战略布局，在周初的政治地理格局中占有极为重要的地位。或为中原旧族如邓、鄂、楚等国。如前考，邓早年为黄帝部落之盟族，传说时代即为华夏集团中有较高地位、有一定经济、文化发展水平的部族，入周之后被封于南阳盆地南缘，为南土重要诸侯，在周代南方政治地理格局中占有重要地位，亦与周王室关系较为密切[②]；鄂国亦是历史悠久的先秦古国，商末时鄂侯为纣之三公之一，与西伯昌（周文王）、九侯并列，且称“侯”，这表明鄂国在商代时已是顶级诸侯，鄂国为姞姓，周代姞姓诸侯是周王室的重要通婚对象，“姬、姞耦，其子孙必蕃”。鄂国亦与周王室通婚，传世鄂侯簋铭“鄂侯作王姞媵簋”，表明鄂国与王室通婚[③]；楚国为祝融之后，传说时代即为华夏集团重要成员，夏代时祝融各族为夏王朝核心部族，商代时虽然衰微，但始终生活在中原文化核心区，商末时又与商王室联姻[④]。其他南土诸侯如唐、都、谢、厉、谷、西蓼等国，或为姬姓诸侯，或为中原古国，都有一定发展水平[⑤]。

可见南土诸侯的经济、文化与社会发展水平要远高于已被抛离历史发展主轴的江汉土著族群。叶家山曾国墓地、鲁台山西周墓地出土大量精美铜器，邓国铜器亦有较多发现（详见本书第二章第二节），可知西周时期江汉地区的整体开发水平，随着南土诸侯的到来有较大的提高，较之夏商时期整体上了一个台阶。西周时期的江汉地区，总体上仍是中原王朝的边缘区，但由于开发水平大为提高，而且南土诸侯中不乏曾国、唐国这样的姬姓诸侯，亦不乏鄂国这样的周室姻亲诸侯，邓国这样的异姓诸侯亦与王室有较密切关系，这些西周诸侯移居南土，使得江汉地区的人文地理属性开始发生变化：南土诸侯的进入使江汉地区开始摆脱夏商时代的边缘性质，不再是边荒之地，而是与中原核心区同步发展，成为中原王朝的有机组成部分，江汉地区开始从华夏边缘区向华夏核心区演进。

---

① 黄凤春、胡刚：《再说西周金文中的“南公”——二论叶家山西周曾国墓地的族属》，《江汉考古》2014年第5期。

② 徐少华：《周代南土历史地理与文化》上编第二章第一节《邓国》，武汉大学出版社，1994年。

③ 徐少华：《鄂国铜器及其历史地理综考》，《考古与文物》1994年第2期。

④ 尹弘兵：《多维视野下的楚先祖季连居地》，《中国史研究》2017年第2期。

⑤ 徐少华：《周代南土历史地理与文化》上编第二章，武汉大学出版社，1994年。

四、邓国及南土诸侯与江汉地区开发的扩大

邓国及南土诸侯的到来，对江汉地区开发的另一重意义，是江汉地区的开发向汉水中下游核心区扩展。汉水中下游是原来屈家岭-石家河文化的中心地带，自后石家河文化中断后一片荒芜，几达千年。但邓国和南土诸侯进入江汉地区后，引起了江汉土著族群的应激反应，进入江汉地区的南土诸侯，不但大大提高了江汉地区的开发水平，而且让原来较为落后的土著族群学习到了先进的中原文明，其社会、经济与文化水平在南土诸侯的影响下也得到了较大的提升。

更为重要的是，南土诸侯的到来改变了江汉地区的人文地理格局。由于南土诸侯的发展水平远高于土著族群，因此南土诸侯在江汉地区的发展，也挤压了原来土著族群的活动空间，于是在南土诸侯的压迫下，发展水平大为提高的土著族群南下进入荒芜千年的江汉核心区，使江汉核心区重新得到开发。

西周早期时，江汉平原核心地带还是一片荒凉的景象，从西周中期起，江汉平原的地理景观有了重大转变，一支考古学文化进入了襄阳—大洪山以南的江汉平原腹地，原来新石器时代屈家岭-石家河文化的核心区重新得到开发。

这一支考古学文化，张昌平称为真武山类遗存[①]。真武山遗址位于邓城对面的汉水南岸，是目前所见汉水以南最早的周代遗存，年代可早至西周中期[②]。同类遗存广泛分布在襄宜地区，主要有宜城郭家岗[③]、肖家岭[④]、桐树园[⑤]等遗址所出西周晚期至春秋早期遗物。再往南，在鄂西地区、江汉平原西南部，沙市周梁玉桥遗址发现少量西周器物，年代为西周晚期[⑥]；松滋博宇山遗址有少量西周遗存，年代可到西周晚期[⑦]；江

---

① 张昌平：《试论真武山一类遗存》，《江汉考古》1997年第1期。

② 湖北省文物考古研究所、襄樊市博物馆：《湖北襄樊真武山周代遗址》，《考古学集刊（第9集）》，科学出版社，1995年，第138-161页。

③ 武汉大学历史系考古教研室、湖北省宜城市博物馆：《湖北宜城郭家岗遗址发掘》，《考古学报》1997年第4期。

④ 湖北省文物考古研究所、宜城县博物馆：《湖北宜城县肖家岭遗址的发掘》，《文物》1999年第1期。

⑤ 湖北省文物考古研究所、宜城县博物馆：《宜城桐树园遗址发掘简报》，《江汉考古》1996年第1期。

⑥ 沙市市博物馆：《湖北沙市周梁玉桥遗址试掘简报》，《文物资料丛刊（第10辑）》，文物出版社，1987年。

⑦ 荆州地区博物馆：《湖北松滋博宇山遗址试掘简报》，《文物资料丛刊（第10辑》），文物出版社，1987年。

陵张家山遗址[①]、荆南寺遗址[②]、梅槐桥遗址[③]等，均出有少量西周晚期遗物；此外，潜江龙湾遗址[④]、当阳杨木岗遗址[⑤]、磨盘山遗址[⑥]等，亦出有少量西周晚期遗物。在汉东地区，钟祥六合遗址出土西周中期遗物[⑦]，天门土城遗址有西周中晚期遗物[⑧]，天门笑城遗址原为新石器时代城址，西周晚期重新得到利用[⑨]。

关于真武山文化的性质，张昌平做了较为全面的论述。在考古学文化基本面貌上，真武山类遗存以春秋早期为界大体可划分为两大阶段，前段陶器以夹砂红陶为主，鬲占绝大多数，其他器类有红陶缸、罐、豆、盆、甗等，但数量较少，器型中以瘪裆鬲的长期流行最有特色。这一阶段文化与典型的周文化表现出较多的联系。春秋早期以后泥质灰陶比例增大，器类中鬲、盆、豆、罐均较常见，器物特点与楚文化同期器风格一致，到春秋中晚期时已可明确划入楚文化范畴。在文化属性上，首先真武山类遗存与周文化存在密切关系，是在典型周文化基础上发展起来的，主要器类均见于关中周文化，器型也有直接联系，西周时期器物形态的变化与关中有相当程度的同步性，器物种类和器物形制则较宗周地区略显单调，应是地方文化与中心地区的差异。其次，真武山类型遗存保留了一些商代江汉地区土著文化因素，如红陶缸是长江中游商文化的典型器物，源于屈家岭-石家河文化，是长江中游夏商时期最为流行的一种器物，西周中期时，红陶缸仍有相当数量，此后才逐渐消失。陶系以红陶为主，同时期中原文化则以灰陶为主，春秋早期以后才有改变，陶系的差异是因为陶器烧制技术的不同，实际上是社会习俗的延续。但真武山类遗存中保留的是江汉地区商代文化中的土著因素，商文化因素本身几乎荡然无存。最后，真武山类型文化是在周文化基础上发展起来的，但有显著的地方性，由于制陶技术的差异导致陶系与关中周文化明显不同。陶器形制也与关中地区的原形有一望而知的区别，到春秋早期时开始脱离周

---

① 陈贤一：《江陵张家山遗址的试掘与探索》，《江汉考古》1980年第2期。

② 荆州博物馆：《荆州荆南寺》，文物出版社，2009年。

③ 湖北荆州地区博物馆、北京大学考古系：《湖北江陵梅槐桥遗址发掘简报》，《考古》1990第9期。

④ 湖北省潜江博物馆、湖北省荆州博物馆：《潜江龙湾——1987～2001年龙湾遗址发掘报告》，文物出版社，2005年。

⑤ 湖北省博物馆、武汉大学历史系考古专业：《当阳冯山、杨木岗遗址试掘简报》，《江汉考古》1983年第1期。

⑥ 宜昌地区博物馆：《当阳磨盘山西周遗址试掘简报》，《江汉考古》1984年第2期。

⑦ 荆州地区博物馆、钟祥县博物馆：《钟祥六合遗址》，《江汉考古》1987年第2期。

⑧ 荆州地区博物馆：《湖北荆门、钟祥、京山、天门四县古遗址调查》，《文物资料丛刊（第10辑）》，文物出版社，1987年。

⑨ 湖北省文物考古研究所、天门市博物馆：《湖北天门笑城城址发掘报告》，《考古学报》2007年第4期。

文化模式向楚文化方向发展，至春秋晚期已是确定无疑的楚文化。在空间分布上，真武山类遗存具有越往南越晚的特点。可见真武山类遗存是周文化向南传播至襄阳地区而形成的一支地方文化，其早期发展与周文化有密切的关系，它在发展过程中继续向南发展，吸收地方因素，最终形成已知的楚文化①。

真武山类遗存的性质及其时空分布表明，从西周中期开始，在南土诸侯影响下接受了周文化的江汉土著族群，开始从汉北、汉东地区南下开发江汉平原核心区。在真武山类遗存的形成过程中，虽然总体上是南土诸侯及其带来的周文化对江汉土著的影响，但这一支考古学文化就目前来看是在以襄阳为核心的地区形成的，而邓国正在汉水北岸的今襄阳邓城区域，因此邓国对这一支考古学文化的形成所起的作用不容低估，而真武山遗址西周时期遗存的性质亦被考古学者认为属邓文化，如黄尚明即认为真武山遗址西周时期遗存有可能属于邓文化②，魏凯亦认为真武山遗址西周中晚期遗存为邓文化遗存③。

可见邓国在南土诸侯中虽非首要，但对真武山类遗存的形成、对江汉土著族群的发展水平提升和南下重新开发江汉平原核心区起到了直接的推动作用。在邓国的直接影响和推动下，以襄阳为中心分布的江汉土著族群从西周中期开始进入襄宜平原和汉东大洪山南麓、江汉平原中北部原屈家岭、石家河文化故地，自后石家河文化中断后荒废了千年之久的江汉平原核心区重新得到了开发。天门的笑城遗址在这方面反映得特别明显，笑城遗址本是一处屈家岭文化晚期城址，使用至石家河文化时期，但石家河文化之后笑城遗址即告废弃，表明原来的居民在此之后消失了，直到千年之后的西周晚期，才有一支新的人群进入笑城遗址生活，他们沿用了原来屈家岭文化时期的城址，重新加以修缮利用，一直使用到春秋中期。

不仅如此，这些江汉土著族群及其所创造的真武山类遗存更进一步向江汉平原西南部发展，直达长江北岸。江汉平原的开发由此从汉东、汉北地区向汉水以西、以南地区扩展，重心亦由汉东地区向汉西地区转移。真武山类遗存在空间分布上具有越往南越晚的特点，所反映的正是楚蛮等江汉土著族群在南土诸侯的影响和压迫下进入江汉核心区，自北向南开发荒废已久的江汉平原，荒废千年的江汉平原核心区由此重新焕发了活力，并为楚国在汉水以西地区的兴起打下了基础。

真武山类遗存南下的另一结果，是荆沙地区原来的土著文化荆南寺类型和周梁玉桥文化为真武山类遗存所代替，这一发展使荆沙地区的考古学文化面貌与襄宜地区接

① 张昌平：《试论真武山一类遗存》，《江汉考古》1997年第1期。

② 黄尚明：《湖北襄樊真武山遗址西周时期遗存族属试探》，《楚文化研究论集（第六集）》，湖北教育出版社，2005年。

③ 魏凯：《周代前期南土文化格局的考古学观察》，吉林大学博士学位论文，2018年。

近，进入春秋以后，江汉平原西南部的文化面貌与襄宜地区已是大同而小异。这样，夏商时期汉水两岸在文化发展上的分离局面被打破，江汉地区重新发展成为一个完整的人文地理区域。

五、邓楚关系与楚国开发江汉

自从楚国进入江汉以后，江汉地区的开发进入了一个新阶段。至于楚国何时进入江汉地区，从《楚世家》的记载来看，楚国在熊渠以前几乎是无事可记，但从熊渠开始，楚国活跃起来："当周夷王之时，王室微，诸侯或不朝，相伐。熊渠甚得江汉间民和，乃兴兵伐庸、杨粤，至于鄂。熊渠曰：'我蛮夷也，不与中国之号谥。'乃立其长子康为句亶王，中子红为鄂王，少子执疵为越章王，皆在江上楚蛮之地。及周厉王之时，暴虐，熊渠畏其伐楚，亦去其王。"①可知熊渠生活在西周晚期的夷、厉时期，其活动地区是在"江汉间"或"江上楚蛮之地"。

熊渠的活动地区，学者考释极多，"江汉"或"江上"，过去以为是指长江或兼指长江与汉水。但石泉指出，古文献中的"江"并不是长江的专称，《史记》中的江上或江汉，实皆专指汉水②。赵逵夫亦谓："司马迁不知三王的封地究竟在何处，故以'江上楚蛮之地'一语概言之。他又说熊渠'甚得江汉间民和'。可见在司马迁的概念中，'楚蛮之地'也包括汉水流域在内。"③陈立柱进一步指出，《楚世家》和《越王勾践世家》所载"越兵横行江淮东""越已灭吴，而不能正江淮北"之"江淮"，非指长江与淮河，早期的江其实是南方古语言中河流的共名，所谓"南江北河"，古语中大共名往往前置，故"江淮"实为"淮江"之倒语，即"淮河"之意④。由此而论，《史记》中的"江汉"，当亦为"汉江"之倒语，故"江汉"或"江上"，非指长江，而是专指汉水。而江上楚蛮之地大抵为汉水中游一带⑤。段渝、叶植

---

① （汉）司马迁撰，（宋）裴骃集解，（唐）司马贞索隐，（唐）张守节正义：《史记》卷四十，中华书局，1982年，第1692页。

② 石泉：《古文献中的"江"不是长江的专称》，《古代荆楚地理新探》，武汉大学出版社，1988年，第57-73页。

③ 赵逵夫：《屈氏先世与句亶王熊伯庸——兼论三闾大夫的职掌》，《文史（第25辑）》，中华书局，1985年。

④ 陈立柱：《楚淮古地三题》，《江汉考古》2010年第1期。

⑤ 石泉：《楚都丹阳地望新探》，《古代荆楚地理新探》，武汉大学出版社，1988年，第190、191页。

等虽在具体的地名上有所差异，在区域上大致相同[①]。可见西周晚期熊渠时，楚国才与“江汉”或“江上”发生交集，而且熊渠以后，楚国的活动多与濮有关，濮地必在汉水中游两岸地区[②]。清华简《楚居》亦记楚国自熊绎初封至熊渠时均居于夷屯，但熊渠时徙居“发渐”[③]，亦表明西周晚期熊渠时楚国发生了较大的迁移。由此看来，楚国进入汉水中游地区当在西周晚期、楚熊渠时[④]。

楚国进入汉水中游地区，并非偶然，而是西周中晚期时，江汉核心区重新开发这一大的历史背景下的产物。而江汉核心区的重新开发，到西周晚期时已颇具规模。《国语》卷十六《郑语》载西周末年时郑桓公与史伯谋东迁，史伯建议迁国于“济、洛、河、颍之间”，桓公曰：“南方不可乎？”但史伯认为“南方”已为楚国所占，且楚国此时已有必兴之势，非迁国之地。史伯论述“南方”不可迁，有长篇大段的论述，从现实（楚君季紃聪明和协、盖其先王）讲到楚之先祖有德，其子孙必昌，故南方之地不可居。《国语》所言之“南方”，《史记·郑世家》记为：“吾欲南之江上，何如？”可见“南方”即“江上”，此“江上”当即《楚世家》“皆在江上楚蛮之地”的“江上”，亦即汉水。

可见西周中晚期时，在南土诸侯的影响下，江汉土著族群大规模南下开发汉水中下游江汉平原核心区已是大势。在此大背景下，南土诸侯中的楚国亦随之南下进入江汉地区，而楚国南下江汉后如鱼得水，迅速壮大起来，不再是西周早期的穷困潦倒景象。楚国虽然在周爵中地位不高，但毕竟是正牌的西周诸侯，其政治、社会与文化发展水平要远高于楚蛮、百濮等江汉土著族群。不仅如此，到西周末年时，江汉核心区的重新开发甚至引发了桓公友这样的西周卿士的觊觎，视为南迁避祸之地，表明经过西周中晚期的大量土著族群乃至南土诸侯的迁入，江汉核心区的开发已有了较高水平，不再是夏商至西周早期的蛮荒局面。

从熊渠到若敖，楚国在邓国及楚蛮、百濮等土著族群开发汉水中游地区的基础上，继续深化开发汉水中游地区并逐步强大起来，向整个江汉地区扩展。春秋时期，楚国逐步整合了进入汉水中游地区楚蛮、百濮等江汉土著族群，征服或灭亡了罗、卢戎、鄀、郧、贰、轸、州、麇、权、南巴、庸、绞等江汉小国，击败了汉阳诸姬之首

① 段渝：《西周时代楚国疆域的几个问题》，《中国史研究》1997年第4期；叶植：《试论楚熊渠称王事所涉及到的历史地望问题》，《楚文化研究论集（第四集）》，河南人民出版社，1994年。

② 尹弘兵：《古庸、濮历史地理与早期楚文化》，《荆楚文物（第1辑）》，科学出版社，2013年。

③ 清华大学出土文献研究与保护中心：《清华大学藏战国竹简（壹）》，中西书局，2010年，第180-182页。

④ 尹弘兵：《楚国都城与核心区探索》，湖北人民出版社，2009年，第202-209页。

的随（曾）国，称雄江汉。楚国一统江汉，使得江汉地区的开发进入一个全新阶段。

而在楚国兴起并深度开发江汉地区的过程中，邓国的存在及邓楚关系起到了非常重要的作用。邓国在今襄阳北的邓城区域，楚国核心区则当在汉水以南的今宜城平原至长江以北地区，楚、邓之间地理相邻，因此邓、楚关系极为密切，两国之间有通婚关系，著名的楚武王夫人邓嫚即来自邓国。《左传》中对春秋早期楚武王在江汉地区开疆拓土有较详细的记载，但楚、邓两国之间却并无冲突，这当是楚、邓两国联姻的结果。这种联姻产生的影响至楚文王在位初期犹存。《左传》庄公六年（前688年）："楚文王伐申，过邓。邓祁侯曰：'吾甥也。'止而享之。骓甥、聃甥、养甥请杀楚子，邓侯弗许。三甥曰：'亡邓国者，必此人也。若不早图，后君噬齐，其及图之乎？图之，此为时矣！'邓侯曰：'人将不食吾余。'对曰：'若不从三臣，抑社稷实不血食，而君焉取余？'弗从。还年，楚子伐邓。十六年，楚复伐邓，灭之"[①]可证楚邓之间的联姻关系确实对邓国的行为产生了影响，当楚武王在江汉地区到处征讨之时，紧邻的邓国却与楚国相安无事，使得楚国在统一江汉地区的过程中后方安然无事，直到江汉诸国尽数为楚所灭时，邓国内部才有人意识到在楚国一统江汉的情形下，邓也不能幸存。

在考古遗存上，楚国的发展和江汉平原的开发，使得鄂西地区出现了三处规模巨大的东周聚落群：一是蛮河流域，今湖北宜城市南部及南漳县东部，密集分布着大量的东周遗址和墓葬；二是沮漳河中游，今当阳、枝江两县所属地区，有一处以当阳季家湖古城为核心的东周聚落群；三是沮漳河下游地区，今荆州、荆门两市所属，有一处以纪南城为核心的东周聚落群。这种高度密集的东周聚落群，是大量的人口聚集和区域开发达到很高程度的反映。不仅如此，楚遗址和墓地广布于江汉地区，但以鄂西地区最为密集，表明江汉地区的开发，在楚国时达到高峰。而蛮河流域的东周聚落群，显然是楚国开发江汉的产物，被许多学者认为是春秋时期楚国核心区[②]，此地与邓国紧邻，至少可以表明，在楚国开发江汉地区的早期，是与邓国在汉水中游地区所奠定的基础分不开的，两国亦是紧密的互动式发展。

综上所述，邓国对周代江汉地区的开发进程起到了非常独特而重要的作用。

西周时期，邓虽非南土首要诸侯，其地位并不能与曾国这样的周室宗亲诸侯、鄂国这样的周室姻亲诸侯相比，但邓国对江汉土著族群吸收周文化、提升发展水平产生了重要影响。邓国正处于真武山类遗存早期分布区的中心，在真武山类遗存形成过程中，邓国的影响显然是最为直接的，对江汉土著族群南下开发江汉核心区起了直接的推动作用。

---

① （晋）杜预集解：《春秋经传集解》第三庄公，上海古籍出版社，1988年，第139、140页。

② 尹弘兵：《楚国都城与核心区探索》，湖北人民出版社，2009年，第237-250页。

东周时期，随着楚国一统江汉地区，出现了强大的楚国和高度发达的楚文化，江汉地区的开发达到了全新的高度，其开发水平恢复到了屈家岭-石家河时期的高度，江汉地区的开发，至此达到了第二次高峰。在东周时期江汉地区的开发进程中，楚国起到了最为重要的作用，是核心推动力。但邓国在楚国的兴起过程中，也起到了非常重要的作用。在文化上，楚国在一统江汉的过程中将周文化、邓文化、曾文化及江汉土著文化等整合为一体，形成了高度发达的楚文化。就襄宜地区而言，存在从周文化到邓文化再到楚文化的发展过程。本书第三章第四节通过文化遗存的比较分析考证，邓、楚之间存在较为密切的交流，早期邓文化对楚文化的影响更大一些，随着楚国实力的增强和楚国的扩张，楚文化的影响逐步扩大，对包括邓文化在内的其他文化施加更为强烈的影响，而楚文化在发展过程中也充分吸收了邓文化因素，楚文化是在以周文化为基础，坚持自我革新并吸收其他文化的过程中逐步形成的。而且楚国灭亡邓国后，邓文化因素融入楚文化，成为楚文化的组成部分，邓国考古学文化的部分特征，如偶数鼎制、罍盖鸟纽装饰等为楚文化所吸收。

在政治上，正是由于邓、楚之间的密切关系，楚国才能放手在江汉地区征讨，而不担心后方的安全。可见邓国在东周时期的江汉地区开发中也起到了非常独特的作用，以一种非常特殊的方式，推动了东周时期江汉地区的开发进程。

还需说明的是，在南土诸侯和楚国主导下的周代江汉地区开发进程，其所形成的人文地理格局与新石器时代有所不同。新石器时代的江汉地区是一个独立的区域主体、文化主体，而周代江汉地区的开发是在夏商时期所形成的人文地理格局下的进一步发展，夏商时期的江汉地区是作为中原王朝和中原文化的边缘组成部分而存在的，但南土诸侯的到来，使江汉地区开始与中原核心区同步发展。西周时期的江汉地区虽仍是华夏边缘区，但较之夏商时代不同，开始向华夏核心地域演进。东周时期，由于楚国的强大和楚文化的高度发达，楚国开始跻身于华夏核心诸侯之列，春秋时期的历史主轴是晋楚争霸，楚国成为华夏历史发展的主角之一，江汉地区与中原核心区是在密切的互动中发展，这种直接的互动发展使得江汉地区逐渐演化成为华夏核心地域，不再是从前的外围或边缘区。如果说春秋时期的楚国在中原诸侯眼中尚有蛮夷色彩的话，到战国时期，楚国已完全摆脱了蛮夷身份，成为华夏主流之一。秦汉大一统后，族群整合与区域整合进一步深化，楚人刘邦所建的汉王朝，承秦制、融楚俗，形成了统一的汉文化，区域开发自此在中华历史的统一进程中进一步演化。

第五章　结　　语

西周初年，周王朝“封建亲戚，以藩屏周”。在周初的封建中，大量的西周诸侯进入南方地区，形成了周代的南土。而在周人的语境中，南土即成周之南的广大地区。传世西周早期铜器盂爵、中甗印证了邓国自西周初年起就是南土重要诸侯的文献记载，且文献提供了西周晚期和春秋早期有关邓国的一些信息，并进一步明确其位于周王朝南土，公元前678年灭于楚。近代以来，周代邓国的一些铭文铜器陆续被发现，为重建邓国历史脉络和文化面貌提供了资料，石泉、周永珍、徐少华等学者进行了研究。在邓国地望这一邓国历史文化研究最基本的问题上，形成了河南邓州说、湖北襄阳说和先邓州后襄阳说这三个主要观点。近年来，在襄阳邓城城址周围发现并逐步确认了西周中晚期至春秋早期的邓国考古学文化遗存，为邓国历史文化研究提供了进一步的实物证据。

一、邓文化的时空范围与基本特征

最早发现的邓国遗存原认定为位于襄阳市高新区团山镇邓城村的邓城城址，该城址城垣、护城河、城门缺口尚存，《水经注》及明清《襄阳府志》等文献均记其为邓国故都，这也是近现代学者研究确认的邓国都城。不过，由于遗址一直未进行正式发掘，地表和城垣包含物的时代最早只能到春秋中期，与春秋早期以前的邓国都城时代不符，因此，确认其为邓国都城依据并不充分。

20世纪70年代，在邓城外围的山湾墓地中曾出土“邓公乘”鼎，发掘者认为这就是春秋早期的邓国铜器。后经辨析确认，其时代为春秋晚期，与已灭国的邓国无关，应该是楚邓县县公之器，此器虽未确认邓国，但从铜器铭文角度确认了楚邓县的存在，而楚灭国设县，楚邓县当是承袭周代邓国而来，故楚邓县的存在也就间接确认了邓国所在。不久后，在该墓地附近的蔡坡土岗先后发现西周晚期邓公牧簋、侯氏簋各2件，从铭文知前者为邓国国君“牧”自作器，后者或为邓国贵族用器，这就为寻找邓国高级贵族墓地提供了线索。2001年，在与山湾、蔡坡墓地相连岗地西侧的王坡墓地清理出了4座春秋早期贵族墓葬，M55有铜五鼎六簋，显示其身份为上大夫级别；而M1

鼎、戈铭文显示墓主为邓国公孙“无忌”。因此，可大致判断出蔡坡土岗至王坡墓地为西周晚期至春秋早期包括国君在内的邓国高级贵族墓地。

2000年、2016年在王坡墓地以西、过汉水不远的谷城庙滩擂鼓台墓地先后发现了2座春秋早期夫妻异穴合葬墓，均随葬两套铜容器，铜器铭文显示男主人为“邓子孙白”，表明当时邓国的统治区向西过了汉水，这也是当时邓国中心位于附近的直接证据。

既然邓城城址附近发现了邓国贵族墓地，那么。与其时代相同的其他墓地和遗址当为邓国文化遗存。2001年以后，在邓城城址外围陆续发掘了沈岗、黄家村、韩岗、惠博通、卞营墓地，清理出西周晚期至春秋早期小型墓葬101座。周围还有韩岗、黄家村、周家岗、吴家坡、小马家、吴家湖、堰窝子等聚落和王家巷作坊遗址，其时代以西周晚期至春秋早期为主，小马家遗址时代为西周早中期，吴家湖、周家岗遗址发现西周中期遗存。这些遗存主要分布在邓城城址区域附近，仅小马家、堰窝子遗址相对较远，擂鼓台墓地在汉水以西。

汇总上述遗存出土铜器和传世及他地出土邓国铜器的情况，截至目前，邓国铜器共发现1107件，分为容器、兵器、车马器三类。其中容器48件，除3件仅见拓本外，器类有鼎、簠、壶、提梁卣、罍、盉、牺尊、盘、匜等，根据器物形制、纹饰和铭文风格可分四期8段：西周早、中、晚期和春秋早期各前、后段。不过，由于西周铜器基本为传世、征集或他地出土，容器组合情况不明，春秋早期铜容器组合分别为鼎2、簠2；鼎2、簠2、提梁卣1、罍1；鼎1；鼎5、簠6、壶2、盘1、匜1。而不同器物在时代上呈现出不同的特征，且同一型器物可以通过形制、纹饰、铭文等反映出演变趋势。通过铭文分析可知，邓国国姓“嫚”，国君爵称由“伯”到“公”，传世文献中的最后一位邓国国君吾离则为“侯”；同时，铜器铭文显示出了多代邓国国君的信息，且邓国至少在西周晚期前段已有了自己的历法体系，使用“邓正”。兵器数量不多，仅27件，器类仅见戈、矛、镈、剑、镞等。这批兵器均为出土品，基本无纹饰，4件戈有铭文，其时代特征不典型，为春秋早期。车马器数量最多，达1032件，器类有马衔、节约、泡钉、帽钉、环、銿、弹簧形器、片饰等，均出土于王坡墓地，据伴出铜容器将其时代判定为春秋早期后段。通过与周王畿地区及周王朝同姓诸侯如应、曾、晋、虢等国铜器对比分析可以看出，邓国铜器在形制、纹饰、铭文等方面的主体文化特征与姬周文化基本相同，并具有前后一脉相承的发展脉络。同时，西周早期的铜方鼎、牺尊有殷商风格，西周晚期铭文出现了自己的历法表述。到春秋早期，自身的文化特征更明显，如鼎、簠的偶数组合；鼎、簠身的垂鳞纹、窃曲纹线条更密，重环纹的布局已有不规整的情形；出现复古的提梁卣、罍且器纽为鸟纽等。可以说，邓国铜器经历了一个受商文化影响到完全继承周文化再到开启自身特色并演进的发展历程，该历程或许受到了周边诸侯国如曾国、楚国铜器的影响，并反向影响了这些诸侯国。

邓国陶器出土数量多，主要出土于遗址中，极少量墓葬也有出土。除纺轮、拍、网坠、饼、支垫等少量生产工具外，还有大量的生活用器，后者有着鲜明的时代特征。生活用器的种类以鬲、甗、盂、豆、罐为主，还有少量仿铜礼器鼎、簋、壶等。通过运用考古地层学和类型学方法比较各遗址、墓葬出土的生活用器，可以将邓国陶器整体划分为五期8段，即西周早期后段，西周中期前、后段，西周晚期前、后段，两周之际，春秋早期前、后段。总体而言，邓文化遗存的陶器主体特征源于周文化，是对周文化的继承，同时也有发展，但也存在一定江汉地区特色的地域性风格，还有的具有邓文化自身特点，是多种因素融合的结果，时代越晚周文化的影响越小，楚文化的影响越大，且地域和自身特征也越明显。如最有代表性的柱足鬲，在先周文化遗存中未发现，岐周地区西周第二期文化遗存才发现个别，而这种鬲在南阳地区的商代遗存中即有原型，西周早期已分布于汉水流域和鄂东南地区，西周中晚期已覆盖整个江汉地区，但这种鬲的瘪裆风格显然是周文化的影响所致，看来是地域文化因素与周文化融合的结果。而逐步发展到春秋早期，鬲的瘪裆风格减弱，弧裆出现且逐步增强，这又是楚文化影响的结果。此外，时代越早，夹砂红陶鬲的比例越高，特别是早期均基本为夹砂红陶，时代越晚，夹砂灰陶的比例越高，这又有着地域文化的特点。

邓国玉器均出土于墓葬中，共386件，可分礼器、佩饰、用具、殓玉，还有无法确定性质的其他类，以佩饰为主，包括玦、璜、管、佩、冲牙、牛首形饰、兽面饰、牌形饰、长方形饰、方形饰、条饰、挂饰，礼器仅见个别琮、璧、戈，用具仅有2件凿，殓玉有蛙形饰、蝉、贝、琀（数量较多），其他有片饰等。其器型均较小，时代为春秋早期。它们的文化特征具有较典型的姬周文化风格，且在一定时间段内变化不大，具有较强的延续性；或许其中有个别独特玉器，如沈岗墓地的玉片。

经发掘的邓国考古学文化遗存以遗址为主，墓葬相对较少。其中，遗址地层、遗迹根据叠压、打破关系，结合出土器物的时代特征对比分析，其整体期段可划分为五期8段，即西周早期后段，西周中期前、后段，西周晚期前、后段，两周之际，春秋早期前、后段，与邓国陶器的期段一致。邓国墓葬共107座，其中23座墓葬可分二期4段，即西周晚期前、后段，春秋早期前、后段，而其余墓葬仅能归入春秋早期。

通过对比分析，邓国考古学文化遗存的文化面貌具有本源性、地域性、独特性三种特征。本源性体现在其对姬周文化的继承性上；地域性则反映在邓国所处的南阳盆地自然环境和整体文化面貌上，如不见袋状灰坑、柱足鬲的本地起源；独特性则体现在自身文化因素上，如早期炊器的夹砂红陶陶系、长颈鼓腹壶及其前后演进、大量空墓的出现等。而这批遗存的性质，主要结合墓葬出土铜器的铭文和被楚文化遗存打破的情形可以判断出，它们属于邓国文化遗存。其中周家岗遗址很可能为邓文化的中心聚落，王家巷遗址为制陶作坊遗址，其他遗址为一般聚落（黄家村遗址可能存在铸铜作坊）；王坡墓地为高等级贵族墓地（公墓地），其他墓地为中低等贵族和平民墓地。部分墓地存在夫妻异穴合葬情形，而且有的墓地内还应有一定的分区。

二、邓、周、楚的文化关系

作为周王朝的封国，邓文化源于周文化，并长期在周文化主导下形成、发展，同时又受到多种因素的影响呈现出渐进变化的特点。不过，“邓”的起源或还与史前具有一定经济、文化水平的古老“邓”部族相关，夏商时期还有迹可循，可能成为方国，但具体情况模糊。根据研究，邓国国姓“嫚”，非周王朝同姓，其作为异姓诸侯国是否沿袭商代“邓国”尚无从考证。周代邓国因受封，周文化成其主源，“邓”部族或西周之前“邓方国”的自身文化及其与其他部族、方国交往过程中受到影响的因素应是邓文化的支源。

邓国受封的西周早期无疑是周代邓文化的萌芽期，西周早期的邓公盉、邓小仲方鼎、邓仲牺尊已是十分成熟的铜器了，其形制、纹饰与商代晚期同类铜器有较多的相似性，结合周原、丰镐地区出土器物的情况看，西周早期的周文化也有商文化的影响在内。当然，随着主流文化地位的巩固，商文化的影响也逐步削弱，即邓文化面貌具有商、周二元特征；而从小马家遗址西周早期后段出土陶器的特征看，它又有着一定的地域文化因素。

进入西周中期，邓文化正式形成。这一时期发现的遗存和铭文铜器不多，但可以看出，邓文化受到了周文化的强烈影响，商文化元素大大减少；同时也有地域文化特征，甚至可以见到诸如柱足瘪裆鬲这样的周文化与地方文化结合的器物；除此外，还有自身文化特色，如侈口长颈圆腹圜底壶等。

西周晚期到春秋早期前段是邓文化的发展期，其文化面貌依然具有三重性，即周文化占据主导地位，这一点从相对较多的铜器形制、纹饰、铭文和陶器的主体风格都可以反映出；但也有一定的地域文化特征和自身文化因素，前者如柱足瘪裆鬲、圆肩鼓腹罐占主体，后者如在商文化影响下墓葬中出现较多的腰坑现象和邓历的出现、发展等。

春秋早期后段是邓文化最后的辉煌和衰亡期，该时期遗存的数量进一步增加，在文化面貌上表现出周文化的影响力进一步减弱，但依然存在，如铜器的鼎、簋组合及与周文化同步的纹饰风格等；与楚文化相关的因素大大增强，如柱足瘪裆鬲向柱足弧裆鬲的转变、子口附耳扁鼓腹柱足（蹄足）鼎的出现，铜器纹饰中出现蟠螭纹等；鼓腹绳纹陶罐等地域文化和长颈圆鼓腹陶壶、邓历等自身文化因素继续发展，还在陶窑形制上形成了中间立柱，铜鼎、簋偶数组合等自身文化因素；此外，镂孔高柄豆似乎来源于鄂东南地区。从铜器的发现看，铸造相对简陋，纹饰不精，铭文字体、行文顺序、历法表述等似乎更为随意或草率，都表现出文化衰落的迹象。

整体而言，春秋早期偏早时段，邓文化仍有较为强大的生命力，它的主体虽仍为周文化因素，但自身因素也很强，到偏晚特别是春秋早中期之际，很可能因为楚国的兼并战争，国力削弱，文化也处于衰落期，邓国被楚国灭亡后，邓文化逐步融入了楚文化并最终汇入大一统的中华文化之中。

同时，我们也要看到，邓国被灭亡并不意味着其族被灭，邓文化也并未因灭国而消亡，而是有了新的演变路径。其中，征集和出土的邓子仲盆盖、邓子與盘、邓子午鼎、邓鰲鼎很可能为邓国公族之用器，或表明楚文王灭邓后并未使邓国绝祀，而是保留其公族并迁往他地安置。但这几件“邓”器已完全是楚式风格了，也就是说被灭国后的“邓”器已完全融入楚文化的体系之中。楚灭邓迁其公族后，邓国的其他臣民应有部分仍然留在邓国的核心区。通过墓葬分布、规模、方向、形制和随葬器物特征的比较，邓城城址东约2千米的余岗墓地有一个墓区很可能就是邓国遗民的墓地，自春秋中期一直沿用到战国中期。

考察邓国的历史与文化不难看出，邓国与楚国自始至终命运相连，文化互动。西周早期，邓、楚几乎同时分封于周王朝南土，且位置毗邻，两国文化自西周初年开始应该有一定的交流，甚至相互影响，早期由于邓文化的实力更强，邓文化对楚文化的影响可能更大一些。随着楚国实力的增强和楚国的扩张，楚文化的影响逐步扩大，对包括邓文化在内的其他文化施加更为强烈的影响。同时，楚文化也有一个对邓文化吸收的过程，在以周文化为基础，坚持自我革新并吸收其他文化的过程中，楚文化逐步形成。而在楚国灭亡邓国后，邓文化仍有一个融入楚文化的过程，其中的部分元素甚至为楚文化所吸收，如偶数鼎制和盖顶鸟纽装饰、陶器彩绘装饰艺术等。

三、邓国历史发展与南土形势

邓国考古学文化遗存的发现及文化面貌的分析，为探讨邓国文化源流及其演进提供了实证。当然，这还要结合邓国历史脉络来进行。

邓国是周王朝南土诸侯之一。中原王朝对南土的控制自夏代即已开始，商代一度得到加强，西周更是直接分封多个诸侯将其纳入控制和经营范围。西周初年，巴、濮、楚、邓并为周之南土，这是周代邓国之始，可见邓国自西周初年起即与巴、濮、楚共处于汉水中上游地区，是周昭王南征时被巡视的重要诸侯国。其时，南土居主导地位的是“君此淮夷，临有江夏”并“适于汉东”的曾国。同时，在南土还有鄂、庸、卢、厉、唐、谢、都等众多诸侯国。从各诸侯国所处的位置和铜器铭文“邓公尊彝”及周王安排人“宁邓伯”和“邓仲牺尊”联姻井叔等情况看，处方城以南扼守中原向南过汉水直通江汉腹地和向东经随枣走廊达鄂东南要地的邓国政治地位应该是很高的，在周人向南开拓的过程中，邓国也发挥了重要作用。

昭王南征失败后，西周王朝停止了对南方的开拓，周势力从长江岸边的黄陂鲁台山北撤至随枣走廊，南土地区也迎来了一段较为平静的时期。西周中期，零星的铜器铭文显示，邓国国君爵称仍为“公”，且与周王朝同姓国应国通婚。但从穆王开始，淮夷兴起，成为西周的大敌，淮夷势力一度“西至河上”，另据敔鼎铭文记载，淮夷曾深入伊洛地区，威胁成周，此后周夷战争几乎贯穿了整个西周中后期，对淮夷的战争经历成为周人极为深刻的历史记忆，延续至东周。

因此从西周中期开始，在淮夷西进的形势下，南土形势变得紧张而复杂起来，尤其是夷王时的鄂侯驭方叛乱，给西周带来极大震动。鄂国为姞姓，是周王室的重要通婚对象，西周时在今随州安居，与随州淅河的曾国相距仅25千米，其在周代南土的地位大概与东土齐国类似。在昭王南征过程中，曾、鄂两国同为昭王南征的前线基地，为王师南下的驻扎地。西周中期时鄂与周王室的关系非常密切，鄂侯驭方鼎铭文记载，周王南征返程驻扎“坯”时，曾与鄂侯驭方宴饮并赏赐。但鄂侯驭方最后却背叛西周，率南淮夷、东夷广伐南国、东国。鄂侯驭方叛乱可能极大动摇了西周的南方防线，导致南土局势完全崩坏，以致周王愤怒地下令“无遗寿幼”。虽然鄂侯驭方叛乱很快被扑灭，但南土形势似乎并未马上稳定下来，直到西周晚期宣王时，西周仍在收拾南方的残破局面。彻底平定南土后，宣王迁申、吕二国于今南阳市一带，《诗经·大雅·崧高》所记周宣王封王舅申伯于南阳的盛况反映出西周王朝对此次分封的高度重视，而申国在当时地位之重要亦可略见一斑。与申国同时迁往南土构建南土屏障的诸侯还有吕国，二国同为姜姓国，与齐太公同族，是西周最重要的姻亲诸侯。申、吕南迁于今南阳市后，此地原有的谢国则南迁至比水以西的汉棘阳县、今新野与唐河二县之间的古棘阳城遗址。另外被灭后的鄂国余民亦迁至南阳，是为两周之际的南阳鄂国。又鄂国被灭后曾国中心西迁今枣阳的周台遗址，以控制整个汉东地区，填补鄂国被灭后形成的空白地域。这一系列的举措，重建了因淮夷入侵和鄂侯驭方叛乱而崩坏的南土秩序，是宣王时期重理疆土的重要内容。

虽然鄂侯驭方联结南淮夷叛乱给西周带来极大震撼，但经过夷厉时期的艰苦战争，周人最终还是平定了淮夷，使淮夷成为周人的“帛晦臣”，淮河流域也最终从蛮夷之地成为华夏之域，但江汉地区的发展又给周人带来了新的问题。西周中晚期时，一方面是南方土著族群在南土诸侯带来的周文化影响下得到长足发展，同时因南土诸侯的发展，江汉地区的土著也受到南土诸侯的挤压而逐步南迁，于是西周中期起在汉水中游地区形成的“真武山类遗存”南下开发汉水以南及大洪山以南的原屈家岭-石家河文化核心区，另一方面则是西周在南方的统治遭到严重冲击，这就为西周诸侯脱离西周的统治进入汉水中下游的江汉核心区地域创造了条件。熊渠统治下的楚国正是在此形势下离开了丹淅故地进入汉水以南，在“江汉间”大肆开拓。由于芈姓楚国自进入南阳盆地后就与楚蛮为伍，其族群也因此楚蛮化，从中原华夏旧族变身成为楚蛮之一，故熊绎受封时其国得以“楚”为名，因而楚国与西周中期以后进入江汉核心区的江汉土著族群之间有天然的亲缘性，这些都为楚国在汉水以南的发展提供了良好的基础。

熊渠以后楚国在“江汉间”或“江上楚蛮之地”的发展，使得楚国很快整合了进入江汉核心区的楚蛮族群，实际脱离了西周的统治，给刚刚稳定下来的西周南土造成了新的威胁。熊渠时楚国伐庸、杨粤，至于鄂，并封其三子为王：长子康为勾亶王，中子红为鄂王，少子执疵为越章王。熊渠在江汉地区的征伐及封三子为王，表明脱离西周统治的楚国已从周之南土诸侯变成西周南土的威胁。《诗经·小雅·采芑》记载了宣王时方叔南征荆蛮：“蠢尔蛮荆，大邦为仇。方叔元老，克壮其犹。方叔率止，执讯获丑。戎车啴啴，啴啴焞焞，如霆如雷。显允方叔，征伐玁狁，蛮荆来威。”[①]这似乎表明，在淮夷被征服和鄂侯驭方叛乱被平定后，西周王朝在南土的防范重心逐步由东部的淮夷转向南方的楚国。

从西周晚期的南土形势分析，邓国地处今汉水中游北岸，在邓国北方的南阳盆地北部有申、吕，申、吕之东北汝颍上游有应、陈、蔡等国，以东的随枣走廊有曾（随）、鄂、唐、厉等国，以西的汉水上游有庸、谷等国。若此，邓就处在周代南土的中心位置，不仅是南阳盆地南缘的前沿，同时也起着联结汉水上游、南阳盆地和随枣走廊的作用。虽然邓并不是在周代南土最重要的诸侯（南土诸侯的中心是曾国，其次是鄂国），也没有在昭王南征和抵御淮夷入侵中处于最前线，但却处于南土的后方中心，表明邓国在周代南土的重要地位。

邓国地处南土的中心又是南土的前沿屏障，直面深入江汉核心区的楚蛮、百濮等江汉土著族群，考古学文化上邓国地域是真武山类遗存的核心区，地缘政治上邓是昭王南征时重要的后方据点，淮夷入侵时邓又是曾、鄂等国的后方支撑，楚国兴起后又成为抵御楚国的重要力量，因此邓国在周代南土中有极为重要的地位。铜器铭文也显示，邓国与多个重要诸侯国保持着姻亲关系，除复国外，其余姻亲国为周同姓诸侯国或王室贵族。故邓在文化上深受周文化影响，所有邓国铜器，不管是形制、纹饰，还是铭文风格、字体，均具有较高的工艺水平和浓厚的中原文化特色，与典型周文化同类器物以及演变过程大体一致或者基本同步，总之邓国青铜文化与姬周文化有高度的一致性。在西周制度下，重要诸侯必得与周王朝在政治与文化上保持较严格的一致性。但邓国历史悠久，文化基础深厚，因此邓在文化上又有独立发展的一面。西周晚期，邓国就有了自己的历法，邓伯氏鼎铭有“隹邓八月”、邓公簋铭有“隹邓九

① （汉）毛亨传，（汉）郑云笺，（唐）孔颖达疏，龚抗元、李传书、湖渐逵整理，尚永明、夏先培、刘家和审定：《毛诗正义》卷第十（十之二），北京大学出版社，1999年，第646页。

月”， 这表明至迟西周晚期时邓国有了与“周正”有别的自身正朔系统。而一般认为， 春秋时期除晋用夏正之外， 各诸侯国多用周正。虽然西周晚期，西周对诸侯的控制不如前期那样严格，各诸侯国有试图摆脱西周控制独立发展的趋势，但邓国能用自己的历法，这是邓国文化底蕴深厚的表现。因此无论是历史渊源还是文化底蕴，西周时期的邓国在政治地位、经济实力、文化发展等各方面，均高于仅有“子男”之爵、地仅“五十里”“土不过同”“辟在荆山， 荜露蓝蒌”的楚国， 确实较楚国要进步、发达许多。传世和考古发现的这一时期邓国铜器铭文材料较多，也从另一个角度反映了西周时邓国的政治地位与经济、文化发展水平。

整个西周时期，邓国都处于南土防线的后方，其直面的楚蛮、百濮等江汉土著族群发展程度较低，且族群分散，并未发展起强大统一的政治体。即使西周晚期楚国强大起来构成了对南土的威胁，但此时西周王朝仍有较强的实力，并能维持其统治，尤其是在宣王时期，国力有所复振，号称中兴，宣王重理疆土也重建了南土的统治者秩序。在西周王朝的支持下，邓国虽直面楚国，但所受的压力应不大。

进入春秋时期，邓国面临的形势大变，“周平王之时，周室衰微，诸侯强并弱，齐、楚、秦、晋始大，政由方伯”。其中的楚国就在邓国以南兴起，迅速整合楚蛮、百濮等土著族群，发展成为强大的国家，西周晚期时熊渠已在江汉地区大肆征伐，进入春秋后楚国更加强大，很快一统江汉，而邓国却失去了西周王朝的支持，不得不直面强大的近邻。公元前710年（鲁桓公二年、楚武王三十一年、郑庄公三十四年）“蔡侯、郑伯会于邓，始惧楚也”。此后邓楚关系成为邓国最重要的地缘政治问题，整个南土的发展也为楚国所主导。

两周之际时的若敖、宵敖、蚡冒时期，楚国的主要精力放在内部建设和发展上，“南土”政治形势也相对稳定，诸侯国的格局基本延续自西周晚期，没有大的变化，邓国也维持着原有的政治地位。应该说，从西周中期到春秋早期前段，邓国在“南土”的政治地位还是稳固的，国力还是比较强的，也因此受到周王室的重视。春秋早期前段偏晚时期，邓国辖境向西扩展到了汉水西岸。随后，邓国的地缘形势就因楚国的崛起而急剧恶化，春秋早期偏晚时，楚武王开始对外扩张，逐步臣服、灭亡周边诸侯国，并自称为王，宣告了楚国“南土”霸权的正式确立。在此过程中，“南土”平衡的政治格局被打破，邓国在“南土”的政治地位受到冲击开始衰落，最终于公元前678年被楚国所灭。周代邓国自西周初年被封立国到被灭，历300余年，作为周王朝南土的重要诸侯国，经历了由弱到强再转衰直至灭亡的过程，沦为楚国争霸的牺牲品，与周代多个诸侯国的命运相似。

四、邓国地理空间与江汉地区地理格局变迁

楚、汉邓县由周代邓国而来，因此邓国地望与邓县密切相关。

考诸传世文献，邓县最早出现于西汉时期，其为南阳郡下属县，源于古邓国，东汉至南北朝因袭。而传世、出土文献均表明，秦邓县是拔楚“邓”而来，且“邓”应为楚国的一处重要城邑，至少应该是县一级行政区治所，包山二号墓楚简和出土的邓公乘鼎、邓尹疾鼎也可佐证楚邓县的设立至迟在春秋晚期前段。我们通过文献分析和考古资料进行较为充分的论证后认为，楚、秦、汉至南北朝邓县治所在今湖北襄阳高新区的邓城城址；楚邓县辖域北界先后与当时的楚申、吕县（今河南南阳市区及其西南）和穰县（今河南邓州市北）为邻，西界与楚阴、酂县或阴、酂君封地（均为今湖北老河口市东南）相接，东、南部分别到淯、汉水附近。既然楚邓县因灭邓国所设，至少周代邓国被灭前的都城也应在邓城城址或附近，西周晚期至春秋早期包括聚落、制陶作坊和铸铜遗物在内的邓国考古学文化遗存在该区域的集中发现也提供了较为有力的考古学实证。

不过，邓城城址的时代最早不过春秋中期，这无疑为邓城城址作为该时期邓国都城的结论打上了大大的问号。通过对该时期晋、齐、申、曾等重要诸侯国都城尚未发现城垣的情况考察，同时期的邓国很可能也没有城垣，在此基础上，我们结合地势、发掘清理出的大型壕沟和水井等遗迹判断，邓城城址东南侧的周家岗遗址很可能就是西周晚期至春秋早期的邓国都城。同时期的邓国辖域范围南到汉水，西过汉水不远抵今谷城庙滩镇附近与同时期的谷国接壤，北到今南阳市南部，东部至少到达今唐白河、汉水一线，或可东出一定距离。其东西、南北均长约50千米，应是当时面积较大的一个诸侯国。虽然推测西周晚期至春秋早期的邓国都城在周家岗遗址，但该区域尚未发现西周晚期以前的邓国高等级聚落或墓地，表明西周晚期以前的邓国中心区或不在该区域。但具体在哪里，至今尚未无考古学证据。据传世文献和中甗、中方鼎铭文及已发现的曾、鄂等周边诸侯国地望考证，西周早期的邓国辖域当大约在汉水以北至谢国（今南阳市区附近）以南的南阳盆地中南部。西周中期的邓国中心区也难以明确，或许与西周早期基本重合。

周代邓国、楚邓县地处南阳盆地南缘，南阳盆地又称南襄盆地，是一个相对独立的地理单元，位于中国的中心区域，自古以来就是东西、南北的重要交通孔道，在中国古代王朝中心位于关中和中原地区之时，这里更是王朝经营南方的关键。而盆地内有汉江及其主要支流唐白河贯穿，河流冲积形成的平原与低岗丘陵构成了盆地的主要地形地貌，加上四季分明、热量适中、雨量充沛的气候特点和多种不同类型的土壤，

使得这里成为人类繁衍生息的理想场所，经济的发展为城镇的繁荣、人口的居住和增长创造了良好条件。自新石器时代以来，这里形成了多个经济、社会发展的高峰，直至今日，依然是中国中部地区城镇、人口较为密集、经济发展的重要地区。遗憾的是，由于人类的各种活动，特别是近现代以来的城市扩张、基础设施建设、经济活动等对盆地原有的地理环境造成了极大破坏。这种破坏有着周期性特征，只是程度不同而已。如秦汉时期的南阳盆地经济社会得到较快发展，在全国居于较高水平；自三国迄于明的1400余年时间内，总体上是破坏→恢复→短期发展→再破坏；明清以来，又出现了较大程度的破坏。

但不管怎样，南阳盆地优越的地理位置和水陆交通等自然条件在古代生产力不甚发达的状况下有利于行政统治、军事控制和文化交流的同时，也对物资运输甚至商品贸易提供了便利，这种相对稳定的地理格局甚至可以追溯到史前时期。新石器时代以来，南阳盆地逐步形成较为密集的聚落，进而发展为城镇。而南阳盆地的城邑布局随着时间的推移发生着一定的变化，但整体而言，时间越晚，城邑布局越密集，规模越大，对社会活动的影响越大。不过，南阳盆地的城邑布局也有着一定的前后延续性，其兴起均有着一定的发展基础。如果说水系和地形是城邑兴起的基本条件的话，经济形态则是城邑发展的支撑。南阳盆地自古就是农业经济发达地区之一，形成了以稻作农业为主、稻粟混作的原始农业经济形式。史前时期的农业经济奠定了该地区经济发展的基础，并延续到先秦时期，之后直到明清，除渔猎、采集经济大幅度减少外，稻粟混作、家禽家畜饲养为农业经济的主体基本维持不变。同时，随着工具制作技术的提升，史前时期也逐渐出现了制石、制陶、制骨、琢玉、纺织等手工业经济，且分工越来越细。特别是在铜器出现后，冶炼、铸造等手工业经济开始得到大发展；物物交换也发展成了具有一定规模的商品经济，并诞生了货币。进入春秋晚期，冶铁业开始出现并在战国及以后成为推动生产力发展的主要经济形式。经济的发展导致人口和各种需求增加，城邑数量不断增多，规模不断增大，城邑周边的村落也同步增密，人类活动开始造成自然、人文环境的微妙变化，地理空间形态也发生了改变。

位处南阳盆地南部边缘的邓国在西周晚期至春秋早期以周家岗遗址为中心，在汉水以北、唐白河以西的冲积平原上形成了聚落群。除占据主导地位的核心聚落——周家岗遗址外，周围分布的附属聚落既有内圈层的黄家村、王家巷、吴家坡、韩岗等遗址，也有外圈层的吴家湖遗址。还有较远的外围聚落小马家、堰窝子遗址等至少十余个聚落。在核心聚落和内圈层附属聚落附近发现了王坡至蔡坡土岗高级贵族墓地及沈岗、黄家村、卞营、惠博通、韩岗等低级贵族、平民墓地；在汉水以西还发现了“士”级贵族“邓子孙白”夫妇合葬墓。西周早中期邓国中心区的聚落分布状况不明，只能到南阳盆地中南部去寻找。楚灭邓以为县后，邓县在邓国发展基础上有了较大进步，楚邓县的地理空间形态也远较邓国复杂。其中心聚落为邓城城址，以城址为中心10千米半径范围内的内、外圈层附属聚落有10处遗址，以及17处墓地，规模大者均超过了100万平方米，这里应包括传世、出土文献记载的鄾城、西陵、攀渚、新邓津乃至樊郢等。而在楚邓县辖域范围内的外围聚落经初步统计也达数十处，其中襄阳市境内发现东周时期遗址37处、墓葬（地）13处，其时应有核心区之外次一级的中心和副中心聚落群，共同支撑着楚邓县的统治。这些遗存依托汉水和淯水及其支流呈散状分布，彼此距离又不远，形成了一种网格状的布局，三鸦路、夏路通道和淯水水路成为沟通楚国核心区与楚邓县至北部申、吕县或穰县的主要线路。

邓国所处的南阳盆地南缘，在地理上还有另一特点，位处南阳盆地与江汉地区的交界处。在邓城以南，襄阳至宜城一带是一块小平原，称为襄宜平原，襄宜平原以南即江汉平原，以荆山分界，但襄宜平原东南通过汉江可与江汉平原连为一体，因此襄宜平原的存在使得南阳盆地南部边缘的襄阳地区又与江汉地区有密切关系，这是生态与自然环境及生计类型、人文环境等因素共同决定的，因此南阳盆地南缘与江汉地区有较多的一致性，体现出亦南亦北、正好位处南北自然地理与人文地理分界线上的特殊性。

在屈家岭-石家河文化时期，屈家岭文化通过荆襄隘道从汉江下游地区进入南阳盆地，迅速占有了整个南阳盆地，其势力还深入豫中地区，影响则达黄河沿岸，这时的南阳盆地与江汉地区有较多的同步性。后石家河文化（肖家屋脊文化）中断后，江汉地区已发展到很高水平的人类社会消失了，夏商时期的江汉地区显得颇为荒凉，而中原地区一枝独秀，发展出了强大的中原王朝与强势的中原文化，中原地区成为政治、经济与文化高地，江汉平原、随枣走廊与南阳盆地则成为中原王朝统治下的边缘地区，政治、经济与文化发展都远落后于中原王朝。到西周时期，在西周的政治架构下，西周王朝直接统治下的王畿地区和诸侯统治下的地区都成为西周王朝的基本疆域。西周在南方封建诸侯，形成了周代的南土区域，南土诸侯的分布从南阳盆地到随枣走廊，周势力的最南端曾一度抵达黄陂鲁台山，包括邓国在内的诸多南土诸侯进入南方发展，使南阳盆地南缘、随枣走廊及江汉北部开始摆脱夏商时代的边缘性质，成为中原王朝的有机组成部分，南土诸侯的到来从根本上改变了江汉地区的人文地理格局，江汉地区从华夏边缘区逐步向华夏核心区演进。

邓国及南土诸侯的到来，还使江汉地区的开发向汉水中下游核心区扩展。西周早期时，江汉平原核心地带还是一片荒凉景象，从西周中期起，江汉平原的地理景观有了重大转变，在南阳盆地南缘至随枣走廊一带，形成了一支地方性的考古学文化，是周文化的地方变体，被考古学者称为“真武山类遗存”，这支考古学文化进入了襄阳—大洪山以南的江汉平原腹地，并进一步向江汉平原西南部发展，直达长江北岸，荒废千年的江汉平原核心区重新得到开发，结束了江汉地区的荒凉局面并为楚国在汉水以西地区的兴起打下了基础。

关于“真武山类遗存”的性质，由于真武山遗址距邓城甚近，与邓城遗址处同一小区域，其本身可以视为邓国遗址，因此很多考古学者视真武山遗址西周遗存为邓文化，但真武山类遗存分布范围不限于襄阳地区，是一支较大范围的地域性考古学文化，其分布范围远远超过了邓国疆域，因此真武山遗址西周遗存未可直接视为邓文化，但某种程度上邓国却也是“真武山类遗存”的核心区域，或许真武山类遗存当是邓国与其他南土诸侯及在南土诸侯统治下的江汉土著共同创造和发展起来的，具有明显的周文化与南方土著文化融合的特征，可见邓国在这一支考古学文化兴起的过程中发挥了重要作用，是其中的重要一支。而真武山类遗存与早期楚文化有密切关系，最终发展成为春秋中期以后的典型楚文化。所以邓国与邓文化也是南土开发向江汉核心区推进的重要动力。

不晚于西周晚期始，楚国进入江汉地区，使得江汉地区的开发进入了一个新阶段。由于邓国的文化底蕴和发展水平远高于楚国，西周晚期以后邓国与楚国紧邻，两者之间有密切的关系，因此在从西周时期的早期楚文化向春秋中期以后的典型楚文化发展过程中，邓国及邓文化也起了重要作用，是参与创建楚文化的重要成员之一。在楚国兴起并深度开发江汉地区的过程中，邓国的存在及邓楚关系也起到了非常重要的作用。

五、其　　他

由于文献资料极为有限，考古资料也不足，加上研究成果特别是与邓国密切相关的楚国、巴国、鄀国等的认识差别，本书尚有诸多不足之处。比如主要凭借征集铜器推测了邓国国君墓地的大致位置，但尚未发掘到邓国国君墓葬；遗存尤其是遗址的邓文化性质尚缺乏自证材料，特别是类似小马家、堰窝子这几个距离核心区相对较远的遗存；专家们对汉水以南真武山遗址的性质存在分歧，也限制了对邓国疆域及其与楚国关系的探讨；对邓文化的流变、西周早中期邓国中心区及其辖域的探讨较为薄弱；对邓国在南土的地位乃至在江汉地区开发中作用的发挥缺乏有力支撑的证据，等等。这些均有待于今后新的考古资料的发现去证实。

附　　表

附表一　邓国墓葬一览表

墓地名称	位置	编号	方向/（°）	现尺寸：长×宽–深/米	墓内结构			葬具	铺朱砂情况	人骨架及葬式	随葬器物				时代	备注
					腰坑	壁龛	生土台				铜器	陶器	玉器	其他		
王坡墓地	樊城区牛首镇王坡村西北	M1	185	口3.5×2.2 底3.5×2.2（0.25～0.4）				单椁单棺		南部存牙齿	鼎、戈3、马衔2、马镳4		玦2、牛首饰2、长方形饰、片2	皮甲	春秋早期早段	
		M3	185	口5.4×3.8 底5.4×3.8–2.9				单椁单棺		南部存牙齿	残铜片2		璜、蝉、玦2、蛙形饰5	玛瑙珠18、料珠7	春秋早期后段	墓被盗
		M47	175	口3.2×（1.7～1.75） 底3.08×1.62–（1～1.1）				单椁单棺		南部存牙齿	戈		玦2、贝2、璜	石刀形饰	春秋早期后段	
		M55	184	口6.3×（4.3～4.5） 底6.3×（4.3～4.5）–3.8				单椁单棺		朽尽	鼎5、簋6、壶2、盘、匜、戈3、戈镈、马衔2、马镳4、片饰、泡3、帽钉2、环2、节约11、弹簧形器、鍭1000		玉琮、玦2、兽面饰7、牌形饰8、方形饰、条形饰、贝	丝线	春秋早期晚段	

续表

墓地名称	位置	编号	方向/（°）	现尺寸：长×宽－深/米	墓内结构			葬具	铺朱砂情况	人骨架及葬式	随葬器物				时代	备注
					腰坑	壁龛	生土台				铜器	陶器	玉器	其他		
擂鼓台墓地	谷城县庙滩镇古乐寺村东北	M1	205	口2.8×1.36 底2.8×1.36−1.1				单棺	棺内底铺朱砂	朽尽	鼎2、簠2				春秋早期后段	二墓并列
		M2	182	口（5.04～5.14）×（3.12～3.48） 底（4.9～4.96）×（3～3.36）－（0.54～1.1）				单椁单棺	棺内底铺朱砂	南端存牙齿	鼎2、簠2、提梁卣、罍、戈、矛、镞8	罐2（无法复原）	玦、环、条饰、琀	漆木弓（仅存漆皮）	春秋早期前段	
沈岗墓地	高新区团山镇余岗村沈岗西南	M9	195	口2.94×（1.42～1.52） 底2.66×（1.2～1.23）−1.5		南壁头龛		单棺		朽尽			管2、琀6		春秋早期	
		M22	200	口3.5×（1.52～1.8） 底3.1×（1.4～1.44）−2.3				单棺		朽尽			玦2		春秋早期	被M23打破
		M26	200	口2.8×1.1 底2.8×1.1−1.26				单棺		朽尽			璜、玦2		春秋早期	
		M39	205	口2.74×（1.21～1.36） 底2.74×（1.21～1.36）−1.7				单棺		朽尽			玦2、璜		春秋早期	被M37打破

续表

墓地名称	位置	编号	方向/（°）	现尺寸：长×宽-深/米	墓内结构			葬具	铺朱砂情况	人骨架及葬式	随葬器物				时代	备注
					腰坑	壁龛	生土台				铜器	陶器	玉器	其他		
沈岗墓地	高新区团山镇余岗村沈岗西南	M329	209	口2.9×1.3 底2.9×1.3-0.4				单棺		朽尽			管2、琀3、片		春秋早期	
		M385	192	口2.84×（1.3~1.4） 底2.94×（1.5~1.64）-2.2				单棺	棺内底铺朱砂	朽尽			琀2		春秋早期	棺盖上铺沙层
		M420	204	口（3.8~3.9）×（1.9~2.1） 底3.42×（1.48~1.64）-3.3				单棺	棺内底铺朱砂	南部存牙齿	戈、剑		玦2、蛙		春秋早期后段	被M418打破
		M455	202	口3.38×1.8 底3.2×1.76-2.24				单棺	棺内底铺朱砂	南端存牙齿			玦2、冲牙36、牌形饰4	珍珠3	春秋早期	被M466打破
		M519	194	口3.14×1.86 底2.94×1.5-2.05				单棺		朽尽			玦2		春秋早期	被M520打破
		M522	197	口3.14×1.5 底3.2×（1.56~1.62）-2.03				单棺		南端存牙齿			玦2、琀3、片		春秋早期	被M521打破

续表

墓地名称	位置	编号	方向/（°）	现尺寸：长×宽-深/米	墓内结构			葬具	铺朱砂情况	人骨架及葬式	随葬器物				时代	备注
					腰坑	壁龛	生土台				铜器	陶器	玉器	其他		
沈岗墓地	高新区团山镇余岗村沈岗西南	M565	203	口3.06×1.78 底3×1.64-3.04				单棺	棺内底铺朱砂	南部存牙齿			玦、冲牙2、琀12		春秋早期	
		M566	204	口3.36×2.2 底2.88×1.64-2.94				单棺		朽尽			玦2、佩3、挂饰		春秋早期	
		M577	190	口（2.8～2.9）×（1.5～1.54） 底（2.44～2.58）×1.12-1.96				单椁单棺	棺内底铺朱砂	南端存牙齿			佩	水晶环2	春秋早期	被M578打破
		M584	202	口3.2×（1.54～1.64） 底（2.52～2.58）×（1.1～1.3）-3.22				单棺		南端残存牙齿痕			片		春秋早期	
		M594	186	口3.5×（1.86～2） 底2.82×（1.18～1.34）-1.7				单棺		朽尽			片3	水晶环、觿	春秋早期	
		M598	217	口3.2×1.8 底2.74×1.58-2.6				单棺		朽尽			佩2、琀5		春秋早期	
		M601	222	口2.9×2.1 底2.9×（1.82～1.96）-2.7				单棺	棺内底铺朱砂	朽尽			片		春秋早期	
		M631	213	口2.9×1.48 底2.7×1.14-1.54				单棺		朽尽			璜		春秋早期	
		M632	215	口3.6×1.9 底3×1.12-1.36				单棺		朽尽			玦2、片18		春秋早期	被M633打破
		M677	207	口3.16×1.7 底3.2×1.76-2.02				单棺		南端存牙齿			玦2、琀4		春秋早期	被M678打破

续表

墓地名称	位置	编号	方向/（°）	现尺寸：长×宽-深/米	墓内结构			葬具	铺朱砂情况	人骨架及葬式	随葬器物				时代	备注
					腰坑	壁龛	生土台				铜器	陶器	玉器	其他		
沈岗墓地	高新区团山镇余岗村沈岗西南	M694	30	口3.2×（1.66～1.7） 底3.1×（1.56～1.6）-1.96	有			单椁 单棺		朽尽		簋4、豆2、罐2	玦2、贝2		西周晚期前段	
		M748	192	口（3～3.2）×（1.9～2） 底（2.86～2.9）×（1.6～1.68）-2.46				单棺	棺内底铺朱砂	南端存牙齿			凿2、玦2、片、璜		春秋早期	被M747打破
		M828	220	口2.7×（1.4～1.58） 底2.42×（1.04～1.1）-1.6				单棺		南端存牙齿			玦、琀4		春秋早期	
		M843	200	口（残）2.54×1.1 底2.22×（0.7～0.9）-1.64				单棺		朽尽			玦2、璜2		春秋早期	被M813打破
黄家村墓地	高新区团山镇黄家村北	M130	215	口2.84×（1.3～1.95） 底2.1×0.92-1.48				单棺		头骨			牌、玦2		春秋早期	
		M146	182	口3.05×1.6 底（2.7～2.95）×（1.05～1.14）-0.8			四壁设生土台	单椁 单棺		头、肢骨；仰身直肢			戈、玦2		春秋早期	
		M170	185	口3.35×1.55 底3.2×1.5-1.3				单椁 单棺		朽尽			琀11		春秋早期	
		M262	172	口3.2×1.65 底3.14×1.66-3.5				单椁 单棺		朽尽		盂、豆、罐			春秋早期后段	

续表

墓地名称	位置	编号	方向/（°）	现尺寸：长×宽-深/米	墓内结构			葬具	铺朱砂情况	人骨架及葬式	随葬器物				时代	备注
					腰坑	壁龛	生土台				铜器	陶器	玉器	其他		
韩岗墓地	高新区团山镇邓城村西	M31	280	口1.9×0.6 底1.9×0.6−0.5				单棺		头、肢骨；侧身直肢					春秋早期	
		M32	275	口3.52×1.88 底3.46×1.82−2.8	有			单棺		朽尽					春秋早期	被H39打破
		M35	272	口3.3×1.8 底3.18×1.6−2.95				单椁单棺	棺中部铺朱砂	朽尽					春秋早期	被H41打破
		M36	250	口2.15×0.9 底2.15×0.9−1.5				单棺		头、肢骨；仰身直肢，双臂抱胸前					春秋早期	被H38打破
		M41	175	口（3.1～3.3）×（1.72～1.82） 底3×（1.45～1.62）−1.94	有			单椁单棺	棺内底铺朱砂	南端存牙齿					春秋早期	被H42打破
		M42	270	口3.1×1.6 底3.1×1.6−2.2	有			单棺		朽尽					春秋早期	被H44打破
		M45	260	口2.4×0.85 底2.4×0.85−1.1				单棺	棺内中部铺朱砂	头、肢骨；仰身直肢，双臂抱胸前，右大腿肢骨断裂错位					春秋早期	被H39打破

续表

墓地名称	位置	编号	方向/（°）	现尺寸：长×宽-深/米	墓内结构			葬具	铺朱砂情况	人骨架及葬式	随葬器物				时代	备注
					腰坑	壁龛	生土台				铜器	陶器	玉器	其他		
韩岗墓地	高新区团山镇邓城村西	M51	250	口2.36×1.04 底2.14×0.94-1.5				单棺		朽尽					春秋早期	被H44打破
		M52	158	口3.7×1.06 底2.44×0.96-1.3				单椁单棺	棺内臀部有朱砂	头、肢骨；仰身直肢					春秋早期	
		M53	180	口2.9×1.2 底2.7×1.16-1.3				单棺		头、肢骨；仰身直肢					春秋早期	被H46打破
		M54	175	口2.88×1.3 底2.7×1.1-2.3				单棺		部分头骨					春秋早期	被H45打破
		M55	175	口2.6×1.38 底2.4×1.2-1.36				单棺		头、肢骨；仰身直肢					春秋早期	
		M56	185	口2.3×1 底2.16×0.94-0.26				单棺		部分头骨					春秋早期	
		M57	170	口2.5×1.15 底2.4×1.12-1.4				单棺		部分头骨					春秋早期	被H43打破
		M58	280	口2.38×0.56 底2.35×0.94-0.68		西壁头龛		单棺		头、肢骨；侧身屈肢		鬲、豆			春秋早期后段	被H47打破
		M60	175	口2.6×（1～1.06） 底2.6×（1～1.06）-1.9				单棺		完整；仰身直肢					春秋早期	

续表

墓地名称	位置	编号	方向/（°）	现尺寸：长×宽-深/米	墓内结构			葬具	铺朱砂情况	人骨架及葬式	随葬器物				时代	备注
					腰坑	壁龛	生土台				铜器	陶器	玉器	其他		
韩岗墓地	高新区团山镇邓城村西	M61	175	口2.72×1.42 底2.62×1.58−2.46	有			单椁单棺		头、肢骨；侧身直肢					春秋早期	
		M63	285	口3.1×1.5 底3×1.46−2.7	有			单椁单棺	棺内底铺朱砂	头、肢骨；仰身直肢					春秋早期	
		M64	260	口2.45×（1~1.05） 底2.4×（0.6~0.96）−0.6				单棺		较完整；仰身直肢，双臂交于腹部					春秋早期	
		M65	260	口2.2×0.8 底2.12×0.7−1				单棺		完整；仰身直肢					春秋早期	
		M66	175	口3×1.75 底2.84×1.6−2.1	有			单椁单棺	棺内底铺朱砂	头、肢骨；仰身直肢					春秋早期	被H40打破
		M67	270	口2×（0.68~0.74） 底1.98×（0.68~0.74）−0.65				单棺		头、肢骨；仰身直肢，双臂交于腹部					春秋早期	被H37打破
		M68	290	口2.1×0.7 底2.06×0.66−0.5				单棺		完整；仰身直肢，双臂抱胸前					春秋早期	

续表

墓地名称	位置	编号	方向/（°）	现尺寸：长×宽-深/米	墓内结构			葬具	铺朱砂情况	人骨架及葬式	随葬器物				时代	备注
					腰坑	壁龛	生土台				铜器	陶器	玉器	其他		
韩岗墓地	高新区团山镇邓城村西	M69	275	口2.14×0.8 底2.1×0.75-0.9				单棺	棺内头部有朱砂	较完整；仰身直肢					春秋早期	
		M70	285	口2.2×0.66 底2.16×0.6-0.7				单棺		较完整；仰身直肢，双臂抱于胸前					春秋早期	
		M71	280	口3.2×1.8 底3.1×（1.7～1.9）-1.9	有			单椁单棺		头、肢骨；仰身直肢，双臂交于腹部					春秋早期	被H48打破
		M72	280	口3.35×2 底3.5×（1.8～1.94）-2.8	有			单椁单棺	棺内头骨下有朱砂	头、肢骨；仰身直肢					春秋早期	被H48、H49打破
		M73	270	口2.5×1.1 底2.5×1.1-0.3				不明		朽尽					春秋早期	被H52打破
		M90	265	口2.26×（0.9～0.96） 底2.18×（0.82～0.88）-1.3		西壁头龛		单棺	内底铺朱砂	基本完整；仰身直肢		鬲、盂、豆2			春秋早期后段	
		M91	270	口3.3×2.06 底3.6×2.1-3	有			单椁单棺	棺内底铺朱砂	朽尽					春秋早期	
		M92	265	口3.64×2.04 底3.48×1.8-2.65	有			单椁单棺		头、肢骨；仰身直肢					春秋早期	被H50打破

续表

墓地名称	位置	编号	方向/（°）	现尺寸：长×宽-深/米	墓内结构			葬具	铺朱砂情况	人骨架及葬式	随葬器物				时代	备注
					腰坑	壁龛	生土台				铜器	陶器	玉器	其他		
惠博通墓地	高新区团山镇邓城村西	M1	285	口2.4×0.9 底2.3×0.8-1.56				单棺		西端残存牙齿					春秋早期	
		M2	300	口2.4×0.9 底2.4×0.9-1.5				单棺		朽尽					春秋早期	
		M3	295	口2.1×0.8 底2.05×0.75-1				单棺		头骨					春秋早期	
		M4	285	口2.1×0.92 底2.05×0.86-0.5		西壁头龛		单棺	棺内头部有朱砂	西端残存几枚牙齿		鬲、盂、豆		石琀6	春秋早期后段	
卞营墓地	高新区团山镇邓城村卞营南	M56	189	口3.3×1.28 底2.94×1-1.82				单棺		朽尽			璜		春秋早期	
		M63	5	口2.6×1.02 底2.48×0.7-0.96				单棺		朽尽			玦、琀21		春秋早期	
		M66	182	口（2.7～2.9）×（1.18～1.3） 底（2.62～2.7）×1.08-1.46				单棺		朽尽	戈		琀6	玛瑙璜	春秋早期后段	被M68、M70、M387打破
		M84	352	口1.9×0.6 底1.82×0.52-0.32				不明		朽尽			琀29		春秋早期	
		M86	197	口2.3×0.94 底1.84×0.85-0.87		南壁头龛		单棺		朽尽	铃8	鬲、盂、罐			春秋早期后段	被M88打破

续表

墓地名称	位置	编号	方向/（°）	现尺寸：长×宽-深/米	墓内结构			葬具	铺朱砂情况	人骨架及葬式	随葬器物				时代	备注
					腰坑	壁龛	生土台				铜器	陶器	玉器	其他		
卞营墓地	高新区团山镇邓城村卞营南	M105	162	口2.1×0.6 底2.04×0.46-0.36				单棺		朽尽		鬲、盂、壶			春秋早期后段	
		M110	190	口2.7×1.16 底2.7×1.16-1.32				单棺		朽尽			片		春秋早期	
		M126	185	口2.44×1.26 底2.36×1.19-1.36				单棺		北部存少量下肢骨				石璧2	春秋早期	
		M128	196	口2.4×0.88 底2.35×0.82-0.9				单棺		朽尽	镞			石琀25	春秋早期	被M132打破
		M134	197	口（残）（1.5～1.7）×0.9 底（残）（1.44～1.63）×0.8-1.02				单棺		南端存牙齿	镞		琀15	石琀39	春秋早期	被M23打破
		M143	190	口2.74×1 底2.5×0.82-1.28				单棺		南端存牙齿	镞		琀14		春秋早期	被M142打破
		M148	190	口2.4×1.9 底2.32×0.8-1.76				单棺		朽尽				石琀36	春秋早期	被M167打破
		M152	188	口2.6×0.96 底2.5×0.82-1.46				单棺		朽尽				石琀22	春秋早期	
		M162	185	口2.9×1.5 底2.64×（1.08～1.12）-2.12				单棺		朽尽				石琀32	春秋早期	
		M165	190	口（残）0.9×0.76 底2.32×残（0.6～0.76）-1.4				单棺		南端存牙齿				石琀7	春秋早期	被M75、M295打破

续表

墓地名称	位置	编号	方向/（°）	现尺寸：长×宽-深/米	墓内结构			葬具	铺朱砂情况	人骨架及葬式	随葬器物				时代	备注
					腰坑	壁龛	生土台				铜器	陶器	玉器	其他		
卞营墓地	高新区团山镇邓城村卞营南	M182	200	口3.74×（1.7~1.8） 底3.36×（1.3~1.56）-2.2				单棺		朽尽			璧、玦		春秋早期	被M181、M183打破
		M211	200	口2.62×1.58 底2.34×1.28-0.28				单棺		朽尽				石琀5	春秋早期	
		M228	196	口2.4×1.06 底2.34×1-0.84				单棺		南端存牙齿				石琀26	春秋早期	被M229打破
		M247	205	口（残）（0.8~1.16）×0.12 底（残）（0.68~0.98）×0.96-1.3				单棺		朽尽				石琀4	春秋早期	
		M284	172	口2.6×1.06 底2.52×0.96-1.32				单棺		南端存牙齿			琀		春秋早期	
		M286	175	口2.5×0.94 底2.5×0.94-1.04				单棺		南端存牙齿			璜	石琀3	春秋早期	
		M291	170	口2.8×（1.38~1.5） 底2.52×（0.9~1.06）-0.76				单棺		朽尽	镞		琀12、片		春秋早期	
		M298	186	口2.8×（1.26~1.34） 底2.7×（1.04~1.22）-1.5				单棺		完整；仰身直肢	戈、镞		琀2		春秋早期前段	被M193打破
		M325	235	口2.36×0.5 底2.28×0.92-0.4				单棺		西南端存牙齿			琀6		春秋早期	
		M328	35	口2.52×1.1 底2.52×1.1-0.76				单棺		朽尽			玦		春秋早期	

续表

墓地名称	位置	编号	方向/（°）	现尺寸：长×宽-深/米	墓内结构			葬具	铺朱砂情况	人骨架及葬式	随葬器物				时代	备注
					腰坑	壁龛	生土台				铜器	陶器	玉器	其他		
卞营墓地	高新区团山镇邓城村卞营南	M334	205	口2.36×0.7 底2.26×0.66−0.5				单棺		南端存牙齿				石琀10	春秋早期	
		M347	201	口（残）（1～1.16）×1.02 底（残）（1～1.16）×1.02−0.18				单棺		朽尽				石琀16	春秋早期	
		M361	172	口2.5×0.8 底2.4×1−1.5				单棺		南端存牙齿				石琀4	春秋早期	
		M374	190	口2.7×（1.1～1.4） 底2.44×0.96−1.46				单棺		南端存牙齿			琀5	水晶琀5	春秋早期	
		M376	235	口（1.44～1.52）×0.74 底（1.44～1.52）×0.74−0.3				单棺		朽尽			玦、琀42		春秋早期	被M315打破
		M377	195	口2.86×（1.24～1.3） 底2.6×1.06−1.72				单棺		朽尽			琀4		春秋早期	
		M468	210	口2.24×0.82 底2.24×0.82−0.34				单棺		完整；仰身直肢		鬲、盂、豆2		石琀5	西周晚期前段	
		M473	310	口（2～2.16）×（1.94～2.04） 底（0.94～1.04）×（0.6～0.7）−0.34				单棺		完整；仰身直肢		豆			春秋早期后段	
		M474	298	口2.34×（0.8～0.86） 底2.18×（0.62～0.66）−0.7		东壁侧龛		单棺		存腿骨；仰身直肢		鬲、盂、豆			春秋早期后段	

续表

墓地名称	位置	编号	方向/（°）	现尺寸：长×宽-深/米	墓内结构			葬具	铺朱砂情况	人骨架及葬式	随葬器物				时代	备注
					腰坑	壁龛	生土台				铜器	陶器	玉器	其他		
卞营墓地	高新区团山镇邓城村卞营南	M477	295	口2.12×（0.76～0.82） 底2.2×（0.64～0.72）-1.1				单棺		存腿骨；仰身直肢		鬲、盂、罐			春秋早期后段	被M499打破
		M481	205	口2.3×0.7 底2.16×0.56-0.7		西壁侧龛		单棺		完整；仰身直肢		鬲、豆			春秋早期前段	
		M482	205	口2.08×0.78 底2.02×（0.58～0.68）-0.64				单棺		朽尽		盂			西周晚期后段	被M483打破
		M488	295	口残（1.1～2.54）×0.92 底残（1.12～2）×0.84-0.34				单棺		存肢骨；仰身直肢		鬲、盂、罐			春秋早期后段	被M484打破

注：所有墓葬均为不设墓道的长方形竖穴土坑墓；人骨架朽尽或仅存牙齿、头骨、部分肢骨者葬式均不明。

附表二　邓国文化遗址一览表

序号	遗址名称	位置	分布面积/万平方米	发掘面积/平方米	邓文化地层	邓文化遗迹	出土遗物	时代	遗址性质	备注
1	韩岗遗址	高新区团山镇邓城村韩岗北	120	112	T3第4层，T7第3层		陶鬲、盂、豆等	春秋早期	村落	主体楚、汉遗存
2	黄家村遗址	高新区团山镇黄家村唐楼、陈家楼北、东侧	50	2900	东南区第3～5层，北区第4、5层	灰坑49、水井1口	生产工具、生活用器及铸造模、范，多陶鬲、甗、簋、盂、豆、壶、罍、盆、罐、瓮、缸、器盖	西周晚期至春秋早期	村落，可能有铸铜作坊	还有战国楚遗存
3	周家岗遗址	高新区团山镇黄家村周家岗、陈家楼及以南	15	437	第4层	灰坑6座、灰沟1条、房址1座、井1口	大量陶鬲、甗、盂、豆、罐、器盖及纺轮和少量石凿、球及铜镞、渣等	西周中期后段至春秋早期	都邑	还有新石器时代遗存
4	吴家坡遗址	樊城区柿铺街道王伙村吴家坡东	2	140	无	灰坑14座、灰沟1条	大量陶鼎、壶、鬲、甗、盂、豆、罐、小罐、瓮、器盖、器座及纺轮、饼、球、垫等，还有磨石、铜镞、骨锥、蚌刀等	春秋早期	村落，或有制陶作坊	仅存遗迹
5	小马家遗址	襄州区黄集镇耿坡村小马家自然村及南北侧	40	275	无	灰坑3座	陶鬲、甗、簋、盂、壶、罐、瓮	西周早中期	村落	主体东周遗存
6	吴家湖遗址	樊城区牛首镇大李营村吴家湖自然村东南	暂不明	150	第3～5层	灰坑10座、灰沟2条	石斧、陶网坠等生产工具和大量陶鬲、甗、簋、盂、豆、盘、罐、瓮、器盖	西周中晚期	村落	

续表

序号	遗址名称	位置	分布面积/万平方米	发掘面积/平方米	邓文化地层	邓文化遗迹	出土遗物	时代	遗址性质	备注
7	王家巷遗址	樊城区王寨村王家巷自然村北	7.5	近1000	2008年第4层，2013年第3、4层	窑址4座、灰坑85座、水井4口	大量陶鼎、簋、壶、鬲、甗、盂、豆、罐、瓮、小罐、器盖等生活用具和陶拍、网坠、纺轮、球、轮盘、垫，以及石饼、拍和铜削刀、镞、块，卜骨及兽骨、牙、角等	西周晚期至春秋中期	制陶作坊	第三次发掘资料未整理
8	堰窝子遗址	老河口市仙人渡镇王楼村	3	300	无	G1	鬲、豆、盂等残片	西周晚期	村落	仅存遗迹

附表三　邓国铜容器一览表

序号	时代	名称	来源	尺寸/厘米	铭文内容	资料来源（完整信息详见参考文献）
1	西周早期前段	邓公盉	出土，藏昌邑市博物馆	口径13.3、通高24.1	昇公隮彝	《山东昌邑出土商代邓共盉稽考》
2	西周早期后段	邓小仲方鼎1	传世，藏台北故宫博物院	口长16.8、宽13.8、通高23.8	登小仲获得，弗敢取，用乍厥文祖寳鬻隮，用隮厥畐于□宫	《善斋吉金录》3.10；《三代吉金文存》3.31.2；《殷周金文集成释文（第二卷）》第2528器；《故宫西周金文录》“邓小仲方鼎”
3		邓小仲方鼎2	传世，藏苏黎世利特堡博物馆	口长16.8、宽13.8、通高23.8		《欧洲所藏中国青铜器遗珠》邓小仲方鼎图版说明；《新收殷周铜器铭文暨器影汇编》第1828器
4	西周早期后段	邓仲牺尊	出土，张家坡M163：33	通长40.5、通高38.9	昇中乍寳隮彝	《张家坡西周墓地》图122、123，彩版6、图版113-1；《殷周金文集成》（修订增补本）第11册第5852器
5		邓仲牺尊盖	出土，张家坡M163：43	盖口长11.9、宽7.4、通高11.8		
6	西周中期前段	邓公鼎	征集，藏原西安市文物中心	口径22、通高23.5	昇公乍旅隮鼎	西安市文物中心收藏的商周铜器
7	西周中期后段	邓公簋A（缺盖）	出土，藏平顶山市博物馆等	口径19、通高15.5	昇公乍應嫚毗媵簋，其永寶用	《河南平顶山市发现西周铜毁》
8		邓公簋B（缺盖）		口径19.8、通高15.5		《河南平顶山市又出土一件邓公簋》
9		邓公簋C		口径19.5、通高20		《平顶山市出土周代青铜器》
10		邓公簋D		口径20、通高20		
11	西周中期后段	邓公簋	传世，出处不明，仅见拓本	不详	隹十又四月，王在侯□，昇公乍旅簋	《殷周金文集成释文（第三卷）》第3858器

续表

序号	时代	名称	来源	尺寸/厘米	铭文内容	资料来源（完整信息详见参考文献）
12	西周晚期前段	邓伯氏鼎	传世，端方、罗振玉旧藏	不详	隹登八月初吉，伯氏、姒氏乍爾嫚昊馀鼎，其永寶用	《两周金文辞大系图录考释》图31、录191、考176；《殷周金文集成》（修订增补本）第5册第2643器
13	西周晚期前段	侯氏簋1（缺盖）	征集，藏襄阳市博物馆	口径21.5、高18	侯氏乍孟姬隣簋，其萬年永寶	《湖北襄樊拣选的商周青铜器》
14		侯氏簋2（缺盖）	出土，藏襄阳市博物馆	口径21.2、高18.5		《襄樊市、谷城县馆藏铜器》
15	西周晚期前段	邓公牧簋1	征集，藏襄阳市博物馆	口径18.5、通高22.5	异公牧乍馀簋	《湖北襄樊拣选的商周青铜器》
16		邓公牧簋（缺盖）2		口径18.3、高18		
17	西周晚期前段	旛簋1	出土，擂鼓台M2：3	口径18.9、通高22	隹王正月，旛卲各文祖皇考乍隣簋，旛其萬年子子孫永寶用	《湖北谷城擂鼓台墓群M2发掘简报》
18		旛簋2	出土，擂鼓台M2：4	口径18.4、通高23		
19	西周晚期后段	邓孟壶盖	传世	口长13.1、宽9.3、通高12.1	异孟乍监旻隣壶，子子孫孫永寶用	《两周金文辞大系图录考释》图184、录191、考176；《殷周金文集成释文（第五卷）》第9622器
20	春秋早期前段	邓子鄙白鼎	出土，擂鼓台M2：5	口径19.6、通高18.8	隹登九月初吉庚午，登子鄙白自乍□⿰鼎	《湖北谷城擂鼓台墓群M2发掘简报》
21		邓子鄙白鼎	出土，擂鼓台M2：6	口径19.2、通高18.6		
22		提梁卣	出土，擂鼓台M2：8	口径8.8～11.8、通高27.6		
23		罍	出土，擂鼓台M2：7	口径10.8、通高31		

续表

序号	时代	名称	来源	尺寸/厘米	铭文内容	资料来源（完整信息详见参考文献）
24	春秋早期前段	邓公簋盖	征集，藏中国国家博物馆	口径22、高7.8	隹登九月初吉，不故女夫人台乍登公，用为女夫人 簋	《馆藏邓国铜器》；《两周金文辞大系图录考释》图125、录191、考177；《殷周金文集成》（修订增补本）第7册第4055器
25	春秋早期前段	邓叔簋	不明，仅见摹本	不详	□登叔乍顯寶，子子孫永寶用	《攈古录金文》卷二之一，七十七
26	春秋早期前段	邓伯吉射盘	征集，藏中国国家博物馆	口径35.2、通高12.7	登伯吉射自乍盥盘，子子孫萬年永寶用享	《馆藏邓国铜器》；《殷周金文集成》（修订增补本）第16册第10121器
27	春秋早期前段	邓初生匜	征集，藏中国国家博物馆	口通长28、口宽15.2、通高19.2	隹登初生吉壽登公金，自乍盥匜	《馆藏邓国铜器》；《殷周金文集成》（修订增补本）第16册第10228器
28	春秋早期后段	邓子孙白鼎1	出土，擂鼓台M1：1	口径19.5、通高19	登（邓）子孙白用	《湖北谷城发现的邓国铜器及相关问题》
29		邓子孙白鼎2	出土，擂鼓台M1：2	口径19.3、通高19		
30		簋	出土，擂鼓台M1：3	口径16.4、通高15.5		
31		簋	出土，擂鼓台M1：4	口径16、通高15		
32	春秋早期后段	鼎	出土，王坡M1：1	口径26.3、腹深10.6、通高22.8	隹九月初吉丁亥，登公孫無嬰屖吉金鑑其□鼎。其用追考朕皇高且。余用正用行，永壽無疆。子子孫孫永寶用之	《襄阳王坡东周秦汉墓》

续表

序号	时代	名称	来源	尺寸/厘米	铭文内容	资料来源（完整信息详见参考文献）
33～37	春秋早期后段	鼎1～5	出土，王坡M55：14～M55：18	口径26.2～30、通高20～21.8		《襄阳王坡东周秦汉墓》
38～43		簋1～6	出土，王坡M55：12、M55：13、M55：19、M55：22～M55：24	口径17.1～19.1、通高24.4～25.8		
44		壶	出土，王坡M55：20	口径15.3、通高42.5		
45		壶	出土，王坡M55：21	口径15.8、通高42.6		
46		盘	出土，王坡M55：10	口径39.2～40.4、通高12.2～12.5		
47		匜	出土，王坡M55：11	通长25.2、通高14.4		
48		邓公午簋	传世，仅存拓本	不详	鄧公午□自乍餗簋，其萬年子子孫孫永壽用之	《两周金文辞大系图录考释》图184、录191、考176；《殷周金文集成释文（第五卷）》第9622器

附表四 邓文化遗址地层情况一览表

遗址名称	地层编号	层位关系	分布状况	厚度/米	填土	包含物	时代
韩岗遗址	T3第4层	第3层下，下为生土层	局部分布	0 ~ 1.1	黄斑土，较软	鬲、盂、豆等陶片	春秋早期后段
	T7第3层	第2层下，下为生土层	资料未公布	资料未公布	资料未公布	鬲、豆等陶片	
黄家村遗址	东南区第3层	第2层下，下为第4层、生土层	连片分布	0 ~ 0.53	灰褐色，较硬，夹少量红烧土粒	鬲、甗、盂、豆、罐、杯、器盖等陶片	春秋早期后段
	东南区第4层	第3层下，下为第5层、生土层	小片分布	0 ~ 0.28	深灰色，相对较硬，夹少量炭屑	鬲、甗、盂、豆、罐、器盖等陶片	春秋早期前段
	东南区第5层	第4层下，下为生土层	零星分布	0 ~ 0.2	灰黄色，较硬，相对纯净	鬲、甗、盂、豆及纺轮等陶片	西周晚期后段
	北区第4层	第3层下，下为第4层、生土层	局部分布	0 ~ 0.18	深灰色，较硬，夹少量炭屑	鬲、甗、簋、盂、豆、罐、器盖及拍、纺轮等陶片	春秋早期后段
	北区第5层	第3、4层下，下为生土层	成片分布	0 ~ 0.17	灰黑色，较软，夹较多红烧土粒和炭屑	鬲、甗、盂、豆、罐、器盖及拍等陶片	两周之际
周家岗遗址	第4层	第3层下，下为第5、6层和生土层	成片分布	0 ~ 0.6	灰黑色，较软，夹较多的红烧土颗粒及部分草木灰	鬲、甗、盂、豆、罐、器盖等陶片	春秋早期后段
吴家湖遗址	第3层	第2层下，下为第4层	成片分布	0.12 ~ 0.34	灰黄色，含一定砂性，较硬，结构较致密，含少量炭屑、红烧土颗粒	鬲、盂、豆、罐、瓮等陶片	西周晚期前段
	第4层	第3层下，下为第5层	成片分布	0.22 ~ 0.66	深灰褐色粉质黏土，较硬，结构致密，包含大量红烧土块和炭屑	鬲、甗、簋、盂、罐、瓮等陶片	西周中期后段
	第5层	第4层下，下为次生土层	成片分布	0.08 ~ 0.26	浅褐色粉质黏土，质硬，结构致密，含有零星红烧土颗粒和草木灰	未见包含物	西周中期后段

续表

遗址名称	地层编号	层位关系	分布状况	厚度/米	填土	包含物	时代
王家巷遗址	2008年第4层	第3层下，下为第5层（次生土层）	大片分布	0.2 ~ 1.2	灰褐色，较板结，夹较多草木灰和红烧土颗粒	鬲、豆、盂、罐等陶器残片	春秋早期后段
	2013年第3层	第2层下，下为第4层和第5层（次生土层）	大片分布	0.3 ~ 0.56	黄色，较松软，夹少量红烧土颗粒	鼎、鬲、甗、盂、豆、罐、器盖、器座等陶器残片和陶拍、轮盘、支垫，磨石	春秋早期后段
	2013年第4层	第3层下，下为第5层（次生土层）	成片分布，局部无分布	0 ~ 0.6	黄褐色，较疏松，夹大量草木灰、炭屑和红烧土块	鼎、鬲、甗、盂、豆、罐、瓮、器盖等陶器残片和陶拍、支垫	春秋早期后段

附表五　邓国文化遗址遗迹一览表

遗址名称	遗迹编号	层位关系	形制	尺寸/米	填土	包含物	时代
黄家村遗址	H1	耕土层下，打破生土层	平面近不规则椭圆形，坑壁斜收，底中部略凸，四周略凹	口最长2.55、最短2.18、最深0.25	深灰色，夹少量炭屑、红烧土粒	鬲、豆、罐等陶片	西周晚期前段
	H2	同上	平面近马鞍形，坑壁弧收，近平底	口最长2.62、宽1.3～1.7、最深0.2	深灰色，较软，夹少量草木灰、红烧土粒	鬲、甗、盂、罐、器盖等陶片	西周晚期后段
	H3	同上	平面近椭圆形，坑壁弧收，近平底	口长径3.8、短径1.9、最深0.45	灰褐色，夹少量红烧土粒	鬲、甗、盂、豆、罐、器盖等陶片	西周晚期后段
	H4	同上	平面近圆形，坑壁斜收，底中部略凸，四周略凹	口最长1.4、最短1.24、最深0.3	灰黑色，夹较多草木灰、红烧土粒	鬲、甗、盂、豆、罐、器盖等陶片	两周之际
	H5	同上	平面近凹腰鞋底形，坑壁南部弧收，北部两级阶梯状弧收，底部凹凸不平，北深南浅	口最长4.6、宽1.28～1.9、最深0.67	灰黑色，夹较多草木灰、炭屑、红烧土粒	鬲、甗、盂、豆、盆、罐、瓮、罍、器盖等陶片和砺石	西周晚期前段
	H6	同上	平面椭圆形，坑壁弧收，锅底	口长径2.56、短径1.68、最深0.35	灰褐色，夹少量红烧土粒	鬲、甗、豆、盆、罐、罍、器盖等陶片	西周晚期后段
	H7	同上	平面不规则形，坑壁弧收，有缓有陡，底部凹凸不平	口最长9.25、宽2.12～4.5、深0.18～0.57	灰黄色，夹少量红烧土粒	鬲、甗、盂、豆、罐、罍、器盖、拍等陶片	西周晚期后段
	H8	同上	平面近椭圆形，坑壁弧收，锅底	口长径1.36、短径0.7、最深0.2	灰黑色，夹较多草木灰	甗（鬲）、盂、盆、罐等陶片	两周之际
	H9	同上	平面近圆形，坑壁弧收，锅底	口径1.52、最深0.28	深灰色，夹少量红烧土粒	鬲、甗、盂、豆、盆、器盖等陶片	两周之际

续表

遗址名称	遗迹编号	层位关系	形制	尺寸/米	填土	包含物	时代
黄家村遗址	H10	同上	平面近椭圆形，坑壁局部斜收，局部弧收，锅底	口长径1.96、短径1.67、最深0.68	灰黄色，夹少量红烧土粒	鬲、甗、盆、罐、器盖等陶片	两周之际
	H11	同上	平面近半椭圆形，坑壁弧收，锅底近平	口现最长1.06、最宽1.03、最深0.15	灰黄色，夹少量红烧土粒	鬲、甗、豆、罐、器盖等陶片	两周晚期前段
	H12	同上	平面不规则，坑壁局部斜收，局部弧收，锅底近平	口最长3、最宽1.58、最深0.33	深灰色，夹少量红烧土粒	鬲、甗、豆、罐、器盖等陶片和少量砺石	两周之际
	H13	同上	平面鞋底形，坑壁斜收，凸圜底	口最长1.3、宽0.26 ~ 0.58、最深0.11	灰黄色，夹少量红烧土粒	鬲、甗等陶片	两周之际
	H14	同上	平面圆角方形，坑壁近直，近平底	口最长1.7、最宽1.62、最深0.45	灰黄色，夹少量红烧土粒	鬲、甗、盂、豆、盆、罐、罍、器盖等陶片	两周之际
	H15	同上	平面近圆形，坑壁斜直，近平底	口径1.5 ~ 1.6、最深0.3	灰黑色，较松软，夹大量草木灰及小红烧土块	鬲、甗、盂、豆、盆、罐、器盖等陶片	春秋早期后段
	H16	同上	平面近椭圆形，坑壁弧收，锅底	口长径3.35、短径2.4、最深0.15	灰褐色，较松软，夹少量草木灰及红烧土粒	鬲、甗、盂、豆、罐、器盖、纺轮等陶片和石饼	春秋早期后段
	H17	耕土层下，打破H19和生土层	平面近圆形，坑壁弧收，锅底	口径3.3 ~ 3.45、最深0.51	两层：第1层灰褐色，较硬，夹少量炭屑；第2层灰黑色，较松软，夹大量草木灰	第1层有鬲、甗、盂、豆、盆、罐、器盖等陶片，第2层无陶片	春秋早期后段
	H18	耕土层下，被H19打破，打破生土层	平面近圆角方形，坑壁弧收，近平底	口长4.65、宽4.25、最深0.8	灰黑色，较松软，夹大量草木灰	鬲、甗、盂、豆、盆、罐、器盖等陶片和石钻孔器	春秋早期前段

续表

遗址名称	遗迹编号	层位关系	形制	尺寸/米	填土	包含物	时代
黄家村遗址	H19	耕土层下，被H17打破，打破H18和生土层	平面近椭圆形，坑壁折收，平底	口最长4.7、最宽3.36、最深1.04	三层：第1层灰褐色，较致密，夹少量炭屑；第2层灰黑色，较松软，夹大量草木灰；第3层灰黄色，较硬，夹零星炭屑	三层均有较多的鬲、甗、盂、豆、盆、罐、瓮、器盖等陶片	第3层春秋早期前段；第2、1层春秋早期后段
	H20	第3层下，打破H24和第4层、生土层	平面呈不规则长方形，坑壁弧收，底凹凸不平	口最长6.84、宽1.78～3.4、最深0.42	灰黑色，较松散，夹大量草木灰、红烧土粒	鬲、甗、盂、豆、罐、器盖等陶片	春秋早期后段
	H21	第3层下，打破生土层	平面呈不规则梯形，坑壁微弧收，底较平	口最长7.85、最宽4.4、最深0.43	深灰色，疏松，夹较多草木灰和炭屑	鬲、甗、豆、罐、器盖等陶片	春秋早期后段
	H22	第3层下，打破第4层	平面近椭圆形，坑壁弧收，底凹凸不平	口最长6.58、最宽4.93、最深0.35	灰黑色，较松散，夹大量木炭、红烧土块	鬲、甗、盂、豆、罐、器盖等陶片	春秋早期后段
	H23	第4层下，打破生土层	平面呈椭圆形，坑壁弧收，浅锅底	口最长2.24、最宽1.55、最深0.23	灰黑色，较疏松，夹大量草木灰	鬲（甗）、盂（盆）、罐等陶片	春秋早期前段
	H24	第3层下，被H20打破，打破生土层	平面近三角形，坑壁弧收，底近平	坑口最长4.38、最宽3.24、最深0.32	灰褐色，较松软，夹少量红烧土粒	甗、盂、豆等陶片	春秋早期后段
	H25	第4层下，被H32打破，打破生土层	平面复原近椭圆形，坑壁微弧收，锅底	口残，长径2.04、短径1.51、最深0.3	深灰色，较硬，夹少量炭屑、红烧土粒	豆、盆、罐等陶片	两周之际

续表

遗址名称	遗迹编号	层位关系	形制	尺寸/米	填土	包含物	时代
黄家村遗址	H26	第4层下，打破第5层和生土层	平面近不规则六边形，坑壁斜收，锅底	口最长1.95、最短0.6、最深0.3	深灰色，较硬，夹少量炭屑、红烧土粒	鼎、鬲、甗、簋、盂、豆、罐、器盖及纺轮等陶片和少量动物骨骼、牙齿及铜渣	两周之际
	H27	第3层下，打破第5层和生土层	平面近不规则椭圆形，坑壁弧收，锅底	坑长径1.98、短径1.48、最深0.31	深灰色，较板结，夹少量炭屑、红烧土粒	鬲（甗）、豆、盆、罐等陶片和少量砺石	春秋早期前段
	H28	第5层下，打破生土层	平面近不规则椭圆形，坑壁弧收，锅底	坑长径1.94、短径1.6、最深0.34	深灰色，较硬，夹少量炭屑、红烧土粒	甗（鬲）、豆、盆、器盖等陶片和个别砺石	两周之际
	H29	第3层下，打破第5层和生土层	现平面近不规则椭圆形，坑壁斜收，近平底	现口最长2.84、宽1.13～2.52、最深0.9	深灰夹黄褐色，较杂，较硬，夹少量草木灰	鬲、甗、盂、豆、盆、罐、罍、器盖等陶片和少量砺石	春秋早期前段
	H31	耕土层下，打破生土层	平面近三角形，坑壁斜收，锅底	口最长3.5、最宽3.15、最深0.87	二层：第1层黄褐色，较黏、软，夹少量炭屑；第2层灰黄色，较硬，夹少量草木灰	鬲、甗、盂、豆、盆、器盖及纺轮等陶片，以及少量动物骨骼	第2层春秋早期前段；第1层春秋早期后段
	H32	第4层下，打破H25和生土层	现平面近梯形，坑壁弧收，锅底	现口最长1.99、宽1.55～2.55、最深0.58	深灰色，较软，夹大量草木灰	鬲、甗、豆、盆、罐、器盖等陶片	春秋早期前段
	H33	第3层下，打破第5层和生土层	平面近圆形，坑壁弧收，锅底	口径1.8～2.2、最深0.82	深灰色，较硬，夹大量草木灰	甗（鬲）、盂、豆、罐等陶片和个别砺石	两周之际

续表

遗址名称	遗迹编号	层位关系	形制	尺寸/米	填土	包含物	时代
黄家村遗址	H34	第3层下，打破第4层和生土层	平面不规则，坑壁弧收，近平底	现口最长5.02、最宽1.47、最深0.34	灰黑色，较硬，夹少量炭屑、红烧土颗粒	鬲、甗、盂、豆、盆、罐、瓮、器盖等陶片和铜削刀	春秋早期后段
	H35	第4层下，打破生土层	现平面近长方形，坑壁弧收，近平底	现口最长2.15、最宽1.72、最深0.15	二层：第1层灰褐色，较硬，夹少量红烧土颗粒；第2层灰黑色，较软，夹少量炭屑	鬲、甗、盂、豆、盆、罐、罍、缸、器盖等陶片	第2层春秋早期前段；第1层春秋早期后段
	H36	第3层下，打破第4层和生土层	平面呈不规则三角形，坑壁弧收，近平底	口最长2.9、最宽2.1、最深0.41	灰黑色，较软，夹少量炭屑和红烧土颗粒	鬲、甗、盂、豆、罐、瓮及纺轮等陶片	春秋早期后段
	H37	第2层下，打破第4层和生土层	现平面呈不规则形，坑壁弧收，锅底	现口最长1.8、最宽0.65、最深0.68	灰黑色，较硬，夹少量炭屑和红烧土颗粒	鬲、甗、盂、豆、器盖等陶片	春秋早期后段
	H38	耕土层下，打破生土层	平面呈长方形，坑壁斜收，近平底	口长4、宽1.65～2.2、最深0.8	灰黑色，较硬，夹大量草木灰	鬲、甗、豆、罐、器盖等陶片	春秋早期前段
	H39	同上	平面呈椭圆形，坑壁斜收，平底	口长径2.3、短径1.83、最深0.3	灰黑色，较硬，夹少量草木灰	鬲、甗、盂、豆、盆、罐、瓮、缸、器盖等陶片	春秋早期前段
	H40	同上	平面近曲尺形，坑壁直，平底	口长1.48～4.5、宽1.56～3.93、最深0.2	灰黑色，较硬，夹大量草木灰和少量红烧土颗粒	鬲、甗、盂、豆、盆、罐、器盖等陶片	春秋早期前段
	H41	同上	平面近长方形，坑壁弧收，平底	口长1.3、宽1.2、最深0.2	灰黑色，较硬，夹少量草木灰	鬲、豆等陶片	两周之际

续表

遗址名称	遗迹编号	层位关系	形制	尺寸/米	填土	包含物	时代
黄家村遗址	H42	同上	平面近陀螺形，坑壁弧收，浅凹底	口最长4.8、最宽3.4、最深0.36	灰黑色，较硬，夹少量草木灰	鬲（甗）、盂、豆、盆、罐、瓮、器盖及范等陶片和个别铜片、炼渣	春秋早期前段
	H43	同上	平面近三叶形，坑壁斜收，平底	口最长5、最宽4.9、最深0.5	灰黑色，较硬，夹少量草木灰和红烧土颗粒	鬲、甗、盂、豆、盆、罐及小盒、纺轮等陶片	春秋早期后段
	H44	同上	平面近马鞍形，坑壁弧收，锅底	口最长6.8、宽2.9～4.2、最深0.9	三层：第1层黄褐色，较硬；第2层深灰色，较硬；第3层灰黑色，稍软，夹大量草木灰、炭屑和少量红烧土颗粒	第1、2层有鬲、甗、盂、豆、盆、罐、罍、器盖及模等陶片和少量铜炼渣；第3层有鬲、甗、盂、豆、盆、罐、器盖等少量陶片	第3层西周晚期前段；第2层西周晚期后段；第1层两周之际
	H45	同上	平面近马鞍形，坑壁呈一级台阶状弧收，锅底	口最长6.3、宽1.8～4.1、最深0.75	灰黑色，较软，夹少量炭屑	鬲、甗、盂、豆、盆、罐、器盖等陶片	春秋早期后段
	H46	同上	平面呈椭圆形，坑壁弧收，平底	口长径2.8、短径2.4、最深0.3	灰褐色，较硬，夹少量红烧土颗粒	鬲（甗）、盆、罐等陶片	春秋早期后段
	H47	同上	平面近圆角长方形，坑壁弧收，锅底	口长2.8、宽2.42、最深0.76	灰黑色，较软，夹少量炭屑	鬲、甗、盂、豆、盆、罐、器盖等陶片和少量动物骨骼	春秋早期前段
	H48	同上	平面近“凹”形，坑壁弧收，近平底	口最长3.64、宽1.1～2.15、最深0.43	灰黑色，较硬，夹少量草木灰	鬲（甗）、盂、豆、罐、罍及纺轮等陶片	春秋早期后段
	H50	同上	平面近烟斗形，坑壁微弧收，锅底	口最长3.4、宽0.9～2、最深0.45	灰黑色，较硬，夹少量草木灰、红烧土颗粒	鬲、甗、盂、豆等陶片	春秋早期前段

续表

遗址名称	遗迹编号	层位关系	形制	尺寸/米	填土	包含物	时代
黄家村遗址	H51	同上	平面近“Y”形，坑壁微弧收，底凹凸不平	口最长10.35、宽2～6.3、最深0.96	灰黑色，较软，夹少量炭屑	鬲、甗、簋、盂、豆、盆、壶、罐、器盖等陶片和少量动物骨骼、砺石	春秋早期前段
	J1	同上	井口平面近椭圆形，自口部渐凹弧内收至1.12米深处后近垂直向下，至2.1米时未再清理，下部不明	口长径2.21、短径1.87米，未清理到底，深度不明	二层：第1层灰褐色，略硬，夹零星草木灰；第2层黄褐色，致密，上部略硬，下部含水量加大	第1层有鬲（甗）、豆、盆、罐等陶片；第2层无包含物	两周之际
周家岗遗址	H5	第3层下，打破第5层	平面呈圆形，坑壁斜直，底平	口径2.6、底径2.4、深1.05	三层：第1层灰色，夹大量草木灰和红烧土粒；第2层灰白色；第3层灰黑色，夹较多草木灰	三层均包含鬲、甗、盂、豆、罐、器盖等陶片	第3层西周晚期前段；第2层西周晚期后段；第1层两周之际
	H7	第3层下，被G1打破，打破第5层	平面呈椭圆形，弧壁，锅底	口长径1.62、短径1.06、最深0.2	灰黑色，夹较多草木灰	鬲、盂、罐等陶片	西周中期后段
	H8	第3层下，打破F1和生土层	平面呈半椭圆形，东长壁较陡直，西长壁弧收，近平底	口长径2.62、短径1.64、最深0.7	二层：第1层灰褐色，夹少量红烧土粒；第2层灰黄色，夹较多草木灰和少量红烧土粒	均含鬲、盂、豆、罐、器盖等陶片，第2层还有少量动物骨骼	第2层西周晚期后段；第1层两周之际

续表

遗址名称	遗迹编号	层位关系	形制	尺寸/米	填土	包含物	时代
周家岗遗址	H9	第3层下，打破F1和生土层	平面呈不规则五边形，近直壁，经人工修整，平底	口最长2.4、最宽2.08、最深0.5	二层：第1层灰褐色，较硬，夹少量红烧土粒；第2层灰褐色，较软，夹少量草木灰和红烧土块	第1层有鬲、盂、豆、罐等陶片和少量动物骨骼、牙齿；第2层极少	第2层西周晚期后段；第1层两周之际
	H12	第3层下，打破第5层	平面近圆形，斜壁，近平底，底经修整	口径1.36、宽0.68、最深0.75	深褐色，较软，夹少量红烧土粒	鬲、豆、罐等陶片	春秋早期后段
	H14	第4层下，被G1、J1打破，打破生土层	平面近椭圆形，弧壁，锅底	口长径2.4、短径1.5、最深1	灰黑色，较软，夹少量草木灰和红烧土粒	鬲、罐等陶片和少量动物骨骼、牙齿	两周之际
	G1	第3层下，打破H7、H14、J1和第4、5层及生土层	平面呈长条形，横断面呈梯形，斜壁内收，东长壁较陡，近平底	发掘区口长20、勘探口长73、口宽2.35～2.6、最深1.82	二层：第1层灰黄色，较软，夹少量红烧土粒；第2层灰黑色，淤泥层，较薄，局部分布	第1层鬲、甗、盂、豆、罐、器盖等陶片和铜镞、渣，陶纺轮；第2层无包含物	春秋早期后段
	J1	第4层下，被G1打破，打破H14和生土层	平面近圆形，口部稍大，微斜壁至距井口约1.1米深时呈直壁，向下距井口3.4米深处弧外扩0.25米再直壁，至4.9米深以下未清理	口径2.4、井口以下1.1～3.4米深处直径2.2米，井口以下3.9米深处及以下直径2.7米	六层：第1层灰褐色，夹杂少量炭屑等，较疏松；第2层黄褐色，稍松，夹杂少量红烧土颗粒；第3层灰黄色，较致密，夹极少量红烧土粒；第4层黄褐色土，较硬；第5层黄色，相对较纯、软；第6层黄沙土，较疏松	每层各有或部分有鬲、甗、盂、豆、罐等陶片和陶纺轮，少量有铜镞、渣和动物骨骼	第6层两周之际；第5、4、3层春秋早期前段；第2、1层春秋早期后段

续表

遗址名称	遗迹编号	层位关系	形制	尺寸/米	填土	包含物	时代
周家岗遗址	F1	第3层下，被H8、H9打破，打破第5层	平面呈长方形，基本呈东西走向，存东、北、南三条基槽，似组合成两间房屋	现口南北通长4.2、东西通宽4、基槽深0.2～0.26	居住面硬，基槽内填土灰黑色，较硬，夹少量红烧土粒	基槽内含极少量豆、盂、罐残碎陶片	西周晚期后段
吴家坡遗址	H1	淤积层下，打破G1和生土层	平面呈不规则椭圆形，南壁斜，北壁近直，锅底	口长径2.42、短径1.61、深0.26	黄褐色，致密，夹较多红烧土颗粒、草木灰和黄土斑	壶、鬲、甗、盂、罐、豆等陶片和少量兽骨、兽牙	春秋早期后段
	H2	淤积层下，打破生土层	平面呈不规则形，弧壁，底部凹凸不平	口最长2.57、最宽1.74、深0.51	黄褐色，疏松，夹大量红烧土及草木灰	陶球、磨石及鼎、鬲、甗、盂、豆、罐、器盖等陶片	春秋早期后段
	H3	淤积层下，打破H4及生土层	平面呈不规则圆形，弧壁，锅底，略有起伏	口直径1.33～1.48、深0.18	黄褐色，致密，夹较多红烧土颗粒和少量黄土斑	鬲、豆、罐等陶片	春秋早期后段
	H4	淤积层下，被H3打破，打破生土层	平面呈不规则椭圆形，斜弧壁，近平底，略有起伏	口长径2.96、短径1.68、深0.29	黑褐色，疏松，夹大量草木灰	鬲、甗、豆、罐等陶片	春秋早期后段
	H5	淤积层下，打破H10及生土层	平面呈不规则形，斜弧壁，近平底，略有起伏	口最长2.97、最宽2.42、深0.76	黄褐色，致密，夹少量红烧土颗粒、草木灰	纺轮、饼、垫和鬲、甗、盂、豆、罐、器盖等陶片	春秋早期后段
	H6	淤积层下，打破H7、H8及生土层	平面呈不规则椭圆形，斜弧壁，近平底	口长径2.15、短径1.71、深0.34	黄褐色，致密，夹大量红烧土颗粒和少量黄土斑	鬲、盂、豆、罐等陶片和少量兽骨	春秋早期后段
	H7	淤积层下，被H6打破，打破生土层	平面呈不规则椭圆形，弧壁，近平底，中部略有起伏	口长径2.92、短径1.74、深0.42	大部黑褐色，东北部色偏黄，疏松，夹大量草木灰及少量红烧土粒、黄土斑块	骨锥、蚌刀和鬲、甗、盂、豆、罐等陶片及少量蚌壳、兽骨	春秋早期后段

续表

遗址名称	遗迹编号	层位关系	形制	尺寸/米	填土	包含物	时代
吴家坡遗址	H8	淤积层下，被H6打破，打破生土层	平面呈不规则椭圆形，斜弧壁，近平底	口长径1.85、短径1.54、深0.38	灰褐色，致密，夹较多草木灰及红烧土粒	鬲、盂、豆、罐等陶片和少量兽骨	春秋早期后段
	H9	淤泥层下，打破生土层	平面呈不规则圆形，斜弧壁，底自西南向东北斜弧	口直径1.5～1.72、深0.23	红褐色，致密，夹杂大量红烧土块及少量黄土斑	鼎、鬲、盂、豆、罐等陶片和少量兽骨	春秋早期后段
	H10	淤泥层下，被H5打破，打破生土层	平面呈扁圆形，壁上部近直，下部弧收，锅底，略有起伏	口长径2.08、短径0.64、深0.51	灰褐色，疏松，夹杂大量草木灰及少量红烧土粒	壶、鬲、盂、豆、罐、器盖等陶片	春秋早期后段
	H11	淤泥层下，打破生土层	平面呈不规则椭圆形，弧壁，锅底	口长径2.05、短径1.06、深0.38	青灰土，致密，夹少量青灰斑、草木灰及红烧土粒	鬲、豆、罐等陶片	春秋早期后段
	H12	同上	平面呈不规则椭圆形，坑壁两级台阶状折收，经修整，坑底较平，略有起伏	口长径4.77、短径2.4、深1.54	五层：第1层灰褐色，致密，夹较多草木灰和少量红烧土粒；第2层黄褐色，纯净，夹少量红烧土粒；第3层黑灰土，疏松，夹大量草木灰及少量红烧土粒；第4层黄土，纯净，夹少量草木灰；第5层黑灰土，疏松，夹较多草木灰和少量红烧土粒	第2、4层仅少量细碎陶片；其余陶片较多，其中第1层壶、鬲、盂、豆、罐、小罐，第3层磨石和垫、壶、鬲、盂、豆、罐、瓮、器盖，第5层鬲、盂、豆、罐	春秋早期后段
	H13	同上	平面呈不规则椭圆形，弧壁，锅底，略有起伏	口长径4.14、短径3.2、深1.64	黑褐色，疏松，夹大量红烧土粒、块及草木灰	磨石，铜镞和垫、鬲、甗、盂、豆、罐、器盖、器座等陶片	春秋早期后段
	H14	同上	平面呈半椭圆形，弧壁，锅底	口最长1.28、宽0.92、深0.32	灰褐色，疏松，夹较多红烧土粒、块及草木灰	磨石，陶纺轮、饼和鬲、盂、豆、罐、瓮等陶片	春秋早期后段

续表

遗址名称	遗迹编号	层位关系	形制	尺寸/米	填土	包含物	时代
吴家坡遗址	G1	淤积层下，打破生土层	平面不规则，略呈弯曲形，两侧弧壁；凸底，中部浅，两端深	口最长10.48、宽2～3.8、深0.28～0.67	二层：第1层黄褐色，略致密，夹少量红烧土粒及草木灰；第2层黑褐色，疏松，夹大量草木灰及少量红烧土粒、黄土斑块	陶纺轮和鬲、甗、盂、豆、罐等陶片，以及少量兽骨、鱼骨	春秋早期后段
小马家遗址	H1	耕土层下，打破生土层	平面近圆形，斜弧壁内收，近平底	口径2.3～2.5、最深0.34	灰黑色，松软，含较多的草木灰，夹极少量红烧土块、炭屑	鬲、簋、盂、罐等陶片和少量动物骨骼	西周中期前段
	H2	同上	平面呈不规则椭圆形，斜弧壁内收，锅底	口长径4.2、短径2.25、最深0.65	灰黑色，松软，夹少量炭屑、草木灰和极少量红烧土块	鬲、甗、簋、盂、壶、罐等陶片	西周中期后段
	H3	同上	平面近圆形，斜直壁，除西壁下部往外掏挖外，余均内收，锅底近平	口径1.72～1.85、最深0.6	灰黑色，松软，含大量草木灰，夹少量炭屑和红烧土颗粒	鬲、盂、瓮等陶片和少量动物骨骼	西周早期后段
吴家湖遗址	H1	第3层下，打破H2和第4层	平面呈条形，斜壁，近平底	口长2.38、最宽0.96、深0.16～0.22	灰黑色，较疏松，夹少量红烧土颗粒和草木灰	鬲、甗、盂、罐等陶片	西周晚期前段
	H2	第3层下，被H1打破，打破第4层和H5	平面呈不规则形，壁外弧呈袋状，近平底	口长2.68、最宽0.78、深0.56～0.76		鬲、甗、罐等陶片和少量动物骨骼	西周晚期前段
	H3	第3层下，打破第4、5层	平面近圆形，弧壁，锅底	口径1.04～1.14、深0.42		鬲、罐等陶片	西周晚期前段
	H4	第3层下，打破第4层	平面呈扁圆形，弧壁，锅底	口长径1.26、短径1.16、深0.42		鬲、盂等陶片	西周晚期前段
	H5	第4层下，被H2打破，打破第5、6层	平面近半圆形，斜壁，近平底	口长2.5、最宽1.18、深0.5		鬲、盂、盘等陶片	西周中期后段

续表

遗址名称	遗迹编号	层位关系	形制	尺寸/米	填土	包含物	时代
吴家湖遗址	H6	第4层下，打破第5、6层	平面近扇形，弧壁，近平底	口长1.54、宽1.35、深0.33	灰黑色，疏松，夹较多红烧土颗粒和草木灰	鬲、甗等陶片	西周中期后段
	H7	第5层下，打破第6层	平面近刀形，弧壁，底凹凸不平	口长2.4、最宽1.84、深0.22～0.38	灰褐色，较疏松，夹少量红烧土颗粒和草木灰	无	西周中期后段
	H8	第3层下，打破第4～6层	平面近扇形，折壁，锅底，西部较浅	口长2.52、最宽1.93、深0.42～0.86	二层：第1层浅褐色，较软、疏松，夹较多红烧土块、草木灰；第2层灰黑色，疏松，夹较多炭屑和草木灰	第1层无包含物；第2层鬲、甗、盂、罐等陶片和少量动物骨骼	西周晚期前段
	H9	同上	平面近扇形，弧壁，锅底	口长径1.64、短径1.25、深0.8		第1层无包含物；第2层鬲、甗、盂、罐等陶片和少量动物骨骼	西周晚期前段
	H10	第4层下，打破第5、6层	平面近扇形，弧壁，近平底	口长2.53、最宽1.76、深0.36	灰黑色，较疏松，夹少量红烧土颗粒和草木灰	鬲、甗等陶片	西周中期后段
	G1	同上	平面呈条形，折壁，底凹凸不平	口长4.22、宽0.84～1.32、深0.22～0.56	灰褐色，黏性，较硬，结构较致密，夹少量红烧土颗粒和草木灰	鬲、罐等陶片	西周中期后段
	G2	第5层下，打破第6层	平面呈条形，中部两侧弧凸，近平底	口长4、宽0.34～1.2、深0.16～0.23	灰褐色，黏性，较软，结构较疏松，夹少量红烧土颗粒和草木灰	鬲、甗等陶片	西周中期后段

续表

遗址名称	遗迹编号	层位关系	形制	尺寸/米	填土	包含物	时代
王家巷遗址	H1	第3层下，打破第4层	平面近圆形，直壁，近平底	口径0.85、深0.5	三层：第1层灰黑色，较硬，夹较多烧土粒；第2层灰黄色，较软，纯净；第3层灰黑色，松软，夹较多烧土粒	包含物较少，第1层有鬲、盂、豆、罐、器盖等陶片，第3层有豆、罐等陶片	春秋早期后段
	H2	第3层下，打破第5层	平面不规则，弧壁，锅底	口最长5.02、最宽2.3、深1.1	灰褐色，较硬，夹少量草木灰和红烧土粒	除少量兽骨、兽牙、卵石、铜箭镞、桐子外，包含大量壶、鬲、甗、盂、豆、盆、罐、器盖及少量网坠、拍等陶片	春秋早期后段
	H3	第3层下，打破H4和第4、5层	平面呈不规则圆形，斜壁，近平底	口径1.42、深0.6	灰褐色，较松，夹较多草木灰和少量红烧土粒	壶、鬲、盂、豆、盆、罐、瓮、器盖及纺轮等陶片和少量兽角、牙、骨	春秋早期后段
	H4	第3层下，被H3打破，打破第4、5层	平面呈不规则长方形，斜壁，近平底	口最长1.95、最宽1.5、深0.8	灰褐色，较松，夹较多草木灰、红烧土颗粒及少量炭屑	鬲、盂、豆、罐陶片及兽骨	春秋早期后段
	H5	第3层下，打破第4、5层	平面近长方形，北壁陡直，东壁斜收，底凹凸不平	口长2、宽1～1.45、深0.9	灰褐色，较松，夹少量草木灰和红烧土粒	鬲、盂、豆、罐、器盖等陶片和铜镞、块	春秋早期后段
	H6	第3层下，打破H9和第4层	平面近圆形，直壁，近平底	口径0.52、深0.66	二层：第1层灰褐色，较硬，夹较多红烧土粒；第2层灰黄色，较软，纯净	坑底有完整狗骨架一副	春秋早期后段
	H7	第4层下，打破第5层	平面近圆形，弧壁，锅底	口径2.7、深1.06	灰黑色，松软，夹较多红烧土粒和草木灰	簋、壶、鬲、甗、盂、豆、盆、罐、瓮、器盖、杯及拍等陶片和卜骨	春秋早期前段

续表

遗址名称	遗迹编号	层位关系	形制	尺寸/米	填土	包含物	时代
王家巷遗址	H8	第4层下，打破第5层	平面呈不规则形，斜壁，近平底	口长2.52、宽1.87、深0.6	灰褐色，松软，夹大量红烧土粒和草木灰	壶、鬲、盂、豆、罐、器盖及拍等陶片	春秋早期后段
	H9	第4层下，被H6打破，打破第5层	平面呈不规则形，斜壁，锅底	口长2.98、宽1.2、深1.64	深灰色，松软，夹较多红烧土粒和少量炭屑	鬲、盂、豆、盆、罐等陶片	春秋早期后段
	H10	第4层下，打破第5层	平面近三角形	口最长1.9、最宽1.55、深0.85	灰褐色，松软，夹少量草木灰	鼎、豆、罐、瓮、器盖等陶片	春秋早期后段
	H11	同上	平面近椭圆形，弧壁，底部凹凸不平，挖出三小坑	口最长3.35、最宽3.3、深0.8	二层：第1层浅黄色，较纯净；第2层灰黑色，松软，夹草木灰	第1层少量细碎陶片，第2层有鼎、鬲、甗、盂、豆、罐、瓮、器盖及拍等陶片	春秋早期后段
	H12	同上	平面不规则，近直壁微斜收，近平底	口长2、宽1.95、深0.92	灰黑色，松软，夹大量草木灰和少量红烧土粒	壶、鬲、甗、盂、豆、罐、器盖等陶片及陶球、动物等	春秋早期后段
	H13	同上	平面呈不规则形，壁两级阶梯状，锅底	口最长3.5、最宽0.95、深0.95	深灰色，松软，夹少量红烧土粒和炭屑	壶、鬲、盂、豆、罐、器盖等陶片	春秋早期后段
	H14	第3层下，打破第4层	平面略呈圆形，坑壁粗糙，弧壁，锅底	口径1～1.05、深0.2	灰黑色，松软，夹较多炭屑、红烧土颗粒	鬲、盂、豆、罐等陶片	春秋早期后段
	H16	开口于第3层下，打破第4、5层和H28	平面呈不规则椭圆形，坑壁南、北部斜，东、西壁直，波浪形底	口最长5.1、最宽2.84、最深0.8	黄褐色，较疏松，夹少量红烧土颗粒、炭屑	鬲、盂、豆、罐等陶片	春秋早期后段
	H17	第3层下，打破第4层	平面呈不规则长方形，弧壁，底较平	口长1.44、宽0.8、深0.2	灰褐色，疏松，夹少量草木灰和炭屑	盂、豆、罐等陶片	春秋早期后段

续表

遗址名称	遗迹编号	层位关系	形制	尺寸/米	填土	包含物	时代
王家巷遗址	H18	第3层下，打破第4、5层和H45	平面近椭圆形，坑壁部分陡直，部分弧，底凹凸不平	口长径5.44、短径2.8、最深0.86	灰黑色，松软，夹较多炭屑、红烧土颗粒	鼎、鬲、甗、盂、豆、罐、器盖、支垫等陶片和铜削刀、镞	春秋早期后段
	H19	第3层下，打破第4层	平面簸箕形，弧壁，近平底	口最长1.76、最宽1.14、深0.16	灰褐色，较疏松，夹少量草木灰、炭屑和红烧土颗粒	鬲、盂、罐等陶片	春秋早期后段
	H20	同上	平面近圆角长方形，斜壁，锅底	口长1.8、宽1.42、最深0.58	灰褐色，较疏松，夹较多草木灰和少量红烧土颗粒	鬲、甗、盂、豆、罐等陶片	春秋早期后段
	H21	同上	平面近圆形，直壁，平底	口直径0.7、深0.12	灰黑色，疏松，夹较多草木灰、炭屑和红烧土颗粒	盂、豆等陶片	春秋早期后段
	H22	同上	平面近长条形，坑壁部分陡直，部分斜缓，近平底	口长2.6、宽0.85、深0.2	灰黑色，松软，夹较多草木灰	鬲、盂、豆、罐等陶片	春秋早期后段
	H23	同上	平面呈不规则椭圆形，斜壁，近平底	口长径2.9、短径1.33、深0.4	灰黑色，松软，夹较多草木灰、红烧土颗粒	鬲、盂、豆、罐等陶片	春秋早期后段
	H24	第3层下，打破第4、5层	平面近圆形，弧壁，锅底	口直径1.38、最深0.6	灰黑色，松软，夹较多草木灰、红烧土颗粒	鬲、盂、豆、罐等陶片	春秋早期后段
	H25	第3层下，打破第4层	平面近直角三角形，弧壁，平底	口最长3.45、最宽2.8、深0.4	灰黑色，松软，夹大量草木灰、炭屑、红烧土颗粒	鬲、盂、豆、罐等陶片	春秋早期后段
	H26	第3层下，打破第4层	平面呈不规则形，弧壁，波浪形底凹凸不平	口最长4.75、最宽3.5、最深0.4	灰褐色，较疏松，夹少量炭屑、红烧土颗粒	鬲、甗、盂、豆、罐等陶片，陶纺轮	春秋早期后段
	H27	第4层下，打破第5层	平面近圆形，斜壁，锅底	口长径3、短径2.6、最深0.3	灰黑色，松软，夹大量草木灰、炭屑、红烧土颗粒	鬲、盂、豆、罐、器盖等陶片和动物骨骼	两周之际

续表

遗址名称	遗迹编号	层位关系	形制	尺寸/米	填土	包含物	时代
王家巷遗址	H28	第4层下，被H16、H34、H40打破，打破第5层	平面呈不规则长方形，坑壁不规整，底凹凸不平	口最长5.5、最宽4、最深0.7	灰褐色，较疏松，夹少量红烧土颗粒	鬲、甗、盂、豆、罐等陶片和石、陶拍，纺轮	春秋早期后段
	H29	第4层下，被J1、H45打破，打破第5层	平面呈不规则椭圆形，近直壁，底凹凸不平	口长径3.7、短径2.2、最深0.7	灰黑色，松软，夹较多草木灰、炭屑、红烧土颗粒	鬲、甗、盂、豆、罐等陶片，陶拍	两周之际
	H30	第3层下，打破第4、5层和J1	平面近圆形，弧壁，平底	口径1.91～2、深0.65	灰黑色，松软，夹较多草木灰、红烧土颗粒	鬲、盂、豆、罐等陶片	春秋早期后段
	H31	第3层下，打破第4层	平面呈椭圆形，弧壁，平底	口长径2.6、短径1.9、深0.4	灰黑色，松软，夹较多草木灰、红烧土颗粒	鬲、盂、豆、罐等陶片	春秋早期后段
	H32	同上	平面呈不规则长方形，弧壁，底凹凸不平	口最长3.1、最宽1.7、最深0.7	灰褐色，较疏松，夹少量草木灰、红烧土颗粒	簋、鬲、盂、豆、罐、器盖等陶片	春秋早期后段
	H33	第3层下，打破第4层	平面呈正簸箕形，壁部分弧，部分斜、弧，锅底	口最长3.6、最宽1.4、最深0.45	黄褐色，较疏松，夹少量炭屑、红烧土颗粒	鬲、盂、豆、罐等陶片	春秋早期后段
	H34	第3层下，打破第4层和H28	平面呈不规则长方形，直壁，近平底	口长4.6、宽1.6、深0.44	黄褐色，较致密，夹少量红烧土颗粒	鬲、盂、豆、罐等陶片及动物骨骼	春秋早期后段
	H35	第3层下，打破第4层	平面呈半圆形，弧壁，锅底	口长径1.6、短径1.1、最深0.2	灰褐色，较疏松，夹较多草木灰和少量红烧土粒	鬲、盂、豆、罐等陶片	春秋早期后段

续表

遗址名称	遗迹编号	层位关系	形制	尺寸/米	填土	包含物	时代
王家巷遗址	H36	同上	平面呈不规则形，弧壁，锅底	口最长1.4、最宽0.96、最深0.3	灰黑色，松软，夹较多草木灰、炭屑	鬲、盂、豆、罐等陶片	春秋早期后段
	H37	同上	平面近椭圆形，斜弧壁，底凹凸不平	口长径2.14、短径1.76、最深0.34	深灰色，较疏松，夹较多草木灰、红烧土颗粒	鬲、盂、豆、罐等陶片	春秋早期后段
	H38	同上	平面呈不规则椭圆形，斜壁，底凹凸不平	口长径7.56、短径3.56、最深0.7	深灰色，较疏松，夹大量草木灰、红烧土颗粒	鼎、簋、鬲、盂、豆、罐、器座等陶片及石拍	春秋早期后段
	H39	同上	平面近菱形，弧壁，近平底	口最长3、最宽1.4、深0.25	灰褐色，较疏松，夹较多草木灰、红烧土颗粒	鬲、盂、豆、罐等陶片和铜镞	春秋早期后段
	H40	第3层下，打破第4层和H28、H44、H48	平面呈不规则形，弧壁，东部较浅，西部较深，底凹凸不平	口最长7.7、最宽6.2、最深0.94	灰褐色，较疏松，夹大量草木灰、红烧土颗粒	鼎、鬲、甗、盂、豆、罐等陶片和铜削刀、镞，石拍	春秋早期后段
	H41	第4层下，打破第5层	平面近圆角方形，弧壁，平底	口长1.8、宽1.4、深0.5	灰褐色，较致密，含有细沙，夹少量红烧土颗粒	鬲、甗、盂、豆、罐等陶片	春秋早期后段
	H42	同上	平面呈不规则形，斜壁，北部缓，南部较陡，平底	口最长3.7、最宽2.35、最深0.45	灰褐色，较致密，夹少量草木灰、红烧土颗粒	鬲、甗、盂、罐等陶片和磨石	春秋早期后段
	H43	第4层下，打破第5层	平面近圆形，弧壁，锅底	口径2.1～2.2、最深0.8	灰褐色，较致密，夹少量草木灰、红烧土颗粒	鬲、甗、盂、豆、罐等陶片	春秋早期后段
	H44	第4层下，被H40打破，打破第5层	平面呈不规则形，弧壁，锅底，坑壁光滑，经加工	口最长4.4、最宽2.4、最深1.16	二层：第1层灰褐色，较疏松，夹较多草木灰和少量红烧土颗粒、黄斑土块；第2层灰黑色，松软，夹大量草木灰	第1层鬲、盂、豆、罐等陶片；第2层少量鼎、鬲、盂、豆、罐等陶片和石饼、动物骨骼	春秋早期后段

续表

遗址名称	遗迹编号	层位关系	形制	尺寸/米	填土	包含物	时代
王家巷遗址	H45	第4层下，被H18、J1打破，打破第5层和H49、H50、Y2～Y4	平面呈不规则形，斜、弧壁，底凹凸不平	口最长15.8、最宽10、最深2.05	四层：第1层灰黑色，较疏松，夹较多草木灰、红烧土颗粒；第2层灰黄色，较疏松，夹少量草木灰、红烧土颗粒；第3层灰黑色，松软，夹大量草木灰、红烧土颗粒；第4层深灰，较疏松，较纯净	第1层鬲、盂、豆、罐等陶片；第2层鼎、鬲、甗、盂、豆、盘、罐、器盖、器座等陶片和陶支垫、轮盘、饼；第3层鼎、壶、鬲、盂、豆、罐等陶片和陶拍，铜器足；第4层包含物少，有鼎、壶、鬲、盂、豆、盘、罐、瓮、器盖等陶片和陶拍、支垫、压锤及石斧，角锥，铜片	第1～3层春秋早期后段，第4层春秋早期前段
	H46	第4层下，打破第5层	平面呈不规则半圆形，弧壁，锅底	口径2.56、最深0.8	灰黑色，松软，夹较多草木灰、红烧土颗粒	鬲、甗、盂、豆、罐等陶片，陶轮盘	春秋早期前段
	H47	同上	平面呈簸箕形，斜壁，锅底	口最长2.2、最宽2、最深0.38	灰褐色，较疏松，夹大量草木灰、红烧土颗粒	鬲、盂、豆、罐等陶片和陶压锤	春秋早期后段
	H48	第4层下，被H40打破，打破第5层	坑口梯形，底圆形，壁上部斜收，下部直壁且较光滑，平底	口最长3.7、最宽3.46、深2.04	三层：第1层黄褐色，较致密，夹少量红烧土颗粒；第2层灰褐色，较疏松，夹少量炭屑；第3层黄沙土，疏松，夹少量草木灰、红烧土颗粒	第1层包含物少，有鬲、豆、罐等陶片和动物骨骼；第2层鬲、甗、盂、豆、罐、器盖等陶片；第3层无包含物	第1层春秋早期后段，第2层春秋早期前段
	H49	第4层下，被H45打破，打破第5层	平面呈正椭圆形，弧壁，锅底	口最长4.3、最宽3.68、最深1.3	灰黑色，疏松，夹大量草木灰、红烧土颗粒	鬲、甗、盂、豆、罐、器盖等陶片和陶拍	春秋早期后段

续表

遗址名称	遗迹编号	层位关系	形制	尺寸/米	填土	包含物	时代
王家巷遗址	H50	第4层下，被H45打破，打破第5层	平面呈半圆形，弧壁，底部略有起伏	口长径2.7、短径1.2、最深0.58	灰褐色，较致密，夹较多草木灰、红烧土颗粒	鬲、豆、器盖等陶片	春秋早期后段
	J1	第3层下，被H30打破，打破第4、5层和H29、H45	口、底平面均为圆形，井口至1.5米深处井壁有三道窄台内收，其下近直壁内收，平底	口径3.26、底径1.8、深6.92	三层：第1层灰黄色，沙性，较疏松，夹少量炭屑和红烧土颗粒；第2层灰褐色，较疏松，夹少量草木灰、红烧土颗粒；第3层青灰色，泥沙性，松软	第1层鬲、甗、盂、豆、罐等陶片，卵石、铜镞；第2层包含物少，有鬲、盂、罐等陶片；第3层包含极少量泥质灰陶罐残片	春秋早期后段
	Y1	第3层下，打破第4层	平面略呈子弹形，前窄后宽，由操作坑、窑室、烟道三部分组成	通长5.32、最宽1.87、最大残深0.46	操作坑填土二层：第1层灰褐色，较松，夹大量红烧土粒和草木灰；第2层灰黄色，较硬，纯净。窑室填土二层：第1层灰褐色，较硬，夹大量红烧土粒；第2层在火膛和窑床东部有一层木柴燃烧后的灰白色灰烬	操作坑、窑室第1层均含少量豆、罐等陶片；第2层均无包含物	春秋早期后段
	Y2	第4层下，被H45打破，打破第5层	平面略呈子弹形，由操作坑、火（窑）门、火膛、窑室组成	通长4.98、最宽2.44、最深1.16	操作坑灰黄色，沙性，较纯净，较疏松；窑室内灰黑色，较疏松，夹较多草木灰、炭屑、红烧土颗粒	操作坑无包含物；窑室有鬲、甗、盂等陶片	春秋早期后段
	Y3	同上	由操作坑、火（窑）门、火膛、窑室组成，操作坑几乎破坏殆尽	残长0.94、残宽0.66、最深0.63	操作坑填土不明；窑室内灰黑色，较疏松，夹较多草木灰、炭屑、红烧土颗粒	窑室有鬲、甗、盂、豆、罐等陶片	春秋早期后段
	Y4	同上	平面略呈子弹形，由操作坑、火（窑）门、火膛、窑室组成	通长约5.3、最宽2.7、最深0.54	操作坑灰黄色，沙性，较纯净，较疏松；窑室内灰黑色，较疏松，夹较多草木灰、炭屑、红烧土颗粒	操作坑无包含物；窑室有夹砂灰陶鬲口沿、泥质灰陶罐口沿等	春秋早期后段

附表六　邓城周边楚、秦、汉文化遗址一览表

序号	遗址名称	相对位置	地理位置	面积/万平方米	工作情况	地层堆积	遗迹情况	出土遗物	时代	资料主要来源
1	韩岗遗址	邓城城址北侧	高新区团山镇邓城村韩岗北	120	1987年、1996年、2009年、2011年先后四次发掘2200平方米	分六层：第2、3层秦汉文化层，第4层战国文化层，第5、6层春秋文化层，厚1.6～2.5米	春秋灰坑、水井，战国灰坑、灰沟、水井，秦汉灰坑、灰沟、水井、陶窑址	春秋石、铜、陶、骨质工具，鬲、甗、盂、豆、罐等陶质生活用器；战国陶、铁质工具，陶鼎、鬲、盂、豆、罐等生活用器，陶瓦、井圈、排水槽等建筑材料；秦汉陶、石、铁质工具，陶甑、壶、罐、盆、瓮等生活用器，陶瓦、砖、排水管等建筑材料，以及铜镞、盖弓帽、砝码等	春秋中期至西汉早期	《江汉考古》2002年第2期、2004年第2期，襄阳市文物考古研究所2009年、2011年发掘资料
2	卞营遗址	邓城城址东侧偏北	高新区团山镇邓城村卞营南	100	2008年发掘300平方米	分八层：第2、3层宋、汉文化层，第4～8层东周文化层，最厚2米	东周灰坑、灰沟、水井，汉代瓦棺葬，宋墓	以东周遗物为主，有陶、石质工具，陶质日用器、建筑材料和铜带钩、镞；汉代陶日用器、建筑材料；宋代瓷碗等	春秋中期至战国中期，汉，宋	襄阳市文物考古研究所2008年内环路发掘材料
3	南岗遗址	邓城城址北约800米	高新区团山镇邓城村解放店西	10	2011～2012年发掘650平方米	分四层：第2～4层东周文化层，最厚3米	东周灰坑、灰沟、水井	东周陶、石、铜、铁质生产工具，陶质日用器、建筑材料，以及铜鼎等	春秋中期至战国中期	襄阳市文物考古研究所2011～2012年发掘资料
4	余岗遗址	邓城城址东2.5千米	高新区团山镇余岗村沈家岗东南	1.2	1993年发掘190平方米	分二层：第2层战国文化层，最厚0.4米	战国灰坑	战国较多的陶鬲、豆、罐等残片	战国中期	《襄樊市文物史迹普查实录》第3页

续表

序号	遗址名称	相对位置	地理位置	面积/万平方米	工作情况	地层堆积	遗迹情况	出土遗物	时代	资料主要来源
5	彭岗遗址	邓城城址东约3千米	高新区团山镇余岗村彭家岗南	2	1996年发掘475平方米	分四层：第2A、2B、3层为战国文化层，最厚0.8米	战国灰坑、灰沟	战国大量石、铜、铁、陶质工具，陶日用器、建筑材料，以及铜兵器、带钩、布币等	战国	《江汉考古》2000年第2期
6	张营遗址	邓城城址西北约1千米	樊城区牛首镇九冢村东	3	2006年、2016年发掘550平方米	分三层：第2层汉代文化层，第3层新石器时代文化层	汉代灰坑、房址	汉代绳纹筒瓦、板瓦及陶罐残片	汉	《襄阳考古年报（2016）》第32-38页
7	庙台子遗址	邓城城址南侧	高新区团山镇邓城村邓城南	0.8	“三普”调查新发现	不明	不明	地表暴露较多陶盆、壶、罐、豆等日用器和板瓦、筒瓦等建筑材料残片	东周	《襄阳史迹扫描》第43页
8	周家岗遗址	邓城城址东南侧	高新区团山镇黄家村周家岗、陈家楼及以南	15	2008年发掘437平方米	分六层：第3层为汉代文化层，第4层为春秋文化层，第5、6层为新石器时代文化层	汉代灰坑、灰沟	陶罐、砖、筒瓦、板瓦，硬陶罐	汉	《江汉考古》2021年第2期
9	王家巷遗址	邓城城址南约600米	樊城区王寨街道王寨村王家巷北	7.5	2008年发掘310平方米	分四层：第3层为汉代文化层，第4层为邓文化层	汉代土坑墓	汉代陶纺轮、饼及鼎、盒、壶、罐，铜五铢、镞等	西汉	襄阳市文物考古研究所2008年内环路发掘材料

续表

序号	遗址名称	相对位置	地理位置	面积/万平方米	工作情况	地层堆积	遗迹情况	出土遗物	时代	资料主要来源
10	黄家村遗址	邓城城址东南约500米	高新区团山镇黄家村唐楼、陈家楼北、东侧	50	2005～2007年发掘2900平方米	分五层：北区第2层、东南区第2层为战国文化层，余为邓文化层，最厚0.85米	战国灰坑	少量战国陶鼎、盂、豆、罐等日用器和筒瓦、板瓦等建筑材料	战国中晚期	《襄阳黄家村》第241-246页
11	蔡庄遗址	邓城城址东北约2.1千米	高新区团山镇骆台村蔡庄南	3	2018年、2020年发掘990平方米	文化层基本破坏殆尽	东周灰坑46座	石斧，陶鼎、鬲、甗、豆、盂、罐，铜镞、带钩	东周	《襄阳考古年报（2018）》第67-75页，《襄阳考古年报（2020）》第18-22页
12	贾庄遗址	邓城城址北约1.5千米	高新区团山镇邓城村贾庄东南	0.7	1997年清理5口水井	破坏殆尽	战国水井	陶罐、板瓦	战国中晚期	《江汉考古》1999年第4期
13	团山窑址	邓城城址东北约2.5千米	高新区团山镇团山社区西	0.2	曾清理2座陶窑址	破坏殆尽	窑址船形，有窑门、窑膛、烟道	未见出土物	东周	《襄阳史迹扫描》第47-48页
14	后官田遗址	邓城城址北约2.5千米	高新区团山镇施坡村后官田东南	0.3	2020年发掘100平方米	破坏殆尽	灰坑4座，灰沟1条	石凿，陶鼎、鬲、豆、罐	东周	《襄阳考古年报（2020）》第23-31页

注：部分遗址中的邓文化遗存和新石器时代文化遗存未予统计。

附表七 邓城周边楚、秦、汉至南北朝墓地一览表

序号	遗址名称	相对位置	地理位置	面积/万平方米	工作情况	墓葬形制	葬具	随葬遗物	时代	资料主要来源
1	山湾墓地	邓城城址东北约4.2千米	高新区团山镇施坡村山湾西北	120	1972年发掘墓葬200余座	长方形竖穴土坑墓，部分战国墓设台阶和斜坡墓道	单椁重棺、单椁单棺、单棺	成组铜容器、兵器、车马器、工具及陶仿铜礼器、日用器和较多的玉、石器等，部分铭文铜器涉及楚、徐等诸侯国和鄀、邓县	春秋中晚期，秦代	《江汉考古》1983年第2期，《考古与文物》1983年第3期
2	蔡坡墓地	邓城城址东北约4千米	高新区团山镇施坡村蔡坡东	90	1973年、1974年、1998年、1999年发掘墓葬20座	长方形竖穴土坑墓，部分设二至六级台阶和斜坡墓道	单椁单棺、单棺	较多的铜容器、兵器、车马器、工具，陶仿铜礼器、日用器，以及玉、石、骨、漆器等，包括“蔡公子”缶、“吴王夫差”剑等	战国早、中、晚期	《江汉考古》1985年第1期，《文物》1976年第11期，《考古》2005年第11期，《考古》2007年第7期
3	余岗墓地	邓城城址东约1.2千米	高新区团山镇余岗村及周边	100	1987年、1996年、2004～2008年先后五次发掘墓葬1100余座	大部分长方形土坑竖穴墓，极少量砖室墓；少量设一、二级台阶或踏步、蹬台、生土台、头龛、墓道等	单椁单棺、单棺	较多的铜容器、兵器，陶仿铜礼器、日用器、模型明器，瓷日用器，漆日用器、丧葬用品，玉佩饰等	春秋中期至汉代，宋代	《余岗楚墓》，《枣园楚墓》，《考古》1992年第9期，《江汉考古》2003年第2期，《文物》2013年第7期，《考古》2018年第1期

续表

序号	遗址名称	相对位置	地理位置	面积/万平方米	工作情况	墓葬形制	葬具	随葬遗物	时代	资料主要来源
4	沈岗墓地	邓城城址东约1.8千米	高新区团山镇余岗村沈岗西	52	2004～2010年10次发掘墓葬1129座，车马坑2座（含24座邓墓）	除极少量砖室墓外，均为长方形土坑竖穴墓，部分战国中晚期墓葬带斜坡墓道，设一至三级台阶或生土台、壁龛等	单椁单棺、单棺	铜容器、兵器、车马器，陶仿铜礼器、日用器、模型明器，玉佩饰，漆容器、日用器，瓷碗等	春秋中期至汉代，宋代	《襄阳沈岗东周墓（西区）》，《文物》2013年第7期，《考古》2017年第5期
5	团山墓地	邓城城址东北约3千米	高新区团山镇及周边	80	1986～2007年先后五次发掘墓葬107座	除极少量砖室墓外，为长方形土坑竖穴墓，少量设一至五级台阶、墓道，个别墓有殉人	单椁重棺、单椁并棺、单椁单棺、单棺	铜容器、燕器、兵器、车马器，陶、漆仿铜礼器、日用器，陶模型明器、漆木车马器，玉佩饰等	春秋晚期至汉代，宋代	《考古》1991年第9期、2017年第1期
6	卞营墓地	邓城城址东约300米	高新区团山镇邓城村卞营南	50	1996年、1999年、2004年、2006年、2008年、2012年共发掘墓葬575座（含38座邓墓）	大部分为长方形土坑竖穴墓，少部分墓设台阶、墓道、壁龛、生土台等；少部分为砖室墓，多设墓道	土坑墓：单椁单棺、单棺；砖室墓葬具大多不明，少量可见木质棺钉	楚、秦墓大部分为陶日用器、仿铜礼器，少部分铜容器、兵器、服饰器等，以及极少量玉、石、料、骨、漆器和个别陶质建筑材料等；汉墓以陶器为大宗，分为日用器、仿铜礼器、模型明器、建筑材料，还有铜、铁、锡、石、漆器等，其中有较多的铜钱；南朝至宋墓随葬器物少，有硬陶、瓷日用器，铜饰品、钱币，铁工具等	春秋中期至东汉，南朝至宋代	《襄阳卞营墓地》，《江汉考古》2000年第2期、2003年第2期

续表

序号	遗址名称	相对位置	地理位置	面积/万平方米	工作情况	墓葬形制	葬具	随葬遗物	时代	资料主要来源
7	黄家村墓地	邓城城址东南500米	高新区团山镇黄家村北	100	1998年、2004～2007年四次发掘墓葬427座（含4座邓墓）	部分为土坑墓，少量设有台阶、生土台、墓道、壁龛；2座砖木合构墓，设斜坡墓道；砖室墓分单、双、三室，部分设墓道	土坑墓：单椁单棺、单棺；砖木合构、砖室墓仅极少量可见单棺	楚、秦墓除极少量铜兵器、服饰器和铁兵器外，均为陶器，有仿铜礼器、日用器；砖木合构、砖室墓大部分为陶器，分仿铜礼器、日用器、模型明器，部分瓷日用器和铜服饰器、钱币及铁工具、钱币，还有极少量硬陶、铅、银、玉、石、料、骨器等	战国早期至东汉晚期，北周至北宋晚期	《襄阳黄家村》，《江汉考古》1999年第4期
8	鏖战岗墓地	邓城城址西北约3千米	高新区团山镇鏖战岗村及周边	55	2011年发掘墓葬235座	均为长方形竖穴土坑墓，少量墓葬设台阶、墓道、壁龛	单椁单棺、单棺	成组的陶仿铜礼器或日用器，有少量铜容器，或配以漆器和铜兵器、车马器及玉石、料器等	春秋中期至战国中期	《考古》2016年第11期
9	贾巷墓地	邓城城址南约600米	樊城区王寨街道王寨村贾巷东、北	120	2001年、2008年、2013～2020年七次发掘墓葬近2000座	部分土坑墓，少量设台阶、生土台、墓道、壁龛；部分砖室墓，分单、双、多室，部分设墓道	土坑墓：单椁单棺、单棺；砖室墓仅极少量可见单棺	较多陶仿铜礼器、日用器、模型明器，铜日用器、服饰器、兵器、钱币，铁容器、兵器，铅锡、瓷日用器，以及少量石、骨器等，少量南朝墓还出纪年、铭文砖	春秋中期至宋代	《襄樊考古文集（第一辑）》第299-335页，《考古》2021年第5期，襄阳市文物考古研究所历次发掘资料

续表

序号	遗址名称	相对位置	地理位置	面积/万平方米	工作情况	墓葬形制	葬具	随葬遗物	时代	资料主要来源
10	王坡墓地	邓城城址北约5千米	樊城区牛首镇王坡村西北	80	2001～2002年发掘墓葬176座（含4座邓墓）	大部分为长方形土坑竖穴墓，少量设生土台、墓道、壁龛；少部分砖木合构、砖室墓，分单、双、多室	土坑墓：单椁单棺、单棺；砖木合构、砖室墓：朽尽	较多陶仿铜礼器、日用器、模型明器，并有部分铜礼器、日用器和少量铜兵器、服饰器、杂器、钱币，以及硬陶、瓷、铁、铅锡、骨器	战国晚期至东汉中期，宋代	《襄阳王坡东周秦汉墓》第64-401页
11	沈岗东墓地	邓城城址东约2.2千米	高新区团山镇余岗村沈岗东南	30	1988～1993年三次发掘墓葬60座	大部分为长方形竖穴土坑墓，少量设墓道、壁龛；少量为砖室墓，有墓道	单椁单棺、单棺	大多为陶仿铜礼器、日用器、模型明器，有不少铜钱，以及少量铜、铁、石器等	战国晚期至西汉晚期	《考古学报》1996年第3期
12	韩岗墓地	邓城城址北侧	高新区团山镇邓城村韩岗东、北	20	1996年、2009年、2012年三次发掘墓葬100余座（含邓墓31座）	除邓墓和个别汉墓为小型土坑墓外，其余均为砖室墓，分单、双、多室，多设斜坡墓道；存大型封土堆1座	仅见极少量的腐朽木板	陶罐、碗，瓷壶、碗、罐，铜钱，铁刀等，以及较多铭文砖	东汉初年，南朝至唐代	《江汉考古》2002年第2期，《考古》2010年第12期
13	吴家坡墓地	邓城城址西南约500米	樊城区柿铺街道王伙村吴家坡东	12	2011年发掘墓葬123座	除3座土坑墓外，均为砖室墓，有单、双、多室	仅见极少量的腐朽木板、铁质棺钉	陶、瓷、铜、铁器等，2座南朝墓有较多的画像砖、铭文砖	西汉晚期至宋代	《襄阳吴家坡》（待出版）

续表

序号	遗址名称	相对位置	地理位置	面积/万平方米	工作情况	墓葬形制	葬具	随葬遗物	时代	资料主要来源
14	彭岗墓地	邓城城址东南约3.5千米	高新区团山镇余岗村彭岗南	10	1995～1997年、2004年、2006年六次发掘墓葬166座	大部分为土坑墓，有的设墓道、台阶、壁龛、生土台，少量单室砖墓，有墓道	土坑墓：单椁单棺、单棺；砖室墓：朽尽	陶仿铜礼器、日用器、模型明器，以及少量铜钱、饰件	春秋中期至战国晚期，汉代，唐代，宋代	《考古》1997年第8期，《江汉考古》1999年第4期、2000年第2期
15	贾庄墓地	邓城城址东北约1.5千米	高新区团山镇邓城村贾庄北、东	20	1996年、1997年、2007年发掘墓葬100余座	分为土坑、砖室墓，形制与贾巷墓地差不多	同上	陶仿铜礼器、日用器、模型明器，铜容器、漆日用器，以及其他铜、铁、锡、金、银、玉、石、瓷器等	春秋中期至三国	《考古》2005年第1期
16	岭子墓地	邓城城址东北约800米	高新区团山镇邓城村余岗西	12	1996年、2007年发掘墓葬117座	分单纯土坑墓和砖室墓，砖室墓部分设墓道，均为小型墓	同上	陶仿铜礼器、日用器、模型明器及较多铜钱等	战国晚期至西汉中期	《江汉考古》2003年第2期
17	上岗墓地	邓城城址东约2.2千米	高新区团山镇余岗村上岗北	8	2001年、2018年发掘墓葬54座	同上	土坑墓：单棺单棺、单棺；砖室墓：无存	陶仿铜礼器、日用器，瓷日用器，铜服饰器、钱币，以及少量铁、漆木、玉、石器等	战国晚期至汉代，唐代，宋代	《襄樊考古文集（第一辑）》第398-408页
18	周家岗墓地	邓城城址东南侧	高新区团山镇黄家村周家岗东、北	10	2008年发掘墓葬20座（含明墓2座）	分单纯土坑墓和砖室墓，大部分砖室墓设墓道	同上	战国、汉墓陶仿铜礼器、日用器、模型明器，宋墓瓷碗、枕、香炉，铜镜、石砚等	战国晚期，汉代，宋代	襄阳市文物考古研究所2008年周家岗墓地发掘资料

续表

序号	遗址名称	相对位置	地理位置	面积/万平方米	工作情况	墓葬形制	葬具	随葬遗物	时代	资料主要来源
19	张营墓地	邓城城址西北约2千米	樊城区牛首镇九冢村张营东	2	2005年、2014年发掘墓葬57座（含青墓9座）	均为砖室墓，分单、双、多室，大部分设墓道，存大型封土堆	基本无存	铜、陶、瓷、铁器	汉至宋代	《襄阳史迹扫描》第254、269页
20	酒店墓地	邓城城址北约2.7千米	高新区团山镇鏖战岗村北	12	2019年发掘墓葬136座、车马坑1座	均为土坑墓，部分墓葬设墓道、台阶、生土台、壁龛	单椁重棺、单椁单棺、单棺	铜容器、兵器、车马器、工具，陶仿铜礼器、日用器，以及漆木器、玉、石、料器	春秋中期至战国中期	襄阳市文物考古研究所2019年酒店墓地发掘资料
21	汤岗墓地	邓城城址西约4千米	樊城区牛首镇汤岗村汤家岗东、南	2	2014～2015年发掘墓葬60座	均为砖室墓，分单、双室，大部分设墓道	基本无存	陶日用器、模型明器，瓷日用器，铜服饰器、钱币，以及个别石砚等	东汉晚期至宋代	《襄阳考古年报（2014）》第43、44页，《襄阳考古年报（2015）》第13页
22	小李营墓地	邓城城址西约5千米	樊城区牛首镇汤岗村小李营西	3	2014年发掘墓葬68座	均为单室砖墓，部分设墓道	基本无存	陶、瓷、铜、铁器	晋至唐	《襄阳考古年报（2014）》第10、11页
23	蔡庄墓地	邓城城址东北约2.1千米	高新区团山镇骆台村蔡庄南	8	2018年、2020年发掘墓葬18座（含明清墓2座）	2座土坑墓，14座，砖室分单、双、多室	土坑墓：单椁单棺；砖室墓：葬具无存	陶日用器、模型明器，铜钱等	汉代	《襄阳考古年报（2018）》第67-75页，《襄阳考古年报（2020）》第47-52页

续表

序号	遗址名称	相对位置	地理位置	面积/万平方米	工作情况	墓葬形制	葬具	随葬遗物	时代	资料主要来源
24	王寨墓地	邓城城址南约3千米	樊城区王寨街道王寨社区西	0.3	2018年发掘墓葬27座	均为砖室墓，分单、双、多室	葬具无存	陶罐、灯、仓、灶、井、磨、猪圈、鸡、狗、俑，瓷釜、罐，铜弩机	东汉晚期至唐代	《襄阳考古年报（2018）》第25-29页
25	骆台墓地	邓城城址东北约2千米	高新区团山镇骆台村南	0.3	2015年清理墓葬2座	带墓道双室砖墓、大型多室砖石合构墓，后者石门有画像	单棺	陶仿铜礼器、日用器、模型明器，石、铅锡器及大量“五铢”铜钱	东汉早中期	《襄阳考古年报（2015）》第9-12页

注：部分墓地中的邓文化墓葬和明清墓葬未予统计，以及因整理滞后的西王家巷墓地、解放店墓地、前官田墓地、惠博通墓地未能统计。

附表八　楚邓县辖域核心区外襄阳境内文化遗存简表

序号	名称	位置	面积/万平方米	概况	时代	资料来源
1	小郭楼遗址	高新区米庄镇清河村	2	文化层厚1.3米。采集陶鬲、豆、罐等	东周	《襄阳史迹扫描》第191页
2	孙庄墓地	高新区米庄镇孙庄村	5	暴露土坑墓1座，出土铜鼎、盘、剑等	东周	《襄阳史迹扫描》第254页
3	青冢墓	高新区米庄镇孙庄村	0.07	封土堆1座，因被盗调查为土坑墓	战国	《襄阳史迹扫描》第254页
4	油坊岗墓地	高新区米庄镇孙庄社区	2	清理土坑墓2座，出土陶鼎、敦、壶、盘、匜，铜戈，铁剑等	战国、汉	《襄阳史迹扫描》第261页
5	陈家庄墓（四〇一大冢）	高新区团山镇施坡村	0.12	封土堆1座，因被盗调查盗洞为土坑墓	战国	《襄樊市文物史迹普查实录》第538页
6	高庄街遗址	樊城区汉江街道高庄街	4	发掘25平方米，文化层厚0.5～0.8米，清理灰坑。出土陶豆、甑、罐、盆、板瓦、瓦当等	东周—汉	《襄阳史迹扫描》第191页
7	杨营遗址	樊城区牛首镇大李营村	0.3	采集陶鬲、盆、豆、网坠、筒瓦、板瓦等	东周	《襄阳史迹扫描》第190页
8	黑杨营遗址	樊城区牛首镇兴隆村	2	文化层厚0.4米。曾挖出铜钱。采集铜削刀、少量陶片	东周—汉	《襄阳史迹扫描》第190页
9	胡家营遗址	樊城区牛首镇花园村	36	文化层厚2米，暴露灰坑。采集陶鬲、盂、豆、壶、罐、缸等	周代	《襄樊市文物史迹普查实录》第51、52页
10	高台寺遗址	樊城区牛首镇刘古岗村	1.4	发现较多绳纹、反贴泥条附加堆纹的红、灰陶片，可辨器类有鬲、豆、罐、板瓦等	东周—汉	《襄樊市文物史迹普查实录》第37、38页
11	擂鼓台遗址	樊城区牛首镇竹条社区	24	文化层厚1.2～2.5米。采集陶鬲、豆、盆、罐、筒瓦、板瓦、砖等	东周、汉	《襄樊市文物史迹普查实录》第50、51页
12	杜甫巷墓地	樊城区杜甫巷	5	先后三次发掘墓葬170座，土坑墓30座、砖室墓140座。出土陶鼎、敦、盒、壶、罐、灶，铜铃、钵，漆盒、杯等	战国至宋代	《江汉考古》2000年第2期，《襄阳考古年报（2015）》第21-25页

续表

序号	名称	位置	面积/万平方米	概况	时代	资料来源
13	李沟墓地	樊城区牛首镇李沟村	20	土地平整破坏部分土坑墓，出土陶鬲、罐等	东周	《襄阳史迹扫描》第254页
14	万坡墓地	樊城区牛首镇新集村	0.6	暴露土坑墓3座，出土铜礼器、兵器、车马器、玉器、陶器等，后钻探发现多座墓葬。发现几何纹墓砖	东周、汉	《襄樊市文物史迹普查实录》第540页
15	李冲墓	樊城区牛首镇李冲村	0.08	封土堆一座，因被盗调查为土坑墓	战国	《襄阳史迹扫描》第253页
16	李洼墓	樊城区牛首镇李洼村	0.13	封土堆1座	战国	《襄阳史迹扫描》第253页
17	军营坡遗址	樊城区太平店镇钱徐村	2	文化层厚3.5米。采集石砍砸器、刮削器，陶鼎、罐、鬲、豆、盆、板瓦、筒瓦等	旧、新石器时代、东周、汉	《襄樊市文物史迹普查实录》第6页
18	王家咀遗址	樊城区太平店镇芦湾村	12	文化层厚0.7米。采集陶鬲、盂、豆、罐、筒瓦、板瓦等	东周	《襄樊市文物史迹普查实录》第59、60页
19	许家坡遗址	樊城区太平店镇孙蔡村	1.4	文化层厚0.5米。采集陶盆、罐、筒瓦、板瓦、瓦当等	东周—汉	《襄阳史迹扫描》第190页
20	北头岗遗址	樊城区太平店镇徐庄村	60	文化层厚0.7米。采集陶盆、瓮、板瓦、筒瓦、砖	东周—汉、宋	《襄阳史迹扫描》第191页
21	老馆铺墓地	樊城区太平店镇徐庄村	3	暴露多座土坑墓，采集有铜盏、敦等	东周	《襄樊市文物史迹普查实录》第540页
22	宋家闸墓	樊城区太平店镇宋闸村	0.06	因被盗，勘探为“甲”字形竖穴土坑墓，墓口边长20米	战国	《襄阳史迹扫描》第253页
23	双冢子墓	樊城区太平店镇徐营村	0.2	封土堆2座，暴露出五花土堆筑	战国	《襄阳史迹扫描》第253页
24	李家垭遗址	襄州区伙牌镇姜沟村	2.5	采集陶鬲口沿、罐口沿、豆柄等	东周	《襄阳史迹扫描》第191页

续表

序号	名称	位置	面积/万平方米	概况	时代	资料来源
25	西岗遗址	襄州区伙牌镇马庄村	3	文化层厚1～1.4米。采集陶工具、日用器	东周	《襄樊市文物史迹普查实录》第18页
26	康庄遗址	襄州区伙牌镇伙牌村	12	发掘175平方米，文化层厚1.4米，清理灰坑、窑址。出土石、陶工具，陶日用器	新石器时代、东周	《襄阳史迹扫描》第179页
27	南杨家遗址	襄州区伙牌镇下冯村	3	曾清理3座灰坑，出土陶鬲、甗、盂、豆、罐等	东周	《襄樊考古文集（第一辑）》第132-137页
28	伙牌遗址	襄州区伙牌镇伙牌村	2	文化层厚1.3米。采集陶鬲、豆、罐、壶等	东周	《襄阳史迹扫描》第192页
29	大台渠遗址	襄州区石桥镇付王村	1.5	文化层厚0.6米。采集陶鬲、豆、罐等	周代	《襄樊市文物史迹普查实录》第46、47页
30	南河咀遗址	襄州区石桥镇朱杨村	0.4	采集陶鼎、鬲、甑、盂、罐、板瓦、筒瓦等。当地传说为窑址	新石器时代、周、汉	《襄樊市文物史迹普查实录》第35、36页
31	大井遗址	襄州区石桥镇杨营村	3	文化层厚0.4～0.6米。采集陶鼎、罐、纺轮、鬲、豆等	新石器时代、东周	《襄樊市文物史迹普查实录》第26、27页
32	宋家营遗址	襄州区龙王镇杨庄村	1.3	采集陶鼎、豆等	新石器时代、东周	《襄樊市文物史迹普查实录》第23页
33	屋场地遗址	襄州区龙王镇邓畈村	1.5	采集陶鬲、豆、瓮、板瓦等	东周	《襄阳史迹扫描》第192页
34	张畈遗址	襄州区龙王镇张畈村	0.6	文化层厚0.4米。采集陶豆等	东周	《襄樊市文物史迹普查实录》第59页
35	油坊湾遗址	襄州区龙王镇朱湾村	0.8	文化层厚0.6米。采集有陶鼎、豆等	新石器时代、东周	《襄樊市文物史迹普查实录》第25、26页
36	东楼遗址	襄州区龙王镇东楼村	0.2	文化层厚0.6米。采集陶鬲、豆（带凸箍粗柄）、罐、器盖、砖等	周、汉	《襄樊市文物史迹普查实录》第54、55页

续表

序号	名称	位置	面积/万平方米	概况	时代	资料来源
37	阴地遗址	襄州区龙王镇前王村	4.5	采集战国陶鬲、瓮、板瓦，瓷碗等	战国、汉、宋	《襄樊市文物史迹普查实录》第61页
38	后中营遗址	襄州区朱集镇雷庄村	12	文化层厚1～1.5米。西南角有一封土堆。采集陶拍、鬲、簋、盂、豆、罐等	西周至春秋	《襄樊市文物史迹普查实录》第38、39页
39	孟庄遗址	襄州区朱集镇孟庄村	4.8	文化层厚0.4米。暴露红烧土。采集陶鬲、盒、盂、豆、罐等	东周	《襄樊市文物史迹普查实录》第40、41页
40	上陈遗址	襄州区朱集镇上陈村	4.5	文化层厚1.5米。采集陶斝、杯、鬲、甗、板瓦等	新石器时代、东周	《襄樊市文物史迹普查实录》第24页
41	亭子庄遗址	襄州区朱集镇尚寨村	16.6	文化层厚1.5米，暴露出房址、水井。采集陶鬲、豆、罐、钵、盆、壶、板瓦、筒瓦等	东周、汉	《襄樊市文物史迹普查实录》第39、40页
42	尚寨墓地	襄州区朱集镇尚寨村	2.5	暴露多处白膏泥，存封土堆1座	东周至汉	《襄樊市文物史迹普查实录》第541页
43	小马家遗址	襄州区黄集镇耿坡村	40	发掘280平方米，文化层厚0.7米，清理西、东周灰坑各3座。出土西周陶鬲、甗、簋、壶、盂、罐、瓮，东周石斧，铜、铁削刀，铁锸和陶纺轮、鼎、鬲、甑、甗、盂、豆、罐、板瓦等	西周、东周	《襄樊考古文集（第一辑）》第102-126页
44	河坡遗址	襄州区黄集镇马集村	2	采集陶鬲、豆、盆等	东周	《襄阳史迹扫描》第192页
45	小郭家遗址	襄州区黄集镇中郭村	6	采集有陶盂、罐、筒瓦、板瓦等	战国至汉	《襄樊市文物史迹普查实录》第69、70页
46	张岗遗址	襄州区黄集镇易岗村	0.2	发掘150平方米，文化层厚1.2米。出土石工具，陶日用器	东周	《襄阳史迹扫描》第192页

续表

序号	名称	位置	面积/万平方米	概况	时代	资料来源
47	宋湾遗址	襄州区古驿镇宋湾村	5	发掘1100平方米，文化层厚0.15～0.4米。清理出灰坑、水井、灰沟以及墓葬。出土石、铜、骨、角、陶质生产工具和鬲、甗、盂、豆、罐、器盖、鼎、壶等大量陶质生活用器	周代	《襄阳考古文集（第二辑）》（待出版）
48	庙后遗址	襄州区古驿镇张坡村	2.2	采集陶罐、鼎、板瓦、筒瓦等	东周—汉	《襄阳史迹扫描》第192页
49	白马驿遗址	襄州区古驿镇二房村	10	文化层厚1米。采集陶鬲、盂、豆、罐、筒瓦、板瓦，瓷碗等	东周、宋	《襄樊市文物史迹普查实录》第53、54页
50	石羊集遗址	襄州区程河镇小吕庄村	3	文化层厚1～1.5米。采集陶鼎、豆、罐、盆、鬲、豆等	新石器时代、东周	《襄樊市文物史迹普查实录》第16页

参考文献

一、文献典籍（含今人对古籍的整理与注释）

（汉）班固撰，（唐）颜师古注：《汉书》，中华书局，1962年。

（汉）公羊寿传，（汉）何休解诂，（唐）徐彦疏，蒲卫忠整理，杨向东审定：《春秋公羊传注疏》，《十三经注疏》（标点本），北京大学出版社，1999年。

（汉）毛亨传，（汉）郑玄笺，（唐）孔颖达疏，龚抗云、李传书、胡渐逵整理，肖永明、夏先培、刘家河审定：《毛诗正义》，《十三经注疏》（标点本），北京大学出版社，1999年。

（汉）司马迁撰，（宋）裴骃集解，（唐）司马贞索隐，（唐）张守节正义：《史记》，中华书局，1959年。

（汉）宋衷注，（清）秦嘉谟等辑：《世本八种》（秦嘉谟辑补本），商务印书馆，1957年。

（汉）郑玄注，（唐）孔颖达疏，龚抗云整理，王文锦审定：《礼记正义》，《十三经注疏》（标点本），北京大学出版社，1999年。

（晋）陈寿撰，（宋）裴松之注，陈乃乾校点：《三国志》，中华书局，1959年。

（晋）杜预集解：《春秋经传集解》，上海古籍出版社，1988年。

（东晋）习凿齿撰，黄惠贤校补：《校补襄阳耆旧记》，中州古籍出版社，1987年。

（宋）范晔撰，（唐）李贤等注：《后汉书》，中华书局，1965年。

（宋）盛弘之：《荆州记》，光绪癸巳年刊刻本。

（梁）沈约撰：《宋书》，中华书局，1974年。

（梁）萧统编，（唐）李善、吕延济、刘良等注：《六臣注文选》，中华书局，1987年影印本。

（梁）萧子显撰：《南齐书》，中华书局，1972年。

（后魏）郦道元注，（清）杨守敬、熊会贞疏，段熙仲点校，陈桥驿复校：《水经注疏》，江苏古籍出版社，1989年。

（北齐）魏收撰：《魏书》，中华书局，1974年。

（唐）房玄龄等撰：《晋书》，中华书局，1974年。

（唐）李延寿撰：《南史》，中华书局，1975年。

（唐）令狐德棻等撰：《周书》，中华书局，1971年。

（宋）李昉等撰：《太平御览》，中华书局影印本，1960年。

（清）陈锷纂修，（清）王万芳总纂：《襄阳府志》，光绪丙戌秋刊刻本。

（清）崔述撰著，顾颉刚编订：《崔东壁遗书》，上海古籍出版社，1983年。

（清）恩联等修，（清）王万芳等纂：《襄阳府志》，光绪十一年刊本。
（清）顾祖禹撰，贺次君、施和金点校：《读史方舆纪要》，中华书局，2005年。
（清）穆彰阿、李佐贤、潘锡恩等纂修：《嘉庆重修一统志》，中华书局，1986年。
（清）王先谦撰：《诗三家义集疏》，中华书局，1987年。
（清）王先谦编著：《庄子集解》，成都古籍书店据商务印书馆“国学基本丛书”本1934年版影印，1988年。
（清）吴式芬撰：《攈古录金文》，清光绪二十一年刊刻本。
陆费逵总勘，高时显、吴汝霖辑校，丁辅之监造：《路史》，《四部备要》，上海中华书局据原刻本校刊，1936年。
上海师范大学古籍整理组校点：《国语》，上海古籍出版社，1978年。
杨伯峻编著：《春秋左传注》（修订本），中华书局，1990年。

二、考古与出土文献资料

（一）专著

北京大学考古学系商周组、山西省考古研究所：《天马-曲村（1980—1989）》，科学出版社，2000年。
北京市文物研究所：《琉璃河西周燕国墓地（1973—1977）》，文物出版社，1995年。
国家文物局：《中国文物地图集·河南分册》，中国地图出版社，1991年。
国家文物局：《中国文物地图集·湖北分册》，西安地图出版社，2002年。
河南省文物考古研究所、南阳市文物考古研究所、淅川县博物馆：《淅川和尚岭与徐家岭楚墓》，大象出版社，2004年。
河南省文物考古研究所、平顶山市文物管理局：《平顶山应国墓地Ⅰ》，大象出版社，2012年。
河南省文物考古研究所、三门峡市文物工作队：《三门峡虢国墓（第一卷）》，文物出版社，1999年。
河南省文物研究所、长江流域规划办公室考古队河南分队：《淅川下王岗》，文物出版社，1989年。
河南省文物研究所、河南省丹江库区考古发掘队、淅川县博物馆：《淅川下寺春秋楚墓》，文物出版社，1991年。
湖北省博物馆：《曾侯乙墓》，文物出版社，1989年。
湖北省博物馆、湖北省文物考古研究所、随州市博物馆：《随州叶家山——西周早期曾国墓地》，文物出版社，2013年。
湖北省荆沙铁路考古队：《包山楚简》，文物出版社，1991年。
湖北省荆沙铁路考古队：《包山楚墓》，文物出版社，1991年。
湖北省荆州地区博物馆：《江陵雨台山楚墓》，文物出版社，1984年。
湖北省潜江博物馆、湖北省荆州博物馆：《潜江龙湾——1987～2001年龙湾遗址发掘报告》，文物出版社，2005年。
湖北省文物考古研究所：《江陵九店东周墓》，科学出版社，1995年。

湖北省文物考古研究所：《盘龙城——1963～1994年考古发掘报告》，文物出版社，2001年。
湖北省文物考古研究所：《武昌放鹰台》，文物出版社，2003年。
湖北省文物考古研究所、湖北省黄石市博物馆、湖北省阳新县博物馆：《阳新大路铺》，文物出版社，2013年。
湖北省文物考古研究所、襄樊市考古队、襄阳区文物管理处：《襄阳王坡东周秦汉墓》，科学出版社，2005年。
湖北省文物考古研究所、襄阳市文物考古研究所：《襄阳卞营墓地》，文物出版社，2019年。
湖北省文物考古研究所、襄阳市文物考古研究所、襄阳市襄州区文物管理处：《襄阳陈坡》，科学出版社，2013年。
湖北省宜昌地区博物馆、北京大学考古系：《当阳赵家湖楚墓》，文物出版社，1992年。
荆州博物馆：《荆州荆南寺》，文物出版社，2009年。
礼县博物馆、礼县秦西垂文化研究会：《秦西垂陵区》，文物出版社，2004年。
洛阳市文物工作队：《洛阳北窑西周墓》，文物出版社，2002年，第62页。
马承源：《上海博物馆藏战国楚竹书（九）》，上海古籍出版社，2012年。
山东省文物考古研究所：《临淄齐故城》，文物出版社，2013年。
山东省文物考古研究所、山东省博物馆、济宁地区文物组等：《曲阜鲁国故城》，齐鲁书社，1982年。
睡虎地秦墓竹简整理小组：《睡虎地秦墓竹简》，文物出版社，1978年。
随州市博物馆：《随州出土文物精粹》，文物出版社，2009年。
随州市博物馆、随州市公安局：《追回的宝藏——随州市打击文物犯罪成果荟萃Ⅰ》，武汉大学出版社，2019年。
襄樊市考古队、湖北省文物考古研究所、湖北孝襄高速公路考古队：《枣阳郭家庙曾国墓地》，科学出版社，2005年。
襄樊市文物考古研究所：《襄樊考古文集（第一辑）》，科学出版社，2007年。
襄樊市文物普查办公室、襄樊市博物馆：《襄樊市文物史迹普查实录》，今日中国出版社，1995年。
襄阳市博物馆：《襄阳瑰宝巡礼》，湖北人民出版社，2013年。
襄阳市第三次全国文物普查领导小组办公室：《襄阳史迹扫描》，湖北人民出版社，2013年。
襄阳市文物考古研究所：《余岗楚墓》，科学出版社，2011年。
襄阳市文物考古研究所：《襄阳黄家村》，科学出版社，2013年。
襄阳市文物考古研究所：《襄阳沈岗东周墓（西区）》，科学出版社，2020年。
襄阳市文物考古研究所：《襄阳考古文集（第二辑）》，科学出版社，待出版。
襄阳市文物考古研究所：《襄阳吴家坡》，科学出版社，待出版。
襄阳市文物考古研究所：《枣园楚墓》，科学出版社，待出版。
熊卜发：《鄂东北地区文物考古》，湖北科学技术出版社，1995年。
熊卜发：《鄂东北考古报告集》，湖北科学技术出版社，1996年。
《云梦睡虎地秦墓》编写组：《云梦睡虎地秦墓》，文物出版社，1981年。
中国科学院考古研究所：《上村岭虢国墓地》，科学出版社，1959年。
中国科学院考古研究所：《沣西发掘报告——1955—1957年陕西长安县沣西乡考古发掘资料》，文物出版社，1962年。
中国社会科学院考古研究所：《殷墟妇好墓》，文物出版社，1980年。
中国社会科学院考古研究所：《张家坡西周墓地》，中国大百科全书出版社，1999年。
中国社会科学院考古研究所：《淅川下王岗：2008～2010年考古发掘报告》，科学出版社，2020年。
朱汉民、陈松长：《岳麓书院藏秦简》，上海辞书出版社，2010年。

（二）考古学简讯、简报、报告

北京大学出土文献研究所：《北京大学藏秦简牍概述》，《文物》2012年第6期。
北京大学考古实习队、河南省南阳市文物研究所：《河南邓州八里岗遗址发掘简报》，《文物》1998年第9期。
北京大学考古文博院、南阳地区文物研究所：《河南邓州八里岗遗址1998年度发掘简报》，《文物》2000年第11期。
北京大学考古文博院、山西省考古研究所：《天马-曲村遗址北赵晋侯墓地第六次发掘》，《文物》2001年第8期。
北京大学考古系、湖北省文物考古研究所、湖北荆州地区博物馆石家河考古队：《石家河遗址群调查报告》，《南方民族考古（第五辑）》，四川科学技术出版社，1993年。
北京大学考古学系、南阳地区文物研究所：《河南邓州八里岗遗址的调查与试掘》，《华夏考古》1994年第2期。
北京大学考古学系、南阳地区文物研究所：《河南邓州市八里岗遗址1992年的发掘与收获》，《考古》1997年第12期。
北京大学考古学系、山西省考古研究所：《天马-曲村遗址北赵晋侯墓地第五次发掘》，《文物》1995年第7期。
北京大学考古专业商周组、山西省考古研究所、河南省安阳、新乡地区文化局等：《晋豫鄂三省考古调查简报》，《文物》1982年第7期。
北京大学历史系考古专业山西实习组、山西省文物工作委员会：《翼城曲沃考古勘察记》，《考古学研究（一）》，文物出版社，1992年。
柴中庆、乔保同、王凤剑：《南阳市新发现春秋楚国贵族墓》，《中国文物报》2009年5月15日第4版。
陈贤一：《江陵张家山遗址的试掘与探索》，《江汉考古》1980年第2期。
楚皇城考古发掘队：《湖北宜城楚皇城勘查简报》，《考古》1980年第2期。
崔本信、王伟：《南水北调中线工程南阳夏饷铺鄂国贵族墓地发掘成果》，《中国文物报》2013年1月4日第8版。
方勤、胡长春、席奇峰等：《湖北京山苏家垄遗址考古收获》，《江汉考古》2017年第6期。
方勤、胡刚：《枣阳郭家庙曾国墓地曹门湾墓区考古主要收获》，《江汉考古》2015年第3期。
高至喜：《“楚公豪”戈》，《文物》1959年第12期。
河南省博物馆、长江流域规划办公室文物考古队河南分队：《河南淅川下王岗遗址的试掘》，《文物》1972年第10期。

河南省博物馆、信阳地区文管会、信阳市文化局：《河南信阳市平桥春秋墓发掘简报》，《文物》1981年第1期。
河南省文物局南水北调办公室、南阳市文物考古研究所：《河南南阳夏饷铺鄂国墓地M1发掘简报》，《江汉考古》2019年第4期。
河南省文物局南水北调办公室、南阳市文物考古研究所：《河南南阳夏饷铺鄂国墓地M7、M16发掘简报》，《江汉考古》2019年第4期。
河南省文物局南水北调办公室、南阳市文物考古研究所：《河南南阳夏饷铺鄂国墓地M19、M20发掘简报》，《江汉考古》2019年第4期。
河南省文物局南水北调文物保护办公室、南阳市文物考古研究所：《河南南阳夏饷铺鄂国墓地M5、M6发掘简报》，《江汉考古》2020年第3期。
河南省文物考古研究所、平顶山市文物管理局：《河南平顶山应国墓地八号墓发掘简报》，《华夏考古》2007年第1期。
河南省文物考古研究所、平顶山市文物管理委员会：《平顶山应国墓地八十四号墓发掘简报》，《文物》1998年第9期。
河南省文物考古研究所、平顶山市文物局：《平顶山应国墓地十号墓发掘简报》，《中原文物》2007年第4期。
河南省文物考古研究所、三门峡市文物工作队：《三门峡虢国墓地M2010的清理》，《文物》2000年第12期。
河南省文物考古研究所、三门峡市文物工作队：《三门峡虢国墓地M2013的发掘清理》，《文物》2000年第12期。
河南省文物考古研究所、三门峡市文物考古研究所：《河南三门峡虢国墓地M2008发掘简报》，《文物》2009年第2期。
河南省文物考古研究院、河南省文物局南水北调文物保护办公室：《河南淅川龙山岗遗址西周遗存发掘简报》，《中国国家博物馆馆刊》2015年第7期。
河南省文物考古研究院、河南省文物局南水北调文物保护办公室：《河南淅川县下寨遗址西周遗存发掘简报》，《华夏考古》2017年第2期。
河南省文物考古研究院、平顶山市文物管理局、河南大学历史文化学院：《河南平顶山应国墓地M257发掘简报》，《华夏考古》2015年第3期。
河南省文物研究所、平顶山市文管会：《平顶山市北滍村两周墓地一号墓发掘简报》，《华夏考古》1988年第1期。
河南省文物研究所、平顶山市文物管理委员会：《平顶山应国墓地九十五号墓的发掘》，《华夏考古》1992年第3期。
河南信阳地区文管会、光山县文管会：《春秋早期黄君孟夫妇墓发掘报告》，《考古》1984年第4期。
湖北荆州地区博物馆、北京大学考古系：《湖北江陵梅槐桥遗址发掘简报》，《考古》1990年第9期。
湖北省博物馆：《湖北京山发现曾国铜器》，《文物》1972年第2期。

湖北省博物馆：《湖北枣阳县发现曾国墓葬》，《考古》1975年第4期。
湖北省博物馆：《襄阳山湾东周墓葬发掘报告》，《江汉考古》1983年第2期。
湖北省博物馆：《襄阳蔡坡战国墓发掘报告》，《江汉考古》1985年第1期。
湖北省博物馆：《襄阳山湾出土的东周青铜器》，《江汉考古》1988年第1期。
湖北省博物馆、武汉大学历史系考古专业：《当阳冯山、杨木岗遗址试掘简报》，《江汉考古》1983年第1期。
湖北省文物考古研究所：《湖北麻城市李家湾春秋楚墓》，《考古》2000年第5期。
湖北省文物考古研究所：《湖北京山苏家垄墓地M2发掘简报》，《江汉考古》2011年第2期。
湖北省文物考古研究所：《湖北随州文峰塔墓地考古发掘的主要收获》，《江汉考古》2013年第1期。
湖北省文物考古研究所：《湖北京山苏家垄墓群M85发掘简报》，《江汉考古》2018年第1期。
湖北省文物考古研究所、北京大学考古文博学院、随州市博物馆等：《湖北随州枣树林墓地2019年发掘收获》，《江汉考古》2019年第3期。
湖北省文物考古研究所、北京大学考古文博学院、随州市博物馆等：《湖北随州市枣树林春秋曾国贵族墓地》，《考古》2020年第7期。
湖北省文物考古研究所、湖北荆州文物保护中心、襄阳市文物考古研究所等：《湖北枣阳郭家庙墓地曹门湾墓区（2014）M10、M13、M22发掘简报》，《江汉考古》2016年第5期。
湖北省文物考古研究所、随州市博物馆：《湖北随州叶家山M65发掘简报》，《江汉考古》2011年第3期。
湖北省文物考古研究所、随州市博物馆：《湖北随州叶家山西周墓地发掘简报》，《文物》2011年第11期。
湖北省文物考古研究所、随州市博物馆：《湖北随州市叶家山西周墓地》，《考古》2012年第7期。
湖北省文物考古研究所、随州市博物馆：《随州叶家山西周墓地第二次考古发掘的主要收获》，《江汉考古》2013年第3期。
湖北省文物考古研究所、随州市博物馆：《湖北随州叶家山M28发掘报告》，《江汉考古》2013年第4期。
湖北省文物考古研究所、随州市博物馆：《随州文峰塔M1（曾侯與墓）、M2发掘简报》，《江汉考古》2014年第4期。
湖北省文物考古研究所、随州市博物馆：《湖北随州文峰塔墓地M4发掘简报》，《江汉考古》2015年第1期。
湖北省文物考古研究所、随州市博物馆：《湖北随州叶家山M111发掘简报》，《江汉考古》2020年第2期。
湖北省文物考古研究所、随州市博物馆：《湖北随州叶家山西周墓地126号墓的发掘》，《考古学报》2021年第4期。
湖北省文物考古研究所、随州市博物馆、出土文献与中国古代文明研究协同创新中心：《湖北随州叶家山M107发掘简报》，《江汉考古》2016年第3期。
湖北省文物考古研究所、随州市博物馆、随州市曾都区考古队：《随州汉东东路墓地2017年考古发掘收获》，《江汉考古》2018年第1期。
湖北省文物考古研究所、随州市博物馆、曾都区考古队：《湖北随州庙台子遗址西周遗存发掘简报》，《江汉考古》2022年第1期。
湖北省文物考古研究所、天门市博物馆：《湖北天门笑城城址发掘报告》，《考古学报》2007年第4期。
湖北省文物考古研究所、武汉大学历史学院考古系、宜昌博物馆：《湖北宜昌万福垴遗址发掘简报》，《江汉考古》2016年第4期。
湖北省文物考古研究所、襄樊市博物馆：《湖北襄樊真武山周代遗址》，《考古学集刊（第9集）》，科学出版社，1995年。
湖北省文物考古研究所、襄樊市博物馆：《湖北襄樊市彭岗东周墓群第三次发掘》，《考古》1997年第8期。
湖北省文物考古研究所、襄樊市博物馆：《湖北襄阳邓城韩岗遗址发掘报告》，《江汉考古》2002年第2期。
湖北省文物考古研究所、襄樊市博物馆：《湖北襄阳邓城韩岗遗址汉唐墓葬》，《江汉考古》2002年第2期。
湖北省文物考古研究所、宜城县博物馆：《宜城桐树园遗址发掘简报》，《江汉考古》1996年第1期。
湖北省文物考古研究所、宜城县博物馆：《湖北宜城县肖家岭遗址的发掘》，《文物》1999年第1期。
湖北省文物考古研究所、枣阳市文体旅游新局、枣阳市博物馆：《湖北枣阳周台遗址J1、J2发掘简报》，《江汉考古》2020年第5期。
湖北省文物考古研究院、谷城县博物馆：《湖北谷城擂鼓台墓群M2发掘简报》，《江汉考古》2022年第3期。
湖南省博物馆：《介绍几件馆藏周代铜器》，《考古》1963年第12期。
黄陂县文化馆、孝感地区博物馆、湖北省博物馆：《湖北黄陂鲁台山两周遗址与墓葬》，《江汉考古》1982年第2期。
荆州博物馆、钟祥市博物馆：《湖北钟祥黄土坡东周秦代墓发掘报告》，《考古学报》2009年第2期。
荆州地区博物馆：《湖北荆门、钟祥、京山、天门四县古遗址调查》，《文物资料丛刊（第10辑）》，文物出版社，1987年。
荆州地区博物馆：《湖北松滋博宇山遗址试掘简报》，《文物资料丛刊（第10辑）》，文物出版社，1987年。
荆州地区博物馆、北京大学考古系：《湖北江陵荆南寺遗址第一、二次发掘简报》，《考古》1989年第8期。
荆州地区博物馆、钟祥县博物馆：《钟祥六合遗址》，《江汉考古》1987年第2期。
荆州市博物馆、钟祥市博物馆：《钟祥乱葬岗夏文化遗存清理简报》，《江汉考古》2001年第3期。
李家窑遗址考古发掘队：《三门峡发现虢都上阳城》，《中国文物报》2001年1月10日。

梁法伟：《河南淅川龙山岗仰韶时代晚期城址发掘收获》，《中国文物报》2013年3月29日第8版。
林丽霞、王凤剑：《南阳市近年出土的四件春秋有铭铜器》，《中原文物》2006年第5期。
刘昌银：《钟祥出土的邓子盘》，《江汉考古》1993年第4期。
刘江生：《湖北襄阳蔡坡20号战国墓》，《考古》2007年第7期。
刘江生：《湖北襄阳市团山墓地M107》，《考古》2017年第1期。
琉璃河考古队：《琉璃河遗址1996年度发掘简报》，《文物》1997年第6期。
罗西章：《陕西周原新出土的青铜器》，《考古》1999年第4期。
洛阳市文物工作队：《河南洛阳市润阳广场C1M9950号东周墓葬的发掘》，《考古》2009年第12期。
南阳市文物考古研究所：《河南南阳春秋楚彭射墓发掘简报》，《文物》2011年第3期。
宁景通：《三门峡发现周代窖仓和铸铜作坊》，《中国文物报》1991年5月19日。
平顶山市文管会：《河南平顶山市发现西周铜𣪕》，《考古》1981年第4期。
岐山县文化馆、陕西省文管会：《陕西省岐山县董家村西周铜器窖穴发掘简报》，《文物》1976年第5期。
乔保同、柴中庆、王凤剑：《河南南阳楚墓发掘工作取得重大收获》，《中国文物报》2008年8月29日第2版。
三门峡市文物工作队：《三门峡市李家窑遗址发掘简报》，《华夏考古》1993年第4期。
沙市市博物馆：《湖北沙市周梁玉桥遗址试掘简报》，《文物资料丛刊（第10辑）》，文物出版社，1987年。
山西大学历史文化学院、洛阳市文物工作队：《河南洛阳市润阳广场东周墓C1M9934发掘简报》，《考古》2010年第12期。
山西省考古研究所、北京大学考古学系：《天马-曲村遗址北赵晋侯墓地第四次发掘》，《文物》1994年第8期。
山西省考古研究院、山西大学北方考古研究中心、运城市文物保护中心等：《山西绛县横水西周墓地M2055发掘简报》，《江汉考古》2022年第2期。
山西省文物管理委员会侯马工作站：《山西侯马上马村东周墓葬》，《考古》1963年第5期。
陕西省考古研究所、宝鸡市考古工作队、眉县文化馆杨家村联合考古队：《陕西眉县杨家村西周青铜器窖藏发掘简报》，《文物》2003年第6期。
陕西省考古研究院、宝鸡市考古研究所、宝鸡市渭滨区博物馆：《陕西宝鸡石鼓山商周墓地M4发掘简报》，《文物》2016年第1期。
陕西省文管会秦墓发掘组：《陕西户县宋村春秋秦墓发掘简报》，《文物》1975年第10期。
陕西周原考古队：《陕西扶风庄白一号西周青铜器窖藏发掘简报》，《文物》1978年第3期。
石鼓山考古队：《陕西省宝鸡市石鼓山西周墓》，《考古与文物》2013年第1期。
石鼓山考古队：《陕西宝鸡石鼓山西周墓葬发掘简报》，《文物》2013年第2期。
随州市博物馆：《湖北随县安居出土青铜器》，《文物》1982年第12期。
随州市博物馆：《湖北随县发现商周青铜器》，《考古》1984年第6期。
田海峰：《湖北枣阳县又发现曾国铜器》，《江汉考古》1983年第3期。
王长启：《西安市文物中心收藏的商周铜器》，《考古与文物》1990年第5期。

王儒林、崔庆林：《南阳市西关出土一批铜器》，《中原文物》1982年第1期。
王少泉：《襄樊市博物馆收藏的襄阳山湾铜器》，《江汉考古》1988年第3期。
王巍、赫德川、崔本信等：《河南南阳夏响铺鄂国贵族墓地》，《大众考古》2014年第10期。
武汉大学荆楚史地与考古研究室：《随州安居遗址初次调查简报》，《江汉考古》1984年第4期。
武汉大学历史系考古教研室、湖北省宜城市博物馆：《湖北宜城郭家岗遗址发掘》，《考古学报》1997年第4期。
武汉大学历史系考古教研室、襄樊市博物馆、宜城县博物馆：《湖北宜城曹家楼新石器时代遗址》，《考古学报》1988年第1期。
武汉大学历史学院、湖北省文物考古研究所、湖北荆州文物保护中心等：《湖北枣阳郭家庙墓地曹门湾墓区（2015）M43发掘简报》，《江汉考古》2016年第5期。
武汉大学历史学院、湖北省文物考古研究所、武汉市文物考古研究所等：《2012～2017年盘龙城考古：思路与收获》，《江汉考古》2018年第5期。
武汉市文物商店：《武汉市收集的几件重要的东周青铜器》，《江汉考古》1983年第2期。
襄樊市博物馆：《湖北枣阳毛狗洞遗址调查》，《江汉考古》1988年第3期。
襄樊市博物馆：《湖北襄阳团山东周墓》，《考古》1991年第9期。
襄樊市博物馆：《湖北襄阳余岗战国墓发掘简报》，《考古》1992年第9期。
襄樊市博物馆：《湖北襄樊市余岗战国至东汉墓葬发掘报告》，《考古学报》1996年第3期。
襄樊市博物馆：《襄樊杜甫巷东汉、唐墓》，《江汉考古》2000年第2期。
襄樊市博物馆：《襄樊余岗战国秦汉墓第二次发掘简报》，《江汉考古》2003年第2期。
襄樊市博物馆：《湖北省襄樊市邓城遗址试掘简报》，《江汉考古》2004年第2期。
襄樊市博物馆、谷城县文化馆：《襄樊市、谷城县馆藏青铜器》，《文物》1986年第4期。
襄樊市考古队：《襄樊高新区黄家村唐墓发掘简报》，《江汉考古》1999年第4期。
襄樊市考古队：《襄樊市邓城古井清理简报》，《江汉考古》1999年第4期。
襄樊市考古队：《襄樊彭岗汉墓群发掘简报》，《江汉考古》2000年第2期。
襄樊市考古队：《襄樊市彭岗东周遗址发掘简报》，《江汉考古》2000年第2期。
襄樊市考古队：《襄樊团山卞营墓地第二次发掘》，《江汉考古》2000年第2期。
襄樊市考古队：《湖北襄樊市贾庄发现东周墓》，《考古》2005年第1期。
襄樊市考古队：《湖北襄樊市蔡坡战国墓第二次发掘》，《考古》2005年第11期。
襄樊市文物管理处：《湖北襄樊拣选的商周青铜器》，《文物》1982年第9期。
襄樊市文物管理处、襄樊市博物馆：《襄樊彭岗东周墓地第一次发掘简报》，《江汉考古》1999年第4期。
襄樊市文物考古研究所：《襄樊邓城黄家村遗址2005年西区周代灰坑发掘简报》，《中原文物》2008年第3期。
襄樊市文物考古研究所：《湖北襄樊市黄家村遗址周代灰坑的清理》，《考古》2009年第11期。
襄樊市文物考古研究所：《襄樊邓城黄家村遗址2005年东区周代遗存发掘简报》，《江汉考古》2010年第3期。
襄樊市文物考古研究所：《湖北襄樊市韩岗南朝“辽西韩”家族墓的发掘》，《考古》2010年第

12期。
襄樊市文物考古研究所：《湖北襄樊樊城菜越三国墓发掘报告》，《考古学报》2013年第3期。
香炉山考古队：《湖北武汉市阳逻香炉山遗址考古发掘纪要》，《南方文物》1993年第1期。
襄石复线襄樊考古队：《湖北襄阳法龙王树岗遗址二里头文化灰坑清理简报》，《江汉考古》2002年第4期。
襄阳市博物馆：《湖北襄阳楚王城西周城址调查简报》，《江汉考古》2012年第1期。
襄阳市文物考古研究所：《湖北襄阳沈岗墓地M1022发掘简报》，《文物》2013年第7期。
襄阳市文物考古研究所：《湖北襄阳余岗墓地M714发掘简报》，《文物》2013年第7期。
襄阳市文物考古研究所：《湖北襄阳市鏖战岗战国楚墓的发掘》，《考古》2016年第11期。
襄阳市文物考古研究所：《湖北襄阳市沈岗春秋时期墓葬》，《考古》2017年第5期。
襄阳市文物考古研究所：《湖北襄阳市余岗墓地春秋墓葬》，《考古》2018年第1期。
襄阳市文物考古研究所：《湖北襄阳市贾巷墓地两座南朝墓葬的发掘》，《考古》2021年第5期。
襄阳首届亦工亦农考古训练班：《襄阳蔡坡12号墓出土吴王夫差剑等文物》，《文物》1976年第11期。
向其芳：《襄阳凤凰咀城址的确认与意义》，《中国文物报》2019年8月9日第6版。
孝感市博物馆：《湖北孝感吴家坟遗址发掘》，《考古学报》1998年第3期。
徐正国：《湖北枣阳发现一件商代铜尊》，《文物》1990年第6期。
徐正国：《湖北枣阳市博物馆收藏的几件青铜器》，《文物》1994年第4期。
杨桂荣：《馆藏邓国铜器》，《中国历史博物馆馆刊》总第15-16期，文物出版社，1991年。
杨权喜：《襄阳山湾出土的鄀国和邓国铜器》，《江汉考古》1983年第1期。
杨权喜：《襄阳山湾十八号秦墓》，《考古与文物》1983年第3期。
杨权喜：《三峡的重大考古发现》，《江汉考古》1994年第1期。
宜昌地区博物馆：《当阳磨盘山西周遗址试掘简报》，《江汉考古》1984年第2期。
尹俊敏：《〈南阳市西关出土一批春秋青铜器〉补记》，《华夏考古》1999年第3期。
游清汉：《河南南阳市十里庙发现商代遗址》，《考古》1959年第7期。
郧阳地区博物馆：《湖北郧县肖家河春秋楚墓》，《考古》1998年第4期。
张肇武：《河南平顶山市又出土一件邓公簋》，《考古与文物》1983年第1期。
张肇武：《平顶山市出土周代青铜器》，《考古》1985年第3期。
郑杰祥：《河南新野发现的曾国铜器》，《文物》1973年第5期。
郑州大学历史学院考古系、河南省文物局南水北调文物保护管理办公室：《河南淅川申明铺东遗址文坎沟东地点龙山与西周遗存发掘简报》，《文物》2017年第3期。
郑州大学历史学院考古系、河南省文物局南水北调文物保护管理办公室：《河南淅川县沟湾遗址屈家岭文化遗存发掘简报》，《考古》2018年第10期。
中国科学院考古研究所湖北发掘队：《湖北圻春毛家咀西周木构建筑》，《考古》1962年第1期。
中国社会科学院考古所长江工作队：《湖北均县朱家台遗址》，《考古学报》1989年第1期。
中国社会科学院考古研究所安阳工作队：《殷墟大司空M303发掘报告》，《考古学报》2008年第3期。

中国社会科学院考古研究所丰镐工作队：《1984—85年沣西西周遗址、墓葬发掘报告》，《考古》1987年第1期。
中国社会科学院考古研究所丰镐工作队：《1997年沣西发掘报告》，《考古学报》2000年第2期。
中国社会科学院考古研究所沣西队：《1987、1991年陕西长安张家坡的发掘》，《考古》1994年第10期。
中国社会科学院考古研究所沣西发掘队：《1967年长安张家坡西周墓葬的发掘》，《考古学报》1980年第4期。
中国社会科学院考古研究所沣西发掘队：《长安张家坡西周井叔墓发掘简报》，《考古》1986年第1期。
中国社会科学院考古研究所沣西发掘队：《1979—1981年长安沣西、沣东发掘简报》，《考古》1986年第3期。
中国社会科学院考古研究所沣西发掘队：《陕西长安沣西客省庄西周夯土基址发掘报告》，《考古》1987年第8期。
中国社会科学院考古研究所山西队、河南省文物局南水北调办公室：《河南淅川县下王岗遗址西周遗存发掘简报》，《考古》2010年第7期。
周婷、梁超：《湖北谷城尖角墓地出土重要文物》，《江汉考古》2015年第3期。

（三）内部刊物简讯

襄阳市文物考古研究所：《襄阳考古年报（2014）》，内部刊物，2015年。
襄阳市文物考古研究所：《襄阳考古年报（2015）》，内部刊物，2016年。
襄阳市文物考古研究所：《襄阳考古年报（2016）》，内部刊物，2017年。
襄阳市文物考古研究所：《襄阳考古年报（2018）》，内部刊物，2019年。
襄阳市文物考古研究所：《襄阳考古年报（2019）》，内部刊物，2020年。
襄阳市文物考古研究所：《襄阳考古年报（2020）》，内部刊物，2021年。

三、今人学术著作

（一）著作、文集

曹玮：《周原遗址与西周铜器研究》，科学出版社，2004年。
陈梦家：《西周铜器断代》，中华书局，2004年。
陈佩芬：《夏商周青铜器研究》，上海古籍出版社，2004年。
陈伟：《新出楚简研读》，武汉大学出版社，2010年。
董珊：《简帛文献考释论丛》，上海古籍出版社，2014年。
方诗铭、王修龄：《古本竹书纪年辑证》，上海古籍出版社，2005年。

傅嘉仪：《秦封泥汇考》，上海书店出版社，2007年。
顾颉刚：《史林杂识初编》，中华书局，1963年。
何光岳：《楚灭国考》，上海人民出版社，1990年。
河南省考古学会、河南省博物馆、河南省文物研究所：《楚文化觅踪》，中州古籍出版社，1986年。
李峰著，徐峰译，汤惠生校：《西周的灭亡：中国早期国家的地理和政治危机》，上海古籍出版社，2007年。
刘彬徽：《楚系青铜器研究》，湖北教育出版社，1995年。
刘启益：《西周纪年》，广东教育出版社，2002年。
鲁西奇：《区域历史地理研究：对象与方法——汉水流域的个案考察》，广西人民出版社，2000年。
马世之：《中原楚文化研究》，湖北教育出版社，1995年。
牛武成：《春秋百国探微》，中州古籍出版社，1991年。
丘光明：《中国历代度量衡考》，科学出版社，1992年。
石泉：《古代荆楚地理新探》，武汉大学出版社，1988年。
石泉：《古代荆楚地理新探·续集》，武汉大学出版社，2004年。
谭其骧：《长水集》，人民出版社，1987年。
唐兰：《西周青铜器铭文分代史征》，中华书局，1986年。
王世民、陈公柔、张长寿：《西周青铜器分期断代研究》，文物出版社，1999年。
王先福：《襄阳考古探研》，科学出版社，2016年。
徐少华：《周代南土历史地理与文化》，武汉大学出版社，1994年。
徐少华：《荆楚历史地理与考古探研》，商务印书馆，2010年。
徐少华、尹弘兵：《楚都丹阳探索》，科学出版社，2017年。
徐中舒：《徐中舒历史论文选辑》，中华书局，1998年。
许宏：《大都无城——中国古都的动态解读》，生活·读书·新知三联书店，2016年。
杨宽：《战国史》，上海人民出版社，1955年。
杨宽：《西周史》，上海古籍出版社，1999年。
尹弘兵：《楚国都城与核心区探索》，湖北人民出版社，2009年。
张昌平：《曾国青铜器研究》，文物出版社，2009年。
郑威：《楚国封君研究》，湖北教育出版社，2012年。
周书灿：《中国早期四土经营与民族整合》，合肥工业大学出版社，2011年。
周振鹤：《汉书地理志汇释》，安徽教育出版社，2006年。

（二）论文集

楚文化研究会：《楚文化研究论集（第二集）》，湖北人民出版社，1991年。
楚文化研究会：《楚文化研究论集（第四集）》，河南人民出版社，1994年。
楚文化研究会：《楚文化研究论集（第六集）》，湖北教育出版社，2005年。
楚文化研究会：《楚文化研究论集（第九集）》，上海古籍出版社，2011年。

楚文化研究会：《楚文化研究论集（第十集）》，湖北美术出版社，2011年。
楚文化研究会：《楚文化研究论集（第十三集）》，上海古籍出版社，2018年。
湖北省文物考古研究所：《奋发荆楚 探索文明》，湖北科学技术出版社，2000年。
湖北省文物考古研究所：《曾国考古发现与研究》，科学出版社，2018年。
吉林大学出版社古文字研究室：《于省吾教授诞辰100周年纪念文集》，吉林大学出版社，1996年。
荆州博物馆：《荆楚文物（第1辑）》，科学出版社，2013年。
楼劲、陈伟：《秦汉魏晋南北朝史国际学术研讨会论文集》，中国社会科学出版社，2018年。
罗运环：《楚简楚文化与先秦历史文化国际学术研讨会论文集》，湖北教育出版社，2013年。
童书业：《中国古代地理考证论文集》，中华书局，1962年。
童书业著，童教英整理：《童书业历史地理论集》，中华书局，2004年。
武汉大学历史地理研究所：《石泉先生九十诞辰纪念文集》，湖北人民出版社，2007年。
武汉大学历史地理研究所：《纪念石泉先生百年诞辰学术研讨会论文集》，武汉大学出版社，2018年。
徐少华：《荆楚历史地理与长江中游开发——2008年中国历史地理国际学术研讨会论文集》，湖北人民出版社，2009年。
徐少华、［日］谷口满、［美］罗泰：《楚文化与长江中游早期开发国际学术研讨会论文集》，武汉大学出版社，2020年。

（三）学术论文

蔡靖泉：《庸人·庸国·庸史》，《江汉论坛》2010年第10期。
曹锦炎：《“曾”、“随”二国的证据——论新发现的随仲嬭加鼎》，《江汉考古》2011年第4期。
陈昌远：《〈上鄀府簠〉与鄀国地望考——河南古国史研究之二》，《中原文物》1991年第4期。
陈立柱：《楚淮古地三题》，《江汉考古》2010年第1期。
陈梦家：《西周铜器断代（二）》，《考古学报》1955年第2期。
陈梦家：《西周铜器断代（三）》，《考古学报》1956年第1期。
陈梦家：《西周铜器断代（五）》，《考古学报》1956年第3期。
陈彦辉：《“子孙永宝用”：商周青铜铭文不朽之思》，《北方论丛》2009年第2期。
陈昭容：《从青铜器铭文看两周汉淮地区诸国婚姻关系》，《“中央研究院”历史语言研究所集刊》第75本第4分，2004年。
陈振裕、杨权喜：《襄阳山湾五座楚墓的年代及其相关问题》，《江汉考古》1983年第1期。
崔新社：《试论邓国故址的空间形态和历史价值》，《文物世界》2009年第1期。
邓振华、高玉：《河南邓州八里岗遗址出土植物遗存分析》，《南方文物》2012年第1期。
董全生、李长周：《南阳市物资城一号墓及其相关问题》，《中原文物》2004年第2期。
段渝：《西周时代楚国疆域的几个问题》，《中国史研究》1997年第4期。
方辉：《论史前及夏时期的朱砂葬——兼论帝尧与丹朱传说》，《文史哲》2015年第2期。
方辉、李玮涓：《殷墟使用朱砂情况的考察》，《中原文物》2022年第1期。
方辉、王书林：《“曾伯 簠”的流传及相关问题——从王献堂旧藏拓本题记说起》，《江汉考古》

2018年第4期。
方勤：《郭家庙曾国墓地的性质》，《江汉考古》2016年第5期。
郭长江、凡国栋、陈虎等：《曾公畯编钟铭文初步释读》，《江汉考古》2020年第1期。
郭长江、李晓杨、凡国栋等：《嬭加编钟铭文的初步释读》，《江汉考古》2019年第3期。
郭人民：《文王化行南国与周人经营江汉》，《河南师范大学学报》1980年第2期。
郭涛：《岳麓书院藏秦“质日”简交通地理考》，《历史地理（第三十辑）》，上海人民出版社，2014年。
郭涛：《秦代南郡“阴”地考》，《中国历史地理论丛》2015年第4期。
何光岳：《濮族的来源和迁徙——兼论楚并濮地》，《贵州社会科学》1984年第3期。
何光岳：《邓国、曼国、蛮子国的来源和迁徙——论最早融入华夏族中的三个苗族小国》，《贵州社会科学》1985年第5期。
胡安莲：《赖国地望与赖、厉关系论考》，《信阳师范学院学报（哲学社会科学版）》2009年第6期。
胡刚：《襄阳沈岗M694的年代及其性质浅析》，《江汉考古》2012年第2期。
黄凤春、陈树祥、凡国栋：《湖北随州叶家山新出西周曾国铜器及相关问题》，《文物》2011年第11期。
黄凤春、胡刚：《再说西周金文中的“南公”——二论叶家山西周曾国墓地的族属》，《江汉考古》2014年第5期。
黄锦前：《从近刊鄀器申论鄀国地望及楚灭鄀的年代》，《中国历史地理论丛》2017年第3期。
黄锦前：《商末周初东土和南土的形势及其控制措施——从商末有关“伐夷方”铜器铭文的理解谈起》，《社会科学》2018年第11期。
黄盛璋：《关于湖北宜城楚皇城遗址及其相关问题》，《江汉学报》1963年第9期。
黄文新、赵芳超：《湖北宜昌万福垴遗址出土甬钟年代及相关问题研究》，《江汉考古》2016年第4期。
黄有汉：《古代邓国、邓县地望考》，《史学月刊》1991年第6期。
贾汉清：《从顾家坡墓地的发掘看史前时代文化交叉地带的部落冲突》，《华夏考古》2004年第4期。
贾兰坡、张振标：《河南淅川县下王岗遗址中的动物群》，《文物》1977年第6期。
江鸿：《盘龙城与商朝的南土》，《文物》1976年第2期。
姜钦华、张江凯：《河南邓州八里岗遗址史前稻作农业的植硅石证据》，《北京大学学报（自然科学版）》1998年第1期。
靳健、谢尧亭：《“楚公逆”的年代及相关问题新探》，《江汉考古》2022年第2期。
郎剑锋：《东周吴越式青铜盖鼎刍议》，《考古》2022年第2期。
李伯谦：《晋国始封地考略》，《中国文物报》1993年12月12日。
李伯谦：《宜昌万福垴遗址发掘引发的思考》，《华夏文明》2018年第1期。
李朝远：《青铜器上所见西周文化在南方影响的递衰》，《中原文物》1997年第2期。
李零：《三代考古的历史断想——从最近发表的上博楚简〈容成氏〉、豩公盨和虞逑诸器想到的》，

《中国学术》2003年第2期。
李龙章：《下王岗晚二期文化性质及相关问题探讨》，《考古》1988年第7期。
李世佳：《〈春秋左传注〉蔡“邓”、楚“邓”辨析》，《中国历史地理论丛》2011年第4期。
李守奎：《〈楚居〉中的樊字及出土楚文献中与樊相关文例的释读》，《文物》2011年第3期。
李学勤：《试论楚公逆编钟》，《文物》1995年第2期。
李学勤：《由新见青铜器看西周早期的鄂、曾、楚》，《文物》2010年第1期。
梁星彭：《岐周、丰镐周文化遗迹、墓葬分期研究》，《考古学报》2002年第4期。
林春：《宜昌地区长江沿岸夏商时期的一支新文化类型》，《江汉考古》1984年第2期。
刘彬徽：《湖北出土两周金文国别年代考述》，《古文字研究（第13辑）》，中华书局，1986年。
刘彬徽：《上鄀府簠及楚灭鄀问题简论》，《中原文物》1988年第3期。
刘振华：《近代南阳盆地社会衰败的生态史考察》，《华南农业大学学报（社会科学版）》2013年第4期。
鲁西奇：《历史时期汉江流域农业经济区的形成与演变》，《中国农史》1999年第1期。
马保春、杨雷：《新石器时代晚期鄂豫陕间文化交流通道的初步研究》，《江汉考古》2007年第2期。
庞怀靖：《跋太保玉戈——兼论召公奭的有关问题》，《考古与文物》1986年第1期。
彭裕商、韩文博、田国励：《商周青铜盉研究》，《考古学报》2018年第4期。
沈长云：《谈曾侯铜器铭文中的“南公”——兼论成康时期周人对南土的经营》，《中国史研究》2017年第1期。
盛伟、何晓琳：《罗国遗都　南楚重镇——考古揭示最早楚文化入湘》，《中国文物报》2021年1月22日第4版。
石泉：《古邓国、邓县考》，《江汉论坛》1980年第3期。
苏秉琦：《从楚文化探索中提出的问题》，《江汉考古》1982年第1期。
苏影：《邓公盉铭“公”字补释》，《现代语文》2013年第8期。
王劲：《后石家河文化定名的思考》，《江汉考古》2007年第1期。
王力之：《早期楚文化探索》，《江汉考古》2003年第3期。
王龙正：《平顶山应国墓地九十五号墓年代、墓主及相关问题》，《华夏考古》1995年第4期。
王先福：《襄北楚陶器墓综述》，《江汉考古》2000年第2期。
王先福：《襄阳秦墓初探》，《考古与文物》先秦考古增刊，2004年。
王先福：《邓城—樊城演进历程考》，《襄樊学院学报》2007年第1期。
王先福：《襄樊鄧城区域両周遺存の文化属性分析》，日本国早稻田大学《長江流域文化研究所学報》（第5号），2007年3月。
王先福：《从考古发现看襄阳古城的历史变迁》，《襄樊学院学报》2007年第9期。
王先福：《古代襄樊城市变迁进程的初步研究》，《中国历史地理论丛》2010年第1期。
王先福：《襄樊余岗墓地楚式青铜礼器分期研究》，《江汉考古》2010年第3期。
王先福：《汉水中游西周考古遗存与早期楚国中心的探索》，《湖北文理学院学报》2015年第3期。
王先福、余桥：《襄阳地区汉代南阳郡属县治所初考》，《江汉考古》2014年第3期。

王子杨：《叶家山邓监簋铭文考释——兼及周初的监官制度》，《江汉考古》2022年第2期。
吴毅强：《嬭加编钟铭文新释及相关问题考辨》，《北方论丛》2021年第4期。
［美］夏含夷著，张德劭译：《商王武丁的末期：中国上古年代学的重构实验》，《中国文字研究（第四辑）》，广西教育出版社，2003年。
向桃初：《二里头文化向南方的传播》，《考古》2011年第10期。
辛德勇：《北京大学藏秦水陆里程简册初步研究》，《出土文献（第四辑）》，中西书局，2013年。
徐良高：《周之南土：巴国与巴文化刍议》，《四川文物》2018年第4期。
徐少华：《都国铜器及其历史地理研究》，《江汉考古》1987年第3期。
徐少华：《鄂国铜器及其历史地理综考》，《考古与文物》1994年第2期。
徐少华：《邓国铜器及其历史地理与文化》，《华夏考古》1996年第1期。
徐少华：《包山楚简释地五则》，《考古》1999年第11期。
徐少华：《论近年来出土的几件春秋有铭邓器》，《古文字研究（第25辑）》，中华书局，2004年。
徐少华：《从叔姜簠析古申国历史与文化的有关问题》，《文物》2005年第3期。
徐少华：《复器、复国与楚复县考析》，《"中央研究院"历史语言研究所集刊》第80本第2分，2009年。
徐少华：《邓国铜器综考》，《考古》2013年第5期。
徐少华：《"平王走（奔）西申"及相关史地考论》，《历史研究》2015年第2期。
徐少华：《关于南阳夏饷铺鄂国墓地的几个问题》，《江汉考古》2022年第2期。
徐天进：《日本出光美术馆收藏的静方鼎》，《文物》1998年第5期。
徐中舒：《殷周之际史迹之检讨》，《"中央研究院"历史语言研究所集刊》第7本第2分，1936年。
许宏：《大都无城——论中国古代都城的早期形态》，《文物》2013年第10期。
杨生民：《中国里的长度演变考》，《中国经济史研究》2005年第1期。
叶植：《襄阳城变迁考辨》，《江汉考古》2018年第4期。
叶植：《楚东津道及相关问题考辨》，《社会科学动态》2019年第9期。
尹弘兵：《地理学与考古学视野下的昭王南征》，《历史研究》2015年第1期。
尹弘兵：《多维视野下的楚先祖季连居地》，《中国史研究》2017年第2期。
张保同：《古邓国、邓县的地望与诸葛亮躬耕地》，《中州学刊》2011年第2期。
张昌平：《论湖北襄樊地区两周甲骨》，《考古与文物》1996年第5期。
张昌平：《试论真武山一类遗存》，《江汉考古》1997年第1期。
张昌平：《安居周代城址的发现及其意义》，《中国文物报》1998年8月26日第3版。
张昌平：《夏商时期中原与长江中游地区的文化联系》，《华夏考古》2006年第3期。
张昌平：《随仲嬭加鼎的时代特征及其他》，《江汉考古》2011年第4期。
张昌平：《论随州羊子山新出噩国青铜器》，《文物》2011年第11期。
张昌平：《论西周时期楚国的政治中心——从宜昌万福垴遗址谈起》，《江汉考古》2021年第6期。
张硕、尹弘兵：《楚蛮的考古学观察》，《中国文化研究》2011年秋之卷。
赵炳清：《先秦时期巴文化的形成与演变研究》，《长江文明（第二十六辑）》，吉林文史出版社，2017年。

赵化成、王辉、韦正：《礼县大堡子山秦子“乐器坑”相关问题探讨》，《文物》2008年第11期。
赵逵夫：《屈氏先世与句亶王熊伯庸——兼论三闾大夫的职掌》，《文史（第25辑）》，中华书局，1985年。
赵平安：《〈楚居〉“为郢”考》，《中国史研究》2012年第4期。
赵燕姣：《西周时期的“南国”、“南土”范围刍议》，《南方文物》2013年第4期。
曾攀：《浅析“曾侯作季汤孀媵鼎”铭文》，《江汉考古》2019年第6期。
曾昭岷、李瑾：《曾国和曾国铜器综考》，《江汉考古》1980年第1期。
周书灿：《〈牧誓〉蜀、濮地望新考》，《南都学坛（人文社会科学学报）》2012年第1期。
周永珍：《两周时期的应国、邓国铜器及地理位置》，《考古》1982年第1期。
朱凤瀚：《柞伯鼎与周公南征》，《文物》2006年第5期。
朱凤瀚：《论西周时期的“南国”》，《历史研究》2013年第4期。
邹衡：《论早期晋都》，《文物》1994年第1期。
左德田：《曾都刍议》，《江汉考古》1990年第1期。

（四）工具书

崔恒昇：《简明甲骨文词典》，安徽教育出版社，2001年。
“故宫委员会”编辑委员会：《故宫西周金文录》，（台北）故宫博物院，2001年。
郭沫若：《两周金文辞大系图录考释》，上海书店出版社，1999年。
湖北省博物馆：《湖北省博物馆（2016）》，武汉大学出版社，2017年。
李学勤、艾兰：《欧洲所藏中国青铜器遗珠》，文物出版社，1995年。
罗振玉：《三代吉金文存》，中华书局，1983年。
清华大学出土文献研究与保护中心编，李学勤主编：《清华大学藏战国竹简（壹）》，中西书局，2010年。
商承祚：《十二家吉金图录》，金陵大学中国文化研究所，1935年影印本。
谭其骧：《中国历史地图集》，中国地图出版社，1982年。
唐兰：《西周青铜器铭文分代史征》，中华书局，1986年。
钟柏生、陈昭容、黄铭崇等：《新收殷周铜器铭文暨器影汇编》，艺文印书馆，2006年。
中国考古学会：《中国考古学年鉴（2009）》，文物出版社，2010年。
中国社会科学院考古研究所：《殷周金文集成释文》，香港中文大学中国文化研究所，2001年。
中国社会科学院考古研究所：《中国考古学·夏商卷》，中国社会科学出版社，2003年。
中国社会科学院考古研究所：《中国考古学·两周卷》，中国社会科学出版社，2004年。
中国社会科学院考古研究所：《殷周金文集成》（修订增补本），中华书局，2007年。

（五）学位论文

陈楚天：《周代邓国、邓县的历史与文化》，华中师范大学硕士学位论文，2014年。
傅玥：《长江中游地区西周时期考古学文化研究》，武汉大学博士学位论文，2010年。

何晓琳：《汉水中游流域西周到春秋早期考古学文化谱系研究——楚文化的起源地及其早期发展》，北京大学博士学位论文，2011年。
李树浪：《应国青铜器整理研究》，陕西师范大学硕士学位论文，2013年。
林丽卿：《秦封泥地名研究》，台湾师范大学国文研究所国文教学硕士论文，2002年。
王谷：《〈鄂君启节〉集释及其相关问题研究》，湖北省社会科学院硕士学位论文，2016年。
魏凯：《周代前期南土文化格局的考古学观察》，吉林大学博士学位论文，2018年。
颜世铉：《包山楚简地名研究》，台湾大学中国文学研究所硕士学位论文，1997年。
张丹：《南襄盆地出土两周时期铭文研究》，武汉大学博士学位论文，2012年。

（六）学术网站论文

里耶秦简牍校释小组：《〈里耶秦简（贰）〉校读（一）》，简帛网，http://www.bsm.org.cn/?qinjian/7837.html，2018年5月17日。
张弛：《读里耶秦简（贰）9-1861、9-2076小札》，简帛网，http:// www.bsm.org.cn/?qinjian/7842.html，2018年5月17日。

项目研究期间发表成果

一、专　　著

襄阳市博物馆、老河口市博物馆：《老河口安岗楚墓》，科学出版社，2018年。

襄阳市文物考古研究所：《襄阳吴家坡》，科学出版社，待出版。

二、考古学简报

湖北省文物考古研究所、襄阳市文物考古研究所：《湖北枣阳九连墩M1乐器清理简报》，《中原文物》2019年第2期。

湖北省文物考古研究所、襄阳市文物考古研究所：《襄阳王家巷遗址春秋制陶作坊遗存发掘简报》，《江汉考古》2020年第4期。

湖北省文物考古研究所、襄阳市文物考古研究所：《湖北襄阳周家岗遗址周代文化遗存2008年发掘简报》，《江汉考古》2021年第2期。

襄阳市文物考古研究所：《襄阳沈岗墓地（西区）邓国墓葬发掘简报》，《江汉考古》2020年第4期。

襄阳市文物考古研究所：《湖北襄阳王家巷遗址周代制陶作坊遗存2013年发掘简报》，《中原文物》2022年第3期。

襄阳市文物考古研究所：《襄阳吴家湖遗址2019年发掘简报》，《襄阳考古文集（第二辑）》，科学出版社，待出版。

襄阳市文物考古研究所：《襄阳吴家坡遗址发掘简报》，《襄阳考古文集（第二辑）》，科学出版社，待出版。

三、学术论文

王先福：《楚邓县故址考》，《湖北文理学院学报》2018年第12期。

王先福：《枣阳郭家庙墓地早期被盗问题蠡测》，《楚文化研究论集（第十三集）》，上海古籍出版社，2018年，第163-175页。

王先福：《秦“安陆”故址新证》，《长江大学学报（社会科学版）》2020年第3期。
王先福：《考古学视域下的邓国地望新探》，《江汉考古》2021年第2期。
王先福：《楚“鄦”地考》，《长江大学学报（社会科学版）》2021年第3期。
王先福：《邓国铜器铭文研究》，《楚文化研究论集（第十四集）》，上海古籍出版社，2021年，第154-176页。
王先福：《古邔县（侯国）故址新证》，《楚文化与长江中游早期开发国际学术研讨会论文集》，武汉大学出版社，2021年，第623-632页。
王先福：《汉晋邓县的考古学观察》，《汉水之滨论诸葛——第二十五届诸葛亮学术研讨会论文集》，团结出版社，2021年，第117-123页。
王先福：《考古学视域下的周代“南土”政治地位变化考察》，《长江大学学报（社会科学版）》2022年第6期。
王先福：《楚人物故事漆画研究》，《蓦然回首现光华——第四届曲江壁画论坛论文集》，文物出版社，2022年，第187-200页。
王先福：《楚“阴”地考》，《湖北文理学院学报》待刊。
王先福：《襄阳邓城区域楚式铜容器的类型学和年代学分析》，《考古学报》待刊。
王先福：《襄阳邓城区域周代考古学文化的嬗变》，《考古与文物》待刊。
王先福：《周代邓国陶器分期研究》，《考古学集刊》待刊。
王先福：《周代邓国铜器的类型学分析》，《襄阳考古文集（第二辑）》，科学出版社，待出版。
王先福、姚练：《西汉至南北朝时期邓县治所的考古学新证》，《湖北文理学院学报》2020年第7期。
尹弘兵：《周代邓国、南土与江汉地区的开发进程》，《襄阳考古文集（第二辑）》，科学出版社，待出版。

后　记

本书由国家社会科学基金项目“周代邓国考古学文化研究”（18BKG019）结项稿修订而成。

本项目负责人为王先福，项目组成员有尹弘兵、王志刚、刘江生、杨一、王伟、梁超。项目所涉邓国文化遗存的考古资料在襄阳市文物考古研究所（襄阳市博物馆）整理，由王先福统筹，王志刚负责韩岗墓地，刘江生负责王家巷、吴家坡遗址和惠博通墓地，杨一负责周家岗、吴家湖遗址，王伟负责沈岗墓地，梁超负责王家巷遗址第三次发掘、邓遗民墓地之余岗西区墓葬资料的整理，并各自撰写相关考古学简报、报告，最后由王先福修改审定；王先福还对已整理刊发成果的其他邓国文化遗存及相关联的考古资料进行汇总整合。耿壮壮协助整理吴家湖遗址。杨力对整理的遗存器物照相，符德明、耿壮壮、李富平、刘江生绘制了部分线图，耿壮壮、高顺利、周婷协助完成了部分工作。

本书第一、二、三、五章和第四章第一、二节由王先福执笔，第四章第三、四节由尹弘兵执笔，尹弘兵还对第一章第一节和第五章进行了审核完善。目录、插图、插表和附表由王先福制作，书稿审定由王先福完成。本书是“湖北省博物馆、湖北省文物考古研究院学术文库”之一，方勤先生撰写了总序，徐少华先生拨冗为本书作序。

文稿撰写过程中得到了叶植教授的指导，初稿完成后经徐少华、张昌平、叶植三位先生审阅，提出了很好的修改意见。结项稿通过湖北省博物馆、湖北省文物考古研究院学术研中心同人申报，经湖北省哲学社会科学发展规划办公室随机抽取5名专家评审；几位专家对本成果给予了高度肯定，在评为“优秀”的基础上提出了完善意见；最后经全国哲学社会科学工作办公室审定通过。

本书的出版得到了湖北省博物馆、湖北省文物考古研究院、科学出版社的大力支持。

值得特别提到的是，本书的撰写主要是在武汉新冠疫情封控期间，研究工作还得到了家人的鼓励和帮助。

在本书即将付梓之际，一并对上述单位和个人表示衷心的感谢！

由于本项目所能确认的资料很少，研究思路、方法和结论等尚有疏漏，敬请专家学者批评指正。

作　者

2022年12月28日